U0052937

行 政 學 新 論

張 金 鑑 著

學歷：美國士丹福 (Stanford) 大學政治學系
　　　學士，政治研究所碩士
經歷：國立政治大學教授先後兼政治學系主任
　　　、政治研究所主任、公共行政研究所主
　　　任、財政部簡派專門委員及高等考試典
　　　試委員等職
　　　立法院立法委員、教育部學術審議委員
　　　、中華學術院行政管理研究所理事長

三 民 書 局 印 行

國立中央圖書館出版品預行編目資料

行政學新論／張金鑑著. --三版. --臺
北市：三民，民84
　　面；　　　公分
ISBN 957-14-0231-1　（平裝）

572

© 行政學新論

著作人　張金鑑
發行人　劉振強
著作財　三民書局股份有限公司
產權人
發行所　三民書局股份有限公司
　　　　地址／臺北市復興北路三八六號
　　　　郵撥／〇〇〇九九九八一五號
印刷所　三民書局股份有限公司
　　　　臺北市復興北路三八六號
門市部　復北店／臺北市復興北路三八六號
　　　　重南店／臺北市重慶南路一段六十一號
初版　中華民國七十一年五月
三版　中華民國八十四年十月
編號　S 57038
基本定價　捌元捌角
行政院新聞局登記證局版臺業字第〇二〇〇號

有著作權　不准侵害

ISBN 957-14-0231-1 （平裝）

序　言

　　行政學研究的發展，要可分爲三個時期：第一時期是一八八七年至一九三〇年傳統行政學的研究；其研究取向係以『科學管理』(Scientific Management) 的知識與方法，謀求行政組織的合理化，行政過程的制度化，行政方法的標準化；其目的在以最經濟的手段，獲得最大的效果。第二個時期是一九三一年至一九六〇年修正行政學的研究；其研究取向在本『行爲科學』(Behavior Science) 的立場與觀點，對傳統行政學的研究予以批評和修正，着重人性激勵、民主參與及互動影響等以引發工作人員自動自發的責任心、榮譽感及積極奮發的服務精神，俾能成功有效的達成機關使命與任務。傳統行政學乃是『硬性學派』(Hard School) 的研究，重機關而輕個人，視個人爲達成機關目的的手段和工具。修正行政學乃是『柔性學派』(Soft School) 的研究，要從人格尊重、心理動機、目標追求及『慾望與滿足』(Desire⇄Satisfical) 和『刺激與反應』(Stimulus ⇄ Response) 的過程着眼，使工作人員以快愉的心情努力服務，有效率的完成機關使命和任務。因爲『除非工作員是快愉的，並有高昂的工作意願，他絕不會是有效率的』(No One is Efficient, Unless he is Happy and he is Willing to Work)。第三時期是自一九六一年以來整合行政學的研究；其研究取向，在對行政活動或現象作『系統分析』(Systems Analysis) 的探討，對前述兩時期的行政學，辨其優劣得失，取長捨短，擷英咀華，而作整體性、整合性、開放性、互動性及權變性的研究。換言之，第三時

期的行政學乃是『生態行政學』(Ecological Study of Public Administration)。這就是說行政系統，組織或行爲對其外在環境須作生態的適應，在『適者生存』的情勢下維持存在、持續與發展；對內部資源則作統一與協調的整合，而爲有效的運用。

這三個時期的行政學，不但研究取向大不相同，就是牠的研究方法亦顯然有所區異。傳統行政學持靜態研究法，在從行政權力的性質、行政組織的形態、行政結構的關係等方面作研究，多以行政法規爲園圃，在闡釋行政現象的『靜態面』(Static Aspect)。修正行政學持動態研究法，其研究主題是行爲過程。人的行爲過程可分爲兩種：一是人受到外界刺激，便發生心情的緊張與不安，於是採取適當的反應，期以解除其緊張與不安，而恢復心情的平靜。這是被動性行爲過程，如熱則揮扇，冷則加衣；其程式以『反應之刺激』表達之。一是人的慾望感到空虛時，心情便發生緊張與不安，於是採取有效行動，追求目標以滿足其慾望，解除其緊張與不安，彌補內在的空虛，恢復心情安適。這是主動的行爲過程，如饑則求食，渴則求飲；其程式以『滿足之慾望』表達之；這是行政現象『動態面』(Dynamic Aspect) 的研究。整合行政學持生態研究法，在就行政系統、行政組織、行政行爲等的有機關聯及生態適應作系統分析。系統乃是一些有關聯的行政『事態』(Events)在相互依存的關係下及規律性互動進程中，結合成生活上、工作上所需的完整統一、平衡適應、穩進發展的有機體。從此角度研究行政制度（Institution）、組織 (Organization)、事態（Event）、行爲 (Behavior) 及問題 (Problem)，謂之系統分析；這是行政現象『生態面』(Ecological Aspect) 的研究。

這本書所以名之曰『行政學新論』，就是站在行政學發展的尖端，採系統分析的研究途徑，抱持以下的觀點：㈠整體性的研究——把行政

事象當作一個整體去看待。任何行政事象都不是獨立的或孤立的。牠是外在大系統的一個次級系統；同時牠又是本體內部各構成次級系統的較大系統。大小系統之間，密切扣合，環節關聯，相互依存，休戚相關，脈息相通，成爲完整統一的有機體，牽一髮而動全身。機能不能割裂，行動必須配合；部份不能脫離整體，整體則依仗於各部份。㈡適應性的研究——把行政系統看成生態適應的有機體；對外在環境能因地制宜，保持內外的生態平衡；與時俱進，不斷生長，新陳代謝，隨機應變，求新求進，俾能『適者生存』，維持機關的存在、持續與發展。㈢開放性的研究——行政事象或組織不是一個閉關自守的封閉系統，而是對外界能維持『取』、『予』或『輸入』、『輸出』功能平衡的開封系統；對外能獲得環境的支持與擁護及資源的提供；就此『輸入』加以轉化成爲計劃和政策的執行及服務以『輸出』於外界社會，以維持內外出入的『功能平衡』。㈣互動性的研究——行政過程或行爲乃是所有的行政行爲人或有關權力者的『互動行爲』，相互影響，彼此激盪，連鎖反應，衝撞交織的錯綜締結的複合網。互動行爲的扮演角色，不是少數的官吏和議員，而是有關的公民、社團、政黨、派系、幫會、紳董(包括正紳與劣紳)、豪強、惡棍、政客等人；甚至外國的政治領袖及工商集團亦有所涉及。

　　著者本系統分析的研究途徑，採生態行政的觀點，蒐集有關資料，加以整理分析，並予以論釋，經三年多的時間，寫成這一鉅製。本書約計五十萬言，內容分爲五編，二十八章。第一編爲緒論，共分四章，先論生態行政學的意義、領域及其研究取向和目的。次論生態行政學與民生哲學的關係及人性的發揮；再次則申論生態行政學產生的歷史背景及特性。第二編爲社會生態行政論，研究行政與社會環境的互動關係和影響。其內容包括自然環境、社會環境、社會變遷的關係及行政的適應；行政行爲的系統；壓力團體與多元行政；行政組織與團體動態的關係；

及經濟環境對行政發展的影響。第三編為文化生態行政論，其內容：第一論文化環境對公共行政的影響；第二論民族文化與比較行政；第三論政治文化與行政性能的關係。第四論科學技術對公共行政的衝擊。第五論宗教文化與行政輔導。第四編為心理生態行政論，內容包括行政領導、意見溝通、行政監督、目標管理、激勵管理、參與管理、人羣關係及心理衛生。第五編為生理生態行政論，內容討論下列各問題：㈠個別差異與人事選用，㈡辦公環境與工作效率，㈢工作流程、工作時間與工作效率，㈣辦公設備和機械與工作效率，㈤保健、福利及安全制度。

本人於民國二十年（一九三一）秋，以河南省公費留學生資格到美國士丹佛（Stanford）大學，從社會科學院院長兼政治研究所主任克卓爾（Angell Cottrel）教授習政治學與行政學；在校肄業約五年，先後獲得學士學位及碩士學位。碩士論文為『美國市政府行政效率增進運動之研究』，由此奠定下著者行政學術學養的基礎。民國二十四年（一九三五）夏返國，歷在省立河南大學、私立天津南開大學、中央政治學校、國立政治大學、國立中央大學、國立臺灣大學、國立中興大學、私立淡江文理學院及私立文化學院任教，授政治學、行政學、中國政治制度、比較文官制度、行政管理、地方政府及憲法等課，以迄於今。

在這半世紀以上的漫長的歲月中，本學不厭、誨不倦的精神，對政治與行政學術作孜孜不息、鍥而不捨的學習與研究；曾就學習與研究心得，寫成有關行政及政治學術的著作達三十二種，由各大書局印，銷路暢達，流行海內外；及門弟子不計其數，或為學界鉅擘，或任黨政要職，或為工商重鎮，對國家社會的貢獻，至為重大。

著者年屆八十，精力漸衰，髮稀齒缺，到了『夕陽無限好』的時分，但壯志未衰，『人老心（思想與精神）不老』，對學術研究仍抱持『一息尚存，此志不容稍懈』的素志與熱心，乃不揣棉薄，殫智竭慮，

勞心焦思，盡力寫成這約五十萬言的『行政學新論』以饗世之學者。似此本系統分析的研究，採生態觀點的最新行政學專著，坊間尚屬創見。

這本書是否優良，有無價值，不敢自作評估，但一片赤誠，竭智盡力，謀對行政學術，作一得之愚的貢獻，略盡書生報國之責，當可自慰於心。年屆八十，俗稱耆民，老年操刀學製，揮毫直書，樂以忘憂，不知老之將至。隨感所至，情不自禁，因爲吟句曰：『八十虛度事無成，書生報國伏筆耕，手爬格子計千萬，宏揚學術持丹誠』，『桃李遍植五十年，抱杞成材薪火傳，孰云執鞭無甚用，千百門生是英賢』。

本書內容賅博，涉及範圍頗爲廣泛，引用資料爲數亦屬不少，立論說，設批評，更爲屢見不鮮。著者學識有限，思慮亦難期周全，其引述有無錯誤，立論是否正確，尚不敢自是與自滿；尚望海內外賢達方家，不棄不才，不吝珠玉，惠賜匡正與指教，俾於再版時，加以更正。

中原學究張金鑑

序於臺北新店市時年八十歲
中華民國七十一年三月三日

行政學新論　目次

序　言

第一編　緒　論

第一章　生態行政學的基本觀念

第一節　生態行政學的意義……………………………… 2

　一、本書命名的說明　二、生態學的含義

　三、行政的各種解釋　四、生態行政學的定義

第二節　生態行政學的領域………………………………10

　一、有關的學科　二、涉及的領域

第三節　生態行政學的主旨………………………………18

　一、取向　二、目的

第二章　生態行政學與民生哲學

第一節　民生哲學的基本含義……………………………27

　一、生元的本體論　二、競助的宇宙論　三、服務的人生觀

第二節　生態行政與民生福利……………………………36

　一、民生福利的重要內容　二、民生福利解決的途徑

第三節　民生福利社會的特性……………………………44

一、互助的社會　二、仁愛的社會　三、服務的社會

四、自由的社會　五、均和的社會

第三章　生態行政學與人性發揚

第一節　人性主義‧‧‧‧‧‧‧‧‧‧‧‧‧‧‧‧‧‧‧‧‧‧‧‧‧‧‧‧‧‧‧‧‧‧‧‧‧‧48

一、人性善惡論　二、善惡的標準　三、人性善惡之我見

四、行政與人性發揮

第二節　人本主義‧‧‧‧‧‧‧‧‧‧‧‧‧‧‧‧‧‧‧‧‧‧‧‧‧‧‧‧‧‧‧‧‧‧‧‧‧‧59

一、以『人』爲中心的管理　二、要把『人』當『人』看待

第三節　人才主義‧‧‧‧‧‧‧‧‧‧‧‧‧‧‧‧‧‧‧‧‧‧‧‧‧‧‧‧‧‧‧‧‧‧‧‧‧‧67

一、人才的定義　二、人才的衡鑑　三、工作的分析

四、『人』『事』的配合

第四節　人羣主義‧‧‧‧‧‧‧‧‧‧‧‧‧‧‧‧‧‧‧‧‧‧‧‧‧‧‧‧‧‧‧‧‧‧‧‧‧‧75

一、定分止爭　二、合作努力　三、共同目標　四、團體意義

第四章　生態行政學的歷史背景

第一節　科學管理時代的靜態行政學

　　　　（傳統理論時期：一八八七——一九三〇年）‧‧‧‧‧‧‧‧‧‧‧‧81

一、產生的背景　二、代表的人物　三、立論的要旨

四、研究的方法

第二節　行爲科學時代的動態行政學

　　　　（修正理論時期：一九三一——一九六〇年）‧‧‧‧‧‧‧‧‧‧‧‧88

一、修正的原因　二、代表的人物　三、立論的要旨

四、研究的方法

第三節　系統分析時代的生態行政學

（整合理論時期：一九六一年以來）……………………98

一、整合的原因　二、代表的人物　三、立論的要旨

四、研究的方法

第二編　社會生態行政論

第五章　公共行政與自然環境

第一節　生態環境的基本觀念……………………………… 112

　一、生態環境的內涵　二、生態環境的特性

第二節　自然環境的重要地位……………………………… 117

　一、自然環境的含義　二、自然環境的重要

　三、自然環境的影響

第三節　自然環境的遭受污壞……………………………… 121

　一、環境污壞的原因　二、環境污壞的實況

　三、環境污壞的救治

第四節　自然資源的維護與規劃…………………………… 131

　一、自然資源的維護　二、自然資源的規劃

第六章　公共行政與社會環境

第一節　行政組織與社會環境……………………………… 133

　一、組織的一般社會環境　二、組織的特定社會環境

　三、組織的團體社會環境

第二節　行政目標與社會環境……………………………… 144

　一、行政目標的意義　二、行政目標的層次

　三、行政目標的特性　四、社會環境決定目標

五、價值系統決定目標

第三節　行政責任與社會環境‥‥‥‥‥‥‥‥‥‥‥‥‥‥‥‥ 151

一、道德的責任　二、政治的責任　三、行政的責任

四、法律的責任　五、立法的控制

第四節　行政適應與社會變遷‥‥‥‥‥‥‥‥‥‥‥‥‥‥‥‥ 155

一、社會變遷與適應問題　二、現代社會變遷的特徵

三、行政與變遷失調的困擾　四、行政對社會變遷的適應

五、行政功能的權變觀察

第七章　行政行為的系統分析

第一節　行政行為的基本觀念‥‥‥‥‥‥‥‥‥‥‥‥‥‥‥‥ 166

一、意義　二、地位　三、特性

第二節　行政行為的功能分類‥‥‥‥‥‥‥‥‥‥‥‥‥‥‥‥ 169

一、維持功能　二、保衛功能　三、管制功能

四、扶助功能　五、服務功能　六、發展功能

第三節　系統理論的一般認識‥‥‥‥‥‥‥‥‥‥‥‥‥‥‥‥ 172

一、系統的意義　二、系統理論的普遍性

三、一般系統理論　四、各種系統理論

第四節　行政行為的系統分析‥‥‥‥‥‥‥‥‥‥‥‥‥‥‥‥ 178

一、行政行為的整體性　二、行政系統的開放性

三、行政行為的反饋性　四、行政行為的生態性

五、行政行為的權變性　六、行政行為的穩進性

第八章　壓力團體與多元行政

第一節　壓力團體的性質‥‥‥‥‥‥‥‥‥‥‥‥‥‥‥‥‥‥ 188

一、意義　二、比較

第二節　壓力團體的起因‥‥‥‥‥‥‥‥‥‥‥‥‥‥‥ 190

一、區域代表制的缺失　二、自由企業競爭的結果

第三節　壓力團體的活動‥‥‥‥‥‥‥‥‥‥‥‥‥‥‥ 192

一、進行宣傳　二、協助競選　三、草擬法案　四、施展遊說

五、提出請願　六、展示遊行　七、發動罷工

第四節　壓力團體的功能‥‥‥‥‥‥‥‥‥‥‥‥‥‥‥ 196

一、代議制度的強心劑　二、官僚制度的袪病湯

三、動態政治的推進機

第五節　多元行政的理論檢討‥‥‥‥‥‥‥‥‥‥‥‥‥ 199

一、對抗一元統治　二、所謂多數民意　三、認識兩段溝通

四、整合分離利益

第六節　多元行政的實際運用‥‥‥‥‥‥‥‥‥‥‥‥‥ 215

一、事態的宣釋　二、團體的諮詢　三、人民的接觸

四、報導的途徑　五、議會的改造

第九章　團體動態與行政組織

第一節　團體動態的概念‥‥‥‥‥‥‥‥‥‥‥‥‥‥‥ 218

一、團體動態的研究　二、團體的意義與性質

三、互動動態的認識　四、團體的外動動態

第二節　行政組織的氣候‥‥‥‥‥‥‥‥‥‥‥‥‥‥‥ 235

一、組織氣候的意義　二、組織氣候的測量

第三節　行政組織的互動‥‥‥‥‥‥‥‥‥‥‥‥‥‥‥ 239

一、組織的外動動態　二、組織的內動動態

第四節　行政組織的衝突‥‥‥‥‥‥‥‥‥‥‥‥‥‥‥ 243

一、衝突的意義　二、個人的衝突　三、團體的衝突

四、衝突的利弊　五、衝突的解決

第五節　非正式的組織……………………………………… 247

一、意義　二、類型　三、作用

第十章　經濟環境與行政發展

第一節　漁獵經濟時代的原始民主行政……………………… 252

一、圖騰社會的特徵　二、漁獵與遊動國家

三、原始的民主行政

第二節　畜牧經濟時代的神權迷信行政……………………… 254

一、畜牧經濟的發明　二、氏族社會的特徵

三、部落國家的形成　四、神權的迷信行政

第三節　農業經濟時代的宗法習慣行政……………………… 258

一、農業經濟的發明　二、封建國家的特性

三、貴族的等級制度　四、宗法的習慣行政

第四節　農商經濟時代專制刑罰行政………………………… 262

一、農商經濟的形成　二、專制的君主制度

三、中央集權的政制　四、權勢的刑罰行政

第五節　工業經濟時代的民主法治行政……………………… 267

一、工業經濟　二、民主國家　三、理性政治

第六節　金融經濟時代的科學服務行政……………………… 270

一、金融經濟　二、福利國家　三、服務行政

四、法治行政

第三編　文化生態行政論

第十一章　文化環境與公共行政

第一節　文化的意義與內涵……………………………………… 276

　一、文化的意義　二、文化的內涵　三、文化的特性

第二節　傳統文化的行政缺失……………………………………… 281

　一、傳統文化的性質　二、傳統行政的缺失

第三節　現代文化的行政趨勢……………………………………… 287

　一、現代文化的性質　二、現代行政的趨勢

第四節　行政文化的社會化……………………………………… 291

　一、何謂行政文化　二、何謂社會化　三、行政文化的社會化

第五節　行政管理的現代化……………………………………… 295

　一、現代觀念的行政管理　二、科學方法的行政管理

　三、管理科學的行政管理　四、系統分析的行政管理

第十二章　民族文化與比較行政

第一節　民族文化的含義………………………………………… 304

　一、何謂民族　二、何謂民族文化

第二節　比較行政的研究………………………………………… 309

　一、研究領域的擴大　二、系統理論的追求

　三、比較行政的研究途程

第三節　行政制度的類型………………………………………… 313

　一、政治文化與行政制度類型　二、文化發展與行政制度類型

第四節　英國行政制度的特質…………………………………… 319

　一、通才與專家合作　二、分權性的　三、非官僚型的

　四、立法與行政匯一

第五節　美國行政制度的特質……………………………………… 321

　一、民主主義　一、分權主義　三、政治化　四、專業化

第六節　德國行政制度的特質……………………………………… 323

　一、軍事化　二、官僚化　三、集權化　四、理性化

第七節　法國行政制度的特質……………………………………… 325

　一、集權化　二、官僚化　三、制式化

第八節　中國行政制度的特質……………………………………… 326

　一、官治主義　二、德治主義　三、紳治主義

第十三章　政治文化與行政性能

第一節　政治文化的基本觀念……………………………………… 326

　一、政治文化的意義　二、政治文化的特性

　三、政治文化的功能

第二節　儒家思想的仁德行政……………………………………… 332

　一、孔子思想的行政性能　二、孟子思想的行政性能

　三、孔孟政治思想的評價

第三節　法家思想的權勢行政……………………………………… 338

　一、商鞅思想的行政性能　二、韓非思想的行政性能

　三、法家政治思想的評價

第四節　個人主義的民主行政……………………………………… 345

　一、個人主義的要旨　二、民主行政的內涵

第五節　民生主義的福祉行政……………………………………… 349

　一、民生主義的要旨　二、福祉行政的內涵

第十四章　科學技術的行政衝擊

第一節　科學技術的概念…………………………………………… 355

一、科學的意義　二、技術的意義　三、科學技術的含義

第二節　技術的歷史發展……………………………………… 358

一、漁獵生產的技術時代　二、畜牧生產的技術時代

三、農業生產的技術時代　四、農商生產的技術時代

五、工業生產的技術時代

第三節　技術系統的分類……………………………………… 365

一、分類的標準　二、湯姆生的分類　三、客士特的分類

第四節　科學技術的行政衝擊………………………………… 369

一、科學技術與專家行政　二、科學技術與人羣關係

三、科學技術與工商管制　四、科學技術與勞資爭議

五、科學技術與農業輔導　六、科學技術與國防施設

七、科學技術與法制制度　八、科學技術與教育行政

第五節　技術統治遭遇的難題………………………………… 374

一、專門職業的困惑　二、專家行政的偏陂

三、雙重權力的難諧

第十五章　宗教文化與行政輔導

第一節　宗教文化的基本觀念………………………………… 378

一、宗教文化的意義　二、宗教文化的起源

三、宗教文化的要素

第二節　宗教文化的一般功能………………………………… 383

一、促進團結　二、維持安寧　三、淑世正俗　四、安心立命

第三節　宗教系統的重要派別………………………………… 386

一、道教　二、佛教　三、基督教　四、回回教　五、猶太教

第四節　宗教性的衝突戰亂…………………………………… 393

一、中國的事例　二、外國的事例

第五節　宗教與政治的關係……………………………………397

一、太古時代的圖騰崇拜　　二、殷商時代的巫覡神權

三、西周時代的神、祖、卜、筮　四、東周時代的神仙方士

五、兩漢時代的災異讖緯　　六、魏晉時代的丹食、符籙

七、南北朝時代佛教僧寺　　八、由唐迄清的諸教競行

第六節　宗教自由與行政輔導……………………………… 417

一、宗教自由的意義　二、宗教自由的內容

三、宗教自由的限制　四、宗教自由的保障

五、行政輔導的途徑

第四編　心理生態行政論

第十六章　行政領導

第一節　行政領導的性質…………………………………… 428

一、意義　二、需要　三、取向

第二節　領導權力的基礎…………………………………… 430

一、理性　二、利益　三、法律　四、習慣　五、信仰

六、知能　七、希望　八、情感　九、力量

第三節　行政領導的方式…………………………………… 433

一、就領導權力為分類標準　二、就領導態度為分類標準

三、就領導重點為分類標準　四、就權力分配為分類標準

第四節　權變領導的理論…………………………………… 437

一、隨生命成長而為權變領導　二、隨教育程度而為權變領導

三、隨機關性質而為權變領導　四、隨上下關係而為權變領導

第五節　領導與影響系統……………………………………………… 440

一、影響的意義　二、影響的方式　三、互動影響的系統

四、互動影響的要素　五、互動影響的力量

第六節　領導人物的條件……………………………………………… 447

一、一般品能說　二、情勢需要說　三、功能要求說

四、交互影響說

第七節　行政領導的準繩……………………………………………… 449

一、原則　二、綱領

第八節　領導人物的類型……………………………………………… 452

一、理性的領導人物　二、合法的領導人物

三、傳統的領導人物　四、革命的領導人物

五、從眾的驅策者　六、從眾的擁護者　七、從眾的代表者

第十七章　意見溝通

第一節　意見溝通的性質……………………………………………… 457

一、意義　二、重要

第二節　意見溝通的障碍……………………………………………… 458

一、地位上的障碍　二、地理上的障碍　三、語文上的障碍

四、心理上的障碍

第三節　意見溝通的種類……………………………………………… 459

一、正式意見溝通　二、非正式意見溝通

第四節　意見溝通的要領……………………………………………… 460

一、準則　二、要素

第五節　意見溝通的方式……………………………………………… 461

一、下行溝通　二、上行溝通　三、平行溝通　四、輻射溝通

　五、全面溝通　六、綜合溝通

第六節　意見溝通的媒介……………………………………464

　一、聽的媒介　二、視的媒介　三、視聽媒介

第十八章　行政監督

第一節　行政監督的性質……………………………………466

　一、意義　二、層級

第二節　行政監督的內容……………………………………467

　一、工作指派　二、工作指導　三、工作考核

第三節　行政監督的幅度……………………………………471

　一、傳統的理論　二、新近的理論　三、權變的運用

第四節　行政監督的模式……………………………………473

　一、瑣細型的行政監督　二、放任型的行政監督

　三、適中型的行政監督

第五節　監督人員的態度……………………………………474

　一、教師的態度　二、醫生的態度　三、保姆的態度

第六節　行政監督的要領……………………………………476

　一、監督信念　二、監督準則

第十九章　目標管理

第一節　組織目標的概念……………………………………478

　一、組織目標的意義　二、組織目標的特性

　三、組織目標的功用

第二節　目標管理的由來……………………………………481

　一、行政環境的迫使　二、機關缺失的刺激

第三節　目標管理的性質……………………………………… 483

一、意義　二、特性　三、功用

第四節　目標管理的實施……………………………………… 487

一、目標建立前的準備　二、建立目標時的準則

三、目標執行中的管理

第二十章　激勵管理

第一節　激勵管理的理論基礎………………………………… 489

一、激勵與行爲過程　二、激勵理論的產生

第二節　需要滿足與激勵管理………………………………… 493

一、需要的層次　二、需要的體認

第三節　工作成就與激勵管理………………………………… 494

一、工作環境的維繫因素　二、工作本身的激勵因素

三、兩因素理論與需要層次　四、對兩因素理論的批評

第四節　成熟理論與激勵管理………………………………… 496

一、幼稚人格的特性　二、成熟人格的特性

三、激勵與成熟人格

第五節　期望引導與激勵管理………………………………… 499

一、期望與行爲的關係　二、期望理論與習得行爲

三、期望價值與激勵行爲

第六節　公平比較與激勵管理………………………………… 503

一、公平比較理論的由來　二、金錢收入與公平比較

三、公平比較理論的評價

第七節　思想驅策與激勵管理………………………………… 506

一、思想驅策的激勵力量　二、思想驅策的激勵事蹟

三、思想驅策的管理運用

第二十一章　參與管理

第一節　參與管理的基本觀念……………………………………509

　一、意義　二、性質　三、功用

第二節　參與管理的理論基礎……………………………………512

　一、民主思想　二、平等觀念　三、系統理論　四、組織原理

　四、人本主義

第三節　參與管理的實施途徑……………………………………515

　一、團體決策　二、資訊流通　三、諮詢制度

　四、建議制度　五、研究發展

第四節　參與管理的參與方式……………………………………519

　一、正式參與和非正式參與　二、直接參與和間接參與

　三、個人參與和集體參與　四、經常參與和臨時參與

　五、全體參與和部份參與　六、合法參與和抗議性參與

第五節　參與管理的成功條件……………………………………521

　一、職員應具備的條件　二、長官應具備的條件

　三、參與管理的一般條件

第二十二章　人群關係

第一節　人羣關係的含義……………………………………………525

　一、人羣關係的重要意義　二、人羣關係的行政主旨

第二節　人羣關係的原則……………………………………………530

　一、尊重人格、瞭解人性　二、共同利益、相互依存

　三、積極激勵、潛能發揮　四、合作努力、協同一致

　　五、民主法則、人人參與　六、相互領導、彼此影響

第三節　人羣關係的實施方法……………………………………534

　　一、人事諮詢制度　二、工作建議制度　三、職員態度調查

　　四、個人接觸計劃　五、促進意見交流　六、鼓勵團體活動

　　七、人事動態審計　八、職員思考啓發

第二十三章　心理衞生

第一節　心理衞生的基本含義……………………………………538

　　一、心理衞生的意義　二、心理衞生的重要

第二節　心理健康與環境適應……………………………………541

　　一、環境適應與心理狀態　二、人格類型與環境適應

　　三、不良適應的心理因素　四、環境適應的自衛心理

　　五、良好工作適應的表現

第三節　行政管理與心理健康……………………………………552

　　一、組織與個性發展　二、工作與成就表現

　　三、管理與激勵法則　四、待遇與心情快愉

第四節　心理衞生的行政措施……………………………………557

　　一、設置心理衞生單位　二、員工心理狀態診斷

　　三、推行人事諮詢工作　四、主管的心理輔導

第五編　生理生態行政論

第二十四章　個別差異與人事選用

第一節　個別差異的事實…………………………………………562

　　一、個別差異的事象表現　二、個別差異與人才選用

第二節　個別差異的原因················568

　一、生理的原因　二、社會的原因

第三節　差異鑑定與因才施用···········573

　一、知人善用的含義　二、差異鑑定的方法

　三、因材施用的準則

第四節　職位分類與因事求才···········581

　一、職位資料的調查　二、職位職系的區分

　三、職位職級的釐訂　四、職級規範的編製

　五、因事求才的方法

第二十五章　辦公環境與工作效率

第一節　辦公環境的基本觀念···········586

　一、辦公廳處的意義　二、辦公廳處的作用

　三、辦公環境的內涵　四、辦公環境的影響

第二節　辦公空間與工作效率···········589

　一、辦公房舍的設計　二、辦公房間的佈置

第三節　辦公光亮與工作效率···········591

　一、光亮與效率　二、光度的強弱　三、光亮的設計

第四節　空氣環境與工作效率···········594

　一、空氣的重要　二、空氣的污染　三、辦公的空氣

　四、空氣與效率

第五節　溫度冷熱與工作效率···········596

　一、冷度與效率　二、熱度與效率　三、適當的溫度

第六節　聲響環境與工作效率···········597

　一、聲音的解釋　二、噪音的貽害　三、安靜的辦公

第二十六章　工作流程與工作時間

第一節　工作流程標準化……………………………………… 601

　一、工作流程的意義　二、工作流程的制訂

　三、工作流程的功用

第二節　工作速度正常化……………………………………… 604

　一、工作速度的基本原則　二、工作速度與精力消耗

　三、工作速度的均勻不斷

第三節　工作時間的合理化…………………………………… 608

　一、工作的時數　二、休息的時間

第二十七章　辦公的設備與機械

第一節　工具與效率…………………………………………… 612

　一、生活與工具　二、工具與效率　三、機器的系統

第二節　傢具與文具…………………………………………… 616

　一、原則　二、傢具　三、用品　四、印信　五、紙張

第三節　辦公的機械…………………………………………… 619

　一、文書機械　二、複寫機械　三、計算機械　四、郵務機械

　五、交通機械　六、其他機械

第二十八章　保健、福利與安全制度

第一節　公務人員的健康保護………………………………… 625

　一、保健的含義　二、保健的活動

第二節　公務人員的福利施設………………………………… 629

　一、福利施設的意義　二、福利施設的目的

三、福利施設的原則　四、福利施設的內容

第三節　公務人員的保險制度………………………………… 635

一、保險的意義　二、保險的原則　三、保險思想的演進

四、保險制度的舉例

第四節　行政機關的安全管理………………………………… 644

一、空襲的防護　二、火災的防護　三、水災的防護

四、盜竊的防護　五、風災的防護　六、震災的防護

七、蟲害的防護

參考書目

第一編

緒　論

1. 生態行政學的基本觀念
2. 生態行政學與民生哲學
3. 生態行政學與人的性能
4. 生態行政學的歷史背景

第一章　生態行政學的基本觀念

第一節　生態行政學的意義

一、本書命名的說明——行政學雖是二十世紀開始時，一門新興學科；但行政的事實卻有很悠久的歷史，人類自有政府以來就有行政，因爲行政乃是政府的功能與活動。歷代政府雖皆有行政，但各代行政的內容、性質和方法，則隨時代與環境的變遷，各有不同。所以說，行政的實質乃是生長的、發展的和進化的。從這一觀點言之，行政卽是政府的功能和活動，隨環境變動所作求生存、求持續的適應與配合，可視之爲『生態現象』(Ecological Phenomenon) 或『生態系統』(Ecological System)。 從生態適應及生態平衡的觀點和立場研究行政行爲與活動，可命名曰生態行政學。

法儒孟德斯鳩 (Baron Montesquieu) 於一七四八年著『法意』一書，卽『法制的精神』(Spirit of Laws)，指出一切的法制並無絕對的優劣或價值，凡最適合國情的法制，就是最好的法制。所謂國情包括國家的自然環境如地理形勢、山岳河流、氣候、資源、土壤、領土面

積、人口多寡等；社會環境包括宗敎、經濟、風俗、習慣、家庭、社團等。法制就是這些因素相互影響及彼此配合所形成的適當關係。這種論點實具有相當的生態學意味。

美儒比雅德 (Charles A. Beard, 1874-1948) 於一九一三年著『美國憲法的經濟解釋』(An Economic Interpretation of the Constitution of United States) 說明美國制憲時代的經濟環境及與會代表所代表的不同經濟利益；美國憲法乃是這些衝突的經濟利益妥協折衷的結晶品。這本書風行一世，膾炙人口，對美國學術界是一大震撼。比氏於一九二一年著『政治的經濟基礎』(Economic Basis of Politics) 一書 (此書經筆者譯爲中文，商務印書舘出版) 認爲經濟是政治的目的，政治是經濟的手段，政治制度的形態、性質及功能皆受着經濟環境的影響與支配。他以爲離開經濟的政治學乃是一種空虛的怪誕的形式主義。這種理論和現在的系統分析研究及生態觀念頗有近似之處。

夏威夷人學東西文化研究中心敎授雷格斯 (Fred W. Riggs) 於一九五七年發表『比較行政模式』(Toward a Typology of Comparative public Administration)一文，創『農業型行政模式』(Agraria) 及『工業型行政模式』(Industria) 二詞。有人批評他漏脫了農業型與工業型的中間型，於是他又創『過渡型行政模式』(Transitia) 一詞。雷氏一九六一年將這三種模式，加以補充與修正，寫成『行政生態論』(Ecology of Public Administration)一書 (此書經金耀基譯爲中文，商務印書舘出版)。雷氏將行政模式分爲三個型態：一是鎔合型 (Fused model) 乃農業社會的行政模式；一是棱柱型 (Primatic model) 乃過渡社會的行政模式；三是繞射型，乃工業社會的行政模式。他祇就經濟環境說明行政模式，未涉及社會、文化、心理、生理諸因素，實嫌不夠完全；而且他所研究的主體乃是行政，卻把行政當作形容詞，使生態

學成爲主體，亦屬不妥。所以特將本著作命名爲『生態行政學』，而不曰『行政生態學』。蓋所以指明研究的主體是行政，生態祇是指研究的取向。

　　二、**生態學的含義**——生態學的英文字爲Ecology。logy的意義爲理則或學。Eco的希臘字源爲oikos指生活的地方或家計，可解釋爲生活的環境與資需。生態學原屬於生物學一部份，指生物（動物、植物）及有機體 (Organism) 在所處環境中的生存適應行爲與方法。一八五八年達爾文著『『天演論』即『物種原始論』(Origin of Species)，倡物競天擇之說，認爲生物進化由低級至高級，由簡單至複雜，皆遵循着：『生存競爭優勝劣敗，適者生存』的天然淘汰的定則。所謂『適』，就是生物對環境的有效生存適應。所以熱帶有熱帶的動植物，寒帶有寒帶的動植物，溫帶有溫帶的動植物。『江南之橘，越淮爲枳』，乃環境所使然。動物的保護色及擬形，便是求生存的適應行爲。寒帶之人，性多冷酷；熱帶之人，性多懶惰；溫帶之人，性多中和；寒帶政尚專制，熱帶政尚放任，溫帶政尚共和，皆環境不同有以致之。

　　生態學分爲兩支：一是外延生態學 (Out-Ecology)，在研究生物與外在環境的適應與互動；一是綜合生態學 (Syn-Ecology)，在研究生物處於某一特定環境中彼此的配合與關聯。一九二〇年起，美國大學有『人類生態學』(Human Ecology) 一課的開授。人類生態學的意義與內容可從下述的各定義中窺測之：麥肯然 (Roderick O. McKenzie) 說：『人類生態學在研究人類生存於某一地區內現時與環境的實在關係。這一生存實在關係乃是物競天擇優勝劣敗的結果及與環境的適應影響和其分配力量所形成』[11]。郝萊 (A. H. Hawley) 說：『人類生態學在

----

❶ Roderick D. Mckenzie, *The Ecological Approach to the Study of Human Community*, 1925, pp.63-79.

研究人類在其所處環境中發展的過程與方式。人羣居住的社區乃是功能分化關係所形成的地區化系統 。 所謂環境包括人口的特質及其分配 』❷。鄧堪（O. O. Duncan）說：『人類生態學在研究人口、組織、環境、技術四大因素間的互動及互變關係』❸。人類生態學的研究特質計有四端：㈠研究人羣組織、社會、社區與其環境的互動關係及影響。㈡組織、社會、社區的本身及其環境乃是一相互依需不可分離的生態整體系統。㈢人羣組織、社會、社區與其環境成爲生態功能的『取』（輸入』。予（輸出）平衡的『開放系統』（Open System）。㈣人類具有固有能力與力量不斷謀求其生存與生活的改進和發展，與其環境保持『穩進』（Steady）的平衡狀態。

另有文化生態學（Culture Ecology）。其主旨在研究人羣社會對環境適應的過程。這種演進與發展，一方面是本身自發的力量，一方面則是受其他社會組織及所處自然環境的影響。二者的互動激盪，促成人類文化的推移。農村、都市、工業、農業、商業、政府、政黨、社會、社區、家庭、敎會、社團、人口等之間的功能與行動的互動(Interaction)形成文化的形態與變遷。在這互動變遷的歷程中有合作亦有競爭；有衝突亦有妥協；有矛盾亦有統一。因環境的不同及適應方式的有別，遂產生文化的差異性。文化有其差異性，亦有其共同性。文化的變遷，遵循着兩個重要的模式：一是累積進化的原則；一是時地變異的原則。人的知識、能力、技術用以適應、開發、利用、控制資源(環境)以維持其生存，改進其生活。這種努力的結果和成就，就是所謂文化。文化的性質，就是人羣與環境的內外互動與變遷所形成的穩進與平衡的生態系統。

---

❷　Amos H. Hawley, *Human Ecology: A Theory of Community Structure*, 1950, p.68.

❸　Otis D. Duncan, *Human Ecology and Population Studies*, 1959, p.678.

三、**行政的各種解釋**──行政學者因研究途徑及觀點的不同，對行政一詞所作的解釋，便亦各異其旨趣。威爾遜(Woodrew Wilson)於一八八七年發表『行政的研究』(The Study of Administration) 一文，認爲：『行政乃是法律逐細目的有系統執行』。古德諾 (Frank J. Goodonw)於一九〇〇年著『政治與行政』(Polities and Administration) 一書，指出：『政治是民意的表現；行政是民意的實現。政治在決定政策；行政在實行政策。』費堯 (Henri Fayol) 於一九一六年著『普通及工業行政』(General and Industrial Administration) 一書說：『行政工作乃是由計劃 (To Plan) 、組織 (To Organize)、督策 (To Command) 、協調 (To Coordinate) 和考核 (To Control) 五種功能所構成』❹。芝加哥大學敎授懷德 (L. D. White)在所著『行政學導論』一書中說：『行政的最廣意義，包括爲完成或實現一個權力機關所宣佈的政策所採行的動作』❺。他在同書第四次修訂本中則說：『行政乃是實現或執行公共政策時的一切運作』；『行政乃是爲完成某種目的對許多人的指揮、協調與控制』❻。

魏勞畢 (W. F. Willoughby) 說：『行政乃是政府組織中，行政機關所管轄的事務』❼。古立克 (Lnther Gulick) 創 POSDCORB 一字，說明行政的意義。行政包括以下的諸事務與活動：(1)設計或計劃，即Planning。(2)組織，即 Organizing 。(3)人事或用人，即 Staffing。(4)指揮或指導，即 Directing 。(5)協調或合作，即 Co-ordinating。(6)

❹ Henri Fayol, *General and Industrial Administration*, 1916, p.35.

❺ L. D. White, *Introduction to the Study of Public Administration*, 1947, p.1.

❻ 前揭書 Fourth Edition, 1955, pp.1-3.

❼ W. F. Willonghby, *Principles of Public Administration*, 1928, p.1.

報導或溝通，卽 Reporting 。(7)預算或用錢，卽Budgetting ❽。阿偉克（C. Urwick）於一九四三年著『行政要義』（Elements of Administration)一書，指出行政活動包括九個要素，卽：(1)考察(Investigating) ，(2)預測 (Forecasting) ，(3)計劃 (Planning) ，(4)撥款（Appropriate) ，(5)組織 (Organizing) ，(6)協調 (Co-ordinating) ，(7)規章或命令（Order），(8) 督策（Command）及(9)考核或控制（Control) 。

　　前述各家所作的行政定義與解釋，都祇限於行政機關或行政組織本身的活動，未涉及其與環境的互動、適應及利用，缺少生態學的涵義，祇適用於普通行政學。英儒房納（Herman Finer）謂：『爲要運用人民的創造力及社會資源，而完成國家的一定目的，特設置行政機關。行政機關爲適應社會需要及實現人民總意所推行的職權活動，謂之行政』❾。美儒巴納德（Chester Barnard）於一九三八年著『主管人員的功能』（The Function of Executive）一書，特別着重行政組織的平衡性、發展性及員工心理要求。在行政決定上必須顧及環境的影響與平衡。所謂平衡性包括員工貢獻與報償相稱適及個人需要和機關目標一致的內部平衡及機關與社會環境適應和配合的外部平衡。所謂發展性指機關的『生長』（Growth）而言，組織要與變動不居的社會動態作並駕齊驅、與日俱進生存競爭，期能達到『適者生存』的目的。

　　西蒙（Herbert A. Simon）敎授於一九四七年著『行政行爲』（Administrative Behavior)一書，指出：『行政乃是組織行爲，卽『作決』（Decision-making）的過程』。 行政決定是一種理性選擇行爲

❽　Luther Gulick, Science Value and Public Administration, 一文載 C. Urwick 編 *Papers on Science of Administration*, 1939, p. 191.

❾　Herman Finer, *Theory and Practice of Modern Government*, 1936, p.991.

．機關爲達到目的時，就若干可行途徑，評估其優劣得失而作最『適』抉擇。所謂『適』或『理性』，不一定是『最理想的』（Ideal），而是合理的，適當的，能以解決問題，達到目的。這種理性抉擇，在能適合社會的願望與要求，而能博得其支持；並能配合環境條件適應其情勢與勢力。

卡斯特（Fremont E. Kast）與魯申威（James E. Rosengweig）合著『組織與管理學』（Organization and Management）一書，採系統分析的研究途徑，特別強調組織與管理的開放性、適應性、代謝性、生長性、整體性、生態性及動態平衡性（Dynamic Equilibrium）亦卽穩進性（Steady State）。所謂系統分析的研究途徑，和人類生態學、文化生態學多有相通相似之處。

四、生態行政學的定義——簡言之，行政就是政府政務的推行；易言之，行政乃是公務人員依法規，憑能力、智慧、知識、技術推行職務的活動。這種活動不是個人的獨立行爲，而是組織中構成員的集體活動與合作努力。人是社會人、組織人，個別的自然人決無法生存。西諺曰：『任何人若離開了組織決不能生存，除非他是野獸或神仙』。尤其是公務人員更是十足的組織人。所以公務人員推行職務的活動，確是不折不扣的組織行爲。依此意義而爲生態行政學試作定義如次：

生態行政學就是政府爲謀求生存、持續與發展及達成一定目的與使命時，由公務人員依人類生態學、文化生態學所啓示之原則，對外部環境作平衡適應，對內部資源作統一協調，就機關的功能需要，採取『組織行爲』（Organizatonal Behavior）完成職位任務所適用的系統知識，適當理則與有效方法。

系統知識就是科學（Science）。科學知識的各部份相互關聯，成爲完整體系，乃是一貫的，不是片斷的或枝節的，分析至於精微，概括幾

於無疆。科學知識的內容乃是實在的事實，把握實在,而使實在抽象化。科學是實在的形式，實在是科學的內容。生態行政學的系統知識亦是進步的，實用的，與時俱進，日新月異，精益求精，且能針對時代與環境需要，完成政府使命爲人民謀利益，爲社會造幸福。

『學』之一字，在英文爲 Logy, 乃指『原理』（Principle）與『法則』（Law）而言。『理則學』（Logic）卽從Logy 一字而來。『原理』是衆所承認或衆所接受的『一般信念』（General Belief）或『一般眞理』(General Truth) 足爲行政行爲或措施之正確指引者。所謂『法則』，就是在一定情形下足爲行政行爲或措施之正常規範或準繩者。至於有效『方法』,乃指處理行政事務的適當而有效的程序和方式而言。

生態學對行政原則的啓示，本書中他處另有論述，此處略舉幾個要點如次: (1)行政組織乃是一個『有機體』（Organism）, 其構成部份各有機能分工，但這些功能卻是一致的、和諧的、統一的、不可分離的。(2)這一有機體的行政組職是集合內部若干小系統而成的大系統。同時，這一大系統卻又是外界環境『高級系統』（Super-System）的『次級系統』（Sub-System），環節相依，層級扣合，成爲一個整體（Wholeness）。(3)行政組織或行政整體內部的構成員與各單位固然有相互依存的關係；就是這組織整體對外界環境亦是不可分離的相互依存聯立體。(4)行政組織乃是一個開放系統，接受外界的輸入（支持、要求、資源、情感、意見等）加以轉化成爲輸出（產品、服務、政策、措施、行爲等）供應外界。外界營養組織，組織營養外界。(5)行政組織須作有效的適應，方能維持其生存持續與發展，卽所謂優勝劣敗，適者生存。(6)環境是流動不居的，行政組織對內要能維持統一，對外要能與時俱進，適應流變，維持動態的平衡（Dynamic Equalibrium）。(7) 行政組織不僅是一個有機體；亦是一個生命體，須保持『生生不息』的生長

狀態，新陳代謝，永保充沛旺盛與青壯。

第二節　生態行政學的領域

一、有關的學科——研究行政學不可祇就行政而研究行政。因為那是局限性的研究和單科性的研究，猶如『坐井觀天』、『以管窺豹』，視線不廣，有所偏蔽，見樹不見林，知其一不知其二。所謂『不識廬山眞面目，只因身在此山中』。行政不是自給自足的獨立行為；亦不是『遺世』、『索居』的孤立事象。研究行政應擴大範圍，放寬眼界，從環境烘托中。互動聯立關係上，作全盤性整體性的觀察；不可僅憑行政學的單科知識瞭解其內容，應從『科際整合』的立場，運用各有關學科的知識去作研究。行政不僅是『社會交流』（Social Communication）所形成的事象，更受着自然環境、社會條件、世界局勢的影響和支配。單科研究猶如『蚯蚓墾園』，成就甚小。科際研究有似『飛鷹搏雲』，瞰望極廣。一個學科的主題每不在此科的中心點上，而實在於其與其他各有關學科相交相切各點所形成的圓周線上。茲將研究生態行政學的有關學科舉要列述如下：

行政是若干人為達成共同目的時的集體努力與組織行為。所以研究生態學便須憑藉『行為科學』（Behavior Science）的知識以為研究工具。行為科學乃是研究人類行為的，其目的在發現並建立有關人類行為的原理與法則。這些理則亦可適用於行為上。行為科學派把行政學當作『人的科學』（Science of Man），以研究『人羣關係』（Human Relations）及各人間『互動行為』（Interaction）為對象。行為科學派不把行政視為孤立事象，要從文化、社會、經濟、心理、政治、歷史等關係上去認識行政事象與行為；卽從『社會交流』及『互動影響』去觀察去分析行政情勢。行為科學揚棄單科的研究法，要開拓眼界，擴大領

域,吸收與行政有關的各學科的知識與經驗,含英咀華,攝取營養,以『科際整合』的立場及『社會科學統一』的觀點,建立生態的完整的行政學。

行為科學可稱之為『新社會科學』。傳統的人類知識劃分法有三:一曰人文科學,二曰自然科學,三曰社會科學。研究人與人之間的生活關係或人羣關係的知識和學問屬於社會科學範圍,研究這些問題必須依恃於心理學的知識。但依傳統的學科劃分法,心理學卻屬於自然科學。研究人羣關係,歷史學的知識亦是必須的。但在傳統的學科劃分中,歷史學卻屬於人文科學範圍。傳統的科學劃分法,有如此缺點與不合理,於是新近的學者乃創立『行為科學』,以為『社會科學』的替代與補充。不過,行為科學與社會科學之間尚有其區別。社會科學所研究的資料比較是綜合性的、間接性的及文獻性的。而行為科學所研究的對象,則專心致力於那些可以反映個人及小組或小團體的直接行為的資料。前者的範圍較為廣濶,後者則較為狹小。

行為科學的主要內容或中心地帶是美國式的人類學、心理學和社會學。但是他的領域或觀念並不等於這三門學科,卻多了一些,亦少了一些。人類學中有關考古學及體質人類學的若干問題,均非行為科學研討的對象;心理學中如有關視覺、聽覺、嗅覺、味覺及腦筋的組織與功能問題,亦不在行為科學研究的範圍內;故說少了一些。何以說行為科學比那三門學科又多了一些呢? 那就是說,其他學科中有關行為的知識與問題亦均可包羅入行為科學的領域。例如:他對政治學、行政學、法律學作實際的考察與研究,不擺脫傳統的法規與思維的研究,則增添了新資料。他如精神病學 (Psychiatry) 方面有關偏差行為,感情生活,行為動機,心理變化或因化學性干擾而引起的行為後果等問題,亦是行為科學家要應用嚴格的自然科學方法,對人羣行為作客觀的、冷靜的、準確的研究,只論事實,不及價值問題。

生態行政學所涉及的領域，除行爲科學的有關學科外，下列學科的知識與理則亦多有參用的價值與資助：(1)生態學——生態行政學與普通行政學最大不同之點，卽後者祇論列行政組織的活動與行爲；而前者則更要研討行政組織與其外界環境的關聯和適應。所謂環境包括社會環境、自然環境以及國際環境。環境適應的研究，是從假借而來的。尤其是人類生態學、文化生態學的理則大足爲行政學研究的資助。(2)環境學——人類求生存的奮鬪歷程，本在利用、開發、征服自然環境，以充實並改進其生活；但由於人口爆炸、都市興起、工業發達、工廠林立、空氣、飲水、河海等皆嚴重的受到污染與破壞。『人類今日處於自己所創造的險惡環境中，人自己成爲自我毀滅的危險動物。今後公共政策的決定，實在於使人在生態系統中能維持其生存，挽救其命運』❿。今日及今後如何改善這險惡環境，俾能自救自存，實是行政上的一大重要課題。因之，大學中不但有環境學的開設與講授；且有環境學系的設置。政府更有環境維護機構的成立。推行行政自不可不研習環境學。(3)未來學——社會事態或現象呈流動不居加速率的變遷，風馳電掣，一日千里，瞬息萬變，若對未來的變遷不有預測與準備；一旦進入新境界，將是一大震撼，茫然遺失，則不知如何措手足。杜佛勒（Alvin Toffler）於一九七一年著『未來的震驚』（Future Shock）一書，指出未來的社會中，一切都將是暫時性的，一用卽棄，一現卽逝；是新奇性的，聞所未聞，見所未見，不可思議，意想不到；是多樣性，千奇百怪，多彩多姿，花樣翻新，變化多端。人人對未來應有如此瞭解和準備。所以今日的大學中遂有未來學的開設與講授。生態行政學，重在研究行政措施如何迅速適應變遷的環境，故不可忽視未來學的研究。

❿ Fremont E. Kast & James E. Rosengweig, *Organization and Management*, 1974, pp.113-120.

⓫ Phillip O. Foss, *Politics and Ecology*, 1972, p.1.

行政乃是行政機關推行一定事務或解決某一問題的『作決程序』（Decision-Making Process）。今日的行政異常繁複而龐雜，因之行政決定不可僅憑主管的判斷，必須應用數量方法及客觀態度利用電子計算機的精確，廣大與迅速的系統分析，求得有用模式，以為『作決』的依據。因之，下列學科的知識與技術，對生態學的研究，亦是大有裨益的：(1)操縱學——這一學科的英文名稱為 Cybernetics。這是第二次世界大戰後，一門新興學科。魏納爾（Wiener）說：『操縱學乃是對動物及機器的控制、溝通及反饋系統的複雜程序與理論』；『人的腦筋亦可視之為資料處理、計算、控制、溝通的複雜系統和程序』❷。操縱學原雖僅適用於機器、工程、生物方面，然在行政上亦大可借用。(2)管理科學——這亦是第二次世界大戰以後新興學科，其目的在本客觀態度、科學方法及數量化分析技術對企業經營作合理及有效的管理。一九五三年美國學人成立『管理科學研究所』（The Institute of Management Science），揭櫫其宗旨在：『認同、拓展及統一有關管理實施及其瞭解的各種科學知識』。管理科學雖亦可視之為『科學管理』（Scientific Management）運動所產生的嗣裔；但其增加的重點則在於數量化的方法，電子計算機技術的運用及對問題的系統分析。這種知識與方法不僅可以解決企業經營的問題，同時亦可應用於行政管理上。(3)運作研究——『運作研究』（Operation Research）是一種『實驗性及應用性的科學，在致力於觀察、瞭解及預測「人羣組織」（Man-Machine）的有目的的行為。運作研究工作人員在積極的應用這種知識去解決企業的、政府的及社會的實際問題』❸。『管理科學』（Management Science）與運作研究可說是一種學科，向着重於數量方法，對問題的系統分析，建立數學

❷　Norbert Wiener, *Cybernetics*, 1948, 1962, p.19.
❸　Gudelines to the Practice of Operation Research, *Operation Research*, Semptember, 1971, p.1138.

模式，運用數學公式及統計方法，注意於經濟與技術方面，而非人性及心理方面，使用電子計算機的技術，對問題作整體性及開放性的觀察。若欲對二者強作分別，則管理科學範圍較廣，較着重於學術及思想體系的建立。運作研究範圍較狹，着重於實際問題的解決。

　　生態行政學學術基礎圖如下：

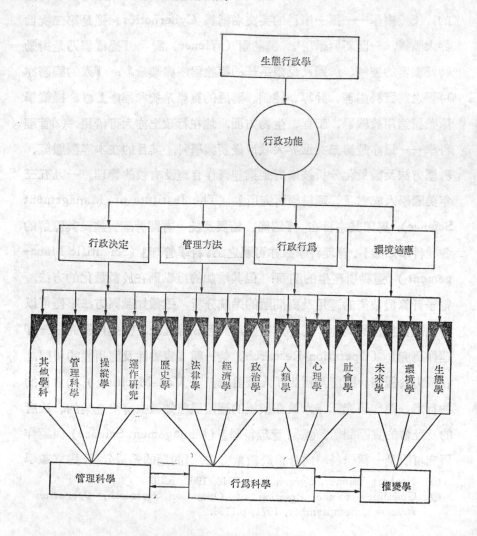

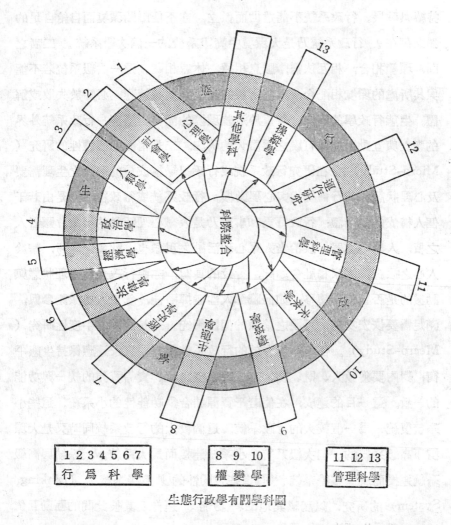

1 2 3 4 5 6 7	8 9 10	11 12 13
行 為 科 學	權 變 學	管 理 科 學

生態行政學有關學科圖

二、涉及的領域——生態行政學在對行政系統（包括行政組織及行政行為）作整體的觀察及精密的分析，亦就是作『致廣大而盡精微』或『鉅細洞察』的研究。因之，這一學科研究的對象應顧及到三方面：一是廣大的整體性的研究（Macro-Study），在研究行政系統對外界環境的有效配合與適應，俾能維持生態平衡，藉以成功的獲得其生存、安全、

持續與發展。行政系統不能遺世而孤立，亦不能離開環境而自給自足的獨立存在。行政系統乃是大環境中高級系統的一個次級系統。二者之間，環節扣合，相互依需，脈息相通，休戚相關。這一次級系統若不能與其所處的環境相配合，與其所屬的高級系統相適應，必歸於失敗或解體。生態行政學的研究，着重於這些環境的配合與適應。行政系統外界的聯立與互動研究，可視之為廣大的研究。二是精微的個體性的研究（Micro-Study），在研究行政系統或行政組織構成員的個人之生理需要及心理狀態和其行為模式與心理動機。行政系統或行政組織乃是由若干個人構成的集合體；行政行為和事態乃是人羣心理活動的現象。國者人之積，人者心之器，政治者人羣心理活動之現象也。社會之隆污，繫於人心之振靡。國家和社會如此，行政的良窳，亦視行政人員心理狀態與動機的是否正當為轉移。如何瞭解人性發揮潛能，尊重人格激勵參與，滿足需要恢宏功能，可視之精微的個體研究。三是居間的中度性研究（Mecro-Study）。任何一個有效的行政系統對外要謀求適應保持生態平衡；對內要獲致人、財、物、事、時、空、權、責等資源的統一與功能的一致。這一目的達成，在使若干資源結合為功能性的小系統。這些小系統復統一為一個較大的行政系統。這個較大的行政系統同時又是大環境下高級系統的一個次級系統。小系統連接而為大系統。大系統與高級系統連接而成為整體系統。對這些居間性的『連接系統』（Linking System）的研究，以認識其地位、功能、運作及其彼此間的互動互依的關係，便是中度性的研究。

依此以言之，生態行政學所涉及的領域，計有以下四大部份：㈠社會生態的行政研究——在研究行政系統對社會及自然環境的生態適應，俾能獲助力、化阻力，保持與外界的均衡。舉其要者包括⑴自然環境的開發利用、適應及維護。⑵行政行為的系統分析。⑶人口爆炸壓力對行政的

挑戰。⑷社會環境與行政的互動影響及關係。⑸團體動態與行政組織的關聯。⑹壓力團體的活動與多元行政。⑺經濟發展與行政的性能。⑻國際社會與國際行政。㈡文化生態的行政研究──在研究文化性質與形態對行政系統和行為的關係與影響。舉其要者，包括：⑴文化變遷與行政適應；⑵文化形態與比較行政；⑶政治文化與行政模式；⑷科學技術的行政衝擊；⑸風俗習尚與行政革新；⑹價值觀念與行政演變；⑺教育和宗教對行政的關係及影響。㈢心理生態的行政研究──行政是公務人員推行職務的活動。這種活動係以公務人員的意識形態及心理動機為發動機和控制器。行政者公務人員心理生態活動之現象也。研究主題涉及以下的諸領域：⑴行政是公務處理的『作決過程』(Decision-Making Process)。作決的心理因素，應予研究。⑵行政是人羣的互動行為，交相激盪，互為依存。因之，行政可稱之『互相影響系統』(Mutual Influrence & Influrential System) 。這亦可稱之為『互相領導關係』(Mutual Leadership) 。⑶行政是若干人為達到共同目的時的集體活動，即協調與合作行為。這種行為的獲致，有賴於有效及充分的意見溝通。生態行政的研究不可忽略這一重要課題。⑷要使公務人員努力工作，發揮潛能，行政上須採行適當而有效的激勵管理。⑸成功的行政在於公務人員具有主人翁的事業觀，肯自動自發的積極服務。這一目的達成，在於採行參與管理。⑹團體決策或目標管理亦是心理生態行政所當研究的重要課題。⑺行政能否成功，效率能否提高，每視能否搞好『人羣關係』(Human Relations) 為轉移。『人羣關係』實為心理生態行政的一個重要環節。㈣生理生態的行政研究──在研究如何適應公務人員的生理特質、功能與需要，而作適當的行政措施，俾能保持其身體健康，促進行政效率。舉其領域，計有以下的諸內容：⑴瞭解個別差異而為適切的人事選拔與任使。⑵建立妥適的工作環境，配合生理需要，消滅疲倦，

維持工作效率。(4)適應公務人員的體能及耐力，規定適當的工作速率，以免錯誤，減少疲勞，保持持久的效能。(5)採行合理的薪給制度，俾能維持公務人員的適當生活水準。(6)適應公務人員的生理特質與性能，使用科學化的工具與設置，消滅體力消耗，增加工作效率。(7)舉辦各種休閒、體育、消遣、康樂活動，提高公務人員的工作興趣，維持其身心健康，增進服務效能。(8)健全安全組織，充實安全設備，防止對公務人員的意外傷害及生命危險。

第三節　生態行政學的主旨

一、取向（*Orientation*）—— 傳統的行政學以科學管理為骨幹，注重於制度化、理性化、效率化、系統化、標準化等取向。修正的行政學以行為科學為準則；其取向由靜態的研究到動態的研究；由以事為中心的研究到以人為中心的研究，由規範性的研究到事實的研究；由效率的工作員到快愉的工作員。整合的行政學，以生態適應為要旨，以系統分析為研究途徑，其取向注重下列幾個觀點：

1.由分離研究到整體研究——由於科學技術的進步，二十世紀以來的學術研究益趨專業化分離化，致生『知偏不知全』的流弊。第二次世界大戰後，學術研究由專業化的分離研究進入整體性的系統研究時代。文化人類學家布朗(Radcliffe-Brown)、馬林諾斯基(B. Molinowski)在其著作中指出：『任何社會制度、風俗習慣及行為模式皆不能獨立存在，而與其所處的整體文化有着密切的關係。社會生活的各方面構成一個互存互依的聯立整體，社會最好應視之為各部份皆是密切關聯的一個整體系統』[14]。因之，任何行政系統皆可視之為由若干小部份構成的有

[14]　參見A. R. Radicliffe-Brown, *Structure and Function in Primitive Society*, Cohen & West, London, 1952.
B. Molinoski, *Scientific Theory of Culture*, Oxford University Press, N.Y., 1960.

機整體，或功能整體。故言整體，決不可忽略部份。同時，部份不能離開整體而存在。故言部份，決不可忽視整體。而且這整體系統的本身亦不能擺脫其所處的外界大社會環境、自然環境而表現其個性與功能，在眞空中運作；而是大社會系統、宇宙系統的一個小環節。所以生態行政學的研究取向乃揚棄專狹的鑽探，而注重整體觀察。

2.由獨立研究到互依研究──傳統的行政學認為構成行政系統或組織的功能單位及人員，皆在依其自由意志獨立行使職權。各單位各人員職權活動成績相加之和，即等於這系統或組織的總成績。殊不知系統中或組織中的單位及人員皆是互依互存的聯立關係；其行為是互動啣接的。他們的活動，必須是一致的合作的。這種活動成績相加之和才是組織的總成績。否則，各單位本本位主義，各人員採個人鋒頭主義，彼此的努力相互矛盾衝突，必導致組織的解體，功能的失敗。例如日本的陸軍海軍均甚堅強，但在侵華的戰爭（一九三七──一九四五）中，海、陸軍未能密切合作，各自要逞強立功，國力不濟，遂致無條件投降。生態學第一原理就是：『每一事物與其他的每一事物都是相關聯的』。一切的生物都是相互依存的交織網，牽一髮而動全身。機關首長的『作決』(Decision-Making)，在表面上好像是他的獨立行動，實際上他是受部屬及政治、經濟、社會環境的影響與壓力，不得不然的結果。所以，生態行政學的研究遂摒棄獨立的觀點，而採互依互動的生態途徑。

3.由單科研究到科際研究──傳統行政學者從單科研究的立場，就行政系統而研究行政系統，就行政事象而研究行政事象，認為行政的知識與理則乃是可以獨立自主的單獨學科。不免囿於一偏之見，『坐井觀天』，視線不廣；『固步自封』，難期開展。生態行政學者則要放開眼界，擴大範圍，以『科際整合』及『社會科學統一』的觀點去研究行政系統及行政事象。系統與系統間互依互存；學科與學科間互通互證；均

難作一刀兩斷的界限劃分。科際研究，在謀求行政學與新社會科學（行為科學）及其他有關學科的聯繫、整合與統一。生態行政學要從文化、社會、經濟、人羣、環境等互動與交流的多方面的交織關係上去瞭解行政系統與事象。含英咀華，攝取營養，建立生態的完整行政學。

4.由靜態研究到生態研究——傳統的行政學者着重行重於行政組織與制度的靜態的 (Static)、結構的 (Structural) 論述。祇知從權力關係上，事權分配形態上作探討。但這些僅是有形的法定的正式行政組織與制度，只是行政事象的一面，而非全體。行為科學派的學者則進而要從『行政情勢中的各人活動或行為』，亦就是行政舞台上的『演員』的表演作『動態的』 (Dynamic) 的研究；期以明瞭其生活情緒、行為動機、心理變化、生理需要、以及因化學、物理因素的干擾而引起的行為變化與後果。無論靜態的研究，動態的研究，都有其缺失。那就是忽略了行政系統及人員對外界環境的關係、影響與適應。生態行政學者對此則甚為注意；其研究取向如次：㈠自然環境對行政系統與人員互動關係與影響，謀求『生態平衡』 (Eco-Balance)。㈡從生物學方面研究行政人員的生理、心理需要與變化，期以獲到組織的『活力』與『平衡』。㈢從經濟學方面研究如何獲致組織的合理效率、消費大眾的滿意及農、工、商、礦、漁、牧業的高度發展。㈣從社會學方面，研究行政系統與人民、社團、社區間功能『輸入』與『輸出』的平衡，及其『反饋』 (Feedback) 作用。㈤從歷史學方面研究行政系統不斷發展的因果與準則。

5. 由定律研究到權變研究 —— 傳統行政學者要憑自己的思考與理解，尋求『真理』，建立『定律』，以為行政上的準則。且認為這『真理』與『定律』，乃是永久的、普遍的，『放之四海而皆準，質諸鬼神而無疑，百世以俟聖人而不惑』。生態行政學者則認為世上並無此種絕

對的『真理』與『定律』，只在憑直接的『證據』（Evidence）及間接的『驗證』（Verification）建立行政上的『工作假定』（Working Hypothese）。這『工作假定』乃是此時此地可以解決問題，有效適用的原則與方法，不是恒久不變的，而是因時、因地、因事、因人制宜的權變法則，決不是以『不變應萬變』，而是以『萬變應萬變』及『隨機而應變』。

6.由法學研究到人學研究──早期的行政學者多從法律觀點去研究行政，把行政學視之為法學；祇知從法律條文及權責分配系統表上去作檢討，接受其『表面價值』（Face Value）。殊不知法律規定和實際行為，常是大有出入的。若完全信賴白紙黑字的法條，不免受其欺騙，而有『盡信書』的流弊。行政乃是公務人員為達到共同目的時的協調活動及合作行為。生態行政學者要把這些人員當作生物人、動物人、感情人、理性人、個體人、羣體人及組織人去研究其行為與活動的動機、變化、互動、關係及影響等。行政系統係由人、財、物、事、時、地、法所構成。而財、物、事、時、地、法都要靠人去運用，去控制。所以生態行政學者把行政當作『人學』去研究，要人盡其才，維其生、養其生、適其生，遂其生，使事與法成其功。

7.由效率研究到民生研究──舊日的行政學者率以增進行政效率為研究中心與目標。但其所持的效率觀念僅是狹義的，機械性的，就是『以最經濟的手段，獲得最大的效果』；亦卽『以最少消耗（投入）產生最大產出（成品）』。換言之，乃在謀求人力、財力、物力、時間的節省或浪費的消除。生態行政學者固然亦主張提高行政效率；但其所持的效率觀念則是廣義的，社會性的，就是以能否增進社會幸福及民生福利為測量效率的標準。第二次世界大戰以後，美國便有不少行政者提出這種觀點和主張。平尼（Pinney）以為行政效率的觀念應從機械的水準

提高至社會的水準。效率不能作有形的計斤較兩的計算，能增進人民福利，能使社會得到滿足，才是最高的行政效率 ⑮。阿普里璧 (Appleby) 曾說：『所謂效率應以「適宜」、「生存」、「進步」爲衡量標準』⑯。

二、目的 (*Objectives*) —— 學者的任務在建立學術上的新觀念、新理論以爲社會生活及人羣的行爲準繩與指導原則。因爲意識形態是行爲的發動機和控制器。生態行政學者在循系統研究途徑，建立下列的新行政觀念以爲行政行爲的準則：

1.整體系統的行政觀——第二次世界大戰結束了『科學機械』時代，而開啓了『生態系統』時代。前者採『精微研究』(Micro Study) 途徑，把一切事物分析至於不能再分的單元，如原子、細胞、本能 (Instincts) 等。企業生產，採精細的分工，工人的工作簡單細小，使人成爲機器的一部份。後者採『博大研究』(Macro-Study)途徑，重綜合，言整體而不忽略部份；言部份而不離開整體，作鉅細不遺的透闢觀察。

著名行政學者客士特 (Kast) 和魯申威 (Rosengweig) 說：『很多自然科學和社會科學的學者因接受了功能主義及系統研究，而信持「整體主義」(Holism)，認爲一切的物理系統、生物系統、社會系統都是由相互依存的次級系統構成的整體。這整體不是各部份相加之和的混合物；而是各部份與各部份及各部份與整體之間休戚相關、脈息相通的有機體。整體主義乃是「元素主義」(Elementarism) 的相反。整體觀念爲系統研究的基礎』⑰。因之，生態行政學者認爲行政行爲、行

⑮ 參見 H. Pinney, Institutionalizing Administrative Control, 載 *American Political Science Review*, Vol. 33 (Feb.1945) pp.79-88.
⑯ P.H. Appleby, *Big Democracy*, 1949, pp.43-56.
⑰ Fremont E. Kast & James E. Rosengweig, *Organization and Management*, 1974, p.106.

政組織及行政事象皆是由若干次級系統所構成的不可分離的整體系統。

2.生態適應的行政觀——任何有效的行政系統必須具有兩個相反相成的功能（Mechanisms）。一是維持功能，保持系統本身的團結、持續與平衡及內部次級系統的統一與協調。二是適應功能，整體系統要能與其外界環境作有效的配合與適應，保持系統本身與環境的生態平衡。前者是一種保守力量，旨在防止系統本身變遷過份迅速，而免次級系統與整體不能保持統一與平衡。後者是一種進步力量，使系統本身與外界環境作與時俱進、因地制宜、隨機應變的適應，俾能獲致穩進的(Steady)、動態的（Dynamic）平衡。安定中才能進步；進步中才能安定。人類社會在作加速率的變遷；自然環境亦在不斷的衍化，日新月異，決不靜止。行政系統必須作及時的適應，方能維持其生存；否則落伍與停滯必歸於天然淘汰。

3.功能開放的行政觀——任何系統皆具有一定的功能。功能就是效用。效用決定存在，世無無功能的系統。就功能運作言之，系統可分為兩類：一是封閉系統，一是開放系統。物理系統、機械系統屬於前者。生物系統、社會系統屬於後者。但早期的行政學者亦竟把行政組織視為封閉系統。因為他們把行政組織視為自給自足的獨立單位，忽略了其與外界的關係和影響。他們祇孤立的研究行政組織內部的功能與運作，忽視其與外界環境的功能和互動。

生態行政學者認為行政組織是功能開放系統。其功能運轉是行政組織接受社會環境的「輸入」(Input)加以轉化，成為「輸出」(Output)供應社會。社會接受輸出便會產生新情勢。新情勢又形成新輸入，政府加以「反饋」與「轉化」再成為新輸出。如此，功能開放即成為循環往復不斷「圓周」(Cycle)，如下圖所示。

輸入包括社會對行政組織所提供的人力、財力、資源、支持、要

求、意見等。轉化過程指組織對輸入的認知、研究、分析、判斷及決策等。輸出包括產品、服務、政策、法律、方案、施政等。新情勢是社會接受輸出後形成的新社會環境。反饋是組織對新情勢的認知及行爲的調整。柏克萊（Buckley）說：『開放系統不僅藉輸入輸出的功能循環，維持新陳代謝的生機。輸入、輸出的互動既足以保持系統與環境的平衡；更影響到系統的構成部份與整體的內部關係，使其結構、目標發生變化，促成部份與其整體的平衡』⑬。

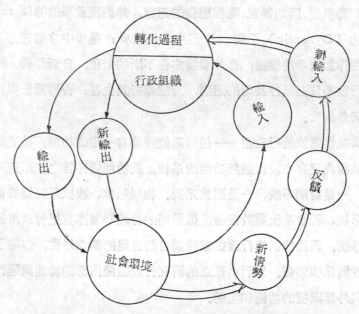

4.異途同歸的行政觀 —— 物理系統和機械系統皆受嚴格的『因果律』（Cause-and-Effect）的限制；有一定的投入必有一定的產出；必須用一定的手段才能達到某一目的，一路歸一路，不容踰越。而社會系統和行政系統則不然；投入與產出之間並無嚴格的必然的『因果』關

⑬　參考 Waltor Buckley, *Society as a Complex Adaptive System*, 1976 pp.490-491.

係，達到同一目的不必用同一手段。同因未必生同果。一果可能來自數因。數因亦可能產生一果。條條大路通羅馬，成功不必拘於一格，此之謂『異途同歸』（Equilfinality）。生態行政學者認爲這是行政系統的一大特性。

傳統行政學者重視『定律』與『定則』，認爲要達到某一目的必須遵守某一定律或定則；否則必歸於失敗。例如，所謂『掌握律』或『控制幅度』（Span of Control）就是他們所堅持的一個定律。這是說，一個機關或長官所直接管轄的單位應以三至七個爲限；若超出此數，卽屬違犯『管理經濟』的定律，必然失敗。但是事實證明，採行鉅大控制幅度的機構，仍然經濟而有效。例如美國的『大來連鎖商店』（Dalar Chain Store），總店在紐約，分支店遍及各國，數以百計，仍然獲利賺錢。所以生態行政學揚棄定律研究，而信持『異途同歸』的行政觀。

5.新陳代謝的行政觀——物理系統和機械系統都是封閉性的，不能直接的自動的從外界環境中增加力量、資源與能源（Entropy）。當其固有資力（Resourse）、能源消耗完結時卽歸於消滅或終止。至於社會系統和行政系統則是開放性的，能以直接的、自動的從外界環境中不斷的吸收或增加力量、資源、能源以供使用。因此，這種系統能在新陳代謝的情形下以生生不息的、循環不斷的維持其生存與活動。社會和行政系統旣能吸收外界力量、資源、能源；又能向外界提供產品、服務與惠助。環境支持系統，營養系統。同時，系統亦支持環境，營養環境，能煩不盡，永保活力（Vitality）與靑壯，世代不絕，維持永恒。生態行政學者要建立新陳代謝的行政觀，卽係基於這種事實與理論。

6.穩進發展的行政觀——行政組織是一種開放系統，一方面能從外界環境中獲取輸入，維持其生存與功能。一方面又能把所吸取的輸入加以轉化，成爲輸出提供於外界環境。在出入相等，取予稱適的情形下，

行政組織便能維持其生態平衡，既不失之急進，亦不流於緩慢，而可以保持生生不息，循序而進的速率下作穩穩當當，不急不慢的發展與生長。行政活動必須維持這一『穩進狀態』（Steady State）方不致失。

宇宙間的離心力與向心力保持平衡，宇宙系統方能穩當的運轉自如。政治中的自由力量與專斷力量保持平衡，政治系統方能平穩的推行無阻。行政上的進步勢力與保守勢力保持平衡，行政系統方能穩進發展。生態行政學者以生物學原則衡量行政。因為植物與動物的生長發展，由發芽、生根、長葉、成幹、開花、結果；由受精、成胎、出生、嬰、幼、青、壯、老都在穩、慢、續、進的情況中成長。所以行政的發展亦須保持穩進持續，方屬正常。行政系統中若進步勢力太大，則發展過快，將會導致行政的混亂與失序，而生『欲速則不達』的流弊；若保守的勢力太大，則呆滯停頓，因陳陳相因，不能與時俱進而歸於失敗和淘汰。所以理想的行政系統，要使進步勢力與保守勢力保持平衡，期以獲致穩進的成長與發展。

第二章 生態行政學與民生哲學

政在養民。經濟是資助生活的財富與勞力。政治是運用財富與勞力解決人民生活問題的強制性的集體努力與活動。經濟是政治的內容。政治是經濟的手段。行政是達成政治目的時政務管理的組織行為和治事方法。『國家建設之首要在民生。』生態行政學在本生物學的『生態』觀點及『民生為社會進化重心』的哲學立場，研究如何以行政行為與方法實現民生主義，解決人民食、衣、住、行、樂、育的生活問題，本章的主旨即在對此作一有系統的闡說。

第一節 民生哲學的基本含義

哲學是對宇宙萬物作追根到底研究的『愛智之學』；要把萬事萬物的理則，弄得清清楚楚，明明白白，求得其『第一原理』 (First Principle of the world)，亦即永久的、普遍的、基本的原理。其內容包括三大部份：一是本體論，在找出宇宙萬物的最初或最後本質到底是什麼？二是宇宙論，在研究宇宙萬物進化的法則是什麼？三是人生論，在研究人羣社會及人生行為到底應該怎樣？兹將民生哲學對這些問題的

解答論述於次。

一、生元的本體論——宇宙萬物的本體，到底是什麼呢？哲學對這一問題的解答，要可分為下列幾派：

1.唯心論——柏拉圖（Plato）認為一切的存在的本源是『意念』（Ideas）。派若葛拉氏（Pythagras）認為『一切事物的存在皆是「式」與「數」耳』（All things are Forms and numbers）。黑格爾認為絕對的『理性』就是宇宙萬物的實體或本體。理性依邏輯規律，發展為自然物質，再進而為人類精神。叔本華（Shopenhauey）認為宇宙萬物的本體是『意志』（Will），『吾思故吾存』。

2.唯物論——古希臘的哲學家，泰爾斯（Thales）認為『水』是宇宙萬物的本體；安那克孟斯（Anaxmoerotum）以為『氣』（Air）是宇宙萬物的本體。郝里克特斯（Heraclitis）以『火』為宇宙萬物的本體。德謨克瑞特（Democrutum）以『原子』為宇宙萬物的本體。費爾巴哈（Feverbach）認為物質是離開思想可以獨立存在的客觀實體。人身是物質構成的，思維是腦筋（物質）的一種特性。恩克斯（Engles）以為宇宙萬物的本體是物質，精神乃是物質發展到某一階段的現象。馬克斯（Marx）倡『唯物史觀』，認為物質是一切存在與變化的主體。

3.心物二元論——這一派人的主張，認為精神與物質同為宇宙萬物的本體。安那克葛拉氏（Anaxagoras）認為宇宙萬物的本體是物質的種子和精神的心靈，兩者獨立存在，二者互動為一切存在與變化的根源。笛卡爾（Descartes）認為神是無限存在的實體。萬物皆依神而存在，神之外，有精神與物質兩個實體，同時存在，精神的特性是思維，物質的特性是廣袤，各不相依，獨立存在。

4.心物合一論——斯賓那莎（Spinoza）倡泛神論，認為宇宙萬物的本體是『物』與『心』合成者。**物是廣袤**，運動與靜止是廣袤的形

式。理智與意志是思維的表現。思維就是心。神統攝『物』與『心』，而成宇宙的本體。謝克林 (Scheling) 認爲自然的事實世界與思維的精神世界原爲兩種不同因子，而由『絕對』(Absolute) 綜合之，成爲宇宙萬物的本體。羅素 (Russell) 認爲宇宙萬物的本體，非心非物，亦心亦物，而是一個中性的實體。這中性實體就是綜攝心與物的集中點。懷海德 (Whitehead) 認爲宇宙萬物的本體就是『事點』(Events)。心和物依附這『事點』實體，由不同的組織方式而成。事點的實體有心亦有物，但亦非心非物。

　　5.生元本體論——國父　孫中山先生的本體論既不是唯心論，亦不是唯物論，更非心物二元或心物合一論，而是生元論。他說：『總括宇宙現象，要不外精神與物質二者。精神雖爲物質之對，然實相輔而用。考從前科學未發達時代，往往以精神與物質絕對分離，而不知二者本合爲一』❶。這心物本一論認爲宇宙萬物的本體既非心，亦非物，亦非心物合成的東西，而是另　實體 (Reality)。這一實體是什麼呢？　國父所指的這一實體或本體就是『生元』。他說：『生元構成宇宙及萬物』；『太極（生元）動而生電子，電子凝而成元素，元素合而成物質，物質聚而成地球，地球成而生萬物』❷。由生元論而發展爲民生哲學，認定：『民生是歷史社會的重心』；『爭生存爲歷史進化的原動力』；『民生是歷史進化的原動力』❸。生元是宇宙間最精微奇妙分無可分的基因。　國父說：『生元之爲物也，乃有知覺靈明者也，乃有動作思維者也』❹。

　　法儒柏克森 (Henri Bergson) 著『創化論』(Creative Evolu-

---

❶　　國父，軍人精神敎育，第一章。
❷　　國父，孫文學說，第四章。
❸　均參見　國父，三民主義，民生主義第一講。
❹　　國父，孫文學說，第四章。

tion）一書，指稱宇宙萬物皆有生命。宇宙是從生命的噴火口噴出來的。吾人各有一條生命。整個宇宙是一條無窮盡的大生命之流。人是大流的小流。生命之流變化不已，創化無窮。中國的傳統哲學認為『天地之大德曰生』、『生生不息之謂易』、『萬物資生』。這些哲理與民生哲學的生元本體論正是不謀而合，足以相互印證。

　　二、競、助的宇宙論——宇宙論是研究宇宙萬物生成演化的法則及其秩序的學問。關於這一課題的研究，約可分為三大派別：一是機械論派，用機械的因果法則，說明宇宙萬物生長及演化的理則，認為物質及其運動，具有不得不然的必然因果法則。二是目的論派，認為宇宙萬物的生成及演化，都有一定的目的與意向。三是進化論，認為宇宙萬物的演化，遵循着進化的法則，由簡單而趨於複雜，由低級而於高級。民生哲學的宇宙論屬於進化論派。而進化論派復可分為下列四支：

　　1.競爭進化論——英人達爾文（Charles Darwin, 1809-1882）於一八五九年著『物種原始』（Origin of Species, 嚴復譯為天演論）倡競爭進化說，認為物種的衍化，遵循『物競天擇』（Natural Selection）的法則，弱肉強食，優勝劣敗，適者生存，不適者必歸於天然淘汰。強者就是適者，故必勝。弱者就是不適者，故必敗。英人斯賓塞（Herbert Spencer, 1820-1903）承達爾文的遺緒倡『自由論』（On Liberty）認為自由競爭是進化的原動力，因之主張自由與放任政策。英人赫胥里（Thomas Huxley）著『生存競爭論』（Struggle for Existence），認為生存競爭的法則，不僅適用於動物的生活中，同樣適用於人類社會中。這三人的學說，促成個人主義及自由主義的蔚然興起，成沛然莫之能禦之勢。但這崇強力，抑弱小的立論，卻在人間造成不良的後果，對內形成貧富懸殊，勞資對立的不平等現象；對外形成帝國主義者對弱小民族及殖民地的侵略、壓迫及榨取。

2.鬪爭進化論——德人馬克斯 (Karl Marx, 1818-1883) 於一八四五年發表『共產主義宣言』，於一八七七年著『資本論』倡『唯物史觀』及『階級鬪爭』的謬論，認爲人類歷史就是一部階級鬪爭的記載。封建社會中奴隸階級與貴族階級鬪爭。專制政治時代被壓迫階級與統治階級鬪爭。資本主義經濟時代，無產階級與資產階級鬪爭。每一社會皆有兩個對立的敵對的階級存在，二者之間存有不可避免的矛盾與衝突，造成社會問題。只有經由殘酷的無情的激烈流血革命及階級鬪爭才能解決社會問題，促進社會進化。

馬克斯出身寒微，生活貧困，受盡折磨，在盛怒的感情下，倡此充滿『殺機』與『仇恨』的偏激之論，自非公正冷靜的持平之理，貽害世界無窮，戕殺人類無算。

國父說：『馬克斯是病理學家，並非生理學家』。階級鬪爭是社會病態，並非社會常態。以病（階級鬪爭）治病（社會問題）其病益惡，成爲鬪殺不已的禍患根源。民生哲學持民生史觀否定唯物史觀，倡全民互助、階級合作，否定階級鬪爭。社會進化的原因不是物質而是『求生存』，民生才是歷史進化的重心。民生有了問題才會產生階級鬪爭。鬪爭是果不是因。如何消滅這個惡果，在於爲全體社會謀利益，解決民生問題。社會進步的原因，不是階級鬪爭，而是全民互助與階級合作，使社會上大多數人的經濟利益相調和。

3.互助進化論——俄人克魯包德金(Petre Kropotkin, 1842-1921)於一八九六年著『互助論』（Mntual Aid）認爲宇宙萬物依互助原則而進化，對於達爾文、赫胥里、斯賓塞等人的競爭進化論力予反對。他從動物生活中作切實的觀察，舉出蜂、蟻、麻雀、鴿子、鸚鵡、獼猿、河馬等動物，皆能合羣、友愛、共獵、共食、聯防，能生育結合，能遷移結合等事實與現象，證明動物間的進化原則是互助，並非競爭。

克氏認爲互助進化不僅是動物間進化原則，亦是人類社會進化的原因。他指出只有在非常時期，動物才有偶然的競爭現象。在正常的情形下，動物則是藉互助維持較佳生活。他更強調的說，不僅文明人具有互助合作的天性，就是野蠻人、半開化人亦皆是這樣的。他舉出許多野蠻人和半開化人的生活事例，證明這些種族的合羣天性及互助本能。

4.競、助進化論——國父　孫中山先生所信持的宇宙論，自有其獨特的見解；旣根本反對階級鬪爭，亦不贊成生存競爭；認爲物種進化依競爭原則，人類進化依互助原則，故可稱之爲競、助宇宙論。

他說：『作者（　中山先生自稱）則以爲進化之時期有三：第一爲物質進化之時期，第二爲物種進化之時期，第三爲人類進化之時期。元始之時，太極動而生電子，電子凝而成元素，元素合而成物質，物質聚而成地球，此世界進化之第一時期也。今太空諸天體，尙在此期進化之中。而物質之進化，以成地球爲目的；吾人之地球，其進化幾何年代而始成，不可得而知也。地球成後以至於今，按科學家據地層之變而推算，已有二千萬年矣。由生元之始生，以至於成人，則爲第二期之進化。物種由微而顯，由簡而繁，本物競天擇之原則，經幾許優勝劣敗，生存淘汰，新陳代謝，千百萬年，而人類乃成。人類初生之時，亦與禽獸無異，再經幾許萬年之進化，而始長成人性，而人類之進化，於是乎起源。此期之進化原則，則與物種之進化原則不同。物種以競爭爲原則，人類以互助爲原則。社會國家者互助之體也，道德仁義者互助之用也，人類順此原則則昌，不順此原則則亡。此原則行之於人類，當已數十萬年矣。然而人類今日未能遵守此原則，則因人類本從物種而來。其入於其三時期之進化，爲時尙淺，而一切物種遺傳之性，尙未必悉行化除也。然而人類自入文明以後，則天性之所趨，已莫之爲而爲，莫之致而成，向於互助之原則，以求達到進化之目的矣。人類進化之目的爲

何，即孔子所謂：『大道之行，天下爲公』❺。

三、服務的人生觀——人生觀亦稱人生哲學，即人們對人生的基本態度和看法；換言之，這亦就是一個人立身處世，對人對事的一貫作風或在社會中『角色扮演形像』後邊的意識形態。各人因先天秉賦各異，後天環境與教育有別，所抱持的人生觀，亦就各有不同。人生觀的派別不少，茲列舉五種派別的要旨如次：

1.自然的人生觀——無政府主義的李耳（字聃）、莊周皆主張淸心寡慾，依於自然，返樸歸眞，無爲而治，尙自由，主寧靜，厭法令，棄仁義。他主張人生應以『自然』爲法則。故曰：『絕聖去智，民利百倍。絕仁去義，民復孝慈。絕巧去利，盜賊無有。見素抱樸，少私寡欲』❻。莊子和老子一樣，主張無爲而治，故曰『天無爲以之淸，地無爲以之寧』又曰：『聖人不死大盜不止，絕聖棄智，大盜乃止』，『法令滋多，盜賊滋彰』。

2.道德的人生觀——儒家的人生觀，信持道德主義。道是人生道路，德者得也，指人各得其宜，各守其分也。儒家的人生觀在於安分守己，各盡其責，各守其分的道德主義。孔丘爲政，必先正名。又說：『名不正則言不順，言不順，則事不成』。他主張維持：『君君、臣臣、父父、子子』的人倫關係，要『克己復禮，道之以德，齊之以禮』。孟軻的人生觀在：『敎以人倫，父子有親，夫婦有別，長幼有序，朋友有信』。荀卿的人生觀，敎人必須過合羣的生活。他說：『人力不若牛，走不若馬，而牛馬爲人役者，何也？曰，人能羣，而牛馬不能羣也，人何以能羣，曰分。分何以有行，曰義。分以和之，義以一之』❼。

---

❺　　國父，孫文學說，第四章。

❻　　老子，道德經，第十九章。

❼　　荀子，王制篇。

　　所謂名、分、人倫就是絜矩之道：『所惡於上，勿以使下；所惡於下，勿以事上；所惡於前，勿以先後；所惡於後，勿以從前；所惡於右，勿以交於左；所惡於左，勿以交於右』❽。絜矩之道，就是安分守己的道德，各人盡各人應盡的責任，各人享各人應享的權利，我不犯人，人不侵我，天下治矣。

　　希臘哲人蘇格拉底（Socrates）、柏拉圖（Plato）、亞里斯多德（Aristotle）及斯多亞派（Stoics）的人們，都信持和中國儒家思想相近似的理論，認爲知識卽道德，道德就是幸福；每個人都應該過合乎『理性』（Reason）和『正義』（Justice）的道德生活。『理性』就是『天理』和『良知』；『正義』就是『公道』和『公平』。合乎這種條件和標準的生活，正是儒家所說的各得其宜，各安其分的道德的人生觀。他們有一句名言，就是：『只有道德的正當人生才是快樂的幸福的人生』（Happy life is a Good life）。

　　3.勢利的人生觀——法家所抱持的人生觀，可視之勢利的人生觀。他們熱衷名利與權勢，認爲人生的目的就在於爭權奪利。他們反對仁義與道德，以爲那是『畫餅充饑』，猶如孩童『以塵爲飯』的兒戲。仁義道德不能使人服從，焉能齊民使衆，只有權勢才是治國的要件。韓非說：『勢者勝衆之資也』；『王也者勢無敵也』。管仲亦說：『凡人君之所以爲君者，勢也』。權勢使人服從，可以滿足人的支配慾，乃是『強權卽公理』霸道思想。

　　法家的思想認爲人是自私自利的動物，爭權勢所以自衞自保，維持自己的地位與安全。利是『財富』，奪利所以供其生活之資需，乃是生活及享樂上不可或缺的要素。法家治國在於『富國強兵』。強兵所以集勢圖霸。富國所以收實利，裕府庫以養兵肥己。故對利與富看得十分重

<hr>

❽　大學第十，釋治國平天下。

要。管仲說：『政之所興，在順民心，順之之道，莫如利之』；又說：『倉廩實而後知禮義，衣食足而後知榮辱』。商鞅、韓非、范睢、張儀等人背離祖國，臣事暴秦，以術說秦王，居高位，食厚祿，盡爭權奪利的人生觀有以致之。

4.享樂的人生觀——道家的人生觀可稱之為寡慾派。儒家的人生觀可稱之適慾派。法家的人生觀可稱為足慾派。享樂的人生觀可稱之為縱慾派。中國的竹林七賢（晉嵇康、阮籍、山濤、向賢、劉伶、阮咸、王戎）和古希臘的愛璧鳩魯派（Epicurus）可為這派人生觀的代表人物。他們都是個人主義者，所注意的只是如何獲得個人的快樂與享受。至於什麼社會幸福，公共利益都非他們所關心的事。他們認為人生不過百年，心身享樂貴及時：『今日有酒今日醉』，『有花堪折直須折，莫待無花空折枝』。道德的、正當的生活並非快樂，只要快樂，就是正當。所以他們所持名言是：『正當的人生，就是享樂的人生』（Good life is a happy life）。放浪形骸，無拘無束，興之所至，欲如何便如何；不恤人言，不畏批評，享樂吾自享之。

5.服務的人生觀——國父　孫中山先生創造三民主義，領導國民革命，旨在救國救民，建立自由平等的新中國，解決民生問題，使人民過富強康樂和諧安寧的新生活。要達到這種目的，他認為必須人人本犧牲奉獻的精神，盡自己的才智，誠心誠意的為社會服務，為人民造福。這就是服務的人生觀；其目的不是寡欲、適欲、足欲、或縱欲，而是要使人民能以維生、安生、和生、樂生、享生及遂生，以符於『天地之大德曰生』、『生生不息之謂易』的民生哲學。

國父說：『人人應該以服務為目的，不當以奪取為目的。聰明才力愈大的人，當盡其能力服千萬人之務，造千萬人之福。聰明才力略小的人，當盡其能力服十百人之務，造十百人之福。至於無聰明才力的

人，也應該盡一己之能力，服一人之務，造一人之福』❾。　國父又說：『這種替衆人來服務的新道德，就是世界上道德的新潮流。七十二烈士中有許多是有本領有學問的人。他們舍身爲國，視死如歸，爲人類服務的那種道德觀念，就是接受了這種新道德潮流』❿。

　　服務的人生觀就是儒家『行仁』的精神。『仁』字本義原指『桃仁』、『杏仁』、『麥仁』等種籽而言。仁之特性爲『生』，行仁就是生衆生。　國父說：『仁之種類，有救人、救國、救世者，其性質則皆爲博愛。博愛是公愛而非私愛，要能行仁，爲人類謀幸福』。　國父說：『何謂救人？即慈善家之仁，此乃以樂善好施爲事。何謂救國？即志士愛國之仁，專爲國家出死力，犧牲生命，在所不計。此爲舍身以救國，志士之仁也。何謂救世？即宗教家之仁，如佛教，如耶穌教，皆以犧牲爲主義，救濟衆生』⓫。服務與行仁的目的，在於實現禮運大同篇所說的『大道之行也，天下爲公』的大同世界。

第二節　生態行政與民生福利

　　現代國家是福利國家。政府功能在於爲人民謀福利。生態行政的主旨，就是在本『民生主義』、『民生哲學』的立場，適應時代的新潮流，研究如何使行政系統的構成員能以維生（生存）、安生（安全）、和生（和平）、樂生（快樂）、享生（享受）及遂生（成就與發展），養成其充沛的活力及快愉的精神推行政府功能，完成國家使命，俾全國人民亦皆能維生、安生、和生、樂生、享生及遂生，解決民生問題，共享全民福利。兹將民生福利的重要內容、解決的途徑及其社會特性，論述

---

❾　　國父，三民主義，民權主義第三講。
❿　　國父，世界道德新潮流，講演。
⓫　　國父，軍人精神教育，講演。

於後：

一、民生福利的重要內容——『民生爲歷史的重心』、『民生是社會進化的重心』。人類的進步既以民生爲重心，『求生存』便是人生進化的原動力。因之，國家的目的，政府的功能，都在於使公務人員負責盡職以積極的努力，有效的方法，爲社會作最佳的服務，以增進人民的最大福利，解決食、衣、住、行、育、樂的六大民生問題。

何謂『民生』呢？ 國父說過： 『民生就是人民的生活，社會的生存，國民的生計，羣衆的生命。』民生雖然包括了許多方面，其基本則仍在於滿足人民的生活需要，使人性達到完全的或充分的發揮。人性計有個性、羣性和理性三方面。因爲個性所要求的自由平等，都要在羣性之下才能發展。惟有在羣性的環境下，個性所要求的方能實現，方能發展。任何人離開了社會或人羣組織是不能生存的。所以西諺曰：『任何人都不能離開組織而生存，除非他是野獸或神仙』（Without organization no one can exist unless he is a beast or a God）。理性是個人在社會或人羣組織中各安其分，各得其所，各盡其應盡之責，各享其應享之利的人羣關係。只有個性在羣性之下發展，並遵守理性的人羣關係，方能以互助合作的羣策羣力，解決人民的生活問題。生態行政的目標就是向這方向邁進，爲人民謀福利，解決民生問題。

民生福利的重要內容，計有六大部分：㈠生存（Existence），卽個人及民族生命的維持，在謀求食、衣、住、行、育、樂問題的解決。國防、外交、警衞、消防、醫藥、衞生等行政均屬之。㈡安全（Security），政府的功能和行政， 不僅要使人民能夠維持生存， 同時亦要使人民的生存有安全保障，免於災害和危險，而有『免於匱乏』（Free from Wanting）及 『免於恐懼』（Free from Fear）的自由與權利。今天， 在共產主義制度的統治下的人民，生活困窮，在死亡線上掙扎，

暴力壓迫，特務遍地，人人在恐怖氣焰下顫慄，不知命在何時。㈢和平
（Peace），人民的生命和安全得到保障以後，還要進一步使大家過安
靜、和諧、昇平的日子，家庭和睦，敬業樂羣，社會安寧，互助合作，
親愛精誠，團結一致，無戰爭，無暴亂，無紛擾，充滿祥和之氣，『致
中和，天地位，萬物育』。㈣快樂（Happiness），生存、安全、和平
係由外在社會條件所提供，而快樂則係個人內在心靈的感受和認知。快
樂與否全視個人的認定為轉移。顏回『居陋巷，一簞食，一瓢飲，曲肱
而枕之，人不堪其憂，回也不改其樂』。秦始皇位居一尊，富有四海，
卻憂死憂病，而遣徐福赴東瀛求長生不老之藥。政府應運用各種教育方
法及品德薰陶，養成人民的健全品格、高尚情操、正確的人生態度及意識
形態，不憂不懼，不忮不求，不怨天，不尤人，自得其樂。政府的責任
和行政的功能應該設法使人民精神健全，心情快愉，身心平衡，手腦並
用，文武合一，智德雙修，心境平靜如止水，精神快樂如玩童。㈤享受
（Enjoyment），這是物質與精神的受用，在提高人民的生活程度，達
於世界文明的第一流水準。行有美好的飛機、汽車代步；食則珍饈美
味，住則豪華大廈，衣則綾羅綢緞；有充分的休閒時間，作高尚娛樂及
消遣享受；身心康樂，生活舒泰，無憂無慮，卻病延年。㈥發展（De-
velopment），現代化的政府與行政，不僅使人民能以維生（生存）、
全生（安全）、和生（和平）、樂生（快樂）、享生（享受）更要使之
遂生（發展）。遂生者就是使人民依其先天秉賦，盡情盡性發揮其潛
能，使能成其才，盡其才，在自己能有最大的成就，對社會能作最大的
貢獻。人盡其才，才適其用。

　　生態行政要為人民作到這些的民生福利，則能以盡人之性。能盡人
之性，則能盡物之性。能盡物之性，則可以與天地參矣。玆將民生福利
的內容，依前所論述者，繪圖如次，俾讀者對此易於明瞭：

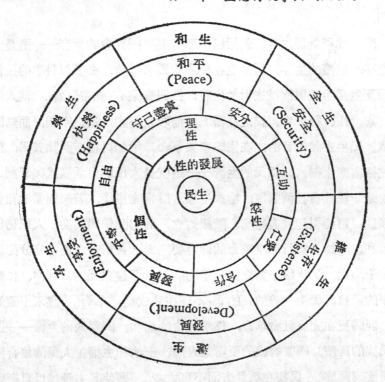

　　國父在民生主義第一講中說：『民生就是人民的生活、社會的生存、國民的生計、羣衆的生命便是』　總統蔣公中正曾就此加以解釋，認爲民生就是人民的生活。蔣　公中正於民國二十五年在南昌重訂的『新生活運動綱要』中曾說：『民生雖分爲四個方面，而生活實爲其他三者之總表現。蓋生存重保障，生計重發展，生命重繁衍。而凡達成保障發展與繁衍之種種行爲便是生活。換言之，生活卽是人生一切活動的總稱。』這種解釋是十分恰當的。有的考證家認爲　國父三民主義的原稿，本是這樣的：『民生就是人民的生活。如社會的生存，國民的生計，羣衆的生命便是；』印稿漏去一個『如』字。由此可知，民生主義的目的，就在解決人民的生活問題；亦就是在爲人民謀求生活上的各種

福利。

民生福利重要內容，包括以下三方面：㈠社會的生存——這是大眾的生存，集體的生存。所謂生存要靠物質來維持；必須以科學的技能、知識及生產手段與機械去增加生產，振興實業，充裕財富，使人民在食、衣、住、行、育、樂之資需上，能取之不盡，用之不竭，而無匱乏之虞。民生主義的目的，在完成產業革命，增加財富，免除貧困，使生活充裕富庶康樂。㈡國民的生計——這就是人民的生活模式與計劃，亦可說是一種社會經濟制度。增加生產，財富充裕後，若無適當的社會經濟制度，可能引起貧富懸殊，階級對立，而起鬥爭與衝突，人民仍得不到福利。所以在實行產業革命的同時要完成社會革命，使財富分配社會化，平均化，消除階級對立與鬥爭的病態，而建立互助、合作、仁愛、和平的社會。民生主義的目的，不僅在完成產業革命，謀求中國的富足；同時更在完成社會革命，謀求社會的均和。㈢羣眾的生命——這就是民族的延續。國家構成的要素是人民、土地和主權。人民的集合體就是民族或國族。民族在數量方面不可太少，要使其力量能以自衛與獨立。民族在質量方面要優秀，無論其智慧、身體、知識、技能、組織力、生產力均足以與其他民族競爭不敗，並駕齊驅。政府應為人民提供良好適當的環境與利便使民族繁衍不絕，進步不已。

二、民生福利解決的途徑——依據民生主義的指示，舉述民生福利解決的途徑如次：

1.吃飯問題的解決——民為邦本，食為民天。民生福利所要解決的第一問題便是吃飯問題。要使糧食、蔬菜、肉類大量生產，以裕民食，解決的途徑有三：㈠實行平均地權，改革土地制度，實施耕者有其田。耕地為耕者所有，不受地主剝削，自己勞力之所獲，可以完全歸自己所有，耕者的耕作興趣必因之提高，農產品的生產自可因而大大增加。㈡

改良農業生產方法，使用機械耕作，俾能深耕易耨；使用化學肥料，加強土地生產力，提高每畝的生產數量；採行輪種耕作，使土壤能以得到充分的利用；利用科學的知識與技術，消除農作物所可能發生病蟲害；農產品予以加工製造，增加農民收益，並組織農產品產銷、運輸合作機構，消除中間商人的剝削，以減少消費者負擔；興建水庫、水渠以利灌溉，並建造有效的排水系統，以免旱澇災害。㈢充實及提高農民的生產知識與技術，使之能以自力改良農業生產。㈣設立農民金融機構，利便耕民貸款，以免其因資金週轉不濟，而妨害到農業生產。

　　2.穿衣問題的解決——穿衣是人類文化進步的結果。只有文明的人類，才穿着衣服。衣着的優劣可為文化高低的判斷指標。衣服的作用有三：一曰護體，二曰彰身，三曰表現等差。衣服之主要原料為絲、麻、棉、毛、皮及化學製品。穿衣問題的解決應從下列途徑入手：㈠政府應就人民衣着需要作確實統計，擬訂完整設計，指導農民、農場及工廠作有計劃的衣着原料生產，不使有不足或過剩的流弊。㈡鼓勵民間投資與建大規模的衣着製造廠，減低產價而利穿着的消費者。因此為輕工業，不必由公家經營。㈢國內不能生產或製造的衣着原料或外國所製衣着較本國低廉者應准予進口以利民衣。㈣人民的衣着樣式，政府不可強作限制，但奇裝異服及有傷風化者仍應予以禁止；對某一類人員如有必要亦可規定其制服。

　　3.居住問題的解決——在舊日的中國，因產業落後，貧民較多，多有居茅房陋室者，甚至有住土窰山洞者。生態行政在實行民生主義為人民謀福利。政府應配合實業計劃及參酌民生主義，大量興建現代化的國民住宅，使住者有其屋。　國父認為按照中國人口的生活需要，五十年內應造新居室五千萬間，每年造房一百萬間。對於建築材料的磚、瓦、木料、鐵架、士敏土、三合土等應作大量的製造，並利便其水陸運

輪。公私建築均以公款爲之，以應公有，不必圖利，由政府設專部以主其事。其所需之傢具、用品及設備亦應大量製造。公款建造的房屋可以分期繳款方式轉售於人民使用，計費照成本卽可。政府應鼓勵私人建造國民住宅，由政府給與低利貸款，使於十五年至二十年內分期繳納本利。

4.行動問題的解決——人是動物，行動爲人的本性。社會文明愈進步，人的動行範圍愈擴大。上古的人民，鷄犬相聞，老死不相往來。封建社會的人民與其土地發生固着關係，生於斯，耕於斯，長於斯，死於斯，死徒不出鄉。而今日的人民不但在國內可以作四通八達的交往，且可至外國觀光遊歷，使個人踪跡遍全球。國父要謀求中國的現代化，對交通建設非常重視。依實業計劃，交通建設的要目如次：㈠建造北方大港；㈡修築西北鐵路系統，共計七千英里；㈢開濬運河聯絡中國北部、中部通渠及北方大港；㈣建造東方大港；㈤整治揚子江；㈥建設內河商埠；㈦改進揚子江現在水路及運河；㈧改良廣州水路系統；㈨修築西南鐵路系統，共計七千三百英里；㈩建設中央鐵路系統，共計一萬六千六百英里；㈠建設東南鐵路系統，共計九千餘英里；㈡建設高原鐵路系統，共計一萬一千英里；㈢建設東北鐵路系統共長九千餘英里；㈣擴張西北鐵路系統，共長一萬六千英里；㈤設機關車、客貨車製造廠；㈥建造一百英里的大路，並製造各式車輛，以應交通運輸的需要。

政府遷臺以來，對交通建設甚爲注意，廣建道路海港，使貨暢其流，人便其行。交通建設成果，可得而述者，計有下列諸端：㈠穿山鑿嶺，工程艱鉅的橫貫公路的建築；㈡達於國際水準，高級路面南北縱貫高速公路的修築；㈢北廻鐵路及南廻鐵路的建造；㈣臺中梧棲港的興建；㈤高雄港、基隆港、花蓮港、蘇澳港的拓建；㈥縱貫鐵路的全部電氣化；㈦濱海公路的興建；㈧規模宏大的桃園中正國際飛機場的興建；

㈨裕隆、六合、福特等公司能以製造各式汽車；㈩臺灣機械公司能以製造各類重型車輛；㈡成立中國造船公司，能以製造小型、中型、大型及超級船隻；㈢其他公路及產業道路的興建不計其數；㈣臺北市區鐵路轉入地下，並興建很多高架道路，完成臺北市快捷交通系統。㈤各大都市皆有公私經營的公共汽車機構，以利便市民行動。

　　5.育樂問題的解決——依據　國父在三民主義中的指示及『社會主義之派別及其批評』的講演，得知其對育樂問題的解決，計有以下的途徑與內容：㈠教育——『凡為社會之人皆可入公共學校，不但不取學膳費等，即衣履書籍，公家任其費用，盡其聰明才智，分專各科。』㈡養老——『對垂暮之年，社會當有供養之責，建設公共養老院，收養老人，供給豐美，俾之快愉，終養天年。』㈢醫病——『人類之盡忠社會，不慎而感染疾病，應設公共醫院以醫治之，不收醫治之費，而待遇與富人納貲者等』。㈣娛樂——廣設公共花園，以供大眾暇時之遊息。㈤安樂——『現在的革命，是要除去人民的憂愁，替人民謀幸福，使四萬萬人都可享幸福，把中國變成一個安樂的國家和一個快活世界。』

　　近三十多年來，政府對育樂問題的解決，曾有重要的努力與成就。㈠國民義務教育由六年延長為九年，使全國國民皆具有自立與謀生的必需知識與能力。㈡設立有為數眾多的大學、學院、專校、研究所使具有才智的青年能有接受高深教育的機會，俾其內在潛能能有高度發揮，成為國家的高級人才，機會均等，費用低廉，有無數寒微子弟獲得博士、碩士學位。㈢公私立專科及職業學校叢生林立，使有志獲得專門技藝的青年，能依其志趣，成為建國專才。㈣政府及政黨經常考選公費留學歐美留學生，派往外國深造，為國家培養高級專門人才。㈤推行全民體育，每年舉行省及縣市及全國性的運動會，鍛鍊國民體魄。㈥各地各縣市普設社會教育館及文化中心，推廣社會教育。㈦舉辦公教人員及勞工

保險，有生育、疾病、傷害、殘廢、養老、死亡等給付，受惠人數達百萬以上。㈐各縣市設有『仁愛之家』收養鰥、寡、孤、獨、廢疾者及年老無依者，設備及待遇，均甚良好。㈑全國設有不少公園、遊樂場所及夠水準的動物園及風景區供國民暇日遊息。㈒政府規劃設置國家公園及觀光區域，吸引國內外觀光客。㈓政府開放觀光護照，准許人民赴外國觀光、遊歷、考察。㈔政府公布有老人福利法為老年人謀福利；公布有社會救助法救助社會上苦難國民。㈕全國各地有很多戲院放映電影，演唱戲劇；電視台、廣播台放映、傳播各種娛樂節目，以供國民娛樂。㈖推行家庭計劃，維持適當的生育率，防止人口膨脹，提高國民素質。㈗設置衛生及環境保護機構，防止空氣、飲水、食品污染並消除各種公害。㈘醫藥治療無論設備、知識、技術均達於國際水準。㈙國民所得已大見提高，人人過豐衣足食，家給戶足，不虞匱乏的快樂生活。

第三節　民生福利社會的特性

有人認為民生問題就是經濟問題。民生福利問題的解決就是經濟問題的解決。其實，經濟問題僅是民生問題的一部份，並非其全體。生態行政在對問題作全面觀察，深知民生問題同時包括社會問題。當食、衣、住、行的經濟問題解決的同時，要使人與人之間的關係能以和樂安寧，團結合作。這便是社會問題，亦是政治和行政問題。固然，『倉廩實而後知禮義，衣食足而後知榮辱』；但若『君不君，臣不臣，父不父，子不子，雖有粟豈得而食諸？（諸字乃之乎二字之合音）』所以民生問題不僅在解決經濟問題，同時亦要解決社會問題和政治與行政問題。只有建立公平合理的人羣關係，仁愛互助的社會制度及為民服務和平等自由的政治體系，才能使民生問題全盤解決。依此言之，民生福利社會，除富足繁榮，不虞匱乏外，應具有下列的特性：

一、互助的社會——在民生福利的社會中，人民過着和平安寧的生活。要達到這種目的，必須大家共持互助合作的社會觀，人人爲我，我爲人人。互助則力多，合作則團結。只有如此，才是求生存的最佳途徑，亦才是大家的最大福利。競爭則弱肉強食，造成貧富懸殊的惡果。鬥爭則殘殺不止，罪惡萬千。只有互助合作才能使人羣安樂，社會進化。法儒狄驥（Duguit）倡『社會聯立論』，認爲『羣』、『己』不能分離。『羣』『己』乃是互利的；『人』、『我』並非對立的，乃是合作的。互助合作，互爲依需，則能共存共榮，同生同立。

二、仁愛的社會——國父在民族主義的講演中指出，要恢復中國民族的國際地位，就先要恢復中國民族的固有道德。中國的固有道德，係以仁愛爲根本。仁者人也，就是人之所以爲人之道。愛則親人，乃心之反受，乃推己及人，己欲立而立人，己欲達而達人之理。仁從二人，卽二人並存並行及人與人之間的關係法則。仁又指桃仁、杏仁、麥仁，以其具生之潛能。天地之大德曰生，生生不息之謂易。仁愛乃是生存發展，立己立人，達己達人的道理。仁者愛人，愛人者人恆愛之。民生福利社會以仁愛爲骨幹。人饑己饑，人溺己溺。擴而充之，以至於：『大道之行也，天下爲公。選賢與能，講信修睦。故人不獨親其親，不獨子其子。使老有所終，壯有所用，幼有所長，鰥寡孤獨廢疾者，皆有所養。男有分，女有歸。貨惡其棄於地也，不必藏於己。力惡其不出於身也，不必爲己。是故謀閉而不興，盜竊亂賊而不作；故外戶而不閉，是謂大同』⑫。大同是仁愛之至，人人快樂幸福，乃民生福利社會的極致。

三、服務的社會——國父主張人生應以服務爲目的，不以奪取爲目的。所謂服務就是要人發揮創造的衝動，而抑制其佔有的衝動。能服

⑫　禮運，大同篇。

務，能創造，則可以增加生產，促進進步，提高文明，使人性有最高發揮，人民福利與幸福有最大享受。服務在為最大多數人謀求最大的幸福。人類生活方式，不外下列五種：(1)略奪榨取的生活方式——如強盜軍閥，惡霸之徒，大資本家，或憑強大實力，或藉經濟優勢，以搶奪榨取他人勞力之所獲，佔為已有，有取無予，損人利已。(2)自由競爭的生活方式——憑自已的技巧、智謀與努力，自私自利，只顧自己，不管他人，多取而少與，只要於已有利，不顧他人之害。(3)自食其力的生活方式——潔身自愛，獨善其身，自耕而食，自織而衣，遁世隱居，不求聞達，自食其力，無取無予，不好不壞，社會上有此人，亦如無此人。(4)互助合作的生活方式——其努力的目的，不在於自私，而在於互利，我助人，人亦助我，我利人，人亦利我。互依互需，共存共榮，分工合作，利已利人。在協同一致的努力下，共謀社會的發展及人群生活的改進。(5)服務創造的生活方式——其努力的動機，既非自私，亦非互利，乃在於利他，捨已以從人，非以成已也，所以濟物也，所以濟世也。自古以來的聖賢豪傑，仁人志士均屬於這一類。在服務的社會中，人們應抱以下的人生態度：(1)創造發明，與自然爭，化無為有，使少變多，升劣為優，藉以增進人生的價值與效用。(2)互助合作，過團體的生活，守羣已的分際，使一已之利益與大衆之利益相調和，以協同之行動，謀共同之成功。(3)奮進不已，法天行健之至意，自強不息，精進不已，只問耕耘，百折不回，堅持到底，最後之成功者，屬於最後之努力者。(4)犧牲貢獻，力惡其不出於身也，不必為已。捨已救人，抱『我不入地獄誰入地獄』的宏願，普渡衆生。總統　蔣公中正曾說：『生活的目的在增進人類全體的生活；生命的意義在創造宇宙繼起的生命』。這是服務社會觀與服務人生觀的最佳解釋。

　　四、自由的社會——自由指個人或衆人不受外界的無理干涉或壓

迫，俾能憑自已的知識、能力、艮知、判斷、志願與興趣，去作其自以為是的努力。而且這種努力所獲得的結果，准其作自由支配與享受。國家和政府應該爲人民提供適當的環境，使之能自由發展。自由是民生福利的源泉與動力，亦是人生的一大幸福與享受。自由是各得其所，各當其分的自在境地，故是逍遙自適的，靈活自如的。自由是社會進步的動力，亦是社會和平與安定的要素，亦是創造發明的源泉。在不自由及過度控制的社會中，將使一切陷於呆滯、單調和不進步。任何人在不妨害他人自由與權利的範圍內，在不危害公共利益的範圍內及法律許可的範圍內享有完全的自由。

　　五、均和的社會——西方國家於十八世紀完成產業革命，以大規模的工廠機器生產，替代了家庭式的手工業生產，形成資本主義自由經濟制度，財富數量有龐大的增加，但因分配不均，形成貧富懸殊，勞資對立的不良現象。馬克斯對此病態發出激烈抨擊，倡階級鬥爭謬論，鼓吹無產階級革命，要打倒資產階級，促成社會暴亂，貽害無辜。　國父有鑑於此，乃倡民生主義，主張產業革命與社會革命同時完成，即在增加財富的過程中謀求分配社會化，縮短貧富距離，以免造成社會病態，引起暴亂。孔子曰：『不患寡，而患不均。』　國父則既患寡又患不均。產業革命增加財富，使人無貧，大家免於匱乏之虞。社會革命所以使財富平均化，使無不均。

　　『貧』與『不均』皆爲社會變亂的根源。『饑寒起盜心』，貧人受困窮逼迫，甚易鋌而走險。不不則鳴，不均則亂。不平不均就是革命的根源。民生福利的社會乃是既富且均的社會。富則人人豐衣足食，無憂無慮，知禮義，識榮辱，自然安分守己，不致輕起事端。均則生活平等，無尤無怨，大家心平氣和，人人快樂安寧，得以安享其所增加的財富。既無寡又無不均的民生福利社會才是均和安樂的昇平世界。

第三章　生態行政學與人性發揚

　　行政是人羣互動行為，即公務人員在行政系統中推行職務的活動。公務人員是行政主體，人民是行政的客體。行政的任務和目的，是適應人民需要，運用行政權力與職能，解決民生問題。行政係『以人為本』，用人以治事的公務管理。用人必須知人，因『知人』始能善任。駕馭汽車應先知汽車的性能。役使牛馬應知牛馬的性能。任人以治事應先瞭解人的性能，俾能『率性』以行，發揮其潛能，成功的達成行政任務與目的。本章的主旨在本『人以為本』的立場，瞭解人性及如何率性使人盡其才，並以羣力成其功。

第一節　人性主義

一、人性善惡論——『天命之謂性，率性之謂道，修道之謂教』❶荀子曰：『生之所以然者謂之性。性之和所生，精合感應，不事而自然謂之性』❷。所以說，人性就是人與生俱來的本然性能，不學而知，不習

---

❶　中庸，第一章。
❷　荀子，正名篇。

而能，是生來所固有，不待人爲而後使然。飲食男女便是與生俱來的天性，故曰：『食色性也』。性者乃是人類所同有的通性，無謂賢、愚、智、不肖皆具此天性。人類的天性或人性，到底是善呢？還是惡呢？中國的先哲對這一問題的解答各有不同；可以說是『聚訟紛紜，莫衷一是』，扼要言之，綜其要旨，可分爲下列四派；

1.人性善論——持性善論者的代表人物首推孔子（仲尼）、孟子（軻）。心爲載性的工具。性憑心以動，心性之動依循於理，理卽『率性之謂道』的道。人同此心，心同此理。此理就是天理或良知。由此理此道或良知所產生之行爲自然是善良的。人之初，性本善，其後因受外力壓制或環境汚染，便悖亂分歧趨於惡劣，故孔子曰：『性相近，習相遠』（論語，陽貨篇）。此處雖祇言性相近，而未明言性善；但若以大學首章：『大學之道，在明明德，在親民，而止於至善』之言證之，則是明言性善。大學乃孔子之言，而曾子述之。明德是人與生俱來的虛靈不昧的明善德性。明明德就保持及發揮這善良德性，使止於至善。

孟子主張人性善，至爲強烈而明顯。他說：『人性皆善，及其不善，物亂之也。謂人於天地，皆禀善性，長大與物交接者，放縱悖亂，不善日益生矣』❸。他又說：『人性之善也，猶水之就下也。人無有不善，水無有不下』❹。孟子認爲仁、義、禮、智之善行，皆出於人之本性。他說：『無惻隱之心，非人也。無羞惡之心，非人也。無辭讓之心，非人也。無是非之心，非人也。惻隱之心，仁之端也。羞惡之心，義之端也。辭讓之心，禮之端也。是非之心，智之端也。人之有四端也，猶其有四體也。有四端而自謂不能者，自賊者也』❺。

---

❸　王充，論衡，本性篇。
❹　孟子，告子篇上。
❺　孟子，公孫丑篇。

2.人性惡論——荀子（名卿，一說姓孫名況）是主張人性惡的典型代表。其論據見於荀子性惡篇。他說：『人之性惡，其善者，僞也。今人之性，生而有好利焉。順是，故爭奪生而辭讓亡矣。生而有疾惡焉。順是，故殘賊生而忠信亡焉。生而有耳目之欲，有好聲色焉。順是，故淫亂生而禮義文理亡焉。然則從人之性，順人之情必出於爭奪，合於犯分，亂理而歸暴。故必將有師法之化，禮義之道，然後出於辭讓而歸於治。由是觀之，然則人之性惡明矣，其善者僞也』。他在所撰禮論篇中又說：『人生而有欲，欲而不得，則不能無求，求而無度量分界，則不能無奪，奪則亂，亂則窮』。孟子、荀子雖同主張禮義之治；但孟子認爲禮義之善行，出於人之本性；荀子則以爲禮義是人性的僞裝，乃惡性經師法教化後的結果。

3.性無善無惡論——告子（姓告，名不害）雖嘗就學於孟子，但他並不贊成孟子所持人性善的說法。告子認爲人性無分於善惡，亦即可善可惡。他說：『性猶湍水也，決諸東方則東流，決諸西方則西流。人性之無分於善不善，猶水之無分於東西也』❻。孟子認爲仁義的善德，乃出於人之本性。而告子則以爲仁義並非人之本性，乃是人爲的成就。他說：『性猶杞柳也，義猶桮棬也。以人性爲仁義，猶以杞柳爲桮棬』❼。桮即杯，棬爲盂，是用杞柳編製的用具。

4.性有善有惡論——東漢王充著論衡一書，書中本性篇則指出人性有善有惡。他承認孟子性善說有部份眞理，但未盡然；指出羊舌食我初生『其聲則豺狼之聲』，卒亂羊舌氏，乃人性惡之明證。他承認荀子性惡說亦有相當道理，但未盡然；指出后稷、孔子皆生稟善氣，長爲聖哲，是人性善之明證。他認爲告子的人性無分善惡說，僅適用於中人，

---

❻　孟子，告子篇上。
❼　孟子，告子篇上。

不指極善極惡，因『唯上智與下愚不移』❽。王充很推崇周人世碩的理論。世子著養性書一篇，其要旨曰：『人性有善有惡，舉人之善性，養而致之則善長；惡性，養而致之則惡長』。王充認為『孟軻言人性善者，中人以上者也。孫卿言人性惡者，中人以下者也』。告子言人性可善可惡者，中人者也。漢人揚雄著法言，其中修身篇曰：『人之性也，善惡混，修其善則為善人，修其惡則為惡人』。

二、善惡的標準——是非善惡乃是一種『價值系統』（Value system）。價值判斷須有一定標準。若無標準則莫由分辨是非善惡。價值判斷標準計有兩種：一是主觀認定的相對標準；一是客觀存在的絕對標準。

就相對標準言，善惡的認定，因時、因地、因人而異，各是其是，各非其非；各善其所善，各惡其所惡，殊無定論。就時代言，封建政治時代，行諸侯分立的分權政制，採世卿制祿之制，官爵由世襲，身分不能流通，公之子恒為公，士之子恒為士，以不平等的等級制度為善為正當，故曰：『天有十日，民有十等』。專制政治時代，天下定於一尊，普天之下，莫非王土，率土之濱，莫非王臣；以『天無二日，民無二王』為政治理想及善政。而今日民主政治時代，則認為國家主權屬於全國國民，人民是國家的主人翁，人人平等，一人一票，一票一值。昔以纏裹的『三寸金蓮』為美，今則以天足為尚。宋明理學家重名教，認為孀婦縱無以為生，亦不應再嫁，『餓死事小，失節事大』。而今日則以此為不人道，不合理。

就地區言，今日在共產獨裁的國家，屬行無產階級專政，崇尚暴力統治，採行恐怖政策，殘殺無辜，剝奪人權，違犯人性，認為『槍桿子出政權』，『一百個謊言造成一個真理』。這是共產國家之所謂善。

---

❽ 論語，陽貨篇。

而民主法治國家，則信持理性主義，揚棄暴力，崇尚自由與平等，一切政爭經由討論及選舉等和平方法解決之。保障人權，尊重自由，勵行法治（Rule of Law），乃是民主法治國的政治道德與理想；亦卽所謂善。

就個人言，達爾文倡天演論，認為物競天擇，弱肉強食，優勝劣敗，適者生存，『競爭』是進化的準則；亦是合乎自然法則的善。馬克斯以憤恨為出發點，倡『惟物史觀』及『階級鬪爭』，認為人類歷史就是一部階級鬪爭的記載。『鬪爭』為進化的準則，以鬪爭為正當，為善。克魯普德金不贊成達爾文的生存競爭說，而倡互助進化論，以互助為人類生活的正常法則。　國父本中國的文化傳統，尚仁愛，重道德，認為『求生存』是進化的原動力，『民生是歷史進化的重心』；服務與合作是人羣生活準則，亦就是合理與善。

依客觀絕對標準判定的是『眞善』、『眞惡』和『眞理』，可以『放諸四海而皆準，百世以俟聖人而不惑，質之鬼神而無疑』，乃是永恒的，普遍的，決不因時、因地、因人而異。這一絕對標準是什麼？在何處？如何求得？這一標準是『天理』或『自然法則』，存在於宇宙萬物之間，為世界的最高原理，故曰：『人法地，地法天，天法自然』。最高原理的求得，要仰仗於追求『第一原理』（First Principle）的哲學或『愛智之學』。哲學是明智之學，在於探知宇宙萬物的最高、最深、最後之眞理。

依前章所論述的民生哲學，則知宇宙萬物的最後本體，旣非物，亦非心，而是『心物本一』的『生』。法儒柏克森著『創化論』，亦認為宇宙萬物乃是一無窮盡的生命之流。宇宙萬物的進化的法則，旣非機械性的，亦非定命論的，而是『生生不息之謂易』的向前向上的生命發展。依『天地之大德曰生』、『生生不息之謂易』的哲理，所求得的『天理』

或『自然法則』，乃是『生』與『生生』之道。因之，規範人類或人羣生活的正常的絕對標準，乃是仁愛哲學和服務的人生觀。仁之特性爲生，愛之特性爲親，親則合，合則和。服務所以助人與成己，乃求生存，裕民生的至道。故仁愛與服務乃是人生的眞善，亘古不移，易地無殊，人同此心，心同此理。此理爲天理，爲宇宙萬物的自然法則，不容違犯。

　　判斷善惡的絕對標準既已求得，則知凡合於『生之理』或『生生之道』的生活與行爲皆爲善。反之，凡違悖『生之理』或『生生之道』的生活與行爲皆爲惡。封建社會的等級制度和壓迫人民的專制政治皆阻抑人生的發展和妨碍民生的順遂，故皆爲罪惡。民主法治、自由平等的政治制度，給予全民充分發揮智能的機會，使之能維生、安生、和生、樂生、享生與遂生，故爲眞善。纒足求美傷害生理，孀婦守節違犯人道，皆爲惡。天足合乎生道，孀婦另婚合乎生理，皆爲善。共產主義主張階級鬥爭、流血革命、暴力統治、整肅殺戮，大悖『生之理』、『生生之道』，亦違犯人性，罪惡深重。三民主義主張互助合作、忠、孝、仁、愛、信、義、和、平、民族平等、民權伸張、民生順遂，符合『生之理』、及『生生之道』，故爲眞善。

　　三、人性善惡之我見——我國先哲論人性善惡者不少。孔子孟子言人性善。荀子言人性惡。告子言人性無分於善惡。王充言人性有善有惡。筆者個人對人性則另有論說。就廣義的人性言，則有善有惡。就狹義的人性言則爲善。因人爲動物，故與生俱來的人性自然包括有獸性。獸性的內容是情與欲，並無理性和神性，故不能節制其情慾，更莫由使其情慾昇華達於美善的理想境界。獸性發作，毫無節制，橫衝直撞，亂咬狂鬪，遂闖出大患大禍。人當其固有情慾失卻理智的控制時，便會殺人放火，作奸犯科，搶掠財貨，強暴婦女。這是人的獸性所產生的罪惡。獸性是廣義人性中的一部份，屬於惡性。

但就人之所以異於禽獸者或人之所以爲人者的狹義人性言，則是純善而無惡。獸性雖人與獸所同具，然人所以爲人者因其更有人性與神性。人性包含理性與智慧。神性包含成仁取義的聖明精神。人之所以爲人者賴有此耳。禽獸無此，故卒爲禽獸。理、智、仁、義皆爲合於生之理、生生之道的善德。而此善德的本源出於天，即與生俱來的人性，故曰人性善。神性非指神仙之性，乃指神聖之性。聰明正直之謂神。聖人者人倫之至也。至誠如神。

荀子雖然主張性惡論，但他卻說：『人之所以爲人者，何也？曰：以其有辨也。夫禽獸有父子，而無父子之親；有牝牡而無男女之別。故人道莫不有辨，辨莫不於禮，禮莫大於聖王』❾。辨是辨別與辨識，乃是理智作用。禮爲善制，禮生於辨，辨者人之所以爲人者的人性，故應說人性善。荀子又說：『人力不若牛，走不若馬，而牛馬爲人役者，何也？曰：人能羣，彼不能羣也。人何以能羣？曰分。分何以能行？曰：以義』❿。分指名分或人倫；義指正義或公道。分與義皆善德，而是人之所以爲人的特性。故應承認人性善。食色性也。禽獸覓食常出於搶奪；而人的進食則循規矩，依理則。禽獸求偶出於亂交，人之婚姻則遵守法制與禮儀。踰東家牆而摟其處子，是獸性作祟。依禮循法以結婚，人之所以爲人之人性也。故吾曰：廣義人性有善有惡；狹義人性則純善無惡。

四、行政與人性發揮——中庸曰：『天命之謂性，率性之謂道，修道之謂教』（中庸第一章）。中者天下之正道，天下之大本。庸者天下之定理，天下之大用。生態行政學的要旨，即在於本中庸之至德，行率性之道，立修道之教，使人性能得到光輝的發揮，盡其善性，展其才能，

---

❾ 荀子，非相篇。
❿ 荀子，王制篇。

成其事功。中庸曰：『唯天下至誠，爲能盡其性。能盡其性，則能盡人之性。能盡人之性，則能盡物之性。能盡物之性，則可以贊天地之化育。可以贊天地之化育，則可以與天地參矣』❶。

　　人之天性含有獸性。獸性的構成爲情與慾的本能。情不戢易衝動。感情衝動則演爲乖戾行動而貽災害。慾不遏，則妄求，妄求必致爭亂。所以政府應採行適當而有效的行政及教育措施，對官吏與人民的獸性予以遏抑與矯正，不使發作，以弭禍亂於無形。人有可塑性，對官民施行有計劃的廣泛敎化，如家庭敎育、學校敎育、社會敎育、精神敎育、性情陶冶、品格修養、道德訓練等，養成其正當人生觀及健全的意識形態，俾能淸心寡欲、克己復禮、遏制衝動、柔和感情。以天理抑人欲，崇理性、戢暴戾，納獸性入於人之所以爲人的規範。

　　人之所以爲人者，在於人之天性中有理性與智慧。理性原於天，卽自然法則。這種天理就是道並行而不悖，萬物並生而無害。仁者人也。仁是二人並行之道，卽人類互依互助、共存共榮的法則。理者條理也，卽各得其所，各安其位，人不侵我，我不犯人的絜矩之道。講道德，行仁義，重人倫，守分際，盡應盡之責，服應服之務，享應享之利。政府的功能，端在使官民儘量的發揮其理性，使機關成爲精誠無間團結一致的組織；使社會成爲和樂康寧、共存共榮的集團。人皆有天生的智慧。憑此智慧可以生知識、造工具、立制度、成文物，征服自然、利用自然、適應自然，增財富，裕民生，制典章，和人羣。

　　人不僅是有理性的動物，同時亦是有理想的動物。人有獸性和理性，更有神性。因爲有神性，所以人不僅要過豐衣足食、安和樂利的生活，更要更上一層樓，追求崇高的理想，立不朽勳業，成萬世楷模，建千秋令名，過希聖希天的美滿生活。理想基於信仰，聖賢豪傑爲追求理

❶　中庸，第二十二章。

想，實現信仰，每能殺身成仁，舍身取義。怕死是獸性和人性，不怕死就是神性。本『取』、『予』觀念計較一己之利害者，為人性。不計自己的利害，為人羣謀利益，肯犧牲自己者，為神性。耶穌、釋迦牟尼、文天祥、岳飛、史可法等即其例也。立德以建典型，為萬世楷模；立言以垂道統，淑世濟衆，為天地立極，為生民立命，為萬世開太平；立功以造福萬民，澤及百世，名標青史，皆神性的成就與表現。

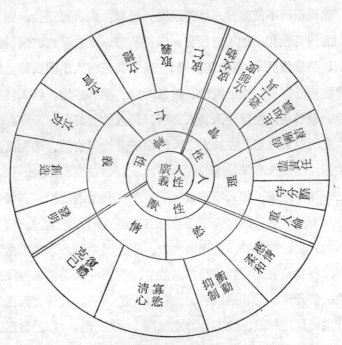

廣義人性發揮的圖示

狹義的人性，包括個性、理性和羣性。第一、就個性言，人能獨自行動，獨立思考。依己意而發展，故人人皆自覺有一個『自我』（Ego）或『自己』（Myself）的存在，遂有自負感和自尊心，同時亦要求傍人尊重其人格，不容歧視，不接受不平等待遇；且希望社會給予自由發展的機會與權利，俾能有自我的成就與自我的實現。站在生態行政的觀

點，行政管理當局對所屬工作人員應尊重其人格，一視同仁，平等待遇，承認其具有獨立自主的能力，予以自動自發的權力與機會，使有自我表現的機會與成就。『士為知己者死，女為悅己者容』。以國士待人者，人亦以國士報之。諸葛亮對劉備父子效忠竭智，鞠躬盡瘁，死而後已，蓋所以『報先帝知遇之恩』。

　　第二、就理性言，人的先天稟賦，皆有所謂『良知』或『良心』。良知即『人同此心，心同此理』的『天理』（Natural Law）或『公道』，亦就是所謂『正義』（Justice）。良知是不假外求而自能判斷是非善惡的自然本能，亦即康德（Kant）所說的『先驗理性』。孟子所說的『惻隱之心』、『羞惡之心』、『辭讓之心』及『是非之心』。因為人皆有這『赤子之心』的良知，故守分盡己，而遵奉『不越矩，不逾閑』的絜矩之道。人之所以異於禽獸者以其有辨與知分。有辨遂能有『君臣有義，父子有親，夫婦有別，朋友有信』的社會規範與道德，過和平相處，各得其所的人羣生活。知分遂能建立『君君、臣臣、父父、子子、夫夫、婦婦』、『君則敬，臣則忠』、『父慈子孝，兄友弟恭』的人倫關係。所以，行政當局對其工作人員，應本乎『理性』與『公道』的原則，搞好人羣關係，使人人皆訴之理性與良知，建立『取予平衡』及『義務與權利相稱適』的合理關係，使之守己、安分、盡責，俾各人天賦的理性得以實現與完成。

　　第三、就羣性言，人類是天生的合羣動物，亦只有人才能有人羣組織。人類在動物界乃是最軟弱的一羣。力不若牛，走不若馬。既無爬蟲的堅甲厚鱗保護自己；亦無虎豹獅熊等猛獸的銳爪利齒以為攻擊。視力不及鷹鷂，嗅覺不如犬獒。任何人若離開人羣組織的社會，不協力以圖存，便只有死亡之一途。所幸人是能言語的動物，又是會發明文字的動物。有語言文字便能溝通意見與思想，結合在一起，成立人羣社會及組

織遂能集衆智以爲智，合羣力以爲力，衆志成城，團結一致，互助合作，協力以求生。人何以能以羣力以役物而生存？因人具有理性，知守分。守分則人與人之間便可以和平相處，團結一致，協力以謀生。所以行政之道，端在適應人的合羣天性，建立工作人員間的相互依存的聯立關係及支持關係，並加強意識溝通，養成團隊精神及合作精神，人人爲我，我爲人人，親愛精誠，協同一致。

　　生態行政的要義在尊重人格，適應人性，使其身心生機與潛能獲得最佳的發揮與成就，藉以提高行政效率，恢宏政治功能，進而增進人民福利，促進社會進化。行政系統及社會體系皆是人所構成的。行政發展及社會進化都是人的體力、心力、智力所推移的結果。這些人力推移的原動力，實蘊藏於其與生俱來的『天命』的人性中。人性是人之所以爲人或人之所以異於禽獸者天賦特性與本能，而爲其他動物所無者。人之特性包括以下的幾種的獨特本能或潛能：㈠工具製造及使用的能力，㈡能營羣居協處，互助合作的生活，㈢有自我節制及判斷是非善惡的理性，㈣有能言語、能思考、能研究的高級智慧。進化就是在依循這種天性以發展。這就是人類前進的道路，即所謂『率性之道』。率此道以進，則能創造發明，征服自然，犧牲奮鬥，互助合作，增益智能，順遂民生，因此而形成格物的科學，致知的哲學，誠意、正心、修身的理學，齊家、治國、平天下的羣學。恢宏這些知識、能力而成人倫敎化及人羣規範，藉以盡己之性、盡人之性、盡物之性，開物成務，則可以贊天地之化育，達於『與天地參矣』，民胞物與『天人合一』的理想境界。依此論據而由下表舉示之：

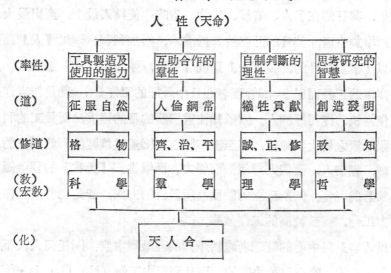

人　性（天命）

（率性）	工具製造及使用的能力	互助合作的羣性	自制判斷的理性	思考研究的智慧
（道）	征服自然	人倫綱常	犧牲貢獻	創造發明
（修道）	格　物	齊、治、平	誠、正、修	致　知
（教）（宏教）	科　學	羣　學	理　學	哲　學

（化）　　天人合一

第二節　人本主義

生態行政是『以人爲本』主義的行政與管理。究其要旨，計有二端：一是以『人』爲中心的管理；一是要把人當人去看待。茲就此二者分別申論如次：

一、以『人』爲中心的管理——現代管理的理論與實施，要可分爲兩大派別。那就是以『事』爲中心的管理和以『人』爲中心的管理。前者是傳統的行政管理學，後者是新近的行政管理學。傳統的行政學以科學管理爲骨幹，確有其偉大的貢獻與成就；但從經驗中獲得啓示，這種模式的行政與管理尚有不少的錯誤與缺失，遂有新興的管理理論與實施的興起，由重事的立場而趨向於『以人爲本』的觀點。

以『事』爲中心的管理，注重以下的要旨：㈠管理者着重於事功的成就，以增加生產，提高效率爲重心。㈡所謂『效率』就是投入（Input）與『產出』之間的較高的有效比例，即以最經濟的手段換取最大

的效果，其目的在省人、省錢、省物、省時；使投入最少，產出最大。㈢所謂增加生產，其目的乃在於降低成本，增加利潤。㈣以『人』爲手段，以『事』爲目的，要『人』遷就『事』，並非以『事』遷就人。人祇是作事的工具而已。㈤管理者心目中最好的工作員，就是作事作得多，作得快，作得好的人。㈥祇知注重機關的目的達成，對員工的利益與幸福，置之於次要地位，甚至漠不關心。㈦着重機關的利益與目的，重組織，輕個人，要個人爲組織而努力、而犧牲，『大我』的利益優於『小我』的利益。㈧所建立的制度及所設計的方法，皆是在管束工作員去努力工作，謀致較高的工作效率。

以『事』爲中心的管理者昧於下列的理論與事實：㈠任何人決不會成爲有效率的，除非他是快樂的，而且願意去工作 (No One is efficient, Unless he is happy and he is Willing to Work) 。人是有感情有思想的動物。精神快愉，感情喜悅，敬業樂羣，有責任心，有榮譽感，自然會踴躍熱烈的共赴事功，努力工作。意識形態及思想是行爲的原動力，人格的塑造器，若能養成工作員的工作熱忱及強烈的工作意願，有高昂的服務精神，及忠勤的團體意識，不待鞭策，自然會自動自發的，矢勤矢勇的必信必忠的爲機關服務，爲團體效忠盡力。如此，則不求效率自然有效率，不求成功自然會成功。以學生爲例，若其讀書興趣高，意願強，肯讀書，肯用功，孜孜不息，專心以赴，不求成績高，自然成績高。反之學生根本無讀書意願與興趣，縱在嚴厲督責之下，亦難望有好成績。共產國家的人民，過着牛馬般奴隸生活，食不飽，穿不暖，精神苦悶，情緒低落，無甚工作意願，雖有幹部嚴厲的監督，生產效率仍極低劣。民主國家的人民，過着豐衣足食的生活，精神快愉，志氣旺盛，有事業心，有成就感，肯自動自發的努力工作，生產建設故能飛騰猛晉，有一日千里的進步。㈡以『事』爲中心的管理者以爲只要有合

理的制度，科學的方法，一定的標準化的工作程序交由工作員去運用，去使用，便可順利的成功的推行無阻，即可得到預期的效果。殊不知合理化的制度、科學化的方法及標準化的程序都要交由工作員去運用去遵行；如果工作員對這些的設計不喜歡，不瞭解，不願意接受，其結果必歸於失敗。徒法不足以自行。縱有良法善制，仍必賴有才能優良，肯負責，肯努力的工作員以行之，方能成功而有效。『治法』必須有『治人』以濟之，方為得策。

以『事』為中心的管理者，祇知研究工作的方法與工作效率，對工作員本人，則很少注意，最多祇注意其體力與技術。但自一九三〇年以後，很多的行政學者及管理學者，則從心理學方面研究工作人員的思想、意願、情緒、需要等因素與其工作效果的關係。一九三三年梅堯 (Elton Mayo) 著『工業文化中人的問題』 (Human Problems in an Industrial Civilization)、羅斯里士伯克 (Fritz Roethlishberger) 與狄克生 (William Dickson) 就『霍桑研究』 (Hawthorne Study) 的結果，於一九三九年合著『管理與工人』 (Management and the Worker)。二書皆從行為科學的觀點，注重『人羣關係』，強調尊重人格，發揮人性，重視民主參與及情緒疏導，消除因工作『單調』及『機械化』而生的『感情沉悶』。

巴納德 (Chester Barnard) 於一九三八年著『主管人員的功能』 (The Functions of Executives) 一書，認為權力的基礎不在於法定地位，而實建築在部屬的『同意接受』上，主管人員的命令與指揮必落入部屬的『同意地帶』，始能生效；若落入部屬的『冷漠地帶』，則效力甚差；若落入部屬的『不同意地帶』必生抗拒。他更指出不可忽視組織中小團體及非正式組織的力量和士氣的培養。西蒙(Herbert A. Simon) 於一九四九年著『行政行為』(Administrative Behavior) 一書，認為

行政就是『決策過程』，有效的執行，係以合理決策爲依據。組織與個人不可畸輕畸重，二者之間須保持平衡關係。麥克格里格（Douglas Macgregor）於一九六〇年著『企業的人性面』（Human Side of Interprise）一書，揚棄以『裁制』（Sanction）爲基礎的所謂X理論的管理哲學；而倡導以『激勵』（Motivation）爲要務的所謂Y理論的管理哲學。

因之，生態行政學者遂主張推行以『人』爲中心的管理。美國密希根大學（University of Michigan）敎授李克特（Rensis Likert）指出：『管理人員若肯注意部屬的人性方面的問題及滿足其身心需要，期以建立有效的工作人員的隊伍，則必能達到較高績效與目標』⓬。俄海俄州立大學（Ohio State University）敎授施圖格狄爾（R. M. Stogdill）等在所著『領導者的行爲』（Leader Behavior）一書中指出，以人爲中心的管理，在領導者與從屬者的行爲上表現有：『互信、友誼、互依、互敬及溫情的存在』⓭。

以『人』爲中心的管理重視以下的實施：㈠主管關心部屬的生活需要及其心理反應，以爲適切的肆應。㈡主管與部屬之間有有計畫的私人接觸和聯繫，建立起彼此友誼及感情關係。㈢主管與部屬之間有相互『支持關係』（Supporting Relations）；部屬支持主管的要求，主管支持部屬的需要。㈣組織與個人之間有『平衡關係』，個人貢獻其忠誠、智能、才學、技術、體力於組織；組織給予個人以相當的地位、保障、報酬、榮譽與安慰。㈤主管尊重部屬的人格，予以信任，使能獨立自主的自動自發的努力工作。㈥對工作人員施以激勵，以升遷、獎助、責任、

⓬　Resis Likert, *New Patterns of Management*, 1961, p.7, McGraw -Hill Compancy, New York.

⓭　R. M. Stogdill and A. E. Coons, *Leader Behavior:Its Description and Measurement*, 1957, Ohio State University, Columbus, Ohio.

榮譽、期望等為引導，使其內在潛能能有最高的發揮。㈐培養工作員的
快樂情緒及熱誠的工作意願，使能踴躍熱烈的歡欣鼓舞的共赴事功。㈑本
『人以為本』的原則，使事遷就人，不以事而妨害人，應以事為成全人
及發展人的手段。㈒使工作人員瞭解組織的目標、政策及業務等，並給
予參與的權力與機會，加強其責任心、榮譽感及對組織的忠貞、認同與
依附，養成『人人主人翁的事業觀』。㈓對工作人員因材施用，量能授
職使能用其所學，展其所長，使有自我發展與自我實現的可能與機會。

　　二、要把『人』當『人』看待──傳統的行政學者以科學管理為實
施要領，對工作員的人性面不夠瞭解，未能把人當『人』看待，卻竟以
『物』以『獸』視之。科學管理的要務，在建立周密的組織，嚴格的紀
律，標準化的工作方法與程序及明確的職位說明，把工作員硬置於這
些規範與模型之下，使之作機械式的工作及單調重複的動作，毫無表現
自己意思的機會與自由，更不足以展其才，盡其能。人成為機器的一部
份；人成為一個失卻自由意思的機械人。這就是把『人』當『物』看
待。

　　科學管理家認為人的工作動機祇在於多賺錢以維持自己及家人豐衣
足食的生活；所以他們殫精竭慮的設計出各種薪給制度，誘導員工作最
大努力。努力求食以維持生命與生存，乃是『人』與『獸』所同具的基
本要求。祇滿足員工的經濟需要，那是把『人』當『獸』看待了。這是
僅把人當作是『經濟人』。殊不知人除了是『經濟人』外，同時又是『
政治人』、『社會人』。人除了過物質生活外，還要過精神生活。人不
是僅有『飯吃』，就沒有問題了。獸是如此，人並非如此。人更有高遠
的理想與志氣，要求對社會有貢獻，自己有成就與表現。侯吉茨（R.
M. Hodgetts）說：『泰勒（F. Taylor）的差別設件工資率制度就是
依經濟人的觀點而設計的，誰想多賺錢，誰就得多努力工作。認為賺錢

謀生是人類工作的主要動機』 **⑭**。

　　生態行政學者不把人物化，亦不把人獸化，而要把人人化，亦就是把人當人看待．看人要從全面看，不可存一偏之見。所謂全面人包括下列所學述的五種人：

　　1.生理人——從生理的觀點言之，生理人就是生物人或動物人，基本要求是飲食男女，要撮取外界資源與營養維持生存，延續生命。因之，行政要務首在解決工作人員的食、衣、住、行、樂、育的民生問題。豐衣足食，居住適，行動便，樂其樂，遂其育，保持身體健康，培養充沛的生活力 (Vitality)，使能優有餘刄的負擔其工作。彼在仰足以事父母，俯足以蓄妻子的生活狀況下，自能以快樂的工作員，成為效率的工作員。

　　生理人指人是血肉之軀，旣不是無生命的物，亦不是鋼鐵鑄造的機器。從這一角度去看待人，應注意以下措施：㈠工作人員的工作負擔不可太重，超出體能負荷量，危及身體健康。㈡工作時間不可太久，致使有過度疲勞；工作天數時數均應有一定限制；工作中應有適當休息，使能消除疲勞，恢復體力。㈢工作環境要合乎衛生條件及身體需要，工作地點要清靜，空間要敷用，空氣須新鮮充足，溫度不可太冷或太熱，光線不可太強或太暗。㈣工作場所要有防火防災等安全設備，期以免除意外傷害和死亡。機關應有合乎標準的醫療衛生設備。

　　2.心理人——就心理人言之，行政應適應工作人員的心理需要，使之過快愉滿足的精神生活。人的心理需要，計有以下的要點：㈠自尊心——人皆有『自我』的自覺，自尊自重，亦要求他人尊重。長官與部屬雖有地位高下、權力大小、待遇多寡的不同，但二者的人格卻是平等的。長官應尊重部屬的人格，尊人者人亦尊之，敬人者人亦敬之。受尊

---

⑭ R. M. Hodgetts, *Management: Theory, Process and Practice*, 1975, p.87, University of Nebraska, Lincoln, Nebrask.

重的部屬當會『以知遇之感』奮發努力的工作，報效長官。㈡參與感——一個人在所處的機關或團體中有『認同感』、『歸屬感』、『依附感』，才會精神快愉，努力工作。如何才能使機關或團體的構成員有此種感受與行為呢？首在使之積極參與業務活動，有發言權、有決策權，使之負責任有表現成績的機會，自覺是主人翁之一，不是門外漢，不是被遺忘者。㈢榮譽感——君主之所以能馭御臣下者，以其有貴賤之、福禍之、富貧之、榮辱之之大權。富、貴、榮、福是人之所願也。貧、賤、禍、辱是人之所惡也。前者是積極激勵之要素。後者是消極懲罰之工具。今日行政重激勵，抑懲罰。故主管應對部屬施榮賞，給令譽，耀其光輝，勵其志氣，使之欣欣向榮，奮發圖強。㈣成就慾——當人致力於事功時，遇有成功或成就，必欣慰快愉而有滿足感。成功是預定目的達到。成就是客觀績效的完成。成功和成就是所以表現自我，實現自我，固為人之所大慾。所以主管對部屬應授之以職權而責其事功；任之以職位而考核其成績，俾能用其學養，展其才能。㈤權利慾——權是使人治事的力量。利是養生過活的資需。權與利是人之大慾。權與責應相稱適。使人負責任必須予人以相稱的權力。使人效勞盡力必須給以相當的利祿或報酬。

　　3.社會人——人是社會動物，任何人離開社會決不能生存。人是社會的一員，在社會中須獲得應有的地位，扮演應扮的角色，方能快慰與滿意。有此感受始能在所屬機關或團體中歡欣鼓舞的努力。若欲使之有此感受，便應注意以下各事：㈠一個人除家庭生活、職業或職務等生活外，尚有社會生活。故機關職員應享有社會活動及社交活動的權利與機會，藉以調劑生活情趣，擴大及充實生活內容。㈡人在社會中皆有要求他人承認的慾望，期能獲得應有的社會地位。社會人宜憑個人興趣與志願參加人民團體、職業團體、學術團體及社區活動，由自己的努力與

表現以博得他人的承認。由『角色』（Role）扮演換取社會『地位』（Status）。㈢人是感情動物，皆有嚶鳴求友的慾望。行政機關應經常的或定期的舉辦各種交誼性、康樂性及聯絡性的活動，建立職員間的情誼及人情味，以補救正式組織中法制性及機械性冷漠關係的不足。㈣天賦人權，一律平等，人類的人格價值都是相等的。機關首長應本『人格平等』之旨，對部屬須一視同仁，平等待遇，不得有歧視，不得厚此薄彼，畸重畸輕，以免引起同事間的忌妒、抱怨及磨擦。㈤民主國家的社會是開放社會，身分可以流通，人人可以憑自己的智能作自我自由發展，追求最佳成就。政府對人民，機關對職員都應提供自由發展的環境與利便，使能發揮其潛能而有最大的成就。

4.智慧人——人為萬物之靈，智慧最高，為任何其他動物望塵莫及。智慧為獲得知識、應付環境、判斷是非、解決問題的能力。因有此稟賦與能力，故人能求知、思考、研究、判斷，而有所創造與發明。行政機關對所屬工作人員，應設法培育、發展、適應此智慧而為最高的利用。智慧的功能發揮，蓋基於其固有的求知慾、創造慾、正義感及合理性。機關對其職員應給予求知、進修的機會、權利與利便，不斷的增益其知能。行政政策與措施須合理化，方能為員工所接受，樂意贊同，誠心推行。否則，將會遭遇到抗拒或抵制。機關首長應使部屬深切瞭解，工作不祇是為了獲得金錢報酬，更所以展其才能，謀求自我實現，期有所創造與發明。優異的人員，不可僅抱職業觀，求工作與報酬的平衡；更應有事業心，謀求對社會有適當貢獻。是非之心人皆有之，這就是人與生俱來的正義感。一切行政措施要合乎公道，光明正大，不偏不倚，立天下之大本，行天下之正道。

5.超越人——超越人指出類拔萃，超羣軼衆的偉大人物。這乃是人的理性、羣性、神性的綜合成就與表現。超越人的類型，約可分為下列

四種：㈠建不世之功，澤被萬民，立典章，訂制度足爲世代規範，續垂不朽，永光史册，聖哲豪傑屬之。堯、舜、禹、湯、文王、武王、周公、漢高祖、唐太宗、明太祖等人卽其類也。㈡創立新說，闡揚眞理，著書立論，開山垂統，垂百世之敎化，爲萬代之師表，先聖先賢屬之。孔仲尼、孟子輿、程明道、程伊川、朱熹、邵雍等人卽其類也。㈢愛國救民，不計利害，不避犧牲，殺身成仁，舍身取義，垂典型，立模範，萬古流芳。烈士忠魂屬之。岳飛、文天祥、顏杲卿、張巡、鐵鉉、方孝儒、史可法等人卽其類也。㈣科學創造，技術發明，福祉普及人類，惠澤永垂後世。科技發明家屬之。牛頓、瓦特、愛廸生、愛因斯坦等人卽其類也。機關對其職員自然不能期望人人成爲超越人，但可推行人格敎育、精神訓練及思想啓發，陶冶其性情，砥礪其節操，高尙其志氣，亦可能使貪夫廉，儒夫立，抱『見賢思齊』之心，而生希聖希賢的念頭。

第三節　人才主義

一、人才的定義——無論國家的創建或中興皆以人才爲本。劉邦滅秦建漢，張良、蕭何、韓信等人之功也。劉秀滅王莽，中興漢室，鄧禹、賈復、吳漢等人與有力焉。曹操若無郭攸、程昱等人，劉備若無徐庶、諸葛亮等人，孫權若無魯肅、張昭等人，將莫由形成三國鼎立的政治形勢。唐太宗隆盛治績，徐勣、李勣、魏徵、姚崇、宋璟諸人的勳勞實不可沒。趙匡胤有趙普，朱元璋有劉基，始能建其基業。

所謂『人存政舉，人亡政息』、『得人者昌，失人者亡』、『爲政在人』的人皆指人才而言。政府若欲恢宏政治功能，提高行政效率，必須以任用人才爲急務。人才並非指全知全能的人才。人生也有涯，而知能無涯；以有涯之人生，決不可能盡學無涯之知能[1]。古稱：『人才難求』，可能係指求全責備的全才。若以藥材比喻人才。世無能醫治百病

的『萬應靈丹』；故亦無能以勝任百事的『萬能人才』。某藥能醫某病便是良藥；某人能治某事便是良才。

就廣義的定義言，凡有用之人皆爲人才；即具有相當的智慧、知能或技藝，能以承擔一定的工作或任務，勝任裕如，足以達到預期的目的的人。可大用者爲大才，可中用者爲中才，可小用者爲小才。無用之人不能稱爲人才。凡有一技之長者，用其所長，舍其所短都是人才。一無所長者當然不是人才。即使有專長者，而不能用其專長，自亦不能成爲人才。善歌者使之歌，善舞者使之舞，善算者使之算，善書者使之書，則皆爲勝任的人才。若使善歌者舞，善舞者歌，善算者書，善書者算，則皆不勝任，皆非人才。

就行政觀點言，人才約可分爲兩大類：一是『通才』(Generalist)，二是『專才』(Specialist)。通才是領導人才，學識廣博，經驗豐富，具有較高『社會智力』（Social Inteligence），善於應付新環境，新情勢，識大體，顧大局，適應力、判斷力、組織力皆甚高強，善搞人羣關係，對從衆有影響力，能使之踴躍熱烈的共赴事功，對『每一事物皆略有所知』(He Knows Something About Every thing)。專才者指具有一定的專門知能或技術，擔任某些特定工作或任務，能以勝任快愉的人。他對『某一事物知其每一事物』(He Knows Everything About Something)。現代的公務數量繁複，組織龐大，人員衆多，非有通才領導不爲功。現代的公務，已趨於科學化、專業化、技術化，非任用學有專精，技有特長的專才，必難以勝任。

二、人才的衡鑑——行政的成功推行，在於『知人善任』。用人要訣在用其所長，舍其所短。因之，在用人之前應用公平客觀有效的方法，衡鑑人的智慧、學識、能力、才具、品格、技術等而知其長短，據以作成人才分類或專長分類以爲因材施用的依據。茲將人才衡鑑的方法

及衡鑑對象，分別論列如下：

1.衡鑑的方法——衡鑑人才的方法，重要者計有下列五種：

㈠觀察法（Observation）——就一個人的言語、行動、儀態、表情等以窺知其智、愚、忠、奸、善、惡謂之觀察法。觀察的重點有三：一曰聽言。易傳曰：『將叛者其詞慚，中心疑者其詞枝，吉人之詞寡，躁人之詞多，誣善之人其詞游，失其守者其詞屈』❶。國語柯陵之會有聽言斷事的記載：『單襄公見晉厲公視遠而步高，晉郤錡見其語犯，郤犨見其語迂，郤至見其語伐，齊國佐見其語盡。魯成公見，言及晉難及郤犨之譖。單子曰，晉將及難。吾見厲公之容而聽三郤之言，殆必及禍者。犯則陵人，迂則誣人，伐則掩人』。二曰察行，就個人平日的行徑，可察知其心術及為人。李克答魏文侯曰：『居視其所親，富視其所予，達視其所舉，窮視所不為，貧視其所不取』。趙括易言兵事，其父奢知其不可將。括將，軍士不敢仰視，王所賜金帛，悉歸藏於家，而日事便利田宅買之，其母請勿將。結果，果然敗亡。三曰觀相。越王長頸而烏喙，可與共患難，不可與共安樂。左傳載子上諫楚子不可立商臣為太子，以其『蠭目而豺聲，忍人也』。楚司馬子良生越椒，子文曰：『必殺之，是子也，熊虎之狀，豺狼之聲，弗殺，必滅若敖氏』。

㈡調查法（Survey）——從各人的行為與生活中加以調查，當可知其品行、情性與善惡。就生活言，生活正常及規律化者當是正人。凡生活不正常，有吃、喝、嫖、賭等不良嗜好者，必非善類。就行為言，凡觀人，宜視其行為是否端正、合理、合情。古稱『求忠臣於孝子之門』，蓋忠與孝是一類品格，能孝者始能言忠。良父、良子、良兄、良弟、良友，當是良國民，良公務員。不孝之子，不慈之父，不規之夫，不貞之妻，不悌之兄，不恭之弟，當是壞國民，壞公務員。就經歷言，

---

❶　周易，繫傳下。

一個人過去的紀錄，就是將來的借鑑。在學校及以前服務機關有不良紀錄者，乃是不可用之人。其無不良紀錄者，當是可以任使之人。

㈢演作法（Performance）——以實際的工作操作或處理以測驗人的能力與技術者謂之演作法。打字、開汽車、駕飛機、繪圖表等，均為演作法的實例。第二次世界大戰後，英國於一九四五年起，採行一種所謂『鄉墅考試法』（Country-House Test），因這考試係『文官考選委員會』（Civil Service Selection Board）所主辦，故簡稱C.S.S.B.考試。這一考試需時四十八小時，約計一週，應試者每組七人，由主試委員三人主持之。考試內容包括法規的擬訂、討論會的主持、座談會的參加、言詞辯論、行政案件的處理，以考察應試者的見解、態度、機智、應付環境、處理事務及解決問題的能力，有似演作法。

㈣筆試法（Writen Examination）——使應試者以筆墨文字解答所考詢的問題謂之筆試法。筆試法分為兩種：一是舊式筆試法，亦曰問答式或論文式筆試法。這種筆試法因答案及評分皆無統一的客觀標準，且所出題目較少，缺乏廣博性和代表性，考試的正確性大成問題。然若欲測量應試者的文字表達力、材料組織力、思想是否純正，推理力及判斷力，就非用舊式筆試法不可。一是新式筆試法，亦曰直答式筆試法或客觀筆試法。應試者無須以文句發表意思，只須於編妥的試題中作選擇，作辨正或填充或選擇即可。其方式有：辨正偽、填空白，就舉列的答案作選擇等。這種筆試法，答案與評分皆有統一的客觀標準，公平準確，試題很多，有廣博性與代表性，考試結果甚為正確可靠，無寬嚴不一的流弊，故這種考試法採行日趨廣泛與普及。其缺點在於試題編擬頗為費時費力；且不能以此衡鑑應試者的國文程度及文字的表達力。

㈤口試法（Oral Examination）——試者與應試者，用語言問答以測量應試者的知能，謂之口試法。政府機關考選人才多不重視口試

法。其原因有四：(1)口試結果正確性與可靠性均嫌不足。(2)費時費錢，主試人員需用甚多，在應試人數衆多的大規模的公務人員考試中，殊不便使用。(3)口試經過無文字紀錄，難爲複查或核對的客觀依據。(4)口試較易舞弊，難期公平客觀，不爲社會所信任。但若要測量應試者主動、機警、辯才、急智、合作、活潑等性格與能力，便非筆試法所能濟事，就非用口試法不爲功。

　　2. 衡鑑的對象——一般說來，人才係指秉賦優異、人格健全、性向正常及知識富、能力強的人。所以人才的衡鑑應以這些因素爲對象。

　　㈠智力（Inteligence）——所謂智力乃指人的先天稟賦或天資而言。智力要可分爲三種：(1)普通智力（General Inteligence），這就是一個人的學習能力，即獲取知能的力量，平常所謂『天資才具、聰明、機變及適應能力便是』⑯。普通智力的高下，以『智力商數』表達之。測驗普通智力的方法，以美國『陸軍A式測驗』（Army Alpha Test）較爲正確可靠。(2)社會智力（Social Inteligence），這就是『對人事關係上新局勢適應能力及採取行動領導他人，使之踴躍熱烈的共赴事功，完成所期欲的使命的能力』⑰。一九四五年喬治華盛頓大學（George Washington University）編制有『系組社會智力測驗』（Seriee Social Inteligence Tests）一種，頗具正確性，應用亦廣。(3)機械智力（Mechanical Inteligence），這是一個人拚製、操作及使用機械的一般能力。測驗機械智力應用較廣的方法，應推米尼蘇達大學（University of Minnesota）編制的『米尼蘇達機械智力測驗』（Min-

---

⑯　William E. Mosher & Other, *Public Personnel Administration*, 1978, p.112.
⑰　*Partialy Standardized Test of Social Inteligence*, 1930, p.73.

nesota Mechanical Ability Test)。

㈡人格 (Personality)——人格亦曰性格 (Character)。分別言之曰性格；整體言之曰人格。性格亦有人稱之曰氣質。人格就是一個人由於先天禀賦及後天敎養與習染所形成的對人對事的一貫作風與態度；易言之，這亦就是一個人在社會中角色扮演的形像。古希臘醫生葛倫（Galen) 把人格分爲神經質、黏液質、多血質及膽汁質四種。奧人容格 (G. G. Jung) 把人格分爲內傾型、外傾型及中間型三種。美人鮑爾溫 (I. M. Baldwin) 把人格分爲思想型與行動型兩種。美人阿爾璞（Galen F. H. Allport) 把人格分爲自傲型與自卑型兩種。德人斯普林格 (Z. Spranger) 把人格分爲理論型、政治型、經濟型、藝術型、社會型及宗敎型六種。⑱

㈢性向 (Aptitudes)—— 智力指一個人可能發展的一般潛在能力。人格指一個人的行爲一貫特徵。二者皆是對人的綜合的衡鑑。性向指一個人的特殊性情與能力。性向與個人職業或工作成就甚有關聯。例如汽車駕駛員應有清明視力，更不可有色盲；血壓高的人自不宜於駕飛機作高空飛行。衡鑑性向曰『性向測驗』(Aptitude Test)，亦曰『心理測驗』(Psychological Test)。這種測驗在測量各人的反應遲速、性情靜躁、意志強弱、精神聚散、生活癖好等。『康羅測驗』(Hent-Rosanoff Test) 在測驗精神病患者的反應與聯想。『施床職業興趣表』(Strong's Vocational Interests Blank) 在測驗各人職業性向。阿爾璞測驗 (Allport A-S Reaction Test) 在衡鑑人的領袖慾與服從性。

㈣知能 (Knowledge & Ability)——知能指一個人經由後天的敎

---

⑱　關於人格類型的特性說明，可參閱張金鑑著行政學典範，五一三——五一四頁（重訂版，中華民國六十八年七月出版，中國行政學會印行）。

育、學習及經驗，現時已經獲得的知識、技術、能力及所形成的意識形態。這就是一個人的知能成就。測量這種知能的方法，謂之『成就測驗』（Achievement Test）。經由文字表達或言語問答測驗應試者的知識程度謂之教育測驗。例如高等考試即在測驗大學畢業生的知識程度或教育成就；大學聯合招生考試即在測驗高級中學畢業生的知識程度或教育成就。特種考試的甲等考試，即在測驗碩士或博士的知識程度或教育成就。經由工作的實際操作或演作，考驗應試者的技術或手藝，謂之技藝測驗。智力測驗及性向測驗，在衡鑑一個人未來發展或工作的潛在能力。成就測驗在衡鑑一個人對工作所需的現在已有的知識、能力與技術或手藝。

三、工作的分析——成功而有效的行政，以『知人善任』為要件。這一目的達成，必須同時採行兩種實施：一是人才衡鑑，作成人才或專長分類，以為因材而施用的依據；一是工作分析作成職務或職位分類，以為因事以求才的憑藉。工作分析或職位分類須經由下列程序完成之。

1.職位資料的調查——職位分類的第一步驟是職位內容資料的調查與蒐集。無論行政機關或企業機關率設置有數以百計、千計、萬計的職位。要瞭解這衆多職位的內容，首應製成調查表格，交由各職員依規定與格式自行填報，或派有訓練的調查員訪問工作人員，據以填寫。調查表的內容，應包括以下的項目，可用七個W代表之：(1)何人（Who）——擔任這職位的職員性別、年齡、所需資格、學識及技能等。(2)何事（What）——這一職位的工作是什麼？數量若干，性質如何，責任輕重，權力大小，工作繁簡難易等。(3)何地（Where）——這一職位的工作執行地方在何處？室內抑室外，前方或後方，偏僻地區或繁華地區，海上、陸上或空中等。(4)何時（When）——這一職位是臨時的或永久的，一年工作幾週，一週工作幾日，一日工作幾時，有無休假等。(5)何

法（How）——這一職位的工作方法如何，手工藝或機器操作，是寫作抑是繪圖等。(6)為何（Why）——職員擔任這一職位的目的何在，薪給若干，有無食物配給或房舍供應等。(7)為誰（For Whom）——這一職位的地位如何，是命令他人的領導地位或受命的服從地位，或旣發令又受命的雙重地位。

2.職位種類區分——職位分類的第二步驟是就蒐集到的資料，用客觀的周密的方法，加以整理、分析與比較，併同區異，凡職位的工作性質或行業相同者合併在一起，其不相同則予以分開。先就大體的相同或相異劃分若干大的門類：例如專門科學類、普通行政類、財政類、經濟類、農業類等。次再就各大類中的各職位，按其工作性質或行業的不同併同區異，劃分為若干職系。例如專門科學職類可再分為土木工程職系、化學工程職系、電機工程職系、機械工程職系、醫藥衞生職系、交通運輸職系等；普通行政職類可分為文書職系、人事職系、編審職系、事務職系、檔案職系等。職系不同者，其職位的性質或行業即不相同。

3.職位等級的評定——一個職系包括很多職位。同職系中的職位性質或行業雖相同，但各職位的責任輕重、工作繁簡、技術精粗、教育高下並不相同。所以職位分類第三步驟就是要把各職系中的職位加以評價，依其價值的大小，將職系中的職位評定為職級，例如土木工程職系可評定為一職等工程師、二職等工程師、三職等工程師、四職等工程師……等。我國現行制度，一職系中共分為十四個職等。評定職等的方法，有全部估量法、因素計分法、因素比較法及分類說明法⑲。

4.編訂『職級規範』——職位分類的第四個步驟就是編訂職級規範。所謂職級就是『工作性質繁簡難易，責任輕重，所需資格條件相似之職位』（我國公務職位分類法第二條）。我國稱『職級規範』，美國

⑲ 職位評等法可參閱張金鑑著行政學典範（重訂版）五三五——五四〇頁。

則曰『職位說明書』(Position Description)，亦有名『標準化工作特定書』(Standardized Job Specification)。名稱雖不同，而內容則屬一樣。職級規範的內容，應包括(1)職級號碼，(2)職級名稱，(3)職級等第，(4)所負責任，(5)工作舉述，(6)所處地位，(7)所需資格，(8)薪給範圍，(9)昇遷路線。有了這職級規範，便可據以作因事以求才的運用。

四、『人』、『事』的配合——依人才的衡鑑，則知世上有各色各樣的人才。依工作的分析，則知世上有各色各樣的工作。把各色各樣的人才與各色各樣的工作相適切配合，使大才大用，中才中用，小才小用，長才長用，短才短用，高才高用，低才低用，方才方用，圓才圓用，不才不用，構成『工作員恰在其工作中的單位』(The Worker-in-his-Work Unit)，不長不短，不大不小，不高不低，人能展其才，事能得其人，則人人是人才，事事能成功。天生萬物皆有用，天下無廢物，因廢物亦可利用。天生世人皆是才，卽使是壞人，壞人亦有其用途。雞鳴狗盜之徒並非善類，而孟嘗君卻能用之以成大事。地痞流氓不是好人，而陳其美在上海卻能使之成爲革命幹部。李福林、樊鍾秀皆綠林草莽出身，國父用之，成爲其忠勇將領。人才猶如藥材，某藥能治某病，便是好藥。某人能治某事，便是人才。毒藥能治毒病，毒藥亦是好藥。農藥是毒性強烈的毒藥，人服用之，立卽死亡。以之除農作物病蟲害則有顯著功效。善用藥者，藥藥是良藥。善用人者，人人是人才。其要訣，端在於『人』與『事』的適切配合及對『症』以投『藥』。

第四節 人羣主義

人是合羣動物。任何人離開人羣組織便只有死亡之一途。人之所以異於禽獸者，在於人能羣而禽獸不能羣。荀卿曰：『水火有氣而無生，草木有生而無知，禽獸有知而無義；人有氣有生有知亦且有義，故最爲

天下貴也。力不若牛，走不若馬，而牛馬爲人用，何也？曰：人能羣，而彼不能羣也。人何以能羣？曰：分。分何以能行？曰：義。故義以分之則和，和則一，一則力多，力多則強，強則勝物』[20]。茲本此旨，申論如何搞好人羣關係和組織的要則如次：

一、定分止爭——行政機關或組織係由若干人員所構成。這些個人成爲組織人，合小我成大我，集細人爲鉅人，首在定分。分定則爭息。所謂定分卽是使組織中個人，各有專責專任，建立事權確實，系統分明的組織體制。凡性質相同的工作或事權，應集中於一個機關或單位全責處理之；凡性質不相同的工作或事權應分別交由不同機關或單位分別處理之。一事不交由兩個單位或人員擔任，所謂一事不兩辦；蓋所以防止『一個和尙擔水吃，兩個和尙抬水吃，三個和尙沒水吃』的毛病；因爲『大家負責必流於無人負責』(Every body's business is Nobody's business)。一個職員或單位不直接對兩個以上上司負責，因爲『兩姑之間難爲婦』、『任何人不能同時侍候兩個主人』(No body Can serve two masters at the same time)。孔子爲政，『必也正名』，正分卽所以定分，分定則不爭。法家治國，重在『綜名以覈實』，『信賞而必罰』。在名分確定，事權清楚，責任分明的行政體系下，各安其分，各盡其責，各事其事，不踰不越，自可息爭止亂，建立和合的人羣關係。

二、合作努力——定分的主旨在於分工。在今日的專家行政時代，科學技術的分工愈趨愈細。分工愈細則所需要於合作者便愈切。若祇有分工而無合作，則分工可能成爲各自爲政的分裂局面。行政乃是若干人以合作的集體努力達到共同目的或任務的活動。機關職員站在各人的崗位上若作各不相謀的分別努力，則各人努力相加的總和，並不一定等於機關的總成績；因爲其中可能有衝突與矛盾的活動，使其努力相互抵

---

[20] 荀子，王制篇。

消，反足以導致機關的失敗。例如在第二次世界大戰期間，日本的陸軍與海軍各要獨自表現戰功，不能配合國力，相互合作；雖然陸軍在中國大陸侵佔了不少土地，海軍在南洋一帶亦建有不少戰功，結果反是無條件投降。機關行政的成功，實以職員的合作努力為大前提。

促致合作的途徑，可從消極與積極兩方面着手。就消極方面言：第一、要消弭個人鋒頭主義。個人在機關中的活動，乃是集體活動或工作的一部份。個人的工作表現與成就，端賴其他有關人員的支持和配合。若不此之圖，而欲個人出鋒頭，作特別個人的單獨表現，不但自己不能成功，可能招致機關的全體失敗。以打籃球為喻，一隊的成功，必須各個隊員在傳球上制敵上取得密切聯絡與配合，方能贏球打勝仗。如一個隊員不顧他人的動作，只想個人出鋒頭，強要個人多投籃，多得分，必致全隊輸球，慘遭失敗。機關組織中的構成員，都不是『個體人』（Separate or Individual Person) 而是『組織人』(Organizational Man) 或『集體人』(Calective Man)。所以他們的角色扮演不是演『獨角戲』而是演『羣戲』。羣戲的成功，在於各演員間密切配合與合作。若其中任何一個演員，不顧他人動作，不配合他人唱詞的道白或而要個人強出頭，必表現惡劣。第二、要打倒機關本位主義。構成機關的工作單位乃是機關的次級系統，彼此配合成為休戚相關，脈息相通不可分離的有機整體。猶如人體是由五臟、六腑、五官、百骸、手足四肢所構成。人體功能的成功表現，端在各官能或器官的和諧一致。若有一個器官作出反常的或突出的功能表現，卽是病態；所以人生病曰『違和』。

就積極方面言，促致合作的途徑，計有以下三端：㈠有效領導——機關首長乃是『團結的象徵』和『團體意識與感情的焦點』。所以首長須有有效的領導力和影響力，使部屬的思想與意志集中起來；力量團結起來，踴躍熱烈為機關的共同目標，作一致的努力與奮鬥。㈡充分溝通

——機關內的各單位間各職員間經由和平討論，意見交換，資料流通，訊息傳遞等方法，對問題及事務獲致共同的瞭解與認識，謂之溝通。思想是行動的指針與動力。必須先有一致的思想，然後才能有一致的行動。溝通是串連的線索，團結的韌帶，統一的號令，亦是合作與協調的必要條件。㈢合適監督——機關首長及各級主管在機關中的地位就是『協調人』和『監督員』。其功能在於對部屬的工作作適當的分配、督察與考核，使能在分工合作及協同一致的情形下，達成共同任務。合適監督的目的有二：一在使機關中的各單位間及各職員間，消除誤解、誤會與隔閡，使在充份瞭解及相互信賴的心理狀態下，協同一致的共赴事功。二是使每一工作單位及人員皆明瞭其在機關整體中所處的地位，所扮演的角色，要守分際，負責任，遵紀律，都在不踰不越，無過無不及的關係下，完成共同使命。

　　三、共同目標——機關是一種人羣組織。要使這一人羣協同一致的踴躍熱烈的共赴事功，就須建立機關的共同目標，以爲大家趨赴的鵠的。志者（忢），心者所止也。共同目標就是全體員工心意所止赴的對象。這亦是大家所共信的信念。志同方能道合。共信立，互信生，互信生，團結固，團結固，方能齊一步伐，成功的達成任務，完成使命。機關共同目標的建立，不可由首長獨斷專行的方式出之。要經由參與管理使機關的有關人員，參與共同目標的建立，各抒己見，貢獻智能，集衆智以爲智，合羣力以爲力，在衆意僉同下通過共同努力的目標。衆所同意，衆所瞭解的目標，大家便會一力支持，欣然樂意的一致努力以完成之。

　　四、團體意識——機關的構成員是否能團結一致，歡欣鼓舞的共赴事功，端視其有無團體意識爲轉移。意識形態，是行動的指針，活動的動力。有怎樣的意識就有怎樣的行爲。機關要使其構成員表現團體的合

作的一致的行為，以養成其堅強的團體意識為先決條件。機關雖是由人、財、物、事、法紀及權力等因素所構成，但機關凝固的最大力量，則是團體意識。客觀的事實必須經由主觀意識的承認或認知，方能成為存在的實體。所謂團體意識的要素，包括以下各點：㈠認同感（Identification）——機關職員對所屬的機關認定是屬於自己的，機關的榮辱、成敗、得失就是自己的榮辱、成敗、得失。自己是機關的主人翁，以機關的存在為存在，以機關的意志為意志。彼存我存，彼亡我亡。因之，個人對機關要作真心敬愛；要作積極的擁護。㈡依附感（Sense of Belonging）——職員對所屬機關要有強烈的依附感，認定自己的利益必須透過機關的利益方能得到；自己的目標必須透過機關的目標方能完成。彼此依附，不可分離。機關的職員不是個體人，而是組織人。個人必須以組織人的角色作扮演，方能有工作成就與表現。㈢介入感（Involevement）——機關職員要有堅強的責任心，肯自動自發的積極參與活動，貢獻其智慧、知識、才能、忠貞於機關，使機關的活力充沛，蓬勃有為。在積極參與進程中便足以養成其介入感，自覺是機關中的重要人物，不是門外漢，而是主人翁，對機關的任務肯負起責任，積極參與，勇往直前，建立事功。㈣整體感（Wholeness）——機關組織的細胞是職員。若干職員（細胞）構成一個功能器官，即工作單位。若干器官構成人的整體，即彼此依存，不可分離的有機體（Organism）。職位和單位都是整體的次級系統。任何次級系統不能脫離整體系統而存在。機關職員必須有此整體觀念，方能在共存共榮，互依互存的人羣關係下，達成共同任務與使命。

第四章　生態行政學的歷史背景

　　現代行政學的研究發展，要可分爲三個時期。第一時期是傳統性行政學，以科學管理的理論與方法爲立論要旨，着重於權力分配的合理，組織結構的健全，辦事方法的標準化及行政程序的制度化，可視之爲靜態行政學。第二時期是修正性的行政學，對傳統理論予以修正，以行爲科學的理論與方法爲立論主旨，着重於行政的互動性、互依性、心理動機與反應、行爲法則的尋求及人羣關係的調整，可視之爲動態行政學。第三時期爲整合性的行政學，以系統分析的理論與方法爲立論主旨，着重於行政的整體性、開放性、反饋性、生態環境的適應及社會文化的配合，可視之爲生態行政學。若以黑格爾 (Hegal) 的思維術或思想方法比譬言之，則傳統性行政學爲『正』；修正性行政學爲『反』；整合性行政學爲『合』。『正、反、合』的思想方法，乃是純粹『唯心論』的思維術。現代行政學的研究發展，正合乎這一思維法則，自屬正常現象。馬克斯 (Marx) 卻別有用心的作歪曲的引申與應用，倡其『唯物辯證法』的謬論，藉所謂『否定的否定』、『矛盾的統一』，宣傳『階級鬥爭』，殘害人類，毒荼世界，罪無可逭。黑格爾若地下有知，必痛

恨不已。玆就現代行政學『正、反、合』的思想發展階段分加論述，以見生態行政學產生的歷史背景。

第一節　科學管理時代的靜態行政學
（傳統理論時期：一八八七——一九三〇年）

一、**產生的背景**——政治學的研究爲時甚早。遠在古希臘時代，哲人亞里斯多德 (Aristotle, B. C. 384-322) 卽著有『政治論』(Politics) 一書。歷代學者均無行政學的專著。縱有論及者亦僅在政治學中附帶言之。直至十九世紀末葉，行政學始有人作專題研究。二十世紀以來，研究者日衆，行政學遂能脫離政治學獨立，由附庸而蔚爲大國。

行政學所以能應運而興，實由於以下的原因或時代背景：㈠傳統民主政治的無能——自美國獨立革命及法國民權革命成功後，天賦人權及自由平等的傳統的民主政治，蔚爲主流，風靡流行。因畏懼政府權力的强大，採行分權制衡的政治制度，力量分散，相互牽制，致形成政府無力，行政無能。人民是主人，相信民選代表組成的議會。而議會則人多嘴雜，議論紛紜，成爲喧嘩政治，牽延時日，決定遲緩，每致貽誤事機。人民崇信自由放任的政治思想，主張採行所謂『限制政府』(Limeted Government) 認爲『政府最好，管理最少』(Government Best, Government Least)，不肯讓政府多做事，放任無爲，遂致政務廢弛。爲挽救這些缺失，遂產生行政學，研究如何健全行政組織，加强政府力量，統一事權，提高行政效率，恢宏政治功能。㈡自由經濟制度的弊害——產業革命後，自由經濟制度隨之產生。所謂自由經濟制度係由兩大柱石支持之。一是以營求利潤爲目的。二是以自由競爭爲手段。因唯利是圖，凡賺錢的貨物皆競相生產，每致生產過剩，在自殺的競爭下，常引起經濟混亂與恐慌。工廠倒閉，工人失業，形成社會不安。在

自由經濟制度下，財富數量雖大量增加，然分配不均，富者益富，貧者益貧，貧富懸殊，勞資對立，以致不斷的發生社會衝突與勞資糾紛。政府爲要有效的管制及解決這些棘手的經濟與社會紛擾和問題，政務數量大見膨脹，政務性質益趨複雜。於是不得不起而研究有效的管理理論與方法，期以成功的順利的推行政務。行政學乃因以應運而興。㈢科學管理運動的影響——產業革命後，大規模的工廠機器生產替代了小規模的家庭手工業生產。這種企業經營，人衆事繁，不有科學管理自難勝任裕如。且在自由競爭下，不能以較高的價值售出同樣產品，亦不能以較低價格購進相同原料、機器與人工。爲了賺錢，被迫不得不研究科學管理方法，藉以減低成本，增加利潤。致力於科學管理運動者，先有英國的歐文（Robert Owen）、巴柏奇（Charles Babbage）、吉文斯（William Jevons）；後有美國的泰勒（F. Taylor）、湯恩（Henry R. Towne）及亥爾塞（F. Halse）。科學管理運動的成功，引起政府人員的注意，認爲謀求人、財、物、事有效處理與最高利用的科學管理的理論與方法，亦可爲行政管理所借鑑與借用，遂促成行政學的產生。

二、代表的人物——傳統理論時期的行政學者爲數不少。茲擧述幾位代表人物及其重要著作與主張如次：

1.威爾遜（Woodrew Wilson）——他於一八八七年撰『行政的研究』（The Study of Administration）一文刊載於當年十二月份『政治學季刊』（Political Science Quarterly），爲第一篇研究行政問題的有系統的專論，開行政學研究的先河。威氏認爲行政乃是法律的有系統的執行。其成功的要訣，在於加強政府力量，集中事權，統一指揮。權力乃政府爲民服務的工具，權力無足畏。爲要提高行政效率，不妨相當的犧牲民主。民主的主旨在爲人民謀幸福。只要能爲人民解決問

題，增加福祉，縱使不完全符合民主程序，亦應視之爲民主。因爲『當時的專斷，正是事後民主的獎品』。 (Autocracy during hours is the Price of Democracy after hours)。政黨操縱國家用人行政，流行所謂分贓制。這一秕政必須排除，應本人才主義，以考試選拔政府官吏。

2.古德諾 (Frank J. Goodnow) ——曾任中國北洋政府袁世凱總統的政治顧問，乃美國著名政治學者。古德諾於一九〇〇年著『政治與行政』 (Politics and Administration) 一書。把國家的功能分爲兩種：一是政治，一是行政。政治是民意的表現，乃政權的活動。行政乃民意的實現，乃治權的行使。此書可視爲一本劃時代的著作，揚棄了立法、司法、行政三權劃分法，而採新的政治與行政的二分法。他認爲政治與行政應行分開；因爲政治是非科學的，非理性的；而行政卻是科學的，理性的。爲要有效的推行行政，便須建立強有力的政府，力量集中，事權統一，防止權力的分離與衝突；消除『分贓制』 (Spoils System)，採行以才能爲用人標準的『功績制』 (Merit System)；運用科學方法，提高行政效率。

3.泰勒 (Frederick W. Taylor) ——被稱譽爲『科學管理之父』的泰勒，於一九一一年著『科學管理原理』 (Principles of Scientific Management) 一書，本理性主義及經濟原則，倡行科學管理的制度與方法。舉其要旨計有下列諸端：㈠組織要合理，事權要確實，責任要確定，使系統分明，事有攸歸，責無傍貸，功莫由爭，過無從諉。㈡事務處理要制度化。制者法也，度者尺度也；指一切措施悉準於公佈的規範與法制，據一以止亂，定分而息爭，提綱振領，有條不紊。㈢工作方法要標準化，一切的物材皆有統一的規格，不容參池；一切工作皆有一定的程序與方式，須一體遵行，不得紊亂或分歧。㈣用人以人才爲本，選拔優良人員，因材而施用，適才適所，事得其人，人盡其才。㈤業務經

營，要有遠慮，高瞻遠矚，事事有準備，有計劃，凡事三思而後行，謀定而後動。循序以行，盈科而進，物物有定所，事事有定時。㈥投入與產出之間要有效率，以最經濟的手段，得到最大的效果。

4.韋柏（Max Weber）──德儒韋柏於一九二五年著『經濟組織與社會組織』（Wüirtsechaft und Gesellshaft）一書，認為理想型的行政組織（Ideal Type of Bureaucracy）必須具備以下的條件：㈠層級節制體系，由上而下，由內及外，上級對下級有指揮之權，下級對上級有服從之責。㈡工作結構要合理，權力與責任要相稱適，權大責大，權小責小，無責無權；事權要確實，不致爭功諉過。㈢治事要有明確的法律與規章以為行為的準繩，不容踰越。㈣採行公開公平的競爭的方法，選拔優莠工作人員，因材而施用，依績效而給酬。㈤嚴肅紀律，屬行法治，綜名覈實，信賞必罰。㈥所有權與管理權要明白劃分，職位不是財產權。

5.魏勞畢（W. F. Willoughby）及懷德（L. D. White）──魏氏於一九二六年著『行政學原理』（Principles of public Administration）一書，懷氏於一九二七年著『行政學導論』（Introduction to the Study of Public Administration）一書。二書為美國最早流行的大學行政學教科書，亦可稱之為傳統行政學的範本。其內容與立論大體相同。主旨如次：㈠在行政組織方面，主張建立完整統一的行政體系，層級節制，力量集中，指揮運如，事權確實，管理經濟。㈡排除政治因素於行政系統之外，以科學管理方法推行行政，消除浪費，提高行政效率。㈢在人事行政方面，主張劃除『分贓制度』採行用人唯才的『功績制』，以公平客觀的考試方法選拔人才，確定公務員地位中立化，不得捲入政爭漩渦。㈣在財務行政方面，主張行政部門設立預算及會計的專管機構，採行行政預算制度，國家概算由行政部門編擬，俾能符合實際

情形與需要。

三、立論的要旨——就傳統行政學者的著作與立論加以歸納，其中心思想與立論要旨，計有下列諸端：

1.政治與行政分離——嚴格劃分政治與行政的界限。因爲政治是錯綜複雜的，幻變無常的，難以用客觀的準確的尺度衡量之，亦無法以因果律或科學方法控制之；而行政則是實事求是，就事論事的工作與活動，可以用客觀的理性化的科學管理以處理之。衝動性、感情化的政治勢力不可侵入冷靜的、理智化的行政領域。政治係從利害與感情的觀點解決糾紛；行政則從科學、技術、知識及理性立場處理公務。故應把二者一刀兩斷，各行其是。

2.民主與效率難諧——傳統的行政學者爲要挽救民主政治無能無力的流弊，都強調『集權』、『完整』、『統一』與『效率』及『科學方法』，認爲效率重於民主，民主缺乏效率，他們甚而輕率的說：『爲了提高行政效率，未嘗不可相當的犧牲民主』；『當時的專斷，正是事後民主的獎品』(Autocracy during hours is the Price of Democracy after hours)。在他們的心目中，民主與效率是矛盾的，頗難和諧。

3.公務員地位中立——政治與行政既須嚴格劃分，便應剷除官吏隨所屬政黨選舉勝敗爲進退的分贓制，而應採考試用人才能主義的功績制。推行行政的事務官，應經由公開競爭的考試方法選用之。考試及格經正式任用後，地位即獲得保障，非因犯法失職，不得免職，公正超然，盡忠職守，不參加政治活動，不淪入政爭漩渦，中立不倚，埋頭服務，對任何政黨都不作左右袒。

4.建立理想型的組織——傳統的行政學者認爲要使政府有力量有作爲，行政有效率有成就，必須建立完整統一的行政組織。這種組織形態，就是韋柏所說的『理想型行政體系』(Ideal Type of Bureaucracy)，層級節制，上下統屬，由內及外，由上而下，上級對下級有指揮之權，下級對上級有服從之責，事權集中，指揮統一，協同一致，體系完整，系統分明，責任確定，成爲一底濶頂尖的一金字塔形。依機能一致、管理經濟的原則劃分各機關、各單位、各職員的事權，一事不兩辦，以免爭功諉過；一個職員、一個單位、一個機關不直接對兩個或兩個以上上司負責，因『兩姑之間難爲婦』；『任何人不能同時侍候兩個主人』。一個機關管轄的單位不可太多，以免超出有效的掌握律或『控制幅度』（ Span of Control）。

5.採行科學管理方法——傳統行政學者認爲要提高行政效率，端在採行科學管理的制度與方法。其重要內容包括以下各點：㈠現代行政已專業化、技術化，必須應用科學的知識、技藝、設備及工具推行行政事務，方能經濟而有效，事半而功倍。㈡對人、財、物作最有效率的管理與利用，以最少的投入換取最大的產出，無絲毫的浪費，人盡其才，物盡其用，財盡其效。㈢訂立客觀而合理的制度與法規，以爲推行事務的規範和準則，據一以止亂，定分而息爭，去私塞怨，與功齊衆。㈣處理事務要有一定的程序與方式，物有規格，事有準繩，有條不紊，系統井然，物物有定所，事事有定時，輕重緩急，本末先後，皆有明確合理的序列安排。㈤凡處理事務，事前須有周密詳審的計劃，事中要有有效貫徹的執行，事後要有確實可靠的考核。設計（Plan）、執行（Do）、考核（Control）聯貫而成爲一體。

四、研究的方法——傳統行政學者所使用的研究方法，計有下列幾種：

1.法學的研究法——傳統行政學者認爲行政是法律的有效執行，屬於法律學研究的範圍，重視權力的關係與分配，可說是靜態行政的探討。官吏執行任務，須以法律爲依據，爲範圍，非依法律不得爲人民設

置權利，亦不能使之負擔義務；卽使是爲人民謀利，爲社會造福，卽使是爲了提高行政效率，亦不得違犯法律。因之，他們認爲從法律科學的觀點去研究行政，乃是正當的途徑。日本臘山政道所著的行政學（黃昌源譯有中文本，民國二十五年中華書局出版），德儒史坦因（L. Von Stein）一八六五年所著『行政學』（Die Verwaltungslehre）固然可視之爲行政法學；就是美國初期的行政學大學敎本，亦皆有很多的篇幅，討論行政法律、規章及行政責任等法律問題。

2.理論的研究法──傳統行政學者的目的與方法，在於對繁複錯綜，森羅萬象的事實與現象，作有系統有計劃的觀察與瞭解，於其中求得執簡馭繁，據一止亂的原理與定律，以爲處理實際行政事務的準繩。依此理此律以行事便可提高行政效率，事半而功倍。如此，行政學者卽可以高瞻遠矚的眼光，及眞知灼見的理解，指引行政的理想與目標，期以促進行政推行的效能與成功。而且這些的原理與定律乃是永久性的、普遍性的眞理（Truth），放之四海而皆準，百世以俟聖人而不惑，考諸三王而不謬，質之鬼神而不疑。他們所倡行的『機能一致的原則』、『完整統一的原則』、『指揮運如的原則』、『管理經濟的原則』、『小控制幅度的原則』，便是其著例。

3. 歷史的研究法──傳統行政學者相信英國歷史學家柏克（Edward Burke)的理論，認爲一切制度都是『生長成功的』(By Grawth)，不是『創造出來的』（Not by Creation）；是『發現的』（To Be Found），不是『製造的』（Not To Be Made）。所以對行政制度與事態，要作追本溯源的研究，明其原因，識其演變，知其影響。歷史研究法，不是在廢紙堆中，作懷古追昔的幽思，舒心情，資消遣；而是要於其中求得其『因果律』及『關係法』，以爲鑑往以察來，援古以御今的工具。所謂前車之覆，可謂殷鑑；前事不忘，後事之師。歷史

的經驗與法則，足爲處理實際行政事務的參考與指引，具有實用的價值與貢獻。蕭特 (L. M. Short) 一九二三年所著『國家行政的發展』（Development of National Administration, 1923) 一書，便是歷史研究法的代表著作。

4.比較的研究法——傳統行政學者常就各國或各地的不同行政制度與實施，作客觀的比較與分析，以見其利弊與得失，而作取長舍短，採優汰劣的抉擇，以爲行政改進及革新的指示和參考。這種研究途徑，很合乎科學方法。美國學者對這種研究方法頗爲重視，各大學的公共行政研究所，多開有『比較行政研究』課程，行政學的敎本中亦多有專章硏討比較行政。懷德 (L. D. White) 於一九二九年著有『外國的文官制度』(CivilS ervice Abroad, 1929) 一書，卽是比較研究法的代表作。

第二節　行爲科學時代的動態行政學
（修正理論時期：一九三一——一九六〇年）

一、修正的原因——一九三一年至一九六〇年是行爲科學在美國盛行的時期。各種學術研究都受到他的重大影響。行爲科學是應用文化人類學、心理學、社會學及其他有關學科的知識及自然科學的研究方法，對人類行爲作有系統的客觀觀察與分析，而求得有關人的行爲的法則。行爲科學的行政學者在研究過程中，發現傳統行政學者所信持的理論及所使用的研究方法，均有很多的缺失，乃加以批評，而提出修正意見，使行政學的研究發展得以升高與邁進。

以科學管理爲研究主幹的傳統行政學者，具有以下的錯課與缺失，遂受到批判與修正：㈠他們把人當作只是『經濟人』，只要提高工資或增加待遇，便足以促進員工的服務精神和工作效率；而忽視了員工要求社會承認、精神快愉及成就表現等心理因素。加薪後的效率提高，究竟

由於加薪本身所致呢？ 還是因為管理者關心員工生活而感恩圖報呢？ 或是因加薪而精神快愉所致呢？ ㈡他們認為人都是有理性的『理性動物』，可以用理智方法控制其行動，用客觀方法衡量其效果；只要建立合理制度和標準化的科學管理方法，員工便會自然遵守，運用自如，推行無阻。殊不知『徒法不足以自行』。縱有良好的制度和方法，必須員工樂意接受，方能生效。否則，員工可能加以抗拒或破壞。在管理的運用中，忽略了人羣行為中的『非理性』因素，乃是大錯而特錯。㈢科學管理的制度與方法，都失之『機械化』、『制式化』，硬性的，刻板的，抑制了管理者及工作員主動、自發、創造、適應的能力與精神，使人呆滯、沉悶、單調、無聊，失卻積極奮發，蓬勃生動的朝氣。

靜態行政學者的理論與方法，具有以下的缺失：㈠所為論說，率為『規範性的』 (Normative) ，只說『應如何』而忽略了『是如何』。法律的規定是『應如何』； 但實際運用的『是如何』，每與之相去甚遠。道德與行為並不是一致的。不分辨『應然』與『實然』的不同，不無『盡信書』之弊。㈡他們所說的那一些行政原理與定律，僅是主觀思考的結果，並非根據實際調查用科學方法歸納的結論，缺乏實驗性與客觀性，付諸實際是否有效，不無問題。這些的原理與定律，只可視之為『行政諺語』，實用價值，並不太大。㈢所謂原理與定律，常是一偏之見，顧此而失彼，未可視為定論。例如『力量集中，指揮統一』的原則，則與『分層負責，分級授權』有矛盾。且窒息了部屬自動自發的積極服務精神， 而形成消極被動的呆滯現象。 所謂『小控制幅度』的限制，則增多組織層級，導致指揮不靈，溝通不易。㈣過份重視組織靜態面，而忽略了『動態』的行為。祇看到組織法、組織系統表上的正式組織， 而忽視了無形的看不見的非正式組織。 視組織為『封閉性』的結構，而不知其與外界關聯的『開放性』。

二、代表的人物——行為科學的行政學者或修正理論的動態行政學者為數甚多，無法枚舉，茲舉述幾位重要的代表人物如下：

1.梅堯 (Elton Mayo) ——他於一九三三年著『工業文化中人的問題』 (Human Problems In An Industrial Civilization) 一書；羅斯里士伯克 (Fritz J. Roethlishberger) 與狄克生 (William J. Dickson) 與一九三九年合著『管理與工人』 (Management and the Worker)。他三人曾先後主持西方電氣公司的 『霍桑實驗』 (Hawthorne Study)。這兩本著名著作，可視之為『霍桑實驗』的研究發現與結果。二書皆從行為科學的觀點，特別注重『人以為本』及『以人為中心』的管理；認為『人羣關係』 (Human Relations) 比工作的自然環境及科學管理更為重要；強調尊重人格，發揮人性，民主參與，情緒疏洩，互動互依及人情關切；對組織中的非正式組織及小團體的角色與活動，特別注意；尤重視『士氣』 (Morále) 的培養與提高。

2.巴納德 (Chester Barnard) ——他於一九三九年著『主管人員的功能』 (The Functions of Executives) 一書，認為組織乃是人羣互動關係所形成的系統。不是靜態的權力分配結構。權力的基礎不在於法定地位，而實建築在部屬的『同意接受』上。要謀求組織的平衡，在於員工誠心貢獻其忠貞、知能、精力於團體；團體須給予相當承認待遇和報酬。他更認為組織中的思想溝通居於重要地位；非正式組織的力量與影響決不可忽視。

3.西蒙 (Herbert Simon) ——他於一九四七年著『行政行為論』 (Administrative Behavior) 一書，認為行政乃是決策或作決的過程 (Process of Decision-Making)。傳統行政學者只知注意行政『執行』問題，而忽略『作決』的過程與活動。殊不知有效的執行須以合理決策為先決條件。二者之間有密切關係，必須適切配合方能成功。行政人員

同時是執行者，亦是作決者。作決雖未必能達於『理想』（Ideal），但必須要『合理』（Rational or Reasonable）。所謂『合理』就是對可用資源作最佳利用，對所處環境或形勢作最適的適應。組織與其構成員必須保持平衡關係，大我與小我不可畸輕畸重。

4.瓦爾杜（Dwight Waldo）——他於一九四八年著『行政國家』（Administrative State）一書，旨在研究美國公共行政的理論；認為現代國家的功能不再是消極的人權保障與自由權利的維護，而在於積極的為人民謀利，為社會造福。現代國家要成功的推行積極行政，端在適應國家的社會、經濟、文化、政治環境，並符合人民的意志與需要，使用科學技術、知識與方法，對國家的資源作有效的利用。

5.卜森士（Talcott Parsons）——他於一九五一年著『社會系統論』（Social Systems）一書，認為一切組織（包括行政組織）都是社會系統，這系統乃是社會、經濟、文化的產物。社會勢力影響組織，組織功能影響社會，互動、互依、互助形成動態平衡的狀態。他又於一九六〇年著『現代社會結構與過程』（Structures and Process in Modern Societies），指出一個行政組織係由三個不同的層級所構成：下層為技術層，即實作層級；在以工作員的勞力或專門知識或技藝執行業務；中層為行政層，即協調或組織層級，其功能在於整合內部資源趨於統一，聯繫下層人員趨於合作；上層為政治層，即制度層級，其功能在於決定組織目標與政策及應付外界的各種勢力與環境。

三、立論的要旨——行為科學的或修正理論的行政學者，所倡導的論說，為數甚多，不勝枚舉，舉其要者，計有下列諸端：

1.政治與行政的配合——傳統行政學者所倡導的政治與行政分離的理論乃是不切實際的。修正理論的行政學者認為二者必須密切配合。第一、政治的功能在決定政策，確定目標；行政則在執行政策，實現目

標。前者爲目的，後者爲手段，故二者必須密切配合。第二、官吏推行
行政，不能違犯政策和民意，卽是不能不顧及政治因素。議會及政務官
決定政策，不能不顧及行政的實況與需要。政治與行政互爲影響，兩相
關聯，不能分離。第三、官吏在推行行政的過程中，隨時都要發生『抉
擇』作用。這種『抉擇』就含有決策的政治意義。這可稱之爲『行政的
政治』。現代國家中，有所謂『委任立法』（Delegated Legislation)
及『行政立法』（Administrative Legislations）。這些立法，就是行政
機關制定及頒行的行政規章或章則，其性質與功用和立法機關制定的法
律相同。是行政中亦有政治。政治與行政決不能作一刀兩斷的截然劃
分。

2.民主與效率的一致——傳統行政學者所說：爲了增進效率，不妨
相當的犧牲民主。這有似開明專制和父權政治的思想，不可接受。行爲
科學的行政學者，認爲只有民主的政府，才能獲致最高的行政效率，民
主與效率是一致的。因爲在人人負責，人人主人翁的事業觀的觀念下，
才會有自動自發的精神，積極努力，踴躍將事，產生最好的成就和最高
的效率。效率不一定產生於『權力集中』，而實來自各方勢力的合作及
各方利益的協一。合作與協一乃是效率的動力與淵源。狄德（Ordway
Tead）於一九四五年著『民主的行政』(Democratic Administration)
一書，指出『民主與效率乃是一個實體的兩面』。民主政治可視之爲積
極負責，努力奮鬪的哲學；只有民主，才會有效率與成功。

3.公務人員的忠誠觀——修正理論的行政學者，對所謂公務人員地
位中立化，不表贊同。他們認爲公務人員乃是執行政策與法律的工具，
對決策者立法者的執政黨自須忠誠擁護與支持。官吏是人民的公僕，一
切行爲應以民意爲依歸，人民既選擇了某一政黨，官吏便須對這一政黨
負責。公務人員地位中立化的思想，違反了民主政治的精神，使公務人

員對政治目標持冷漠態度，而流於因循敷衍。公務人員應效忠政府，忠誠熱烈的擁護憲法，遵行法律，決不容有携貳之心或模稜思想。美國總統杜魯門（Harry Trueman）於一九四七年三月為防止共產黨員在公務人員中的滲透及保障忠誠人員乃頒布行政命令，對公務人員作忠貞調查，凡參加主張以暴力推翻美國民主憲政政府的任何政黨或組織者均不得充任公務人員。

4.人以為本的行政觀——傳統理論的行政學者，以事為中心，要人遷就事，人員是為工作而存在，工作至上，效率第一。而行為科學的行政學者則不贊成這種觀點，而卻要『以人為本』，『以人為中心』。因為人是工作的源動力，人為政本，效率是人產生出來的。工作的成就和效率的提高，都須以心情快愉，身體健康的工作員為條件。因為『任何人都不能是有效率的，除非他是快樂的，喜歡作工作的』（No one can be efficient, unless he is happy and he is willing to work）。工作員必須有健全的身體，充沛的『活力』（Vitality），旺盛的『精力』（Energy）及快愉的心情，才會有高度的工作效率。在行政上，若能使工作員生活滿意，心神快愉，健康良好，具有熱烈的工作意願及高昂的服務精神或士氣，不期然而自然會有圓滿的工作成就和高度的工作效率。人存政舉，人亡政息，人以為本，功必隨之。能幹與肯幹的工作員才是有效率、能成功的先決條件。人為中心的行政，重在搞好人羣關係，尊重員工的人格價值，使其內在潛能得到最高的發揮，滿足其參與感，適應其成就慾，使在人人主人翁事業觀的觀念下，為團體效忠，為事業努力，為成就奉獻。對員工的管理應以『激勵』（Motivation）替代『裁制』（Sanction），促進員工自動自發的服務精神；養成員工的團體意識，合作觀念，一心一德，通力協調的達成機關的目標與任務。

5.行政行為的互動性——行為科學的行政學者認為行政乃是若干人為達成其共同目標或任務的進程中合作努力。這種努力乃是組織行為或團體行為。那就是組織或團體中若干職位卽法定『地位』（Status）和若干職員或工作角色（Role）構成『工作網』中的單元。這些單元就是『工作員恰在其工作中』（Unit of The Worker-in-his Work）的實體，相互影響，彼此依存，環結相連，脈息相通，波瀾推移，連鎖反應，多面激盪。『工作網』中各點各線間都通着電流，點點波動，錯綜交流，按一點而通全面，牽一髮而動全身。組織中構成員的行為，決不是完全獨立自主的，乃是『互動性』（Interaction）和『交流性』（Gross-Circulation）的。這種行政行為的特色，向不為傳統理論行政學者所體認，而卻為行為科學的行政學者所強調。

行為科學的行政學者，更認為行政乃是處理公共事務或解決某一公共問題時的『作決過程』（Process of Decision-making）。所謂『作決』就是有關的事實資料，不同意見，可行途徑加以討論分析，比較判斷，集衆思，融衆見，合羣策羣力，在『衆意僉同』的情形下，所作『最佳』或『最可行』或『最合理』的抉擇。這種行政行為乃是思想溝通，意見交流及資料、訊息互換所產生的集體智慧創作及互動交流的結晶品。任何合理決策或決定都不是閉門造車或憑空構想；必須博訪周諮，集衆思，廣忠益，彙聽共視，共同思考，集體判斷，方能有合理抉擇。決策或決定乃是衆利的協一，衆見的妥協或折衷。這就是互動行為及交流思想。

四、研究的方法——行為科學的行政學者所使用的研究方法，計有下列幾種：

1.實證的研究法——研究行政不可僅憑推理與思考，應從實際的行政活動與事態中去作觀察與體驗。就所蒐集的事實與資料加以研究、分

析與整理，自可就中求得有系統的行政知識。實證的知識最爲有用，最有價值。從『實作中學習』（Learning by doing）和實證的知識，足以作實事求是的應用及有眞憑實據的證明。實證的研究法，並不企圖建立永久性的普遍性的『眞理』（Truth）與『定律』（Law），只在求取對症下藥，因事制宜可行與有效的『工作假定』和方法。實證的研究法，在從客觀的事態中、憑證中找結論，尋求可行之道，可用之方。不以預定的或一般的原理與法則，應付新起的事件與問題，決不先入爲主，無成見，無偏見，無所私，無所蔽。行爲科學的行政學者，所慣用的『觀察法』、『實驗法』、『調查法』、『統計法』（數量方法）及『個案研究法』等，便是實證研究法的具體應用。張開眼睛，面對事實，拿出證據，就是實證研究法的必要要求。

　　2.行爲的研究法——行爲科學的行政學者，不把研究重點放在行政組織的法令規章上，而置意於組織構成員的工作活動及行爲狀態上。法制的規定只是規範性的『應如何』，而行爲的表現，才是實際性的『是如何』。那些『應如何』的規定，未必就是『是如何』的事實。要知『應如何』，必須先明瞭『是如何』。譬如治病，必先作病理檢查，明瞭實在的病狀與病因，才能訂出『應如何』的處方與投藥。不明『是如何』，只講『應如何』，那就猶如不作病理檢查，而貿然處方投藥，那豈不是盲目治療。譬如研究戲劇，與其研究劇團組織，舞臺規則，不如研究演員的歌唱及表演動作。

　　行政行爲研究的對象，乃是行政組織中構成員，或『演員』（Actor）的『角色行爲』。這種行爲決不是單獨、自主及孤立的個人行爲。角色必須參加其『基本小組』（Primary Group）、『小團體』（Small Group）及『大的組織』（Big organization）才能有所作爲。演員在這羣組及團體中，不是唱『獨角戲』而是作集體表演或唱『羣

戲』。研究這種角色行爲，必須從地位、領導、監督、服從、影響、正式組織、非正式組織、思想溝通、羣組動態、人羣關係及激勵法則等方面下功夫，才能瞭解行政行爲的互動性。

3.社會的研究法——行政事務與現象，至爲錯綜繁複，乃是社會中多種關係和聯帶的一個環結，決不是遺世而孤立的單純事件。必須從社會的多角度及複合整體的關係中窺察之，方能識其眞相。若僅從行政本身研究行政，將會有『不識廬山眞面目，只因身在此山中』的毛病。所以行爲科學的行政學者多採用社會的研究法，從社會環境中多方面的關係和影響以瞭解行政事象。社會結構、經濟制度、地理形勢、文化特性、歷史背景、民族性格、風俗習慣、倫理道德、宗教信仰、政治勢力對行政皆有重大的關係和影響。要從這些方面研究行政。這亦就是生態行政的研究。例如行政政策的決定，決不可憑一管之見，在政言政而作孤獨的專斷的裁量，必須依據及參酌和適應社會的、文化的、經濟的、風習的、倫理的民意的多種因素，以爲衡量與判斷，務期其合國情、符民意、適時需，面面俱到，處處皆通。社會的研究法雖較爲複雜與費力，但卻具有高度的價值與必要。實在說，行政乃是政府爲達成其『社會目標』（Social Goal）及『社會功能』（Social Functions）時，由多人的合作努力及大量資源的統一利用，所形成的羣組行爲及社會動態，涉及人性、人道、經濟、文化、民意、敎育、政黨、壓力團體等諸多社會因素；並運用諸種的專門知識、科學技術、各種方法、組織與設備及管理的能力等所交織融會而形成的結合體，其根支四射，深及於社會每一角落，無遠弗屆，無孔不入。行政乃是一極複雜的社會現象，故使用社會的研究法，實是必要的、有用的。

4.心理的研究法——行政是人羣組織的合作行爲和現象。這種行爲和現象，係由人的心理動機、需要、慾望等原動力的推動，經由刺激與

反應及組合和適應而產生的結果。國者人之積，人者心之器，政治與行政都是人羣心理活動的現象。這種活動，向外伸延，涉及社會因素及四周環境，故宜用社會的研究；向內追究，則及於人類性靈深處，遂有心理的研究法。就個人的行爲言，內在的心理與需要是行爲的動力。爲要滿足心理需求，於是採行動以解決之。外來的刺激或遭遇到的困難，使人在情緒上、心理上產生緊張或煩惱的情勢。爲了解除這種緊張與煩惱，於是不能不有適應的反應。個人的行爲乃是『慾望與滿足』、『刺激與反應』的活動過程。行政亦是心理活動所造成的現象。就社會的行爲言，羣衆心理的模仿性、恃衆性、激動性、輕妄性等對政府的行政措施及決策，都有重大的影響力。就機關的行爲言，職員間的相互影響及彼此交往所形成的團體意識、服務精神、組織氣候、機關風氣等都是行政成敗的重要關鍵。凡此種切皆與行政事實和現象有着密切的關係。而此則是人羣心理活動的結果。因之，第二次世界大戰後，行政學者從個人心理及社會心理的觀點去研究行政問題，乃是正當而有效的『研究取向』（Oriontation）和『研究途徑』（Approach）。

　　5.數量的研究法──第二次世界大戰後，行政學和組織管理學的發展，計有兩個方向：一是行爲科學（Behavioral Science），一是管理科學（Management Science）。前述行爲的、心理的、社會的、實證的研究法就是行爲科學的應用；這數量的研究法就是管理科學的應用。行政管理的精神，在本實事求是的客觀態度及無所私、無所蔽的冷靜頭腦作正確無誤的數量計算。蒐集資料，開張眼睛，面對事實，從資料與事實的分析中求得解決問題的模式或途徑。應用調查統計的數量方法及電腦的精密計算，才能發現新事實，求得新理則與模式以爲解決行政問題及推行行政事務的切實而有效的準繩與法則。今日由於『電子計算機』或『電腦』（Computer）的發明與使用，行政管理上已發生革命性

的變遷，管理科學的數量研究法的應用，已達於廣大和普遍的地步，收效宏大，及於驚人程度。

第三節　系統分析時代的生態行政學

（整合理論時期：一九六一年以來）

一、整合的原因——行為科學的行政研究，具有以下的缺失：㈠注重對個別具體事實的研究，支離破碎，見樹不見林，缺乏整體觀念與系統分析。㈡逃避現實，避重就輕，空泛立論，未中肯棨。例如對美國的黑白種族問題、越南戰爭問題、共產黨的滲透及顛覆問題，不敢正視，躲避不談。㈢行政現象與事態，錯綜複雜，包羅萬象，千變萬化，如白雲蒼狗，瞬息萬變，那可以數量方法衡量之；必須用高度智慧的思考與判斷方能瞭解之。㈣社會科學的研究，重在審別利害，判斷是非，明優劣，識善惡。而行為科學的研究，卻要採『價值中立觀』（Value Free），只作事實的客觀描述與陳說，不作是非善惡的評論。這種研究對國計民生有何裨益！?因為他們所標榜的是『以自然科學的研究方法，研究人類行為真相』。殊不知自然科學是『物』的研究，行為科學是『人』研究。『人』與『物』大大不同，那可以把人『物化』呢！?㈤行為科學家持『價值中立觀』或『價值免除說』，隱藏着保守主義的色彩，不敢批評現實問題，不敢觸及國家及政府的敏感問題，不有批評，那能改革與進步？㈥行為科學家過份注重客觀的數量研究方法，知道了很多零星雜亂的事實，並無『理論架構』及『思想體系』的建立；猶如散錢滿屋，缺乏繩串貫串之。

一九三〇年至一九六〇年是行為科學興起及盛行時期。因其具有上述的諸多缺失，遂有人對之提出批評與挑戰。一九六四年倪士敦（David Easton）教授在『政治學評論』(Political Science Review) 雜

誌（第五十三卷，第四期）上發表『政治學的革命』(Political Scien-ce Revolution) 一文，對行為科學學者大加抨擊，而提倡所謂『超行為科學』或『後行為科學』(Post-Behavioral Science)。一些美國青年的政治學者於一九六六年成立『新政治學組合』(Caucus for New Political Science)，亦是『超行為科學』的支持者。這些學者的倡導，亦影響到行政學的研究上，對『價值中心觀』加以反對，認為研究方法與理論結構同等重要，法制與行為的研究不可偏廢。

系統分析或整合理論的行政學者，認為行為科學的行政研究，並不是傳統理論或科學管理行政學的替代或推翻，只可視之為後起的學者對前期者的修正或補充。『超行為科學』亦不是對行為科學的否定或揚棄，只可視之為行為科學的更進步、更精密化。傳統的行政學者和修正的行政學者，各有千秋，同具學術價值。所以行政學研究的正當途徑，在取長舍短，存菁去蕪，留優汰劣而作整合的觀察與系統的分析。例如重法制而忽略了人性面，固然有『徒法不足以自行』的流弊。而過份重視人性面而摒棄法制，亦犯了『徒善不足以為政』的毛病。法者『大定至公之制』所以齊天下之動，法固不可忽。『人存政舉，人亡政息』、『得人者昌，失人者亡』，人亦不可輕。人與法整合研究，乃是正途與得策。

二、代表的人物——從系統分析的觀點，研究行政的美國學者為數不少，其著作為數尤多，不克一一舉述，茲舉列幾位以為代表，藉見一斑：

1.雷格斯 (Fred W. Riggs) ——他認為行政行為與組織乃是受經濟、文化、社會等環境所影響的生態系統，乃於一九五七年著『農業型與工業型行政模式』(Agraria and Industria) 一文，指出前者的行政特性是專斷的、官僚化的，人民的租稅負擔較重，所得到的政府服務則較少，仕途為特殊階級所獨佔；後者的行政特性是民主的、平民化的，

人民的租稅負擔較少，而所得到的政府服務則較多，政府用人本人才主張，以公開競爭，客觀公平的考試方法選拔之。有人批評他忽略了一個中間的『過渡型』（Transitia）的行政系統。他把他的觀點加以修正和補充，於一九六一年寫成 『行政生態論』（Ecology of Public Administration）一書，根據社會制度在功能方面的分化程度，把行政模式或系統分爲三大類型：一是『鎔合型』（Fused Model），爲農業社會的產物，社會及行政並無明顯的分工或功能分化，無所謂專長或專家，猶如光線的混雜一體，是謂『功能普一化』。二是『稜柱型』（Primatic Model），爲過渡經濟時代的產物，社會及行政功能呈半分化狀態，新舊混雜，組織重疊，重形式主義而少實際效能，猶如光線折射過程。三是『繞射型』（Diffracted Model）乃是工業社會的產物，社會及行政皆有高度專業化的分工，專門職業、社會團體、科學技術、行政業務皆有細密的分工與分化，專家化、專業化、科學化、技術化成爲行政的特色，猶如光線折射的完成。

2.鮑比特（H.R. Bobbitt）、布倫哈特（Robert H. Breiholt）、杜克圖（Robert H. Doktor）及麥克那（James P. Macnowl）四人於一九六四年合著『組織行爲論』（Organizational Behavior）一書，對過去所謂『理性化』、『層級節制體系』等觀念，大加批評，認爲不切實際，乃是反功能的。對功能的『投入』與 『產出』開放性未曾論及，把組織看成是一種封閉系統，乃是大錯。這書強調組織的動態性、功能性及開放性；認爲無論組織中的個人或單位都在隨着社會環境的變遷與發展，而作適應的活動與行爲；組織與其周圍環境乃是相互依存的，彼此影響，互爲支持，成爲聯帶關係的、共同生活的社會系統。組織從環境中不斷吸收資源、支持與營，　並對環境作『適者生存』的適應。組織對社會要不斷的提供產品、服務與營養。二者互依、互存、同

動、同生、保持生態平衡。

　　3.費富納（John M. Pfiffner）與普里秀士（Robert Presthus）
於一九六七年合著『行政學』（Public Administration）一書，在內
容編排上，雖仍保存了傳統行政學的形式，分為行政環境、行政功能、
行政組織、人事行政、財務行政、行政規章及行政責任諸篇，但其論釋
則多採用了行為科學的思想，並相當吸收了系統分析的觀念。他們既重
視行政上專才專業的傳統觀念，同時亦強調通才的地位與角色；行政組
織的動態面、功能面及開放性亦多所論列；認為行政系統乃是社會環境
及複雜的文化系統的複合體。這書可以說是包括科學管理、行為科學及
系統分析理論與方法的完整行政學。

　　4.客士特（Fremont E. Kast）和魯申威（James E. Rosengweig）
於一九七〇年合著『組織管理學』（Organization and Management）
一書，採系統分析的研究途徑，由一般的系統理論到行政的系統理論。
無論組織或管理都可視之為生態系統。所謂生態系統，具有以下的特
性：㈠是互依互動功能及行為的結合體。㈡任何系統都是整體系統的次
級系統，同時又是其屬下小系統的高級系統。各級系統環結相依，互為
影響，成為脈息相通，休戚相關的有機性或生態性的整體系統。㈢對外
界環境能作生態的適應；對內部資源能作協一的有效利用。㈣對社會提
供有用的服務、產品與貢獻；由社會獲得資源與支持，內外之間能維持
生態性、開放性的平衡。㈤系統要維持其生存與持續，須有不斷的新陳
代謝，吸收新血輪，摒棄舊廢物，以謀求生長、發展與青壯，生生不
息，永保壯旺。㈥組織與管理要達到目的，所採行的手段或經行途徑，
不拘一格，殊途同歸，條條大路通羅馬，是謂行政系統的權變性。

　　5.郝爾（Richard H. Hall）於一九七二年著『組織的結構與過
程』（Organization: Structure and Process）一書，對組織的封閉

性、開放性及複雜性均有詳切的研討，並以相當多的篇幅討論組織與社會的相互關係；指出：㈠組織乃是受社會的、科技的、文化的環境左右或影響所形成。㈡社會環境對組織的發展與活動具有重大的衝擊力和影響力。㈢社會的變遷與發展，對組織是決定性的因素和影響。這些觀點都屬於生態系統理論的範疇。

6.詹森（Richard A. Johnson）、客士特（Fremont E. Kast）、魯申威（James E. Rosengweig）於一九七二年合著『系統理論及管理』（Theory and Management of Systems）一書，申論系統理論的思想基礎、組織與系統理論的關係、設計、考核及管理在系統理論及研究上的實際應用，並展望系統理論的未來發展。實為一本內容充實，體系完整的系統分析的艮好組織與管理學。

7.納格魯（Felix A. Nigro, Lioyd G. Nigro）於一九七三年合著『現代行政學』（Modern Public Administration）一書，內容編排雖仍保存傳統行政學的形式，分行政組織、人事行政、財務行政、行政責任，但卻新增行政決定、行政領導、行政溝通等，則是行為科學的觀點；同時他們亦援納了系統理論的思想，特別強調公共行政與社會環境的關係及所受到的影響，如人口的變動、科學技術的進步、創造發明的出現、意識形態的轉變等，都對公共行政發生強有力的衝擊；更指出文化性質的差異，對行政模式、工作方式和態度，亦具有決定性的影響。

8.魯然士（Fred Luthans）於一九七六年著『管理學導論』（Introduction to Management）一書。這是一本從權變理論研究管理問題的著作。他從管理過程、數量分析的變數及制度與行為變化的因素研究管理問題；並指出由於社會變遷日趨迅速，社會關係益見複雜，目標的不穩定，意識的動盪，權變管理在未來的歲月中將更為重要。

9.吉布生 (James L. Gibson) 與艾文士威 (John M. Ivan-Cevich) 及杜納爾 (James H. Donnelly) 於一九六七年合著『組織學』(Organization) 一書, 從系統理論論說組織的行爲 、 結構與過程; 對組織在社會中的地位, 組織的開放性、反饋性、權變性、有效性及發展性都有系統的闡述。

三、立論的要旨——系統分析論者或生態行政學者, 認爲行政系統就是若干人爲達到共同目的時, 一些互動互依的功用和行爲的有機結合體。這結合體對外在環境須作成功的適應; 對內部資源須作有效的協一, 以謀求存在、生長、持續與發展。依此意義以言之, 行政系統實具有下列的諸性能:

1.行政系統的整體性——行政系統不是獨立的或孤立的。牠是外界大系統中一個次級系統, 同時又是整合本身內部各次級系統的較大系統。內部各次級系統又是其構成單位 (即更小系統) 的大系統。大、次、小各系統之間密切扣合, 休戚相關, 脈息相通, 彼此互依互存, 相依爲命, 成爲不可離散的『完整有機體』(Whole Organism)。 行政系統既然是多元結合的完整體, 所以在行政過程中, 無論是『作決活動』(Decision-Making) 、公務處理及行政問題的解決, 都要抱整體觀念, 持團隊精神, 通盤籌劃, 周延考慮, 分工而合作, 異事而同功, 根除機關本位主義及個人鋒頭主義, 摒棄勞資對立及階級鬥爭的謬說, 崇信超階級的全民政治, 團結一致, 國家至上, 民族第一。

2.行政系統的開放性——行政系統中無論組織或個人都不能遺世而孤立, 閉關而自守。 行政系統或組織乃是大社會中一個小單元, 與外界的社會、社區、團體、人民及其他系統皆有頻繁的衆多的交互接觸和往還, 互爲影響, 交相溝通。外界影響組織, 組織影響外界。外界向組織提供資源、支持、影響及要求等。組織亦須對外界提供服務、產品及

貢獻。這是『權利』與『義務』的平衡關係；亦是『取』（Taking）與『予』（Giving）公平交易。取就是外界的『投入』（Input），『予』就是組織對外界的『產出』（Output）。『取』與『予』的公平往還乃是多元的、多路線的，四通八達、交往暢通。行政系統或組織乃是功能結構。功能的完成必依賴於『投入』與『產出』互換與交流。因之、組織與外界的界限，不是『封閉性』的實線或磚牆，而是處處有孔洞及空氣可以流通的竹籬笆。行政系統是『開放性』的功能交流的適應機能。

　　3.行政系統的反饋性——一個行政系統或組織在達成其目的或任務的進程中，必須不斷的向外界提供『輸出』或『產出』。這種行為或活動在外界便產生新情勢或效果。組織對此新情勢或效果，必須加以認知和辨識，視其有無偏差，而作適當的修正或調整，使之走向正確方向，達成目標，是謂之行政系統的『反饋性』（FeedBack）。反饋本是人的生理及心理作用。因組織是人的結合，故亦可應用於行政組織上。人的行為可分為兩種：一是主動行為，即『慾望與滿足的歷程』（D⇄S, Desire and Satisfication）。人有慾望，慾望為行為的動機或推動器，遂產生追求目標的行動。目標達成，慾望得以滿足，即內部空虛得以填補。如饑則求食，渴則求飲。二是被動行為，即『刺激與反應歷程』（S⇄R, Stimulus and Response）。人遇到外界刺激，便會產生緊張或不安情緒，乃採取適當的反應行動，以解除緊張或不安。如熱則揮扇，冷則加衣。不管那種『行為歷程』，都要有自覺的調節活動，即反饋作用，方能避免偏差，把握正確方向，成功的達到目的。行政組織亦必須有此反饋作用方能有效的完成其功能。反饋作用是循環不已的,其歷程是投入、轉化、產出、反饋、新投入、轉化與產出，於是形成循環不斷，推進不已的行政過程。預算、會計、審計、決算是財務行政的反饋循

環。早在民國二十九年　先總統蔣公所倡導的『行政三聯制』便是十分符合系統理論的反饋觀念。

4.行政系統的生態性——生態學在研究生物如何適應環境以求生存及生長的過程。把這種知識與理論，應用到行政學上，則行政組織與行爲被視爲生態系統（Ecological System）。所謂生態系統，則具有以下的特性：㈠對外在環境的成功適應。例如動物的保護色、擬形等，及植物對氣候、土壤的適應等。行政必須瞭解外界的複雜環境，而作深切的分析與研判，然後因應事需與情勢而作有效的適應。㈡對內部的資源，如人、財、物、時、地、事、權等能作整合與統一的運用。猶如生理功能的合協。㈢行政組織是人羣結合，故爲生物和有機體，要保持充份的新陳代謝性，使具充沛活力，生生不息，永續不絕。㈣行政組織必須隨外在環境的迅速變遷作及時的革新與創新，永保不斷的生長與發展。不生長便是死亡；不發展就是失落。

5.行政組織的權變性——行政組織或行爲乃是隨機應變，因勢利導的『權變系統』（Contingence System）。權變系統在行政過程中的實際應用，可以作以下的說明：㈠非黑卽白，非東卽西的兩極論被否定；因東西之間尚有一八〇個不同角度可供選擇；黑白之間，尚有灰、淡灰、深灰、淡藍、深藍、棕、黃、紅、紫等不同色彩的呈現；豈可僅知黑白或東西。行政措施在可否之間，更有很多不同的途徑可供採行。㈡世無永久普遍的眞理或定律，凡此時此地可以解決問題的『工作假定』就是眞理或定律，隨時隨地而異。世無萬應靈丹，只有對症治病的特效良藥。㈢凡事要隨緣因應，因勢利導，因人、因時、因地、因事而制宜，以變應變，不可執着，不可拘泥，圓通無碍，左右逢源。㈣成功之道，不止一端，達到同一目的，不必採同一手段，條條大路通羅馬，殊途可以同歸。

6.行政組織的穩進性——行政組織或行為既是生態系統，自然要不斷的『生長』和發展。這種生態的進程，不是突變的或躍進的，乃是『穩進狀態』（Steady State）。亦即所謂『動態平衡』（Dynamic Equilibrium）。在軍事上就是穩紮穩打穩進戰略。欲速則不達，循序以行走，盈科而後進，所謂『雖慢而確實』（Slow, but Sure），亦即『事緩則圓』的說法。萬事萬物的存在，皆由於『離心力』與『向心力』的平衡，而保持其重心。離心力代表革新與進步的力量。向心力代表保守與安定的力量；二者平衡就是穩進狀態，穩定而仍有進步的發展；安定中求進步；進步中求安定。

四、研究的方法——系統分析的生態行政學者，無論在理論上、方法上，較之前期者，皆有所改進，使行政學的發展向前邁進。其所使用的研究方法，計有下列幾種：

1.正反綜合的研究法——傳統的行政學者，以嚴正態度研究行政，可視之為『正』。行為科學的行政學者，以批評態度提出修正，可視之為『反』。系統分析的行政學者，就前此不同觀點的研究，加以衡察，比較其利弊得失，而作融會貫通，可視之為『合』。這種立場和探討，卽是正反綜合的研究法。傳統行政學者注重法制性、規範性、應然性、定則性的研究。行為科學的行政學者，強調實際的、行為的、實然的、實證的研究。系統分析的行政學者，則對前兩期的不同研究，取長舍短，去蕪存菁，而作兼籌並顧，正反綜合的研究。傳統理論以『成事』為中心。修正理論則以『弘人』為中心。整合理論則『事』與『人』並重，因事以求人，弘人以成事。傳統理論的行政學者，持X理論重『裁制』（懲罰）而輕『激勵』（獎勵）。行為科學的行政學者持Y理論，重『激勵』而輕『裁制』。系統分析的行政學者，持Z理論，恩威並用，寬猛並施，須視情勢，而為權變運用。

2.經權互濟的研究法──傳統的行政學者，偏重原理、原則、定律、定則的建立，執一以御全，失之概括與籠統，難以切合實際的應用。行為科學的行政學者，信持實證的、實際的、權變的研究，雖知道了許多事實，但零星散亂，而無理論架構的貫串，失之支離破碎，有見樹不見林之弊。系統分析的行政學者，一方面作實證的、實際的研究，以明瞭一定的事實，認識個別眞相；一方面又要就事實眞相，尋求因果關係，建立理論架構及思想體系，以貫串零星的事件。但是理論架構和思想體系，不是永久不變的，要隨新事實、新發現而作適時修正。就事論是，因勢制宜，乃是權變性的研究。而思想貫串，理論建立，乃是『守經』性的法則研究。這種『經』、『權』互濟的研究法，在權變運用的進程中，仍能保持有條不紊的經緯。

3.思算並用的研究法──傳統理論的行政學者，採用主觀思考的研究法，可能因偏見、成見、主見的作祟，而有所偏蔽，不客觀，欠冷靜；且有憑空構想不切實際閉門造車，出不合轍的毛病。況且由思考而得的理論，常無足夠證據以為佐證。行為科學的行政學者，採用數量計算法。這種方法雖有客觀、冷靜、準確的優點，但在實際應用上亦有其限制和缺失。那些範圍較小、關係簡單、具體明確可以用數目衡量的行政事務與問題，固然可以使用數量計算法以為處理與解決。但是那些範圍龐大、關係繁複、抽象意識、心理事象不可用數字衡量的行政事務與問題，頗難以使用數量計算法以為處理與解決。至於涉及價值判斷及心理與精神因素的行政事象，那能以數量計算法處理之。所以系統分析的行政學者為補偏救弊，去蕪存菁，便採用思考與計算兼顧的思算並用的研究法。一方面本客觀態度，冷靜頭腦，調查事實，蒐集資料，以科學方法作數量計算，求得處理事務，解決問題的若干途徑或模式。一方面又就這些途徑或模式以眞知灼見，高度智慧加以分析與判斷，用精密

周延的思考，審利害，別優劣，辨是非，明善惡，而作最佳的結論或抉擇。思算並用才是事理並顧，無偏蔽，有證據的良好研究方法。

4.鉅細洞察的研究法——行政系統（包括行政組織與行為）乃是由很多小系統及由小系統構成的若干次級系統結合成功的互動互依的整體系統，這整體系統對外界環境或更大系統保持着有效的生態平衡適應。系統分析的或生態的行政學者，為要對這行政系統作透闢的認知與瞭解，便採用鉅細洞察的研究方法。這種方法的實際應用，就在於進行以下的四種研究：

㈠精密的個體研究（Micro Study）——在就構成整體的小系統或個體作精微細密的分析，知其底蘊，明其究竟，即對『某一事物知其每一事物』（To Know every things about something）。例如對某機關的非正式組織或基本單位（Primary Group）或小團體（Small Group）的分析或對某一行政首長領導作風的研究，便可視之為精微的或個體的研究。這種研究方法能對事物有深入而精密的瞭解，是其優點；但其缺點則失之零星支離，一管之見，坐井觀天，視線不廣，見樹不見林，知小節而不明大體。

㈡廣大的整體研究（Macro Study）——在就行政系統的整體作全面觀察，整合認識及其對內對外互動互依關係，識大體，明大勢，知因果，測趨勢，即對『各種事物皆知道其一些有關的事物』（To know something about every thing）。例如中國行政制度之研究，中國文官制度之研究，各國憲法的比較研究，均可視之為廣大的整體研究。這種研究方法的優點，具有提綱振領，執簡馭繁，鳥瞰全局的功能。但其所獲結論，每欠深入精細，失之廣泛概括，且不易得到明確的證據；大膽假設則有之，小心求證則不足。

㈢居間的中度研究（Mecro Study）——行政整體與個體之間，尚

有一些居中的『連接系統』（Linking System）。鉅細洞察的研究法，對這一要素，並不忽視，對之亦要加以觀察與認識。中度研究在對這些連接系統或次級系統的地位、功能、運作等作確切的認識與瞭解，而知整體與個體的互動互依的運作關係與情勢。例如中國行政制度的財務行政制度之研究，中國文官制度中考試制度之研究，憲政制度中總統制與內閣制的比較研究，均可視之為居間的中度研究。廣大的整體研究，猶如用望遠鏡觀察事物；精微的個體研究，猶如用顯微鏡觀察事物；居間的中度研究，猶如不假借儀器，而用肉眼觀察事物。三者並用，方能致廣大而盡精微，極高明而道中庸。

　　㈣博約的系統研究法（Systems Study）——鉅細洞察的研究法，就是『博而約之』的系統研究；亦就是『致廣大而盡精微，極高明而道中庸』、『分析至於精微，概括幾於無疆』。精微的研究失之細小瑣碎，故應具有廣大的基礎，所謂『博而約之』。廣大的研究，要不流於空泛，仍須以精微為根據，所謂『大處着眼，小處着手』、『大膽假設，小心求證』。由外及內，由內及外，由大而小，由小而大的廣大與精微兼顧的系統研究，不偏陂，不畸形，知微而知著，見樹亦見林，不以偏概全，不以全棄偏。這種研究方法，亦正符合博學、審問、慎思、明辨、篤行的歸納程序及『行遠必自邇，登高必自卑』的實證精神。

第二編
社會生態行政論

5.公共行政與自然環境

6.公共行政與社會環境

7.行政行為的系統分析

8.壓力團體與多元行政

9.團體動態與行政組織

10.經濟環境與行政發展

第五章　公共行政與自然環境

第一節　生態環境的基本觀念

一、生態環境的內涵——因爲自然環境是生態環境的一部份。所以在討論公共行政與自然環境的問題前，宜對生態環境基本觀念先有所說明。要說明生態環境的基本觀念，便須先知何謂環境。環境就是『一切能影響生物的生存、生活的外在事物及情況的集合體』❶。辭海曰：『環境謂在生物周圍的一切事物，能貽生物若干影響者。英人斯賓塞(Spencer)始用此語，謂生物必須適應環境方能生存，後遂廣用於心理學及社會學上。有自然環境與社會環境二種：如山川、氣候、物產等屬於前者；政治、法律、宗敎、風俗、習慣等屬於後者』❷。這些陳述雖僅是『環境』一詞的定義；然若究其內容與實質，亦可視之爲『生態環境』的界說。達爾文於一八五八年著『天演論』倡生存競爭，物競天擇之說，認爲弱肉強食，優勝劣敗，適者生存。所謂『適』，乃指生物及動

---

❶　Webster's New Collegiate Dictionary.
❷　辭海，中華書局，四十五年四月臺一版，頁一九四三。

物對環境的『有效適應』。

　　生態行政學所指的生態環境，乃是一切能影響行政系統、行政組織
及行政人員活動、行為、存在、持續及發展的一切外在事物、情況及勢
力。這種生態環境包括以下的內涵：㈠宇宙環境，如宇宙系統的運行、
太陽黑點的干擾、日蝕月蝕的影響、颱風、地震的肆虐、洪水泛濫的災
害等。㈡自然環境，指地球表面、地下、大氣層、氣候、土壤、天然寶
藏及資源、山嶺河川、人口、物產等。㈢資源環境，指可以供人開發及
使用的寶藏，包括地下的各種礦產如煤、石油、銅、鐵、金、銀及海洋
資源等。㈣生物環境，指一切可以影響人類生活及可供使用的所有植
物、動物及微生物等。㈤人文環境，指一切經由人類的努力與活動而產
生的政治制度、文化體系、社會組織、人民團體等。㈥精神環境，指人
羣社會的意識形態、道德標準、價值觀念、理想、信仰等。

　　二、生態環境的特性——廣言之，宇宙整體；大言之，太陽系；次
言之，地球表面地下及其周圍的大氣層；小言之，人羣組織等都是生態
系統 (Ecological System)。言系統者指其客觀存在；言環境者指人
對他的認識或關係。二者名異而實同。生態系統或生態環境則具有下列
的四大特性：

　　1.生機性——法儒柏克森 (Bergson) 著『創化論』，認為宇宙乃是
一無窮盡的大生命之流，流變不息，創化不止。宇宙中一切萬事萬物皆
是這大生命之流的小生命之流。　國父認為宇宙萬物的本體乃是『心物
本一』的『生元』。易經曰·『天地之大德曰生』，『生生不息之謂
易』。儒家哲學以『仁道』為本。『仁』之原意指桃仁、杏仁、麥仁的
種籽而言。仁具有生機與生能，故『仁道』即是『生道』。依此言之，
生態環境中的有機物、生物固然有生機；即是無機物無生物亦具有生機
性。

　　一般人都認爲生態環境中植物有生長，動物有生命，具有生機性，是顯而易見的；而礦物卻無生機性。殊不知動植物皆吸收無數的礦物質以爲營養，而成其生。礦物若無生何能生有生？因『無』不能生『有』。地質學家認爲地下的礦物寶藏乃是經億萬年的衍化與生長而成。衍化與生長乃是生機的活動和表現。今日的藥品有金黴素、土黴素。黴素就是微生物或細菌。菌類不僅是生物，而且具有生命。金與土皆礦物。由此足見礦物不僅有生機，甚而可說有生命。

　　荀子曰：『水火有氣而無生，草木有生而無知，禽獸有知而無義；人有氣、有生、有知，且亦有義，故最爲天下貴也』❸。誠然，人爲萬物之靈，有氣、有生、有知亦有義。所以人的人格價值最高，決無任何存在物，能與之相匹比。但是，水火有氣亦有生。由前述金黴素、土黴素可爲證明。任何動物、植物皆不能離開水火而生存。水滋生萬物；火爲太陽光，無太陽光，則萬物必將歸於死亡。草木有生亦有知。含羞草、捕蠅草的收縮和消化的表現，向日葵的隨日動而旋轉，皆是草木有生亦有知的證明。刀切蘿蔔，蘿蔔臨刑，會流淚與發抖，斯亦有知也。禽獸有知亦有義，烏鴉反哺、馬不欺母、羔羊跪乳、蜂見花而聚其衆，鹿得草而鳴其羣，皆義之表現。依俄人克魯普得金（Kroptkin）所著『互助論』以言，無數動物皆依循互助合作方式以生活。這種生活正是有義的佐證。人之所以最爲貴者，有氣、有生、有知、有義，且亦有『智』；智爲一切創造發明的淵泉和動力。

　　2.互依性——生態環境的互依性，可從兩個角度加以說明。第一、生態環境綜合言之，乃是集合無數次級系統及小系統而成的完整統一的整體生態系統。這一廣大的整體系統與其構成部份的衆多次級系統及小系統之間，緊密扣合，環節連接，相互依需，成爲彼此息息相關、脈脈相

───────────────

❸　荀子，王制篇。

通的有機體。整體離不開部份，部份不能擺脫整體。第二、生態環境具有不可分性。為了研究的方便，把環境認為是外在事物；把個人或人羣組織構成因素稱為內在事物。其實內與外不易分辨，我與物乃是一體。所謂『萬物皆備於我』。人生活在大氣層中，每秒每分不停的呼吸空氣以養生。人若離開空氣，立即死亡。則空氣是人的生命一部份。空氣雖外亦內也。人是社會動物，離開社會不能生存。社會雖外亦內也。植物與土壤、空氣、日光的關係亦復如此。張載西銘曰：『民吾同胞，物吾與也』。此是言人與物乃是一體。物我一體，天人合一。植物與外在的土壤、水份、空氣、陽光亦可作如是觀。彼一生態系統與此一生態系統之間，亦具有這樣不可分離的密切關係。

3.互生性——天生萬物皆有用，『天生萬物養萬物』，是謂『萬物資生』；物與物之間，互為資需，互為依存，而成『與天地合其德（生）』的互生、共生與大生。『道並行而不悖，萬物並生而無害』；物與物之間，各守分界，自維其生，而成『天助自助者』的衆生、羣生與小生。整個宇宙就是一整體生態環境，乃是一無窮盡的大生命之流；生態環境中無數的次級系統及小系統，乃是大生命之流中的小生命之流。大小生命之流互為衍化，互生互資，共存共榮而成生生不息的萬象世界。

萬物之間誠然有『侵』、『尅』、『吞』、『滅』的現象，但這卻是『生之過程』中的一瞬息的呈現，並非生之消滅或死亡。例如人類吃水菓以維生，是對水菓的侵尅；然人類為吃水菓便栽培無數的菓樹，使有更多水菓的產生；又如大魚吃小魚，似為侵尅，然大魚卻孳生更多的小魚，以為繁殖，使魚類生生不息，衍化無窮。黃鶯捕食螳螂，似為侵尅，然黃鶯的糞便滋養植物以為螳螂食品。物與物之間的侵尅，實為『生生』過程的一剎那，不可以死滅視之。天體運行，循規律，保均衡，

使萬物各得其所，各遂其生。四時循環，周而復始，春耕、夏長、秋收、多藏，萬物孳生不絕。世間有所謂『同性相拒，異性相吸』的定律。相吸固然是所以成二者的共生或互生。至於相拒，亦並非相互反對或侵滅，而實在於維持二者各自的自立與自生。萬物萬象皆相反而相成，相尅而相生。反而成之，尅而生之，乃是宇宙的生態活動與變化。陰陽家五行生尅的理論，正足以說明宇宙萬物『生生不息』的互生現象。他們認為構成宇宙萬物的基本元素，是金、木、水、火、土。土生金、金生水，水生木，木生火，火生土。土尅水，水尅火，火尅金，金尅木，木尅土。土雖尅水，但不能尅旺水，因旺水生木，木又尅土。水雖尅火，但不能尅旺火，因旺火生土，土又尅水。火雖尅金，但不能尅旺金，因旺金生水，水又尅火。金雖尅木，但不能尅旺木，因旺木生火，火又尅金。木雖尅土，但不能尅旺土，因旺土生金，金又尅木。萬物之間，雖有尅，但尅受有制衡，使尅不傷生。陰陽並非對立，陰以輔陽，陽以護陰。一陰一陽之謂道，道生萬物。

　　4.互動性——生態環境包括無數的次級及小的生態系統。這些系統之間由於生機的推動，則發生相互的影響或感受。這種現象可稱之為互動性。互動現象可從以下的事例說明之：㈠太陽發散光熱，溫度升高，海洋之水受熱化為水蒸汽而高升。水汽升至高空，溫度下降，汽凝為水珠或冰屑而下為雨雪。雨水滋養植物使之生長。積雪覆路，阻礙交通；雪層積壓房屋，可以造成房屋倒塌的災害。㈡水土滋生植物，植物的菓、籽、枝、葉、軀幹而供動物食用或為人類生活的資需。而人類復可開發水土以種植植物。㈢氣候的寒熱、雨量的多寡、土壤的肥瘠等均足以影響植物、動物、人類的生存、生長與生活；而動植物及人類的生長與活動亦會適應、改變或控制這些環境。㈣生態系統與生態系統之間的關係，不是孤立的，不是封閉的，而是相互依需，相互影響，乃是聯立式的，開

放性的。系統與系統之間,存在着功能的循環性與開放性。此系統從彼系統中常可獲得支持與營養的『輸入』；同時對彼系統亦常有報還的『輸出』。㈤人受外在環境的影響；而人的內在能力亦可以影響外在環境。視覺生顏色，聽覺生聲音，嗅覺生氣味，觸覺生物體。這是色由情生，環境由我而成。同時環境又刺激人的知覺，影響其心情與行為；又是情由色起。色由情生，情由色起，情（內在因素）色（外在因素）循環，互生互動。宇宙變化，萬象推移，概可以此理解釋之。

第二節　自然環境的重要地位

一、自然環境的含義——老子為道家鼻祖，所倡行之道，乃是自然主義，清靜無為，返樸歸眞，故曰：『人法地，地法天，天法道，道法自然』。自然亦曰天然，凡出於天然，不假人工制作者皆曰自然。自然界、自然物、自然力等均屬之。自然環境就是人身以外，不經過人力或人工的制作而自有自在一切『存在物』（Beings）或『事物』（Things）。自然環境係對人文環境而言。前者不假人的制作而自存自有；後者乃是人力制作的產物。自然環境又係對社會環境而言。社會環境包括人羣組織、社會結構、典章制度及文物器用等。這些都不歸入自然環境的範圍。

　　廣言之，自然環境指宇宙萬物中除去極少數人力制作的品物外一切物質世界，如天、地、日、月、星、辰、元素、原子等。但這廣大無邊的世界，對人類生活很少有可感受的影響，並非生態行政學所要研討的對象。吾人所要研討的自然環境是對人生及行政有可感受及有直接或間接影響的物質世界。具體言之，這就是人類所居住的地球世界，包括地面、地下及其周圍的大氣層等。

　　研究這一問題的學科，謂之『地理學』（Geography）。地理學的

研究，要可分爲兩大類：一是自然地理學（Physical Geography），一是社會地理學或人文地理學（Social Geography）。人文地理包括政治地理、經濟地理及社會地理。生態行政學所涉及的自然環境便是指這自然地理而言。自然地理包括地形、地勢、山嶽、河川、湖沼、海洋、氣候、礦藏、資源及天然物產等。

二、自然環境的重要——自然地理的自然環境乃是國家構成的要素之一，人民若無此環境，不但無生活的資源，且無立足之所，只有歸於滅亡。這一生存空間對國家的強弱、人民的貧富、文化的高低，均有重大影響與關係。地理環境的重要性，早爲智者所深知。遠在西元五世紀前，希臘哲人海波格拉底（Hippocrates）即著有『氣、水、土論』（On air, Water and Place）申論此旨。亞里斯多德的『政治論』，布丹（Bodin）的『主權論』，孟德斯鳩（Montesqueu）的『法意』，均強調地理環境對國家、人民、政治的密切關係。

降至十九世紀，有『環境主義』（Environmentalism）的產生。法人羅若爾（Friedrich Ratzel）於一八九七年著『地緣政治論』（Politische Geographic），美人山坡爾（Ellen C. Semple）於一九一一年著『地理環境影響論』(Influence of Geographic Environment)，杭庭頓（Ellsworth Huntington）於一九四五年著『文明的主要源泉』（Main Springs of Civilzation）均倡『地理決定論』（Determinism）及『地理必需論』（Necessitarism）認爲一國家的文化型態、生活方式、政治制度等均依地理環境的影響而決定之。卜朗齊（Victor Blache）甚而說：『給我一張自然環境地理圖，我便能告訴你說，什麼是國家的優越條件，什麼是決定國家強弱盛衰的關鍵。自然環境在歷史上扮演什麼角色。這個角色不是偶然的，而是必然的，不是某一時代的，而是一切時代的』❷。卜朗齊是法國人，於一九〇二年著『地

理環境與社會事象』 (Les Conditions Gégraphiquos des faits soci-
aux) 一書，爲『地理決定論』的重要著作。

『地理決定論』者過份強調自然環境的重要性，趨於極端，自然會
引起他人的反感和批評。費比 (Lucin Febvre) 於一九二五年著『歷
史的地理導論』 (A Geographical Introduction to history) 提出『
地理可能論』 (Possibilism)，認爲地理的影響力，不具決定性或必然
性，僅是相當性的、可能性的。地理環境的決定性不是必然的，但各處
是有可能的。人是這種可能性的主人，人是使用地理環境的裁判者。況
且今日科學昌明，技術進步，機器發明都達於驚人的高度地步，人類征
服環境，控制環境，利用環境的知能與力量已大見增加。『人定勝
天』、『巧奪天工』的理想，已在逐步實現中，自然環境的重要性，將
日見減少。事雖如此，但人類今日對氣候的變化，雨量的多寡，洪水泛
濫，海嘯、颱風、颶風的肆虐，火山的爆發，地震的災害等仍不能作有
效控制，故自然環境的重要性仍不可一筆抹煞。

　　三、自然環境的影響——這種影響方面甚廣，爲數甚多，不克作全
部的敍述，玆就地勢、氣候、物產三者略述其影響，以見一斑：

　　1.地勢——國境的大小與疆界常受着地理形勢的限制。瑞士與希臘
受山脈的限制，而成爲小國家。中國國境則是一個地理自然形勢的完整單
位，地廣物博，人衆土沃，成爲世界大國，只有美國與蘇聯的領土，堪
與匹比。凱撒、夏理曼、拿破崙欲征服全歐成爲一大帝國而未成，蓋因受
地理形勢所限制。國境的大小，足以影響其政治制度及國力的強弱。大
國多強，小國多弱。國家的向外發展與活動，亦朝向最利便及障碍最少
的途徑前進。例如希臘以西部多山，而東部多島嶼良港，遂先與東方國

---

❹　見Lucien Flbvre, *A Geographical Influence to History*, 1925, p. 10
　　所引 Blache 之言。

家接觸。羅馬的地勢與此相反，遂向西與高盧及迦太基往來。美國地居新大陸，東西兩岸有大西洋，太平洋廣大水域爲其天然屏障，所以兩次世界大戰，本土未受到戰爭侵害。古代文明國家，皆沿着河流而興起，如埃及之與尼羅河，巴比倫之與幼發拉底斯河，中國之與黃河，即爲明證。西班牙、荷蘭、英國、法國所以先後能掌握海上霸權，因海岸曲折而多良港有以致之。

2.物產——德國的政治學者白朗芝齊 (J. C. Blumtschi) 曾說：『若羅馬人久居東方，則將變而近於女性的柔弱；若日耳曼人久居非洲，則將失其強悍；若英吉利人久居印度，恐將漸趨懶惰』。就政治組織言，熱帶趨向政治自由，寒帶產生專制政體，溫帶易行共和制度。寒帶人喜歡吃酒肉及富有興奮性的飲料；而熱帶人則否。天氣乾燥的高原人常是侵略者，因其肺部發達，精力充沛，身體強壯。氣候多變地區的人民，多機警聰敏。寒帶的人民多犯侵害物體及財產罪；熱帶人民多犯侵害人體罪。就中國情形而論，江南氣候宜於稻穀生長，故人民多食稻米。北方氣候宜於小麥生長，故人民多食麵食。

3.物產——布克爾 (Buckle) 說：『蒙古人與韃靼族不能在其原住的不毛地區使其文化進步，到了物產豐富的中國和印度方能強盛。阿拉伯人的建國，亦在其遷至地中海以後。但物產過於容易或豐富的地方，亦易使其人民趨於怠惰，不肯從事體力勞働。礦產的鐵、銅、金、銀、煤、鋁等，或爲製造武器的原料，或爲生活所必需，或定交易的價值，均爲立國的重要資源。日本與義大利均以鐵礦煤礦不足，非向外發展，難成爲強國。爭取資源與石油殆成爲戰爭的重要原因。植物生產乃人類生活的必需品。動物亦成爲人類食品、衣着及動力之所需。在自然環境惡劣的地方，則常有地震、火山爆發、山崩、暴風雨、大沙漠，其人民則幻想多，理想少，失去自信，於是宗教近於迷信，藝術則失之單調，

政治流於專制。

今日世界已由電氣時代進入核能時代。具有放射性的礦物，如鈾、錻、鈷、釷等旣可用以爲製造核子武器的原料，復可用爲核能發電的燃料，用途廣，價值高，實爲至寶。一個國家如擁有這些的豐富礦產，致富圖強，則是優越條件。中東地區土地貧瘠，雨量缺少，物產不豐，沙漠甚多，自然環境可稱惡劣。但地下蘊藏有豐富的石油礦產，爲極有價值的能源。現經開發，阿拉伯的若干國家，遂能以油致富，地位日趨重要；且可以石油爲國際競爭的武器，油價漲落及生產多寡，則能以直接影響世界經濟的衰退或繁榮。匹夫無罪，懷璧其罪，產油的阿拉伯諸國家，遂成爲美俄兩超級強國爭逐的對象，爲爭取油田，保護油路，亦可能因此而引起第三次世界大戰。物產關係國家的盛衰強弱，有如此者。

第三節　自然環境的遭受污壞

『人爲萬物之靈』，智慧最高，腦最精，手最巧，故幾千年來能以運用其優異秉賦，成功的利用、適應、開發及控制其所居住的大自然環境，使其生存與生活日趨進步、改善、安全、充實、富裕、繁榮和快樂。但時至今日，可悲可怕的則是近百年來，因科學技術的飛騰猛進，機械發明日新月異，經濟建設的日進無疆，高度的工業化，都市興起，人口爆炸，工廠林立，交通迅速頻繁，核能輻射擴散等因素，大自然的生態環境受到嚴重的污染、破壞與毒化，使人類在生機日衰，生態日劣，受毒日深的危險惡劣的環境中過慢性自殺及集體中毒的悲哀生活。物質文明到了登峯造極的境地，而人類卻成爲自己戕賊自己的危險動物。聰明反被聰明誤，若迷途而不知自返，人類前途將不知伊於胡底？茲將自然環境遭受污壞的原因和實況及行政救治的途徑，分別論述如次：

一、環境污壞的原因——自然環境遭受污染與破壞，原因甚多，茲

舉列其較重要者如次:

1.建設目標的偏差——現代國家建設的目標,均以高度工業化爲指歸。工業化的主旨,在於追求經濟收益和物質享受,卽是增加生產、累積財富、營求利潤、提高國民所得,建築高樓大厦,設工廠,闢道路等,因之,使人賴以生存的自然及生態環境遭受污染與破壞,至於公德的培養,心理的建設,階級的合作,人民的團結,社會的幸福與和諧,均置之而不顧。結果財富雖增加,因分配不均,勞資對立,社會糾紛日烈,生態環境日劣,人民的福祉、享受與快樂,並未眞正提高。於是馬克斯階級鬥爭的謬論乃應運而生,共產黨徒的肆虐與暴亂遂接踵而起。前車之覆,可爲殷鑑。今日的人民應深切反省與覺悟,約束經濟收益的貪慾,移而注重生態環境的保護,充實精神生活,增進社會福利,培養公共道德,並使財富分配社會化,縮短貧富距離,以消弭禍亂於未然。

2.自私行爲的貽害——英人亞當斯密 (Adam Smith) 於一七七六年著『原富論』 (Wealth of Nations) 認爲人是自私自利的動物。這自私自利的天性卻是社會進步的源泉與動力。不錯,英美等先進國家能以完成產業革命,而致富強,躍居世界強國地位,科學進步,經濟發展,達於高度工業化、現代化的境地,確不能不歸功於人的自私自利動機。但由此卻產生了帝國主義和資本主義,無數的弱小民族被壓迫、蹂躪、搾取,不人道,不公道;國內勞資對立,階級衝突,紛爭不已,自殺競爭,經濟混亂,亦是自私自利行爲所造成的罪惡。

中國近三十多年來,在臺灣地區的經濟建設飛騰猛進,生產增加,貿易擴張,物阜民豐,家給戶足,生活充裕,社會繁榮,不能說不是企業家及商民等受『發財致富』的自私自利動機的推動有以促成之。自私自利的本身並非罪惡,且有其貢獻與功績;但若以『因私而害公』,『損人以利己』,則大大不可,應加禁止與懲罰。工業家、廠商們只圖減低

成本，提高利潤，利己而損人，廢水不作清潔處理，而流入飲水之源的河流與湖沼，水源污染，疾病傳佈，爲害滋深；工廠冒黑煙，汽車排黑氣，空氣污染，日趨嚴重，呼吸受害，氧氣不足，碳氣肆虐，人在大氣中過慢性自殺的生活。化學工廠的有毒氣體外溢，路人被窒息，學童被昏蹶者，時有所聞。自私的行爲把人民賴以生存的自然環境大加污染與破壞，實爲今日社會的一大公害。

3.整體規劃的缺乏——我國現採自由經濟制度，即以營求利潤爲目的，以自由競爭爲手段的企業經營。換言之，這就是企業家自作判斷與決定，從事於自認是最有利的經濟活動。從計劃經濟的觀點以作批評，這乃是各自爲政，自我中心，個人主義的經濟制度，自然談不到整體規劃。只求我賺錢，至於自然環境的污染與破壞，公害的貽害均非其所注意的事情。我國現在的經濟狀況，尚在待升段尚未升段的階段，很少有資本密集、技術密集的大規模工業，大多數是中小型企業。這些企業常因資本不足，設備不夠完善，但求機器能運轉，能以製造貨品出售，即認爲已足，至於那些防止空氣污染、水污染、毒氣外洩、噪聲害人的設備與處理，均將增加成本，減少利潤，便置之不顧。

至於政府行政方面，管制工商企業的主管機關，爲數衆多權力分散，指揮欠統一，協調又不足，抱持本位主義，缺少團隊精神，我行我素，不管他人，以致經濟建設欠缺完整統一，面面俱到的整體規劃。建廠土地的購買、公司成立的立案、建築執照的發給、品質管制、商品檢查、工廠安全、衞生檢查等各有不同主管機關，彼此不聯繫。廠商只要領到營運執照，至於衞生、安全、公害、環境污染與破壞，便置之而不顧。這時縱有主管機關來檢查，促其改善，爲時已晚，推拖敷衍，問題不予解決；且處罰太輕，罰鍰太少，並不發生實際效力。

4.價值觀念的錯誤——農業經濟時代傳統社會的價值觀念，尊重道

德、品格與官爵。工商經濟時代現代社會的價值觀念，尊重財富、享受與自我。人們認爲金錢的價值最爲重要與高貴，『金錢萬能』，『笑貧不笑淫』，『有錢能使鬼推磨』。個人的地位最爲寶貴，賺錢第一，享受至上。人生爲樂貴及時，『今日有酒今日醉。有花堪折直須折，莫待無花空折枝』，拜金主義的美國人所信持的就是這種享樂的人生觀。人生的目的就是拼命賺錢，拼命享受。賺錢的目的就是用錢。賺得多用得多，不但錢要用完，且要『寅吃卯糧』，人人是『分期付款』的大負債者，甚而有人至醫院預售自己屍體，換錢使用。美國原是富甲天下的超級強國。因爲這種價值觀念的作祟與貽害，國家無建國的高遠理想，人民無行爲的共同道德標準，所以今日弄得社會犯罪猖獗，政府財政困難，貿易入超驚人，通貨膨脹，經濟衰退，國際地位日見低落。

我國正在高度工業化，由開發中國家邁向已開發國家的進程中，處處學美國，不知不覺的受到他的不良影響和傳染，傳統的道德標準遭揚棄，正趨向於拜金主義的價值觀念，唯利是圖，貪戀享受，自我中心。公共道德、環境衞生、生態觀念、大衆福利均拋置於九霄雲外，損人利己，以私害公，只圖自己賺錢與享受，不顧他人的幸福與利害，亂倒垃圾，妄放煤煙與廢氣，空氣水源遭受汙染，砂石挖掘，森林濫砍，以致生態環境慘遭破壞。

5.未來展望的不足——人無遠慮，必有近憂。所以，無論國家建設或經濟發展，皆應本眞知灼見，作高瞻遠矚，對未來預爲長遠展望，擬訂百年的長程計劃、方案與政策，以爲實施的依據，方能收長治久安的效果。但是我國在近三十多年的建設進程中，對未來展望實嫌不足，長程計劃多付闕如，遂致造成今日自然環境遭受汙染、破壞與毒化。過去，在若干地方，根本無所謂都市計劃，廠商濫建工廠，毒氣外洩，濃煙高颺，汙水橫流，均不加防治，造成公害，危及附近居民的生活與康

健。其有都市計劃的地區，因計劃欠周全，無遠見，原指定郊區爲工業區，孰知不及數年，人口膨脹，市鎮拓展，郊區成爲人口稠密的繁華地帶，工廠遂成爲妨害居民生活的侵害者，環境污染、破壞及毒化的製造者。臺灣電力公司計劃環島設置二十個核能發電廠。這對經濟建設與發展自屬得策；然核子廢料如何處理，如發生美國三哩島核能電廠輻射線外洩的意外事件，如何防範，不知有無長程計劃，預作安全安排。否則，僅顧眼前，只圖急功近利，未來展望不足，爲害之烈，未可言宣。

二、**環境污壞的實況**——自然環境遭受污染、破壞及毒化的情況，已達於危險的程度，不容忽視，急待救治。茲扼要將污壞實況擧述如次：

1.空氣污染——工業發達，工廠林立，其排入大氣層的二氧化碳日增，可能使地球平均溫度增高攝氏〇‧五～二度，再加自然界的本身變化，生態平衡發生巨變，將爲人類帶來厄運。人類燃燒石油、瓦斯、天然氣、煤炭、木材、廢料，亦使空氣大受污染。『美國環境素質委員會』（Council for Environment Quality ）於一九七六年曾作一估計，指出空氣污染對植物、建築物、衣服、傢俱等所造成的損失，每年達五十九億美元以上。

污濁空氣吸入肺中，對人體爲害甚劇。一九五二年倫敦因受毒霧侵害，死亡三千多人。一九六九年因一次核子爆炸，使大不列顚上空的空氣中的鍶九〇、鈶一三七增加百分之二十。這些物質對人類有致死的威脅。

臺灣地區使空氣污染的原因，計有以下諸端：㈠汽車、機車所使用的含鉛汽油所產生的鉛質微粒、濃煙、一氧化碳、碳氫化合物、碳氣化合物等。㈡蒸汽機車、工廠商場燃燒生煤、重油所產生的煙塵廢氣。㈢露天燃燒垃圾、修築馬路熱熔柏油所生的煙塵。㈣火力發電廠燃燒生

煤，所生煙灰與塵灰。㈤水泥廠磨碾灰石所生的灰塵。㈥修築房屋、馬路所產生的沙土飛揚。㈦鐵工廠熔煉廢鐵所生的金屬微粒。㈧硫酸廠排出的二氧化碳。㈨煉油廠排出的硫化氫及有機物體。㈩塑膠廠排出的廢氣。㈠肥料廠所排出的二氧化硫、及氨氣。㈡其他工廠排出的煙塵與廢氣。

污穢空氣中對人體危害較大者的物質如下： 硫化氫使人流淚、頭痛、昏睡；二氧化碳使人發生痙攣、呼吸困難、神經麻痺，窒息而死；一氧化碳使人頭痛、呼吸困難、昏眩、失去知覺，以至於死亡；氯氣刺激眼鼻，使人咳嗽，發生肺炎；砷化氫使皮膚潰爛；汞（水銀）使腹部發生紅斑，腦部受傷，灸傷肌肉等。

因空氣污染，在臺灣造成意外事件，計有以下諸事：㈠高雄市加工出口區女工宿舍百餘人受怪氣薰襲，以致昏厥難醒。㈡臺北市某國民小學因受濃煙嗆薰，以致無法上課。㈢高雄市黃某控告硫酸錏廠排放二氧化硫及濃煙，使其菓樹受損害，要求賠償。㈣臺南市啓發化工廠排出毒氣，使附近花草樹木枯萎。㈤高雄市永豐煉油廠排出毒氣，使附近崑山中學學生二千多人，常感呼吸困難、暈倒、嘔吐。㈥高雄市某化工廠使毒氣外洩，路人因而昏倒，呼吸困難，且有窒息現象。

　2.水的污染——在臺灣，水的污染亦甚嚴重。臺北市二百多萬市民以新店溪爲飲水水源。而該溪流水中的廢物，則有垃圾、水肥（糞便）、家庭污水、工業廢水、死貓、死鼠、死狗等。河水變色，有灰白、黃綠、棕紅、深綠、墨黑等。污染最甚者是新店溪景美段靠近臺北水廠抽水口萬隆小溪。附近工廠林立，大小近四十家，紡織、化工、製革、製紙等業都有。這些工廠排出的廢水含有毒素：汞、鉻、氰化合物及砷等。新店溪所含的大腸菌已高達1 C.C.中有五萬七千，較美國所訂標準1 C.C.中不得超過兩萬的標準將高達三倍。因之，新店溪原來所盛

產的名貴魚類，如香魚、鯉、鰻等幾近絕跡。

　　高雄市原爲山明水秀的都市，近年來，由於工廠林立、人煙稠密、地勢低窪，排水不良，愛河污黑髒臭難聞。草澤埤附近魚塭之魚，常被工廠排出之廢水毒死無算，致糾紛迭起。高雄港亦發生污水毒死蛤蜊案。臺南市日新溪被工廠廢水污染，下游魚塭養魚、蛤蜊被毒死者常有多達數千公頃及數十萬斤者。臺南縣仁德鄉三爺宮溪因受工廠排水污染致稻苗枯萎，損失達數百萬元。把河流當污水溝，把海洋當垃圾坑，乃是大錯特錯落伍的思想和醜惡行爲。工廠只知賺錢，不願負擔污水處理費用，損人不利已，以私害公，罪惡匪淺。

　　3.噪音擾害——噪音指對人不適意、不舒服、不需要的聲響。測量噪音的標準單位是『載聲波』（Dei-Bel 簡稱D.B.亦可譯之曰度。一般人的聽力爲六〇——七〇度，在此限度內無刺耳或不舒適的感覺。若達一三〇度則覺耳癢，若達一四〇度則有痛覺。若超過一五〇度，會破壞內耳結構，以致耳聾。噪音來源，可分爲都市噪音、交通噪音、建造噪音、工業噪音及爆炸噪音。

　　都市人口集中，熙熙攘攘，人聲噪雜，致成噪音。根據臺灣師範大學衞生教育系王老得敎授實地調查，羅斯福路與和平東路交叉口（距音源處五公尺），上午十時至十一時，噪音爲71—95度，下午四時至五時爲65—94度，晚八時至九時爲62—80度，一日平均爲82度。

　　交通運輸車輛所發生的噪音，小型汽車爲60度，運貨汽車爲70度，重型卡車爲90度，噴射機起飛（距離聲源 200 公尺）及汽車喇叭聲（距離聲源 3 公尺）各爲120度。航空母艦噴射操作聲爲140度。

　　建設工程進行中，機械引擎聲、工具材料撞擊聲、工具磨擦聲以及各種打擊、破壞、掘削聲，均可製造噪音。重工業、金屬工業，噪音發自機器運轉。船舶修理廠、焊鉚廠噪音最大可達 91—130 度；工廠的辦

公處所的聲音爲65—75度；有些鐵工廠發出的尖銳噪音可使人耳聾。炸彈、炮彈、鞭炮、打靶的爆炸聲，對人的聽覺、耳膜均有不良影響。炸彈、炮彈爆炸聲超過150度。鞭炮、打靶的爆炸聲超過120度。

臺灣師範大學衞生教育系，曾作噪音調查。其調查報告指出：臺灣各工廠的從業人員（工人）聽力障碍罹患率如下：鐵工廠及船舶修理廠達百分之四三；焊鉚工廠患者達百分之二六點三；熔礦工廠佔百分之二〇‧八；紡織工廠佔百分之一六‧六；塑膠工廠佔百分之一〇‧九。

4.地層下陷——美國加州地質研究所指出：地層下陷係由於長期大量抽取地下水、石油、瓦斯、礦產及其他挖出的物體所造成。日、美、英等國均曾發生地層下陷現象。日本東京、大阪因工業需要大量抽取地下水，致地層下陷嚴重遭受水災，乃有『工業用水法』的公佈，限制抽取地下水。著名地質學家馬廷英倡『地球漂流說』，推算地層下陷若不予防止，臺北市終有一天沉入海底。臺灣地處太平洋地震圍繞中，地殼震動甚劇，亦爲地層下陷原因之一。

根據臺灣省水利局的調查，自民國三十九年至六十年止，沿縱貫公路，基隆至桃園間二十五座的一等水準點檢測成果報告，發現水準點標高降低，平均每年降低量，以二重楠的〇‧二四四公尺爲最大；新莊的〇‧一七公尺次之；臺北市空軍新生社的〇‧一〇八公尺，北門的〇‧一〇五公尺，蘆洲的〇‧一〇〇公尺又次之。

根據甘廼廸顧問團的調查報告，臺北盆地地下水安全抽水量每年爲九千九百萬立方公尺。而五十三年總抽水量達三億二千七百萬立方公尺。五十九年者達四億三千五百萬立方公尺。均超出安全量甚鉅。近年因管制地下水抽水及實施水的再利用，情形略見改善。六十二年降至二億九千九百萬立方公尺。

地層下陷可造成下列的危害：㈠地勢低下，排水困難，易生水災。

臺北市一週大雨，即成澤國，可能與地層下陷有關。㈡地勢低下，沿海地帶，遭受海水倒灌，毀壞魚塭，湮沒農田。㈢抽水機以地下水下降，效率低減，致用電費用大爲增加。㈣建築物發生裂縫，甚而至於倒塌。㈤河海堤防引起破裂，損壞，既致水災，復有金錢損失。

　　三、**環境污壞的救治**──環境污染造成公害。所謂公害，就是：『因事業活動及其他人或人羣活動，所產生相當大範圍的大氣污染、水質污染、土壤污染、噪音、震動、地盤下陷致人之康健或生活環境遭受的損害』。❺環境污壞造成公害的原因，頗爲複雜，所以這種公害的救治，並非簡單易行之事。玆針對環境污壞產生的原因提出救治途徑如次：

　　1.生態意識的養成──環境污壞的製造者不僅是只知賺錢自私的工商業者，實在說，每個家庭主婦，甚至每一個人都是公害的製造者。思想或意識是行爲的原動力和控制器。人人成爲環境污壞者，實由於人人缺乏自覺的生態觀念與意識。要消除環境污壞的弊害，政府應對國民加強人類生態學及文化生態學的教育，在國民小學及國民中學的適當課程中的自然常識、社會、地理加授這些生態學的觀念與知識，養成國民自覺的生態意識，提高警覺，深信自然環境的污壞，不僅損人，且足害己。如不避免環境污壞行爲，即等於慢性自殺。

　　2.公共道德的提高──吾人已知環境污壞產生的原因之一，是由於自私自利行爲的貽害。工商企業者的目的在賺錢在獲高利，不肯負擔費用，去作防止空氣污染，水質污染及噪音的擾害，甚而大量抽取地下水致使地層下陷。家庭主婦只圖一己之方便與省力省事，不惜亂倒垃圾，亂傾污水。建築商爲減低成本，建造公寓，不設完備的排水系統，甚而妄亂拋棄廢物、廢料，堵塞原有排水溝道；更壞者有人填平排水溝渠以

❺　日本，公害對策基本法，第一條。

為建地。這些污壞自然環境的不道德行為，係由於公共道德心的缺乏及自私自利觀念的作祟。 要消弭此等行為及所產生的弊害， 端在政府機關、宗教團體及各級學校積極推行道德教育，提高人人的公德心，不作損人亦害己的環境污壞行為。

3.管制法律的制定——養成生態意識及提高公共道德雖是防制環境污壞的治本途徑，但需時甚久，收效難彰，因為『徒善不足以為政』。支配人類行為的有兩大勢力：一是道德的拘束；一是法律的裁制。前者所以期人之為善；後者所以禁人之為非。一為自願性，其效果可望而不可及。一為強制性，其效果可望亦可及。故政府應制定『環境污壞防制法』，藉以維護生態環境及人民健康與生命，實為當務之急。政府雖曾先後頒佈『空氣污染防制法』、『水污染防制法』、『臺灣省各縣市噪音管理及實施辦法』和『臺灣地區地下水管制辦法』。但有者僅係行政命令，並非全屬法律；且其內容，或欠具體，或失完備，罰則太輕，故難收實效。因之，政府應速制定完備充實的『環境污壞防制法』，包括空氣污染、水質污染、噪音擾害、地層下陷及環境清潔等，罰則提高，標準具體，切實執行，期收實效。

4.科學技術的利用 —— 自然環境遭受污壞的成因， 實由於科學昌明，技術進步，促成生產的工業化，經濟的快速發展，有以致之。今日要救治環境污壞的弊害，仍非借助於科學的知識與技術不為功，因為『解鈴還是繫鈴人』。污水的澄清處理、工業廢水的再使用、空氣中所含毒素的分析、劣質汽油的改善、地層下陷的測量、工廠中防治環境污染及設備的規劃等，均非普通的知識與方法所能解決；必須利用化學的、物理學的、工程學的、生物學的、細菌學的、聲學的、光學的等科學的知識與技術，方能有事半功倍，藥到病除的績效。

5.專門人才的延用——現代行政早已成為專家行政。政府行政分工

細密，技術精深，必須專家任其事，方能勝任裕如。所謂專家或專門人才，應具有以下的條件：㈠具有特殊的或高深的科學的專門知識與技術。㈡這種的專門知識與技術，必須經由相當長期的正式教育方能獲得或養成。㈢專門人才執行業務，須經政府主管機關予以考試或審查及格，發給執業證書。㈣專門人才執業應加入所應屬的職業團體，共同維持執業的道德和標準。至於環境汚壞防制旣必須借於科學知識與技術，當然非延用此等專門人才不能成功。政府對此項專才，須作有計劃的培育與羅致。

6.專管機構的設置——現行環境汚壞防治事權分屬於許多不同的機關，權力不集中，指揮難統一，力量分散，協調不足，執行不力，事多敷衍，以致效果不彰。若長此以往，環境汚染的情況，必將更趨嚴重與惡劣。挽救途徑，應早日設置專管機構，集中力量，統一事權。環境汚染的防制，牽涉範圍甚廣，所需專才爲數亦多，涉及利益，頗爲複雜，故宜設置『全國環境汚染防治部或署』，由各有關機關及團體延攬專才及代表人員組織之，加強其權責，充裕其經費，擬訂整體性長期性防制政策與計劃，以爲有效與貫徹的執行。省市（直轄市）縣市各設聯合防治部或署的分支機構，擔任實際防制業務的推行。民國七十年政府特於衞生署設環境保護局掌理防治公害事宜，但地位低、權力弱、編制小，恐難發揮彰著績效。

第四節　自然資源的維護與規劃

在自然主義者及人類生態學者的心目中，自然界乃是一固有的生態平衡系統，所謂『萬物並生而無害』。但人類爲了生活的需要，對自然資源作無計劃的開發與使用，以致破壞了這一生態平衡，若長此以往，對人類將造成不利或發生災害。政府有鑑於此，遂不得不運用行政權

力，對自然資源作有效的『維護』（Conservation）與周密的『規劃』（Planning），以期對之作最佳利用。茲就此二者分別申論如次。

一、**自然資源的維護**——自然資源為人民生活所必需，若不善加維護，可能受到損失與破壞，對國家，對人民均屬不利。故自二十世紀以來，自然資源的維護，成為政府重要功能之一。茲將其意義、目的與內涵，論說於下：

1.資源維護的意義——政府為要保障國家利益，增加人民福祉，防止自然資源被破壞，遭損失，流於廢棄、浪費或枯竭，採取行政措施，加以維持、保護、開發及管理，使能獲得最佳及最高的利用，是之謂資源維護。在農業經濟時代，土地最為重要，政府對此資源則知加以維護、施肥、灌漑及換種等工作肯予注意，期以增加生產並防止地力衰竭；對其他自然資源，卻不知作適當維護。自二十世紀以來，各國政府對自然資源的維護，則擴大範圍，積極努力。對森林資源加以管理，防火災，禁濫伐；對公有土地加以管制與保護；對水資源之開發亦頗注意，利航運、作灌漑、發電力。對自然寶藏的礦產亦成為維護的重要對象。近年來，所謂資源維護，更擴大及於都市生活，對市民生活的自然環境，要保持其美化及清潔，並防止空氣污染、水質污染及噪音、垃圾的危害。

2.資源維護的目的——資源維護的目的，可分消極的與積極的兩方面。消極目的在於：㈠防止自然資源遭受損害與破壞。㈡防止人們對自然資源作無計劃的、自私的、盲目的開發使用，以免浪費與混亂。㈢防止可開發可使用的自然資源遭受忽視或輕視，以致流於廢棄或荒蕪。㈣防止現代人對自然資源的過度開發、使用與透支，以致損及下代的利益或危及未來的生存或生活。例如美國的德州及阿拉斯加州皆有豐富的石油寶藏而今不予大量開發，蓋所以備將來的需要，所謂『備預不虞』。

積極的目的，在於：㈠對自然資源的開發與使用，作整體性、全面

性及長期規劃，謀求最明智、最佳善效果及最高的效率。㈡在對現代的人及下代的人謀求最大多數的人最大利益與幸福。㈢禮運大同篇曰：『貨惡其棄於地也，不必爲己』。自然資源的維護，蓋欲使『地無棄貨』，人有『免於匱乏之自由。』㈣使自然資源所產生的利益，歸全體人民分享，不使爲少數人所獨佔或壟斷。

　　3.資源維護的內涵——資源維護範圍甚廣，內容甚多，不克詳述，茲舉列其重要內涵如下：

　　(1)土地的利用——『民爲邦本， 食爲民天』， 而土地則爲民食之母。人不能離開土地而生存。資源維護的目的，在謀土地的最大生產與最高使用。在封建社會，貴族諸侯是土地的領主，使農奴耕作。耕者不肯勤奮服役，致地未能盡其利。廢封建，開阡陌，土地兼併甚劇，在專制政制時代，遂有大地主的出現，壟斷把持，使佃農爲之耕作，地非己有，農民不願努力，土地收益亦甚低。近三十多年來，我政府遵行　國父遺教，先後實施『三七五減租』、『耕者有其田』、『平均地權，漲價歸公』。耕者是土地主人，可以完全享有自己耕作之所獲，故肯努力耕耘，土地收益，大大增加。加以灌溉良好， 施肥得法 ，土地重劃，使用機器工作，並利用科學知識與技術，防止病蟲害，所以臺灣農業平均每畝的生產量額極高。

　　(2)水土的保持——臺灣山嶽多，平原面積小，河川短，水流急，每遇雨季，常有山洪暴發，河水驟漲，農田易被冲壞，土壤變劣，以致農民收益低減。爲防止這種災害，政府不惜支付數以幾百億計的鉅款，推行水土保持工作。廣修水壩，防洪水，利灌溉。修堤防，防泛濫，保護農田。渠圳整建疏濬，不遺餘力。護森林，禁濫伐，大有裨益於水土保持。可惜今仍有不法商人，盜挖砂石，致危及堤防安全。開墾農民亂砍樹木，破壞水土保持。對此應切實取締，期對水土有有效的保持。

(3)水資源開發——水爲人民生活上及國家發展上不可缺少的重要要素。但是『水能載舟，亦能覆舟』。水若能有適當的開發，妥善的控制，有效的利用，則效用恢宏，人民與國家皆能蒙受莫大的利益。否則，洪水爲患，其爲害之烈，尤甚於毒蛇猛獸的害人。我國政府近三十多年來對水資源的開發，不遺餘力，收穫到豐碩的效果與利益。興建不少規模偉大的水庫，如石門水庫、曾文水庫、德基水庫，卽其著者，變無用之水爲有利之水，消滅水患，利便灌漑，發展電力，造福人民。爲拓展國外貿易，加強國際運輸及利漁民作業，高雄港、基隆港、蘇澳港大加擴建，並新築工程艱鉅的梧棲港。政府爲擴展漁業及維護漁民利益，經宣布我國經濟海域爲二百海浬。至於疏濬河道，興建堤防，更不計其數。水資源開發與利用，達於令人相當滿意的程度。

(4)森林的保護——臺灣地區山脈多，氣候暖，雨量足，草木茂盛，森林資源頗爲豐富，有若干地區，尙有原始森林。森林的利益與功能，計有以下諸端：㈠供應工程建築材料。㈡供應若干工業作爲製造原料。㈢供應工廠及家庭作爲燃料。㈣可以調節氣候與雨量。㈤保持水土，減低水患。㈥養護野生動物，供人獵用，以爲衣着與食品。森林旣有如此多的利益與功效，故政府對森林的保護十分重視，且設有專責機構，負責管理。對於防火災，防盜伐，防病害及補充栽植等工作的推行均具有相當成效。惟火災未能斷，盜伐盜賣仍甚嚴重，舞弊案件，時有所聞，亟應改進與加強。

(5)礦業的開發——臺灣地勢多山，地下的礦產寶藏，當必種類多，數量豐；可惜地質調查，礦產探勘工作，未達於理想，以致尙未多所發現，以供開發與保護。著名地質學家馬廷英博士，經過深刻研究，斷定臺灣地區地下蘊藏有數量極爲豐富石油。但至今僅有若干油氣的發現與開採，石油尙未眞正發現，有待繼續努力探勘，鍥而不捨，當會有所收

穰。煤礦雖有不少蘊藏，亦有相當開採，可惜素質不甚優良，煤層亦欠豐厚。金礦、銅礦雖有蘊藏，亦經開發，惟數量不多，仍須繼續探勘與開發。近聞臺灣西海岸砂土中及臺中海岸有釷礦發現。釷是具有放射性的礦質，有核子性能，價值極高，允宜切加研究與探索，謀求利用。東部沿海山脈中有極為豐富的大理石礦。現行的開採設備與技術仍嫌落後與不足。據專家估計，若依現行設備與技術繼續開採，足供兩千年之用。似此重要資源應作有效的保護及作大規模和有計劃的開發。

二、自然資源的規劃──由於『資源維護』(Resources Conservation) 的發展與需要，遂有『資源規劃』（Resources Planning）的產生。資源的維護與使用均須依完整計劃以行之，故必須有『資源規劃』。茲將其主旨、機構及人力配合分加論列於後：

1.資源規劃的主旨──產業革命完成，產生資本主義的自由經濟制度，由企業經營者作個人為自己的打算，以營求利潤為目，並不為整個社會利益着眼；自由競爭，貨品產銷的多寡以價格漲跌為決定的主要因素。因之，自然資源的開發與使用，自不免有『浪費』（Waste）與『混亂』（Chaos）現象及流弊的發生，甚至有資源『耗竭』（Delete）的危險。一方面為要免除這些的流弊與危險，一方面為要適應近世『資源維護』的發展與要求使『地盡其利』、『物宏其用』、『人蒙其福』，乃有『資源規劃』應運而生。

資源規劃就是對國家的天然寶藏，作全面的勘測與調查，分別其種類，瞭解其用途，估計其數量，然後加以通盤的研究與分析，預先擬訂維護、開發及使用的整體性、長程性的計劃、策略與方案，以為執行的張本。資源規劃應具有以下的特性：㈠長程性──規劃要本真知灼見，作高瞻遠矚，運用專門知識與技術，對國家資源的維護、開發及使用，擬制千百年為期的長程性的規劃，不可僅顧目前，滿足一時的需用，

致使資源枯竭，貽患將來與後代。㈡整體性——資源規劃應本系統分析的理論與方法，作全面的估計及通盤的籌劃，擬訂整體性方案，相互配合，彼此銜接，必須避免個人主義及本位主義，以免矛盾與衝突。㈢優益性——資源規劃若欲達於『理想』（Ideal）境地，乃是十分困難的，甚至是不可能的。資源規劃的要求，要就現有資源，運用最進步的知識，作最精當的計算，於若干可能的方案或途徑中為最佳最適的抉擇。這就是所謂『優益性』（Optimum）或『合理性』（Rationality）。

2.資源規劃的機構——資源規劃當設主管機構，負其責任。這種機構的設置型式計有三種：一是集權式的機構，在共產主義國家的蘇俄，即採這一制度，中央政府設置集權統一的機構，全權掌握全國資源規劃的業務。這一制度的優點，在能通盤籌劃，全面瞭解，不致發生矛盾與衝突。而其缺點，則是對各類資源不易有深入的專門瞭解，所作決定未必能對症下藥，恰中肯綮。二是分權式的機構，昔日的美國，即採行這種制度。關於資源的規劃，不設置全國性專管機構以為掌理，而分別由各有關行政部會辦理之，如農業部掌農業資源的規劃，礦務部掌礦產資源的規劃，水利部掌水資源的規劃。這一制度的優點，是對各種資源能有較深入的專門研究與瞭解，易作對症下藥的規劃；但其缺點，則是通籌與統一不夠，易生彼此不能配合，而生矛盾衝突的流弊。三是折衷式的機構，各主管行政部會仍掌有關資源的勘測、調查與規劃；然其資料與擬議，仍須交由特設的資源規劃的通籌或協調機關以為彙集，而作整體的全面的集中規劃，既能切合實際，亦不致發生矛盾與衝突。我國即係採用這一制度，各部會雖掌管有關資源的調查與研究，然仍須交『經濟建設委員會』以為集中統一的規劃。美國近年亦採行折衷式的機構，除各行政部會掌管有關資源的規劃外，另設『美國總統資源政策委員會』（U.S. President's Materials Policy Commission）以為通籌與協調

機構。

　　3.人力規劃的配合——資源規劃所訂定的計劃，並非紙上談兵，乃是執行的張本。執行計劃必須任用優良勝任的人員方能貫徹及成功。因之，資源規劃必須顧及人力的需要與配合。資源規劃機構，應將所需人才的種類、數量、等級、時期及應受教育的性質與內容，一一詳明開列，會同教育及訓練機關聯合商訂教育及訓練的實施方案，依以養成所需人才。教育是一本萬利的投資，不可吝惜這種經費。擔任資源維護及開發的人才，除有良好品德、健康身體、正確思想、積極高昂的服務精神外，必須有職務上所要求的專門知識與技術。而且同時亦須有組織領導能力及完整人格、平衡思想、開明頭腦及識大體、顧大局的恢宏氣度。因為那僅有專門知識與技術的專家，常易犯下列的毛病：㈠坐井觀天，視線不廣，知偏而不知全，見樹而不見林，有鑽牛角尖的危險。㈡專家的通病是『自是』與『自傲』，好堅持己見與人爭辯。所以西諺曰：『兩個專家，決難合作』，『專家須受通才的領導』。因資源維護與開發的業務範圍廣，規模大，專門人才必須具有通才的組織領導能力及恢宏氣度。故『專家必須同時具有通才的學養』。那就是『要從專家中訓練出通才』(Make Generalists out of Specialists)。資源維護與開發的執行人才，能同時具備這兩種條件或資格，才是勝任裕如的長才。

第六章　公共行政與社會環境

第一節　行政組織與社會環境

　　任何人羣組織都是較大社會環境的一個次級系統或構成的一個小環節。行政組織自亦不能遺世而孤立，乃是較高的整體社會系統的一個次級系統。自生態學的觀點言之，整個社會乃是一個『有機體』（Organism）。行政組織乃是這『有機體』的一小部份。二者之間互依互存，交相影響，其界限不能作一刀兩斷的明顯劃分。行政組織不是封閉系統，不能僅就其本身而論其功能與結構。行政組織乃是開放系統，應從其與社會環境互動的關係中而論其功能與結構。環境對組織的衝擊和影響，是給予組織的支持、要求、供應等『輸入』。組織對環境的衝擊和影響，是給予社會的服務、產品、貢獻等『輸出』。『出』、『入』平衡，『取』、『予』一致，遂能維持組織與社會的和諧與『穩進』，而永保持續與發展。茲申論行政組織與社會環境的關係如次：

　　一、組織的一般社會環境——廣言之，所謂環境就是組織本身以外的一切事物。行政組織以外的社會環境，可從三方面加以考慮：一是在

某一特定社會內，對一切組織可以影響的一般社會環境；二是對某一種組織有一定的直接影響的特殊社會環境；三是行政組織以外的組織環境，卽其他機關及人民與社會團體等。

　　一般社會環境的條件和力量，對行政組織內部的功能、結構和運作都有很大的影響。但很少人對此加以承認和注意。對行政組織有影響的一般社會環境的內涵或事物，計有下列諸端：❶

　　1.文化——包括歷史背景、意識形態、價值觀念、行爲規範、權力關係、領導型態、人倫關係、及社會制度等。

　　2.技術——指科學技術在社會中進步的水準，包括物質的設備、機器、工具及科技的知識程度及科學技術社會發展及應用新知能的才智與能量等。

　　3.教育——指全國國民一般的教育水準，國民義務教育實施的範圍與年限，教育制度中專業化及思辨化的程度，受高等教育者及受專業與特殊訓練者在全國人口中所佔的比例等。

　　4.政治——社會中一般的政治風氣與氣氛，政治權力集中的程度，政治組織的功能分化、分權及人民參與的程度及政黨政治的性質與運用等。

　　5.法制——憲法的功能及認識，法治制度的性質，各級政府機關的管轄權的分配及其關係，特別法的制定的程序，人權保障及法治程度與精神等。

　　6.資源——指自然環境，包括土地面積的大小及肥瘠，天然寶藏如礦產、山林川澤之利，氣候、物產，地勢、地形、海岸、港灣等。

---

❶　Richard N. Farmer & Barry M. Richman, *Comparative Management and Economic Progress*, Cedarwood Company, Bloomington, Ind., 1970, pp.25-31.

7.人口——包括人口數量的多寡，質量的高低，性別、年齡、職業的分配，人力資源的性質、人口集中及都市與起的程度、平均壽命，人口的生育率及死亡率等。

8.社會——社會結構、社會階級、貧富距離、階級流動、社會角色的界限、社會制度的性質及發展情形等。

9.經濟——一般經濟結構的型態，私人企業與公營企業的地位與比重，自由經濟制度或計畫經濟制度，經濟計畫的集權制或分權制，銀行制度與財政政策，資源開發的情況，投資水準及消費的特性等。

各種組織同受這一般社會環境的限制與影響，而決定其組織的特性和功能。這些社會環境對行政組織的關係，猶如氣候、雨量、土壤、日光、肥料對植物的關係。一般社會環境乃是行政組織的『生長氣候』（Climate to Growth）。行政組織就其目的與需要，從這環境中作選擇的吸收以爲營養與支持，即所謂『輸入』。行政組織就輸入以爲轉化而成爲法規、政策、產品、服務、貢獻，以供應社會，是謂『輸出』。輸入與輸出須隨社會環境的變遷以爲適應方能生存、持續與發展。

二、組織的特定社會環境——一個個別組織不會對一般社會環境中一切勢力或因素都受到影響或都予以反應；只有那些與本組織在功能上有直接關係者，方能發生作用。這就是某一種組織的特定的或工作上的社會環境。一般環境與特定環境的界限，很難作明確的或固定的劃分；因爲社會環境中的各種力量和因素是流變不居的，一般環境常可變爲特定環境。組織與外在環境乃是一個互爲流變的『連續體』（Continum）。所謂一般與特定祇是程度上的不同，並非實質上的差異。不過在某一個時期，有這『一般』與『特定』的分辨。一個大學爲了保持其『傳統』與『特色』，常設有其防禦線或障碍物，祇肯接受外界的有限的少數的勢力和因素的影響。但近年來，原屬一般環境的國際形勢、女權運動、

經濟建設、教育發展等亦成為大學的特定環境，不能不加以接受和適應。

　　茲以大學為例，說明足以影響其組織功能及作業程序的特定社會環境。這些環境的內容，計有以下諸端：㈠國家的高等教育及學術政策。㈡國家總預算中，高等教育及學術經費所佔的比例與數目。㈢私人興辦高等教育的興趣及其經濟實力。㈣國家的學制及教育行政系統。㈤最高教育行政機關中高等教育及學術機構與職掌。㈥高級中等學校的教學成果，畢業生的數量、質量及其升學意願。㈦高級中等學校畢業生家長們對其子女升學的意願及學費負擔能力。㈧大學師資的來源、種類、等級、數量及素質。㈨社會上及出版界對大學所需器材、教材供應的情形。㈩大學畢業生的出路及就業情形。㈠本國大學與外國大學教學及學術合作及交流的情況。㈡國際高等教育及學術的水準、風氣與趨勢。㈢社會人士及學術界和菁英份子對大學的支持、要求及意見等。

　　茲將行政組織與社會環境的關係繪成圖示❷如后：圖中雙虛線的圓周內示行政組織。組織係一開放系統，與外在環境有交互影響，故用雙虛線。外界影響加以過濾而為選擇吸收（輸入），故所謂開放，並非無界限。行政組織本身概可分為三個層級或次級系統。其基層組織是實作層或技術層；其中間組織為協調層或行政層；其上層組織為政治層或策略層。行政組織受外界社會環境的影響，而決定其功能與作業程序，即輸入的轉化過程及輸出性質的抉擇。

　　三、組織的團體社會環境——一個國家之內，有無數性質不同的人羣組織與團體。行政機關或組織僅是其中之一。這些組織間、團體間，都維持着共存共榮、互依互存及互動互通的生態平衡關係。在農業經濟時

---

❷　此圖係參考 Fremont E. Kast & James E. Rosenzweig, *Organization and Management*, McGraw-Hill Co. N. Y. C. 1974. p.139 之圖，加以改編而成。

行政組織與社會環境關係圖

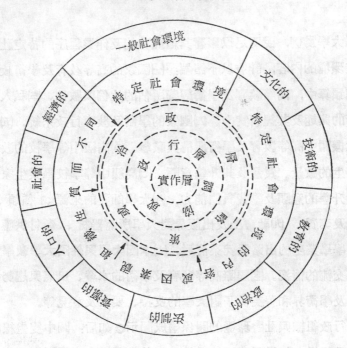

行政組織的內部層級圖

①②③④
組組組：
織織織：
的的的組
實行政織
作政治的
或或或界
技協策限
術調略層
層層層級
級級級

代的傳統社會中，除政府機關和行政組織外，很少有人羣組織或人民團體；有之，亦是倫理性、道德性和宗教性的，政治和經濟的意義並不重要。在今日工商經濟時代的現代社會中，經濟性、職業性、社會性、政治性的人羣組織和人民團體則星羅棋佈，爲數甚多。人民集會結社的自由權利，爲現代民主國家憲法所保障，所以人民團體及組織乃能如雨後春筍似的，紛紛應運而興起，成爲現代民主政治一大特色。

這些人民團體的性質和功用，雖各有不同，然其基本目的卻並無區別。所有人民團體成立的目的，均在爲其本身及其會員謀求利益，一在保障旣得權益，一在爭取新的權益。所以人民團體亦被稱爲『利益團體』（Interest Group），如工會、農會、商會、同業公會等即其著例。

行政組織（機關）處在這衆多的人民團體環立羣峙的社會環境中，自不能不與之交往、接觸、商洽，並給予相當的服務及利益，藉以博得其支持與贊助。行政組織對這些團體社會環境的交往與適應，計有下列三種方式與途徑：第一、政府機關或行政組織在執行任務及政令的進程中，須博得人民團體的支持與贊助，方能順利與成功。因爲人民爲數過多，且如一盤散沙，不易與之作個別的接觸與處理，若經由其所屬的人民團體以爲轉達與解說，則易收提綱振領之效。孫子曰：『治衆如治寡，分數是也』。所謂『分數』，即『部勒參伍』，亦就是『編制』或組織體系。運用人民團體贊助政令推行，便是『治衆如治寡』的法術。美國總統羅斯福（Franklin D. Roosevelt）在推行其『新政』（New Deal）之前，於一九三二年將全國各種同業公會的組織健全起來，以爲贊襄行政的憑藉，故能　呼百應，風行草偃，而有驚人輝煌成就。

第二、這些利益團體爲了爭取或維持其利益，都抱着本位主義，站在自私自利的立場，只知有己，不知有人；只知利己，不知利人。利害不一致，意見不相同，自然引起爭議和衝突。這種情勢若任其自由發

展，必將引致混亂與鬥爭，甚而至於戰爭。政府機關或行政組織爲了維護國家安全、社會安寧及全民福利，自必須挺身而出，負起責任，對此爭議、糾紛與衝突，以公平超然仲裁者的立場予以排解、調停、斡旋，使紛歧意見得以集中，衝突利益得以調和，各方均有所得，亦均有所失，使在不完全滿意，而相當滿意的情形下得到妥協與平靜。但是團體間的糾紛與衝突，不是一勞永逸的，而是一波未平，一波又起的。所以行政組織對所處的團體社會環境，要不斷的作協調、調整與適應，方能與之保持生態平衡，而取得自己的生存、持續與發展。

第三、利益團體謀求利益，僅靠本身的力量是不夠的，必須求得政府機關或行政組織的支持與協助，方能達到目的。利益團體要想得到這種支持與協助，必須採取主動，向有關當局施行『壓力』(Pressure)、『要求』（Demand）或『請求』(Petition)。宣傳、請願、遊說、聯絡、申訴、陳情、抗議、遊行、集會等活動，都是利益團體向政府機關施加壓力爭取利益的方法。向政府施行壓力的團體爲數甚多；其所爭取的利益，常是相互衝突矛盾的，顧此而失彼，左右爲難，進退維谷。所以政府機關要經由周延詳審的決策過程，集思廣益，權衡利害，比較得失，而作合理的可行的最佳抉擇。在『利益整合』的準則下，以爲適應與解決。利益團體是『利益的集結者』(Interest Aggregation)，他們行使權力，表達意見，爭取利益，乃是『利益的傳達者』(Interest Arti-Culation)，政府機關或行政組織經過決策過程，使利益均衡分享，意見折衷調和，是『利益的整合者』(Interest Integration)。

第二節　行政目標與社會環境

一、**行政目標的意義**——行政目標就是一個行政組織或機關所要達到的期欲境地，包括機關的鵠的（Objectives）、宗旨（Purpose）、

使命 (Mission) 、目的 (Targets) 、要求 (Quotas) 及期限 (Dead-line) 等。學者對目標一詞，所作的定義，各有不同。舉其要者，計有以下幾種：㈠目標，就是一個組織或機關在社會中扮演何種角色的標準。㈡目標乃是推動機關或組織向前努力的理想及牽引動力。㈢目標就是一個機關或組織所要完成的任務或成就。㈣目標就是一個機關或組織所須滿足的價值系統❸。

這些定義皆不免失之偏狹，涵蓋不夠。著者認為行政目標，『就是一個行政機關或組織，適應所處社會環境的條件與需要，配合當代文化共認的價值系統，根據國家或政府所賦予的使命和任務，經由構成員的共同參與，獲致的一致認同思想與志業觀，朝一致方向作協同努力所追求的各種成就和『最後的成果』(Final Common Result)』❹。由此定義觀之，可對行政目標有下列認識：㈠目標須適應外在的社會環境及當時的價值觀念。㈡目標決定應經由有關人員共同參與，不可由首長一人獨斷專行。㈢目標是經由思想溝通所獲致的共同信念和志業觀。㈣組織所追求的各種成就乃是近程和中程目標，最後成果乃是長程或遠程目標。

二、**行政目標的層次**——一般人率以為行政目標就是一個行政機關或組織在自立自主的情形下，憑自己的判斷與抉擇，所制訂的一個單純目標。殊不知，就系統的觀念言，行政組織乃是外在廣大的高級系統的次級系統；同時組織系統的內部又包括不少次級系統。外受環境因素影響，內受構成因素牽制，其決策乃是互動 (Intercation)、互依 (Inter-dependence) 的結果，不是自立自主的抉擇。所以這行政目標乃是由五個不同層次的目標，經融會綜合，溝通折衷，適應調整而形成的結晶

---

❸　James D. Thompson & William J. McEwen, *Organizational Goals and Environment*, American Sociological Rebiew, February, 1958, pp.23-31.

❹　張金鑑著行政學典範(重訂版)，民國六十八年，中國行政學會，第四三四頁。

性的複合目標。

第一層次是個人目標，即組織中構成員的目標。個人參加機關組織的目的，既在於獲得報酬以維生活，又在於取得地位與承認，謀求工作成就與表現。第二層次是單位目標 (Group Objectives)，即組織中各構成單位，如科、組、處、室的目標。這些小團體 (Small Groups) 或基本單位（Primary Group）各有其特定任務及共同意識，自然有其獨特利益與目標。第三層次是組織目標，即機關本身自成體系的集體目標，在追求其所期欲的成就、宗旨和境界，表現『獨特實質』（Distinct entity），以求永續生存、安定和發展。第四層次是社會目標，行政組織所處的社會，自有其行為規範及道德標準，行政目標要與之配合，若有違悖，便行之不通。社會有其一定的需要與意願，行政組織必須予以相當滿足，方能換取其支持或輸入，故曰：社會環境決定行政目標。第五層次是國家目標，行政目標不能違犯憲法及國策，亦不得違背立國的基本原則與精神。行政目標須在國家法律許可的範圍內方能運轉。這五個層次的目標自然有其衝突和矛盾的地方，行政目標的制定端賴作適當的調和，謀求妥適與合理。

行政組織包括三個層次。一是高級層次，亦曰政治層次或策略層次，各部會首長或領導階層屬之，其主要的活動目標，在有效的應付外在社會環境，期以獲得其支持與資源，並決定本機關求生謀存的基本方策與謀略。二是中級層次，亦曰行政階層或協調階層，各部會的司處長等職位屬之，其主要的活動目標，在謀求本機關內部的協調與統一，溝通上下，聯絡左右，使工作能在協同一致的情形下順利推行。三是下級層次，亦曰實作階層或技術階層，各部會的科員、股長、科長、專員等屬之，其主要活動目標，在本自己的知識、能力、技術、精力、體力推行實際的工作，使機關事務得以『作出』(To be done) 或『完成』

（Accomplished）。

三、行政目標的特性——優良健全的行政目標，應具備以下的七種特性：㈠理想性——目標應揭示高瞻遠矚的崇高境界及美好的遠景，以爲吸引和推動工作人員努力的刺激劑與發動機，使之作向前向上的奮鬥和邁進。若太遷就現實，調子偏低或事屬容易，便不能引起其工作興趣和向上精神而流於呆滯與落伍。㈡實踐性——所謂理想，並非空想或幻想，乃是根據事實，作合理判斷，經精確計算，可以付諸實施，能以實現的正當鵠的。這種目標陳義旣不可失之過高，內容亦不可空泛誇大，應是具有實踐性，行得通，辦得到的合乎正道常理的構想與設計。㈢民主性——目標是要靠羣策羣力，共同努力所到達的理想境界。因之，這種目標必須是經由民主方式大家參與，衆所同意而制定的。這種民主性的目標，是衆意僉同，大家對之有瞭解、有信心，自然會受到大家的熱心支持，肯踴躍熱烈的共赴事功，謀求其實現與成功。㈣適應性——法儒孟德斯鳩著『法意論』一書，認爲所有法制都無絕對的優劣。凡是最適合國情的就是最好的法制。所謂『適合國情』，就是制度的適應性，亦就是『因地制宜』。所以良好的行政目標應與其社會環境有適切的配合，適應其情勢，滿足其需要，因勢肆應，始能獲得其支持，取得其資源。㈤次序性——行政目標旣具崇高理想，自難一蹴而幾。故目標實施應明辨其輕重緩急，本末先後的次序，分段分期實施，分別訂定實施的階段，何者第一優先，何者第二優先。依近程計劃、中程計劃、遠程計劃的排列，分次序先後實施，不躁急、不躐等。㈥道範性——道範指人羣生活的道德標準及行爲規範。換言之，乃是指現時所說的價值系統或價值觀念。價值系統就是一個社會中絕大多數人公認的是非善惡的判斷標準。遵從之，則受到社會讚揚與支持；違悖之，便會遭到社會的指責，卑視、杯葛，甚而反對與裁制。所以行政目標的內容與立意必須符合

當時社會的道範或價值標準，方能受到支持與讚揚，而推行無阻。㈦福祉性——行政目標實施的效果，須能以為人民造福祉，為社會謀幸福。管仲曰：『政之所興，在順民心；順之之道，莫如利之』。得天下者得民心。福民利民，民歸之，如水之就下也。

美國葛魯斯（B. M. Gross）在所著『組織及其管理』一書中指出，良好的行政目標應具備以下特性❺：㈠目標應能滿足各方人員的利益。利益包括需要、意願和慾望。人員包括組織內的構成員及外部的有關人員與團體。利益是多方面的，不易作具體的認同，且常是重疊的。所謂滿足在程度上、地方上、人數上亦各有不同。平常所謂利益，率指福利、效用、待遇、惠賜等而言。㈡目標要能向有關人員提供服務或產品。組織的輸出包括對有關人員有用的產品和服務，或為有形的，或為無形的；其數量與質量或用貨幣或用實物或用名位表達之。㈢目標必須是有效率的或有效益的。當有關人員認為組織的輸出不足或不佳時，組織便當立即注意，如何更有效的轉化輸入而有較多或較好的服務與產品予以提供。計算輸入與輸出之間的關係有不少方法。普通以效率的高低、生產力的大小、效益的多寡、成功的程度等為測量標準。㈣目標應是組織求生存的投資。組織制定目標予以推行，端在謀求生存、生長、持續與發展。這一目的達成，組織必須能藉目標活動把外界的輸入作有效的轉化，向外界提供滿意的輸出。㈤目標應能完成資源的動員。組織要謀求生存，必須向外界提供滿意的服務與產品。這種提供端在能把從外界不易得來的資源，作完全的動員、活動與轉化，不使之有任何的浪費與呆滯。㈥規範的遵守。組織為要達成其目標，訂有不少的法規、道德及職業倫理，以為構成員的行為規範，明定必須遵守或應予禁止的事

---

❺ Bertram M. Gross, *Organizations and their Managing*, Free Press, New York, 1968 pp.273-274.

項，俾能促致協同一致的集體努力。㈦目標的規定須合理化。所謂合理化包括目標的適應性、可行性及一致性。技術的合理化指能使用科技，發展成功的最佳方法。行政的合理化指能善用優良的管理和領導的制度與方法。

四、社會環境決定目標——一般社會環境和特殊社會環境對行政組織的撞擊，都能影響其目標的決定。一個組織只有在能滿足社會的一定目的或需要時，方能維持其生存。行政組織乃是完成社會目的或需要的手段和工具。組織要有效的適應環境勢力與影響，便須不斷的調整和考量其目標內容與外在因素的配合。

湯姆生 (J. C. Thompson) 和麥克文 (W. J. McWen) 著『組織目標與環境』一文，指出目標決定乃是組織與環境的『互動過程』（Interaction Process）。其互動方式計有下列四種：

1.競爭——這是指當兩個組織爭取第三者的支持時，便不得不競相付出可能的較高代價，期以達到目的。如商店的爭取顧客；私人醫院爭取病人；學校的爭取學生和教員；政府機關爭取經費或財源便是。

2.交易——所謂交易乃指兩個組織之間（政府機關與政府機關或政府機關與人民團體）的直接談判，在問題解決，或事務處理上的討價與還價。在交易或談判的過程中，雙方都須修正自己的原來立場以適應對方的要求，便能達成協議。

3.參與——為避免組織目標的專斷或草率決定，決策機構或領導階層則允許有關機關或團體推舉代表，共同參與目標制訂或決策活動。例如工會代表得以參與公司的董事會會議；教授及學生代表得以出席大學行政會議；我政府近年來常舉行國家建設研討會及有關人員座談會，亦是共同參與；在於溝通意見，謀求一致瞭解，以期決策的周全，並維持組織的安定，避免威脅。

4.聯合——爲要達到共同目的或解決共同問題，兩個或兩個以上的機關或團體，各修正原來的計劃與立場成立聯合組織作集體的努力。爲了發展或利便都市交通或運輸，兩個或兩個以上的市政府乃成立聯營的公共汽車機構與系統。

五、價值系統決定目標——目標與價值乃是構成組織不可或缺的重要次級系統。價值系統是個人及人羣所信持的行爲規範，卽判斷是非善惡的標準，決定何者應作，何者不應作。在社會互動的進程中，價值觀念決定人應如何行動和互動及如何獲得有價值的目標。價值觀念結晶成爲人們追求的目標、理想、信仰及理念等，如民主、法治、自由、平等、公平、正義等。價值觀念決定人羣的生活及行爲規範。何者爲衆所望，何者爲衆所禁。行所望則受讚揚；犯所禁則遭裁制。

組織的功能和決策，如何受到價值系統的影響，雖不易作具體的描述；但一般說來，卻可有概括的瞭解。一個組織必須得到其內部職員及外在社會所給予的一定價值觀念的支持與維繫，始能保持生存與發展。傳統性文化交織成功的價值觀念對組織行爲及目標制定，有決定性或強制性的影響力。例如在民主國家的『人格尊嚴』、『人權保障』、『遵守法律』、『權利與義務的平衡』等價值觀念，都是組織存在的重要基礎。

組織的構成員都或多或少的帶給組織一些價值觀念；外界的環境（包括個人、人羣、社團、社區等）亦輸入若干價值觀念於組織中，而成爲組織行爲及目標決定的重要因素。考慮價值系統，應分爲五個層次❻：㈠個人價值——組織構成員所信持的價值觀念，足以影響其個人及組織的行爲與活動。㈡團體價值——組織中的小單位、小組織、非正式

❻ Fremont E. Kast & James Rosenzweig, *Organizaion and Management*, McGraw-Hill_Co., N.Y.C. 1974, pp.155-156.

組織所信持的價值觀念，　足以影響單位的、團體的及組織的行為與活動。㈢組織價值——這是代表個人價值、團體價值及外界輸入的環境價值及文化價值所形成的組織整體價值；足以影響及決定組織的行為與活動。㈣環境價值——卽組織的特殊社會環境或外界有關人員及團體、社區所輸入的價值觀念，對組織行為及目標決定具有影響力。㈤文化價值——指社會整體對組織輸入的價值觀念。行政組織旣是開放系統，對外界環境必須能保持『輸入』與『輸出』的功能平衡；接受價值性的輸入，卽須提供價值性的輸出。

第三節　行政責任與社會環境

民主政治乃是『責任政治』 (Responsible Government)。國家工具的行政機關和人民公僕的政府官吏，對國家、人民及社會皆負有若干行政責任。如不能負起這些責任，將遭受到一定的裁制。這些行政責任可分列為以下五種：

一、道德的責任——吾人已知社會的價值系統，足以影響行政組織及其成員的行為與活動。所以行政機關及官吏的生活與行為，若不能適合人民及社會所要求的道德標準和規範，將會失去其支持與擁護。這種道德性規範性的要求，普通稱之為官箴。官箴的內容隨時代與環境的不同，而有變異。中國在君主政治時代，官箴是『清』、『愼』、『勤』。英國傳統的官箴是『默』(Poverty)、『順』(Obedence)、『隱』(Anonymity)。先總統　蔣公中正要求公務員負責任、守紀律、明禮義、知廉恥；工作上要作到『新』、『速』、『實』、『簡』。

民主國家的社會和人民對政府和官吏要求的價值標準或道德責任計有下列諸端：㈠民主的風度——官吏要有民主的修養和風度，尊民、敬

民、愛民、便民，不可傲慢自大，不可有欺侮百姓的官僚作風。㈡整飭的生活——官吏要自我檢點，整飭生活，樹立風氣，爲民表率，不可驕恣亂妄，奢侈放蕩，更不得有冶遊、賭博及吸食烟毒等不名譽行爲。㈢忠誠的行爲——官吏要忠實誠篤，不可欺騙、隱瞞或虛僞，脚踏實地，不取巧、不投機，直道而行，一切行爲都經得起考驗與批評。㈣廉潔的操守——傳曰：『國家之敗，由官邪也；官何以邪？寵賂贓也』。官吏貪污必違法瀆職，失民心、激民怨，爲害最烈。官吏要廉介自持，一塵不染，一芥不取，政清民信，政權自能鞏固。㈤有效的工作——民主國家的官吏，靠智能爲人民服務，爲社會造福；不是憑權勢統治人民。官吏在職，以具有勝任的智能爲先決條件。有此條件方能作出有效率的工作與成績，博得人民的支持與信任。

二、政治的責任——民主政治就是民意政治。政府的一切措施及官吏的一切行爲須以民意爲依歸。因爲『統治者的權力建築在被治者的同意上。』政府的政令落入人民『同意地帶』自可推行順利，若落入其『冷漠地帶』，必遭到消極抵制或杯葛，若爲民意所反對，必然歸於失敗。政府與官吏若得不到民意的支持，其政權必趨於崩潰。民選公職人員若有違反民意的措施與行爲，主權者的人民當會行使其罷免權，迫其去職。民意難犯，專慾莫成。在大衆傳播事業高度發達，普遍存在的現代社會，輿論的力量，強大而可畏。政府與官吏若不能善爲肆應，必致困難重重。民意與輿論就是強大的政治勢力。政府與官吏能不面對現實，向之負起責任麼?!

民主政治就是政黨政治。政黨在民主政治的運用中，佔有重要地位，並扮演重要角色。國家的民選官吏及各級民意代表的候選人，率由政黨提名推薦，並常能運用政黨的組織與力量使之當選。這些人員旣爲政黨所提攜成功的，他們能對其所屬的政黨不負責效力麼?!在英國，選

舉勝利的政黨，在國會佔有多數議席，黨魁自然成為英皇的首相，該黨的重要議員亦成為閣員和部會首長。在美國，總統和國會議員亦係政黨支持當選。如果把民主政治制度比為一部機器，政黨便是這機器的發動機。黨有黨紀，政黨對那違犯黨紀的民選官吏尚可施以相當裁制。他們怎能不對政黨負其政治責任呢？

三、行政的責任——行政組織及其構成員對社會、人民及政黨負有道德的政治的責任，在政治體系中，對上級機關、長官及職務更須負行政責任或義務。公務人員或官吏一經任用，便須遵守誓言，忠誠努力，執行法律、規程及行政命令所賦與的職務，負起責任，不容踰越。公務人員處在層級節制的系統中，對上有服從的責任或義務，對下有監督的權力。公務人員執行職務，除法官依據法律審理訟案不受上級的指揮或干涉外，一切行政人員對上級的命令有忠實服從的義務和責任；在執行職務的進程中，有保守秘密的責任和義務，無論是否主管事務，均不得洩漏；亦不得以私人或代表機關名義任意發表有關職務的談話；更不得假借權力，以圖本身的利益或圖利他人或加害於人；如不能勝任或違法瀆職，即要受到免職的處分。凡此諸端皆屬於行政責任。

四、法律的責任——行政機關和官吏依法律執行職務，如有違法情事，便要受到處罰。這就是法律責任。這種責任，要可分為三類。一是懲戒法上的責任——公務人員如有違法及廢弛職務或其他失職行為時，依公務人員懲戒法的規定，予以懲戒處分。懲戒處分計有六種：1.撤職——除撤去其現職外，並停止任用，至少一年。2.休職——除休其現職外，並不得在其他機關任職，至少六個月，休職期滿，許其復職。3.降級——依現任職級，降一級或二級改敍，自改敍之日起，二年內不得進敍，無級可降者，比照每級差額減俸，期間二年。4.減俸——依現職月俸減百分之十或二十，期間一月至一年。5.記過——自記過之日起，一

年之內不進敍，一年之內記三過者減俸。 6.申誡——以書面或言詞爲之。政務官的懲戒，只有申誡或撤職。

二是刑法上的責任——公務人員以官吏身分或行政機關構成員的資格，作出與其職務有關的犯罪行爲時，依刑法或其他有關的刑事法律：如非常時期公務人員貪汚治罪條例等的規定懲治之。刑罰採法定主義，以法律有明文規定者爲限。三是民法上的責任——此即是民事責任。公務人員於執行職務時，因過失、疏忽或故意致發生對人民或國家之損害時，應負民事賠償的法律責任。依民法第一八六條的規定：『公務員因故意違背對於第三人應執行之任務，致第三人之權利受損害者負賠償責任；其因過失者，以被害人不能依他項方法受賠償時，負其責任』。所謂對國家的民事賠償責任，係指違反審計法、公務人員交代條例等有關條文的民事賠償責任而言。

五、立法的控制——在民治國家，由民意代表組成的國會或立法機關，對政府及官吏具有很大的控制權。換言之，政府和官吏對民意代表機關負有一定的責任。這種立法的控制，計有下列諸端：㈠法律的控制——法律是經民意代表機關的審議、討論所通過的決議案，乃是民意的結晶，或民意之所在。故政府及官吏均須依法律以行事，是謂『法治政治』（Rule of Law）或民意政治。法律不能牴觸憲法；行政命令不能變更法律。政府的措施，官吏的行爲悉以法律爲依據，如有違犯卽須去職或受到懲罰。㈡預算的控制——民意代表機關的一大責任，在於替老百姓看守錢袋，不使政府及官吏浪費公帑或橫徵暴歛，藉以保障納稅人的權利，不使戕賊經濟發展的命脈和生機。所以政府歲入和歲出都要明確的列入政府的預算案中，經民意代表機關的通過，以爲收支根據。預算的效力等於法律，必須遵守。預算的執行，更有民意代表機關通過的預算施行條例一類的法律以爲控制。㈢官員的選舉——民主國家的國會或

中央民意代表機關對政府的重要官員的任用，具有選舉權或同意權。有若干國家的元首，係由國會選舉產生。中國的總統經由國民代表大會選舉之；並對之有罷免權。行政院院長由總統提名，立法院同意任命之。美國重要官員的任命，須經參議院同意。中國的司法院院長、大法官、考試院院長、考試委員由總統提名經監察院同意任命之。囗行政的監督——民意代表機關對政府皆具有若干的監督權。其監督方式計有以下幾種：(1)對行政措施提出質詢，加以批評與指責，促其改善或改正。負責官員對此質詢須作答覆。(2)對行政措施和事實，有調查的權力，期以明瞭眞相，以爲糾正或改善及決策的依據。美國國會舉行的聽證會，中國監察院的巡視等皆是調查權的行使。(3)對官吏有彈劾權、糾舉權及罷免權，以防止其違法或失職。囗不信任投票——在採行內閣制的民主國家，國會對政府措施，有舉行不信任投票權。不信任投票如獲通過，首相或內閣總理及其閣員便須辭職。不過，閣揆如認爲必要亦可報請元首下令解散國會。如新國會仍不信任。內閣閣揆及閣員便只有總辭之一途。

第四節 行政適應與社會變遷

一、社會變遷與適應問題——生活方式、社會結構、價值觀念、生產技術等的棄舊轉新，衆人對此新舊區異，有所認知，謂之『社會變遷』（Social Change）。在新舊轉變的過程中，在生活上、心理上會感受到紛擾、不安、苦惱，對新的社會環境深覺難以適應。爲謀求人民在生活上心理上能對這些變遷，保持動態的平衡及有效的適應，解決新近發生的社會問題，政府便應採取各種的行政措施，以爲調整與診治。推行適時的政治社會化，培養人民的新意識型態及價值觀念；革新行政組織，採行機動性流變性的機構以變應變，勿使呆滯與固着；對公務

人員施行啓發性的敎育與訓練，養成其求新應變的新精神、思想與能力等便是行政適應的要着。

適應紛擾的社會變遷必須有權變性的新觀念與思想。過去以『安定』爲前提的舊理論應予揚棄；『以變應變』的權變思想，才是解決社會變遷所引起的騷擾問題時，必須使用的一把鑰匙。施康（D. A. Schon）曾說：『我們永遠不能用一勞永逸的方法，解決所遭遇的問題。我們生活在已經失去安定的變動的環境中，所以沒有任何傳統的固定的制度，能以有效的解決當前面臨的流動問題』❼。在變動不居的社會環境中，政府或行政組織必須是一個『善學適應的系統』（Learning-Adapting System）；應知『變遷』（Change）乃是自然的正常的現象和狀態；並非偶然的或反常的。

法人陶庫威爾（Alexis de Tocqueville）於一八三一年著『民主政治在美國』（Democracy in America），十分稱讚美國的民主政治制度及美國人民的民主生活、信仰與精神，並指出美國人抱持實驗主義，對其前途深具信心，有能力改造及適應其環境；但他決未預料到，當時美國人所信持的很多眞理和價值觀念，今日卻遭受到批評、反對而趨於動搖或崩潰。新敎徒的勤奮工作觀、誠實敦樸的生活觀，不再是共同的道德和行爲標準；對經濟的成長及物質較好享受，不再被認爲是人生追求的重要成就和目標。過去幾世紀信持的工業化的價值系統，日趨式微；新的社會目標和價值系統正在逐漸形成中。美國有一些流行的暢銷書籍，卽在描寫這種的社會的騷擾和不安。瑞奇（Charles Reich）在所著『美國青春化』（Greening America）一書中提倡『道德的烏托邦』，要揚棄傳統的道德標準和價值系統。杜佛勒（Alvin Toffler）

❼ Donald A Schon, *Implementing Programs of Social and Technological Change*, Technology Review, February, 1971, p.48.

於一九七一年著『未來的震驚』 (Future Shock) 一書，大聲疾呼，要人們有適應未來社會劇變的能力和準備。要大家改變追求經濟滿足和物質享受的生活觀，進爲更自由、更解放及寧靜協和的人生觀。

社會發生變遷的原因很多，但促成今日社會迅劇變遷的重大力量，卻是科學與技術的高度進步與發展。杜佛勒說：『雖然從哲學的觀點看，我們不能同意技術決定論，但我們決不能否認科學與技術的長足進步和發展，實是促成今日劇變的重大力量；且因此，一定構成未來的震驚』❽。他又說：『今日社會迅速變遷的本身，就是一種偉大的力量。對個人的及社會的行爲和心理皆有重大的衝擊。由於社會的急劇變遷，未來的震驚，乃是不可避免的時代現象。這是新文化對舊文化的超級侵犯』❾。

二、現代社會變遷的特徵——無論在上古時期及中古時期，社會都有變遷，但其速度是很緩慢的，性質是很簡單的，而現代時期，尤其是二十世紀以來的社會變遷，則是急劇的、複雜的和深刻的，特舉述其特徵如次：

1.加速性——社會變遷猶如物體自高空墜落，距地面愈近速率愈快；愈至近世變遷愈急速，表現加速率性。羅馬時代歷時一二二九年（753B.C.→476A.D.），並無重大的社會變遷。中古世紀或黑暗時期歷時一〇一六年（476—1492），不但無重大社會變遷，幾乎是一靜止狀態。自文藝復興至十九世紀之末，爲時僅約五〇〇年，卽發生商業革命、宗敎革命、民權革命、產業革命及第二次產業革命（指企業的聯合經營及格特爾和托拉斯的產生）的重大社會變遷的發生，變速較前大爲增加。自二十世紀以來，爲時祇八十餘年所發生的社會劇變，便不勝枚

---

❽　Alvin Toffler, *Future Shock*, Pandon House, N.Y. 1971, p.2.
❾　Alvin Toffler, *Future Shock*, p.11.

舉：歷兩次世界大戰，由電氣時代進入原子時代，由海洋時代進入太空時代，更有電腦、原子彈、氫彈、中子彈、太空梭、太空船、洲際飛彈、人造衞星、雷達、遙控、微波……的發明與使用。變遷迅速，加速率前奔，令人震撼。

2.瞬暫性——現代社會變遷的劇烈與迅速，眞如白雲蒼狗，瞬息萬變。眼前現象，轉瞬卽逝，一切的事物和用品將盡失去其固定性和永久性。昨日認爲是時髦品，今日可能棄之如敝屣。今日流行的新產品，說不定明天就成落伍的東西。一用卽棄，一現卽逝。一切的事物，都在瞬息萬變，表現出瞬息性、短暫性和一時性。古代婦女的服飾，多是二、三百年不加改變，祖母的新娘裝，可以給孫女結婚時使用。而今日的婦女服飾，則是一天一變，其所穿着的紙製泳裝，用一、二小時卽拋棄之。日用品的紙巾、紙杯、紙盤等均一用便拋棄之。

3.新奇性——現代社會變遷的特徵，不僅是快速的、瞬暫的，而且是新奇的。變遷出現的事物多是嶄新的，奇妙的，花樣翻新，千奇百怪。不可思議的人工授精，試管嬰兒，腦袋開刀，心臟移植都成爲事實。這不是人類奇蹟麼?!阿姆斯壯登陸月球，不是嫦娥奔月的神話，出現於今日麼?!電腦問世，其性能超過人力計算能力的千萬倍，新奇性令人震驚，拍案叫絕。將來不知更有多少神奇事蹟出現。

4.異樣性——由於現代社會變遷的快速性、瞬暫性和新奇性的交錯互動影響，逐一併產生新起事物的異樣性。今日社會與時代的特徵，已成爲形形色色，多彩多姿千差萬異的迷幻世界。製造廠商，都天天在勞心焦思，殫精竭慮的想盡方法，要產生各式各樣，千變萬化的異樣產品，以引誘刺激消費者的需求與歡心，拓展市場與銷路。當一個人進入超級市場或百貨公司，便會看到五光十色，五花八門，形新意奇，神工鬼斧，巧奪天工的萬千貨品，琳瑯滿目，美不勝收，看得你眼花撩亂，意

趣搖動，選擇困難。

三、行政與變遷失調的困擾——政府對這快速、瞬息、新奇、異樣性的社會變遷，必須採取對等的及配合的行政措施，方能維持二者的動態平衡，方能使政府有效，人民安樂。否則，行政與變遷的失調，便會引起下列的困擾或不良後果：

1.驚慌失措——一個人一旦由固有的文化環境中進入一個新的社會環境中，則時間、空間觀念不同，價值觀念、生活方式、宗敎信仰、生產技術等均有差異，此人必生驚慌失措，難以適應的困擾。此人必有一段精神緊張，生活不安的日子。政府對之應善加輔導與指引，使之不在迷途中失落。

2.更不自由——在高度工業化的社會中，機器的運用佔着極優越的地位，人受機械文化的控制，已喪失很多自由。到了變遷快速、新奇、瞬暫、異樣的新社會環境中，所受到的限制與拘束，必大爲增加，應付維艱，選擇不易，人的生活將更困難，更不自由。

3.居無定所——在農業社會，人民安土重遷，生於斯，長於斯，耕於斯，死徙不出鄉。這種純樸安定的生活，物質享受雖不足，然社會平靜，精神安適，卻是人生幸福。在變遷紛擾的新社會中，因科學技術的發達，交通運輸的方便，一般人或因工作的需要必須東奔西跑，或受好奇心的驅使，要出外觀光，不辭長途跋涉；或由生活改變，不能不東搬西遷。這種居無定處，流離失所的生活，足以形成精神不安，情緒緊張，精力耗費，並非是寧靜、安閒的幸福人生。

4.人倫大變——今日人工授精，試管嬰兒已非新奇的事情；不久的將來爲生育優秀的下一代，可能有人工改良人類品質的出現。把最傑出、最優秀人們的精子搜集儲存起來；再以人工授精方法，輸入智慧最高的婦女子宮中。則所生出的下一代，將是品優質良的人。如此，則人

倫大變，家庭關係、父子親情，倫理道德，便要蕩然無存了。

5.犯罪增加——在變遷快速、瞬暫、新奇及異樣的社會中，因關係複雜，環境錯綜，衝突易起，紛擾不息，遂使犯罪增多。交通捷便，在臺北市作奸犯科者，立刻可以飛往東京或紐約。都市人烟稠密，高樓大廈林立，罪犯易於藏匿。偵破罪犯困難，亦是犯罪增多的一大原因。家庭關係不良，人倫道德式微，青年犯罪，成為嚴重的社會問題。

6.精神苦悶——科學技術的快速發展及高度工業化的經濟建設，是否就意味着人類幸福的增加，卻是一個大疑問。若祇積極朝這單一方向邁進，而無行政的適應及精神文明和道德觀念的配合，必將帶來嚴重的社會危機和精神苦悶。自然環境遭受污染和危害，使人類陷入慢性自殺和集體中毒的困境，便是顯明例證。生產提高，財富增加，若分配不均，使用不當，不但不能帶來幸福，反會引起衝突與鬥爭，成為人間災害與浩刼。美國是富甲天下的一等強國，但很多人民卻過着鰥寡孤獨的生活，精神十分苦悶。盜刼層出不窮，犯罪累累不止，多由精神苦悶促成。

四、行政對社會變遷的適應——政府對因社會變遷造成的嚴重危機和困擾，不能視而不視，置若罔聞，必須探取有效的行政措施以為配合、適應與救治。適應的措施不止一端，茲舉陳若干如下，以見一斑：

1. 由層級組織到平行組織 —— 傳統的行政組織是層級節制體系（Hierarchy），卽韋柏（Max Weber）所說的『理想型組織』。在這體系下，權力的行使由上而下，由內及外，上級有指揮之權，下級有服從之責。層級組織的毛病，在於節制過嚴，扼殺自動自發的精神；且上下往返，迂迴曲折，牽延時日，貽誤事機，不足以應付社會變遷的需要。所以行政組織應減少層級，改為平行式長方形的體系，運用靈活，當機立斷，自動自發，易於適應變遷的社會環境。況且傳統行政重在監

督與考核，故重層級節制；現代行政重在以專業知能，解決問題，處理公務，只須助手提供資料，專家據以作決即可，無需層級監督。今日行政上有不少專門業務計劃，卻交由非專家的行政人員層層審核，實欠合理。

層級組織圖式（寶塔形）　　　　平行組織圖式（長方形）

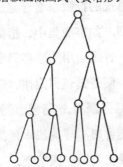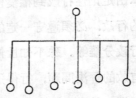

　　2.由固定組織到機動組織 ── 有些國家由立法機關通過法律或條例，對行政組織的職責、處組科室、人員編制、數額、職稱、職等均作明文規定，硬性的拘束，把一個機關限制得死死的。這種組織怎能靈活運用，適應變遷的社會環境呢?!所以要放棄這硬性的固定組織而改採彈性的機動組織。立法機關只須適應客觀需要，決定設置某種機關，掌理某種業務，給以多少經費即屬已足。至於機關的內部工作單位，人員編制及數額等，授權機關首長視需要自行決定之。民意代表機關重在替老百姓看守錢袋，不必控制機關內務。

　　3.由永久組織到臨暫組織──一般說來，各國政府所設置的行政機關多屬永久性的組織。在今日『一用即棄的社會』中，這種性質的組織是很不適用的。中國早已有一用即棄紙手巾，美國有一用即棄的泳裝、杯盤等。英國到處看到一用即棄的牙刷，法國有一用即棄的打火機。政府要處理的新興公務，層出不窮，自需設置機關以主其事。但這些新興公務，卻如走馬燈、電影銀幕似的，一轉瞬間新的即成過去；而另一

新興公務便接踵而來。永久性組織難以適應這迅速變遷，須隨時棄舊設新，以臨暫性組織以應付之。杜佛勒在『未來的震驚』一書，創『臨暫性制度』（Adhocracy）一詞，乃指為辦理某一專案臨時機構。專案辦竣，機構即撤消，亦含有『一用即棄』的意義。

4.由定則性行政到權變性行政——傳統的行政學者皆認為成功的有效率的行政，必須遵守一定的原理與定則，如事權集中、指揮統一、政治與行政分離等。殊不知世無永久不變，普遍適用的原理與定則。凡能成功有效的解決問題，行得通、辦得到，便是真理與定律。成功之道，不止一端；效率之路處處可通。條條大路通羅馬。隨機應變，因勢制宜，才是行政成功的準則。禪宗始祖迦葉曾曰：『萬法本無法，無法法亦法，法法何曾法，惟有隨緣法』。隨緣就是權變與適應。

5.由永業性行政到流變性行政——過去的行政要旨和準則，乃是專家行政及永業化的常任事務官；任用專才，久於其任，為行政效率的基礎。但在變遷快速的社會中，專長不能終身用之而無憾。因知識進步太快，前所習得的專長，不久便成落伍的流於無用。機關組織既是機動性的、臨暫性的，職員則難以永久停留在某一機關。人員隨組織的機動而流變，是變遷快速的社會中，不可避免的現象。

6.由首長在上到首長居中——在傳統的層級節制的組織的體系中，機關首長站在寶塔的頂端，居高臨下，為權力的淵泉，發佈命令，指揮部屬，使之服從。這種的體制，既難以靈活運用，適應環境，更違犯民主領導及人羣關係的精神與原則，故應予揚棄，而改採首長居中的體制。首長不是高高在上，發號施令的統治者，而是居於部屬的中間，以協調者、溝通者的地位，瞭解情況，聽取意見，期能眾意僉同，羣策羣力，有效的適應社會環境，達成組織目標。

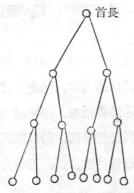

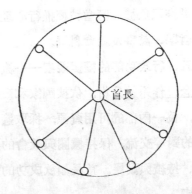

首長在上圖式　　　　　　　　　　　　　　首長居中圖式

7.由單獨行政到聯合行政——今日的政府行政的特質是內容繁亂，
關係複雜，互相依存，彼此牽連，成為一生態系統，乃是難以分割的有
機體。因之，有些政務或公務，由一個機關單獨負責處理，每致發生困
難；若由有關機關採取聯合行動，方能順利推行。修補道路工程單位、
自來水公司、電訊局、電力公司因聯繫不夠，使道路不斷的在挖坑掘
溝，大大妨碍交通。又如防制空氣汚染、水質汚染等工作，牽連甚多，
一個機關單獨處理多不能勝任，必須有關機關聯繫協調，採取聯合的努
力與工作方易成功。今日的工業社會便有不少這類的聯合活動，如『聯
合操作』、『技術合作』、『聯合服務』等便是。

8.以精神文明治物質病症——今日高度工業化的國家都是社會病態
重重，乃是由於過於重視經濟的發展與成就及物質文明的享受。根治由
物質文明而產生的病痛與危機，端在促進精神文明，以為配合與診治。
拜金主義應予拋棄，倫理道德須加強提倡；節約物質享受，充裕精神食
糧；抑制私慾，推廣公德；消弭戰爭危機，調整國際關係，停止軍備競
賽，促進世界和平。美國物質文明最為發達，其所遭遇的危機，罹患的
病症亦最大。頹廢的嬉皮，吸毒的烟鬼，乖戾的同性戀，無恥的男女裸
舞，青年人的暴亂與搶刼，到處發生，不可勝數。為挽救物質文明所造

成的災害與危機，應當積極推行心理建設、道德重整； 提倡藝術 、 文學、哲學、詩畫及社會科學。

五、行政功能的權變觀察──機關首長的主要行政功能， 在於本生態觀念， 作系統分析， 依據國家和政府所賦與的使命， 適應外在的社會環境， 協一內部的可用資源， 採取適當的活動與措施， 經由功能輸入與輸出的對等交流， 保持機關與社會的生態與動態平衡， 藉以維護機關的生存、持續與發展。首長如欲成功的完成這種行政功能， 則須採行下列的步趣：

1.策略的制訂──行政功能的達成， 首在確立目的， 制定策略。目標與策略訂定， 須適當的考慮及配合下列的各因素：(1)環境的情勢、需要與機會及其適應和利用。(2)有用的資源及勝任的人才。(3)機關的利益與要求。(4)對社會的責任。這是系統分析和權變觀察。因爲這在重視各有關因素的相互關係及彼此影響。

2.組織的設計──目標與策略既定， 當進而規劃組織的結構以爲執行的工具。組織必須健全合理， 責任層級， 單位職掌要有明確的劃分， 職位內容及所需技術與知能應一一加以詳明記述， 並甄選合格勝任的人才， 予以任用， 使人與事有適切的配合， 事得其人， 人當其用， 適才適所， 各得其位； 同時要建立協調與溝通制度和方法， 俾能分工合作， 共赴事功。組織係一生態系統， 整體與部份應具不可分離的一致關係。

3.作決的系統 ── 根據充分而正確的資料， 適應目標與策略的需要， 經由電腦的精密計算， 擬訂解決問題， 達成目標的不同模式。就這些模式作價值的評估與判斷， 辨其利害， 審其得失， 而爲最佳的抉擇。這一抉擇要合理。 所謂合理， 在主觀上能心安理得， 在客觀上要可行可通， 不致發生阻碍， 遭遇抗拒； 並要把握環境的變化。

4.影響與領導──首長的功能， 在能運用自己的智能與熱情， 影響

部屬，提高士氣，認同目標，肯踴躍熱烈的共赴事功。這一目的的達到，在能尊重部屬的人格價值，滿足其需要，關心其生活；運用激勵法則，重獎賞，避懲罰，採行參與管理，養成部屬人人主人翁的事業觀念。

　　5.組織的改進——組織對變遷環境，要隨時加以適應；對內部情況要不斷的加以調整與改進，以保持機關的協一。改進的步驟，第一在診斷病症，發現缺失。第二針對病症與缺失，擬訂治療方案。第三依據方案解決問題，治療病症。第四繼續診斷，尋求病痛，以謀解決。組織要適應情勢，不斷改進。不改進就是落伍。落伍卽歸於淘汰。

　　首長行政功能程序圖式如下⑩:

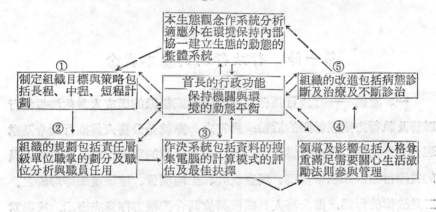

---

⑩　本圖係參考 Fremont Kast & James E. Rosenzweig, *Organization and Management*, 1971 p.516, Figure 19.4 改編而成。

第七章　行政行為的系統分析

第一節　行政行為的基本觀念

一、**意義**——行政行為係指行政機關或組織的構成人員依法規推行職務及執行方案或計劃的活動；換言之，亦就是公務人員推行政令及處理公務的活動。行政行為包括三種：一是單純的事實行為，卽公務人員的實際行動，如執筆撰稿、調查統計、土地測量、建築繪圖等均屬之。二是法律的行為，卽公務人員或機關依其合法權力作意志表示，或與當事人雙方作意思表示之結合而產生法律效果的行為，如權利、義務的設定、廢止、變更的行政處分及行政契約的訂定均屬之。三是準法律的行為，卽公務人員或行政權力者，依據具體事實，作意思的表示，便可直接依法律的規定產生效果的行為，如裁定行為、公證行為、通知行為、受理行為均屬之。

二、**地位**——行政行為就是公務人員以實際行動，推行政府功能，完成國家使命，其地位是十分重要的。行政行為的實際效果，是公共問題的有效解決，公衆事務的成功處理，政府政令的具體實現。政府政績

的優劣，人民福祉的多寡，國家地位的強弱，悉視行政行爲是否健全有效爲轉移。 行政行爲直接推行政府功能與業務， 其目的在爲人民謀利益，爲社會造幸福。政府能否得民心，政權能否趨穩固，實係以行政行爲是否良好有效爲關鍵。懷德 (L. D. White) 說：『行政行爲的對象，雖視行政功能的性質而有不同。如衞生行政的對象是疾病的防治；經濟行政的對象是物價、生產、消費、分配、貨幣等管制；……但其所行使的行政方式，則有其共同之點。那就是公務人員要與人民及社會，作合理與有效的接觸，能以激發、策動、鼓舞、引導人民使之起而依政府政令所要求者作爲之』❶ 。

　　三、特性——行政行爲乃是公務人員爲執行政府任務，達成國家目的時，依職責所作的分工而合作的努力或活動。以此意義以言之，現代政府的行政行爲，實具有下列的特性：

　　1.組織性——行政機關乃是由若干人爲達到共同目的所結合成功的組織。 組織成員所作的工作， 乃是同仁在聯立關係下所扮演的集體活動。行政行爲不是天才或怪人孤芳自賞的特立獨行，亦不是隱士高僧遺世孤立的遁世生活，而是涉及大衆利益及人羣關係的社會活動。行政主體是組織性的政府機關。行政客體亦是有組織的人民團體和社會化的公衆。行政不是個人行爲而是組織行爲；亦就是行政機關管理衆人之事的集體行爲。

　　2.互動性——政府機關的公務人員在推行職務時，構成聯帶關係的角色扮演工作網。這些演員的行爲， 相互影響，彼此依恃，環節扣合，不可分離，成爲完整的生命體，牽一髮而動全身； 彼此推移， 波濤激盪，投一石而全池波動。行政行爲乃是『互動的』、『交流的』。行政

---

❶　L. D. White, *Introduction to the Study of Public Administration,* Second Edition, 1932, p.466.

行爲乃是處理公務， 解決問題的『作決』（Decision-Making） 過程。『作決』不能一人獨斷專行或閉門造車， 必須蒐集資料， 瞭解情勢， 溝通意見， 交換訊息， 集思廣益， 而形成最佳的抉擇；或結晶爲合理的成果。這種行政作決過程便是互動的交流作用。

3.開放性——行政機關的活動， 在達成其任務與使命。其任務與使命的主旨， 在爲人民謀利益， 爲社會造幸福。所謂利益與幸福不是官吏的主觀判斷或認定， 必須適合人民的意願及社會的需要， 所謂『民之所好者好之， 民之所惡者惡之』。行政機關的政策與措施， 必須與外在民意和社會相互溝通， 敞開門戶， 廣與大眾交通。行政行爲不是僅對內的『封閉性』工作， 而是對外的 『開放性』 服務 。 依『結構與功能』（Structure-Function） 研究法以言之， 行政機關乃是一工作結構。 這一結構必須向社會提供一定功能， 方能維持其存在。社會對結構的支持與要求， 謂之輸入。結構就此輸入加以轉化， 向社會提供服務與產品（即功能）， 是謂輸出。這種輸入與輸出或『取』與『予』的循環過程， 就是行政行爲的開放性。

4.妥協性——行政行爲是大眾化的活動， 在管理眾人之事， 亦就是處理公共事務及解決公共問題。其成功關鍵在於獲得大眾的多數同意或一致支持。這種同意與支持不是由當權者的強迫所能得到的， 而是多方溝通、商榷、協調的結果。民主政治就是妥協過程。行政行爲的妥協性， 可從以下三點說明之：㈠人民對公共問題的看法， 乃是意見分歧的， 各是其是， 議論紛紜， 莫衷一是， 須經多方討論， 溝通意見， 相互讓步， 彼此容忍， 求得折衷或妥協的結論， 方能得到多數同意或支持， 而有所作爲。㈡公共事務的處理及公共問題的解決， 常涉及多數人或多方面的利益。而這些利益常存有牽制、矛盾與衝突， 爭執不下， 顧此而失彼， 自必須經由協商與溝通的途徑， 使在各有所得， 亦各有所失的情況

下，謀求解決。㈢對公共問題的看法，要不外三派：一是主張維持現狀，畏難更張的保守派或右派。二是主張激烈改革，打倒現狀的急進派或左派。三是主張以和平方法，對現狀作和緩改良的進步派或中間派。在實際上解決公共問題或處理公共事務，常不是任何一派的完全勝利，每是各派意見的拼湊或妥協的結果。

5.適應性——依系統觀念以言之，行政行爲乃是高級或大社會系統的一個次級系統。這一次級系統要維持其安定與生存，必須對外在的高級系統作有效的適應與配合，使內外之間取得『穩進性』（Steady）的生態與動態平衡。這種平衡狀態，不是『一勞永逸的』（Once for ever），須隨時作不斷的適應。行政組織須對外作功能輸出或服務。這種功能性的服務，須依民意好惡爲定奪，社會需要爲轉移。而民意好惡與社會需要並非是固定的，而是流動的，變遷的。行政行爲必須對此流動與變遷，不斷的作成功與有效的適應。優勝劣敗，適者生存。優與適，就是行政行爲的對外適應與『外交』。

第二節　行政行爲的功能分類

行政行爲所發生的實際效果，謂之功能。就此功能加以分辨，計可分劃爲六類：一曰維持(Maintenance)功能；二曰保衞 (Protection)功能；三曰管制 (Regulation) 功能；四曰扶助（Assistance）功能；五曰服務 (Serverce) 功能；六曰發展 (Development) 功能。玆分別論述如次：

一、維持功能——行政行爲的首要功能，在建立合理的生活規範及意識形態及道德標準，以爲大衆生活的守則，藉以維持社會的安定、團結與持續。全國人民有堅強的民族意識，愛國精神，效忠政府，遵守法律，互助合作，共存共榮，建立和諧仁愛的人羣關係，俾能以團結的力

量，共同的信仰及一致的行動，維持國家的安全、民族的生存、人民的生活及社會的安定。

二、保衛功能——國家有鄰邦和外敵，時有被侵犯的危險，所以要採行有效的行政行為，建立國防武力，充實軍事裝備，編組及訓練堅強的軍隊，以之抵禦外敵侵略，保衛國土，維持領土主權的完整與獨立。國家人口眾多，品類不一，良莠不齊，宵小之輩，奸宄之徒，害羣之馬，所在多有。因之，盜賊搶奪，奸匪暴亂，在所難免。故政府要推行警察制度及其行政以維持治安，保衛人民生命及財產的安全。至於醫藥衞生行政、消防、民防、戰時動員等亦均屬於保衞功能的行政行為。

三、管制功能——行政和政治都是在管理眾人之事。而每個人皆具有個性與羣性。個性表現為小我為私利。羣性表現為大我和公益。但大我與小我之間，常有矛盾。私利與公益之間，常有衝突。這些矛盾與衝突，若任其發展，不加管制，則為害滋多，鬥爭激烈。所以政府要本公正的態度，超然的立場，適應公共利益的要求，作適當的管制，使公益與私利，兩得其全；使矛盾與衝突趨於調和。例如，為保障消費大眾的利益，防止生產者的剝削，而有物價管制。為維護國家利益，防止資金外流，而有外匯管制。為保障人民健康，而有食品、藥品、飲料、飯館等衞生及清潔檢查。為維護大眾安全，而有交通、工廠、礦場、建築等管制與檢查。凡此行政行為皆屬於管制功能。

四、扶助功能——依民主政治的理論以言之，人民是目的，政府是手段。政府的功能在於扶助人民與社會；使人民的人格與個性獲得成就與成全；使社會的職能與事業獲得進步與發展。人民個人的能力是有限的，必須有政府的扶助，方能有偉大的成就。社會的因素與勢力是錯綜複雜的，必須依賴政府的協助、輔導、協調和推動，方能有長足的進展。行政的扶助功能在對人民栽之培之，養之育之，使其內在潛能，得

到最大的發揮，對社會施以支持之力，援助之手，使之在和諧團結的情形下，欣欣向榮，日趨繁榮與進步。政府設立各級學校，使人民就學求知；政府運用科學知識與技術，推進農業發展，改良品種，消除病蟲害，增加生產，開拓對外貿易，獎勵華僑投資；對創造、發明的獎助，對商標權、著作權、專利權的保護；養老、育幼、濟貧等措施，皆是行政行爲的扶助功能。

五、服務功能——專制政治時代的政府，是憑藉權力，實施刑罰的統治機構。民主政治時代的政府，是保障人權，維持治安的『守夜警察』。二十世紀以來，法治國家進爲保育國家，政府的地位由『守夜警察』進爲『社會服務機關』。政府的主要功能，在爲人民服務，爲社會造福，使人民在生活上有較好的享受，有較多利便，福祉增進，利益加多，精神快愉。政府直接推行的服務功能，在於舉辦各種福民、便民及利民的事業，並興建各種公共建設與設備，以供人民及社會享用。例如公用事業及公營事業的舉辦；郵政、電訊事業的經營；公路、鐵路、航空、航海事業興辦與營運；平民住宅的興建，圖書館、體育館、公園、運動場、醫院的設立，都是行政行爲的服務功能。

六、發展功能——現代化的政府，必須隨時代而進步，對快速變遷的社會環境，作不斷的適應，與時俱進，日新月異，精益求精，方能永久適存。發展與進步的成果，不會憑空而來，不會垂手而得，乃是在孜孜不息的努力下，勞心焦思的鑽研中，方能有所成就。於是『研究發展』，成爲政府的新功能。科學的知識與技術要謀求不斷的上進與向前，俾能有所創造和發明。文化的內容與性質，應力謀革新與進步，提高水準，對先進國家，不但要迎頭趕上，且要後來居上。增加生產，拓展貿易，增加財富，充裕民生，增進人民的福祉，提高人民的生活水準。只有發展的國家，進步的政府，求新求進的社會，才是『適者』『

優者』，而能勝利的生存於世界。發展功能成爲現代化政府的新功能。

第三節　系統理論的一般認識

一、系統的意義——系統（System）一詞的用處，頗爲廣泛，其意義每視其用途或研究對象而有不同。不過，所謂系統卻有一共同意義，那就是宇宙間一種有相互關聯事物的結合體。韋柏斯特『新國際大字典』（Webster's New International Dictionary）對『系統』作如下的定義：『系統乃是規律化交互作用或相互依存事物的結合。此結合乃是爲達到共同目的整體』。社會科學大辭典（Encyclopedia of Social Sciences）對『系統』作以下的定義：『系統係指部份與部份之間，及規律化活動之間的相互依賴，彼此影響所造成的一種結合體。同時亦指此結合體與外界環境的相互依存關係』。

由此觀之，所謂系統實包含有以下的四種要件：㈠構成系統的若干事物、或實體。㈡這些事物或實體間具有一定的關係，㈢各事物或實體依一定規律而活動，保持平衡，㈣這些事物或實體相互結合而成爲一整體。這一陳述可用宇宙系統和生理系統予以說明和證實。宇宙系統由若干星球（實體）如太陽、火星、木星、土星、天王星、海王星、地球、月球等而構成。這些星球在宇宙間並存並立，自然存在有一些關係。星球依律規以運轉，保持平衡狀態。各星球之間依此關係與運行以成爲宇宙整體。生理系統係由腦、心、肺、胃、腸、腎、肝、骨、肉等實體所構成。這些實體依生理作用與關係結合爲消化系統、循環系統、骨骼系統、呼吸系統、排洩系統等。這些實體所結合的次級系統等依一定規律而活動與運作。在活動與運作中，保持和諧與一致的平衡狀態。這些次級系統結合而成爲人體的整體系統。整體與部份密切結合，不可分離。整體與部份各有其特性與功能。部份不能離開整體而存在。整體

亦需要部份的支持方能維持。

　　二、**系統理論的普遍性**——依此系統意義從事學術研究而建立『觀念體系』或『理論架構』者，謂之系統理論。系統理論的學術性研究，成爲現時的主流與寵兒。其特點是以綜合性的研究替代分析性的研究；由科際整合性的研究替代單科的專業性研究。阿克夫（R. L. Ackoff）說：『第二次世界大戰結束了西方文化一個學術研究時代，而開始其文化的復興運動，由機器時代進入系統時代。機器時代把事物作分析的研究，以至於其不可分的地步，如原子、元素、中子、細胞、本能、知覺等，認爲這些因素間的活動，受着因果律的支配，而作機器性運行。因此使學術的研究失去了自由意志及目標追求。系統理論重在對事物作整體性及整合性的研究，不從部份解釋整體；而從整體說明部份』❷。

　　現代人類學家布朗（Radcliff-Brown）和馬林諾斯基（Malinowski）的著作❸，倡功能主義論（Functionalism）認爲社會風俗、行爲模式及社會制度都不是獨立存在的，須從整體文化的觀點予以觀察。社會生活的各方面形成文化的整體。對社會的最佳瞭解，要把它看作是一個相互關聯的整體系統。每一種社會行爲如結婚儀式、罪犯懲罰、民謠、民歌等對整體文化皆有其一定的功能，並對社會結構的維持有所貢獻。

　　社會學大家柏森思（Talcott Parson）即有不少著作❹，採取一般系統理論，信持功能主義。他用開放系統的觀點，解釋社會輸入與輸出

---

❷　Russell L. Ackoff, "A Note on Systems Science." *Inter faces*, August 1972, p.40.

❸　A. R. Radcliff-Brown, *Structure and Function in Primitive Society*, Cohen & West, London, 1952, Bronislaw Malinoski, *A Science Theory of Culture*, Oxford University Press, N. Y. 1960

❹　Talcott Parsons, *Social System*, Free Press, N.Y. 1951, *Structure and Process in Modern Societies*, Free Press, 1960.

的功能過程。他不僅建立了一個廣博的社會系統的理論架構；並用這一觀念說明一般組織的原理。他認為組織的目的，在解決四個基本問題：一是環境適應問題，二是目標達成問題，三是內部資源整合問題，四是組織形態的維護問題。

在心理學方面，系統研究的成就，最為顯著。心理學理論中各式行為主義（Behaviorism）皆採用整體性的觀點。其中以『格式特』（Gestalt）心理學及實驗心理學最為明確。Gestalt 是一德文，其意是指連接體或整體。整體論的心理學者不僅認為整體是部份的結合體，不能脫離整體而獨立；而且認為整體可以決定各構成部份的活動。李文（Kurt Lewin）是第一位應用整體心理學的信條去研究個人人格。他發現僅從心理學觀點解釋人格，確是不夠的；因為社會文化勢力對個人人格的形成，實佔有重要地位。他認為人格乃是一個『動態系統』（Dynamic System），大大受着個人所處環境的影響。蘇禮文（Stack Sullivan）更進一步的說人格乃是社會關係的延伸和複合。

現代經濟學漸多採系統分析的研究。經濟平衡觀念成為今日經濟學的一種重要思想。所謂平衡，第一是指次經濟系統與整體經濟系統的平衡；第二是由封閉性的靜態平衡，進為開放性的動態平衡。李昻飛（W. Leonfiel）等便是應用系統分析方法研究工業上的功能輸入與輸出問題。他們說：『我們若從功能輸入與輸出的觀點考量國家經濟，則工業制度實是相互依存的關聯系統及彼此影響的互動行為。這互依與互動就是貨品與服務『穩進』（Steady）發展的一條河道；所有一切經濟因素都直接或間接的聯繫在一起』❺。

著名政治學者倪士敦（David Easton）於一九五三年著『政治系

---

❺ Wassily Leonfiel and Others, *Studies in the Structure of American Economy*, Oxford University Press, N.Y. 1963, p.8.

統論』(Political Systems)，於一九五七年著『政治系統的分析』
(An Analysis of Political Systems)，於一九六五年著『政治生活
的系統分析』(A Systems Analysis of Political Life) 都係以系統
理論研究政治。政治系統乃是一羣有關聯的政治事態，在相互依存的關
係下及規律活動的運行中，結合成功的政治生活與工作上的完整統一，
適應維持，穩進發展的有機體。阿爾蒙 (G. Almond) 著『比較政治系
統論』(Comparative Political Systems)，用下列變數為政治系統比
較分類的標準：㈠政治功能分化的程度，㈡政治系統表現的程度及可見
範圍的大小，㈢各種政治角色的穩定性如何，㈣權力分配的結構，㈤政
治角色替換的可能性❻。這亦是系統分析方法的研究。

　　三、一般系統理論──首創一般系統理論者應推生物學家班特蘭（
Ludwig Bentalanffy）。他於一九五〇年撰 『物理學生物學中的開放
系統理論』❼，又於一九六八年著『一般系統理論論』❽，對此學說，
建立起確定基礎。他認為宇宙之間有各種不同的系統；由這些系統構成
整體宇宙系統。鮑爾庭 (K. Boulding) 著『一般系統理論』，指出宇
宙間的系統，共可分為九個層次❾：

　　1.靜態結構系統──是系統架構的第一層次，乃是其他系統的立論
基礎或構成元素，宇宙經解剖分析 (Anatomy)，至於最後的質子便是。

　　2. 第二層次是可預定的簡單動態系統， 機械性及規律性的運轉屬
之；有如鐘錶的動作 (Clockwork)。

❻ Gabriel A. Almond & Powell B. Bington, *Comparative Political Systems*, Journal of Politics, 18:391—409.
❼ Ludwig Bentalanffy, "Theory of Open Systems in Physics and Biology", *Management Science*, Jan. 13, 1950, pp.23—29.
❽ Lndwig Bentalanffy, *General Systems Theory*, Braziller, N. Y., 1968.
❾ Kenneth E. Baulding, "General Systems Theory", *Management Science*, April 1956, pp.197—208.

3.第三層次是能自動控制的調整系統，有如『操縱術』（Cybernetics）的運用，係用自我控制維持平衡。

4.第四層次是能自我維持的結構，亦即『開放系統』，這是有生物的開始，而別於無生物，可稱之細胞層次。

5.第五層次是生植系統。這是植物學家研究的範圍和實驗的園地。

6.第六層次是動物系統，其特性是有活動性、能作有目的的行為並有自我的自覺。

7.第七層次是人類層次，即把人類個人當作是一完整系統，有自我醒覺的意識及使用語言與文字（符號）的能力。

8.第八層次是由人羣構成的社會系統，有相互的交往、共同價值觀、意像及歷史的紀錄，有藝術、文學、詩畫、音樂及複雜的情緒與感情交織網。

9.第九層次是超越系統，這是系統層次分類的完成。在這系統中含有最後的、絕對的及無可避免的不可知或不可思議的東西，而且那些東西亦展示着系統結構和關係。

四、**各種系統理論** —— 除一般系統理論外，尚有其他各種系統理論，茲扼要論述如次：

1.環境系統理論——環境是本身組織或系統以外的事物。因之，研究行政組織或行政行為等，必須考慮到外在環境的勢力和因素。因為組織或行為都是『開放系統』，其活動過程是功能輸入與輸出的平衡動態。系統本身與外在環境有互依互動的關係和影響。環境的勢力與因素足以影響行政組織的功能與結構及行政行為的效果與模式。

2.社會系統理論——人羣的任何組織，不論是家庭、學校、教會、社團、社區、政府、政黨等都是一種社會系統。這一系統之中，又包括若干小系統或次級系統；同時這一系統又被外在環境或高級系統圍繞

着。這些高、中、小（次）等系統之間皆有交相影響及相互依存的平衡關係。社會系統包含三個因素：一是活動，即構成人員的工作行為；二是互動，即構成人員工作行為所發生的交互影響、推移、激盪和交往。三是情緒，即構成人員間的感情交流、意見溝通及共同認識等。社會系統是一動態體制，變動不居，調整不已，以適應內在及外在環境的情勢與壓力，俾能保持存在、持續與發展。

3.生態系統理論——生態系統理論係由環境系統理論及社會系統理論演化而來。生態系統理論的要旨如次：㈠任何人羣組織都是一種生態系統。㈡生態系統與其構成部份的各次級系統成為一完整統一的『有機體』（Organism），互依互動，休戚相關，脈息相通，具有不可分離的一致關係。㈢生態系統對其外在環境能作有效的適應，保持生態平衡，達到適者生存的目的。㈣生態系統具有新陳代謝，生生不息，自我維持的能力。㈤生態系統具有生長性和發展性。

4.權變系統理論——任何人羣組織都是一個權變系統。所謂組織皆具有以下的特性：㈠乃是高級系統（Suprasystems）下的一個次級系統（Subsystems），㈡具有目的的導向，㈢包括有技術的次級系統，結構的次級系統，心理的次級系統，及協調性管理的次級系統。這一系統對外和對內都須保持適應的應變活動與行為，於是組織不是固定形態，而是流動不居的多數變數的形態。權變系統理論就在於解釋組織如何在特定的情勢及環境和不同的條件下，能作成功適應性的運作。所以組織形態及管理方法的設計，都要針對不同狀況作權變性的規劃與考慮。

權變系統理論的要旨如下：㈠不承認所謂永久性、普遍性的真理與定律。㈡凡能解決問題，行得通，辦得到的『工作假定』，就是真理或定律。㈢依此言之，真理與定律因事、因時、因勢、因人、因地而異，為數甚多，不止一個。㈣對問題及事務不採取兩極端或兩分法的看法，

要採層次與程度漸變的『連續性』（Continnum）的觀點。㈣成功之道不祇一端，辦事方法不拘一格，『異途同歸』（Equifinality），條條大道通羅馬；達到同一目的，不必採同一方法。㈤凡事要作彈性運用，圓通無碍，隨緣適應。

第四節　行政行為的系統分析

　　行政行為乃是行政機關的組織行為。這亦就是一種行政系統。從系統觀點加以分析，行政行為實具有下列的特性，為行政學者及行政人員所當深切認識的。茲分論如次：

　　一、行政行為的整體性——行政行為不是孤立的或獨立的。牠是外在高級系統（Suprasystems）的一個次級系統（Subsystems）；同時又是整合本身內部各次級系統的高級系統。高、次或大、小各系統之間，密切配合，相互依存，休戚相關，脈息相通，成為一完整統一的有機體。人身就是一個完整統一的有機體；乃是集合五臟六腑、四肢百骸、六脈九經等器官或小系統而成的大系統。行政系統亦當作如是觀。構成行政系統各次級系統各有其個性與功能。由各次級系統構成整體系統亦具有其整體的個性與功能。但各次系統的個性與功能，決不能脫離整體系統而存在，而表現。同時，整體系統的個性與功能，亦必須依仗於各次級系統者方能存在，方能完全。系統是一個整體，機能不能割裂，行動必須統一，精誠團結，和諧一致。

　　行政系統旣然是多元的複合的整體，所以在行政行為的過程中，不論是『作成決定』（Decision-Making）或『解決問題』（Problem-Solving）或『處理事務』（Public Affairs Managing）都要抱整體觀念和團隊精神，通盤籌劃，周詳考慮，識大體，顧大局，一定要抛棄自私狹窄的機關本位主義和個人鋒頭主義。部份單位目標的實現，業務的

成功，必須透過整體目標，配合整體業務。個人利益必須在整體利益中才能達到。行政系統猶如是一部機器，各部份機件一致的規律運轉，方能使全部機器產生有效的生產成品。例如國防行政的決定，無論是軍隊的多少或編組，軍事裝備的籌劃及更新等，決不可專從軍事觀點着眼，同時還要顧及國家的經濟生產力量，政府的財政能量，並須配合國際的政治和外交形勢；至於科學設備與技術條件亦不可不加以計算和考慮，

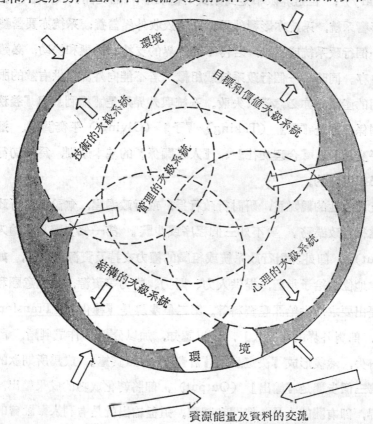

環境

目標和價值次級系統

技術的次級系統

管理的次級系統

結構的次級系統

心理的次級系統

環　境

資源能量及資料的交流

行政系統整體圖⓾1.大圈示系統整體2.五個小圈示構成整體系統的次級系統3.箭頭示輸入與輸出4.陰底示所處環境卽高級系統

⓾　Fremont E. Kast & James E. Rosenzweig, *Organization & Management*. 1971, p.112 Figure 5.2.

二、行政系統的開放性——行政系統決不能遺世而孤立，閉關以自守。一個行政系統或組織，固然不能不仰仗其他系統或機關的支助；就是一個富強的國家，亦不能離開外國而生存。任何行政系統對外界都具有休戚相關，相互依存，不可分離的密切關係。本身與外界之間，有着甚爲頻繁的交互接觸與往來。系統本身與外界，雖亦有『界限』（Boundary）；但這界限不是封閉式的磚石墻，而是開放式的籬笆墻。外界影響系統，系統亦影響外界。系統吸收外界營養；系統亦要營養外界。一個行政系統或組織，若得不到外界的支持、供應和扶助，必難維持其生存。同時，一個行政系統或組織，若不能向外界提供有效的服務或有用的產品，亦必然歸於失敗。系統與外界乃是『權利』與『義務』對等關係；亦是『取』（Taking）『予』（Giving）平衡關係。這是『公平交易』、『合理交往』、『人羣關係』的基本原則，爲一切行政系統必須遵守的。

就開放性的觀點言，研討行政行爲，或行政過程，無論解決行政問題或推行行政業務，要不外三個程序或步驟。第一個步驟是『輸入』（Input），即外界對行政系統或組織的權力支持及資源提供等，如賦與法律地位，給予承認，提供人力、財力、物力等資源，表達意願和態度，提出要求，供給訊息資料等。第二個步驟是『轉化』（Transforming），即對外界的『輸入』，予以認知，加以分析，作成判斷，評估利弊得失，然後形成『決定』或『計劃』付諸實施，成爲所期欲的成果。第三個步驟是『輸出』（Output），即將轉化成功的成果輸出，及於外界，即有關的人員、機關和團體。這種輸出就是有利人羣社會的『服務』（Service），『產品』（Goods）和『貢獻』（Contributions），包括物品、人才、創造、發明、建設、制度、方法、知識與技術等。行政系統的開放性過程，如下圖所示：

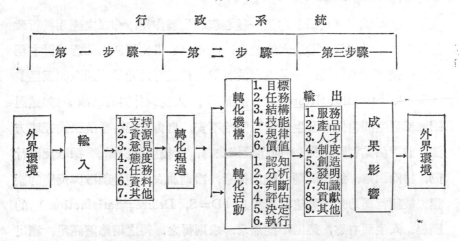

國家的行政機關都是開放性的行政系統。在執行任務，達成目的的過程中，都受着輸入、轉化及輸出程序的規範。就交通機關為例而言，由於交通災害事故的頻繁，造成生命及財產損失，於是引起社會各方面的注意與批評，並大力呼籲，要求交通主管機關迅採行動，力謀改善，並加強道路交通管理。這些事故、批評、呼籲、要求就是對交通機關的輸入。交通機關對此輸入予以認知後，進而就此加以調查、分析、判斷，明其真相，探其癥結，針對問題及病症，擬定解決方案或治療方劑。就若干可行方案加以評估，而作最佳抉擇。這些活動是謂輸入的轉化過程。解決方案經權力機關正式通過，公布施行，卽產生實際的影響與效果，使交通秩序改善，交通禍害減少。這就是所謂輸出或產出。民國五十七年五月一日公布的『道路交通管理處罰條例』便是經由這輸入、轉化及輸出的開放性行政行為過程而制定成功的。

三、行政行為的反饋性—— 行政組織或系統就外界輸入加以轉化成為產品或服務等輸出於外界或社會，因而產生新的情勢與變遷；對此新情勢或變遷加以認知與辨識，視其有無偏差或錯誤而作適當的修正調整，或採取新行動，俾能成功達成任務與目標，謂之『反饋作用』

(Feedback)。『反饋』本是一種心理和生理作用，今以之應用於行政行為上。因行政組織乃是人的結合，故可以假借使用。人的行為計有兩種。一是被動的行為；一是主動的行為。前種行為乃是『刺激與反應』(S⇌R, Stimulu⇌Response) 的歷程。人受到外界的刺激，如遭遇困難或發生問題便會發生情緒緊張或不安，自會試擬各種解決途徑或方法，並評估其利弊得失，而作最佳抉擇；然後就此抉擇，採取反應行動，排除困難，解決問題。熱則揮扇，冷則加衣，便是刺激與反應的歷程。後種行為乃是『慾望與滿足』(D⇌S, Desire⇌Satisfaction) 的歷程。人生而有慾，慾則不能無求，求則得之，得之則慾望滿足。滿足所以填補內部的空虛。渴則飲，饑則食，便是慾望與滿足的歷程。不管那種行為，都有自覺的調節活動，俾能避免偏差與錯誤，把握正確方向，期能成功的達到目的。這種調節與矯正活動，謂之『反饋』作用。

行政行為在達成目的的進程中，必須有反饋作用，方能避免偏差，把握方向，正中鵠的。以航海、飛行、汽車行駛為例以言之，駕駛員在行駛途中，必須注意儀器，如羅盤針、方向盤、速度表、油量指示器等，檢視其路線有無偏差，速度及行程有無超前或落後，如有不合，便要及時採取修正或調整措施，期以避免差誤及事故。這種行為就是反饋作用。在解決行政問題或作行政決定及處理行政事務的進程中，反饋作用亦是必不可或缺的。例如工人失業，造成社會及民生問題，構成行政上政治上的緊張情勢，政府對此決不能熟視無睹或袖手旁觀。這種情勢上是行政機關受到的刺激或輸入。政府對此輸入加以認知、分析、判斷、評估，作成最佳決定。這是轉化過程。政府將所作決定付諸實施，如興建公共工程、拓展對外貿易、活躍工業生產、救濟失業工人等。這是刺激的反應或功能輸出。由此輸出，工人失業雖趨緩和，但卻引通貨膨脹，物價高漲等新問題。這新問題對行政系統是新刺激或新輸入，政府

對此偏差或問題必須加以修正或解決。這就是反饋作用。因之，輸入、轉化、輸出、新情勢、反饋、新輸入、新轉化、新輸出、構成不斷循環前進的永續行政過程。

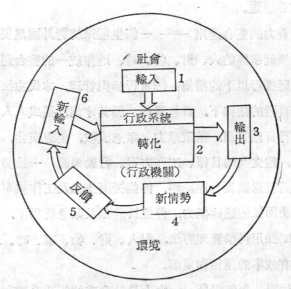

反饋作用循環過程圖

四、行政行為的生態性——行政行為或組織乃是一種『生態系統』(Ecological System)。所謂生態系統，則具有以下的特性： ㈠對外的適應性，㈡對內的團結性，㈢新陳代謝性，及㈣生長性。茲就此特性論述其行政行為過程中的關係與影響。

　　1.外在環境的有效適應——一切生物對其外在環境必須能作有效的適應，方能維持其生存。動物多有保護色，避免獵人或敵人的發現，免被捕食。熱帶雨量多，故其植物多寬葉，以便排散吸收過多的水份。寒帶雨量少，故多針葉樹，以便保持吸收的少量水份。人類在生活上亦必須適應環境方能維持生存。所以人於寒冬則衣裘，炎夏則衣葛；山地人善打獵，海濱人善撈魚。行政機關或組織在執行任務的進程中，無論解

決問題, 處理業務或決定方案, 對外在文化環境、社會環境、政治環境、經濟環境、自然環境、人事環境都要有深切的分析與瞭解, 辨敵友, 明順阻, 識強弱, 察矛盾, 俾能因利乘便, 順水推舟而作水到渠成, 迎刃而解的成功適應。

2.內部資力的整合運用 —— 一個生態系統對外固然要作環境的適應; 對內亦須就掌握的人、財、物、時、地作統一的整合運用。要達到這一目的, 應採行以下的措施: ㈠實行參與管理, 本民主法則, 使工作人員在自動自發的精神下, 負起責任, 展其才能, 養成人人主人翁的事業觀。㈡採行目標管理, 羣策羣力, 衆志成城, 集思廣益, 依『羣意會合』的原則, 建立共同目標、工作方案、行動規範, 一致努力, 共赴事功。㈢養成團體意識及合作精神, 俾能提高士氣及工作效率。㈣訓練應付危機, 解決困難的應變能力, 俾能於危難及緊急情勢下, 渡過難關, 維持生存。㈤採用科學管理方法, 對人、財、物、事、時、地作有計劃、有系統、有效率的運用和處理。

3.新陳代謝, 永保青壯——由人員結合成的行政系統和由物質組成的機械結構, 在性質上截然不同。前者是有機體, 有生物; 後者是無機體, 無生物。後者的構成資源是有限定的; 本身資源消耗完竭, 則歸於消滅。例如汽車的性能, 生產時定為一百萬公里, 行駛路程及於此數, 汽車卽報廢。一個電燈泡原定的能量燃燒一千小時, 燃燒及於此數時, 卽歸無用。而人羣組織的行政系統, 則具有新陳代謝, 生生不息的生態性能。此之謂『反熵性』(Negative Entropy)。 行政系統的人員有退有進, 縱有死亡, 亦可補充, 工作可以改變, 主管可以更迭, 而組織的維持仍然可以保持於不墜。新陳代謝之謂生。生生不息之謂易。生則永保青壯, 不致於衰竭。易則與時俱進, 適者生存。行政系統應本這『生』與『易』的原則, 以為解決問題、處理事務及採行決定的準繩。

4.不斷生長，繼續發展——生態性的行政系統，在能以保持其不斷的生長和繼續發展的生生狀態。如其生長和發展陷於停頓，那就是衰敗與死亡。所以在行政過程中，行政系統一定要競進不已，進步不息，以謀生長與發展。一個行政組織或系統要本眞知灼見，作高瞻遠矚，永遠向高尙的理想作不斷的追求；珍視所負的責任和使命，向所揭櫫的偉大目標，鍥而不捨的孜孜前進，日就月將，精益求精，日趨有功。行政內容要隨時代要求而革新；行政方法要依文化發展而進步。

五、行政行為的權變性——行政行為乃是組織的活動，實是一權變系統。適應環境，維持生存，靈活運用，因勢制宜的機智與技術，就是『權變系統』（Contingence Systems）。行政行為的權變性在實際的運用中，可作以下的說明：㈠兩極論的否定——許多政治及行政學者慣持兩極論，如人治與法治的對立，民主與獨裁的對立，仁政與暴政的對立。其實這種兩極論，猶如冰點與沸點的對立，殊不知在這兩點之間尙存在有冷暖不同的九十八個不同的度數。豈可只取其二，而捨其九十八。在人治與法治間、民主與獨裁間、仁政與暴政間，尙有很多程度不同，左右移動的支柱點。對立只是程度上的相對性；不是非此即彼的絕對性。所以行政決定必須從許多不同角度作衡量；解決問題必須從許多方面找途徑；不可困守於非此即彼的兩極論的死巷中。㈡定律論的動搖——傳統的行政學者多愛好尋求絕對的眞理與永恒的定律。殊不知世間知識廣大無邊，人所知者僅是恒河之一沙粒。人類歷史綿延無窮，人所及者，祇億萬光年之一瞬息。事態複雜難知究竟；社會幻變，如在迷境；決無法求得『放之四海而皆準，百世以俟聖人而不惑，質諸鬼神而無疑』的眞理與定律。實際上所謂眞理與定律都是局限的，暫時的，相對的。凡此時此地能解決問題，達到目的，行得通，辦得到的『工作假定』就是眞理和定律。其特性就是『權宜』與『變通』。因勢制宜，隨

時適中，就是生活與行為的最佳準則。固執不通，一成不變，就是招致失敗的一大原因。 成功的行政行為就是解決問題， 處理事務的權變活動。 ㈢殊途可以同歸——依行政行為的權變性言之， 治事不必拘泥一格， 達到同一目的可以使用各種不同方法， 此即所謂『條條大路通羅馬』的『異途同歸說』 (Equilfinality)。大將作戰， 只要能打勝伏，固不必拘守一定的戰略或戰術， 千變萬化， 機動適應， 所謂『運用之妙， 存乎一心』， 這亦就是禪宗始祖迦葉所說的『隨緣法』，他說：『萬法本無法， 無法法亦法， 法法何曾法， 惟有隨緣法』。

六、行政行為的穩進性——行政行為或組織乃是一生態系統，所謂生態指其具有不斷生長和繼續發展的性能。生長和發展都『穩進狀態』 (Steady State), 亦即所謂『動態平衡』(Dynamic Equilibrium)。這種狀態不是速戰速決的閃電戰術，而是穩紮穩打羅馬大將『費邊』（Fabius) 的『緩慢而有把握』 (Slow But Sure) 的緩進戰術。 這種狀態不是一日千里的飛騰猛進，而是針針見血，一步一個脚印的踏實穩行。任何事情都不會一蹴而幾，或一步登天，欲速則不達，羅馬不是一日造成的，冰凍三尺，非一日之寒。行政行為要循序以進，拾階而升，不可躁進躐等。盈科而後進，功到自然成。

行政行為的穩進性，從另一角度解釋之，就是離心力與向心力的平衡發展。離心力使物質向外飛散發展。若任其奔放，則物質必歸於飛散消逝。向心力使物質向內收縮緊聚，若任其聚縮，則物質必愈縮愈小，終歸於烏有。物體的存在，必須保持離心力與向心力的平衡。就行政行為或組織言，革新、進步、競爭與向外發展代表離心力。維持傳統、保持團結、注重紀律及墨守成規代表向心力。離心力過大，必因急劇變革，激烈衝進而致顛仆，所謂『欲速則不達』。向心力過大，必因保守停滯，習慣硬化而瀕於失敗，所謂『停滯就是死亡』。 所以行政行為必須

維持離心力與向心力的平衡。具體言之，那就是要在安定中求進步，進步中求安定。不安定那能進步；不進步亦難維持安定。革新對國家固然有貢獻；但保守亦未見得全屬無功。急劇的前進易跌仆，激烈的改革易混亂。守舊則呆滯，怠惰致敗亡。只有穩健的前進，動態的平衡，才是成功的正道。

第八章　壓力團體與多元行政

第一節　壓力團體的性質

　　一、意義——壓力團體 (Pressure Groups) 亦稱『利益團體』(Interest Groups)。前者指團體的活動方式言；後者指團體所持目的言。在民主國家人民有集會結社的自由權利，於是人民團體紛紛成立，星羅棋佈，不勝枚舉。人民團體的性質雖各有不同，但其目的卻無甚區別。人民團體成立的主要目的率皆是爲其團體本身及其構成員謀求利益，故曰利益團體。這些團體爲要達到目的，常向政府（包括立法機關及行政機關）採取行動，施行壓力，提出要求，以爭取或保障其利益，故曰壓力團體。

　　利益團體就是『若干人民爲要爭取及保障其利益，依自願而成立的組織。所謂利益，就是某一團體自覺的認爲是有價值的慾望或需求，而朝向決策的政治機關或行政權力者，進行說服或施行壓力，促其採行立法或行政措施以滿足其慾求』❶。這一定義雖失之狹窄，只局限於一部

❶　Joseph G. Lapalombara, *Interest Groups in Italian Politics*, 1964, Priaceton University Press, p.16.

份的人民團體；那些不採行政治活動的人民團體，不能包括在內；不過就行政學的研究對象言，這一定義，頗爲適用。

　　美國的利益團體爲數最多，種類紛繁，形形色色，應有盡有，甚而不應有者亦有之。從愛護動物協會到禁酒大同盟；從美國汽車協會到扶輪社；從美國工業聯合會到勞工聯盟。有的是地方性的，有的是全國性的；有的是單純性的，有的是複合性的。這些團體在平時多能相安無事，一遇利害衝突，則爭鬧得如火如荼，不可開交。利益團體謀求利益，僅靠本身力量，是不夠的，必須求得政府或政治權力者的支持與協助，方能達到目的。其施行壓力的方法，不外宣傳、請願、遊說、申訴、陳情等。在二十世紀以前的傳統民主政治時代，壓力團體爲數很少，且欠活躍，故政府的治理對象，祇是『一般公衆』 (General Public) 或人民，只要能博得多數人民或民意的同意，政令推行，便可暢順無阻。自二十世紀以來，壓力團體紛紛成立，團體旣多，人數亦衆，財力雄厚，活動積極，政府的治理對象，除『一般公衆』外，對這些壓力團體亦不能不作妥當肆應，若得不到其支持，政令推行，必多阻碍。於是一元統治進爲多元統治；一元行政進爲多元行政。

　　二、比較──政黨亦可視之爲一種利益團體；但政黨與壓力團體，有其相同之點，同時亦有其相異之處。茲將二者作一簡要比較如次 ❷。相同之點，爲：㈠二者皆是由部份國民依自願結合而組成的團體。㈡二者皆係以謀求本身及構成員的利益爲利益，故均屬利益團體。㈢二者皆有一定的權責分配，組織系統及行爲規範。相異之處，爲：㈠政黨的構成員以選民爲對象，品類繁雜，農、工、商、賈，三敎九流，無所不包。而壓力團體的構成員，則品類單純，係由同一行業者或同一階級者所組

❷　David L. [Sills 主編 *International Encyclopedia of Social Sciences*, Volume 7, p. 486.

成。㈡政黨揭櫫一定的政策、政綱或主義，號召選民，團結黨員；而壓力團體則無此廣泛政見，祇就與本身利益有關的問題或事務提出較具體的主張或要求。㈢政黨常提名公職人員候選人，並助其競選，期能運用選舉控制政府或爭取政權；而壓力團體則不提名公職人員候選人；僅支持政黨所提名的候選人。㈣政黨率皆為全國性的；而壓力團體雖有不少是全國性的，但亦有很多是地方性的。㈤政黨是政治性的組織，而壓力團體，則有經濟性、社會性、文化性、科學性、道德性等各類不同的組織，向政治權力者施行壓力，僅是達到目的的一種手段。

所有壓力團體都是利益團體；但利益團體並非都是壓力團體。因為壓力團體的特色，是以有組織的集體力量向政治權力者施行壓力謀求利益。有不少的利益團體並不採取或很少採取這種政治行動，故不可視之為壓力團體。外國人多組織有『友愛會』或『兄弟姊妹會』（Fraternities）純係友誼性質，以友愛聯誼為主旨。中國留美學生，如王正廷、郭秉文、蔣廷黻等所屬的『成社』，嚴家淦、蔣彥士、李國鼎等所屬之『仁社』，亦是這種團體；且係『不公開的』，故不採行壓力性的政治性活動。扶輪社、獅子會屬於社會性、公益性、友誼性的組織，亦不屬於壓力團體的範圍。宗親會以敦親睦族，愼終追遠為宗旨，校友會以聯絡感情，維持學誼為要務，自亦不可以壓力團體視之。

第二節　壓力團體的起因

壓力團體興起的主要原因，計有兩端：一是由於區域代表制的缺失；二是由於自由企業競爭的結果。特分別就此二者加以論說：

一、區域代表制的缺失——在民主國家，國會及省、縣、市議會議員的選舉，係採區域代表制。即選舉權的行使，以選舉人所居住的地區或處所為依據；被選舉人亦須為選舉區域內的住民，其所代表者是選舉區

域的利益和意見。這種制度的產生，實淵源於農業社會。農業以土地為
基礎，同區域的人利害一致，關係密切，所以說：『遠親不如近隣』，
鄉土情誼，至為濃厚。但迄於今日，工商企業高度發展，經濟利益重於
地區利益；職業關係優於鄉土關係。社會結構與經濟關係，已大為改
變，而傳統的區域代表制，仍然故步自封，未加改造，自然難以適應新
的社會需要。於是以經濟與職業利益為基礎的利益團體便應運而生，且
向政治權力者施行壓力，發表意見，期能滿足其需要與意願。

區域代表制有以下的缺失，不能適應時代的新需要，壓力團體乃
能蔚然興起，以為補救。㈠工商企業日趨發達，職業團體經濟組織的勢
力，已日見強大，而議員及官吏，並非這些團體與組織所選出的代表，
對其需要與意願，自多所隔閡，不甚瞭解，故利益團體不能不起而向之
施行壓力，期能保障及爭取利益。㈡現代議會的立法內容及行政機關
所處理的政務，都已錯綜複雜，且高度專門化、技術化、科學化，並與
農、工、商、礦、醫藥、衛生、交通、運輸、工程等職業與經濟問題，
發生密切關係，而議會及政府缺少這些方面的代表，其所作的決策與措
施，每不能適應其實際需要；利益團體為謀求利益與發展，乃起而向之
提出要求，陳述意見。㈢區域性的選民，因種類繁多，利害不一致，並
無堅強的組織，力量渙散，意見分歧，對所選出的代表並無指導與監督
的力量，所謂代表者已失其真實性，而流於形式化。而利益團體則組織
嚴密，力量集中，意志統一，利害一致，所以能劍至履及的採取壓力行
動，而收到較切實的效果。

二、　自由企業競爭的結果——資本主義的自由企業經濟制度的特
質，就是：㈠大量投資設置工廠，運用機器大規模的生產貨品。㈡投資
目的在於賺錢，即靠經營與管理營求利潤。㈢營求利潤的方法，要在自
由競爭的制度或方式下進行之。在這種情勢下，產業界要想在商戰戰場

中，贏得勝利，以達到賺錢的目的，要不外兩種途徑：對內要採行科學管理，減低成本，提高產品品質，俾能以物美價廉的優勢暢銷產品，使競爭者難以反擊或抵抗；對外要結合同業，組織團體，以聯合力量進行發展，尋求助力，減少阻力。但若僅靠自己組織的團體謀求利益，力量是不夠的，成就是有限的，必須向政治權力者求取支持與協助，求得公平合理的競爭環境及有利的管制與扶助，阻止無理的壓抑和阻礙。要達到這一目的，那些各行各業所組織的利益團體，自然要採取行動，向議會及政府進行遊說、陳情、聯絡、疏通、請願、宣傳等壓力活動。有自由企業就有競爭。有競爭就要組織利益團體。有利益團體就要向政治權力者施行壓力，謀求利益。施壓的效果，便足以影響國家立法，政府決策及行政措施。期能符合自己的利益。

第三節　壓力團體的活動

壓力團體向議會及政府施行壓力謀求利益的活動方法，要不外下列幾種：

一、進行宣傳——所有的壓力團體都是宣傳的製造者。為了爭取利益，表達意願，每不惜斥鉅資，運用大眾傳播工具，如報紙、雜誌、廣播、電視等以語言、文字、圖片，大作宣傳，去影響傍人、說服傍人、操縱傍人、利用傍人，以謀求自己的利益。壓力團體之間，所作的宣傳，常會引起矛盾與衝突。當這種衝突達於嚴重程度時，政府則出而加以協調與緩衝，使各方利益得到均適的安排。我國的工商團體、職業團體、社會團體，以人力、財力尚欠充實與強大，運用大眾傳播工具進行宣傳，尚嫌能力不足，未達於引人注意的程度。美國全國工業製造者聯合會、美國勞工聯盟均以會員衆多，財力雄厚，每年所支付的宣傳費用，數量龐大，達於驚人地步，所出宣傳品亦數以百萬計。

二、協助競選——壓力團體自己並不提出公職人員的候選人，但常支持或協助自己認爲有利或適當的政黨所提名的候選人競選。其所支持的候選人當選後，自會給予這壓力團體一些方便和利益。儘管大多數的壓力團體，皆明白表示，他們是『非政治性』的組織，但事實上，這些團體常會捲入政治競爭的漩渦。只要候選人的政見爲某壓力團體所贊成或認爲有利，便會予以支持，或助之競選。壓力團體助選的口號和準則，就是『幫助我們的友人，打擊我們的敵人』。我國的民意代表機關有職業團體、工商團體自己選出的代表，故不協助地區代表候選人競選。美國的壓力團體，人員多，財力厚，其助選力量，常能決定候選人的勝敗。一九四四年美國勞工聯盟大力支持羅斯福總統，遂能使之當選第三次連任。中國之友諾蘭參議員，競選加州州長失敗，就是因爲得罪了該州的工會。

三、草擬法案——民主國家採行『以法爲治』的政治制度。所以議會所制定的法律，對人民及人民團體的權利與義務或利害有極爲重大的影響。但由於下列原因，議會每不能通過壓力團體所需要的法律：㈠英美採行地域代表制，議會中無壓力團體所選出的代表，對壓力團體的實際情形與需要不甚明瞭，且無直接的利害關係，那會自動的提出其所需求的法案。㈡因科學技術的高度發達，壓力團體所需要的法律，多涉及專門知識與技術。而地域代表則爲常人與通才，無此專識與技術，無能力擬訂這樣的法案。壓力團體爲補救這種缺失，乃適應自己的需要，以專門的知識與經驗，草擬有關的法案，並拜託或疏通友好的議員提出，且進而提供事實與資料，並運動其他議員支持，期能獲得通過。中國亦有這種事例。中國地方自治學會首在臺灣創辦地方自治函授學校，成績卓著，認爲函授教育對失學青年大有裨益，甚具提倡與推廣的價值，乃於民國六十四年擬具『函授學校法草案』以請願方式向立法院提出。

四、施展遊說——『遊說』一詞在英文為『拉賓』（Lobby）。其意乃是走廊、休息室或會客室。壓力團體的代表在這些地方向議員或官吏表達意願，進行商洽，提出要求謂之遊說。壓力團體多任用有專人負責，作此活動，爭取利益。這些『遊說者』有的曾任議員，有的曾任官吏，多數的人則為律師。遊說者進行遊說的對象，並不分黨派，只要能給與支持，都是朋友。這些人都是才智高強，學識廣博，經驗豐富，能言善道的人，而且手腕高明，頭腦靈活，對立法的議事規則，審議程序及有關法律規章亦甚熟悉，每能把握機會，善為運用，收到效果。他們亦常舉行宴會、酒會、舞會等結交議員與官吏，建立友誼以為臂助。他們更會適時的使自己的團體向有關機關、議員及官員寄發信件、電報、資料及宣傳品或通話，表達意願，求取支持。遊說是一種高度的政治藝術，運用之妙，存乎一心。駐在華盛頓的遊說人員多達一千人以上，有人視之為『隱形政府』（Invisible Government）。外國政府為爭取美國援助，亦多在華府派有遊說人員。據說，美國兩次參加世界大戰，就是相當的受了英國遊說活動的影響。戰國時代的縱橫家若蘇秦張儀等憑三寸之舌，干相位，顯聲名，可算是最成功的『遊說者』。孔子高弟端木子貢以一使之出，善言之說，竟能：『存魯、亂齊、破吳、強晉而霸越，…十年之中，五國各有變』。若子貢者誠傑出的成功『遊說者』，雖張儀蘇秦亦不及之。

我國的利益團體，組織欠堅強，資金欠雄厚，遊說活動遠不及美國。但遇到利害關頭，亦常向立法院或行政機關施行壓力與遊說。其方式不外提出請願案及拜託有關立法委員或官吏予以支持。郵寄信件、文書、資料、宣傳品及舉行宴會亦是常用的方法。至於有無銀彈攻勢或行賄情事，那就非局外人所得而知了。民國五十五年第三十八期討論『減低黃豆進口稅率案』時，臺灣植物油公會，以與營業利潤關係甚大，乃

不惜耗費金錢，運動有關的立法委員，竟至該會的總幹事與三位立法委員因行賄受賄受到刑事處分。民國五十六年第三十九會期，審議『醫師法』，旨在防止不合格的密醫執業，以保障國民健康；但退除役的軍事醫務人員，以行醫有年，乃向立法院一再請願施壓，要求從寬規定醫師資格，期以維持其生活。而合格醫師組織的中國醫師公會亦展開向立法院的請願及施壓活動，要求從嚴規定醫師資格以重民命。在立法委員中雙方皆有支持者，以致爭辯激烈，曠日持久，才使此法獲得通過。施行日期授權行政院定之。此法一直拖到六十四年九月始付之施行。民國五十九年第四十五會期審議『藥物藥商管理法』，旨在取締偽藥、劣藥及加強對藥商的管理，於是藥劑師公會及藥商公會展開向立法院的活動，提出多次請願案，要求管理，勿失之苛嚴，期以維持其現狀。

　　五、提出請願——現代民主國家的憲法率皆保障人民有『請願權』(Right of Petition)。這是人民為維護自己的權益或對公共事務提供意見，要求議會或行政機關採取行動的一種政治權利。惟為保障司法審判的獨立，不受外界的干擾，人民不得向司法機關請願。壓力團體為維護及增進自己的利益，常使用請願權，以為施行壓力的活動方式之一。請願可以以文書行之，亦可以以口頭行之；可以用個人名義，亦可以用團體名義。遊說僅是非正式社會性活動，請願則是正式的法律程序。議會與政府對遊說可置之不理，對請願則須予以處理。美國的壓力團體固然慣用請願權施行壓力；我國國民及人民團體亦常行使請願權，表達意願，提出要求。立法院自三十七年五月第一會期至六十四年九月第五十六會期，共計收到的請願案在一萬件以上，其中有個人的，亦有團體的；惟請願事項絕大多數皆不屬立法院職權範圍，其經審查成為議案者僅約百分之一。

　　六、展示遊行——壓力團體如運用遊說、宣傳、請願等方法尚不能

滿足或達不到目的時，如認爲有必要，可約集衆人，舉行集會發表演說和宣言，表達意見，提出要求；會後亦常進行遊行，沿途喊出要求口號，貼粘標語，散發傳單，以示決心與力量，催促議會與政府的注意與重視。這種行動表示到了『攤牌』或『決裂』的邊緣，議會和政府爲避免事態擴大，趨於嚴重，每因此而相當的援納其要求。惟集會與遊行均不得妨害社會秩序與治安，不得携帶武器，更不得使用暴力有越軌行動；警察並得隨時予以監視，藉以維持公共安全與社會秩序。

七、發動罷工——在民主國家，人民享有集會結社的自由權利。工人爲加強團結，集中力量，各業工人乃依職業種類分別組織工會，期以聯合行動，爭取利益。工會先後爭取到選舉代表參加工廠行政會議的權利，以集體談判僱傭條件權，最後復爭取到合法罷工權。工會爲增加工資，改善工作環境及僱傭條件，每以罷工爲達到要求目的最後武器。民主國家內，工人罷工的事件，常屢見不鮮。廠方及政府每被迫不得不向罷工工人低頭，而相當的援受其所提出的要求。因之，民主國家的工人以組織堅強，實力雄厚，罷工是有力有效的壓力活動，所以工資高，待遇優。罷工雖是合法權利，但亦不可濫用。資本主義經濟制度的初期，誠然有過廠主壓迫及剝削工人的不良不德現象；但時至今日，工人勢力大爲雄厚，聲威赫赫，廠主不敢加以壓迫了。至於工人亦不可恃勢逞強，反而壓迫廠方而作不當或過份的要求。

第四節　壓力團體的功能

壓力團體在現代民主國家，佔有極爲重要的地位，其施壓活動對民主政治及行政的運作，確具有重大的意義，發生不可忽視的影響。壓力團體在政治及行政上所產生的功能，計有下列三端❸：

❸ 張金鑑著動態政治學，民國六十六年，臺北市七友出版公司，第九章三五八——三六〇頁。

一、代議政治的强心劑——現代的民主政治亦曰代議政治，就是人民選舉代表組織議會，代表民意行使立法權力。但是議員皆有一定任期，在其任期內，很少有可能受到人民的罷免。因爲有任期的保障，議員每不肯積極的活躍的適應人民需要，代表民意制定法律。議員每以其私人的利益爲第一要務，對人民及公共的需要反置於次要地位。議員亦常受所屬政黨的牽制或干擾，以黨的意志爲意志，並未能眞正代表民意。在這種情形下，代議政治的民主程度便嫌不足，活躍力量亦嫌不夠。利益團體或壓力團體爲謀求利益，爭取地位與發展，對其自身所需要的法律和希望及對政府所採取的措施，既有切實瞭解與感受，亦肯積極努力去追求。於是他們便以聯合努力，集體奮鬬，採取各種方式向議會及政府施加壓力，提出要求，促請議會及政府制定其所需要的法律，推行其所期望的行政措施。這樣，議會和政府便不得不適應其要求與敦促而作適時的立法與行政。代議政治因受壓力團體的推動，有似注射强心劑，吸收了新血輪，而趨於活躍與强化。

二、官僚制度的袪病湯——在民主政治的初期，曾有官吏隨所屬政黨選舉勝敗爲進退的『分贓制』或『勝利品制』 (Spoils System)，以致形成人事的不安定，行政效率低減，政治風氣敗壞等毛病。爲消除分贓制下所產生的這些毛病，政治家和吏治改革運動者，乃努力謀求考試用人的『功績制』或『才能制』 (Merit System) 的建立。英國於一八五五年，美國於一八八三年先後設立『文官委員會』 (Civil Service Commission) 採行考試用人的功績制，以公開競爭方法，採客觀的才能測驗方法，選拔人才，凡經考試及格合法任用後，官吏地位卽獲得保障，非因違法失職不得免職。但是任何制度都是利害參見的，有利亦有弊。功績制的文官制度雖消除了人事不安定的毛病，並杜絕了政黨干擾國家用人的流弊；然而這有保障的永業化的文官制度卻產生了官僚化的

不良現象：㈠作事因循敷衍，暮氣頹唐。㈡安於現狀，不求改革與進步，行政習慣趨於硬化。㈢奉命行事，缺少自動自發的服務精神。㈣手續繁複，迂迴曲折，牽延時日，貽誤事機。㈤官氣十足，傲慢自是，民主風度不足，愛民、親民、便民的修養不夠。壓力團體爲謀求利益，常採取行動向政府及官吏施行壓力，敦促之，策勵之，甚而迫使之，使之必須有所作爲。官吏們欲苟安偸懶，因循敷衍，不可得矣。民主國家雖然以民爲本，人民是國家的主權者，但散渙的人民個人是無力量的，不足畏的；因之，那些掌權的官吏們，便敢傲慢不恭的，官氣十足的對付其主人，甚而欺侮壓迫之。利益團體或壓力團體的構成員乃是團體人，有組織的人。組織就是力量，團體就是權勢。因之，官吏便不敢開罪於這有團體爲後援的個人了。壓力團體的活動既足以使民主政治活化，使代議政治強化，復可袪治官僚制度所產生的不少缺失。壓力團體的民治功能，實有足多者。

三、動態政治的推進機——政治可分爲兩種：一曰靜態政治，指政治權力的結構及其間的權責關係。二曰動態政治，指政治權力者發揮其功能時所採取的行爲及由此行爲所產生的相互影響，激盪、交流、整合等現象。國家和政府乃是由權力主體所構成的政治組織或政治系統。任何組織必須具有其目的和功能。因爲效用決定存在，無目的無功能的組織或系統便失卻其存在的價值。國家和政府爲達成其目的，完成其功能，自必採取有意義有效用的行動。行動發動者乃是政治權力的主體。人民、政府、國家、官吏、政黨及利益團體等都是政治權力的主體，亦是動態政治的發動機和淵泉。

在這些政治權力的主體中，以利益團體的施壓活動對動態政治的推進，實具有其重要性。因爲人民是政治權力的淵泉，政府及官吏的權力建築在人民的同意上。所以政府和官吏的活動，在性質上是被動的。其

行動的由來，實基於人民的委託或授權、要求和推動。政府和官吏推行
職務，發揮功能，須以法律為依據。法律則是民意之所在，亦即民意的
表現。所以說，民主政治就是民意政治。政黨雖是動態政治的動力，
但其活動目標，多以爭取選舉勝利為主旨，影響所及難期普遍和長久。
人民以個人資格，對動態政治所發生的動力，祇能表現於定期投票的行
為。人民要想在動態政治中發揮較大的力量與影響，就必須糾合利益相
同的衆人，組織利益團體。人民有了組織就有力量，乃能以團體的力
量，聯合的行動向議會、政府、官吏施展壓力。他們受到這種壓力，就
會採取必要的行動與措施以為適應。壓力團體的施壓活動，猶如投石於
政治的河海中，必然擊起浪濤與波瀾，相互冲擊，交相推移，政海活動
不息，民利便得以增進無窮。動態政治所以能運行不息，進展不已，實
有賴於壓力團體的不斷施壓與推進。

第五節　多元行政的理論檢討

　　傳統的民主政治是『一元統治』或『多數統治』(Majority Rule)，
卽是說，政府只要有多數人民或共同民意的支持，政令便可推行無阻。
但事實上所謂『多數』或『民意』，僅是一個空洞的觀念，很難把握其
實體。而多數的壓力團體卻是實在的存在和具體現象與力量；政府對之
必須作有效的肆應，政令推行方能成功。因之，一元統治成虛幻，多數
行政是實際。茲將多元行政的含義及其理論，申述於次：

　　一、對抗一元統治——多元行政的理論基礎，實淵源於國家多元論
者的思想。法儒布丹（Jean Bodin）於一五七六年著『共和六論』一
書，倡絕對主權論，認為主權是國家的最高意志，具有永久性、獨佔
性、不可讓性、絕對性、不可分性，不受任何限制，無人可以反抗之。
這種絕對主權論是國家一元論者的立論的根據，且因之而造成專制君主

制度的產生。 近世的政治學者不少人否認這種絕對主權論及國家一元論。林德賽（A. D. Lindasay）曾說：『國家祇不過是許多社團或組織中的一個，各種團體或組織都具有自己的集體意志和人格』；『國家的意志和人格和這些團體或組織的意志與人格處於一樣的平等地位』❹。這是國家多元論的基本觀念。由此理論加以延伸，則產生多元統治論，由多元統治卽產生多元行政。英國『基爾特社會主義』（Gnild Socialism）著浩布生(S. G. Hobson)、柯爾（G. O. H. Cole）、林德賽等認爲國內各行各業組織的基爾特 （Guild） 卽行會， 應有政治的控制權，並應選舉代表組織經濟國會，負責制定經濟立法。法國工團 (Syndicates) 社會主義者蘇爾（G Sorel），巴玆（E. Berth）等主張由各種工會、行會選舉代表參加國會制定法律。

他們以爲在國家成立前，卽有村落、市鎮、敎會、行會等組織的存在，而享有管理自己的特權。就是在國家成立後，這些組織仍分享有國家的統治權。卽在中古世紀，基爾特、敎會、封君、諸侯、大地主亦都分享國家統治權力。國王並不是國家統治權的獨佔者或專有者。在廣大的整個社會中，國家只是許多組織的一種與其他團體或組織處於平等地位，乃是兄弟輩，並非高高在上的父親。國家與其他組織並行不悖，共存無害。國家和政府的地位，僅是這些團體或組織的意見溝通者，利益調和者，衝突的協調者，乃是居間人，並非司令官。

國家多元論的政治思想，經應用於社會學的研究上，而有『多元社會』的學說。由於科學技術的高度發展，『專家權力』取得與『政治權力』抗衡的地位，甚而凌駕而上之。例如國防部長要建設威力驚人的軍事裝備，就不能不俯首聽從原子彈專家飛彈系統專家的意見與設計。由於生產力劇增，財富增加，而財富且有集中於少數人手中的現象，致『

---

❹ 張金鑑著政治學概論，民國六十五年，臺北三民書局，第四章第六〇頁。

財閥』權勢，咄咄逼人，政府及行政首長常不能不向財閥、財團或金融鉅子低頭。〔由於產業發達及其專業化與分工，職業組織及利益團體的組織日強，力量日大，已到了可以左右政治與行政的程度。例如美國的勞工部長，若得不到美國全國勞工聯盟的支持與諒解，可能被迫掛冠而去。美國商業部長，若得不到美國全國總商會的合作，休想安穩保持其官位，或順利的推行其政令。

所以丹尼爾(J. Dunner)說：『在高度科學化技術化的社會中，由於經濟組織及社會結構的變遷，就產生所謂多元主義的社會。其顯著的特徵和現象，就是：這社會所作的各種『作決』(Decision Making)過程，必須經由許多不同的，專業化的，政治的，社會的，經濟的，文化的，宗教的機關與團體相互影響，相互制衡，彼此相助，方能實現和成功。多元社會在相互依存，彼此制衡，交相競進的情形下，經由妥協、溝通、協調、整合，而謀求實現多方面的利益、生存和發展』❺。依此言之，行政決定與措施自必須與各種利益團體有多方的接觸、溝通和肆應，取得協議，方能成功。若祇應付所謂『一般公衆』(General Public)是不能濟事的。行政多元化，實科學技術化的社會中，事有必至，理有固然的自然現象。

在多元社會中就產生多元性的政治參與；因之，多元性的民主行政自然隨之而起。這是一種政治和行政決策及整合進行程序或系統。在這程序和系統中，各種合法組織和利益團體，都有適當的機會與權利去表達其意見與期望，並能得到實現或滿足，至少是部份的實現與滿足。美國的政治學者達爾（Robert A. Dale）和林柏魯（Charles E. Lindblom)於一九六三年著『政治、經濟與福利』(Politics Economics and

❺　Joseph Dunner 主編『*Dictionary of Political Science*』，1976, 見 Multiple Society 條。

Welfare) 一書，向美國的傳統民主政治思想，提出挑戰，而提出多元性民主新觀念。他們指出，美國傳統的民主主義者以爲美國所以能維持其和平、統一、安定、繁榮，因爲在政治制度上採行了『多數統治』的原則，用和平投票方法取得『多數意見』，少數服從多數。這『多數意見』就代表着『全體同意』。在全體同意的統治下，人人滿意，各得其所，所以能獲致長治久安。

他們認爲這種說法和見解，在理論上並不合乎邏輯；因爲意見相加之和，仍爲混合物，並未融化成爲一個『全體同意』。而且多數統治與全體同意，在實際上不但有許多困難，而且幾乎是不可能的。他們認爲美國百餘年所以未發生內戰，而保持富強、康樂、繁榮和幸福的原因，不是由於採行『多數統治』（卽一元統治），而是靠社會中多元權力中心的政治參與和相互制衡。在多元社會中，政府並非唯一的權力中心，另有許多權力中心，星羅棋佈的環立並存；任何一個權力中心都不能獨佔或壟斷國家主權。所以多數的表決，亦不能代表國家的絕對主權。在多元主義下，就是多數人民亦不是絕對的主權者。美國因賴有多數權力中心的相互制衡，權力不致流於濫用，任何一個權力中心都不能專斷獨裁，諸多衝突與爭議乃能以和平方法解決之。多數意見固然受到尊重，少數意見亦不會橫遭壓迫。傳統民主主義者，只知在憲法上謀求分權與制衡；而多元民主主義者，則在謀求社會中多元權力中心的分權與制衡。由此觀之，政府對這許多的『權力中心』（政府以外的各種組織與團體）必須去作切實的接觸、商洽、溝通與協調，謀求利益整合而爲政治決策與行政安排。這就是多元政治和多元行政。

二、所謂多數民意——英儒洛克（John Locke）於一六九〇年著『政府論』（Two Treaties of Government），法儒盧梭（Jean-Jacques Rousseau）於一七六二年著『民約論』（Social Contract）

首倡『主權在民』的民主政治思想，認爲『治者的權力建築在被治者的同意上』；政府施政須以民意爲依歸。所謂『民意』，應該是衆意僉同的『全民意志』或『全體一致』的意見；亦卽盧梭所說的『人民總意』(General Will)。但國家的人民，數量衆多；國家的領土，幅員廣大；全體一致的『人民總意』，很難求得。且若採『全體一致』的民意以爲治理，則一人之意可以否決萬人之意，豈不成爲『個人獨裁』麼？不得已民主政治只得採『多數統治』(Majority Rule) 的一途。只要多數人民的同意或贊成，便可作爲施政的依據。在少數服從多數，多數尊重少數的準則下，以推行民主政治。

依傳統民主主義者的解釋，民意就是指社會大衆、國家人民或所謂的『一般公衆』(General Public) 對公共問題經由理智的思考、研討和判斷所獲得的共同意見或行爲態度。這些的社會大衆或人羣，生活在同一社會中，有共同的利害關係，或爲社區 (Community) 或爲社團 (Association) 具有共同的人格，並可以對公共問題或政策，表示集體的意志。而且這種意志或態度，乃是大衆經理智思考的結果；由正確的判斷，所作成的合理抉擇。這種傳統的理性的民意解釋，固然言之成理，但是不免失之理想化，甚而流於幻想。這只是民意應該是如此的，但事實上並非是如此的。『應然』(What it should be) 和『實然』(What it's) 則是大有距離的。

因之，理性化的民意解釋，引起不少學者的批評與懷疑。美國哈佛大學名校長羅偉耳 (A. L. Lowell) 著『戰時與平時輿論』(Public Opinion in War and Peace) 一書，旣不贊成所謂『公共』(Public) 一詞，因爲這是不固定的人羣；亦不承認所謂一致『意見』(Opinion)，因爲少數服從多數，只是『服從習慣』所促成，並非他們贊成多數意見。美國名政論家李普曼 (Walter Lippman) 在所著『公共意見』(

Public Opinion) 一書中，指出所謂民意乃是『社會刻版式』（Steroe-types）， 卽社會傳襲的翻印。

　　民意不但不是經公衆理智思考的共同意見，且常被野心家和無恥政客所利用，而美其名曰『人民的呼聲』或『人民的眞知』，藉以達到其個人的目的或滿足其私慾。英儒蒲萊士（James Bryce）在所著『現代民主政治制度』（Modern Democrancies）及『美國共和國』（American Common-Wealth)兩書中， 指出許多人都把黨棍子、無恥政客、野心政治家、政治掮客等人竟和美國的選民混爲一談。把這些的政治秕子或敗類的言詞， 竟視之爲民意。民意實際上是經有作用者所製造的產品； 並非一般人經思考而自發的意見。在共產主義及法西斯主義的極權國家，人民只是獨裁者的應聲蟲和傳聲筒，所謂千萬人的意見，只是一人的意見；所謂千萬人之呼聲，只是一人之呼聲。民意何在哉？多數民意更何從而求得之。

　　由於現代社會結構的錯綜繁雜，科學技術的高度發達及人類避難趨易的心理趨向， 各人日常所獲得的資料與報導多是間接的， 並非直接的。由報章、雜誌、廣播、電視、電影所得到的最多，影響最大。這些東西是經過製造的， 並非赤裸裸的眞相，或者是道聽塗說，或者是故意宣傳，或者是憑空虛構，或者是別有用心，或者造謠生事，和事實相去甚遠，把人引到迷魂宮或奇異幻境中。人民在這幻妄的迷宮中所表現的意見， 無異是痴人說夢或醉漢狂言。

　　今且抛開民意的實質不談，卽就多數意見或多數統治的民主政治的實施言，亦是一種誤解和幻覺，並非事實眞相。英美兩國是民主政治的先進國家，亦是良好民主政治制度的典型代表；但在政治的實際上， 並未作到以多數選民意見爲依歸的多數統治。就英國近六十年來大選情形觀之，掌握實際統治大權的執政黨，在選舉中所得選民票數，只有一次

達到投票率的百分之五三・六；　其他各次均未超過投票率的百分之五
〇；若將未投票選民的人數加入，其所代表的選民比率就更少了，那能
算是代表多數民意或說是多數統治？

　　英國自一九二二年至一九七四年各次大選各黨得票統計如下表❻：

議　　員　　　席　　　數				
年別	下院議員總數	保守黨席數	工黨席數	自由黨席數	其　他　席
1922	615	346	142	115	12
1923	615	258	159	159	7
1929	615	260	288	59	8
1931	615	521	52	37	5
1935	615	431	154	21	9
1945	640	212	394	12	22
1950	625	298	315	9	3
1951	625	321	295	6	3
1955	630	345	277	6	2
1959	630	365	258	6	1
1964	630	304	317	9	0
1966	630	252	364	12	
1970	630	330	287	6	7
1974 二月	635	296	301	14	24
1974 十月	635	276	319	40	40

---

❻　華力進著政治學，民國六十六年，中華出版社（上），第五五至五六頁。

各 黨 所 得 選 票 所 佔 百 分 比 率				
保 守 黨	工　黨	自 由 黨	其　他	執 政 黨
38.1	29.5	29.1	3.2	保守黨
38.1	30.5	29.6	1.8	保守黨
38.2	37.0	23.4	1.4	工　黨
	30.7		2.2	保守黨
53.6	37.8	6.6	2.0	保守黨
39.8	47.8	9.0	3.4	工　黨
43.5	46.1	9.1	2.3	工　黨
48.0	48.8	2.6	0.6	保守黨
49.7	46.4	2.7	1.2	保守黨
49.3	43.9	5.9	0.9	保守黨
43.3	44.3			工　黨
41.9	47.9	8.5	1.7	工　黨
46.4	43.0	7.5	3.1	保守黨
38.2	37.2	9.3	5.1	工　黨
35.9	39.3	2	4.8	工　黨

　　美國國會衆議院和參議院的議員皆由選舉產生，理論上都是代表民意行使政權，所有法律須經兩院通過，一院否決，卽不能成爲法律。參議院議員每州各選兩名，五十州共選一百名。如果有五十名參議員反對，法律就無法通過。但美國各州的人口多寡懸殊，若依人口數量計算，有二十五個人口少的州人口相加之和，不到美國人口總數的百分之十五。但他們卻能選出五十名參議員。這代表不到總人口百分之十五的參議員就可以阻止他們所反對的法案的通過。這不能說是代表多數民意的

多數統治。其他國家亦有類似的情形。

　　美國總統依憲法規定，係採間接選舉制，由選民投票選舉總統選舉人，再由這些選舉人選舉總統。因之，當選的總統雖得到選舉人的多數支持，但選舉人所代表的選民可能反而是少數。所謂『少數總統』，在美國則不乏其例。因為他若在紐約州比他黨候選人多得一張選民選票，就多贏得近五十張的選舉人票。卽使把總統改爲選民直接選舉，當選的總統亦多難得到選民過半數票。『少數總統』出現的機會是很多的。假定選民共計一千萬人，普通投票率僅百分之七十左右，卽七百萬張選票，總統候選人至少有兩名或三名，則獲得三百六十萬張票卽當選。這位總統僅有百分之三十六的選民支持。能說不是『少數總統』麼？在多黨政治的國家，執政的元首或內閣總理所獲選民支持的百分比率則更低小。一九六八年美國大選，尼克森雖然當選，但依民意測驗，絕大多數的選民，並不眞正喜歡他。而是因爲選民更不喜歡另外二位候選人韓福瑞和華萊士。選民受政黨提名限制，不能投票給他們眞正喜歡的人。可是，若取消政黨提名制，則競選的候選人人數更多，而當選總統所得的票數必更少，可能得選票百分之十者，亦能勝利。

　　由前述事理觀之，先進民主國家的政治體系，雖號稱是代表『多數民意』的『多數統治』；但在實際的政治運作上，政府所得到的支持，僅是『少數民意』；其治理特性，則是『少數統治』。就此以言之，政權的基礎實欠鞏固博大；支持的力量亦欠雄厚堅強，而何以能夠維持長治久安及團結與和平呢？這是因爲他們在『少數統治』的同時，更採行『多元統治』和『多元行政』。

　　政府所代表的不是多數民意，所以不能成爲獨佔的絕對權力中心，自必小心翼翼，不敢獨斷專行，成爲權力的獨佔者或壟斷者。同時和這政府權力中心環立並峙者尙有不少強大的利益團體或壓力團體亦成爲若

干的權力中心，政府乃採多元統治和多元行政的措施，與之取得妥協、合作及平衡，在利益整合與協調的情形下維持社會的安定、團結、和平、統一及繁榮。

美國全國總商會 (National Chamber of Commerce of the United States) 的會員包括四百多種性質不同的同業公會及三百多個地方性的商會。美國全國製造業聯合會 (National Association of manufactures) 是由一萬六千種大小不同的製造行業所組織成功的。美國勞工聯盟 (American Federation of Labor) 擁有一百多種勞工團體爲其構成份子，會員人數在一千萬人以上。美國工業組織聯合會 (Congress of Industrial organizations) 係由鋼鐵、汽車、橡膠、紡織、電氣等工業的勞工所組成，現擁有會員七百餘萬人。美國的農民組織，計有三大團體：一是美國農會聯盟 (American Farm Bureau Federation)；二曰全國農業事務會 (National Grange)；三曰農民協會 (Farmers Union)。美國的利益團體數以千計，不勝枚舉。即就所舉列的這些團體言之，都是會員衆多，組織嚴密，資財雄厚，力量強大，常向國會及政府施行壓力，維護及爭取其利益。當局無論制定法律，決定政策或採行行政措施，必須與有關的利益團體有所商洽、溝通、協調，取得其支持或諒解，方能成功。否則，可能遭受到抗拒，以致滯碍難行。美國有不少法律就是在壓力團體的敦促下制定的。一八九〇年的『先門反托辣斯法』(Sherman Anti-Trust Law)，一九三三年的『國家工業復興法』(National Industrial Recovery Act)，一九三五年的『勞工關係法』(Wagner Labor Relations Act) 及一九三五年的『社會安全法』(Social Security Act) 都是在壓力團體的施壓下通過的。因爲美國採行了『多元統治』與『多元行政』以適應『多元社會』的需要，使各方利益得到協調與整合，各個『權力中心』的權力趨於均

衡，遂能維持國家的長治久安。

三、認識兩段溝通──行政機關爲要解決問題，推行業務，常作大衆化的意見溝通，以爲報導與解釋，期以獲得人民的支持與接受。所謂大衆化的溝通，就是利用大衆傳播工具如報章、雜誌、廣播、電影、電視，以文字、言語、符號、圖畫等向人民傳達意見、報導事實，供給資料與訊息，使之明瞭事實，接受意見，聆聽理由，期以博致共鳴與同情。大衆化溝通的優點是範圍廣大，影響所及至爲普遍，無遠弗屆，無孔不入。對全國性的政務、政策及計劃的推行，宜採用這種方法。但是大衆化的溝通亦有缺點。因爲這種溝通乃是間接性的，接受人與溝通的發動者，並無直接的接觸與交談，祇能讀其文，聞其聲，觀其圖影，而不能見其人，所以影響不夠深刻，關係不夠親切，溝通程度不免失之膚淺。溝通愈直接，收效愈切實。競選者的廣播喊話及印發傳單，決比不上到家訪問的效力宏大。

除大衆化的溝通外，另有面對面的溝通方式。這種溝通是溝通者與接納者作直接的接觸與交談。這種溝通所及的人員範圍雖小，但所發生的效力則較爲深切。每人都有所屬的『基本團體』(Primary Group)，如家庭、學校、兄弟會、職業團體、利益團體、宗敎聚會等。基本團體的成員間，常有直接交往與接觸和交談。同伴間的言行在意見溝通與形成上具有很大的影響力，甚而是決定性的因素。這種直接的交往與交談，就是面對面的意見溝通。父兄的言行、思想及態度，足以決定其子弟的行爲與意見。師長、同學的言論、思想、態度、行爲對學生的意見亦具有很大影響力。在宗敎聚會中，神父、牧師、敎友亦會直接影響到與會的敎徒。至於利益團體的領導人及較爲親近會友的言談、議論、主張，大足以左右其成員的思想、行爲與態度。

社會心理學家李文 (Kurt Lewin) 對基本團體成員間意見形成的

相互影響，曾作過專門的研究和實驗。他在所著『團體決定與社會變遷』 (Group Decision and Social Change) 一文中，依其研究所得提出以下的結論和原則❼：㈠基本團體的構成員都須遵守團體中許多不同的規範與拘束，期以維持同伴間意見的一致。㈡一個成員要像其同伴一樣，讀相同的報紙及看相同的電視節目，守相同的生活規則，對問題的意見亦要與同伴相類似。㈢每個成員都怕同伴視之爲『頑固份子』、『奇特份子』或『問題人物』，能從衆隨俗者，便有『好人緣』，旣安全，又方便。㈣一個成員若表示與其同伴相反的意見時，其中就會有人起而糾正之。他若堅持已見，其代價可能就是受衆排斥或與團體關係的結束。

社會學家貝爾生 (Bernard Berelson)、拉若斯飛 (Paul Lazars-feld) 及甘德爾 (Hazel Gander) 曾就一九四〇年美國總統選舉中政治溝通影響投票行爲的功能作抽樣調查。調查結果最大的發現，就是所謂意見的『兩段溝通』。大衆化的傳播溝通將訊息傳遞於基本團體的領導人物，卽意見領袖。那些意見領袖再在團體中以面對面的溝通，將所得訊息加以轉化或解釋傳遞於基本團體的構成員。這種面對面的溝通，卻對投票行爲有直接而重大的影響。在這調查報告中顯示：大多數選民的投票行爲係受其所屬基本團體的權威人物或意見領袖所傳遞的訊息或發表的意見、言論所左右；而非大衆傳播的訊息、意見與言論的直接影響。由此可見，大衆化傳播的訊息、資料、意見、言論要透過團體的權威人物或意見領袖，以爲『兩段溝通』居中媒介，始對其團體構成員的意見形成及投票行爲發生重大影響。

---

❼ Kurt Lewin, "Group Decision and Social Change" 載 E. E. Maccoby & E. L. Hartley 所編 *"Readings in Social Psychology"* Rinehart Co. N.Y. 1958, pp.197-211。

　　由前述的事理以觀之。人民或選民率皆有其所隸屬的基本團體。這些基本團體中，最有力量、人數衆多及組織嚴密者就是工業性、商業性、勞工性及農業性的利益團體或壓力團體。這些團體各具有其自覺的團體意識，不易爲外力輕易打破。這些團體的構成員率以其領導人物的意志爲意志，大衆傳播的力量頗難草斷其關係。在這種情形下，政府及官吏所作以『一般公衆』爲對象的大衆傳播溝通，很難打破其防禦圈或離間其領袖與成員間的信賴關係。因之，以『一般公衆』爲對象的『一元統治』，便會陷於『捉襟見肘』及『力不從心』的艱困境地。爲要從這困境中跳出而進入政治的康莊及行政的大道，政府及官吏必須對利益團體或壓力團體領導人物，以及團體的構成員作面對面的直接溝通、交涉、談判、協商，謀求問題的具體解決及政務的順利推行。這種運用方式與活動，就是『多元行政』。

　　四、整合分離利益——壓力團體的施壓活動，確具有不少的功能，如救濟『一元統治』及『區域代表制』的缺失；加強民主政治的活力，祛減行政制度官僚化的流弊；都是其優點。但是壓力團體的活動，同時亦有以下的缺點：㈠壓力團體皆抱自私自利的本位主義，知有己而不知有人，知偏而不知全，各是其是，皆以爭取自身利益爲急務，每致引起團體間職業間的衝突與糾紛。㈡團體對峙，職業隔離，經濟競爭，勞資對立，銳化階級觀念，加強經濟衝突，職業糾紛，利益分離日甚，國民間的離心力及本位思想益趨發達，大足危害國民的團結及國家的統一。㈢國家和民族乃是一個整體的高級政治系統。其構成部份的諸多次級系統，如家庭、學校、社團、社區等，都具有相互依存和不可分離的密切關係。共存共榮，互依互賴，合則俱蒙其利，分則均受其害。壓力團體只知以自己的利益爲本位，知分而不知合，重部份而輕整體，入迷途而不知返，實爲重大的錯誤。

『多元行政』的目的決不是遷就分離利益任其分離；決不是承認團體意識讓其分立；而是使分離利益獲得整合；使分立意識歸於統一。整合就是將分離的衝突的利益，用一共同尺度加以衡量，而置之於均衡的支點上或重點上，使之趨於平穩，不偏倚，不傾覆。統一就是將分立的團體意識歸屬於對國家效忠，對政府依附的廣大認同基礎上。『多元行政』如何使分離利益得到整合，計有下列兩大途徑：

1.部份利益與整體利益的協一——現代已不再是以力量為基礎，以統治為目的警察國家；而是以知能為憑藉，以服務為功能的保育國家。政府地位不再是消極的『守夜更夫』（Night-Watch Man），而是積極的『社會服務機關』（Social Service Agency）。行政的性質不再是掌刑罰、司稅歛、維治安的被動行為；而是為人民謀利益，為社會造幸福的主動活動。現代民有、民治、民享的國家，為人民服務，為人民興利的政府，其唯一的使命與功能就在於謀求『全民利益』。所謂『全民利益』的內容，包括三大部門：一是以國家民族為主體的『國家利益』或『整體利益』；二是以國家主人或國家構成員為對象的『個人利益』或『個別利益』；三是以人羣組織或利益團體為背景的『團體利益』或『集體利益』。維護這三種利益的人們，各有其理論與立場，常有衝突與矛盾。『多元行政』的目的就在使這三種利益得到協調與統一。

丹丁（Dante Alighieri）著『君主論』（De Monarchie）、布丹（Jean Bodin）著『共和六論』（De Republica Libri Sex）、馬克維里（N. Machiavelli）著『霸主論』（The Prince）、浩布士（Thomas Hobbes）著『巨靈論』(Leviathan)，都是『整體利益』的擁護者，主張國家至上，民族至上，主權最高，君主神聖，要人民犧牲小我，成全大我，國家是目的，人民是手段，結果造成『君權神授』、『朕卽國家』、『天子聖明，惟天惟討』、『君敎臣死，臣不敢不死』的

專制君主政制。現代的法西斯主義者德意志的希特勒，義大利的墨索里尼，和共產主義者的馬克斯、列寧、史達林亦都要求人民犧牲個人自由與利益而屈從於整體的國家利益或階級利益之下，而產生獨裁魔王。

個人主義者或民主主義者的英人洛克 (John Locke) 著『政府論』(Two Treaties of Government)、彌勒 (John S. Mill) 著『自由論』(On Liberty)，法人盧梭 (J.J. Rousseau) 著『民約論』(Social Contract)，美人潘恩 (Thomas Paine) 著『公意論』(Common Sense)，都認爲『天賦人權，一律平等』，平等、自由、生命，財產爲人民的自然權利不可剝奪。人民是目的，國家和政府是手段。政府的功能在保障民權。『政府最好，管理最少』(Government best, Government Least)。國家放手，讓人民自由，卽放任主義。畏懼政府權力強大。他們都特別強調『個人利益』。其流弊所及，致使政府無能無力，難以承擔爲人民謀利，爲社會造福最大功能。

國家多元論者的法人狄驥 (L. Duguit)、英人拉斯基 (H. J. Laski)、浩布生 (S.G. Hobson)、柯爾 (G. H. Cole) 等認爲所謂國家的人格與意志，僅是一種虛構或幻想，只有自然人才是眞實的。人的互依互賴性形成社會。國家的地位不是至高無上的。國家的行動，必須受社會道德及需要的限制。尤其非政治性社會組織，卽利益團體所代表的利益，更爲切實。他們主張由工團及基爾特選舉代表成立經濟國會，藉以保障人民團體、職業團體的利益。他們強調團體利益比國家利益更爲重要，更爲眞實。

這三派的立論，雖各持之有故，言之成理；但皆各有所偏蔽，知其一不知其二。國家主義者應知整體利益係以個別利益和團體利益爲內容，爲基礎，若祗注重前者忽略後者，整體利益便流於空虛，莫由存在。個人主義者應知個別利益須透過整體利益方能實現，因部份不能脫離整

體。國家多元論者所主張的團體利益誠然重要，但應知團體林立，利益衝突，不有綜合性的政府以爲協調，勢必形成分裂與混亂。

多元行政的主要功能便在於謀求這三種不同利益的協調與統一。這一目的的達成，應本『定分』與『持平』兩大原則以爲實際的處理與運用。首言『定分』，國家、個人與團體，各享其應享的權利，各盡其應盡的義務，各守其分，得安其所，不踰不越，己立人亦立，己達人亦達，共存共榮，競而不爭，義然後取。定分蓋所以息爭。次言『持平』，平者即『公道』或『正義』（Justice），亦即人同此心，心同此理的天理或良知。行政應本此客觀標準及價值規範，平衡各方利益，不偏不倚，至公至平，無歧視，無特權，人人平等，利益均霑。

2.利己行爲與理性行爲的配合——人的行爲動機要可分爲兩種。一是貪享受，縱慾樂的利己行爲，其人生觀是『正當的人生乃是快樂的人生』（Good life is a happy life）。二是守分際，重道德的理性行爲，其人生觀是『快樂的人生乃是正當的人生』（Happy life is a Good life）。利己所以滿足自私的慾望。慾猶火也，不戢必自焚。人人自私，必起衝突，衝突不止必歸於亂亡。故利己行爲應受一定約束。理性和道德只是解決民生問題，滿足人生需求的規則和手段，本身並非目的；因爲『衣食足而後知榮辱，倉廩實而後知禮義』。利己行爲和理性行爲各有所偏，各有流弊。『多元行政』的目的，端在設法使這兩種行爲得到適當的配合，使人人在合乎理性的情形下獲得利益，適合慾望。

這一目的的達成，就在於聽取多方意見，瞭解各方需求，經『多元行政』過程，謀求利益整合，依以制定法規或作成決定，促使人民遵行。在這種法規與決定下，人人各得其所應得，乃是利己行爲的目的；人人各守其應守的分際，乃是理性行爲的大經。如此，便能以使『利』、『理』相配合，『天』、『人』趨合一，由此而實現國家的整體

利益、人民的個別利益及團體的羣組利益；使民生順遂，社會安樂，國家興盛。

第六節　多元行政的實際運用

『多元行政』的實際運用，在於瞭解人民與團體的意願與需要，進行多方的意見溝通，獲致『利益整合』的決策與方案，並說服利害關係的人民與團體，使之欣慰接受，順利推行。這種任務達成的重要途徑，計有下列五種：

一、事態的宣釋——政府要順利推行政令，博得人民及利益團體的接受和支持，不僅要把有關的事實、資料及事態情勢，向之作詳明切實的報導和傳遞；更當進一步對此加以宣講和解釋，使之由深知而導致篤行，由信服而熱心擁護。由這些宣釋，使人民及利益團體瞭解政府所要推行的政令對其生活的改善，利益的增進，都是大有裨益的，因而引起其興趣與熱心，起而支持與實行。不怕人不行，只怕人不知。不知不能行，能知就能行。所謂『知難行易』。由眞知而生信仰，信仰就是力量。事態的宣釋，就是要人知，要人信，要人行。事態的宣釋，就是政府告訴人民及利益團體，已經作了些什麼，現在正要作什麼，有什麼，是什麼，可以得到什麼，應該起而作什麼，就能對自己有什麼好處，有什麼利益，有什麼幫助。

二、團體的諮詢——在多元行政的實際運用上，團體的諮詢是十分重要的方法和途徑。政府要想順利的推行政令及作成合理的決策和決定，必須與人民團體、職業團體、學術團體、社會團體（統稱利益團體）有經常的及有計劃的諮詢或協商。諮詢的方法和途徑，計有下列五種：㈠與各團體的負責人保持接觸，舉行會談，交換意見，俾能在相互瞭解的情形下解決問題。㈡邀約團體的代表或有影響力的人員舉行顧問

性的座談會或諮詢性的研討會，使其對有關問題與事務反映意見，俾能明瞭有關團體的意願，以爲決策或作決定的參考和依據。㈡在決定政策、擬訂計劃或解決問題之前，可邀約有關團體的代表提供資料，報告事實，藉以瞭解各團體的情況與觀點，使所決定能對症下藥，適合需要。㈣現代的行政是專家行政時代，公共政策的決定，公共事務的處理，應邀約有關專家聽取其專門的、科學的及技術性的意見，以爲決策及行政的參考和依據。㈤設置常設的諮詢委員會，由三方面的代表組成之。一是權力方面的代表，由政府的主管官員擔任之。二是利益方面的代表，由壓力團體的代表擔任之。三是知識方面的代表，由有關的學者專家擔任之。這是由長、濶、深三度空間結合的立體組織，能以作面面俱到的觀察及周全縝密的考慮。

　　三、人民的接觸——政府要博致人民的擁護、依附與服從，就要使官吏的行爲有良好表現，在處理公務的過程中，與人民的接觸往來，須正當合理、合情、合法，給予人民良好印象，建立信仰與信任；並須注意到以下各點：㈠廉介自持，一芥不取，一塵不染，清操亮節，表率羣倫。㈡奉公守法，循規蹈矩，不踰不越，恪守分際，盡忠職守。㈢勤勉治事，不怠不忽，審愼辦事，認眞服務，作到無錯無誤。㈣民主風度，氣量寬宏，態度和平，視人民爲主人，尊之敬之；待人民如顧客，彬彬有禮。㈤宣達政令，苦口婆心，不厭其詳，不憚其煩，務使人民欣然接受，釋然領悟。㈥人民如有質疑問難，須師保存心，忍耐解說，不厭不倦，如誨弟子。㈦人民如有意見陳述，要放開心胸，悉耳傾聽，見賢思齊，從善如流。官吏與人民在日常的來往接觸中，如能有這些良好的行爲表現，便是最有效的廣告和宣傳，不翼而飛，不脛而走，博得人民的信仰、信任與擁護，政通人和，百事可成。

　　四、報導的途徑——『多元行政』的推行，除前述的一些面對面的

溝通外，大衆化傳播工作，亦須同時採行；其對象旣可及於一般公衆，亦可傳之於利益團體的領袖人物及其構成員。其實施方法計有下列幾種：㈠發佈有關訊息、資料及事態新聞，使人民明瞭政治及行政實況。㈡經由大衆傳播工具，擧行記者招待會、時事座談會、專題討論會、學術研討會等，對公共行政問題交換意見，期能『思想會合』（Meeting Minds）。㈢放映有計劃拍攝的紀錄片及特別製作的電視劇及圖片等以爲宣達與報導。㈣發佈有系統有意義的統計數字、圖表以宣示行政實績及所要解決的困難問題，籲請大衆支持。㈤刊行施政報告、工作報告、施政計劃及專案、專題報導的書册，宣達政令政績，期以博致人民的信賴與擁護。㈥向有關團體及人民寄發信件及出版品，以爲報導與宣傳。㈦利用報章雜誌刊佈消息與論文。㈧利用電視廣播報告新聞，並作講演。

　　五、議會的改造——民主國家的各級議會議員，係依區域代表制選擧產生。這是農業經濟時代的產物。在高度工業化及科學技術非常發達的社會，已不能代表產業界及職業團體、經濟團體或利益團體的利益。議會已失去代表的眞實性。且區域性的代表率爲常人或通才，對日趨專門化、科學化、技術化的立法，每苦無專知專識，難以勝任。因之，這種議會應予改造。改造途徑，應使議會議員包括三類代表，各佔三分之一。一是區域代表，由行政地區選擧之。二是經濟代表，由職業團體及同業公會就會員選擧之。三是學者專家代表，由學術團體就會員選擧之。這種議會係由三種的不同靱帶和力量，作共同的整合，國家便可團結堅固，成爲統一的整體。區域代表是橫的靱帶，從民族及國家的立場，維持整體利益。經濟代表是縱的靱帶，從民生實際，人羣需要，充實社會內容及發展力量，使國力更趨充沛與活躍。學者專家的代表是凝聚性的靱帶，把分別的游離的因素和力量凝固起來，團結一致。

第九章　團體動態與行政組織

第一節　團體動態的概念

一、團體動態的研究——團體動態的研究，乃是二十世紀四十年代以來的一種新的學問（Learning）或學科（Discipline）。其主旨在研究小團體與成員間及成員與成員間互動的理論與法則；有時更及於團體與外界的互動。這一學問的研究發現，對行政學的研究亦有很大的幫助；可參考與可借用的地方亦不少。茲論述其基本觀念與主要內容如次：

1.研究方法——團體動態指工作員在團體工作的進程中因彼此影響所產生的互動狀態。其研究對象不是社會大衆，亦非人員衆多的龐大組織，而是所謂『小團體』（Small Group），亦曰『基本團體』（Elementary Group）或『工作單位』（Working Group）。其構成員普通不超過五十人。在工作上他們之間有『面對面』（Face-to-Face）和『直接的』（Direct）接觸與往來。團體動態學者所使用的研究方法，計有以下幾種：㈠實驗法——用人爲的或經由設計的控制，造成所要研究的環境，以觀察在此環境下所發生的互動動態。例如要考察意見溝通

情形，可設定專斷的領導方式、民主的領導方式及放任的領導方式，以研究在不同情勢下所發生的不同互動狀態。㈡觀察法──研究者參加工作團體，以客觀態度，作有計劃的觀察，就所得自然發生的互動現象，作詳確的記載及有系統的整理，以尋求互動的理論與法則。㈢調查法──就團體動態所要研究的事項或內容，編製調查表或問卷（Questionare）寄給受調查的人員，請就所問問題一一填答，或訪問有關人員就問卷中所列問題一一加以詢問，請其解答，將答案記入問卷或調查表內。就調查或訪問所蒐集得的資料加以整理分析求得互動的關係法則。㈣數量法──使用客觀而確實的方法大量蒐集有關工作團體工作人員間互動事實、資料、訊息，借用數學、統計學及『作業研究』（Operation Research）的知識與方法，以『電腦』（Computer）加以計算，求得團體動態的理論架構及運用模式。

　　2.基本觀點──研究團體動態的基本觀點，可從三方面或三個不同的角度加以檢討。一是心理行為動機的觀點。社會心理學家李文（Kurt Lewin）於一九四四年著『權威與挫敗』一書，首倡『團體動態』的理論❶。他指出工作人員在工作單位或小團體中，是經由互動關係，達到其所期欲的目的，藉以發展其個性與人性。這是環境主義和強烈的行為取向的聯合觀點。工作人員在追求其目的，滿足其慾望的進程中，運用其團體參與經驗，隨時改變其行為，以適應其人際關係及團體環境，而避免痛苦與失敗。二是社會系統分析的觀點。社會學家巴爾（Robert F. Bale）於一九五五年著『互動過程』一書，從社會系統的觀點，研究小團體中工作人員間的互動行為❷。他指出工作單位或小團體乃是一

❶　Kurt Lewin, *Authority and Frustration*, 1944, Iowa City, University of Iowa press.

❷　Robert F. Bale, *Interaction Process: A Method for Study of Small Group*, 1955, Mass., Addison-Wesley Co.,

種社會系統。這一系統乃是高級（大）系統的次級系統，同時又是其構成部份各次級系統的大系統。系統之間互依互存，共存共榮，成爲不可分離的整體。個人目標必須透過整體目標方能達成。此人的工作成就，必須靠他人的行爲配合，方能成功。三是功利實用或利益交換的觀點。何曼斯（George C. Homans）於一九五〇年著『人的團體』一書，於一九六一年著『社會行爲』一書，從非正式組織及小團體的活動中，研究工作人員間的互動行爲❸。他從功利主義的觀點，研究團體動態。人的行爲動機是在追求利益。個人都是社會人，故個人利益於社會利益中求得之。個人要求得到利益必須付出相當代價，或接受他人的交換條件。要享權利益，必須盡義務。這是『取』、『予』平衡的基本原則，互動行爲依此原則進行。

3.動態程度——施克德（William G. Scott）於一九六七年著『組織原理』一書，應用『社會測定學』（Sociometry）的方法，研究團體動態互動影響的程度深淺。他就動態程度的深淺，把團體分爲三個層次❹。一是中心層次，卽工作單位或小團體，工作人員間互動影響程度最爲深切。次爲邊緣層次（Fringe Status），卽鄰接小團體的組織；與基本工作單位的人員偶而與極少數的人發生互動影響，程度亦較淺。再次則爲外圍團體（Out Status），卽連接邊緣團體的外部組織，與小團體的人員幾乎不發生任何互動影響。

施克德使用五個『變數』（Variable）以爲測量動態程度的『指標』（Indicater）。㈠自然性——動態現象愈是自然而然的、自動自

---

❸ George C. Homans, *The Human Group*, 1950, N. Y. Harcourt, George C. Homans, *Social Behavior, Its Elementary Forms*, 1961, N. Y. Harcourt.

❹ William O. Scott, *Organization Theory*, 1967, Homewood, Ill., Irwin Inc., p.93.

發的互動影響的程度便愈深切。㈡同情心——小團體中的人員，彼此間互相的關切感及同情心愈厚者，互動影響程度便愈大。㈢拘束力——小團體中存在有共同的行為標準，共資遵守。這是行為上的壓力或拘束力。拘束力愈強者，互動影響程度愈深。㈣團結力——團體的宗旨和目標要經過個人化過程成為共同的意識。這種的共同意識就是所謂團結力。團結力愈強者，互動影響程度便愈深。㈤距離性——因財富、地位等不同而產生的社會距離是互動影響的障礙。在小團體及非正式組織中，社會距離雖較小，然亦非全無。距離性愈小者互動影響程度便愈大。

4.理論基礎——團體動態研究，係以社會學、心理學及行為學的理論為基礎。茲分述如次：㈠社會學的理論——社會學家柏森思 (Talcott Parsons) 倡『功能主義論』，認為任何社會結構必須具有一定功能或效果，方能存在。團體動態的理論係由此引申而來。團體是一個社會結構，其動態乃是結構的功能活動。團體動態研究係以社會單位為主題，而非研究個人行為。任何社會結構或系統要維持其存在或發展，必須維持對外對內的動態平衡。這種平衡的取得，對內在於協調與統一，對外在於有效的適應。㈡心理學的理論——心理學家雖不反對人類行為的社會性，但有關團體活動的一般定理或結論，未必能完全適用於個人行為上；因團體人格與個人人格並不相同。心理學家認為人的行為是一種『學習過程』 (Learning Process)，在生活的經驗中記取成敗、利害與得失。在過去的行為中的成功及得利行為必重複為之。所以對人的行為有決定影響，乃是能滿足其慾望，能達到其目的的一些激勵因素與法則。㈢行為學的理論——行為學者認為人的行為或活動乃是『作決過程』 (Decision-Making Process)。所謂『作決』 (Decision-Making) 乃是就若干可行的途徑中，審別利害，辨別是非，從中採一最佳

抉擇。所謂『最佳』係根據兩個標準以爲決定。一是『合理』。在主觀上心安理得，在客觀上行得通，辦得成，謂之合理。二是『有利』。在經濟利益的交換中，不吃虧，不受損，而能獲得所期欲的或應得的報償，謂之有效。

二、團體的意義與性質——何謂團體？團體的性質如何？這是兩個相當複雜的問題，非簡短語句可以解答。茲作較詳明的論述於後：

1.團體的定義——何謂『團體』（Group）？ 學者的解答各有不同，茲引述三家的定義，以供參考。客斯特（Fremont E. Kast）說：『團體是若干人由於共同靱帶或利益，如階級、種族、職業等依某種方式而聯繫在一起的結合體； 各人之間並有相互的關係』❺。 施啓恩（Edgar H. Schlin） 就心理學的觀點，爲團體下一定義曰： 『團體是若干人的結合，彼此間有互動關係，並有自覺的彼此認知及同屬感（Sense of Belonging）』❻。 狄子奇 （Morton Deutsch） 認爲團體是若干人的結合，並須具有以下的條件：(1)這些人具有一個或一個以上的共同特性。(2)自覺他們是一個特別實體。(3)他們之間有共同的目標或利益。(4)在追求這目標或利益的進程中有互動動態。(5)非暫時的結合，而有相當長期的存在。(6)有共同的行爲規範以爲互動的指引與準則。(7)團體中分有若干地位與角色，各有其權責與職務❼。

2.小團體的意義——團體動態研究的對象是所謂『小團體』（Small Group）。團體的大小，雖不易定具體的界線。但幾百人以上的結合，

---

❺ Fremont E. Kast & James E. Rosenzweig, *Organization and Management*, 1974, McGraw-Hill, pp. 301-302.

❻ Edgar H. Schein, *Organizational Psychology*, 1970, Prentice-Hall, N. Y. p. 81.

❼ Morton Deutsch, Group Behavior, 載 *International Encyclopedia of the Social Sciences*, Vol. 7, p. 265.

如一師一軍，應視之爲大團體。幾十人以下的結合，如行政機關中的一科一室，應視之爲小團體。小團體亦稱『基本團體』(Primary Group)，有時亦曰『工作單位』（Working Group）。小團體的特性如次：㈠人數不超過五十名。㈡人與人之間有面對面的接觸。㈢在工作上有互動的關係和影響。㈣在空間上有近在咫尺之感。㈤在接觸上有交臂得之之便。

薛爾 (Fremont A. Shull) 曾爲文指出小團體的地位與特性如次❽：從有關的理論與知識以觀察，所謂小團體實具有以下的意義與特性：(1)它是任何地方的一個複雜社會系統中不可或缺的要素。(2)在個人人格的形成與發展中，它扮演着重要角色，佔有重要地位。(3)在人生的社會化及社會控制的過程中，它是甚爲重要的因素。(4)它和大的社會系統有很多相類似的地方。(5)它可被運用爲一種強烈的激勵力量。

3.團體的形成——團體的形成係以四大要素爲內容，缺一不可。一是行爲動機——人的行爲動機不外兩種：一是積極行爲，在採取行動，滿足其求名、求利、求權、得勢、求食等慾望。一是消極行爲，在採取行動，解除其所遭遇的困難、痛苦、緊張、挫敗等。要達到這種目的，僅靠個人的力量，必難成功。於是不得不尋求志同道合或目標及動機相同的人，與之合作求得協助。在追求目標滿足慾望的行爲取向的發軔時尋求夥伴合作，便是團體形成的開始。二是結構締造——有若干人要採取行動，追求共同目標，不能不有工作的工具或憑藉，卽工作的結構。這一工作結構的締造，在於設定一些『地位』（Status）或『職位』（Position)及『角色』（Role）或『職員』(Worker)；並分配各人各任其職位，各作其工作，使成爲權責分配體系。㈢行爲規範——要職員在

<hr />

❽　Fremont A. Shull, *Selected Readings in Management*, Irwin Inc., Homewood, Ill. 1962, p. 313.

推行其工作的進程中，必須協同一致，分工而合作，避免衝突與糾紛，必須建立行爲規範、道德標準，生活準則，紀綱法禁共資遵守，何者應作，何者禁作；如何便有獎賞，如何則受處罰。如此，人人在趨獎避罰的性行下自可行動一致，共赴事功。四是團體意識——團體不是團體構成員各個人人格相加的混合物；而是將各個人人格融會成爲集體人格的化合物。各人在行爲上、生活上要受共同行爲規範及道德標準的拘束；在思想上精神上要有團體意識，即『我們的感情』（We-feeling）及『同屬感』（Sense of Belonging）。因而自覺自己的團體是一個『社會實體』（Social Entity）。

4.團體的效能——一個團體要維持其生存、持續與發展，必須具有以下的效能：㈠工作的績效——效用決定存在，工作績效不彰的團體很難得到外界的支持，其存在的基礎便發生動搖。團體是一個『開放系統』。他從外界獲得『輸入』，自己就此『輸入』加以轉化成爲產品、服務、貢獻等即『績效』（Task Performance）『輸出』於外界。其績效的數量與質量，要能符合外界的要求與標準。這是團體維持其存在的基本條件。㈡應變能力——團體的存在，要能適應外界環境的變遷，採權變性的因勢制宜的措施，保持與外界的『動態平衡』（Dynamic Equilibrium）。依『天演論』之旨及『生態學』之意，優勝劣敗，適者生存。所謂『適』就是對變遷環境作動態的有效適應。以變應變，因勢制宜，成功的團體必須有求新求進的精神與能力。㈢員工滿意——一個團體要維持其存在，必須能使內部人事安定，員工團結，且有工作意願與精神，肯努力服務，共同達成團體的目標。要達到這一目的，須使員工在物質上精神上獲得適當的滿足。待遇和工作環境要合理合適；搞好人羣關係，採行民主與激勵法則。㈣勝任職員——團體的成敗恒視其職員的能力優劣及是否勝任爲轉移。成功的團體必須因事以求才，選用

優良勝任的職員，因才而施用，使事得其人，人當其用，人能盡其才，事能成其功。職員的知識、技術、能力不但要勝任其所擔任的工作與職務，且須與時並進，隨時代而進步，不使落伍。落伍就要歸於淘汰。職員的知能與技術並須與團體的任務和目標的變遷而進步以為適應。其不能跟進者，即予解職。新陳代謝，生生不息，使團體永保青壯與活躍。

三、互動動態的認識——團體的意義與性質，已經作了簡要的論述；茲進而闡釋『動態』的內涵。團體動態的動態係指團體中團員間的意見溝通、行為影響、滿足追求及利益交換的互動程序而言。吾人應從互動的意義、原因、目的及其方式上作瞭解，期對團體動態有正確的認識。

1.互動的意義——互動係指團體團員間言行的相互影響。所謂言，就是思想與意見的表達。所謂行，就是人們為滿足其慾望，目標取向的行為或活動。無論意思表達或採取目標取向的活動，都是達到滿足求生慾望的方法和手段。求生存是人類社會及歷史進化的原動力。人若想達到維生、安生、全生、和生、樂生及遂生的目的，解決民生問題，僅靠自己一人的單獨力量，絕對不能成功。於是進而聯絡他人，結成團體，以集體的努力，聯合行動，達到求生存，適慾望，除苦痛的共同目標。但在追求目標的過程中，必有矛盾與衝突。互動過程便在於使矛盾趨於統一，使衝突得到妥協。

互動的意義可從以下三個角度說明之：㈠團體是由多人組成的。而人心不同，各如其面，所以各人的思想與意見是分歧的。互動就是經由意見溝通程序，使之趨於一致。我接納他人意見，修正自己的意見。他人接納我的意見，修正他們的意見。這種互動是理由的說服，是真理的辨明；以意見、資料、訊息的交換為方法，以理性或公理為尺度，謀求意見的一致。㈡各人因教育、生活、環境的各異，形成各人的不同人格。

人格乃各人處世治事的一貫作風和態度。因之，各人的行為模式及方法便大有區異。有區異便產生行為上的衝突與糾紛。互動就是經由共同行為規範、價值觀念及紀律的建立，使各人依此標準，相互改正其處世治事的行為態度與作風，使行動獲致協調與統一。㈢一個人在團體中，常同時扮演幾個角色，如工作員、上司、部屬、同僚、朋友等。這些角色在意識上、行為上、利益上難免有矛盾與衝突。經由訓練、溝通、領導、參與等互動程序，使之歸屬於團體意識、組織行為、共同利益之下成為集體人格與角色。

2.互動的原因——互動的意義在說明『什麼是互動』（What is Interaction）；互動的原因在說明『人們為何要互動』（Why People Interact）。互動的原因，計有下列四端：㈠在科學技術高度發達時代，團體業務分工既甚細密，關係亦甚複雜，任何人不能單獨完成一種工作或事務，必須依賴他人或須他人幫助。在依賴他人，受他人幫助的情形下和過程中自然發生互動的動態。㈡團體在達成其共同目標的進程中，其構成員的工作乃是組織行為，任何人不能憑自己的獨立意志，獨來獨往，為所欲為，必須在共同規範及團體紀律下和他人採取一致的行動。無論自己適應他人或他人遷就自己，都是互動動態。這是團體在工作進行中，必不可避免的現象。㈢任何人都是社會人，所以個人人格亦是社會產物。人格是各人立身處世的行為模式。這種行為模式不是一成不變的，固定不移的。社會制度及團體特性影響個人人格，個人人格亦受他人人格的影響。近朱者赤，近墨者黑，蓬生廠中不扶自直，交遊不慎，易入歧途。因為人皆有可塑性、模仿性，易受環境和他人的傳染、薰陶和影響。在團體生活中，誰能『磨而不磷，涅而不淄』？誰能『出污泥而不染』？人既有這天生的可染性，團體中的互動動態，乃是不期然而然的自然現象。㈣一般說來，人的行為乃是一種『刺激與反應過程』（

Stimulus⇄Response）。外界的刺激使人在思想上感覺上發生緊張、困擾、愉快、煩惱或興奮等情緒，因之便要採取適當反應以爲肆應，使情緒趨於平靜或輕鬆。在團體生活中他人或同僚的言語、行動及所提供的資料，對自己便是外來刺激，就此刺激作適當的反應，就是互動行爲。換言之，團體中他人的言行、訊息、資料對自己是『輸入』；就此『輸入』加以轉化（卽認知、思考、判斷等），採取行動，是謂『輸出』。這一過程便是互動動態。

　　3.互動的目的——團體活動乃是共同目的取向的一致行爲。若不是爲要達到共同目標，若不是爲要求一致行爲；則團體的團員自可各自爲政，各行其是，而唱其獨角戲，誰亦不會影響誰，那能發生互動動態。互動是達成共同目標及一致行爲的手段。互動目的計有以下四點：

　　㈠整合（Integration）——團體中人員衆多，利害不一，易起利益衝突，經由互動，彼此適應，使衝突的利益趨於整合。利益衝突的原因有三：(1)人是自私動物，個人中心，機關本位，常想得到比其應得利益較多利益；甚而損人利己，自會引起他人的反對或抗拒，而起衝突。(2)團體中，各人的地位和角色各不相同。立場旣異，觀點就不同。長官認爲有利者，部屬可能認爲有害。反之，部屬之利可能就是長官之害。幕僚人員與實作人員之間，專門技術與普通行政人員之間，……常因利害不一，而引起衝突。(3)團體是由若干個人結合成功的。個人是小我，團體是大我。小我與大我之間的利益，每因看法不同而起衝突。要消弭這些利益衝突，要建立共同的道德標準、行爲規範及取予平衡的公平法則，使大家皆以此爲尺度，經由互動程序，修正自己的利益觀點，守應守之分，取應取之利，各適其度，則衝突的利益便可趨於整合。使利益趨於整合的力量，乃是：(1)對團體利益的信賴與忠誠。(2)認知個人利益必須透過團體利益方能實現。(3)團體中團員的利益乃是互依互存的共同

利益。(4)取予平衡的公道（Justice）或理性（Reason）觀念。

㈡團結（Cohesion）——團體的團員因家庭背景、生活經驗、教育程度、天資秉賦、意識形態、行為模式……各有不同，人人有個性，個個有特色，差池駁雜，分離分立，有似一盤散沙。必須使之團結一致，融化為整體，方能同心協力，達到共同的目的。要使這一盤散沙，凝聚為堅固的整體，就要經由思想溝通、感情交流、精神訓練、心理建設等互動程序，養成大家的團體意識以為團結的靱帶與凝固藥劑。團體意識就是團員對其團體自覺性的尊重與承認；其內容包括『對團體的歸屬感、認同感』，『對團體的愛戴、擁護與效忠』，『同心同德的合作精神』及『我們團體別於其他團體自覺性的認知』，以團體的榮辱為榮辱，以團體的成敗為成敗。

㈢一致（Consensus）——團結指力量集中。一致指意志的統一。意志統一是共信。共信立，互信生，互信生，團結固。團結與一致互為依附，相輔而行。如何促成意志統一，下列的互動程序即是一些可行的途徑：(1)本民主主義，採行參與管理，經由『團體決策』（Group Decision-Making）建立團體目標，以為共同趨赴的鵠的。這一鵠的就是大家的共同信仰和一致意志。(2)採行有效的『報導制度』(Information System)，建立四通八達的『溝通網』（Communication Network），把團體的一切有關資料、訊息及事實作廣博而普遍的交換與流通，使大家對團體政策、計劃、方案、業務及問題等有洞若觀火的共同瞭解與認識，由此便足以促成意志的統一。(3)對業務的處理及問題的解決，應適時召集有關人員舉行會議，集思廣益，集眾智以為智，合羣心以為心。在共同瞭解的情況下，自然會『思想會合』（Meeting Minds），意志統一。

㈣協調（Co-ordination）——意志是行為的原動力和指針，有怎

樣的意志就有怎樣的行為。互動達到意志統一的目的後，自然能因之而產生協調的行為。此外，採行以下的互動途徑，足以達到行動協調的目的：(1)依據團體目標制定工作計劃；就工作計劃作工作指派，工作的內容作明確的描述和說明。依此有計劃的工作指派，當可彼此扣合，相互呼應，使步伍整齊，行動協調。(2)團體的一切業務處理均使之制度化。制者法也，度者尺度也，標準也。制度化者謂一切措施悉準於法也。法是據一止亂的客觀標準，是齊民使衆的有效手段。故制度化足以達成協同一致的行為。藉法以化衆，即是互動程序，使雜亂步伍趨於整齊，使衝突行動歸於協調。(3)建立標準化系統化的工作方式與程序，次第分明，系統井然，有條不紊，依規律而運轉，有秩序，循規道，協同一致，合作無間。

4.互動的方式——團體的動態究竟是『怎樣互動』(How People Interact) 呢？互動方式及其涉及的內容，計有下列四種：

(一) 意見溝通 —— 若干人為要達到一定的共同目的或得到滿足及幸福。這一團體要成為社會實體，他們的思想、信念、感情、期望等必須融會成『一致意識』(Consensus) 對該實體有自覺性的認知與認同，而別於其他團體。但是這些人由於秉賦、教育、經驗、性格、態度、地位、角色等各有差異，對事務處理及問題解決的看法與見解便大有不同，以致意見分歧，議論紛紜。這樣，那能達到目的或得到滿足及幸福呢？因之，便須運用和平討論，相互商洽，交換意見，流通資料等方式，以共同期欲及較多數意見為基準，各人皆相當的修正、改變自己的意見而遷就他人的意見，在互動、互諒、互信的情形下，建立『一致意識』以為合作努力的動力與指針。

巴爾 (Robert F. Bale) 指出在『人對人與人對事』(Who-to-whom-and-to-what) 意見溝通的互動過程中所涉及內容計有以下十二

項❾：(1)要求團結，(2)解除緊張或困難，(3)表示同意，(4)提出建議，(5)發表意見，(6)給予指示，(7)要求指示，(8)要求意見或詢問，(9)要求建議，(10)表示不同意，(11)表示緊張或困難及(12)表示反對或提出敵對意見。

㈡行為拘束——一個人若像魯濱生一樣，漂流在荒島上過單獨的、孤立的生活，他有絕對的自由，放浪形骸，要怎樣就怎樣，無拘無束。一個人若要過團體生活，便不能有絕對自由，其行為與生活必須受到團體的及他人的限制或拘束。因若不如此，必生衝突與混亂，團體無法存在，共同的目的、利益、滿足及幸福均無法得到。要憑藉團體滿足自己的需要，便須以團體的行為準則及價值觀念為規範，互相拘束各人的行為，使能有協同一致的行為。

使各人互相拘束其行為，成為團體行為的工具與方法，計有以下三種：(1)行為規範——團體為要促成大家合作及行為一致，乃訂定各種辦事的規則，生活公約，業務章程等以為眾所遵守的客觀標準。大家依此標準互為拘束，限制自己的行為，據一以止亂，則民可齊，眾可使，功可成。(2)價值觀念——這是辨別是非善惡的道德及倫理觀念。人與人相處，必須行自達達人之道，守各得其所之德，重人倫，尚理性。規範愈嚴，團結愈固，協調愈強。道德愈高，士氣愈旺，效率愈大。(3)獎懲制度——治人有二柄，一曰獎賞，二曰懲罰。人皆有趨利避害，求福遠害的天性。獎所以提高士氣，使各人的內在潛能作最高的發揮。懲所以禁止各人越軌亂紀，維持最低限度的工作標準。獎要人行其所當行，作其所應作。懲禁人行其所不當行，作其不應作。

---

❾ Robert F. Bale, *A Set of Categories as a Variables for the Analysis of Small Group Interaction*, American Sociological Review 15, p. 257-263.

㈢需要滿足 —— 任何人參加團體活動或至機關任職，都是要相當的滿足其需要。因為他有這種動機與需求，所以才肯接受他人的意見與指示及團體或機關的命令與規範以修正或改變自己的思想或行動。同時，他要滿足其工作表現或工作成就的需要，便會主動的向他人及團體提供意見與指示，期以修正或改變他人和團體的意志及行為。馬斯洛（Abraham Maslow）寫『人的激勵理論』（Theory of Human Motivation）一文，把人的需要分為五個層次[10]：一是生理需要，二是安全需要，三是社會需要，四是自尊需要，五是成就需要。他認為機關或團體對員工需要滿足乃是提高士氣，促進團結，增進效率的有力因素。麥克格瑞（J. E. McGrath）指出，能以滿足員工需要的決定因素，有下列幾種[11]：(1)團體的地位，卽其成功、成就及聲望。(2)團體內的人羣關係，卽對其他團體團員的吸引力及團體內人與人之間的良好感情與態度。(3)個人在團體中的角色，卽其具有的權力、利益、重要性、聲望及影響力。(4)從團體中其團員直接得到的報償與利益。(5)團體的氣候，卽長官的領導作風、團員的成分與素質及團體的大小。(6)團員間衝突及活動的性質與欲求。(7)訓練及進修的利便和機會。因團員有需要滿足的欲求才會屈己以從人，才會求人以從己，而才引起互動，由互動而促成團結與一致。

㈣利益交換——人都是趨利避害的動物。利之所在，趨之若鶩，害之所在，避之惟恐不及。所以管子曰：『政之所興，在順民心，順之之道，莫如利之』；『政之所廢，在逆民心，逆之之烈，莫如害之。』人們組織團體，在於藉團體的力量與活動，得到自己所期欲的利益。但利

[10] Abraham Maslow, *Theory of Human Motivation*, Psychological Review, July, 1943.

[11] J. E. McGrath & I. Altman, *Small Group Research: A Synthesis and Critique*, 1966.

益不能憑空而致，必須付出相對的代價。於是利益交換形成團體中互動動態。利益交換的內容與原則，計有下列三種：(1)團體平衡——團員貢獻其才能、智慧、體力與忠誠於團體，造成團體的利益；團體給予這些團員相當的報償、待遇、地位、名譽等使之得到其所應得的利益。由此利益交換的互動，以維持團體的平衡。個人的利益透過團體的利益，方能實現。團體的利益須靠個人的努力，始能達成。團體與個人的利益，互依互換，相輔而成。(2)取予平衡——利益交換遵守着『取予平衡』的基本原則。取是利益的獲得；予是利益的給付。取得利益是權利；給付利益是義務。盡多少義務，才能享多少權利。團體與團員間，以及團員與團員間的利益交換皆遵守這一公平合理的原則，故能維持團體的安定與團結。(3)待遇平衡——團體給予團員的待遇，須本一視同仁的平等原則，無歧視，無特權，各人所受待遇，一律平等。所謂『平等』的意義有三：是機會平等，在地位升遷，才能發展上、工作表現上都有相同的機會，人人可依其才能與努力作自我的實現與成就。二是報償平等，同工同酬，因績計值，凡作價值相等的工作者皆給予相同的報償。三是權益平等，凡條件或情形相同的人們，皆使之擔負相同的義務，享受相同的權利。本此原則待遇員工，交換利益，人人平等，無吃虧者，亦無佔便宜者，一團和氣，協同一致。

四、團體的外動動態——團體動態研究的範圍，要可分爲兩大類：一是團體與團員間及團員與團員間的內部互動動態；二是團體與其外在社會環境間的外部互動動態。關於前者已作了扼要的論述；茲進而研討團體的外動動態。這種外動的互動動態，可從下列四個角度加以研討與瞭解：

1.動態平衡——團體是人的結合，具有一定的目的與功能。所以任何團體都是一個『生態系統』(Ecological System)。[任何一個生態

系統，要維持其生存、持續與發展，必須對其所處的外在社會環境與自然環境能作有效的適應。因依物競天擇的自然法則，優勝劣敗，適者生存。所謂『適』，就是一個生態系統對外在環境的有效適應。適應的方法與目的，在使團體與環境能保持『動態平衡』（Dynamic Equilibrium）。如何才能達到這種目的，可作以下的三點說明：

(1)求新求進——由於人類求生慾和求知慾的推進，歷史的齒輪永遠不停的向前轉進；時代進步不息，社會進化不已。無論一個團體或一個機關處在這進步的時代中，社會中，必須有求新求進的能力與精神，與時俱進，日新又新，跟上時代，迎接潮流；孔子之所謂『中』，就是隨社會時代而進步的『時中』。團體要與環境保持適時的互動並進，並駕齊驅，決不能落伍，落伍就要遭天然淘汰。

(2)以變應變——現代的社會不僅是一個變動的社會，而且是加速率的巨變社會。一個團體或一個機關要有求變應變的能力與精神，方能生存。那墨守成規，故步自封，以不變應萬變的團體或機關必為社會巨變浪潮所吞噬。成功的團體或機關應以變應變，因勢制宜，以動制動，互動不息。圓通方無碍，隨緣是上乘。

(3)生長發展——團體是一個生態系統，生態系統的特性是新陳代謝，生生不息，永保青新。團體若不能隨時代以生長，合社會而發展，便失去其本性與特質，焉能維持其生存。團體的生長發展，不是遺世而孤立的，不是封閉而自存的。團體所處的大社會、大環境亦是個生態系統。所以團體的生長發展，必須以社會環境的大生長以為生長，大發展以為發展。

2.環境配合——社會環境是一個高級系統或大系統。團體是這高級系統的一個次級系統；是這大系統的一個小系統。二者之間密切配合，成為不可分離的整體。部份不能脫離整體而存在。整體係依各部份的生

存而生存。團體與環境互依互存，共生共榮。故團體與其依附的整體要適切配合，互為輔助，互為影響，以成其共生與互生。孟德斯鳩著『法意論』一書，認為一切法制，其本身並無絕對的優劣，凡最能適合國情的法制，就是最好的法制。依此理以推衍之，吾人可以說，凡最能適合其所處社會環境的團體就是最好的團體。

3.功能開放——團體是個結構，結構必有效果或功能。就『結構與功能』的學說作觀察，任何團體，都是一個功能『開放系統』（Open System）。環境影響團體，團體亦影響環境。團體吸收環境的營養。團體亦要供給外界以營養。任何一個團體若得不到社會環境的支持與援助，必無法維持其生存，達成其任務。一個團體若不能對社會環境提供有用的服務或產品，亦必然歸於失敗。社會對團體提供資源、支持、意見、要求、期望等是謂對團體的『輸入』。團體就此『輸入』加以認知、分析、整理及判斷，作成決定或計劃，予以執行。這種執行，就是對社會提供的服務、產品或貢獻，是謂『輸出』。『輸出』投入社會造成新情勢。這社會新情勢，對團體成為新輸入。團體就此新輸入加以轉化成為新輸出提供社會。團體與社會的互動動態，即是由此功能開放系統的『輸入』與『輸出』或『取』與『予』的循環不息過程所造成。

4.外界影響——團體是社會的一環。所以外在社會情況與勢力能以影響團體。團體受此影響，必須採取反應行動以適應外界要求。於是形成二者之間的互動動態。這種互動動態，可從下列兩點說明之：(1)外界環境對團體的影響和撞擊，足以左右團體目標的決定。一個團體只有在能滿足外在社會的一定目的或需要時，方能維持其生存。以此而論，團體乃是同時滿足團體目標與需要及社會目標與需要的工具和手段。團體要維持其生存、持續與發展，便須不斷的對外界影響採取反應互動，隨時調整其目標與行動以與外界因素相配合。(2)目標與價值觀念乃是團體

構成的不可或缺的重要因素。價值是判斷是非善惡的標準，決定何者應作爲，何者不得作爲。外界的價值觀念影響團體的價值觀念。外界的價值觀念輸入於團體中，團體與團員便受此影響而決定或修正其行爲規範，期與社會上的是非善惡標準相配合。如此，團體與外界的互動方能和諧與一致。否則，團體的行爲會遭到外界的抗拒、抵制、反對，甚而受到裁制。

第二節　行政組織的氣候

一、組織氣候的意義——由於行爲科學的流行，有不少行政學者致力於『組織行爲』及『組織氣候』 (Organizational Climate) 的研究。組織行爲是由其成員的工作活動所形成。成員的工作活動受其意識形態之支配。這意識形態的形成則受着組織環境的決定影響。構成員的工作感情、態度、思想、精神所表現出的或所造成的機關底一般及持久行爲氣象，謂之『組織氣候』或『機關風氣』。

一個人參加一個機關，固然是爲了滿足個人的需要，但同時他對其所處的環境，亦自然會有所感覺、認知、察識，因而對組織便產生親疏愛惡的感情，信疑喜怒的態度，勤惰活滯的精神，因之塑造成其主觀的意識形態。這是成員工作活動的原動力、節制器及控制官能。成員工作活動的作風由此而定。成員的工作作風的共同趨勢或動態就是所謂組織氣候。

成員受客觀的組織環境的刺激與影響而起心理反應，予以認知與辨識，遂形成其主觀的意識形態。前者包括機關的結構是否健全、員工待遇是否合理、首長領導是否得宜、功過賞罰是否嚴明、權責分配是否確實、人羣關係是否良好等。後者指員工的責任心、同屬感、服務精神、團體意識、合作精神、對團體的忠貞等。如果員工的主觀意識與機關的目標和要求是一致的，則組織氣候必然是奮發旺盛、生氣蓬勃、活潑積

極，而達於圓滿和成功的境界。二者若不能一致或有較大的差距，那組織氣候必流於消極頹唐，因循敷衍，暮氣沉沉，衝突矛盾，以致瀕於破產或失敗的地步。組織的成敗及優劣恆以組織氣候的高下或良否爲轉移。而測量組織氣候高下的尺度或變數就是員工的工作意識形態與組織目標與要求的比照。二者能達於一致者便算達於理想。差距愈小愈好，差距愈大愈劣。

個人與組織的關係要不外以下三種情形：㈠組織要求高強，個人居於附屬地位，要犧牲個人成全組織。在此高壓情勢下，個人情緒低落，意志消沉，組織氣候流於低劣。㈡個人的收穫多，權利廣，自由放任，組織居於不利地位，組織氣候必失之散漫鬆弛。㈢個人與組織處於平衡地位，個人貢獻其忠誠、知識、才能、精力於組織；組織給於個人以適當的報酬、地位、承認、關切與福利。如此，則組織氣候便會生動勃發。

二、**組織氣候的測量**——選用什麼尺度或組織變數測量組織氣候的優劣高下呢？美國有不少學者對此一問題曾作專門研究，並寫有專門著作，爲數頗多，不克枚舉。這裏提舉兩個論述於後，藉見一斑。

1.李特文（George L. Litwin）和史春格（Robert A. Stringer）於一九六八年合著『激勵與組織氣候』（Motivation and Organizational Climate）一書，使用下列的八個尺度或變數測量組織氣候：㈠結構（Structure），卽一個人在組織中所感受的紀律和法規拘束的寬嚴，是自由氣氛呢？還是規律森嚴呢？㈡責任（Responsbility），卽個人在組織中可以自己作主負責處理事務呢？還是要事事請示上司指示？㈢風險（Risk），卽個人在組織中及工作上所擔負的冒險性及挑戰性的程度。㈣獎酬（Reward），卽個人感覺待遇、升遷、獎勵是否滿意和公平的程度。㈤熱情（Warmth），卽個人在組織中感受到他人所給予的關注、友情、禮貌及社交機會等。㈥支持（Support），卽一個人在組織

中感覺到的上司及同僚在工作上所給予的協助與支援。(七)衝突（Conf-lict），即一個人在組織中感受到上司和同僚聽取他所提出的不同意見的程度。(八)績效標準（Performance Standard），即一個人對組織目標及所要求的績效標準所具重要性的重視程度。

2.李克特（Rensis Likert）於一九六七年著『人羣組織』（Human Organization）一書，選用(1)領導過程（Leadership Process），(2)激勵力量（Motivational Forces），(3)意見溝通過程（Communication Process），(4)互動影響過程（Interaction-Influence Prosess），(5)決策過程（Decision-Making Process），(6)目標設定或命令（Goal Setting Or Ordering），(7)控制或考核過程（Control Process）七個組織變數為尺度測量組織氣候的優劣高下。他並以此為尺度，把組織氣候，分為優、良、中、劣四等。優名之曰系統四，良名之曰系統三，中名之曰系統二，劣名之曰系統一。

優等系統四的內容，包括(1)上司對部屬完全信任。(2)部屬與上司談話完全自由。(3)部屬有價值的建議總是被採用。(4)用參與獎勵方法激勵部屬。(5)各階層人員都能感到組織目標的達成。(6)溝通方法上行、下行、平行都有。(7)上行溝通上司欣然接受。(8)上行溝通有完全正確性。(9)上司對部屬所面臨的問題非常瞭解。(10)互動行為十分頻繁，且達於高度信任。(11)合作十分良好。(12)各階層人員都有參與決策的機會。(13)部屬對其有關工作有完全的參與。(14)決策過程有實質的作用。(15)決策者對問題有普遍而清楚的瞭解。(16)經由團體行動建立目標。(17)部屬對組織毫無抗拒。(18)控制考核的功能由各階層分享。(19)非正式組織與正式組織目標完全一致。(20)各種資料自我引導解決問題。

良等系統三的內容，包括：(1)上司對部屬在實質上有信心，但對決策仍有所控制。(2)部屬對上司談話有若干自由。(3)上司對部屬有價值的建

議經常採用。(4)對部屬獎勵方法激勵為主，懲罰及參與為輔。(5)部屬感受到組織目標的達成十分平均。(6)溝通方法上行下行均有。(7)上行溝通可以接受，但有警覺性。(8)上行溝通有有限度的正確性。(9)上司對部屬面臨的問題大部份瞭解。(10)互動影響有相當信任，達於中等程度。(11)合作尚可。(12)上級制定廣泛政策，但亦有不少授權。(13)在決策上部屬常被諮詢。(14)決策過程對激勵部屬有些作用。(15)決策者對問題差不多都瞭解。(16)經由討論後發佈命令。(17)對組織目標略有抗拒。(18)控制考核有授權。(19)非正式組織對正式組織目標，部份支持，部份抗拒。(20)資料用作獎勵與引導。

中等系統二的內容，包括：(1)上司對部屬稍有信心。(2)部屬對上司談話較少自由。(3)對部屬有價值的建議有時採用。(4)獎懲並用。(5)對組織目標達成的感受及於上層中層。(6)溝通方式大多是由上而下。(7)下行溝通部屬可能懷疑。(8)上行溝通報喜不報憂。(9)對部屬的問題有部份瞭解。(10)略有互動影響。(11)有少許合作。(12)上級制定政策，有少許授權。(13)部屬對有關工作的決定偶被諮詢。(14)決策過程稍有激勵作用。(15)決策者對問題瞭解不多。(16)所下命令只准有少許批評。(17)部屬對組織目標有溫和的抗拒。(18)控制考核相當的集中於上級。(19)非正式組織對正式組織目標部分抗拒。(20)資料用作獎勵與懲罰。

劣等系統一的內容，包括：(1)上司對部屬無信心。(2)下級對上司談話完全不自由。(3)下級建議很少採用。(4)對部屬以恐嚇、懲罰為主。(5)對組織目標達成的感受大部份是上級人員。(6)溝通過程由上而下。(7)下行溝通部下懷疑。(8)上行溝通多不正確。(9)對部下面臨的問題，上司完全不知。(10)互動影響很少，且多懷疑。(11)沒有合作。(12)政策由上級制定。(13)部屬對有關工作並無參與權。(14)決策過程毫無激勵作用。(15)決策者對問題常不瞭解。(16)上級行事全以命令行之。(17)對組織目標有強烈抗

拒。⒅控制考核高度集中在上層。⒆非正式組織對正式組織的目標有抗
拒。⒇資料作懲罰之用。

第三節　行政組織的互動

　　行政組織固然是權責分配體系的靜態結構，但同時亦是其成員達成
任務時互動合作的工作動態。依功能動態言之，組織就是人員與環境的
動態函數，即 $O = f (P.E)$。O爲Organization，即組織，P爲People
即人員，E 爲 Environment，即環境，f 爲互動函數。這是就外動動
態而言，若就內動動態言之，組織等於人員與人員的互動函數，$O = f (P.P.)$，亦等於人與工作的互動函數，$O = f (P.T.)$，T 爲 Task，即
工作。茲就此觀點，申論組織的動態如次：

　　一、組織的外動動態——行政組織爲一開放系統，對外界環境須保
持平衡的適應互動，方能維持其生存。行政組織爲一生態系統，對外界
環境須有互依互助、共存共榮功能聯繫，方能發展與生長。外動動態可
從以下的三種關係加以說明：

　　1.社會情勢與組織互動——行政組織必須獲有社會的支持、資源、
要求、期望等方能存在。這種的獲得爲『投入』（Input）。組織就此
投入加以轉化，成爲服務、產品、貢獻、功能等給予社會，此之謂『產
出』（Output）。這種產出在社會上造成新情勢。組織對此發生『反
饋』（Feedback）作用，而成爲新『投入』。依新投入加以轉化，而成
爲新產出。這樣，組織與社會情勢便循環不絕，保持着平衡適應的互動
動態。行政組織要吸收社會的營養，組織亦須營養社會。二者互爲依
需，脈息相通，休戚相關，形成不可分離的有機體、生命體。行政組織
乃是大社會系統中的一個次級系統，環節扣合，交相織結，組織以社會
之榮枯爲榮枯，以社會之盛衰爲盛衰，彼此間保持着一體的共同發達與

生長的穩進動態。

2.壓力團體與組織互動——行政組織的功能與活動，在為人民謀利益，為社會造幸福，對人民的權利與義務的關係至為密切。所以人民對行政機關或組織的動態自然非常注意與關切。人民為了維持及爭取其權益，多組織團體，加強力量，以聯合的努力與活動，向政府（行政組織）表達意願，施行壓力，影響官方政策的決定及行政的措施。就其目的言，人民團體可稱之為『利益團體』（Interest Group），就其活動言，可稱為『壓力團體』。在民主的政治體制下，官吏的措施須以民意為依歸。因之，壓力團體的意見和活動，行政組織自不能不有所注意與適應。行政官吏不敢憑己意一味孤行，對壓力團體的力量與意見必須加以重視，而為適當的採納、妥協和適應。行政官員與團體領袖間意見交換、訊息流通、利益調和、衝突協調等相互影響與彼此推移，便是一種重要的組織動態。

3.文化環境與組織互動——行政組織既是開放系統和生態系統，對外界環境自不能不作平衡適應與穩進發展，而成為組織的互動動態。其公式為D＝f (O.E.)，D為 Dynamics，即動態，O為Organization，即組織，E為 Environment，即環境，f為Correlation，即組織與環境的互動函數。因之，文化環境對行政組織具有弘大衝擊大和影響力；組織對之必須作適切的配合與適應。二者相互激盪，彼此推移，形成平穩波進的歌舞進行曲，如交響樂的聲浪波送，如平地泉的逝水長流。文化環境包括教育、經濟、知識、思潮、技術、文物、道德、習尚、宗教等因素，這些的文化環境與因素與行政組織的目標、功能、活動在在有息息相關的影響與關係。組織的盛衰以文化的盛衰為轉移。文化的變遷與發展亦必然影響到組織的發展與變遷。同時行政組織的功能與活動亦促進文化環境的變遷與發展。互為因果，彼此推移，循環不息。文化猶

如母，組織猶如子，子由母生，母以子榮。文化猶如色相，組織猶如情意。情由色起，色緣情生，循環情色成千古，隱隱約約動態呈。

　　二、**組織的內動動態**──組織是由人員組成的。人參加組織當然有其個人的慾望與需要。組織延用人員必定有其團體的目標與期望。個人在能達成組織目標與期望下方能滿足其個人慾望與需要。組織在能滿足人員的慾望與需要下才能達成其目標與期望。二者能密切配合，方易成功。雙方互相影響，隨時調整，便形成組織的內動動態。其公式為 D＝f (P.O.)。D 為動態即 Dynamics；P 為人員，即 Pople，O 為組織，即 Organization。f 為互動函數，即 Correlation。茲將這種動態內容與性質，作以下的三點說明：

　　1.人員意識與組織期望──各人因受教育的培養、環境的薰陶、經驗的累積，而形成其意識形態或思想體系，以為行為的推動力與控制器。人有怎樣的意識或思想便有怎樣的行為。成員的意識與行為，未必能全合於組織的期望與要求。在此情形下，組織目標的達成必有困難，工作效能難望提高。因之，組織便要經由目標的建立、政策的指引、思想的溝通、首長的領導、思想的訓練、信念的培養等活動與施設，使成員的意識形態有所調整、融會、變化及洗刷，俾能與組織目標和期望相配合而趨於一致。當人員意識與組織期望達於一致時，組織目標必可成功達成，工作效能亦必及於最高水準。人員意識與組織期望差距愈小，則效能愈高。組織的工作狀態或氣候是否滿意恆視二者能否一致為轉移。人員意識與組織目標互為影響，交相激盪，彼此配合，兩相遷就，互動交依，在互動扶持的情況下，謀以達成組織目標，完成共同任務。人員意識的改造在工作進程中行之。人員意識與組織期望的互動變化即是組織內動的一種重要動態。

　　2.人員人格與組織規範──組織的成員由於先天秉賦、後天教育及

生活經驗的差異而形成各人的人格特性。簡言之，人格就是一個人做人處世治事的一貫作風。就社會或團體關係言之，人格便是一個人在人羣中『角色扮演』（Roleship）或『自我實體』（Self Reality）的『形像表現』（Self-Appearance）。成員在組織中的角色扮演並不是唱『獨脚戲』，不可任意自爲；而是在『羣戲』中的一個配合角色。他的扮演一方面要配合其他角色的歌舞動作與扮演，在和合的表演下演出精彩好戲；一方面要配合組織的要求和觀衆的希望，使劇團與演員同獲得成功與讚揚。組織爲要達到這種目的，便訂立一些的規章、模範、紀律、標準、法則等以規範其成員的行爲模式、人格形像、角色表演；使個人在組織的規範拘束與引導下，俾能合作一致的演出羣體好戲。在有組織的衆多角色排練的過程中方能有此成就。這種『角色排練』就是人員與人員以及人員與組織的互動動態。

　　3.人員行爲與工作環境 —— 人的行爲過程不外兩種： 一是主動行爲，一是被動行爲。前者是由人的內在情感、慾望、需要爲動機向外活動，追求目標，謀求獲得，以滿足其內在慾望。其公式爲 $B=f(D \rightleftarrows S)$，B爲行爲，卽 Behavior；D爲慾求，卽 Desire；S爲滿足，卽 Satisfiction； f爲D與S的互動函數。後者由於外界環境的刺激而引發人的動機，乃對此刺激採取反應行動，藉以平靜內在慾求。其公式爲 $B=S \rightleftarrows R$。B爲行爲卽 Behavior；S爲刺激，卽 Stimulus；R爲反應，卽 Response； f爲S與R的互動函數。

　　所謂工作環境指組織的薪給待遇、地位保障、參與權力、升遷機會、長官關注、人羣關係、福利措施、安全設備、康樂活動、生活利便等。工作環境良好，對人員的情感、需要、慾望產生良好刺激，引起他們的良好反應、工作努力、士氣高昂、態度積極、效能提高，使組織目標能以成功達成。否則，人員的反應行爲不良，組織的期望便難以達成。

人員因內在慾求的驅使，乃向外在的工作環境中追求目標謀求滿足。人員工作效能的高下每視工作環境提供滿足的程度大小為轉移關鍵及衡量尺度。工作環境與人員慾求互為影響，兩相推移與激盪而促成組織行為的性質與型態。組織行為的良劣則受工作環境與人員慾求互動關係的是否合宜為決定力量。這是組織內動的重要狀態。

第四節　行政組織的衝突

一、衝突的意義——兩個以及兩個以上的角色（包括個人和團體的）或兩個以及兩個以上的人格（包括自然人與法人）因意識、目標、利益的不一致，所引起的思想矛盾、語文攻訐、權利爭奪及行為爭鬥謂之衝突。依此定義以言之，構成衝突的要素，計有下列四端：㈠衝突的主體，即敵對者的雙方，個人與個人，團體與團體，團體與個人，都可成為敵對者。㈡衝突的客體，即構成衝突的對象或實體。事出必有因，無風不起浪。世無憑空的衝突。衝突的發生，必因敵對者的雙方有所爭，其所爭執、爭論、爭奪、爭鬥的對象要不外思想、目標及利益等。㈢衝突的活動，所謂衝突是指敵對者的雙方或多方的不合作不一致的戰鬥活動。這種戰鬥或為有形的，或為無形的；或為直接的，或為間接的。㈣交互行為，衝突既是交戰活動，所以衝突的另一要素，即是交互行為。若無交互敵對行為，那能產生衝突。

二、個人的衝突——個人在組織中可能發生的衝突，計有下列三種，特分別論述之：

1.個人的角色衝突——個人在組織中常同時扮演幾種角色。這些角色的期望、需求、行為規範、工作標準多不能趨於一致，便因而引起角色衝突。例如某人擔任科長，就本身職務言，乃是工作員，對上司言則是部屬，對部屬言則是上司，對其他科長言又是同僚。這幾種不同的角

色，需求不一，立場各異，利害不同，自然形成心理不安，應付不易，行爲困難而生矛盾與爭鬭。這便是角色衝突。在現代的國家中，角色衝突勢所難免。組織愈龐大、工作愈複雜，或專業分工愈細密，角色衝突就會愈多。如何完成大規模組織的複雜工作與專門任務，而使角色衝突趨於緩和與減少，乃是行政管理專家當前的重大任務。

2.個人的目標衝突——個人參加組織是有其需求與目標的。若其需求得不到滿足，目標不克達成時，便會產生心理上的困擾及情緒上的緊張與不安。這種情形在心理學上謂之挫折行爲，在行政學上謂之目標衝突。這種挫折或衝突對個人乃是一大『刺激』。個人對此所採取的『反應』行爲，計有以下四種：㈠反擊反應，即不向不良刺激屈服，作反擊努力，衝破困難，達成目標。㈡退讓反應，自認無力打破困難，甘心退讓，自圓其說，自我解嘲，謀求慰藉。㈢固着反應，仍不變初衷，照原來方式繼續努力，自認鍥而不舍，當有成功之日。㈣補償反應，另採方策，改變途徑，謀求其他獲得以爲補償或替代。例如某人謀求升等未成，乃謀求調任他職，或派往外國考察。

個人在追求需求或目標的進程中，每會遭遇到有利有害的情勢。當其作利害的選擇時，可能發生心理上的矛盾，不易作決定，這亦稱之爲個人的目標衝突。這樣衝突，計有以下三種情形：㈠雙趨衝突——同時有兩個都是個人所喜愛的需求或目標，但事實上只能得到一個，『魚與熊掌』不可得兼，謂之雙趨衝突。㈡雙避衝突——同時遭遇到兩個不利的事物，在主觀上皆是所要躲避的對象，但事實上必須接受其中的一個。這時只有本『兩害相權取其輕』的原則作抉擇，謂之雙避衝突。㈢趨避衝突——對所要追求的需求或目標，旣願趨之，又要避之。例如想吃羊肉又怕羶，想作官又怕負責任，想作環島旅行，又不願意花錢，都是趨避衝突。

3.個人的團體衝突——個人在組織的意願與組織的目標，不會完全

融合，亦不致於完全分離，每是部份融合，部份分離。在這分離的情形下，便產生個人與團體的衝突。一九五八年西蒙 (H. A. Simon) 與馬奇 (J. G. March) 合著『組織學』 (Organizations) 一書，指出個人與組織衝突的大小，係以個人對組織認同程度淺深爲轉程，並提出以下的假定：(1)對組織的認知與認同愈大，則衝突愈小。(2)對組織目標的共享與認知愈大，則衝突愈小。(3)個人在組織中交互活動愈多，對組織的認同便愈大。(4)個人在組織獲得滿足愈大，對組織的認同愈強。(5)組織中個人間的競爭愈少，他們對組織的認同愈大。

三、團體的衝突——組織是由若干『次級系統』 (Sub-Systems) 及面對面的小單元 (Small Group) 所構成。系統與系統之間，單元與單元之間以及系統、單元與整體之間的行爲和思想的差距就會形成『團體衝突』 (Group Conflict)。這種衝突可區分爲下列兩種：

1.組系與組系的衝突——組織中的次級系統及工作單元，每自有其意識、目標與需求。彼此常不能一致，便會發生衝突。衝突的起因，計有以下諸端：㈠各本本位主義，要爭取較多的資源權力與利益等。㈡在參加決策或處理事務的進程中，觀點不一致，各持己見，各是其是，互不相讓。㈢各組系各有其功能與目標，在推進功能，實現目標的過程中，行爲方式與規範，每不能密切配合，以致流於各自爲政，互相抵觸。㈣對於問題的認知，彼此存有差異，觀點不同，行動自難協調。

2.組系與組織的衝突——組織係由若干組系所構成。二者之間猶如整體與部份之關係，本爲一體，共休戚，通脈息，理應是合作無間，同心一德，但由於下列的原因，便會發生衝突：㈠組系對組織的認同、認知及同屬感不足，因而依附與效忠的精神趨於削弱，遂不肯依組織的期望努力工作。㈡組系的目標與組織的目標未能融會一致，結合一體，意志既不統一，行動遂難協調。㈢組系自有組系的需求與期望，而組織的

施設和工作條件每不能配合，使之滿意，於是組系的士氣低落，工作意願不振，遂不能依組織的要求，共赴事功，不是陽奉陰違，就是消極抵制，甚而公開抗拒。㈣組系有組系的工作習慣及行爲模式，當組織所訂立的行爲規範，工作標準不能與之一致時，便會發生衝突。

四、衝突的利弊——凡事都是優劣互見，利弊相連的。所以組織的衝突，有弊害亦有利益。就其弊害言，計有以下幾點：㈠造成人力、財力、物力的浪費，增多工作成本，加重組織負擔。㈡爭執不已，牽延時日，每致失卻機會，貽誤進度。㈢組織的目標與功能常因之不能成功有效的達成。㈣在磨擦、紛爭、分歧的情形下，使組織氣候趨於低劣，對組織的聲望和名譽，發生很不良的影響。

但在另一方面，組織衝突，亦有以下好處：㈠衝突足以促進競爭，力求本位的或自我的工作表現，而加強努力與奮鬥，提高服務精神，恢宏工作效能。㈡內部衝突正是首長加強控制的有利工具和良好機會，藉此可以瞭解下情，運用權力以爲解決。㈢在個人衝突與組系衝突下可以提高組織的拘束力，使組織趨於團結與凝聚。因在衝突的情勢下，任何個人或組系，都不能獨斷專行，爲所欲爲，必須由組織的力量與權威加以控制與解決。㈣理愈辯愈明，爭論與辯駁，可由此而見到眞理，不致流於偏蔽，集思廣益，自是得策。㈤『欲速不達』、『事緩則圓』。在衝突的情形下，雖不免牽延時日，但可考慮周到，從多角度瞭解問題，而作圓滿解決，不致失之專斷或草率。

五、衝突的解決——組織發生衝突，必須設法予以解決。否則，任其衝突，則愈演愈甚，爲害之烈，將不堪設想。如何解決衝突，要不外以下四個途徑：㈠強制裁決——由主管長官行使權力，提出意見或辦法強制衝突的當事人予以接受或強迫其服從。不過以力服人者非心服也。並非從根解決問題的良策。這種揚湯止沸的辦法，僅能收效於一時。

㈡解決問題——對衝突發生的原因及眞相，加以切實調查與考察，知其癥結，明其底蘊，研擬方策，對症下藥，從根本上消弭衝突亂源，釜底抽薪，一勞永逸。㈢理性說服——人是有理性的動物，凡事訴之以理，喻以大義，曉以利害，使之心悅誠服，則爭執便渙然冰釋，衝突可迎刃而解。㈣協調溝通——涉及衝突的各方當事人可以舉行會議，由較高權力者主持會議，使各方盡量發表意見，相互討論，溝通觀點，互相暸解，求得折衷之道，妥協之策，在各方互尊互讓，各有所得，各有所失相忍相容的情形解決爭端。

第五節　非正式的組織

一、意義——傳統行政學者研究的注意力集中在『正式組織』（Formal Organization），卽經由人爲設計而建立的權責分配體系，有法定基礎、固定型式、特定功能及預期目標，其人員與單位可從組織系統表上表示出來。巴納德（C. I. Barnard）於一九三八年著『主管人員的功能』（Functions of Executives）一書，首先提出『非正式組織』（Informal Organization）問題，開行政學者研究此一問題之先河。羅斯力次柏格和狄克生（F. J. Roethlissberger & W. J. Dickson）於一九四〇年就『霍桑試驗』（Hawthorne Study）所得寫成『管理與工人』（Management and the Worker）一書，對非正式組織，多所討論。於是這一問題遂成爲行政學者研究的熱門而重要的課題。

正式組織中皆有非正式組織的存在。前者的目標與功能每因受後者的影響，而受到修正和補充。後者對前者能賦予活力，亦能給以限制或阻抑。巴納德說『非正式組織就是機關中由個人接觸，交互影響而成的自由結合，不帶特定目的偶發的組織』。羅斯力次柏格和狄克生認爲：

『非正式組織中的份子的無形交互關係；而此關係不是正式組織所能或所願表示出來的』。

著者就個人的瞭解，爲此作以下的定義：『非正式組織乃是正式組織中若干成員由於生活的接觸、感情的交流、情趣的相近、利害的一致，未經由人爲設計而產生的交互行爲與共同意識，並由此進而形成自然的人際關係。這種關係既無法定地位，亦乏固定型式和特定目的；對正式組織的目標與功能卻能發生無形的助益、限制或阻抑影響。』機關中同鄉、同學、同姓、牌友、酒友、姻戚、舞弊、謀利等自然的人際關係，都可稱之爲非正式組織。

非正式組織具有以下的特性：㈠乃順乎自然的人羣結合。㈡人際間有交互行爲、共同意識與感情交流。㈢彼此之間有認同感及友誼性以爲結合靱帶。㈣成員間社會距離相去不遠，生活及文化背景亦多相近似。㈤每採行不甚顯著或不太形式化的影響力或壓力，達到其所期欲的目的。非正式組織所以能自然的形成，要不外以下的原因：㈠滿足嚶鳴求友的友情慾望。㈡友好關係能得到扶助、支援與同情。㈢藉此維護及爭取權益，並謀求發展。㈣加強個人的地位、聲望及影響力。

二、類型——使用不同的標準可將非正式組織劃分爲許多類型。玆舉兩位學者的分類於後，以見一斑：

1.道爾頓的分類——道爾頓氏（Melville Dalton）於一九六四年著『誰是管人的人』（Men, who Manage）一書，對非正式組織作下列的分類：

甲、垂直型非正式組織——這是機關中上下層級間，若干地位高下不等的人員因某種關係而形成的自然結合。這種結合可分爲兩種：一是共棲性的，卽上下交相利，彙相護，上司維護下屬，提拔下屬，並掩飾或擔當其過錯。下屬支持上司，擁護上司，並分擔其所受威脅或危險。

一是寄生性的，上下之間所得利益並不相對稱。下屬得自上司的協助較多，對上並無相稱的貢獻，而呈現一種寄生與依賴狀態。

乙、水平型非正式組織——在機關中突破工作部門的界限，同等層級的若干人員因某些需要或關係而形成的自然結合。這種結合又可分為兩種性質：一是防守性的，當自己的權益受到威脅或侵害時，聯合努力，謀求防衞與維護。一是攻擊性的，為了爭取權益，作協力的奮鬥，謀求有所收穫或滿足。

丙、混合型非正式組織——這種自然結合的組成人員來自不同層級，不同地位，不同工作地點，多因共同興趣、友誼、社會滿足感或係為完成與機關無直接關係的功能而產生。因機關外的關係亦可能形成這種結合，例如居住同一地區，參加同一敎會，屬於同一俱樂部等。這種在外的聯繫，亦可以帶進機關內而發生影響。

2.納格魯的分類——納格魯（F. A. Nigro）於一九六五年著『現代行政學』（Modern Public Administration）一書，對非正式組織作下列的分類：

甲、水平型的內部羣組——在行政組織中層級不同或地位不同的人，常有隔閡，生活接觸，感情溝通，多有障礙；而同等級的人們則社會距離甚近，需求亦相似，具有認同感，接觸較多，感受相同，休閒娛樂亦常在一起，遂自然而然的成為無形的組織，互相協助，彼此照顧，共同維護權益。

乙、水平型的部際羣組——前述的羣組指機關內同一工作部門同等級的若干人所形成的結合。這一羣組係指機關中各個不同工作部門同等級的若干人所形成的結合。這些人可能因工作上的聯絡、生活上的接觸、社交場中的結識、會議席上的討論，意氣相投，興趣一致而產生友誼、情感、信賴，進而成為非正式的羣組或結合。遇有利害共同的遭遇，可

能聯合一致防衛權益，或聯合努力爭取權益。

丙、垂直型的內部羣組——機關內的等級或層次常是意見溝通的障礙，且因此而產生上下之間的隔閡，甚而有對立的情勢。從地位高低不同的個人聯繫與感情結合，乃是突破層級障碍的自然而有效的辦法。在同一部門中上下人員間個人的自然結合就是垂直型的內部非正式組織。其性質可能是共棲性的；亦可能是寄生性的。

丁、垂直型的部際羣組——機關內若干地位高低不等的人員，或由於社會友誼，或由於情趣一致，或由於工作聯絡，或由於生活接觸，或由於利害關係，突破工作部門界限而形成個人間的自然結合，便是垂直的部際非正式組織或羣組。

三、作用——非正式組織在機關中當然能以發生不少的影響與作用。這些作用有的是優良的，乃是正動的，對機關有所助益；有些乃是惡劣的，乃是反動的，對機關有所損害。茲將這兩種正反功能舉述於後：

甲、非正式組織的正功能——這種正功能計有以下諸端：㈠增強機關的內凝力，維持團體的文化價值。㈡成員因能藉此得到相當的承認、表現和滿足，加強對團體的認同感與歸屬感。㈢經由非正式途徑，促進意見溝通，減少誤會與隔閡。㈣發生機關內的社會控制力量，對成員有一定拘束，可以防止違法亂紀的事端。㈤正式組織的計劃、規範、程序皆缺乏彈性；而非正式組織對此能有所救濟，而作制宜權變的活動運用。㈥非正式組織可以分擔正式主管人員的一部份領導責任。㈦可以補正正式命令的不足。㈧穩定機關組織，減少人員的流動率。㈨可作為遇有挫折行為人員發洩的通道。㈩能以矯正管理上的偏差措施。

乙、非正式組織的反功能——這種反功能計有以下諸端：㈠非正式組織的功能和正式組織的目標與期望常不能一致，使二者之間呈現失調

現象。(二)非正式組織的活動常是和正式組織的功能無甚密切關聯，可視之爲無裨益的浪費行爲。(三)非正式組織的行爲常是正式組織所預料不到的現象，對機關任務的達成不無妨碍。(四)非正式組織的成員同時是正式組織的成員，兩種身分和角色常會發生矛盾，使人左右爲難，妨害工作的順利推行。(五)傳播謠言與耳語，造成機關人員間的猜疑、誤會與不安。(六)非正式組織對其成員有相當的社會控制力，抹殺其個性與活力，對正式組織所要求於成員的行爲模式、人格特性及意識型態常發生阻碍作用。

第十章　經濟環境與行政發展

就系統分析的觀點言之，行政乃是一生態系統。這一系統與所處的社會環境有着不可分離的密切關係。經濟在社會環境中佔有極重要的地位。故行政的內容與性質常隨經濟環境的改變而有互動的發展。茲將這種發展分爲六個歷史階段，於本章分別論述之。

第一節　漁獵經濟時代的原始民主行政

一、圖騰社會的特徵──漁獵經濟時代的人民，過着櫛風沐雨，穴居野處，茹毛飲血的草莽生活，以天爲被，以地爲床，與草木禽獸爲侶，以捕魚打獵爲生。這時的人羣生活團體或組織乃是『圖騰獵羣』（Totemic Hunting Group）。圖騰（Totem）乃是一個獵羣所崇拜的自然物，或爲動物，如牛、馬、熊、龍等；或爲植物，如楊、柳、柏、松等；或爲礦物，如石、金、鐵等。圖騰是維持這一獵羣的團結韌帶。他們崇拜這一圖騰的原因，不外三種：㈠認此圖騰是他們的祖先；㈡認此圖騰是他們的保護者；㈢認此圖騰爲他們的食物來源。人類最早的組織不是血緣結合，而是以圖騰爲聯繫的原始種族（Primary Tribes）。

原始種族多有『文身』的風俗，身上所文繪的圖形就是他們所崇拜的圖騰。

圖騰社會的特徵或生活規範如下：㈠同一圖騰內的人不得相互通婚。這一規範一直延續到無數的後代。㈡某一圖騰限與另一特定異圖騰通婚，例如牛圖騰限與馬圖騰通婚；楊圖騰限與柳圖騰通婚。㈢實行所謂『羣婚制』（Group Marrige），亦稱之爲等輩婚，今人視之爲亂婚；即此圖騰的若干姊妹與彼圖騰的相當輩分的若干弟兄爲共同夫妻。㈣在羣婚制下，所以知有母，而不知有父，而是女性中心的社會。㈤社會上並無所謂法律，但有若干『禁忌』（Tabos），例如那條路不可走，動物身上的那塊肉不能吃，不可與某種人見面或談話。㈥人羣行獵共同生活，一起工作，無公生活或私生活之分。㈦當時並無私有財產，天然資源屬於全體隊羣。產屬公有，妻非獨佔，原始人羣可視爲『公產公妻』的野蠻社會。

二、漁獵與遊動國家——圖騰社會不能算是國家，若勉強言之，可稱之爲『遊動國家』（Moving State）。其要旨可作以下的說明：㈠漁獵隊羣逐水草而居，居無定所，不足以言固定領土。但漁獵亦有一定區域，無行遠工具，徒步而行，活動範圍不會太大。㈡圖騰社會既無正式法律，亦無專管公務的政府，但有共同崇拜的圖騰以爲團結韌帶，且有若干『禁忌』以爲行爲規範，亦略具政府與法律的意味。㈢圖騰社會的人口，不會太多，因太多而無專管機構，難以作有效管理；但亦不能太少，因太少無足夠力量以與野獸相抗爭而維持生存。圖騰社會的活動區域內可能有幾個獵羣，少則三四百人，多則千餘人。史稱『禹會諸侯於塗山，執玉帛而至者萬國。』據文獻通考戶口考載，禹時人口總數一三、五五三、九二三人，以萬國分配之，平均一國人口約一千三百五十人。以中國歷史言之，殷商時代尚是以畜牧爲主，農業並不重要，故夏

以前的社會應屬漁獵經濟時代。

三、原始的民主行政——圖騰社會的政治與行政，乃是原始性的民主政治與行政。其性質與內容可作以下的說明：㈠圖騰社會的獵隊，共居協作，一起漁獵，地位平等，並無『勞心』與『勞力』者之分，更無『治者』與『被治者』之別。㈡圖騰社會生活簡單，技能低劣，社會功能是渾同性的，並無分化或分工，人人不脫離生產行列，同是勞働者，生產者；並無擺脫生產，所謂『管理眾人之事』的官吏或公務人員；因之，自亦不必設立管理公務的政府或行政機構。㈢圖騰社會無脫離生產營觀念生活的勞心用腦的公務人員；其原因有二：一是因生產技術低劣，大家一齊的漁獵所獲尚未必夠吃用，那能讓不去漁獵的人吃閒飯。二是因當時尚無所謂政務或公務，自然不需要官吏或公務人員。㈣圖騰社會的人民，都是一無所有的『窮光蛋』，都僅有一個赤裸之身，既無貧富之分，亦無貴賤之別。草昧初民，未受教育，知識不分高下，皆是渾噩無知的『純樸的野蠻人』（Noble Savages）。㈤如果說圖騰社會亦有政治，那是原始的民主政治，和現代的民主政治有兩大不同：後者是代議制度，是間接民權；前者無政治層級是直接民權。後者是少數服從多數的多數統治；而前者則是全體一致的全民政治。㈥圖騰社會雖無脫離生產的統治階級，但亦不能沒有隊羣領袖。這種領袖的地位取得，或因智慧出眾，或因體力超羣，或因經驗豐富，完全由於大眾的自然擁護。中國古代的燧人氏、有巢氏、伏羲氏、神農氏、軒轅氏、唐堯、虞舜、夏禹都是受大眾自然擁戴的原始民主領袖。

第二節　畜牧經濟時代的神權迷信行政

一、畜牧經濟的發明——人類的知識及生產技術因經驗的累積和智慧的創造，故能隨時代而進步。政治和行政的性質與內容亦隨之而起變

遷與發展。經濟發展的歷程，由漁獵時代進入畜牧時代；其原因可得而推知之。圖騰獵羣的人們，因技術日進，經驗日豐，所獲獵的禽獸當可日見增多。所獲旣多，就不必一次全加殺死以供食用。其未被殺死者，卽留養之，以備下次獵獲不足時，殺食之。但以後獵獲均尚豐多，不但不必殺食前所留養的禽獸，且有多餘者再加留養之。其後遇有獵獲不足時，需要宰殺留養之禽獸以供食用。這時所要宰殺者可能是後期所留養者；因對前期所留的動物則較有喜愛的感情。如此留養，到了相當時日，主人發現有新的小動物的誕生。他們喜出望外，旣然知道留養禽獸可以自行生產。何必再出去作那旣辛苦而又無甚大把握的漁獵呢？於是他們便捨去漁獵生活而從事於禽獸的豢養。人類生活遂由漁獵經濟時代進入畜牧經濟時代。

　　二、氏族社會的特徵——畜牧經濟時代的人羣生活單位及社會組織是『氏族』（Clan）。氏族乃是圖騰地區化的人羣組織。『氏』爲象形字，乃山崖下的一塊平地。『族』字由方、人、矢三字合成。方爲標誌或旗幟。人是人衆。矢是獵人所用的矢箭。族是原來的圖騰獵羣。氏族就是生活在一定地區的人羣。後世的所謂姓氏，包含兩種意義：姓由女生，指血統而言；氏爲地區指地望而言。氏族社會（Clanish Society）和圖騰社會有三大不同：㈠由亂婚或羣婚制進化爲一夫多妻的固定婚姻制。㈡由女性中心的母系社會進化爲男性中心的父系社會。㈢由原始全民平等的無階級區分的原始社會演變爲有貧富、貴賤、尊卑的身分分化社會。

　　由於經濟的發展及社會結構的改變，氏族社會產生以下的新特徵：㈠社會功能發生明顯分化，出現分掌政治、行政、軍事及宗教職務的官員，脫離生產行列，不從事畜牧的勞働工作，而成爲管理公務的統治階級。社會上遂有『治者』與『被治者』的分立。㈡牲畜是畜牧社會的重

要財產，因畜牧技術的不同，天災時疫的侵害，和動物生殖的多少不同，於是氏族與氏族之間，家族與家族之間，就發生『貧』與『富』之分。㈢畜牧經濟時代飼養禽獸，採集飼料都需要勞働力，而且牧場的優劣亦是有關生活豐吝的重要條件。於是各氏族之間爲搶奪勞力與牧場就會發生戰爭。爲謀求戰爭的勝利，便要挑選能征慣戰的軍事領袖和戰士。軍人階級遂亦於此時出現。戰勝的氏族則從戰敗的氏族中擒拿大量的俘虜，使在嚴格的管制下從事勞働工作，於是有奴隸制度的產生。

三、部落國家的形成——氏族包括若干家庭和家族。氏族的人數發展到相當龐大的程度時，就會分裂爲另一氏族。氏族佔有一定的牧場。集合若干氏族而成爲宗族。氏族是事實上的同血統。而宗族則是想像中的同血族。同宗族的人們自認屬於同一男性祖先，以爲團結靭帶及歸屬意識或認同感。宗族在若干牧場上過畜牧生活，故亦可稱之爲部落。若干部落或宗族聯合而成爲部落國家。氏族的領袖爲族長，掌氏族的牧政與祭祀。畜牧經濟甚重經驗，故各氏族的族長率係各氏族中年紀最長的男性尊親，且多係由世襲而產生。宗族的領袖爲部落的酋長或侯王，掌軍事與戰爭及對外交涉事宜，多由忠誠勇敢，機警善辯的人才擔任，係由族長選舉產生。國家的領袖爲君后，依據神權或天意建立之。

四、神權的迷信行政——畜牧事業的成敗豐吝，與天時氣象有極密切的關係。天氣良好，則牲畜繁殖衆多，且少意外死亡。天氣惡劣，則生相反的結果。一次暴風雨，可能冲走、淹死，損失無數的鷄、鴨、牛、羊、猪。獸疫傳染，對畜牧業者是致命打擊。運氣好的氏族，牲畜興旺滋多。運氣差的氏族，則牲畜生殖不繁，而死亡衆多。當時的人們，因知識不足，能力低下，對這些事態及風、雨、陰、晴、雷、電、霜、雪、生、老、病、死等自然現象，既不能瞭解其原因，更無力控制其發生。這些對人生吉、凶、禍、福、貧、富、苦、樂有關的恐怖現象

皆發生畏懼震驚的心理，不知其因，不得其解，『聖而不可知之謂神』。於是他們認為這些現象的背後，有一種偉大而神秘的力量支配着；遂不得不懾服於神威之下，而跪拜祈禱，求其庇祐與保護。神的意志與力量便能支配衆人的生活，神權政治和迷信行政乃勃然興起。

族長是氏族的政治領袖，對其族人有很大的權威；就是他死後，仍有餘威遺愛在人間，族人對之仍保持敬畏的心理，並要祈求其冥默的庇祐與保護。所以部落國家的神權政治和迷信行政係由兩大宗教觀念所支配：一是自然的神力，卽天神教；一是死去祖先的英靈，卽拜祖教。殷商是聯合各部落而成的王國，主要的經濟是畜牧事業。殷商時代是神權政治，可從『殷人尚鬼』、『殷人尊祖敬天』之言，得到證明。殷墟出土的甲骨文所記者卽是卜辭。國之大事在祭與戎。祭與戎都要以問神求卜所得的卜辭定行止，決吉凶。

禮記表記曰：『殷人尊神，率民以事神』，『先鬼而後禮』。在神權政治的支配下，便有『知天通神』的『巫覡』卽道士或僧侶階級的產生。巫覡掌卜筮，司祭祝，念符咒，治疾病，其地位是人與神交通的橋樑，傳達神鬼的意志。族長雖掌族政，酋長雖掌軍權，王后雖主國政，但他們的行動均須以神鬼的意志為依歸。神鬼的意志只有巫覡才知道。因之，族長、酋長、王后仍須聽命於巫覡，對巫覡負責。巫覡的地位最高。『在太戊時，則有若伊陟，臣扈格於上帝，巫咸乂王家，在祖乙時，則有巫賢』。『伊』與『巫』，皆是掌神權的統治者。伊尹之放太甲乃神權與王權的衝突。

殷商時代政事的決定或政權的行使，屬於四種人：一是王后，卽君主與酋長。二是卿士，卽族長或貴族。三是庶人，卽自由人，奴隸不能行使政權。四是巫覡。王侯、卿士、庶人各佔一權，而巫覡卻獨佔二權。觀於尚書洪範篇的記載，卽可得到證明。其文曰：『汝(指王侯)則

有大疑謀及乃心，謀及卿士(族長)，謀及庶人(自由人)，謀及卜筮。汝則從，龜從(指卜)，筮從，卿士從，庶人從，斯之謂大同，身其康疆，子孫其逢吉。汝則從，龜從，筮從，卿士從，庶人逆，吉。汝則從，龜從，筮從，卿士逆，庶人逆，作內吉，作外凶。龜、筮共違於人，用靜吉，用作凶』。由此觀之，巫覡不從便不能作爲，因靜吉動凶。巫覡的地位，幾乎持有否決權。足見神權至上，軍權和政權反居於次要地位。

第三節　農業經濟時代的宗法習慣行政

一、農業經濟的發明——畜牧經濟事業最需要的是牲畜所吃的飼草與飼料（穀物之類）。其來源皆在於植物。飼草是植物莖葉，飼料是植物的籽實。在茛好的牧場上始能生長所需要的植物。茛好的牧場則爲氏族長期佔用。牧場上的牧草或由牧人驅逐牲畜到牧場食之，或割刈至家中以備牲畜食用。割刈牧草時，常會有草籽遺落在地上。時間旣久，遺落的草籽居然生長爲其所需要茛好飼草與飼料。由於有了這喜出望外的經驗，遂知道搜集及播種植物的籽實，以培植所需要的飼草與飼料。飼料不僅可供牲畜食用，且可作爲人的糧食。人類由此而發明種植技術。歷史進化遂由畜牧經濟時代進入農業經濟時代。

　　周朝開國君主文王姬昌的祖先后稷，就是一個農業發明家。周室係以農業起家。當時西北地區，氣候溫暖，雨量不缺，土壤肥沃，最適於農業耕作。周代的農業生產技術已很進步，知用鐵耕，用牛耕，深耕易耨，收穫豐裕；更懂得鑿井修渠，與水利，利灌漑，且會設『萊田』，行輪耕，歇地力。所以農業的生產力達於高度效率，經濟力量與生活，較爲富裕。周朝能以戰敗殷紂王，其中原因之一，就是周挾持農業的經濟優勢以攻殷，殷之畜牧經濟較爲落後，不足與之抗衡。周居西北產馬地區，故以馬爲交通工具及使用戰車作戰。殷人伏象以象隊運輸與作

戰。象的行動遲緩，而馬之行動捷便快速，周勝殷敗，這亦是原因之一。

二、**封建國家的特性**——在農業經濟時代，土地最爲重要。土地乃是財富的淵泉，亦是生活的憑藉和依據。周人對其征服的土地謀作有效利用與保衞，乃實行封建制度，建立封建國家。所謂封建制度就是將全國土地劃分爲若干區域，即分疆。分疆之後，即規定界限，不得侵越，即封界。分疆封界後，即在各個區域上立國建君，並分配給封君很多的人民以爲耕作勞力，使永守其地，並作有效的耕作與保衞。據馬端臨文獻通考封建考所記，周併天下，大封諸侯，同姓諸侯有魯、管、蔡、燕等五十三國，異姓諸侯有齊、宋、箕、許等七十八國，共計一百三十一國。

封建國家所賴以支持的柱石，就是領土與農民。實在說，封建制度就是以土地分配及使用方式所建立的政治和行政制度。征服者把土地分配給各諸侯，用其豢養的奴隸或半自由人耕種之，用『藉而不稅』的方法，收取其耕種的成果。諸侯則負責維持耕作者最低限度的生活。耕作者在其耕作的土地上營固着的生活，不得離去；若擅自離去，就有餓死或被處死的危險。故曰：『死徙不出鄉』。土地分封各有定制。諸侯以所受封土地的大小，分爲公、侯、伯、子、男五等，爲封地的統治者。依禮記王制篇所載：『天子之地方千里，公侯之地皆方百里，伯七十里，子、男五十里，不及五十里者，不合於天子，故曰附庸。』孟子萬章篇所載與此相同。周禮大司馬篇雖曰：『諸公之地封疆方五百里，諸侯方四百里，諸伯方三百里，諸子方二百里，諸男方五十里』，但周禮係僞書，不足取信。況當時全國的土地面積並不太廣，若以此標準分配給一百三十一國，則大不敷用。孟子爲周代人，所言當較爲可信。

三、**貴族的等級制度**——封建國家乃是一不平等的階級社會。全國

人口分為貴賤尊卑的不同的等級或身分，世代傳襲，永不能流通或轉變。全國人口分為貴族、士庶（自由人）、奴隸三大階級。天子、公、侯、伯、子、男，是土地的大領主，乃政權所有者的統治者。卿、大夫、士在封君的領土內領有采食之地，為小領主，乃治權行使者的官員。此二者皆為貴族，身分高，權力大。庶民為自由人。奴隸是在土地上從事勞力耕作的農人，不能離開土地。採行身分地位的世襲制，以保持不平等的階級社會，並屬行下尊上，上壓下的等級服從制度。四民不遷其業，身分不能流通，『士之子恒為士，公之子恒為公。』

封建國家既有明顯的階級制度，更屬行嚴格的等級服從。漢書貨殖傳曰：『昔先王之制，自天子、公、侯、大夫、士以至皂隸抱關、擊柝者，其爵祿、奉養、宮室、車服、棺槨、祭祀、生死之制，各有差品，小不得逾大，賤不得逾貴。』師服曰：『吾聞國家之立也，本大而末小，是以能固。故天子建國，諸侯立家，卿置側室，大夫有貳宗，士有隸子弟，庶人工商各有分親，皆有等衰。是以民服奉事其上，而其下無覬覦』（左傳恒公二年）。楚芋尹無宇曰：『天有十日，民有十等，下所以事上，上所以共神也。故王臣公，公臣大夫，大夫臣士，士臣皂，皂臣輿，輿臣隸，隸臣僚，僚臣僕，僕臣台』（左傳昭公七年）。這些記載都足為等級制度及等級服從的證明。

四、宗法的習慣行政——封建國家和貴族政制都依靠宗法制度以為支持。宗法制度包括嫡長繼承制、政治倫理化及行政習慣化。英儒梅因（Henry Maine）著『古代社會』（Ancient Society）一書，指出：『凡繼承制與政治有關係者，必為嫡長繼承制』。嫡長繼承制在保持土地的集中及等級制度。封建貴族憑藉其土地行使統治權。他們以領主的資格對領域內的公、卿、大夫、士、庶、皂、輿、隸、僚、僕等人與農奴加以控制與指揮，並使之悉心力以奉養其上。貴族權勢的強弱，視其領土

面積的大小爲轉移。貴族們若不採嫡長一人繼承制，而由諸庶子共分繼承，不數世則土地分割殆盡，貴族即失卻其統治的資格、力量與憑藉。嫡長一人繼承在防止領土的分割而永保貴族統治權。

宗法社會的婚姻是一妻多妾制。妻尊而妾卑，妻妾之子，地位大不相同。妻子爲嫡，妾子爲庶。嫡長繼承制，就是只有嫡子長男方能入承大統，接管領土，襲其爵位。嫡長子稱爲宗子，一脈相傳的嫡長子繼承法統，謂之大宗。其他嫡子只有受封的資格，稱之爲別宗。受封的別宗亦採嫡長繼承制。其他諸嫡子爲餘子，不能繼別只能繼禰（父）者爲小宗。具體言之，天子之嫡長子（太子）繼承爲天子，次子分封爲諸侯。諸侯之嫡長子（世子）繼承爲諸侯，次子分受食邑爲卿、大夫。卿、大夫之嫡長子（宗子）繼承爲卿、大夫，次子分受圭田或耕地爲士。士之嫡長子（小宗子）繼承爲士，次子或分耕地爲士，或降爲庶人。

尊祖敬宗的宗敎和禮儀，構成宗法社會的兩大柱石。藉尊親、敬祖、昭孝、報恩的宗法思想，維持尊卑貴賤的等級制度。在生活上訂有繁瑣嚴明的禮儀以爲拘束，不得踰越，加強等級服從的觀念。宗敎上亦採行嫡長主祭制，以維持宗法制度於不墜，非所宗者不得祭。國無二君，廟無二主。諸侯不得祭天子，卿、大夫不得祭諸侯，士不得祭卿、大夫。

政治倫理化的意義，就是國家是家庭的擴大，政治關係是親屬關係的推展。父權至上，爲一家之主。國既是家的擴大，則君猶父也。由父權至上衍爲君權至尊。父權對子女有絕對效力，子對父須作無異議的服從。因之，君權對臣民亦具有絕對的效力，臣民只能作絕對的服從。子女犯父，臣民犯君，均爲大逆不道，罪在不赦。

宗法社會爲維持等級服從，乃制定各種明貴賤尊卑的服章禮儀，藉

以養成臣民的服從習慣，馴成忠實順民。國語周語曰：『名位不同，禮亦異數。』就祭禮言，天子七廟，諸侯五廟，卿大夫三廟，士一廟，庶人無廟有寢。就服飾言，天子玄冠朱組纓，衣章龍驥，射節緇屨；諸侯緇衣冠素纓，衣章黼，射節貍首；卿大夫玄冠綦組纓，衣章黻，射節采蘋；士無冠而衣玄，纁冠裳，射節采繁。就儀容言，天子穆穆，諸侯皇皇，卿大夫濟濟，士蹌蹌，庶人僬僬。就喪亡言，天子曰崩，諸侯曰薨，卿大夫曰卒，士曰不祿，庶人曰死。就堂高言，天子九尺，諸侯七尺，卿大夫五尺，士三尺。

封建國家係農業經濟。農業最重經驗與習慣。貴族統治基於『禮儀』與『宗法』。這宗法與禮儀乃是統治人羣，支配社會的有效權威與有力工具，不容侵犯或改變。守宗法，維禮儀為封建國家的統治特質。卿大夫、士推行治權，猶如今日的官吏或公務人員，以知禮儀，明宗法為重要條件。所謂『禮儀』與『宗法』者，在當時實是『習慣』的別名，卽『約定俗成』的習慣。封建國家的行政內容，是以『習慣』為準繩。『禮儀』與『宗法』是前代或祖宗所規劃的典制，世代相傳，成為習慣。

第四節　農商經濟時代專制刑罰行政

一、農商經濟的形成——周代的農業生產技術日益進步，用牛耕、用鐵耕，知使用肥料，並懂得灌溉，農產品大為增加，人民食用不盡，遂以多餘的農產品出售，再用交易得來的貨幣購買所需要的其他用品。周代初期的農業生產，是為消費而生產。卽所生產的農產品係供自己的消費。到了後期農產品大為增加，食用不完，乃以農產品當商品出售。這時的農業，係為交易而生產，於是形成農業商品經濟。加以全國各地區的氣候不同，土壤有別，一個地區只能生產某些農產品。由於農產品

的地理分工，農產品成爲地區的特產品。此地區的特產，則爲他地區所需要。各地相互依需，特產品遂須彼此交換，以利生活。這又是農業商品經濟形成的另一原因。

春秋戰國時代，戰爭頻仍，交通發達，農產品需要交換與流通，商業貿易勃然興起，於是社會上除地主階級外，同時有商買的出現，亦成爲有力量的人物。呂不韋以翟陽大賈的資格，暗移強秦政權。鄭商人弦高竟能退敵國大軍。端木子貢『鬻財於曹衞之間，結駟連騎，束帛之幣，馳聘諸侯，所至國君無不分庭以與之抗禮』（史記卷一二九貨殖傳）。范蠡爲『越大夫，在陶爲商，致鉅富，世稱陶朱公』（史記范蠡傳）。這些史實都證明東周的商業已相當的發達與繁榮。

司馬遷曰：『漢興，海內爲一，開關梁，弛山澤之禁，是以富商大買，周流天下，交易之物，莫不通得其所欲』（史記貨殖傳）。晁錯曰：『商買大者積貯倍息，小者坐立販賣，操其奇贏，日游都市，乘上之急，所賣必倍，故其男不耕耘，女不蠶織，衣必文采，食必粱肉，亡農夫之苦，有阡陌之得，因其富厚，交通王侯，力過吏埶，以利相傾，千里遊遨，冠蓋相望，乘堅策肥，履絲曳縞，此商人之所以兼併農人，農人所以流亡也』（漢書卷二十四上）。富商大買不但能以操縱經濟，影響政治，並能以直接掌握政治權力。桑弘羊、孔僅、卜式、東郭咸陽、任公、卓氏、鄧通、宏恭、石顯等，皆擁鉅貨，踞高位，商買儼然有人君之槪。

唐代商業發達大有可觀，長安、洛陽兩京，皆設市令及丞專掌百民交易。崔融曰：『天下諸津，舟航所聚，洪舸鉅艦，千軸萬艘，交貨往還，昧旦永日』（唐會要，卷三）。唐代印行紙幣『大唐寶鈔』以應商業需要。另有所謂『飛子』和『便換』，類似今日的滙票。各地有『櫃房』『邸店』，有似現在的錢莊或銀行。供外國商人兌換及存款者，有

阿拉伯人所開之『波斯店』，乃是當時的外國銀行。

宋代的商業與交通，較之隋、唐，實又過之。商埠衆多，航運發達，尤爲特色。爲增加庫收，屢次獎勵與外番通商。元朝建立橫跨歐、亞、非三洲的大帝國，國內外貿易更見發達，其商業範圍所及達於花刺子模（今阿富汗、伊朗）、木刺夷（裏海南岸）、欽察（裏海、黑海北岸）、康里（鹽海、裏海東岸）、西遼（俄屬中亞細亞）、報達（米索波達米亞）及俄羅斯。元代的經濟繁榮發達。馬哥孛羅在其所著『東方見聞錄』中，敍述甚詳。明清兩朝與歐洲各國已有交通，中外貿易大爲發達。三保太監鄭和率龐大艦隊下西洋，實負有商業上的重大任務。

二、專制的君主制度──由於商業的發達，交易的頻繁，全國各地區的相互依需大爲加强；交通日益方便，全國的團結的可能，亦比較容易，於是促成統一國家的產生。爲謀求商品流通的利便及關卡檢查的減少，統一國家更須建立一個中央集權的政府。由地方經濟進爲國家經濟或國民經濟，封建割據的局勢必須打破，統一國家和專制君主乃應運而生。中國自秦漢迄明清，西洋十六、十七世紀的民族國家和『朕卽國家』專制制度，都是農商經濟時代的產物。

在專制君主的政治體系下，以貨幣制度已甚發達，財政權乃易於集中。君主以掌握充裕財力，故能豢養大量的常備軍隊，並僱用衆多官僚臣僕，作爲鎭壓叛亂及統治人民有力有效的武器或工具，對全國能作『一把抓』式的統治。朕卽國家，普天之下，莫非王土，率土之濱，莫非王臣。君主的說話是『金口玉言』；君主的意志就是法律，所謂『王言曰制』，制者法也。臣民臨死受刑，還要謝恩說：『天子聖明』。

專制君主常擅作威福，隨其喜怒好惡，妄肆殺戮。漢高祖滅秦而有天下，竟殘殺開國功臣。所謂『狡兔死，走狗烹』。隋文帝亦是個猜忌殘酷，妄殺臣屬的專制君主。上柱國梁士彥、宇文忻、劉昉被隨意加罪

名殺死。楚洲參軍李君才被殺於殿內。大將軍賀若弼功而除名。虞慶則、史萬歲均是佐命功臣，同遭殺害。唐武則天女王陰謀，妄肆殺戮，示威海內，賜死劉思禮。同平章事李元素、孫元通等三十六家族誅，尤爲慘酷。明太祖刻薄寡恩，故作苛求，誅殺宰臣胡惟庸。藍玉之獄，株連被虐殺者達四萬餘人。廖永忠功勳甚大，周德興年最高，均以細故賜死。滿淸以異族入主中原，對臣民常妄加殺戮，以爲鎭壓，時起文字獄，廣事株連。莊廷龍明史之獄，戴名世南山集之獄，卽其較著者。

三、中央集權的政制——專制君主爲對海內作有效的控制以維持其統治權，自然要採行中央集權制度。專制君主和中央集權猶如孿生子，是同時誕生的。中國自秦漢迄明淸，一般說來都行中央集權制度，惟隋唐以後集權益甚，地方權力，日趨削弱。唐制，內重外輕，對地方官員的選拔，諸欠審愼，資淺望輕，不爲人所重視；而中央官員則權重位高，爲衆所尊重。當時馬周上言進諫曰：『古者郡守縣令，皆選賢能，欲有所用，必先試以臨民，或由二千石高第入爲宰相。今獨重內官，刺史、縣令頗輕其選。刺史多爲武夫勳人，或內官不稱職外補。折衝果毅身強者，入爲中郎將，其次乃補外州』（新唐書卷九九，馬周傳）。中央權力強大，君主握有實權，故才能之士皆樂於至中樞爲官，期以近天顏，霑皇恩。唐代爲厲行中央集權，把地方的財政權，置於中央的直接控制下，除尙書省戶部掌全國財政外，中央常派遣勸農使、轉運使、鹽鐵使、度支使等官，代表中央壟斷地方財權。

宋代的中央集權，更甚於唐。所採行的集權方式，計有兩種：一爲特派制度。一爲地方分權制度。地方政府長官，皆『派朝臣出守，不去底缺』。所謂知府事、知州事、知縣事，皆是中央的差派人員，對中央負責，並非地方主管。於是『官』、『職』、『差』三者各自分離。君主藉差派的運用可以加強其操縱的權威。差有實權，官祇虛位，遂有『

寧登瀛不爲卿； 寧抱關不作監』的諺語 。 宋鑑於唐代藩鎮之亂，地方
採軍、民、財、刑四權分立制， 各不相統屬， 防止地方成尾大不掉之
局。

元代設行中書省、行樞密院、行御史臺，掌理各省區的政務、軍事
與監察，在表面上好像是地方分權，然而實際上卻是『分而集之』的中
央集權的另一種加強手段。明朝承襲宋代的『特派制度』，各省長官皆
爲中央遣派的差使，布政使掌民政與財政； 提刑按察使掌刑名按劾； 另
有特遣的按察使，代表中央巡查各地。至於軍事臨時派遣中央官員任巡
撫或總督掌理之。 清代因沿明制， 地方官制仍以派遣行之。 省設布政
使、按察使及提學使，分掌民政財政； 刑名及教育與選才。巡撫和總督
則成爲常設職位，並兼領中央的侍郎及尙書官銜。府設知府事，縣設知
縣事。省、府、縣的官員皆爲君主的差使，對中央負責，並無自治或自
主的地位。

四、權勢的刑罰行政 —— 專制君主用以維持其政權者， 有兩大工
具：一是拿武器的常備軍隊；一是執筆桿子的官僚制度。人民如有暴動
或叛亂，則指揮軍隊敉平之。君主運用科舉制度，選拔『中式』的知識
份子以爲官吏。這些人用嚴格格式的『墨義』、『帖經』、『詩賦』、
『制義』（八股文）等方法測量之。凡能入選者皆爲有耐性、馴順、忠
實、守規矩的善良人，且有相當才學。把他們組織起來， 建立由上而
下， 由內及外的層級節制系統，在君主的指揮與監督下推行各級政府的
行政。 行政的內容則爲稅斂與刑罰。官僚代表君主， 憑藉權勢， 統治
人民，祇知對上負責討好，不恤民意，不顧民利。

專制君主指揮官吏爲爪牙，推行嚴刑峻罰的刑政，鎮嚇人民，強其
服從。漢武帝雖尊儒學，思想定於一尊。然歷代君主係以仁義道德教化
人民，其用以統治人民者卻是刑罰。死刑有車裂、腰斬、梟首、磔、棄

市及族誅。身體刑有墨、劓、刖、宮、髡、鞭、杖、笞諸刑，慘酷殊甚。自由刑有流竄與徒作。財產刑有贖刑與罰金。刑訊視爲當然。刑具有繩、鎖、鉗、械、枷、杻、桎、梏等。歷代皆訂有大逆十惡之罪，罪在不赦。十惡之目，雖代有變異，然其內容，則大體相同。依唐律爲例言之，十惡者：曰謀反、謀大逆、謀叛、惡逆、不道、大不敬、不孝、不睦、不義及內亂。諸謀反及大逆者皆斬；父子年十六歲以上者皆絞。地方官署皆理司法，聽訟斷獄爲主要任務，故曰刑罰行政。

第五節　工業經濟時代的民主法治行政

一、工業經濟——在農商經濟時代，農產品交易的目的在於獲利或賺錢。而賺錢的多寡不是以貨品的數量爲轉移，而是以貨品的價值高下爲關鍵。數量多者不一定多賺錢，貨品價錢高者才能多賺錢。例如銷售一百斤原棉，假定其售價共一萬元，以什一之利計算，則僅賺一千元。若將原棉加工製造，紡織棉紗和布。布疋價值可能較原棉高達十倍。則銷售一百斤棉布得價多達十萬元。以什一之利計算，可賺錢一萬元。於是農商經濟下的貿易商人，乃競相從事於農產品加工製造與經營。經濟發展遂由農商經濟時代進入工業經濟時代。

初期的工業經濟生產，僅是小規模的家庭式手工業生產。迨牛頓（Isaac Newton, 1642-1724）、瓦特(James Watt, 1736-1819)先後發明蒸汽機，工業家乃放棄手工業的經營，而改用機器的生產，因而促成『產業革命』 (Industrial Revolution, 1750→1825) 的完成。這一期間的經濟結構轉變如次：㈠由人工爲動力進而以機器爲動力，從事商品生產。㈡由小規模的家庭工業經營進而爲大規模的工廠生產經營。㈢手工業時代工人與業主之間皆有倫理或師徒關係，二者之間有人情味與感情關係；這時的工人與廠主僅有『工作與工資』的經濟關係，並無個人情

感存在。產業革命完成後，人類的歷史遂由農商經濟時代進入工業經濟時代。

二、民主國家——工業經濟最重自由發展與自由競爭，俾能日新月異，精益求精，花樣翻新，吸引顧客。專制君主的集權控制及對自由的限制和壓迫，深為工商業界所厭惡。對君主爪牙的官僚統治和沉重剝削，更為大眾所憤恨。工商業者知識漸開，遂有政治醒覺，發生打倒專制君主及官僚統治的意向。此時適有政治哲學家英人洛克（J. Locke）著『政府論』，法人盧梭（J.Rausseau）著『民約論』，倡『天賦人權，一律平等』之說。他們認為『治者的權力，建築在被治者的同意上』；政府係依契約而產生，政府若違犯契約，侵害民權，人民就有起而推翻政府的革命權利。憤恨的人民受此革命思潮的激盪，遂掀起一發而不可收拾的民權大革命，專制君主及官僚統治被推翻，而建立自由平等的民主國家。

在民主國家中，人人皆是自由平等的，國家主權屬於全體國民。人民自行制定憲法，組織政府，規定官吏的責任及人民的權利與義務。人民有權選舉議員與官吏，使之對人民負責。議員、官吏如違犯民意，人民有權罷免之，使之不敢侵害民權。依理言之，在自由平等的民主國家，誰亦無權統治誰，誰亦不必服從誰；但主人翁的國民應對自己負責，應自己管束自己。人民選舉代表制定法律。法律代表民意。人民服從法律就是服從自己。

三、理性政治——民主國家既不憑藉權勢，厲行嚴酷的刑罰統治；亦不運用武力或戰鬥解決政爭問題。而是依理性用和平討論及投票方法解決政爭問題。所謂『理性』就是存在於客觀世界的『天理』或『自然法則』及存在於人類性靈深處的『人同此心，心同此理』的『良知』或『天良』。以『力』服人者，使人憤恨不平，隱藏着禍亂的根源與危

機。以『理』服人者，　使人心悅而誠服也，　乃安定與和平的基礎和保
障。民主主義所崇信的理性，包括以下的要旨：㈠尊重各人人格，人人
可憑自己的良知判斷決定自己的意願與行為，　傍人不得無理限制或干
擾，人人是自己的主宰。㈡人人平等，在相同的條件與情形下，皆享受
相同權利，負擔相同義務，不受歧視，無特權階級。㈢各人可以各憑自
己的意願與能力發展自己的事業，藉以促進社會進步。理性政治的實際
運用，以『選票替代槍彈』，以『討論替代打鬥』。人人平等，一票一
值。少數服從多數，多數尊重少數。人人可以是多數方面的人，亦可以
是少數方面的人。多數與少數的成員係隨事、隨時而變異，並非固定不
移的。

　　四、法治行政——專制政治是『以意為治』的人治；而民主政治則
是『以法為治』的法治。前者崇敬個人(君主)，服從權勢。後者尊重制
度，服從法律。民主政治是以民意為依歸的民意政治。所謂民意既不是
張三、李四、王五的個人意見，亦不是報章社論或人民團體的決議案所
能代表。因為這些意見常是衝突的，議論紛紜，莫衷一是，無所適從。
民意係指全國國民的共同意見或多數意見。這種民意的取得，不外兩個
途徑：㈠舉行全國公民投票，　行使創制權或複決權制定憲法或法律；
或否決議會所通過的法律。㈡由人民選舉民意代表組織民意機關制定法
律。所以法律就是民意之所在；就是民意的具體表現。服從法律就是服
從民意。民意政治就是法治政治。

　　在法治政治下，憲法的效力最高，法律不能抵觸憲法，行政命令不
能變更法律。這是保障法治，防止人治的基本原則；亦是民主國家的政
治通例。各級政府和官吏推行政務，執行職務均須以法律為依據，不依
法律不能為人民設定權利，亦不能使人民負擔義務，如有踰越就要受到
行政處分、司法懲罰。若因違法或過失造成人民損害，政府或官吏還要

負賠償的責任。人民在法律及憲法的保障下，享有一定的權利與自由，非因維持公共利益，社會安全、善良風俗不受限制。法律之前，人人平等。法律之內，人人自由。人民非因犯法，不受懲罰。縱使人民犯法，亦必須由法定機關依法定程序始能懲罰。懲罰人民應作公開審判，依據事實，適用法條作公正的裁決。在法治政治下，依法律以管理公務。公務人員推行職務的行為與活動，就是執行法律的行政活動。

第六節　金融經濟時代的科學服務行政

一、金融經濟——產業革命後，大規模的工廠機器生產，使貨物產量大為增加，貿易數額亦大見膨脹。工商業者為作集中經營，期以促進生產力，減低成本，提高利潤，迄於十九世紀末葉而有『第二次產業革命』(The Second Industrial Revolution) 的發生。這次產業革命的要旨在於工商業的『聯合經營』（Combination）和『大托辣斯』（Trusts) 的形成。因之，工商業者遂能挾持其優越的經濟勢力，操縱金融，壟斷市場，使消費者的利益，受到威脅。所以美國國會於一八九〇年通過『先門反托辣斯法』(Sherman Anti-Trust Act)，藉以維持工商業界的公平競爭，並保障一般消費者的利益。自第二次產業革命完成後，經濟發展自二十世紀以來便由工業經濟時代進入金融經濟時代。

金融經濟時代的經濟特徵如次：㈠前期的工廠生產率以蒸汽機為動力，燃料以煤炭為主；此期的工廠生產多以電氣機為動力，燃料以石油為主；近有用核能發電的趨勢。㈡前期的貿易交換數量較少，價值亦不過分龐大，交易中準的貨幣，係金銀硬幣為主體；此期的交易數量大，價值高，所需貨幣亦大為膨脹，硬幣使用甚不方便，乃改以紙幣為主；且輔之以支票、滙票、信用狀等。㈢前期的工商結構以獨資經營及合夥公司為最多；此期的工商結構，以『股份公司』最為普通，資本證券

化，證券大衆化；由資本家的資本主義，進爲大衆化的或人民資本主義。四前期的企業率係由業主爲經理人，『所有權』（Ownership）和『管理權』（Management）是合一的；此期的企業，股東分屬於大衆，無法自行管理，『所有權』與『管理權』遂趨於分離。㈤爲適應工商業界的資金運用及融通的需要，資金雄厚的大銀行及金融機構乃應運而生。㈥此期的工商組織多進入資本密集及技術密集，所需資金流轉極爲龐大，必須依賴銀行的支援、貸款及融通方能靈活運用。㈦在銀行制度的運作下，致有大財團的形成，足以操縱和左右工商經濟的興衰與命運。銀行或銀行家成爲這金融經濟時代的中心人物。

　　二、福利國家──民權革命成功後，以迄於十九世紀之末，可稱之爲傳統民主政治時代或初期的民主政治。自二十世紀以來，政治思想及民主觀念大有變遷，行政措施亦步入新的方向，可稱之爲現代民主政治或改進的民主政治。傳統民主主義者對專制政制深惡痛絕，很怕政府權力強大，故信持『制衡原理』採行分權政制，使立法、司法、行政三權分立，相互牽制，防止政府權力強大；認爲國家的地位，僅是一個『守夜警察』，只要能維持社會秩序與治安就夠了；並主張『限制政府』。政府的任務僅在於保障人權，維護自由，應行『放任政策』，讓人民憑自己的判斷，發展自由事業，政府不可干涉，故有『政府最好．干涉最少』（Government best, Government least）的信條與口號。

　　但是自由放任的結果，在無計劃的生產下，常會引起經濟恐慌，致工人失業，工廠倒閉；自由競爭幾乎成爲斷喉的自殺競爭。產業革命的結果，財富雖增加，但分配不合理，致形成貧富懸殊，勞資對立等不良現象，社會的糾紛與混亂，層出不窮。分權政治與限制政府，使政府無能無力，效率低下，不能爲人民作事服務。所以自二十世紀以來，有改進的現代的民主主義的產生。

二十世紀以來的新的政治哲學認為政治的目的在為最大多數人謀求最大的幸福，卽解決民生樂利問題。國家不再是消極的『守夜警察』，應是積極的為民造福的『社會服務機關』(Social Service Agency)。為達成這一目的，政府力量應予增加，行政效率應予提高。政府不再是憑權勢統治人民的刑罰執行機構，而是憑知識、能力與技術，為人民謀利益，為社會造幸福的服務機關。政府的功能除保障人權，維持自由外，更應本自動自發的精神，與辦福國利民的事業，推行建設，促進繁榮，建立物阜民豐，家給戶足，安和樂利的幸福社會。政治發展已由法治國家進為福利國家；已由法益保障行政，進為科學服務行政。

三、服務行政——人民最畏懼的是壓迫人民的『萬能政府』；人民所最希望的是為人民服務的『萬能政府』。福利國家時代，政府的職能日見擴張，行政性質日趨繁複與積極，旣不以權力統治為目的，亦不以法益保障為滿足，而是憑專門的科學知識與技能，以向主人效力的『忠僕』地位及積極服務的精神，為社會及人民興利造福。政府由專家所構成，為民意所支配，成為民有、民治、民享的『萬能政府』。福利國家的行政特質是社會化、科學化、專業化及福祉化。茲就此加以申說如次：

㈠行政的社會化——由於社會的進步，經濟的發展，人與人的來往頻繁了，關係密切了，彼此間的衝突增加了，很多的事務如勞資爭議的處理，物價的管制，社會福利事業的推行，政府不得不起而負責處理之。政府職能擴張，行政性質日趨積極，行政活動的規模與數量亦有驚人的發展。現在的行政，已不再是簡單、零星的、片面的了，而成為大規模的，全面化，社會化的。所有生、老、病、死、衣、食、住、行、育、樂等個人需要及公共事務，無一不成為政府行政的重要功能。

㈡行政的科學化——現在政府行政的內容殆與科學有不可分離的密

切關係。現在的行政，不是迷信的卜筮祭祝，不是習慣的禮儀宗法，不是權力的刑罰稅歛，而是以科學知識技能爲骨幹的醫藥衛生，農田水利，工程建設，交通運輸等實際工作與服務。科學知能改變了行政內容，並啓示政府行政的新目的。行政數量益趨繁多，行政關係益趨複雜，非用科學方法予以處理不克成功：因之而形成有實踐價值與學術地位的管理科學曰行政學。至於實際行政事務的推行更須憑藉無數的科學設備：如汽車、飛機、電報、電話、印刷機、統計、電腦等工具與器械皆成爲推行行政工作所必需。

㈢行政的專業化——所謂行政專業化就是說現代行政已經成爲專門職業。專門職業一詞，實有四大含意：一曰任職者須具有其職務上所需的專門知識與技能。二曰這種知識與技能的獲得，須憑藉相當長期的正式敎育和充實的敎育設備。三曰執行業務者須經政府考試及格，發給職業執照。四曰職業者組織有職業團體，以保持其職業標準及服務道德。

㈣行政的福祉化——服務行政由除弊而進於興利。服務行政不重在管制人民，而重在扶助人民與社會；使人民的個性與人格獲得高度的成功與成就，使社會的職能與事業得到最大的進步與發展；並促成和諧團結的社會，和平、安全、無恐懼、無匱乏，欣欣向榮，繁榮富裕。設學校，興敎育，重文化，尚科技，使人民的內在潛能得到最大的發揮。關道路，暢交通，增生產，廣建設，拓貿易，重衛生，防疾病，使地盡其利，貨暢其流，人盡其才，講信修睦，選賢任能，實現禮運大同篇所述的大同社會。

第三編
文化生態行政論

11.文化環境與公共行政

12.民族文化與比較行政

13.政治文化與行政性能

14.科學技術的行政衝擊

15.宗教文化與行政輔導

第十一章　文化環境與公共行政

第一節　文化的意義與內涵

一、文化的意義——文化（Culture）是一概括而抽象的名詞，範圍甚廣，內涵亦富。學者對文化一詞所作的定義頗不一致。泰萊（Edward B. Tylor）從人類學的觀點作廣義的定義曰：『文化或文明（Civilization）是包括知識、藝術、道德、法律、風俗、習慣及其他才能結合成的複雜整體；這些成就都是人以社會構成員的資格而獲致的』❶。這一定義雖失之廣泛，且未從一般的文化觀念中把社會組織和社會生活加以區分。但此一定義仍為不少學者所採用。

格羅伯（A. L. Kroeber & other）說：『文化包括人羣團體由學習而獲得並用符號作傳遞的一切明顯的和隱含的行為模式。這些模式構成人類的傑出成就，例如一切人工制作、歷史傳統、價值觀念及意識形態等均屬之；這些成就並可作為人羣更一步行為的資助與指引』❷。這

---

❶　Edward B. Tylor, *Primitive Culture*, New York, Rinehart, 1958.
❷　A. L. Kroebert, Clyde Kluckhohn, *Culture: A Critical Review of Concept and Definitions*, 1952, Harvard University Press, p. 181.

一行為模式說為很多社會科學家所接受。這種行為模式乃是人類在社會生活的互動關係及環境影響的過程中由學習與經驗而形成的。

社會學家布朗（A. B. Radcliffe-Brown）首倡『社會結構及功能』說以解釋文化的意義。他認為人類在生活中必須建立一些社會結構。有結構必有其效果或功能，因為結構是推行功能的工具。他指出文化就是社會結構的關係網及其功能所形成的統一體系或系統。換言之，這一系統就是社會關係的道德標準和行為規範的整體，其中自然包含有社會價值觀念。這價值觀念係以實現社會共同利益為目的❸。

行為模式說和社會結構說立論觀點雖不相同，但並不衝突，且尚可相互補充，故傅若（R. A. Firth）從綜合的觀點說明文化的意義曰：『如果說社會乃是一羣有組織的人們在一定的生活方式結合成功的；那麼，文化就是這一定的生活方式。如果說，社會乃是若干社會關係的集合體；那麼，文化就是這些社會關係的內容。社會着重人的成員、人的結合及人羣關係；文化則着重物質的和非物質的生活資需累積體。這一累積體是人們所遺傳，為人們所使用，並由人們加以衍化和增益而傳遞於他人』❹。

前述各家對『文化』一詞所作的定義，雖皆持之有故，言之成理，但尚不夠完全。著者因願於此另為定義予以補充。文指文明，化指開化。文明是野蠻的相對。開化是閉塞的相反。文化乃是人類在求生圖存的進程中，運用自已的頭腦與手足卽智慧與體能，以互助合作的集體努力，而從事於製造工具，征服自然；糾合人羣，組織團體；創發知識，辨明理則；由不斷的累積與修正及衍化而成的制作整體或總成就，包括文物器用，典章制度，風俗習慣，及意識形態與知識。這些都足以為生

❸　A. B. Radcliffe-Brown, *Structure and Function in Primitive Society*, 1961, Cohen & West Glencae Ill. p. 195.
❹　Ramond W. Firth, *Man and Culture*, 1964, N.Y. Harper, p. 27.

活之資需及利用。文化對人羣生活有極大的影響力與支配力。文化程度的高下是人生幸福大小的關鍵。人類今日所以能由野蠻入文明，由閉塞入開化，實因其孜孜努力，記取經驗，不斷學習而從事於文化的傳襲、創造、修正、衍化及增益之所致。

二、文化的內涵──學者對人類學的不斷研究，精益求精，分工日細，致有『文化學』（Culturology）的產生。文化學研究的內容包括：典章制度（Institutions）、知識技術（Technologies）及意識形態（Ideologies）。從文化學研究的主題窺測之，當可推知文化的內涵。人為萬物之靈，具有異於禽獸的特異秉賦。由此特異秉賦得以推知人類所創建的文化，包括有三大部門或內涵：一為物質文化，二為社會文化，三為精神文化或心智文化。茲就此三者分別舉述其內涵❺。

第一、人具有雙手及靈巧的十指，是動物中唯一能製造工具及使用工具的動物。因之，人能利用工具征服自然，利用自然，俾以維持生存，增進幸福。於是人類在生活上能應用各種器皿、機械、工具、設備、衣着、傢俱、房屋、建築、道路、橋樑、船隻、車輛等。這些就是所謂物質文化。

第二、人是唯一能夠使用語言、文字、符號表達意思，傳遞感情，交換意見的動物。因之，人類便能羣居協處，互助合作，組織團體，一致行動，共同生活。於是個人能成為社會人、團體人、組織人，變渺小微弱的小我成為偉大堅強的大我。為要適應社會生活需要，便不能不建立各種典章制度、行為模式、人羣關係、生活方式、價值觀念、道德標準、風俗、習慣、禮儀等。這些就是所謂社會文化。

第三、人的腦筋結構特別複雜精靈、奇妙，為任何其他動物所不及，故能運用思考、想像、判斷、推理及分析，而有各種的創造與發

---

❺ 張金鑑著動態政治學，民國六十六年，七友出版公司，第五八一──五八二頁。

明，其最著者爲文字。有無文字爲文明與野蠻的分水嶺。有文字則能以
記載文化，傳遞文化，使文化能以持久並及遠，合衆智，集羣心。哲
學、文學、科學、藝術、音樂、數學、語文、知識、思想、信仰，都是
人類心靈（腦）活動的結果。這些就是精神文化或心智文化。由文化內
涵構成的文化實體，如下列立方體所示：

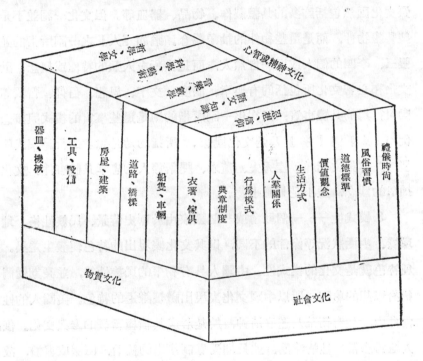

　　三、文化的特性——文化具有四大特性：一曰概括性（Inclusive-
ness），二曰抽象性（Abstractness），三曰模式性（Pattern），四曰
功能性（Function）。茲就此四者分別論述如次：

　　1.概括性——文化一詞所指內容，十分概括，幾乎無所不包。齊諾
伊（Ely Chinoy）在所著『社會學』中用列舉方式指陳文化的含義。
他說：『刷牙的方式、十誡、棒球或排球規則、選舉總統和首相的程

序、貝多芬第九交響樂曲，以及聖經等都是文化的一部份』。著名人類學家格羅伯（A. L. Kroeber）及克洛孔（Clyde Kluckon）都指出文化的重要性、廣博性及應用性，可比擬於『重力』、『疾病』、『進化』等觀念。其性質的廣博與概括當可以想見。

2.抽象性——文化乃是一抽象觀念，並非指那一些具體的事物。物質文化固然包括許多的具體製作、物品、器皿等。但文化一詞並不是這些具體物件，而是這些物件的抽象觀念。猶如『人』之一詞所指的並非張三、李四的個人或這一自然人，而是指所有人類的特性或概念。社會文化和心智文化所包括的有典章、制度、文字、思想、信仰、習慣等活動與行爲的具體事實；但文化一詞所指的則是這些事實的模式與概念。例如『忠』與『孝』乃是文化觀念，所指的乃是忠孝的行爲模式與典型，並非指文天祥、陸秀夫、董永、緹縈等人的忠孝具體事件。文化是抽象的觀念，並不是具體事物。

3.模式性——一個社會或一個國家由於歷史背景、民族性格、地理環境、生活狀況等條件的不同，則其文化表現出的特色便發生差異。這種特色就是文化的模式性。中國人具有和平的民族性格，並長期受儒家德治思想的薰陶，所以中國文化表現出禮讓謙遜的特色。美國人的性格尚自由，具有拓荒及進取精神，於是形成其積極奮發的參與文化。俄國人地居寒帶，性情冷酷，並長期受專制沙皇的統治，臣服成習慣，故產生今日蘇俄極權獨裁的奴役文化。英國人性情溫和，在立國的歷史上並未有專制君主及官僚制度的產生，諾曼人能用溫和的政策與方法，維持長期的和平與統一，所以形成紳士型的溫和文化。這種模式的文化，各有其優劣得失，未可執一而作定論。不過，優良的文化模式應合乎生道、人道、中道、常道及和道，並能使民生順遂，人權伸張，人羣協和及促進社會的進化。

4.功能性——文化是人類爲求生存，運用心力體力所從事的制作或成就，對社會及人生自然有莫大的功能和效用。存在主義者認爲凡是存在的事物都是合理的。其實存在的事物並不一定全都合理，因爲那罪惡的暴戾的事物，世界上所在多有。我們可以說效用或功能決定存在。凡是存在的皆是有功能或效用的。無用的事物必然在廢棄之列。文化常被稱之爲『生活方式』或『行爲規範』，對生活及行爲實有重大的功能與裨益。有文化才能過文明而非野蠻的生活。有文化才有共生共存的開化而非閉塞的行爲。文化對人羣生活及行爲有重大的影響力及支配力。其功能與效用實是顯而易知易見的，不容置疑。

第二節　傳統文化的行政缺失

　　一、傳統文化的性質——人類文化發展的歷史，大體言之，要可分爲五個階段，一曰原始文化，二曰封建文化，三曰傳統文化，四曰過渡文化，五曰現代文化。原始文化以文獻不足，且今日存在者極少，乃是考古人類學家研究的對象，非行政學者所注意。中國西周時代及歐洲中古世紀的典章制度、生活方式、人羣關係等可爲封建文化的代表；但已成歷史陳蹟，非歷史學家似亦無研究的必要。過渡文化處於傳統文化與現代文化之間，其特徵不甚固定，正在轉變中，前期者有似傳統文化，後期者漸近現代文化。其性質可推想而知，不易作單獨的論述。

　　今日的世界，除共產主義的國家外，各國的文化性質不外傳統文化與現代文化兩大類型。本章主旨在論述這兩種文化對行政的影響和關係。傳統文化就是傳統社會的文化。開發中的國家 (Developing Countries) 如中東地區的阿拉伯國家，非洲的新興國家及中南美洲的若干國家都屬於傳統社會。傳統與現代的標準，很難作具體的規定。不過，下列因素可爲測量社會屬於傳統性或現代化的指標 (Indicators)：㈠

國民所得的豐吝，㈡國民教育程度的高下，㈢高等教育比例的大小，㈣投票率及水準的高下，㈤中央政府公共支出的多寡，㈥都市人口所佔比例的大小，㈦醫生數量的多少，㈧大眾生活水準或消費程度的高低 ❻。以這些因素為指標，其國情未及於一定程度者謂之傳統社會，其文化謂之傳統文化。

傳統文化的特性如下：㈠保守性——傳統社會的人口以農民為最多。農民過着春種、夏耕、秋收、冬藏的循環往復的習慣生活。對於現狀逡視之為當然，不予懷疑，不知批判，安於現狀，不求改革與進步。安土重遷，一動不如一靜。對新的事物視之不慣，不樂於接受。文化陷於呆滯與停頓狀態。㈡權威性——在保守性的文化下，人民既安於現狀，對現有的優越勢力，統治權力，社會偶像，不但安然接受，欣然承認，且樂於服從。人民都應該崇拜『有權柄的人』；『凡掌權柄的人，都是上帝所命的』。尚權威，重服從，崇拜偶像，畏天命，畏大人，畏聖人之言，是傳統文化的一大特性。㈢單純性——傳統社會的經濟建設落後，人民的教育程度不高，生產技術亦較低下，職業分工不甚細密，人口成份亦不複雜，人羣關係較為簡單，工作單調，生活儉樸，政輕刑簡，親敦鄰睦，民安家和。在這單純的社會中，自然產生單純性的文化。㈣倫理性——傳統社會的人羣組織多是以血統、姻緣、門第、道德、宗教為基礎的倫理性結合。由於人民的政治自覺心及對政治的興趣均欠高強，所以很少有以政治理想、政綱、政策為要素的政治團體。個人的門第、出身、資格、聲望是決定他的社會和政治地位的重要因素，不是他的才能、學識或政見。羣眾對領袖的效忠與認同，是他與他們之間的私人關係，如同宗、同鄉、同學、戚誼、友誼、寅誼等。一個政治團體在農村若以政治原則及政策目標相號召，往往歸於失敗；如訴之以

❻ B. M. Russet, *Political and Social Indicators*, 1974, N.Y. Harper, p. 27.

倫理關係、私人感情、道德觀念，則易於得到多數支持。劉備、關羽、張飛明明是政治結合，但卻要結拜爲異姓兄弟。梁山泊上瓦崗寨上的衆位英豪都是本異姓兄弟的倫理觀念，去作政治活動。洪門三合會、天地會、哥老會、青幫、紅幫亦都是以同甘苦、共患難的手足深情相號召，相結合的。在傳統社會中，政治團體必須披上倫理性外衣方易成功。㈤感情性——公衆問題或公共爭議的解決，普通不外三種方式或途徑：一是訴之權勢或力量。那就在爭議中當事人間或局外的有關人員中有一個具有優越權勢或強大力量的人以強制方法，迫使當事者接受其意見，平息爭端。衆人畏懼其權勢，心雖不願，但又不敢不服從。這是以力服人的解決爭議的方式。以力服人者非心服也。這只是『揚湯止沸』的一時苟安，並非『釜底抽薪』的根本解決。二是訴之於理性或理智。在民主法治的國家係採這一途徑，解決政爭或公衆爭議問題。爭議發生後由當事者或有關人員，以和平討論的方法，各抒己見，各申觀點，使各種不同的意見，獲得充分的溝通。人同此心，心同此理，理愈辨愈明，經由和平討論與充分溝通，獲得共同瞭解與一致意見，爭議遂得迎双而解。所謂『以理服人者，衷心悅而誠服也』。三是訴之感情或禮讓。在傳統社會中，多採這一方式解決爭議。鄉民或農民發生爭議時，多不願涉訴，因上法院打官司，乃是可羞恥的事，且訟費甚鉅，畏於負擔。至於說訴之力量，以打鬥解決問題，誰都不敢輕於嘗試。最普通而常見的方式，則是由有聲望有地位的年高族長或鄉長出而調解，予以勸說，要求爭議的當事人重情義，輕利害，講情面，顧大體。經此解勸，爭議便可釋然平息。重感情，尚情義是傳統文化一種特性。

　　二、傳統行政的缺失——傳統社會的文化謂之傳統文化。在傳統社會中的行政機關及官吏受到傳統文化環境的影響與支配就產生傳統性的行政。從現代化的立場，觀察傳統行政，實具有不少的缺失。玆一一舉

述於次：

1. 因襲保守，畏難更張——保守性的傳統文化反映在行政措施上，便形成因襲保守，畏難更張的呆滯現象。明明是墨守成規，安於現狀，偏偏說什麼『利不百，不變法』，『多一事不如少一事』，『一動不如一靜』。明明是苟安懶惰，不肯作事，却美其名曰：『與民休養生息』，『不擾民，不勞民』。把那些有魄力，勇於任事，銳意改革，不向地方豪強低頭的官員貶斥曰『酷吏』；把那些因循敷衍，不求有功，但求無過，不肯作事的官僚却襃揚之曰『循吏』。中國幾百年來，行政習慣與例規，陳陳相因，積重難返，進步緩慢，暮氣頹唐，乃是保守性的傳統文化所薰陶成的行政缺失。

傳統社會的人民安於故習，不樂於接受新的事物，亦是使行政流於因襲和墨守的一大原因。聯合國在開發中國家，推行社會及醫藥技術援助時，發現居民均不樂於接受預防病疫的注射及健康檢查；他們寧肯拜求巫婆、道士唸咒語，作神法祛病魔，而不樂於就醫接受服藥與注射治療。為促進經濟發展，提倡節育，推行家庭計劃，居民仍不肯放棄『多子多福』、『養子防老』、『一個兒子一塊寶』的傳統思想，仍舊不節慾節育。滿清末年，為修築鐵路，鄉民認為破壞『風水』、『地脈』，會招引災害，曾發生羣衆抗拒的風潮。民國初年，政府禁止女子『纏足』，男子『垂辮』，亦不為人民所歡迎。

2. 個人取向，私人關係——在現代化的國家的政府機關中，部屬對長官乃是法律取向及職責關係。但在傳統社會的政府機關中，部屬對長官則是個人取向及私人關係。在前者情形下，部屬對長官的尊敬、效忠、服從，完全是對他的法定地位和職權，不管他是張三或李四；部屬努力工作乃是盡忠職守，並非巴結或討好長官。但在傳統社會則不然。部屬對長官尊敬、效忠、服從的程度每視其與長官的私人關係而有所不

同。部屬心目中的長官是長官個人，張三或李四，並非其法定地位。部屬努力工作，非在謀職務的成就與表現，而在巴結及討好長官。

在法律取向的現代國家，軍隊國家化，並非私人運用的工具；士兵依法服從長官，捍衞國家。長官與士兵之間，乃是法定關係，並非私人關係。在個人取向的傳統社會，軍隊未能達於國家化的理想，而多帶有濃厚的私人色彩。滿清末年，湘軍效忠與服從的對象是曾國藩。淮軍效忠與服從的對象是李鴻章。若換另外的人爲湘軍或淮軍統帥，士氣可能一落千丈，甚而至於不堪作戰或叛變。民國初年，奉軍是張作霖的軍隊。直軍是曹錕、吳佩孚的軍隊。皖軍是段祺瑞的軍隊。軍隊是個人爭權奪利的工具，士兵對私人效忠，爲私人作戰，國家民族的利益則置之於腦後。軍閥擁兵自固，國家決策大權落在他們的手中，民意莫由表現，法律失其效用。

就清代縣政人事制度觀之，充分表現傳統行政的個人取向與私人關係。縣政推行的負責機構是吏、戶、禮、兵、刑、工六房。房之主管曰掌案。掌案地位是永久性的，甚至於是世襲的。掌案手下的胥吏是掌案的學徒出身，多係他自己的子姪、親戚或生徒；彼此之間，全係私人關係。掌案與胥吏皆終身從其業。遠在宋代，大儒葉適曾嘆稱曰：『官無封建，吏有封建。』縣知事對這些掌案和胥吏並無更換或任用的權力，但自己對吏務旣不熟悉，對胥吏亦不信任，乃延聘專家的刑名師爺、錢穀師爺、賬房師爺爲幕僚，俾資臂助。這些專家與知事完全是私人關係，彼此同進退。

3.少數決策，無視民主——傳統社會的政治決策及行政決定皆掌握在少數人手中，毫無民主參與之可言。其所以致此的原因如下：㈠傳統社會多行君主制度或由軍閥割據，民權不伸，壓力難抗，人民只有抱『苟安』或『認命』的思想，任由少數人統治與擺佈。㈡傳統社會因教育不

普及，人民的知識程度低下，缺乏政治的自覺心，亦無參與政治的慾望和要求，偷生苟安，聽命服從，少數人遂能安然把持政權，爲所欲爲。㈢在傳統社會中，經濟不發達，國民所得甚少，人民生活窮苦，每日爲餬口而勞碌，無暇時，無精力，無興趣去過問政治問題和公共事務。

4.崇尚權威，消極服從——傳統社會的人民率皆安於現狀，承認現有的秩序與權威乃是合理的應該的，所以對一切有權力的人和有權威的人，都自認有服從的義務，忠順接受，不予置疑。統治階級及政府官員因之遂以爲忠順善良的人民可以欺壓，一切政治和行政措施，遂多失之專制與武斷。官府衙門化，人民望之而生畏懼，敬鬼神而遠之，不敢接近。官員官僚化，不顧民意，不恤民艱，苛取苛求，欺侮百姓。在崇尚權威，消極服從的傳統的文化下，遂以促成專制政制及官僚行政的產生。

5.特權階級，壟斷仕途——傳統社會雖無『公之子恆爲公，士之子恆爲士』，身分不能流通的官位世襲制，但由於以下的原因，却形成特權階級壟斷仕途：㈠財富分配不平，土地與富源都集中在少數人或某一階級的手中，而大多數的人民則陷於貧困的生活中。這些佔有經濟優勢的人們，遂成爲特權階級。這特權階級，遂能挾持其經濟力量，下能役使羣衆，上能攫奪官位，貧苦大衆無能力與之相競逐。㈡傳統社會多未採行客觀公平，選賢任能的功績制（Merit System）；進入政府任職多由當權在位者的援引。在位者係特權階級，其所援引者亦屬特權階級。仕途遂爲這一階級所壟斷或獨佔。私人援引的極致，就是所謂『一人得道，鷄犬升天』。這亦稱之爲贍恩徇私『贍徇制』（Patronage）。在特權階級壟斷仕途的情形下，任人以『私』不以『才』，恃『勢』不恃『能』，以致政府所用非人，行政效率低減，政治風氣敗壞。

6.地方觀念，妨碍統一——傳統社會的人民，重視地方利益與感

情，對全國性的國事與政策，持冷淡態度，不感興趣，不甚熱心，因之不易形成全民意識。因而妨碍國家的統一。傳統社會全民意識不足，地方觀念濃厚，係由於下列原因：㈠農村人民最關心的是與自己利益有切實關係的地方問題，對國事、國策等大政，缺乏興趣，態度消極冷淡，顧近利，乏遠見，地方觀念作祟，不易形成統一的國家，產生集權的有力有能的政府。㈡傳統社會大衆傳播事業欠發展，對全民意識難以作有力的培養。因爲全國性的宣傳、報導、訓練、教育不足與無力，便難以打破地方觀念，養成全民意識。㈢傳統社會的經濟生產不甚發達，經濟結構仍滯留於地方性階段，國民經濟（National Economics）尚未達於成熟，全國性的交通不便，人民的交往不多，溝通不易，故地方觀念不易打破。

　　7.暴力奪權，政局不穩——傳統社會缺少法治精神，權勢統治甚力，和平移轉政權之路不通，所以軍人、菁英份子或受壓迫的人民，遂常以政變或暴力行動奪取政權。其次傳統社會中的君主、皇族、官僚及特權階級握有大權役使人民，擁有財富，剝削大衆，生活奢侈，行爲腐化，人民憤怨，野心家或菁英份子，乃能煽惑羣衆，鼓動風潮，進行暴力革命。第三、專斷的統治者的措施，不容批評，不容置疑，更不容反對者反對。防民之口，甚於防川，民怨莫由宣洩，積怨成怒，乃鋌而走險，以暴力行動出之。暴力行動不戢，政治局勢自不易安定和穩固。

第三節　現代文化的行政趨勢

　　一、**現代文化的性質**——現代文化就是現代社會的行爲模式、生活方式及人羣關係。要瞭解現代文化的性質，應先知現代社會的特徵。玆舉列其要件如次：㈠高度工業化，經濟建設十分發達，國民所得較高，生活富裕，消費的質與量皆高大。㈡教育普及，科學技術非常進步，人

民的知識程度高，技能強。㈢醫藥衞生進步，醫生數量足用，人民的平
均壽命長，死亡率及生育率均較低。㈣政府的職能擴張，公共支出甚
鉅，但人民的租稅負擔，在其所得收入中卻佔較小比例。㈤政府取之於
民，用之於民，人民所付租稅能從政府換取相當的服務。㈥政治民主
化，人民有充份的參政權；官吏是公僕，是服務員，為人民謀利，為社
會造福。㈦政府是有能有效的，運用知能推行全民福利，增進生活幸
福。㈧政府本選賢任能的人才主義，以公開競爭的考試方法選拔官吏，
職位公開，人人平等。

　　現代化社會中的現代文化，具有以下的特性：㈠創新性——現代化
的國民具有求新求進的創造精神，所以現代文化亦是創新性的。現代文
化能適應環境與時代需要，精益求精，日新月異，與時俱進，所謂『法不
可恒也，法與時俱轉則治』。時代的齒輪，不停的迅速向前進轉，風馳
電掣，一日千里，呈加速率的發展。規範人羣生活及行為的文化，必須
革故鼎新，擺脫傳統，躍入新境，方能維持社會的生存、持續與發展。
㈡複雜性——在現代社會中社會組織的功能，漸趨於高度的分化，某一
組織祇擔當某一功能，各有專管，不相渾同。科學知識與技術，非常進
步，職業種類愈來愈多；工作分工，愈分愈細。社會功能分化日繁；技
能學術分工日細。有分必有合。否則，分化與分工，將成分裂，使社會
陷於支離破碎的局面。因之，社會上職業上相互依需，日趨迫切。分而
合之，合又分之，關係錯綜複雜，問題盤根錯節。加以交通利便，貿易
發達，人與人之間的交往十分頻繁，人與人之間關係益見複雜。㈢民主
性——現代文化是自由平等民主化的文化。人人自尊自重，自強不息，
不向權威低頭，不受傳統拘束，自求解放，自謀上進與發展。天賦人
權，一律平等，人人是天之驕子，人人是自己的主宰，人人是國家的主
人翁。人格平等，一人一票，一票一值。民主化的社會是開放社會，職

業自由，機會均等，身分自由流通，政權和平移轉，人人可以憑自己的
能力、意願與努力，開拓自己的偉大前程，發展自己，貢獻社會。人人
有強烈的政治自覺心，對政治活動及公共事務有濃厚興趣，肯起而積極
參政，扮演克盡天職的公民角色。四法治性——現代文化係以法律爲取
向。部屬對長官、人民對政府或官吏的效忠、依附與服從是依法律規定
爲對象，不以私人關係而有所區別。傳統文化表現於政治體系者是『以
意爲治』的人治。統治者的意志就是法律，可依自己的喜怒好惡以爲
治。現代文化的政治體系是『依法爲治』的法治。法是據一止亂的客觀
標準，治者不能隨己意故爲出入。法律係經由人民或民意代表所制定。
法律是民意的表現，是民意之所在。人民服從法律，就是服從自己；故
法治深合於民主與自治的原則和精神。政府推行政務，官吏執行職務，
均須以法律爲依據，如有踰越，將會受到處罰。法律之前，人人平等。
法律之內，人人自由。法無分歧與含混，人民易知亦易行。㈤理智
性 —— 現代文化是崇尙理智的文化。公共事務的處理及政爭問題的解
決，悉以理智爲依據；旣不採專斷方式由強權者以強制性的命令行之；
亦不訴之武力而以暴力行之；而是訴之理性，卽正義或公理，大家以冷
靜頭腦，經理智討論，意見溝通，獲致共同瞭解或多數意見，以平息爭
議。少數服從多數，多數尊重少數。以投票方式和平移轉政權，所謂『
以數頭替代殺頭』 (Counting Heads Instead of Cutting Heads)， 『
以選票替代槍彈』 (Ballet Instead of Bullet)。

　　二、現代行政的趨勢——現代行政是擺脫傳統文化的拘束而進入現
代文化環境中的政府的行政措施及官吏依法執行職務的活動。這是由傳
統到現代轉化過程完成後的新氣象和新事態。茲舉述其新動向與特質如
次：

　　1.由消極的到積極的——傳統行政殆全爲消極性質以懲治罪犯，徵

收租稅，爲主要任務。政府持消極放任政策，官吏抱『無爲而治』的苟安態度。但處於今日的現代社會中，人羣關係異常複雜，各方利害，十分錯綜，在在易於引起衝突與糾紛。政府對此若不起而作積極的調節與管制，爲害之烈，將不堪勝言。加以國際競爭十分劇烈，政府必須統籌全局，作積極的推動，以爲肆應，方能爭取外交勝利，拓展外貿競爭。況且政府的地位，已不再是『守夜警察』，而成爲『社會服務機關』，自應推行積極性的行政，爲人民謀利益，爲社會造幸福。現代國民所要求的是積極有爲有能肯爲人民服務的萬能政府。那苟安怠惰的消極行政早遭人民的唾棄。

2.由被動的到主動的——傳統社會的官吏以『不擾民』、『與民休養生息』爲藉口，抱『民不告，官不理』的態度，一切行政採被動方式。官吏深居衙署，養尊處優，無所用心，無所事事；必待問題發生，事到臨頭，才起而作『頭痛治頭，脚痛治脚』的被動應付。而現代政府與官吏的行政措施，則要於事前本眞知灼見審察人民與社會的需要，通盤籌劃，預先擬訂計劃與方案，分期作主動的推行。政府及官吏能不負人民之付託，不待催迫與要求，自動的爲人民服務，爲社會造福。例如救濟災害一事，傳統行政，待災害已經發生，始肯有所行動，作事後的補救；而現代行政則不待災害之至，而主動預謀防範，消弭災害於未然。

3.由浪費的到效率的——傳統行政在工作方法上是雜亂無章的，無系統，無計劃，公家財物多所浪費。處理事務亦無完善制度與科學方法，人難以盡其才，事莫由成其功。而現代行政，因政府職能大見擴張，範圍廣大，事務紛繁，公共支出，亦甚爲膨脹，若使無經濟而有效的科學方法，以爲處理，必難勝任。現代行政受客觀形勢的驅策，遂不得不由浪費的行政而進入效率的行政，運用科學的知識、技術與方法推

行公務，使人、財、物、事均能發揮最大的效用。

4.由因襲的到創造的 —— 傳統行政多係因襲習慣與經驗，墨守規例，率由舊章，不求進步與創造。在現代化的社會中，行政事務錯綜複雜，事態衍化，日新月異，一日千里，必須運用思考與技術，以創新的方法與制度，處理這些事務，方能勝任。擔任現代行政的公務人員須具創造能力，革新精神，積極努力，自動奮發，始能負荷其艱鉅的時代使命。否則，必將歸於天然淘汰。現代政府率皆延用青年才俊擔任公務人員，蓋因其精力充沛，奮發前進，有革新的活力及創造的精神。知識和技術，永遠是向前向上的，歷史齒輪不停的轉進。只有創造與革新，方能使現代行政與時代並駕齊驅，以免落伍與被淘汰。

5.由常人的到專家的——甲克生（Andrew Jackson）於一八二九年就任美國總統後，第一次致國會的國情咨文中即說：『官吏的職務是十分簡單容易的，只要具有普通智慧的人，均可勝任裕如』。這是平民政治及常人行政的思想。在那個時代的行政亦確是如此的，但現代行政的性質則迥然不同了。現代行政必須依賴專門的科學知識、技術、方法及設備方能推行。公務人員不僅是專家，而且是具有研究精神的專家。現代政府公務人員的職稱，幾乎可以編成一部專門職業大辭典。例如細菌學家、物理學家、化學家、生物學家、機械工程師、土木工程師、電氣工程師、水利工程師、病理學家、地質學家、森林學家、病蟲害專家、攝影師……無所不有。美國聯邦政府的公務人員共分為五三六個職系。中國政府的公務人員共分為一五九個職系。分工細密，職務專精，於此可以想見。

第四節　行政文化的社會化

一、何謂行政文化？——吾人已知一般文化的意義，就是一個國家

或社會的人員的行為模式、生活方式、人羣關係及價值觀念。這是眾所公認的是非善惡的標準及眾所共守的生活準則與行為規範。由此而形成社會結構、社會功能及公共道德，使大衆能以過互助合作、共存共榮及彼此依需的社會生活與合羣生活。依此以言之，所謂行政文化者，就是政府官吏或公務人員所應共同信守的行為模式、生活方式、人羣關係及價值觀念。如有人對之不予遵守，則將受到裁制或為眾所唾棄。

文化具有模式性。所謂模式性就是各國因歷史背景、地理環境、民族性格及生活習慣等不同，所表現出的各國文化特質或特色。因之，各國的行政文化亦各有其特異性質。美國因無專制政治的歷史，民族性格酷愛自由，新大陸地廣人稀，大有開拓天地，所以其行政文化具有民主、自由、積極、奮發的特色。德國有開明專制的歷史，民族性格嚴肅篤實，故其行政文化表現有整飭、嚴正、重法、守紀的精神。法國的政治，民主與專制迭相起伏，民族性格具有浪漫色彩，故其行政文化的特色是集權而不貫徹，官僚化和制式化。英國政府是生長成功的歷史產物，係經由和平變遷、溫和修正及不自覺的衍化，而累積起來的，民族性格是和平溫良的。所以其行政文化的特色是紳士型的，溫和性的。

文化亦具有時代性。因各時代社會環境及生活條件等各有不同，所以各時代的文化特色，自然會有所區別。神權政治時代，行政文化是迷信性的。封建政治時代的行政文化是習慣性的。專制政治時代的文化特性是尚刑罰，重服從，官僚作風，不恤民艱。傳統民主政治時代的行政文化，重人權，尚自由，厲行法治，保障人民法益。現代民主政治時代的行政文化，則尚服務，重科學，為人民謀利益，為社會造幸福。今日中國所需要的行政文化，在政府有能有為，官吏廉潔忠貞，勤政愛民，恪盡職守，並有民主的風度和修養。

二、何謂社會化？——研究行政文化社會化，經已說明行政文化的

意義，玆當進而瞭解何謂『社會化』（Socialization）？『化』指融化、衍化、嬗化等相當長期的逐漸與和緩的發展或生長變遷過程，而非指突然的劇烈的變革。社會化乃是『一個人在人生歷程中卽生活經驗下，因受環境的影響，對其思想、性格、行為、態度、信仰等身心狀態發生持續的融化、孕育、生長而形成其對人對事的人格或一貫作風。這種社會影響雖同，但因各人秉賦有異，所融化孕育成的人格亦就各有差異。所以說，社會化就是社會融化孕育各人人格類型及行為模式的發展或生長過程』❼。

心理學家、社會學家及人類學家對『社會化』一詞所作定義雖說法不同。但對下列三點則都予以肯定：㈠社會化是個人透過社會環境學習各種生活方式、行為準則及價值判斷而影響或決定其人格特徵及行為模式的過程。㈡社會化過程是解釋個人人格及行為模式形成的必要條件。㈢社會化是瞭解及解釋社會與文化變遷及延續的立論基礎。

三、行政文化的社會化——行政文化社會化的意義，就是將行政上應有的價值、信仰、思想、感情、生活方式及行為規範教導於或傳遞給政治體系下構成員或官吏，使成為其共同的行政作風及行為模式，藉以維持行政的團結、協調、安定，並促進效率，俾能成功的完成國家和政府的功能。這是一種教導與學習的過程。政府和社會是教導者。公務人員是學習者。

行政文化社會化的內容，包括以下各點：㈠公務人員對政治體系深切認知與認同，因而與之發生密切依附與結合。㈡在於培養公務人員的熱誠政治感情，愛護國家，效忠政府，尊敬首長，信守法紀，盡忠職守，勤政愛民。㈢使公務人員獲得正確的政治信仰、思想、感情及是非善惡的判斷能力與標準。㈣養成公務人員自由進步的人格，信持和平進步的

❼ 張金鑑著動態政治學，民國六十六年，七友出版公司，第六四六頁。

思想，以理性與效用爲基礎謀求政治與行政向前向上的發展。㈤培育
公務人員求新求進的創造精神及適應環境和挽救危機的應變能力。換言
之，行政文化社會化的內容，就是在培育公務人員的正確而合理的：㈠
行政認知取向，㈡行政感情取向，㈢行政價值取向，㈣行政人格取向，
及㈤行爲模式取向。

　　行政文化社會化的受化客體是公務人員；　施化者則是以下的諸主
體：㈠政府──政府的目標、政策、官制、官規、官箴、官常、組織氣
候、領導作風、獎懲制度、訓練及進修施設等，均足以影響公務人員的
人格特徵、行爲模式及價值觀念。㈡家庭──家庭生活、父母言行、親
屬間的關係與感情均能以左右一個人人格特徵及意識型態的形成。而此
特徵與意識對其將來服官任職的作風自亦有若干的關聯。㈢友伴──物
以類聚，人以羣分，欲知其人，先觀其友，友伴多是思想相近，言行相
似，癖好相同者的結合。一個人的思想、信仰、行爲常受到友伴的影響。
所謂近朱者赤，近墨者黑。官吏在政府中行爲模式和生活表現，友伴的
作用不可忽視。㈣學校──家庭的薰陶是非正式行政文化社會化。學校
敎育乃是正式的行政文化社會化。敎育的功能固然在傳授知識、技藝、
才能養成其謀生治事的本領；同時亦所以陶冶人的氣質、品格、性情，
並端正其價值觀念，使之思無邪，行無惡，養成健全的國民。良民爲
良官的基礎。有健全的國民，才會有健全的官吏。㈤團體──人皆有職
業。有職業者多加入其所應屬的職業團體，如工會、農會、商會、學會、
公會等。職業團體各有其道德標準、生活信條及行爲模式。今日的政府
官吏多爲專門職業的專家，故其行政作風，常受到其所屬團體的影響。
㈥敎會──人多有宗敎信仰以慰藉其心靈。宗敎的敎義、敎條，敎會的
敎長、牧師、神父、道士、法師的言行、思想對敎徒的人格與行爲具有
很大的影響力。因之，敎徒之任官吏者，自會受到宗敎力量的左右。㈦

黨——政黨的活動對公民乃是一種有力有效的政治教育，對公民的政治信仰、政治行為及政治取向都有重大的影響力和領導作用。在政府充任官吏的黨員，自然會受到所屬政黨的指導而影響到其行政作風與態度。

第五節　行政管理的現代化

現代化的行政管理須具有現代化的新觀念，運用科學方法、管理科學的知識及系統分析的途徑以處理行政事務。茲就此分別論述如次：

一、現代觀念的行政管理——有了正確觀念，方能產生正確行動。推行現代化的行政管理，首須摒棄不正確的傳統舊觀念，而探行現代化的新觀念。茲將這正確的新觀念舉述於後：

1.思想溝通的觀念——傳統的觀念認為行政管理的要旨乃是權力的行使，命令與服從的關係，只要佔有地位，握有權力，就可頤指氣使，指揮運如。殊不知人是有思想有理性的動物，並非牛馬，不可以鞭韃行之。而地位與權力的獲得，只是工作與任務的開始，並非其完成。命令與權力能否生效，端視部屬是否同意與瞭解。必須部屬認為上司的命令與指揮是正當的，合理的，大家方會欣然景從，認真執行。如何得到這種的同意、瞭解與認識，必須作有效的思想溝通。以力服人，行有不通，且易引起抗拒；以心服人，以思想領導，才能使部屬心悅誠服，甘心情願的欣然聽命，努力工作。

2.民主參與的觀念——傳統的組織思想，認為機關首長乃是權力的源泉，高高在上，大權獨攬，事無鉅細，莫不躬親。這種獨裁的專斷，足以遏殺機關的活力與生氣，使職員陷於消極被動的地位，推一推動一動，不推便不動。這那能發揮效力，完成任務？成功的行政管理，端在運用民主參與的思想，使大家自動自發的負起責任，執行任務。一個機關猶如人的身體。身體各部份、各器官，皆健全有效，發揮正常功能，

方屬健康；卽使細胞生病，亦可能有生命危險。一個機關亦必須每一部份、每一職員都抱民主參與思想，養成人人皆事業主人翁的觀念，自動負責，努力工作，方能成功。

3.積極激勵的觀念——傳統管理哲學持X理論，認爲人是懶惰的，不喜歡工作的。必須作有效的督策與管制方能使之工作。而最有效的督策與管制，莫如懲罰或裁制（Sanction）。殊不知懲罰足以降低職員士氣，招致抱怨與報復；且不足以解決問題，使之不再犯過錯。現代化的行政管理應採行新的管理哲學，卽Y理論。這一理論認爲人是天生的好活動、愛工作的動物。人人不願賦閒或呆坐。不過要在好的工作環境下方能如此。而最好的工作環境，莫如激勵（Motivation）。所謂激勵，就是對人的生活慾望與需要予以適當的滿足；用其所長，使之能發揮才能，勝任愉快，滿足其成就感與發展慾；使用獎勵方法，鼓舞情緒，提高士氣，增進效率。

4.協同一致的觀念——傳統的觀念認爲機關職員，各人各站在其職位上努力工作。各人工作成績相加之總和卽等於機關的總成績。其實，這種觀念並不正確。因爲各個職員若抱個人風頭主義及機關本位主義，祇求個人表現，不能與其他單位配合，不能與其他職員合作，則工作衝突，能力浪費，力量抵消，可能造成機關的失敗。在第二次世界大戰期間，日本的海軍與陸軍，不能合作，祇知貪立戰功，擴張過甚，國力不濟，卒致無條件投降。現代的新觀念認爲行政管理的成功，端賴機關具有團隊精神，分工而合作，密切配合，協同一致。在今日的科學技術高度發達的時代，業務分工甚細，若不能合作，必陷於分崩離析，支離破碎的狀態。

二、科學方法的行政管理——現代化的行政管理，必須應用科學方法處理機關業務，方能成功。如何推行這科學方法的行政管理，實應遵

行以下的要旨與途徑：

1.制度化——成法曰制，制者法也。度是尺度或標準。制度化者謂一切措施，悉準於法。國家政務，依法、律、條例以處理之。機關業務，依規程、細則、辦法以處理之。法規依實際需要，切實研究及衆志衆意以制定之。法規既定，公佈實行。在實行上必須遵行以下原則，方符合制度化的要旨：㈠嚴——嚴格依照法規條文的規定辦理，決不打折扣，亦無任何通融。㈡平——法規之前，人人平等，一視同仁，不分彼此，無特權，無歧視，無例外。㈢公——大公無私，不假公濟私，不以私害公；凡事公開，經得起批評與考驗，見得起天地與日月。㈣明——明察事實，明辨是非，張開眼睛，面對事實，不被朦混，不受欺騙。

2.系統化——在行政管理的應用上，所謂系統化，具有以下的要義：㈠系統分明——機關的事權分配，要明白確實，責無傍貸，事有攸歸，功莫由爭，過無從諉。系統分明，事權無衝突，工作無重複。㈡系統井然——凡百事物，皆有適當的安排，條理清晰，系統井然，『物物有定所，事事有定時』。㈢合理次序——『物有本末，事有終始，知所先後，則近道矣』。處理事務要認清輕重緩急、本末先後的適當次序，而作合理排定，便合乎科學方法。

3.標準化——標準乃是客觀的尺度，以之為處事的準繩，則足以提綱而挈領，執簡以馭繁，據一以止亂。標準化的實施，應把握以下的重點：㈠統一——就物言之，無論物材或物品皆有確實的分類，每類物品皆有一定的規格與品質，毫無參差。就事言之，每一工作皆規定有一定的工作程序、方式與方法，易知易行，制式劃一，並無紛歧。㈡客觀——處理事務，完全依據客觀標準，實事求是，就事論事，一是一，二是二，黑是黑，白是白，是是是，非是非，決不容個人喜怒，私人好惡存於其間。㈢準確——處理事務，要根據於數目字的計算，準確明

白，不容有分厘毫絲的錯誤。

4.計劃化——孔仲尼曰：『凡事預則立，不預則廢』。孫武子曰：『廟算多者勝，少者不勝』。『預』與『算』就是事前的規劃，足見計劃的重要性。今日的政務，十分繁複，不能僅憑直覺判斷或臨時應付以為處理。必須事前妥為計劃與準備，作主動的推行，方能成功。計劃就是參酌過去經驗，審察現在情勢，展望將來發展，衡量資源，適應需要，對所要達成的任務，事先規劃其內容、進度、程序、人事、經費及方法以為執行的張本或依據。完善的計劃要根據實際調查資料以為規劃，不可憑空構想，不可閉門造車。計劃要切實可行，不可好高騖遠，不可陳義過高。計劃要把握重點，集中力量，控制目標，不可貪多務廣，在百事欲舉的情形下，流為一事莫成。計劃要明白確實而具體，凡能用數字表達者均以數字表達之，不可含混籠統，失之空洞，淪為空談。

5.效率化——行政管理的目的在追求最高的效率。所謂效率化包含兩方面的意義：一方面是人的效率，即對機關人員，不僅使其現有知能得到最高使用或利用；同時對其內在潛能亦要使之有最高發揮與成長。一方面是事的效率。其含義有三：一是能成功的達成任務，完成使命。二是使原定計劃作到百分之百或不折不扣的實現。三是一切的工作效果與成就皆能達到現有的最高紀錄，或能以創造新紀錄。四是以最少的消耗（Input）產生最大的效果（Output）。

三、管理科學的行政管理——第二次世界大戰後，在企業管理與經營上，出現了新的學術與技術。那就是『管理科學』（Management Science）和『作業研究』（Operation Research）。二者的涵義和特質都是：㈠應用數量方法，即數學與統計的計算，以為管理與經營的基礎。㈡對投入（Input）與出產（Output）的關係作全盤的分析與

瞭解。㈢根據事實資料，應用數學公式及統計方法求出若干『模式』
（Model），就中衡量其優劣得失，而作最佳的抉擇。㈣其目的在求以
最低的成本，獲得最高的利潤。二者的不同的地方在於：㈠管理科學範
圍較廣，層次較高，猶如戰略；作業研究則範圍較狹，層次較低，猶如
戰術。㈡作業研究偏重實際業務的處理，着重實用方面；管理科學則
兼及於理論方面及系統知識的探求。所謂『資料科學』（Information
Science）及『電子計算科學』（Computers Science）等卽是二者所必
需的知識與工具。

　　企業機構應用管理科學及作業研究的知識與方法處理下列問題或事
務，每能獲得最佳的決定或管理：㈠存貨問題（Inventory）——倉庫存
儲原料或貨品若太多，則積壓成本，利息負擔不貲，若存儲太少，則不
足應付生產或銷售。究應存儲多少，方屬合算，便須根據事實資料，以
數學及統計的數量方法求得最佳答案。㈡分配問題（Allocation）——一
個工廠擁有一定數目運輸車輛，要在一定的限期內把若干貨物送達於一
定的目的地，如何把貨物與車輛作最合理的分配使用，既不浪費運費，
又不貽誤時限，那便須應用數量方法，作精當計算解決之。㈢等候問題
（Queuing）——汽車數量過多，而必經的橋樑，只是單線道，以致形
成交通擁擠，等候時間太久。繳款的人數過多，收款人數太少，而手續
又繁，以致繳款人長時等候，引起抱怨。如何解決這等候問題，那亦須
借助於管理科學及作業研究的知識與方法。㈣序列問題（Sequencing）
——一個工廠製造若干種貨品以供銷售。但是那種貨品應該先行製造，
那種貨品應該延後製造，則不能憑主觀判斷決定，一定要根據市場需要
及其時間以及工廠的生產能量與速度，作精確的統計與計算，方能作最
佳決定與處理。㈤路線問題（Routing）——要把工廠產品運往目的地
去推銷，究當由海運呢？抑宜採空運？宜用汽車運輸呢？還是用火車？

這種問題的解決，須從運費、時間、路程長短諸因素作比較的詳確計算，而作決定。㈥替換問題（Replacement）——工廠製造的貨品，原本用某種原料，但因其價格暴漲或難以買到，必須替換，改用他種原料。但可替換的原料，不祇一種。究竟應該替換那一種呢？自然要從各種原料的價值、運費、時間等因素，打算盤，計成本，才能以作抉擇。㈦競爭問題（Competition）——在商戰的市場中，這一工廠想壟斷某一商品市場，傾銷自己產品，使競爭者商品，不能脫手出售。如何在市場中獲得勝利，就須就成本、銷量、對方的財力、存貨、未來市場的可能發展，作通盤的衡量等因素精打細算，方能決定戰略與戰術，而操勝利左券。

　　運用管理科學處理企業管理與經營重要方法，有下列幾種：㈠要徑法（Critital Path Method）——這一方法的主旨在控制成本；期以最低成本獲得最高利潤。㈡計劃評核術（Program Evaluation Review Technique）——這一方法的主旨在控制時間，使一切工作皆能按照原定計劃，依期完成，不必超前，亦不落後。㈢直線規劃（Linear Programing）——這一方法的主旨在對有限資源作最佳分配與利用，從數學與統計計算，求出變數中的直線關係函數。㈣博奕理論（Game Theory）——這一方法的主旨在處理有競爭性的事務，如競銷貨物或選舉競爭等。對方之利即是我方之害。敵之害亦即我之利。我採如何行動，敵將如何應付。敵採應付動作，我將如何對待以求勝算。在打麻將或玩撲克牌的獲勝方法，端在計算精確。㈤機率計算（Probability）——這一方法的主旨，在預先計算將來可能發生事件的機率，即可能比例或數目，以爲決策基礎。

　　行政管理和企業經營，在目的上是大有區別的。前者在謀求公共利益；後者在追求私人利潤。但在人、財、物、事的處理上有不少的知

識、技術與方法確是可以通用。尤其是數算公式、統計方法及電子計算機的使用在行政上和企業上皆可以一樣的使用，毫無區別。所以現代化政府的政務處理應該是管理科學化的行政管理。有人認為管理科學的數量方法，在政務處理或行政管理上是很有限制的，且十分困難的，因為政治與行政常涉及㈠價值判斷，㈡心理因素，㈢人事關係及㈣多方的複雜利害；均不易用數量方法解決之。殊不知成功的政治與行政處理，都須用客觀的、準確的科學方法，要實事求是，面對現實，解決問題；決不可憑空構想，亦不可閉門妄想或幻思；無論價值判斷、利害衡量、心理探測、人事分析仍皆須以事實為基礎，以資料為依據，並以數量方法分析之、計算之，希能求出最佳答案及最佳抉擇。凡不顧事實的決策，沒有計算的管理，必然是失敗的。

　　四、系統分析的行政管理──行政管理及企業經營最新研究途徑就是系統分析 (Systems Analysis)。所謂系統 (System) 就是一序列的有關事物 (Things) 或事態 (Events) 的複合體 (Complex)。就行政管理的觀點言之，這一複合體所包含的事物，計有：所要達成的任務、所需的人、財、物、所遵守的行為規範、所信持的價值觀念及有關外部環境與支持。一個有效的行政系統，對內要能統一內部資源，採取協調的行動，對外要能對環境作成功的適應與利用。一個行政系統乃是大系統或高級系統 (Supper System) 的次級系統 (Sub-System)。合若干次級系統而成為綜合系統或整體系統。系統又是生態性的，對外要作機動的有效適應，本身要有不斷的進步、生長和發展。

　　一個行政機關即是一個生態系統。所以一個機關處理政務或推行行政管理便應本系統分析的觀點，注意以下的原則與要旨：㈠整體觀念──一個機關乃是一完整的生態有機體，脈息相通，休戚相關，不可分離。機關處理公務或決定政策或方案，應作整體觀察，通盤籌劃，揆

棄本位主義，發揮團隊精神，既不可以偏概全，亦不可因小失大，必須鉅 (Macro) 細 (Micro) 無遺，大小兼顧；既不鑽牛角尖，亦不大而無當。㈡環境適應——任何機關既不能遺世而孤立，亦不能在真空中運作。機關系統乃是環境的產物，受環境的支持與營養乃能生存。機關的一切措施，須與環境配合，作有效的適應方能成功。物競天擇，適者生存。環境的有效適應，是『適者生存』的必要條件。㈢開放系統——一個機關就是一個『開放系統』 (Open System) ，亦即對所在社會的輸入 (Input) 與輸出 (Output) 的循環作用：一方面接受社會或外界的支持、要求、營養與影響；一方面依輸入的資源而有所運作，向社會或外界提供服務、利便及產品，以滿足其願望。如此，則取予平衡，出入循環，機關永具活力，生氣蓬勃，運轉不已。㈣反饋作用——機關的輸入與輸出，其內容不是一成不變的，亦不是千篇一律，乃是與時俱轉，不斷的改變。機關提供輸出後，對社會或外界即產生新形勢，新改變；亦因而對機關提供新輸入。機關必須及時審察這些新事態，立即作新的調整與修正，作新的運作，提供新輸出。這種的調整與修正，即所謂『反饋作用』 (Feedback) 。㈤新陳代謝——機關組織乃是一個生生不息的有機體。機關要維持其生存與發展，必須永保活力與生機。達到這一目的，端在不斷的補充新資源、新血輪，推動新工作，展望新目標；並淘汰腐舊，革故鼎新，新陳代謝，生生不息，使機關組織永保青春與少壯，活力充沛，生機旺盛，不已的生長，不斷的前進。㈥穩進發展——一個機關的成功與生存，必須同時保持其穩定與持續。穩定是一種保守力量，所以保持機關的團結與安定。持續是一種進步的力量，所以促進機關的進步與發展。一為向心力，一為離心力。保守的向心力與進步的離心力，必須保持平衡，方能使機關既不流於腐化呆滯，死氣沉沉；又不致使機關趨於惡化激烈，動變不安。在安定中求進步。於進步

中謀安定。只有這種『穩進』(Steady) 的發展，才是穩紮穩打的成功戰略。欲速則不達，『緩慢而有把握』(Slow but Sure)。進化優於革命，漸變勝於突變。㈦權變法則——機關處理公務不可囿於一成不變的定則或定律，應該隨機應變因勢制宜。執一則不通，圓通方無礙。因爲天下決無所謂：『放之四海而皆準，百世以俟聖人而不惑，質諸鬼神而無疑』的絕對眞理。只有那能此時此地解決問題，達到目的有效有用的權變法則，就是無往而不利的實證眞理。成功之路不祇一條，條條大路通羅馬，只要能達到目的，完成任務，什麼方法，什麼原則都可適用，決不可刻舟求劍或守株待兔。君子不器，運用之妙，存乎一心。只有通權達變，隨機應變，才是制勝要訣，才是成功捷徑。

第十二章　民族文化與比較行政

第一節　民族文化的含義

一、何謂民族?

1.民族的字義解釋——民字的含義有二：一係泛指人類而言，卽人。一係指國家的人口，卽國民。詩經大雅篇曰：『天生蒸民』，蒸民是指衆人。書經五子之歌曰：『民為邦本』，邦卽國，此處之民是指國民。族訓聚。莊子在宥篇曰：『雲氣不待族而雨』。古刑有誅三族。三族指父族、母族、妻族。族卽屬也。屬指有聯系的親屬。名義考曰：『氏以別子孫之所出，族者氏之別名也』。故族是指有血統關係之人。合而言之，民族就是一羣聚在一起而有血統關係的人們或國民。

說文稱：『族從㫃從矢』，『㫃所以標衆矢之所集』。段玉裁註曰：『㫃所以標衆也，亦謂旌旗所以屬人耳目，旌旗所在而矢咸在焉』。野蠻時代，初民營狩獵生活，『生產技術』或『生活工具』皆用矢。矢之所聚，卽人之所集。故民族者就是生產技術或生活條件相同之人，共同集聚於代表一族旌旗之下❶。中國古代並無民族或國族的稱

❶　柳詒徵，中國文化史，第十六頁．

222

謂，僅有『族類』之詞。說文稱『類從犬從頁』，『謂多而難曉』。段玉裁註『謂相似難別也』。頁指人頭。類意指人頭之多如米之相似而難以區別之。

民族一詞在英文為 Nation。其字源來自拉丁文 Nasci，意指『生育』（Birth）或『出生』（To be Born），含有血統的意味；同時 Nasci 亦指出生在同一地方的人。今日各國國籍法有採屬地主義者，即生於本國領土內者，即為本國國民，不管其父母是否本國國民。有採屬人主義者，父母為本國國民，所生之子女即為本國國民，不管出生在何國。這亦可能由於 Nasci 一詞含有血統與地區二義而來。民族既不同於『國家』（State），亦有別『國族』（Nationality）。

2.民族一詞的定義——美國哥倫比大學教授海士（Carlton J. Hayes）以為民族一詞最普通最適當的用法，係指：『凡使用相同或相近似之言語，並遵守共同的傳統風俗習慣，組織成有獨特文化社會的人羣』❷。德國政治學家白朗芝齊（Bluntschli）對民族所作之定義為：『凡社會中之人羣集體，職業雖不同，階級身分亦各異，而在精神上、感情上、血統上有共通點，語言習俗又近似而結合在一起，且有共同文化，彼此一體的感覺以別於外族（甚至同一主權國家下的外族）者，謂之民族』。

著者認為：民族是在共同歷史背景演進下所形成的自然而然結合成功的一種人羣社會或集團，具有共同的血統、生活、語言、宗教、風俗、習慣及認同感、團體意識，而自別於其他人羣社會或集團者。這樣集聚在同一聯繫軔帶之下的人羣謂之民族。

3.民族的比較觀察——民族和國家是有區別的。　國父孫中山先生

❷ Carlton I. Hayes, *Essays on Nationalism*, N. Y. Macmillan, 1938, p.6.

說：『民族是由天然力造成的，國家是由武力造成的。用中國的政治歷史來證明，中國人說王道是順乎自然。換句話說，自然力便是王道。用王道造成的團體，便是民族。武力就是霸道。用霸道造成的團體便是國家』 ❸。他指出民族形成所需要的自然力共有五種：最大的是『血統』，次大的是『生活』。第三個大力量是『語言』。第四個力量是『宗教』。第五個力量是『風俗習慣』 ❹。

民族與『國族』（Nationality）亦不相同。國族是指一個主權國家所管轄的人民，不管其血統和語言是否一致。例如使用兩種語言的比利時人，使用三種語言的瑞士人都是國族。由漢、滿、蒙、回、藏五族合成的團體，就是中華國族。不過，在普通的情形下，多不把『民族』（Nation）與『國族』（Nationality）作嚴格區分。彌爾（John S. Mill）說：『國族是一部份人類所構成的團體。他們係由共同感情團結起來。願意彼此合作，及受治於自己所組成的同一政府之下』 ❺。

一個國家可以包括若干不同的民族，例如蘇俄國境內就有一八五個不同的民族，操一四七種的不同語言。一個國家亦可由一個民族組成，例如英國就是一個安格魯薩克遜（Anglo-Saxon）民族。一個民族亦可分散組成幾個國家，例法國、義大利、西班牙都是一個拉丁民族。更有一個民族分散於各國之內，而自己並無國家之組織者，例如吉普賽人及以色列未復國前的猶太人。

4.民族與民族意識——民族構成必須具備兩大類的要素：一是客觀的事態（Objective Events），一是主觀的認知（Subjective Perception）。前者就是 國父所說的自然力，包括血統、生活、語言、宗

---

❸ 孫中山 三民主義，民族主義第一講。
❹ 同上，民族主義第一講。
❺ John Stuart Mill, *Representative Government*, 1861 年原著，1958年電印，New York, Liberal Arts, Chapter 16.

教及風俗習慣。若祇有這些客觀的自然力量，而無後者主觀的認知以爲結合，則這一羣人仍爲一盤散沙，不能成爲團結性的民族實體（Nationhood）。甚而他們之間可能『同室操戈』、『兄弟鬩牆』，『一家人不認一家人』。那認賊作父的漢奸，就是因爲他們缺乏民族意識。所以這些有共同血統、生活、語言、宗敎及風俗習慣的一羣，必須經由主觀的認知卽『民族意識』（National Ideology）加以凝聚或融合才能成爲民族實體。民族意識是民族的團結靱帶和凝聚藥劑。

民族意識就是民族所屬分子的共同心理狀態。其主要內容，包括以下各點：㈠自覺心（Self-Consciousness），認爲自己的民族有別於其他民族或團體，卽『我們感情』（We-feeling）和『同屬感』（Sense of Belonging）。㈡自尊心（Self-Esteemed）或優越感（Superiority Complex），希望他人對自己民族的承認和尊重；不管自己的民族優劣如何，總自認是天之驕子，乃是世界上最優秀的一羣。㈢認同感（Identification），自認我與這一民族是一致的，同一的，民族是我的，認爲民族的利害、榮辱就是自己的利害、榮辱。㈣效忠心（Loyalty），自認應對民族盡忠貞，獻力量，不可有攜貳之心。㈤依附感（Adherence），自覺我與我的民族有不可分離的依附關係，族存我存，族亡我亡。㈥同情心（Sympathies），民族的構成員間有相親相愛，同甘苦，共患難的感情，彼此關顧、互助合作。㈦順從心（Allegiance），自認應遵守民族的行爲規範，生活法則，並順從民族的意志與命令。

二、何謂民族文化？——民族文化有別於國家文化。概括言之，凡因依於民族構成要素（主觀及客觀的）而形成的生活方式、行爲模式、人羣關係及價值觀念爲民族文化，如倫理、道德、風俗、習慣、衣着、飲食、宗敎、語言、文字等均屬之。凡因依於國家構成要素而形成的生活方式、行爲模式、人羣關係及價值觀念爲國家文化，如政府、法律、

軍事、外交、警察等均屬之。

民族文化的形成過程，因應於下列四個變數（Variables）；因這變數的不同，則所促成的文化特性，便亦有所區異。㈠歷史背景——文化是生長成功（By Growth）的，不是創造（By Creation）出來的；是發現的（To be Found），不是製造的（To be Made）。文化是歷史產物，人們在長期的生活及奮鬥的歷程中，累積相同的經驗、榮辱、成敗、得失而形成各民族的不同文化。㈡地理環境——地理決定論者或環境主義者法人羅若爾（F. Ratzel）、美人山坡爾（E. C. Semple）、杭庭頓（E. Huntington）均強調地理環境的重要性，認為一個民族或國家文化形態、生活方式、政治制度等均係依地理環境為轉移。地理環境是人類生活所依需的必要條件。民族生活在怎樣的地理環境中就產生怎樣的文化。㈢民族性格——血統是民族構成的要素之一。因血統遺傳的關係，一個民族的大多數人率具有相近似的先天秉賦。其性向、氣質、性情等每相類同。這就是所謂『民族性格』（National Characteristics）。民族性格決定民族的前途與命運，亦為決定民族文化的特性的重要力量。性格和平者形成王道文化。性格凶悍者形成霸道文化。美國的民主自由文化，英國的謙遜溫和文化，與其民族性格不無關係。㈣經濟結構——生產技術與生產力相結合，形成財富的生產、分配、交換關係。這就是所謂『經濟結構』。這種民族的生活條件與環境，對文化特色的形成，有着極密切的關係。漁獵經濟產生原始文化。畜牧經濟產生神道文化。農業（初期）經濟產生封建文化。農商經濟產生專斷文化。工業經濟產生民主文化。金融經濟產生科技文化。

在理論上，民族文化與國家文化是有其區異的，但自從『民族國家』（National State）出現以來，民族與國家便不易區分。因之，民族文化亦就是國家文化。法國於一七八九至一七九三年完成民權大革

命,打倒專制君主制,建立民主憲政共和國, 廢除歷史遺蹟的地方區劃, 成立中央集權的政府, 出現統一國家。 當時的急進主義者所稱的『民族』, 就是指這集權統一的民族國家。 德國哲學家費希特 (Johann G. Fichte, 1762-1814) 所提倡的『德意志民族』 (German Nation) 就是在十幾個封建王侯之上的民族統一國家。義大利的愛國英雄馬志尼 (G. Maggini, 1805-1872) 所說的民族亦是統一獨立, 具有完整主權的民族國家。

第二節　比較行政的研究

一、研究領域的擴大——在第二次世界大戰前, 比較行政研究, 僅限於較狹窄的範圍, 就行政而研究行政, 未及於社會環境。 政府、憲法、政黨、行政法就是研究的主要對象。今日比較行政研究的領域則大為擴大。國際的行政機構、先進國家對落後國家經濟與技術援助、聯合國的國際開發計劃, 各國行政的歷史背景及其民族文化特性等均已列入比較行政的研究領域內。昔日作比較行政研究者, 僅知從文字上、書面上作觀察, 故步自封, 劃地自限, 視線不廣, 自難有新的發現。且有『盡信書』的弊害。今日研究者更要在書本、文書、及法令規章外, 作實地的調查與考察, 蒐集實際行政事實與行為活動事態以為研究資料。

二、系統理論的追求——研究比較行政若祇作事實資料的蒐集及現象的瞭解, 而無理論架構以為貫串, 乃是徒勞無功的, 不切實用的。有如『散錢滿屋,只欠繩串』。廣泛的事象要用理論貫串之, 方有學術價值。系統理論, 就是對若干有關『變數』(Variables) 或『有關因素』 (Relating Factors) 間的『因果關係』(Causal Relations) 或『相關函數』(Coeffient) 的陳述。 如不限定研究範圍或相關因素, 則事實與證據的蒐集將是毫無止境的, 窮畢生之力亦難得任何結論。比較行

政研究的範圍既已擴大，則系統理論或理論架構的建立，乃是必要的。其所追求的理論，不可嘗試普遍永久定律的追求，因範圍太廣，證據可任意選擇，殊難得到定論。馬克斯的『唯物史觀』、『階級鬥爭論』，達爾文的弱肉強食的『天演論』都犯了主觀臆度及涵蓋過廣的毛病，所提證據有很多反證可以推翻之。但若研究範圍太小，所選因素不足，則以『選樣』(Sampling) 有限，失卻統計上代表性、廣博性，則『一燕不能成春』，所作結論便無正確性和可靠性。系統理論的追求，要遵守『中度範圍的原則』(Principle of Middle Range)，研究的範圍不可太小或太大；選用的變數，不可太多或太少。例如，研究家庭環境與結構對兒童人格的形成及態度發展的關係，便是一個『中度範圍』。就此範圍內盡量蒐集有關事實與資料，加以整理、分析與研究，當可求得兒童的權威性人格與民主性人格的形成，或順從態度與抗拒態度的形成與家庭生活間的相關函數或因果關係。又如開發中國家的經濟建設與民主政治發展的關係，亦是比較行政研究的一個適當課題。

三、比較行政的研究途徑 —— 當今比較行政學者所採行的研究途徑，要可分為下列四種：

1.生態研究法 (Ecological Approach) ——研究比較行政不可僅從行政本身作孤立的比較與分析，必須擴大研究範圍，從行政的生態環境中如各國的歷史背景、地理情勢、價值觀念、文化模式、民族性格、經濟結構等角度作多方面的觀察。因為行政乃是社會的一環，而社會乃是一生態有機體，各種制度都是息息相關，密切配合，彼此影響，相互依存。行政制度是生態社會環境的產物，有什麼社會就有什麼行政。蓬生麻中，不扶自直。近朱者赤，近墨者黑。江南之橘，越淮為枳。皆環境所使然。英國的行政重傳統。美國的行政尚革新。德國的行政重秩序。皆因歷史背景、民族性格、價值觀念等環境不同，而產的差異。來頓

（A H. Leighton）曾用此方法研究家庭結構與行政制度的關係 ❻。韋柏（Max Weber）曾用此方法研究經濟制度與行政的關係 ❼。克伊（K. M. Kyi）曾用此方法研究傳統文化與行政權的關係 ❽。

　　2.模式研究法 （Model Approach）——從行政事象中找出若干不變的因素和特徵， 作綜合性及系統性的說明， 稱之爲某一行政『模式』。以此爲尺度以衡量各國行政的特質者謂之行政模式研究法。雷格斯 （Fred W. Riggs）寫『農業型與工業型行政』❾一文，即係採用模式研究法。前者指農業國家的行政，事務簡單，方法粗劣，因襲成規，不求革新，重刑罰而輕服務。後者指工業國家的行政，事務繁複，方法精良，求新求進，更新不已，重服務，輕刑罰。這種兩分法的『兩極模式』受到不少批評。雷格斯自覺『農業型』與『工業型』之間，還該有一個『中間型行政』（Intermediate Model）， 於是他著『行政生態學』（Ecology of Public Administration） ❿一書，將行政模式分爲三種：一是『鎔合模式』（Fused Model）， 在低度開發國家，知識、技術均落後，行政功能是鎔合性的，而無明顯分工。二是『繞射模式』（Diffrocted Model）， 在高度開發的國家，知識、技術均有專精的研究，職業趨於專業化，行政功能亦因之而有細密的分工。三是『棱柱

---

❻　A.H. Leighton, *Exploration in Social Psychology*, N.Y. Basic Books, 1952.

❼　Ma^x Weber, *Essays in Sociology*, N.Y. Oxford University Press, 1946.

❽　Khin M. Kyi, *Patterns of Administration to Bureaucratic Authority in a Traditional Culture*, Cornnel University Press, 1966.

❾　Fred W. Riggs, Agrarla and Industria:Toward a Typology of Comparative Administration, 載於 W. J. Sffin 所編 *Toward a Comparative Study of Public Administration*, Indiana University Press, 1957.

❿　Fred W. Riggs, *The Ecology of Public Administration*, N.Y. Asia Publishing House, 1961.

模式』(Prismatic Model)，在半開發的國家，行政特質居於前二者之間，行政功能略有分工而欠細密。

3.制度研究法 (Institutional Approach)——韋柏對『官僚行政制度』(Bureaucracy) 的研究可視為制度研究法的代表。他是德國著名的社會學家，於一九四六年出版『社會學論文集』中為文指出官僚制度係以『合法』與『理性』為基準而建立的，故可稱之為『理想型的組織』(Ideal Type of organization)。其特性包括以下九點：(1)層級節制體系。(2)公私機關皆可適用。(3)合理化的權責分配結構。(4)管理權與所有權分離。(5)法規控制，手續繁複。(6)職位不是財產權。(7)職員依其才能以任職。(8)職員選用以公開競爭方式行之。(9)勵行法治 ⓫。這種理性論證方法，不免失之主觀。德、法的行政制度固然合於這一理念結構，但對美國的行政制度便難以適用。而且他只注意到官僚制度的理性方面，而忽略其感情方面，如成見、偏見、習慣、傳統等。不過，懸一理想以衡量行政制度，亦不失為研究比較行政一種有用途徑。

4.發展研究法 (Developmental Approach)——比較研究法計有兩種：一是就同時的不同地域或社會作比較；一是就不同時期的制度作比較。前者謂之地理比較法，後者是歷史比較法。歷史在不斷的發展，這歷史比較法亦可說是發展研究法。最普通的發展研究法就是把行政制度分為傳統性的和現代化的兩種作比較。前者的行政制度是較為專斷的，保守的，恃權勢以為統治。後者的行政制度則是民主的，法治的，以為民服務為目的。羅色特 (B. M. Rursett) 著『政治與社會指標』(Political and Social Indicators) 把歷史的發展分為五個階段：一是傳統原始社會，二是傳統文明社會，三是過渡社會，四是工業革命

⓫ Max Weber. *Essays in Sociology*, N.Y. Oxford University Press, 1946,

社會，五是高度大衆消費社會。他並以國民所得的豐吝，國民教育程度的高低，高等敎育比例的大小，投票率及其水準的高下，中央政府公共支出的多寡，都市人口的膨脹，醫生數目多少及消費程度等指標，以爲劃分發展階段的尺度。

第三節　行政制度的類型

一、政治文化與行政制度類型——以政治文化爲標準，行政制度可分爲官僚制（Bureancratic Type）、貴族制（Aristocratic Type）及民主制三大類型。玆分論如次：

1.官僚制——中國自隋唐迄明淸，以科舉爲基礎的行政制度及德、法兩國在第二次世界大戰以前的行政制度皆爲這一類型的代表。官僚制的意義與特色如次：㈠官吏經由公開考試選拔之。考試及格經任用後，地位獲得保障，非因犯法不被免職。㈡官僚間形成一層級節制體系，上級對下級有指揮之權，下級對上級有服從之責。㈢官僚們成爲一鞏固系統或集團，握有統治特權，祇知對上負責，不顧民意，不恤民艱。中國的科舉式的行政制度成爲歷代君主有效的統治工具。德國費特烈大帝（Frederick the Great）所建立的官僚型的行政制度，亦表現有高度的行政效率。

官僚制的優點有四：㈠官吏受到人民的特別敬畏，地位高，身分重，爲一般菁英分子所傾慕，故易於羅致優秀人才，提高官吏品質。㈡官吏地位穩固，待遇較好，精神快愉，自尊自重，故肯努力工作，久於其任。㈢在層級節制體系下，官吏權責確定，莫由爭功諉過；組織系統井然，易收指臂運如之效。㈣官吏自成系統，不受外界的壓迫與干擾，易於貫徹政令的推行，並保持行政的一貫性。

官僚制的缺點有三：㈠官吏祇知對元首或長官盡忠効力，不受選民

控制，輿論無從裁制，致成爲離開民意的專斷政治。㈡層級節制的官僚制尙階級，重服從，足以遏殺自動自發的工作精神，墨守成規，不求進步，形成行政習慣的僵化。㈢官吏祗知對上負責，易流於專斷，威脅自由，危害民權。拉斯基 (Laski) 稱此官僚制爲『新專制主義』（New Despotism）, 乃是自成階級的官僚統治，不求革新與進步；位高權重，易於侵犯民權。

2.貴族制——英國的行政制度，可爲貴族制的代表。依其實施，其內容及要旨如次：㈠英國的公務人員除政務官外，劃分爲行政級、執行級、文書級及助理文書級四等。略與中國的簡任、薦任、委任及僱員相當。這四個等級的職務與地位有嚴格的劃分，出身與考選各有不同。次級人員很難升晋於高職等。身分不易流通，有似封建時代的貴族制。㈡各級人員考選皆定有嚴格的學校畢業資格及年齡限制。因之，無力讀大學教育或苦學自修者便無資格投考行政級。那在社會服務較久的成年人，因受年齡限制亦無法進入政府任職。因之，能考入行政級任職者，遂爲上流社會人士的子弟所獨佔。這亦不免帶有貴族氣氛。㈢行政級、執行級、文書級考試的內容皆以學校課程及教育程度爲標準，並不考實際技能。因之，非受有良好教育的青年人實無希望成爲公務人員。

貴族制的行政制度實以不平等、重階級爲立制基礎，和現代的民主精神不無違背，自然受到不少的批評與攻擊。但採行這種制度的人們，卻亦有其自己的理論與說法。他們認爲政府職務的性質與內容，確有高下難易輕重的不同。擔任各種職務的人，所需才具、學識、氣度、能力等自亦有其優次高下的差異。各人因先天秉賦、後天教養的不同，其成就與才能便有區異。大才大用，小材小用，高材高用，次才次用，低材低用，方能事得其人，人當其用，而收適才適所之效。否則，大材小用，小材大用，高材低用，低材高用，必造成惡劣的後果。執是以論，

適宜於低級職務者，自未必適宜於高級職務，豈能任其自由升晋。

3.民主制——美國的行政制度可爲民主制的代表。這裏所謂民主制，並非指官吏民選，任期縮短等實施而言。乃是指『功績制』採行而言。綜其要旨，約有三端：㈠美國各類級公務人員的考選，應考資格並無學校畢業的嚴格規定，年齡亦無限制，故曾從事其他職業的成年人，老年人均有應考的機會。廣開羅致之門，人人有服務公職的平等而公開的權利，實合於平民政治及民主主義的精神。㈡美國選拔公務人員的考試科目與內容係以職務所需的知能技術爲對象。這些技能可從工廠商店或職業經驗上獲得之，不必於正式學校教育中求得之。㈢美國公務人員等級的劃分，係以責任輕重、事務繁易、工作難易、技術精粗爲依據，並不重視高下尊卑的階級觀念。機會平等，流轉自由；羅致之門敞開，人人有競進的權利，充分表現出平等自由的民主精神。

但是民主制的行政制度亦具有以下的缺失：㈠考選不定資格，不限年齡，則在其他職業失敗的人，可能轉入政府服務，使公務人員品質降低，且難以訓練成標準一致優良的公務人員堅強整齊陣容。㈡公務人員僅具特殊知識與技能，而缺少一般的文化教育修養，均係專家而非通才，易流爲『俗吏』而非『通儒』。其流弊所及，知偏而不知全，見樹而不見林，重視本位主義，缺乏整體觀念。㈢官吏在社會上無崇高地位，不爲人民所敬重喜好，優秀人才多向工商業界求出路，謀發展，官吏品質與水準，必因之而降低。以此，而欲建立高水準的行政制度，自必十分困難。

二、文化發展與行政制度類型——以文化發展的階段爲標準，行政制度可分爲傳統制、過渡制及現代制三大類型。雷格斯於一九六一年著『行政生態學』一書，將行政制度分爲『鎔合型』、『棱柱型』及『繞射型』三類。其實，這三種類型恰與傳統制、過渡制及現代制相當。因

雷格斯是行爲科學學者持『價值中立』（Value Free）的立場，避免用具有褒貶意味的『傳統』、『現代』語詞；而用陳述性的文字。質言之，這兩種的分類，名異而實同。茲就此分論如次：

1.傳統制鎔合型——在農業經濟時代的社會，稱之爲傳統社會，其行政制度可稱之爲傳統制，相當於鎔合型（Fused Model）亦即『農業型的行政』（Agraria）。這一類型的行政制度，具有以下的特性：㈠知識、技術落後，生活單純，農民人口佔絕大多數，職業無甚分工。政府機關的功能亦是渾同式。一切行政功能都由一個行政機關管轄，是謂『功能普化』，並不設立分門別類的功能分化機構分別掌管。一個縣知事不僅總掌禮、戶、吏、兵、刑、工諸公務，而且是君、親、師的三重地位。㈡傳統社會的人民，具有保守性格，安於現狀，缺乏革新前進的意願、精神和能力。這種文化模式亦反映到行政制度上，官吏皆墨守成規，畏難更張，因襲舊習，不求革新。㈢傳統社會的人民過着淡泊寧靜的生活，社會秩序平定安穩，很少變亂，故情緒與心情安靜快愉，有『萬物靜觀皆自得，四時佳興與人同』的雅興；因之，行政官吏亦持『清靜無爲』、『不擾民』、『與民休養生息』的態度，說什麼『無爲而治』；自己亦以吟風誦月，爲風雅高尙，安居衙署，養尊處優。㈣社會進步要靠兩種力量與途徑：一是本身內發力量的『創造過程』；一是外來壓力促成的『適應過程』，即對外來文化的吸收。傳統社會缺乏這兩種力量的推進，故文化陷於呆滯停頓狀態。政府行政因而亦是因循敷衍，怠惰苟安的，說什麼『一動不如一靜』、『利不百，不變法』。㈤傳統社會，重視個人關係，即『個人取向』，所以採行人治的行政制度。人民對政府的效忠與服從，每視長官個人的條件，及與個人的情感而有所不同。官吏推行公務，率係『依意爲之』，很少有客觀的法律以爲嚴格限制。㈥仕途爲豪富大族及特權階級所壟斷，政府選用官吏並不採行公

開、公平、競爭的方法，任人以『私』不以『才』，贍徇援引，任用私人，以致官吏品質不良，行政效率低下。㈦人民與政府之間存有『疏離感』。因爲人民過着『日出而作，日入而息』的自然生活，政府不肯爲人民服務，解決問題；而人民亦不需要政府的多大幫助。政府對人民的接觸只是收稅與刑罰。所以人民對政府存厭惡之心，畏懼之感，最好能避而遠之。

2.過渡制棱柱型——由農業經濟進步至工業社會，中間要經過農前經濟的過渡階段。這一時期可稱之爲過渡社會。這一社會的行政制度，相當於雷格斯所說的『棱柱型』(Prismatic Model) 卽『中間型行政』(Intermediate Model)。這種行政制度具有以下的特色：㈠農民人口漸逐減少，工商事業開始興起，農村人口漸趨集中，都市在形成中。行政功能呈半分化狀態，有一部份的機關是專業性的，屬於『功能分化』；但另有很多機關仍是『功能普化』性的。都市有這些專業性的『功能分化』機關，而鄉村則無之。㈡絕大部份的人民仍抱持保守態度，安於現狀，僅有少數的菁英份子及英明的政治領袖，具有進步思想，致力於革新活動，但不甚順利，常遭到社會的抵制或抗拒。㈢社會情勢漸生動亂不安狀態，至少在都市中是如此的。所以人民的生活情緒不似前此寧靜淡泊，輕鬆愉快；有不少人則陷於生活忙亂，情緒緊張中。社會秩序亦不若前此的和諧平靜。政府行政在被迫的情形下，亦不得不起而作一些肆應活動。㈣促進社會進步的自身內發的創造力量尙未發生。但爲了適應外來壓力，而有吸收與模仿他人文化的活動。滿淸末年張之洞、李鴻章的『中學爲體，西學爲用』的自强運動，就是屬於這一類型。㈤人治思想漸趨動搖，而有採行法治的趨勢。但特權階級仍多不尊重法律，常有破壞法治的行爲。例如乘豪華汽車的人常不願受交通警察的指揮及遵守交通規則。服兵役是役男的法律義務，而有權勢的人

每想使其子弟逃避兵役。㈥官吏選拔亦知採行用人唯才的考試制度，謀求建立健全的人事制度，但那特權階級仍不願受考試用人的規定，而要援引私人。㈦社會生活產生『異質』現象，卽參差不齊的雜亂情形。一方面有高樓大廈的現代建築，一方面又有古老式木造平房。快速度的汽車、飛機和牛車、脚踏車、三輪車同時並存。在行政上旣採行以『職務』為中心的『職位分類制』；一方面又保存以『身分』為中心的『簡、薦、委任制』。㈧雖亦進行行政改革，但多不能徹貫執行，每以一紙命令或一個方案行之，不追究其實際效果，流於形式主義。

　　3.現代制繞射型——工業化經濟時代的行政制度稱之為現代制，亦卽繞射型（Diffracted Model），又可稱之為『工業型行政』（Industria）。現代制的行政制度具有以下的特性：㈠經濟進步，科學昌明，學術研究，趨於專精。職業專門化，分別門類，十分精細。政府功能種類繁多，性質複雜，高度分化，各設機構，專責處理。機構分化甚細，職員技術極精，必須學有專攻，技係專家，方能勝任。㈡現代化社會的人民，旣具開明思想，又有進步精神，求新求進，奮發自強，日新月異。現代化就是『革新』『求進』的過程。在此情形下，政府行政自必須求新求進，與時代並駕齊驅，不斷更新，前進不已，方不致落伍，歸於淘汰。現代行政是『與時俱轉』、『法不可恒也者』的時代前驅者，改革的推動者。㈢在高度化的工業社會，人羣關係複雜，利害衝突甚烈，糾紛爭執，層出不窮，社會和諧遭受破壞；重私利，輕公益，人人過着緊張忙亂的生活，情緒亦陷煩苦不安的狀態。物質享受雖高，精神生活頗苦。作奸犯科者，到處皆是。行徑怪異者，不足為奇。政府為了這些事故，亦應付不暇，疲於奔命。㈣人民與政府皆有內發的創造能力與精神。創造與革新成為公私生活的一部份及共同的行為模式。人民憑自己的能力與意願，自謀發展與成就，發揮內在潛能，造福人羣.

貢獻社會。政府不僅是行政機關，而且是致力於科學技術研究機構，以有計劃的集中力量，致力於創造發明的新事業。㈤尊重民意，屬行法治。由人民選舉代表組成民意機關，制定法律，共資遵守，法律之前，人人平等，法律之內，人人自由。總統犯法與庶民同罪，無歧視，無特權。官吏依據法律，執行職務，如有踰越須負法律責任，要受處罰。㈥國家用人，採行公平、公開、競爭、客觀的考試方法選拔人才，大公無私，用人唯才；既要消除政黨干涉國家用人的『分贓制』（Spoils System），亦可稱『勝利品制』或『俘獲制』；又須打倒私人援引的『贍徇制』（Patronage），而實行考試用人，才能主義的『功績制』。㈦人民生活及社會情勢趨於整齊劃一，而少參差雜亂的異質現象。行則汽車代步，食則牛奶、魚、雞、牛、羊肉、蛋類與蔬菜。住則高樓大厦。衣則絚、絨、革、絲。衣、食、住、行縱有差異，亦僅是程度之分，而非種類或性質之別。㈧人民與政府融成一片，合為一體。人民依賴政府的服務與扶助，解決其生活問題，對政府遂生強烈的依附感與認同感。政府需要人民的擁護與支持，對人民不得不有高度的責任心與敬愛心。大眾傳播十分利便，官民間的意見溝通，頗為容易，彼此隔閡，不難消除。

第四節　英國行政制度的特質

英國行政制度的特質，計有四端：一曰通才與專家的合作，二曰分權性的，三曰非官僚型的，四曰立法與行政滙一。茲分別論述如次：

一. 通才與專家合作　一就中央機關言，通才的政務官決定政策與方針，專家的事務官作忠實有效的執行。而通才的政務官在決定政策時，須以專家的事務官所提供的資料與意見以為依據和參考。通才在促進行政的改新，而專家則在維持行政的一貫與永續。政務官對國家、對

社會公開負責。事務官是在背後盡責效力，隱名、緘默的負責者。內閣改組，另一政黨執政，立即獲得事務官的支持與合作，推行其新政策、新計劃，不發生任何困難。就地方機關言，各郡（County）的保安官（Justice of Peace）多爲地方紳士，並無法律的專門知識與訓練，乃是常人；而其助手的書記官（Clerk）則是有經驗、有訓練的法律專家。二者合作無間，推行順利。

二、**分權性的**——英國是個島國，與歐洲大陸相隔離，國防安全，且各島間水帶分隔，風習不同，旣不必如德、法須集權統一，以防隣邦強敵的侵略；又須適應不同民習，作因地制宜的措施，使各島具有較大的地方自治權力。英國是普通法的法制體系，以不成文習慣法爲主體，故難以採整齊劃一，全國一體通行的法律體制。英國的行政制度由零星的分立的發展而成。原屬於各敎會、各行會或基爾特及其他地方團體的事權，係逐漸由政府收回，原爲分權性質。英國的行政一向採自由放任主義，中央的干涉，不過是從救貧法及穀律等個別立法而逐漸入手，並非採概括式立法的集權控制。

三、**非官僚型的**——英國一向重視地方自治，公務多由義務職的地方紳士擔任之。英國人認爲歐洲大陸各國的革命與戰亂，乃是由於中央集權和官僚統治所引起的罪惡，並自詡的說：『英國因無中央集權及官僚制度而得救。』英國在歷史上，旣無德國威廉式的開明專制君主，亦無法國路易式專橫暴君，從不曾建立起官僚型的行政制度。德、法靠君主及其爪牙官僚作一把抓式的集權統治，以維持國家的統一，而英國則是以各地士紳及代表於議會中謀求利益的妥協，以維持社會勢力的均衡。諾曼族的征服者，能善用溫和手段維持英國約五百年和平與統一，不曾有德、法貴族間的侵伐與內戰，亦是官僚制度未產生的一大原因。

四、立法與行政的滙一——就中央體制言，英國採內閣制，以國會議員多數黨魁及其重要幹部組織內閣以為中央行政機關，負責推行政務。則內閣者無異是立法機關的一個委員會。內閣得有國會的信任，其所提出的法案與計劃，頗易獲得國會的通過。二者之間密切合作，二而一，一而二，分而合之，合而分之，實一體也。就地方制度言，各行政郡 (Administrativc Connty) 別於歷史郡 (Historic County)。行政郡各設有一個郡議會，由人民選舉議員組織之。這一議會是立法機關，亦是行政機關。議會內設各種委員會，由議員分任各委員會委員，會內任用有若干專業職員，分別推行教育、工務、財政、衞生、交通等行政工作。議長同時亦是一郡的行政首長。歷史郡則掌監獄，有郡長、郡尉、法醫及保安官等。

第五節　美國行政制度的特質

美國行政制度的特質，扼要言之，計有四端：即民主主義、分權主義、政治化及專業化。茲就此分別論述如次：

一、民主主義——美國人崇信個人主義及自由主義，對人權保障十分重視，採行司法權至上的制度以防止行政權力的專橫，並採獨立的司法審判及普通法院制，以實現法律之前人人平等的法治精神。美國採行以民意為依歸的民主政治體制，行政權力措施如何，每視民意趨向為轉移。政府官員亦具有民主的風度與雅量，樂於接受輿論的批評與人民的建議。為防止政府強大而濫權，並保障人民的自由權利，乃採行立法、司法、行政三權分立制，使在相互牽制之下，任何一個機關不能掌握絕對權力，藉以限制行政權的專斷，俾以維護人權。美國的民意代表機關具有較大的權力，對政府能作有效的控制。民選官員為數甚多，使人民能充分的行使其選舉權。法儒杜克威爾 (Allexis De Tocqneville) 於

一八三五年著『美國民主政治』一書，賽福來德 (Andre Siefried) 於一九二七年著『時代中的美國』一書，均盛讚美國行政民主化的制度與精神。

二、分權主義——美國地處新大陸，爲酷愛自由的清教徒所開拓，重獨立，尙平等，反對專制與集權，且深切厭惡殖民地時代的官治，具有高度民主與自由的精神。美國在建國前，原爲十三個獨立的殖民地，均以主權者的『國家』 (State) 自居。建國後，採聯邦制度，聯邦與各州事權均明定於憲法中，其未列舉的事權則歸於各州，州權頗重，充分表現有分權主義的色彩。各州自有憲法、自有獨立的法院系統，自成政府處理政務，不受聯邦管轄。聯邦雖有專設的人事機構，但其管轄權僅及於聯邦政府的公務人員。各州皆各有其人事制度，自成獨立系統，各州均設有最高法院，對各州的司法案件有最後的審判權。凡此諸端，皆足以證明，美國的行政制度具有分權主義的精神。

三、政治化——美國總統甲克生 (Jackson) 於一八二九年就職後，倡『勝利品屬於勝利者』(To Victors belong the Spoils)之說，實行官吏隨所屬政黨選舉勝敗爲進退的『分贓制』，政府用人，『以黨不以才』。這是行政政治化的開始。從此『分贓制』猖獗流行，弊竇叢生，爲害甚深。爲謀挽救此弊，乃於一八八三年設立超黨派的獨立性的聯邦文官委員會，實行考試用人的『功績制』。但迄於今日，仍有所謂機密性、親信性、低級勞働人員及過於專門化的職位，均列爲『非分類職位人員』，不必經由考試卽可獲得任用，其數高達公務人員全數百分之二十五。艾森豪總統就職後，爲要援引共和黨人，於一九五五年請求聯邦文官委員會認可所謂『丙類人員』 (Schldule C) 者，由共和黨中央委員會推薦任用之。聯邦政府任命在各州工作的官員時，常遵行所謂『參議員禮貌制』，須徵詢各該州國會參議員的首肯。美國選任官員爲數甚

多。政黨易於利用機會，施其伎倆，形成『政治幫會』 (Political Machine) 操縱政府用人，有似看不見的地下政府。

　　四、專業化——美國各級公務人員選拔標準，祇重視其職務上所需的專門知識與技術，祇就此加以測驗，只要及格，便予錄用，並不考試應試者的一般教育程度和通才學養，應試者亦不受學校畢業資格及年齡的限制，只要有一技之長者，便可合於選用標準。重視專業，忽略通才，欠適應與領導能力，對行政效能不無不良影響。美國採行嚴格而瑣細的職位分類制度，業務分類竟有五三六種之多，每一職系復劃分爲十八個職級，依此爲選用人才的藍本，專業化的精神，實達於登峯造極的境地。

第六節　德國行政制度的特質

　　德國的行政制度具有四大特色：一曰軍事化，二曰官僚化，三曰集權化，四曰理性化。茲就此分論如次：

　　一、軍事化——德國行政制度何以具有軍事化的特色，係由於以下的三個原因：㈠在十六世紀普魯士各邦皆設有所謂『軍事委員』 (War Commissioner) 代表政府監督各地的財稅人員，就地收提稅款，以供軍用。至十七世紀中葉，軍事國家化，軍事委員改變爲稅吏。德國行政改革係先從稅務與財政入手。軍事化的精神，乃得滲透於行政制度中。㈡德國人的民族性較爲樸實與嚴肅，重秩序，守紀律，具有守法與服從的美德，因而形成軍事化的行政制度。㈢德國政府官吏的來源，有很多係職業軍人，特別是早期的政府中更是如此的。於是軍人的生活與氣氛便帶入行政制度中。所謂軍事化乃是指森嚴的紀律，嚴格的階級，絕對的服從及整飭的生活而言。

　　二、官僚化——德國自一六四〇年至一七八九年法國大革命前，有

威廉一世及費特烈大帝以鐵腕建立起堅強的中央集權制度及有效的官僚制度，以推行其開明專制的政治建設與行政。官僚在君主的指揮下管制人民。行政作風充份表現官僚化的色彩。官僚化包括以下的要素：㈠把全體官吏編組於層級節制的體系中，各有專責，上級對下級有指揮之權，下級對上級有服從之責，由上而下，自內及外，權力集中，號令統一。㈡注重形式主義，有繁瑣的辦事法規，守一定的治事程序，官式文章不可忽略，法定手續，必須遵守。㈢官吏祇知對君主或上級負責討好，不恤民艱，不顧民意，具有濃厚的專斷色彩。其優點雖是有力量，有效能，命令貫徹，指揮統一，政治安定；但其缺失則是缺乏自動自發的服務精神，官吏自成系統與階級，自傲自是，習慣僵化，進步與革新不易。

三、集權化——德國的政治思想與行政制度，自十六世紀以來，深受羅馬法的影響，主張國家至上，厲行中央集權。理想主義者黑格爾 (Hegal)、費希特 (Fichte) 皆是德國的大思想家，把國家人格化，超人化，個人僅是達成國家崇高目的的手段。這種思想亦是促成德國行政制度集權化的一個原因。自十七世紀以來，因交通與經濟的發達，地方自治日見削弱；中央職能，逐趨擴張。且德國地處大陸，有強鄰窺伺，須力求國家統一，集中權力，方易抵禦外侮。地方政務的推行，率由中央委派的官吏辦理之。地方政府的法律地位，祇是國家官署，乃中央政府運用的行政工具，並無獨立的法人資格，實少自治權能。

四、理性化——德國政府建立的基石有二：一是有嚴格紀律與訓練有素、能征善戰的軍隊；二是負責任，守紀律，有效能的官吏。德國政府強固權力，實來自於軍隊與官吏的效忠與盡力。這些人都是態度嚴肅，思想忠貞，頭腦冷靜的理性主義者，故行政制度中表現有高度理性化 (Rationalization) 的精神，並無法國人重感情的浪漫色彩。德國官吏重制度、守法紀、講效率、顧團體、輕視自由與放任的個人主義。這

是斯巴達型的行政，以堅苦與理智為尚；並非雅典式的行政，不注重個
人與自由。希特勒在『我之奮鬥』一書中，亦認為德國公務員守紀律、
重效率、忠貞不渝是無可比擬的。德國公務員的成份為職業軍人、律
師、法官及宮廷財臣（Cameralists）。這些人都是崇尚理性，謹言
慎行的。故行政上表現有理性化的精神。德國社會學家孟漢謨（Karl
Mannheim）說德國的行政係在法律的範圍內執行公務。法律的作用在
調和社會利益。這種調和便是理性化。

第七節　法國行政制度的特質

　　法國行政制度的特質，是集權化、官僚化及制式化。茲就此分別論
述如次：

　　一、集權化——法國的政治制度和思想亦受羅馬法的影響，信持國
家至上之說，加強代表全國利益的中央政府的權力與地位；而降抑地方
政府的法律地位為國家官署，乃是中央的派出機關，並無自治權力和法
人資格。法國地處歐洲大陸，有強鄰環伺，時有被侵略的危險，必須國
家統一與中央集權，俾能有效的抵禦外國侵略。法國在第十六、七世
紀，因有專制君主，如亨利、路易十四及路易十五等的威權，能以建立
起中央集權行政制度，中央遣派各種使臣與監督官到各地代表中央處理
公務。大革命發生後，中央集權和官僚制度雖曾一度受到攻擊，但其基
礎並未動搖。不久，又有拿破崙的專斷，仍能以鐵腕維持中央集權制度
於不墜。自十九世紀以來，法國又有國有主義的興起，對中央集權制加
以助力。各省省長係由中央委派，對中央負責。縣市長雖由民選，但具
有雙重地位，一為中央官吏，一為地方首長。中央對地方議會，隨時有
解散之權。惟法國人的民族性格不如德國人樸實與整飭，感情易衝動，
毅力不足，中央政令常難貫徹；且歷史上民主與專制之爭，有幾度的起

伏，中央集權的效能，並未充份發揮。德國威廉諸人乃是英明有爲君主，統治有效。法國路易諸人乃是專橫恣戾的暴君，民畏而不服，故集權而難貫徹，統治而少效率。有人譏諷法國的行政，一方面患腦充血，一方面又是四肢麻木。

二、官僚化——中央集權與官僚制度乃是同時誕生的雙胞胎。法國既有中央集權，自然會產生官僚化的行政制度。法國不但有亨利、路易等專制君主，同時又有哥爾伯（Colbert）、呂其留（Richelieu）等行政能臣。在他們的努力下建立起嚴密的官僚制度。法國的官僚地位高，權勢重，以統治者的姿態出現，且無民主制度下公僕的謙遜與敬愛人民的風度和修養。他們自尊自傲，自成系統，享受豐裕，壓迫人民，而能力與效率並未達於理想，於是引起人民的忌羨，一方面對之有羨慕之感，一方面嫉忌而厭惡之。

三、制式化——法國人的民族性格有喜愛整齊劃一的趨勢，所以其行政制度率作全國一致的統一規定，成爲『制式化』（Systematization）的形態與特色。法國的歷史學家湯蔭（Hirpolyte Taine）於一八九〇年著『現代的統治』（The Modern Regime）一書，指出法國的行政制度的特色是集權的、十分整齊的（Exact Symmetry），並經由相互作用而維持各機關的和諧與平衡。法國人對法國的制度自然瞭解深切。湯蔭的這種評論確屬恰中肯棨。

第八節　中國行政制度的特質

中國自秦、漢迄明淸，有兩千多年的完備的行政制度，歷史悠久，規劃周詳，其他國家的制度實難與之匹比。綜觀其特質，計有三點：一曰官治主義，二曰德治主義，三曰紳治主義。茲就此分論如次：

一、官治主義——中國有兩千多年的專制君主政體，官治主義的行

政制度實與之同時並存。專制君主爲維持其政權，除掌握大量常備軍隊以防弭叛亂外，更運用衆多官吏以爲爪牙，去徵收軍餉和政費並統治人民。官吏位尊權重，人民畏懼；祇對君主長官效忠討好，不對人民負責。其缺失是奉命行事，畏難更張；被動消極，暮氣沉沉，不恤民艱，流於專斷。歷代官吏，幾乎是君主的奴隸，君主對之頤指氣使，妄作威福。漢光武時，即有杖罰之法，以懲處胥吏。至唐則定百官杖罰之制，應用頗廣，即刺史縣令等大員亦受杖責之罰。明代君主更不重視官吏人格，明太祖常『撒錢於地，令羣臣俯拾，謂之恩典』。

二、德治主義——自漢武帝崇儒學，罷百家，思想定於一尊。歷代官吏居官治政，悉以儒學爲準則，爲依歸。儒家的政治思想以格、致、誠、正、修、齊、治、平之一貫大道爲精蘊。其行政要旨，在於正名分，行仁義，尊德性，重學問。行政與倫理合爲一體，政治即道德，君猶父也，民猶子也。歷代官吏選拔，以品德爲入選的首要條件。漢代鄉舉里選的制舉以賢良方正爲最重要；察舉以孝廉得人最盛。魏晉行九品中正制，以德充才盛有鑑別人才能力者任大小中正之官，分九品衡鑑人才，悉以德義有無虧缺爲衡鑑標準。隋唐以後行科舉制度，人才選拔，須經考試，而考試內容則以經義爲主。所謂經義者即儒家思想之經綸。除考試經義外，並試詩韻。詩者亦所以陶冶品德之一法。官吏施政以教化爲先，刑罰次之。君子之德風，小人之德草，草上之風必偃。政者正也，其身正不令而行；其身不正，雖令不從。刑以弼教，刑期於無刑。聽訟在於『必也使無訟』。

三、紳治主義——中國的歷代官吏除以其官吏身分行使統治權力外，復能以其退職後或原來所具的社會地位與聲望，對地方人民發生很大的領導和影響作用，而爲政府推行政令的協助。這曾經爲官的社會地位與聲望是構成所謂紳士的主要條件。漢代行鄉舉里選制，其被制舉與

察舉者，率爲地方的豪宗大族，卽鉅紳。魏晉行九品官人之法，致門閥士族壟斷仕途，結果形成：『上品無寒士，下品無士族』。門閥士族卽是擁有財富，世代官宦家的人員，在地方有聲望，有影響與領導力量的縉紳。隋唐以後，改行科擧取士，士可懷牒自進，中產以下的知識份子獲得入仕上進的機會，不失爲選拔制度上的一大改進；但因當時教育並未普及，僅有那富有之家的子弟，才有受教育的機會。知識既成爲富有子弟的專利品，入仕者仍爲這些縉紳之家所獨佔。那貧寒子弟能入第者，成爲千古美談，猶如鳳毛麟角。歷代官吏選拔皆採分區定額制，所以官吏除是君主的臣僕外，實際上又是代表各地區的參政人員。中國的專制君主政體能維持兩千多年之久，這代表地方的紳治主義實有助成之力。政府官吏卽使退職還鄉，在人民的心目中，仍具有甚爲崇高的地位，人民對之存敬畏之心，排難解紛，片言可決。他們的地位是地方縉紳，對政令推行，能作有效的左右。人民對政令是否服從，每視縉紳的態度爲轉移。中國歷代官吏，爲政常遵行『爲政不得罪於鉅室』的準則。鉅室就是地方的鉅紳。官既重紳，紳便可以御民。歷代政治，均陷於『官、紳勾結』的形態中。貪官汚吏與土豪劣紳，互爲依存，互相勾結，受其害者仍爲無權無勢之小民。

第十三章　政治文化與行政性能

第一節　政治文化的基本觀念

一、政治文化的意義——政治是管理衆人之事。政治文化就是有關政務管理的活動模式、價值觀念、人羣關係及典章制度。因學者觀點不同，對『政治文化』（Political Culture）一詞所爲之定義，並不一致。茲引述若干學者對政治文化所爲之定義於後，最後再提出著者的淺見。

1.阿爾蒙（C. A. Almond）說：『政治體系都固着在一特別的政治取向及行動模式上。我發現稱此爲政治文化是很有意義的。政治文化與一般文化有關，但非同一。政治文化是其可分的一部份，具有相當程度的獨立性』❶。

2.比爾（S. H. Beer）說：『在一個政治體系中，其構成員的態度對這一政治體系應做什麼，具有最大的影響。這種態度能以決定這一政

---

❶　Cabriel A. Almond, *Comparative Political Systems*, 1956, P. Hall, N.Y. p.58.

治體系去尋求何種利益或目標及用何種手段達到這目標或獲得這利益，以及能否為其構成員所接受。政治文化對這種態度的形成，有着重大的影響力。政治文化的主要成份就是有關政治的各種價值、信仰、感情的取向與態度』❷。

3.維巴 (S. Verba) 說：『一個社會的政治文化是指實際的政治信仰、明示符號及價值觀念所形成的體系。這體系就是政治行為的有力環境。政治文化提示政治行為取向』❸。

4.白魯遜 (Lucien W. Pye) 說：『政治文化係指一系列的態度、信仰與情緒，使政治過程能以有秩序、有意義，同時提供基本的假設與規範，以控制政治體系中的行為。政治文化包括政治理想及政治體系中的運作規範。政治文化是指政治上的心理及主觀方面的集體活動的表現』❹。

5.著者（張金鑑）認為政治文化就是政治社會（國家）、政治體系（政府）所屬人員間，因歷史傳統、地理環境、生活習慣、教育薰陶、思想溝通等因素的孕育所形成的大眾共同的政治心理狀態及行為取向，足為政治活動的動力與規範，並能以保持此社會及體系的安定、團結與持續者。具體言之，政治文化就是政治思想信仰、行為規範、背向態度、好惡感情、價值判斷及所追求的政治目標與利益。

二、政治文化的特性——政治文化具有三大特性，茲分述如下：

1.政治的特殊風格——人有人格，國有國格。一個政治社會的活動

---

❷ Samuel H. Beer, *Patterns of the Government*, 1958, Harper-Row N. Y. pp.29-32.

❸ Sidney Verba, *Comparative Cvlture* 1965, N. Y. Free Press, pp.1513-1515.

❹ L. W. Pye, *Aspects of Political Development*, N. Y. Allyn & Bacon, pp.104-105.

或行爲，因受政治文化的影響和支配，便亦表現出其特殊的政治風格。政治風格就是政府和官吏，行使其權力，推行其職務時，所表現出的風氣、精神、形象及行爲模式。各個國家各有其政治文化。文化性質不同，故各國的政治風格便亦有區異。政治風格或行政風氣或爲民主型的，或爲專斷型的，或爲獨裁型的，皆是文化特性的具體表現。

2.政治的精神力量——國者人之積，人者心之器，政治與行政乃人羣心理活動之現象。政治文化是人民對政治及行政心理取向，卽人民對此的信仰、思想、認識、評價、態度與情感。凡此皆心理活動的表現。心理活動或精神力量，是十分偉大的。吾心信其可行，『挾泰山以超北海』不難也。思想和信仰乃是行爲的原動力和指南針。政治文化是人民政治思想、信仰及精神的結晶，實爲政治與行政的精神動力，力之所趨，沛然莫之能禦。

3.政治的行爲模式——政治文化是政治行爲的規範。政府推行其功能的歷程，受着生態環境的支配和影響。政治文化是這生態環境構成的重要部份，故政治及行政運作的歷程，包括三大步驟：一是輸入，卽人民對政府的要求、期望、支持、參與及情感。二是政府接受輸入，卽對輸入所作之認知、分析、判斷、決定等轉化活動。三是輸出，卽政府的政治與行政措施及對人民的各種服務。人民接受政府的輸出，造成新情勢。政府對此新情勢加以反饋而成爲新輸入。政府的行爲或行政，就是如此的循環不息的歷程。在這歷程中，政治文化是很大的支配力量。政治文化具有模式性。有怎樣模式的政治文化，就產生怎樣模式的政治和行政行爲。

三、政治文化的功能——政治文化具有三大功能，玆分述如次：

1.促進人民團結——政治文化提供政治及行政規範。規範乃是人羣生活的準則，使人各守分際，各盡職責，不越不踰，互助合作，俾社會

大衆能以羣居協處，團結一致，而營合羣的共同生活。政治文化亦可說就是荀卿所指的『分以和之，義以一之』的『分』與『義』。政治文化包括人民的共同政治信仰、認同感、依附感及價值判斷等。這些就是人民所信持的政治『公理』與『正義』，使大家能以同心同力的協同一致的共赴事功。

2.維持政治安定——人類的基本慾望，在於維持生存，獲得安全保障，過和平安定的社會生活。政治及行政活動的功能，就在於促成人民以最大合作努力，滿足這種慾望，達到這種目的。如何才能使政治安定呢？其重要條件，就在於使人民具有互尊互重，互助合作的團隊精神。這種精神的產生，實以大家對公衆事務有共同思想、認識、信仰、態度及感情等爲基礎。政治文化的功能便在於養成這種的共同心理狀況，故能以維持政治的安定。

3.促進政治進步——政治文化具有促進政治進步的功能。其理由可從下列兩點加以說明：㈠政治旣能維持政治安定。很明顯的，安定中才能進步。否則，社會紛亂，政治不安，秩序破壞，戰鬥不息，經濟趨於萎縮凋零，建設莫由進行，民生困窮，政治焉能進步。政治文化能維持政治安定，卽所以促進政治的進步。㈡政治文化提供政治理想與信仰。這就是官吏向前向上共同努力的目標。政治目標乃衆心之所止，卽志。志者心之所止，力之所趨，無異是政治進步的原動力。政治目標亦是官民熱烈興趣之所在。『興』者起也，『趣』者趨也。官吏爲達到政治目標乃齊『起』而協力『趨』赴之；因而促成政治的進步。

第二節　儒家思想的仁德行政

一、孔子思想的行政性能——綜觀孔子（名丘字仲尼）的學說與思想，其所信持的政治制度與行政性能，可從下列諸端予以論述：

1.正名——孔子生當春秋亂世，西周的宗法社會的秩序與封建的政治制度已趨動搖。『境界不正，穀祿不平』；『爭城爭地，殺人盈野』。孔子認爲撥亂返治之道首在恢復倫常及宗法秩序，卽正名分。子路問爲政之先，答以『必也正名乎!』孔子復以『君君、臣臣、父父、子子』，告齊景公。蓋以『名不正，則言不順，言不順，則事不成。事不成，則禮樂不興，禮樂不興，則民無所措手足』。正名在使人各守其分，各盡其責，不踰不越，克己復禮，天下治矣。

2.仁民——儒家論政言道，皆以仁爲本。故曰『親親而仁民』，『泛愛衆，而親仁』。孔子所謂仁，卽仁愛。故曰：『仁者愛人』；卽推自愛之心以愛人民。人饑己饑，人溺己溺。樊遲問仁，子曰『愛人』。仲弓問仁，子曰：『己所不欲，勿施於人』。子貢問仁，子曰：『夫仁者，己欲立而立人；己欲達而達人』。大學所謂誠、正、修、齊、治、平之一貫大道，正是推己及人的仁政。孔子稱讚子產『其養民也惠』；斥季氏『聚斂』以病民。皆仁民的治道。

3.德治——孔子曰：『爲政以德，譬如北辰，居其所而衆星拱之』（論語，爲政）。聖君者先修其身，而後治人。季康子問政於孔子，孔子對曰『政者正也，子率以正，孰敢不正!』德治在修身以治人。孔子曰：『苟正其身矣，於從政乎何有，不能正其身，如正人何？』又謂：『上好禮，則民莫敢不敬；上好義，則民不敢不服；上好信，則民莫敢不用情。』『君子之德風，小人之德草，草上之風必偃。』孔子的德治，一是治人者須以身作則，表率人民；一是以道德敎誨人民，以實現其理性，完成其人格。

4.禮治——孔子的正名、德治皆係以『理性』爲基礎。理性乃是『人同此心，心同此理』的公道與正義。依理性而成的生活規範爲禮。禮記祭統篇曰：『凡治人之道，莫急於禮』。孔子曰：『能以禮讓爲

國，何有？不能以禮讓爲國，如禮何！』（論語，里仁）又曰：『上
好禮，則民易使也』（論語，憲問）。孝經曰：『安上治民，莫善於
禮』。孔子主張以禮治國，反對『刑』與『殺』，論聽訟則曰『必也，
使無訟乎』；答季康問政，則曰『焉用殺』。孔子認爲『道之以政，齊
之以刑，民免而無恥』；『道之以德，齊之以禮，有恥且格』（論語，
爲政）。

　　5.人治——孔子主張『人治』。中庸曰：『哀公問政，子曰：文武
之政，布在方策，其人存，則其政舉；其人亡，則其政息。人道敏政，
地道敏樹。夫政也者，蒲蘆也。故爲政在人，取人以身，修身以道，修
道以仁』（中庸第二十章）。所以『人治』，乃是『賢人政治』或『好
人政治』。論語屢言『君子』。君子者指治人者之士大夫，即官吏。同
時，君子亦是指有良好品德的人。孔子曰：『君子而不仁者有矣夫，未
有小人而仁者也』（論語，憲問）。又曰：『君子有勇而無義則亂；小
人有勇而無義則盜』（論語，陽貨）。孔子稱讚子產有君子之道四：
『其行己也恭，其事上也敬，其養民也惠，其使民也義』（論語，公冶
長）。子路問君子，子曰：『修己以安人』（論語，憲問）。

　　二、孟子思想的行政性能——綜觀孟子（名軻，字子輿）的學說，
其所主張的政治制度及行政性能，扼要言之，計有四端：一曰重仁義，
二曰行仁政，三曰民爲貴，四曰定於一。茲就此分別論述如次：

　　1.重仁義——孟子見梁惠王，王曰：『叟：不遠千里而來，亦將有
以利吾國乎？』孟子對曰：『王何必曰利，亦有仁義而已矣』（孟子，
梁惠王上）。孟子之重仁義，蓋由於其所堅決主張的『人性善』的學
說。他說：『人性無不善，猶水之無不下也』（孟子，告子上）。他又
說：『惻隱之心，人皆有之。羞惡之心，人皆有之。恭敬之心，人皆
有之。是非之心，人皆有之。惻隱之心，仁之端也。羞惡之心，義之端

也。恭敬之心，禮之端也。是非之心，智之端也。仁義禮智非由外鑠我也。我固有之也，弗思而矣』（孟子，告子上）。人旣有仁義禮智的善性，順人性以爲治，天下治矣。孟子答齊宣王曰：『賊仁者謂之賊，賊義者謂之殘。殘賊之人，謂之一夫，聞誅一夫紂矣，未聞弑君也』（孟子，梁惠王下）。

2.行仁政——孟子基於仁義之道，要治國者行仁政。他說：『君行仁政，斯民親其上，死其長矣』（孟子，梁惠王下）；又說：『國君好仁，天下無敵』（孟子，離婁）。孟子對齊宣王曰：『今王發政施仁，使天下仕者皆欲立於王之朝；耕者皆欲耕於王之野；商賈皆欲藏於王之市；行旅皆欲出於王之途；天下之欲疾其君者，皆欲赴塑於王。其若斯，孰能禦之』（孟子，梁惠王上）。孟子又曰：『三代之得天下也，以仁。其失天下也，以不仁。天子不仁，不能保四海。諸侯不仁，不能保社稷。卿、大夫不仁，不能保宗廟。士、庶人不仁，不能保四體』（孟子，離婁）。

孟子以爲行仁政，首在制民之產，使之有恒心，不饑不寒。他說：『無恒產而有恒心者，惟士爲能。若民則無恒產，因無恒心。……是故明君制民之產，必使仰足以事父母，俯足以蓄妻子。樂歲終身飽，凶年免於死亡。然後驅而之善，故民之從之也輕』（孟子，梁惠王上）。孟子之行仁政，要富而後教之。他說：『五畝之宅，樹之以桑，五十者可以衣帛矣。鷄豚狗彘之畜，無失其時，七十者可以食肉矣。百畝之田，勿奪其時，數口之家，可以無飢矣。謹庠序之教，申之以孝悌之義，頒白者不負戴於道路矣。七十者衣帛食肉，黎民不飢不寒，然而不王者，未之有也』（孟子，梁惠王上）。孟子以『不忍人之心，行不忍人之政』，除制民之產，養民及教民外，更主張省刑罰，薄稅歛，恤民艱，解民困。

3.民爲貴——孟子之世，諸侯侵伐，戰亂不息，生靈塗炭，民不聊生，殘民以逞。所謂『爭地以戰，殺人盈野；爭城以戰，殺人盈城』（孟子，離婁）。所以孟子提出『民爲貴』的主張。他說：『民爲貴，社稷次之，君爲輕。是故得乎丘民而爲天子。得乎天子爲諸侯。得乎諸侯爲大夫』（孟子，盡心下）。天子以得民爲尙，所謂『得天下者得民心。』這是『民爲邦本』的至理。民既『爲貴』，『爲本』，所以政府爲政應尊重民意，不可輕民，更不能殘民。孟子答齊宣王曰：『國人皆曰賢，必察焉，然後用之。國人皆曰可殺，必察焉，然後殺之』（孟子，梁惠王）。這僅是尊重民意，並非以民意爲依歸。因君王對『民意』必察焉，然後行之。民意供參考耳，並非直接民權。天子只對『天』負責，不對人民負責。要天子尊重民意尙須假天意以行之，因民心卽天心。故曰：『天視自我民視，天聽自我民聽，天聰明自我民聰明，天明畏自我民明畏。』

4.定於一——孟子見梁惠王，王問曰：『天下烏乎定？』孟子對曰：『定於一。』王問曰：『孰能一之？』孟子對曰：『不嗜殺人者能一之。』孟子尊王黜霸。尊王要以王道行仁政得天下；不以霸道恃武力而得天下。他說：『以力服人者霸，霸必有大國。以德行仁者王，王不待大。湯以七十里，文王以百里。以力服人者，非心服也，力不贍也。以德服人者，衷心悅而誠服也。如七十子之服孔子也』（孟子，公孫丑）。孔子主張『正名』，旨在恢復西周的封建制度。孟子之世，戰亂已甚，封建不可復，乃主張行仁政，一天下。他對梁惠王說：『百里可王，仁者無敵於天下。』對齊宣王告以『保民而王，莫之能禦。』當時，魏（梁）齊爭霸，盛極一時，最爲孟子所屬望，故勸惠王、宣王行仁政而一天下。定於一在於『不嗜殺』。孟子曰：『爭地以戰，殺人盈野。爭城以戰，殺人盈城。此所謂率土地而食人肉，罪不容於死，故

善戰者，服上刑』（孟子，離婁）。又曰：『我能爲君約與國，戰必克，今之所謂良臣，古之所謂民賊也』（孟子，告子下）。又曰：『徒取諸彼以與此，然且仁者不爲，況于殺人以求之乎！』（孟子，告子下）。

三、孔、孟政治思想的評價——孔、孟生當亂世，兵連禍結，殺伐不止，人民陷於水深火熱之中，二人持悲天憫人之心，抱撥亂返治之志，不惜跋涉山川，各國奔走，苦口婆心，勸說諸侯講道德，行仁義，止殺伐，誠聖心之居，苦心孤詣，誠仁德君子，爲百世所敬仰。尊理性，崇德政，順人性以爲治，誠爲『放之四海而皆準，百世以俟聖人而不惑』的爲政的至道；爲『天地立極，爲生民立命，爲萬世開太平』的不朽眞理。

殊不知，這些王道、仁政等理論，乃是治國的良圖，並非『得國』的上策。馬上可以得天下，而不能治天下。孔孟學說用以治國則善，欲以之得天下則難。當時的諸侯，皆志在『得國』。以治國之道稅說欲『得國』之人，自必有格格不入的情勢。況且當時的諸侯，都是『勢利薰心』的野心家，要以武力爭霸，征伐不已，戰鬪不息，殺機大開，陷入酣征熱戰中，騎虎難下，只得不計勝敗後果，混戰到底。孔孟對這窮兵黷武的好戰者而敎以行仁政，守道德，是『不可與之言而言』，實是失言，且嫌迂濶，不切實際，縱非對牛彈琴，亦是曲高和寡，枉費唇舌。再者，政在養民，即解決民生問題。仁義、道德祇是解決民生問題的手段，而孔子卻視此爲目的，實是大錯。應知『倉廩實而後知禮義，衣食足而後知榮辱』。貧窮生邪念，飢寒起盜心。希望饑寒交迫的人，從容論道是不可能的。舍民生而言仁義，無異『畫餅充饑；』猶如兒童游戲的『以塵爲炊食』。管子曰：『政之所與在順民心，順之之道，莫如利之』。故『利』與『義』應並重，不可偏廢。

第三節　法家思想的權勢行政

人性有善有惡，可善可惡。適其善性爲君子；彰其惡性爲小人。仁義行於君子，刑罰施於小人。中國歷代的政治與行政，皆是儒、法並行之治，並未偏廢。法家思想可以商鞅、韓非爲代表。茲舉述其政治思想及其可導致的行政性能如次：

一、商鞅思想的行政性能——鞅爲衞人，亦稱衞鞅，姓公孫，相秦行富國強兵之法，助秦成霸業，著商君書，計二十四篇。茲論述其思想與定制如次：

1.任法——商鞅主張任法以行治。他認爲治國之要有三：一曰法，二曰信，三曰權。法爲主體，信與權所以行法也。他說：『法者，君臣之所共操也。信者君臣之所共守也。權者，君之所獨制也。人主失守（法）則危，君臣任私必亂，故立法分明，不以私害法則治』（商君書，修權篇）。法者，大定至公之制，所以定分止爭，去私塞怨，一民使下也。鞅曰：『古者未有君臣上下之時，民亂而不治，是以聖人列貴賤，制爵位，立名號，以別君臣上下之義。地廣民衆，萬物多，故分五官而守之。民衆而姦邪生，故立法制爲度量以禁之』（商君書，君臣篇）。他又說：『今有君而無法，與無主同。有法不勝其亂與不法同。夫利天下之民者，莫大於治。而治莫廣於立君。立君之道，莫廣於勝法』（商君書，開塞篇）。

法既立，即須依法以行事，故曰：『明君愼法制，言不中法者，不聽也。行不中法者，不高也。事不中法者，不爲也。言中法，則辨之。行中法，則高之。事中法，則爲之。故國治而地廣，兵強而主尊。此治之至也』（商君書，君臣篇）。又曰：『故立法分明，中程者賞之，不中程者，誅之』（商君書，開塞篇）。實行法治，須人人守法，法律之

前，人人平等，王子犯法與庶民同罪。秦太子駟犯法。鞅曰：『法之不行，自上犯之。太子君嗣也，不可施刑，刑其師公子虔，黥其傅公孫賈』。商鞅爲向衆表明『令出必行』的決心，曾『徙木立信，』以樹立法必行，法必守的威信。

2.集勢——法家所要建立的君主，乃是具有絕對權力的專制君主，故曰：『君之所以爲君者，勢也』；『君也者勢無敵也』。勢就是權與力。權者乃生、殺、予、奪、賞、罰的權力。力者足以平亂制暴，能強迫他人服從的兵力。君也，行令者也。君主要有效的執行法律，必須集此權力於一身，方能使民畏懼，使民服從。鞅曰：『效於古者，先法而治。效於今者，先刑而法』（開塞篇）。先刑而法者即係集權勢與威刑以行法。商鞅反對儒家之行仁義，而主張集權勢，嚴刑罰。他說：『仁者能仁於人，而不能使人仁。義者能愛於人，而不能使人愛，是以知仁義之不能治天下也』（商君書，畫策篇）。治國之君，不可恃民之愛我，而應使民之怕我。愛我之權操之於民。民有權而君危矣。使民怕之，權操之於君。君有權勢，民不敢叛矣。

商鞅曰：『先王不恃其強，而恃其勢。今夫飛蓬遇飄風而行千里，乘風之勢也』（商君書，禁使篇）。勢就是權勢。他說：『權者君之所獨制也』（修權篇）。商鞅的政策是強君而弱民。他說：『民弱國強，國強民弱，故有道之君，務在弱民』（商君書，弱民篇）。如何弱民，端在君之集權勢。君握有絕對權勢，民力不敵，只有俯首聽命，莫敢反抗。商鞅所指之法，君法也；法治者，勢治也；實是強權的專制政治，和今日民主政治下的法治，完全南轅而北轍。

3.嚴罰——趨利避害，迎福拒禍，人之常情。利與福斯人之所好也。害與禍斯人之所惡也。人君依民之好惡以行賞罰。賞使人獲利接福。罰使人受害遭禍。故曰：『賞罰者人君之二柄也。』商鞅曰：『夫

刑者所以禁邪也；而賞者所以助禁也』（商君書，算地篇）。賞罰雖爲治國之二柄，而鞅則以爲『賞所以助禁』，是重刑而輕賞。賞僅是達到刑禁的手段。他說：『好惡者，賞罰之本也。夫人情好爵祿而惡刑罰。人君設二者以御民之志，而立所欲焉』（商君書，錯法篇）。賞罰須依於功過。鞅曰：『人君之所以禁使者，賞罰也。賞隨功，罰隨罪，故論功察罪，不可不愼也』（商君書，禁使篇）。商鞅雖並提倡賞罰，但實則以爲罰更重於賞。他曰：『治國刑多而賞少』（開塞篇）。他認爲罰應佔十分之九，賞祇佔十分之一。他說：『王者刑九賞一，強國刑七賞三，創國刑五賞五』（商君書，去彊篇）。

4.強兵——商鞅相秦，變法改制，旨在富國強兵。其主要措施，在於『令民爲什伍，而相收司連坐，不告姦者腰斬。告姦者，與斬敵首同賞。匿姦者，與降敵者同罰。民有二男以上，不分異者倍其賦。有軍功者，各以率受上爵；爲私鬥者，各以輕重被刑大小。僇力本業耕織，致粟帛多者，復其身。事末利及怠而貧者，舉以爲收孥。宗室非有軍功論，不得爲屬籍。明尊卑，爵秩、等級各有差次。名田宅、臣妾、衣服以家次。有功者榮顯，無功者，雖富無所芬華』（史記卷六十八）。如此治國，其利有三：㈠姦邪無所遁形，社會安寧，民樂其業。㈡勇於公戰，弭其私鬥，兵強戰勇，足以克敵致勝。㈢男耕女織，努力生產，民富國強。

二、韓非思想的行政性能 —— 韓非爲韓之諸公子，好刑名法術之學，善著書，師事荀卿，作有孤憤、五蠹、說林、說難、內外儲等文，凡十餘萬言，合爲韓非子一書，傳世。戰國時代的法家，可分爲三派：一是愼到的集勢派，二是商鞅的任法派，三是申不害的主術派。韓非融會三派學說，自成一家，實法學史上繼往開來的關鍵人物。綜其學說在於集權勢，行法治，嚴刑罰，主心術。茲分論如次：

1.集權勢——韓非認為政治的本質，就是『集勢以勝眾，』『君也者，勢無敵也。』統治人民，無須講道德、說仁義、施愛惠，端在憑力量控制之，用權勢鎮壓之，以刑罰畏服之。政治是『以力服人』，不是『以德化民。』他說：『先王以耳、目、慮之不足也，故舍己能而因法數，審賞罰。先王之所守要，法省而不侵。獨制四海之內，聰智不能用其詐，險躁不能關其俠，姦邪無所依，遠在千里外，不敢易其辭，勢在郎中，不敢蔽善飾非。朝廷羣下，皆湊單微，故治不足，而日有餘，上之任勢使然也』（韓非子，難一篇）。他又說：『夫有材而無勢，雖賢不能制不肖。桀為天子而能制天下，非賢也，勢重也。堯為匹夫不能正三家，非不肖也，位卑也。千鈞得船而浮，錙銖失船而沉，非千鈞輕而錙銖重也。有勢之與無勢也。故短之臨高也以位。不肖之制賢也，以勢』（韓非子，有度篇）。他說：『善任勢者，國安；不知因其勢者，國危』（韓非子，姦劫篇）。

2.行法治——韓非認為君主之大欲，在於『成霸業』；人臣之大欲，在於『致富貴』；人民之大欲，在於『止爭亂』。要達到這些目的，端在於勵行法治。因為法者乃『大定至公之制』，『興功除暴』，『齊民使眾』，『定分止爭』，『去私塞怨』的標準與手段。他說：『法者憲令著於官府，刑罰必於人心，賞存乎慎法，而罰加乎姦令者也』（韓非子，定法篇）。又說：『治民無常，惟法為治』（心度篇）。韓非以為儒、墨、道、縱橫、工商五家之言，均有弊害，惟有法治方能治國。故曰：『儒以文亂法』，『俠（墨）以武犯禁』，『道家微妙之言，上智所難知也』，縱橫家『憑浮言惑主，以要名利』，商工之民『聚歛倍農，而致尊過農戰之士』。非曰：『法之為道，前苦而後利。仁之為道，偷樂而後窮。聖人權其輕重，出其大利，故用法而相忍，而棄仁義之相憐』（六反篇）。他認為行法治則君得明與正，若舍

法而任智能，則猶舍規矩而用技巧，搖明鏡而求真影。故曰：『鏡執清而無事，美惡從而比焉。衡執正而無事，輕重從而載焉。搖鏡則不得其明，搖衡則不得其正。懸衡而知平，設規而知圓，萬全之道也』（飾邪篇）。君主若舍法而以身治，則可行私而起怨，因怨而生亂，國祚危矣。故曰：『以法治國，舉措而已。法不阿貴，繩不撓曲。法之所知，智者無能辭，勇者勿敢爭。』

3.嚴刑罰——韓非雖賞罰並提，但他和商鞅相同，重視嚴罰，不甚重視厚賞。因為守法為善，乃人人的天職和本分，以是不必賞，故曰：『賞善之不可也，猶賞不盜』（畫策篇）。犯法者重罰之，則民不敢犯法，一國皆善矣。故曰：『刑重者民不敢，故無刑矣。而民不敢為非，是一國皆善也。故不賞而民善』（畫策篇）。韓非以為去姦重於賞善。他說：『立君之道，莫廣於勝法，勝法之務，莫急於去姦。去姦之本，莫深於重刑』（開塞篇）。

韓非認為明君之治國，不在於『使民愛』，而在於『使民懼』。如何『使民懼』，就須嚴刑罰。他說：『君上之於民也，有難則用其死。安平則用其力。親以厚愛，關於安利而不聽。君以無愛利求民之死而令行。明主知之，故不養恩愛之心，而增威嚴之勢。故母厚愛優處，子多敗，推愛也。父薄愛數笞，子多善，用嚴也。』又曰：『嚴家無悍虜，而慈母有敗子。吾是以知威嚴之可以禁暴，而德厚之不足以止亂也。夫聖人之治國，不恃人之為吾善也，而用其不得為非也。恃人之為吾善，境內不計數，用人之不得為非，一國可使齊。故智者用眾而舍寡，故不務德而務刑』（六反篇）。

4.主心術——韓非認為『人主之大物，非法即術也』；『法者編著之圖籍，而布之於百姓者也。術者藏於胸中，而潛御羣臣者也。故法莫如顯，而術不欲見』（三難篇）。韓非所謂之『術』，指君主以御臣下

的『南面之術；』其要有不測之術、防弊之術及綜核之術。君主須心存虛靜，洞察臣下正邪；喜怒不形於色，好惡不見於言，因『人臣窺覘君心也，無須臾之休』（儲內篇）。『君有所善，從而譽之；君有所惡，從而毀之』（姦刼篇）。此所以防羣臣逢君心，長君惡，而營私利。且如此則足以保持君主的神秘性，使羣臣莫測高深，臣恐有不測之禍，自不敢不效忠盡力。

　　韓非認爲君主須『心存虛靜』。他說：『虛則知情之實；靜則知動之正。有言者自爲名，有事者自爲形，形名參同，君乃無事焉，歸之於情。君無見其所欲。君見其所欲，臣將自雕琢。君無見其意。君見其意，臣將自表異。故曰，去好去惡，臣乃見素；去智去舊，臣乃自備』（主道篇）。這就是道常無爲而無不爲』；『虛靜無爲，以見其疵。』韓非更提『三守』之道，以爲君主防弊之術。三守者勿漏言，勿聽毀譽，勿移柄。漏言，羣臣則逢君心以營私。聽毀譽，則譖間之言進，而離亂之事作。移柄，則太阿倒持，大權傍落，受制於臣下矣。他說：『三守完，則國安身榮。三守不完，則國危身殆』（三守篇）。韓非所支持的君主，和馬克維里（Machiavelli）所主張的『覇主』（The Prince）恰適相同。集勢之君如『虎』，使人懼；主術之君似『狐』，不致墜入陷阱。

　　綜名核實，信賞必罰，亦是君主以御羣臣的要術。君發令，臣行令，因任而授官，綜名以核實。實當其名則賞，實不當其名則罰。賞罰嚴明，君尊臣卑。故曰：『人主者，天下一力以共戴之，故安。衆同心以共立之，故尊。人臣守所長，盡所能，故忠。以尊主御忠臣則長樂生而功名成。名實相待而成，形影相應而立。故臣主同欲而異使。人主之患，在莫之應。人臣之憂，在不得一。治國之道，君若桴，臣若鼓，鼓桴相應』（韓非子，八經篇）。非又曰：『人主不舉不參之事，不食非常

之食。遠聽而近視，以審內外之徒；省內外之言，以知朋黨之分；偶參伍之驗，以責陳言之實；執後以應前，按法以治衆，衆端以參觀。士無幸賞，賞無踰行。殺必當，罪不赦，則姦邪無所營其私矣』（儲內篇）。又曰：『君無偸賞，無赦罰。偸賞則功臣墮其業；赦罰則姦臣易爲非。誠有功，則雖疏賤必賞。誠有過，則雖近愛必誅。疏賤必賞，近愛必誅，則疏賤者不怠，而近愛者不驕』（王道篇）。

三、法家政治思想的評價——法家的政治思想在於㈠集勢以勝衆，卽以力服人。這雖不能使人『心服』，但確能強人服從，不失爲治之一道；㈡任法以齊民，法是公平客觀的治事標準，實爲『定分止爭』、『齊民使衆』、『興功制暴』及『去私塞怨』的有效手段，善爲運用，足收統治之效；㈢因術以御下，旨在杜邪防弊，使羣臣效力盡忠，亦爲治人者所不可缺少的方術。法家的學說能自成一家之言，信持者衆，歷久不衰，援而用之，獲致成功者不乏其例。其中自必有其『能立』、『可行』之至理在焉，難以完全抹殺之。彼雖有所見，但亦有所蔽，失之偏陂，有欠平正，特爲評論如次：

1.人性有善有惡，行仁義揚其善，重刑罰抑其惡，相輔而成，並行不悖，實爲治的正道。而法家卻要盡棄仁義，專恃刑罰，知其一，不知其二，蔽於一偏之見，其道左矣。

2.『以法爲治』的法治，誠優於『以意爲治』的人治。但『法治』之法應以理性爲基礎，民意爲依歸，利民爲目的，方能政通人和，長治久安。而法家之法乃君主一人的意志，以權勢爲後盾，以統治爲目的，成爲專制君主的護身符，與今日的民主法治背道而馳。

3.重權勢，行霸道，以力服人，人不心服。心有不服，自會引起反抗。以力制人，人亦以力抗之。力以相爭，戰亂必起。否定理性，崇尚權勢，實爲禍亂之源，其結果必然互相殘殺，鬪爭不息，兵連禍結，民

不聊生。

4.統治者運用權謀與心術，謀求一人的最大利益，而置人民福利於不顧，失民心，啓民怨，而君危矣。自古迄今，以權謀以御人者，未有不敗於權謀；應知『誠實始爲上策』（Honest is good Policy）。蘇格拉底說：『從長遠處看，奸徒就是傻子』，實爲至言。

第四節　個人主義的民主行政

一、個人主義的要旨——在十六、七世紀，歐洲各國有專制君主政制，壓迫人民，侵害民權，深爲大衆所痛恨。英儒洛克(J. Locke, 1632-1704) 於一六九〇年著『政府論』（Two Treaties on Government），法儒盧梭（J. J. Rousseau, 1712-1776）於一七六二年著『民約論』（Social Contract）均高倡『天賦人權，一律平等』之說，爭自由，求平等，反對專制政制，提倡個人主義。這種個人主義的政治思潮引起人民的自我醒覺及爭取自由與平等的革命意識，卒以促成一七七六年美國獨立革命及一七八九年法國民權革命的爆發，推翻專制政制，建立起以個人主義爲基礎之民主自由政治體制。

個人主義的學說自十八世紀後半期至十九世紀之末，曾風行一世，爲時代思潮的主流。亞當斯密（Adam Smith）於一七七六年著『原富論』（Wealth of Nations），休謨（David Hume）於一七五二年著『政治論』（Political Discourses），邊沁（Jeremy Bentham）於一七七六年著『政府論』（The Fragment on Government），達爾文(Charles Darwin) 於一八五九年著『天演論』(Origin of Species)，彌爾（John S. Mill）於一八五九年著『自由論』（On Liberty）都是闡揚個人主義的理論及自由放任政策的著作。個人主義是民主政治及行政的基本學說。其立論要旨如次：

1.就倫理性觀之，由於每人都能明瞭其本身的利益，故應聽其自由發展，讓其能作求生存的自我實現。限制自由就是破壞人的人格尊嚴、自恃心及進取心並削弱其特性，妨害其發展。政府過度的干涉就會損害人的個性，使人降至平凡與一律的水準。人的自由是自然的，固有的，與生俱來的，應受到尊重，不可侵害或剝奪。限制或侵害個人自由就是違犯天理的莫大罪惡。

2.就政治性觀之，在專制政制下，君主權力強大，暴虐專橫，侵害人權，實是一大罪惡。個人主義者強調個人權利的重要，反對國家權力的強大。人是生而自由平等的。這種自由平等的自然權利，不容侵害，不可剝奪。國家和政府，係依民訂契約而產生，其功能在保障人權。個人是目的，國家是工具。國家和政府的權力應受『契約』的限制。如違犯，人民有革命權，可以推翻之。個人主義與民主政治，相因而生，相需而成。

3.就經濟性觀之，個人主義者持『自然權利』說，認為個人具有自由從事經濟活動的權利與自由，政府不可加以干涉或限制。他們認為經濟世界中有其『自然秩序』，不可擾亂；經濟世界有一隻『看不見的手』（Invisible Hand）會作完善的安排，無需傍人代勞。有了個人的開明的自我利益，就能充實公衆的福利。只有在無拘束的自由競爭的情況下，才能刺激生產，促進經濟進步，並保持工資與物價正常而合理的水準，俾以促進個人與社會的利益和幸福。

4.就科學性觀之，個人主義者認為：大自然的發展，就是一種對生存的競爭。競爭過程是『優勝劣敗』；競爭結果，是『適者生存』。這是生物進化的自然法則和基本原則。人類社會亦應遵行這一理則。政府干涉個人的生活或行動，就會妨害到自然的發展，是有弊病的。個人應掌握創造自己命運的權利，政府不可加以控制，俾能使『優者勝』、『

適者存』。自由競爭是社會進步的動力。控制就會遏殺個人自動自發創造力。

二、民主行政的內涵——依個人主義的理論所建立的民主政治，其實際運用的政治制度及行政性能，計有下列諸端：

1.全民政治——國家的主權屬於全體國民。國家的主人翁是國民。國民是組成國家的股東。股東的地位是平等的，『一人一票，一票一值』。因之，全國國民皆有平等的參政權。參政權包括四種政權，卽選舉權、罷免權、創制權及複決權。國民直接行使這四種政權，謂之全民政治。這亦叫作公民直接投票權。公民投票能以發生議員官吏的進退及法律存廢的效力。政治的實質，不外兩大要素：一是人的要素，卽以人才爲中心的人治；一是法的要素，卽以法爲治的法治。選舉權、罷免權所以控制人治的臧否及人員的進退。創制權、複決權所以控制法治的優劣及議員的行徑。國民若能善行其參政權，則足以促成政治的清明及行政的優良。

2.法治制度——民主政治和行政係以民意爲依歸的。所謂民意旣非報章雜誌的社論所可代表；亦不是人民團體的決議案之所指，更不是張三、李四的個人意見；而是指全體公民的共同意見或多數意見。這種民意，經由公民或民意代表機關所制定的憲法和法律表達之。故民意之所在，在於法律。政府和官吏依法以爲治的法治制度，就是以民意爲依歸民主政治和行政。政府推行政事，官吏執行職務，均須依據法律的規定。非依法律不能爲任何人設定權利或使之負擔義務；非依法律不能限制人民的自由權利。官吏違法失職，便會受到處罰。人民非因犯法不受處罰。人民縱使犯法，亦必須由法定機關依法定程序予以審理，依事證與法條處罰之。法治的政治與行政的基本法則是憲法的效力最高，法律不能牴觸憲法，行政命令不能變更法律。

3.限制政府——依個人主義所建立的政治體系乃是『限制政府』(Limited government)。個人主義者重視個人，輕視國家和政府。個人是目的，政府是手段。政府僅是維護個人自由與安全所使用的工具，個人重於政府。政府乃是一種『必要的罪惡』。最好不要政府，但事實上亦不能不要政府，所以要把國家與政府的權力和功能限制到最小的範圍和最低的程度，使之僅居於『守夜警察』(Night Watch Man)的地位。個人主義者的口號是『政府最好，管理最少』(Government best, Government least)。邊沁曾說：『人民要求於政府者，僅是自由與安全而已』。個人主義者對政府的態度是：『請你離去！勿遮蔽我的日光』❺。

4.分權制度——法儒孟德斯鳩 (Montesgueu) 著『法意』(Spirit of laws) 一書，認為『有權者必濫權，防止之道，在以權制權』。這就是他所倡的『制衡原理』(Principle of Checks and Balance)。他說：『若以立法與行政二權，同歸於一人或一部，則國人必不能保其自由。蓋因立法與行政二權相合，則既可制定苛虐之法，又可以強制之權力以施行之，民將何堪?!若司法權不與立法權及行政權分離，則人民仍無自由的希望。蓋司法與立法合，則審判官而兼立法者，其弊必流為妄斷；若司法與行政合，則審判官可以任意壓抑人民。若使三權合而為一，則政府專橫，人民的自由權利，便毫無保障矣』。美國獨立革命成功，便依制衡原理，制定立法、司法、行政三權分立的聯邦憲法，樹立憲政分權制度的楷模，為其他民主國家相繼採行。

---

❺ 古希臘時，有一高潔的哲學家，生活貧苦，坐在他的茅房門口晒太陽。一日蓋世英雄亞力山大大帝臨其處，問曰：『老人，你有什麼請求，要我幫助你嗎？』哲人答曰：『只有一件請求，請你離去，勿遮蔽我的日光！』

第五節　民生主義的福祉行政

一、民生主義的要旨——國父　孫中山先生曾說：『民生爲歷史的中心』；『民生爲社會進化的重心』；又說：『建設之要，首重民生』。人類的進化既以『民生』爲中心，則『求生存』便是人生進化的原動力。因之，凡是以最大的集體合作努力，爲社會作最佳的服務，以增進人民的最大福祉，解決人民的食、衣、住、行、育、樂的六大『民生問題』者，便可稱之爲民生主義的福祉政治和行政。

國父說：『民生就是人民的生活，社會的生存，國民的生計，羣衆的生命』。所謂福祉行政，就是使『民生問題』得到解決，亦卽民生順遂。民生順遂在使人性獲得完滿的發展。所謂人性包括個性、羣性及理性。個性所要求的自由平等，都要在羣性之下方能發展。因爲個人不能脫離社會而生存。惟有在羣性的環境下，個性的種種要求方能實現。而理性乃是各得其所，各守其分，各盡其責，各享其福的適當安排，俾能在『分以和之』、『義以一之』的情形下，過共存共榮，互助合作的羣性生活。只有個性在羣性之下發展，而均能合乎理性的時候，福祉行政才能順利推行，解決民生主義的六大課題。

資本主義的目的在『賺錢』；民生主義的目的在『養民』。養民之道，首在增加財富以裕民生。但在增加財富的進程中，同時採行『均富』政策，防止財富集中，形成階級對立，以免重蹈資本主義的覆轍。民生主義增富均富的要旨如次：

1.地盡其利——　國父在上李鴻章書中卽強調『地盡其利』；並指歐洲之富強，卽因農產進步，作到地盡其利。在民生主義第三講中，並提出地盡其利的方法：㈠農政有官，㈡農務有學，㈢耕耨有器，㈣改良肥料與耕種技術，㈤開墾荒地，㈥防災防害，㈦改進副業，㈧提倡合作，

㈨講究貯藏，㈩改善運送方法。他更指出中國地廣人衆，寶藏豐富，竟至地荒民饉，是猶億萬富翁封閉財寶而不用，反流於窮困。

2.平均地權——中國歷代以土地分配不均，土地兼併，大地主憑藉土地剝削人民，致使民生困窮，流離失所。歷代叛亂殆可視之爲飢農暴動。都市土地因社會進步，地價暴漲，地主不勞而獲，坐收暴利，實欠公平；且因此引起土地投機，致使經濟不易安定。 國父爲消弭這些弊害，乃提出平均地權的主張，其實施的具體方法，在於㈠人民自定地價，㈡政府照價徵稅，㈢政府照價收買㈣漲價歸公。建國大綱第十條明定：『每縣開創地方自治之始，必須先規定私有土地之價。其法由地主自報之，地方政府則照價徵稅，並可隨時照價收買。自此次報價之後，若土地因政治之改良，社會之進步而增價者，則其利益當爲全縣人民所共享，而原主不得而私之』。

3.耕者有其田——土地爲天然資源，應由全國國民共有共享；而地主竟以土地爲憑藉，剝削佃農，實違犯天道與公道。所以 國父主張『耕者有其田』。他在民生主義第三講說：『要使農民問題得到完全解決，是要「耕者有其田」，那才是農民問題的最終結果。農民應該是爲自己耕田，耕出來的農品，要歸自己所有』。實行耕者有其田的具體方法如下：㈠政府將公地授給人民耕種。㈡改良農村組織，增進農民生活，㈢設置農民銀行，向農民貸款，以供農民耕作所需，㈣地主土地移轉於耕農，㈤不耕作者不得擁有農田，迫使地主售田。

4.實行工業化—— 國父認爲工業化是近代物質文明的進步，亦是產業革命的結果。這種『文明進步是自然所致，不能逃避的』；『實業主義爲中國所必須，文明進步，必賴於此，非人力所能阻遏，故實業主義之行於吾國必矣』。工業化的目的，在『致中國於富強之境』；但不可像歐美各國『由少數人把持文明幸福』。 國父於民國十年所寫『中

國實業當如何發展』一文中指出『發展實業之要素有四：曰勞力也，資本也，經營之才能也，主顧之社會也』。

5.節制私人資本——依民生主義的主旨，中國在工業化的過程中，必須節制私人資本。否則，將會產生歐美式的資本家，壟斷市場，剝削消費大眾，財富集中，貧富懸殊，勞資對立，引起社會革命。民生主義的實行，在同時一次完成產業革命與社會革命。在不流血的情形下，躋中國於富強康樂之域。　國父曾說：『中國實業發達以後，資本家以資本能力壓制人民，固必然之勢，若不預防，則必蹈英美之覆轍』；又說：『若不思預防後來資本家之出現，其壓制手段，恐怖……比專制君主還要厲害，那時殺人流血去爭，豈不重罹其禍嗎?!』節制私人資本具體方法，是㈠劃定私人資本經營的範圍。㈡限制組織經營規模。㈢徵收累進率的直接稅。㈣保護勞工生活，防止資本家剝削。

6.發達國家資本——民生主義可視之爲『國家社會主義』，所以要發達國家資本。　國父認爲在『操之在我』的條件下，不妨利用外國資本、外國人才及外國方法，去發達國家資本。國防工業及關鍵工業均須歸由國家經營。在我自主的條件下，亦可採『國際共同開發』，即『以國際共助中國之發展』。開港口，闢商埠，建鐵路，修公路，挖礦產，增電訊，與水利等，均爲發達國家資本的要圖。

二、福祉行政的內涵——政府依據民生主義的要旨採取福國利民的行政措施，謂之福祉行政。福祉行政的目的和內涵，在於解決食、衣、住、行、樂、育的六大民生問題。茲扼要提舉解決的途徑如次。

1.吃飯問題——民爲邦本，食爲民天。福祉行政所要解決的，第一便是吃飯問題。解決吃飯問題計有三大目標：一是足食，二是美食，三是廉食。足食的途徑，在地盡其利，增加糧食生產，使民食充裕，不虞匱乏。要達到這一目的，第一要平均地權，改革土地制度；耕地爲耕農

所有，耕作收穫全部歸耕者所有，自能提高耕作者的意願，增加糧食生產。第二要改良生產技術，使用機器生產，深耕易耨，提高單位產量；施用化學肥料，增加土地的生產力；利用科學知識與技術，消除農作物所遭遇的病蟲害；農產品予以加工製造，以利推銷，並獲高利；組織合作社及農會，推行農產品直接運銷，以消除中間商人的剝削；興建水利事業以利灌溉，並防旱災與水患。所謂美食在提高食品質量，既美味可口，並富營養；而且品類均適調和，既可卻病，又能延年。廉食卽是指食品價格低廉，而且是指國民所得大大提高，使伙食費用在其收入中佔很小比例。

2.穿衣問題——穿衣是人類文明進步的結果。只有文明的人類才穿着衣服。衣着的優劣亦可以爲文化高低判斷的指標。衣服之作用有三：一曰護體，二曰彰身，三曰表示等差。衣服的主要原料爲絲、麻、棉、毛、革；近世更有很多化學製品以爲衣着原料。解決穿衣問題，首在建立有能有爲的政府，推進經濟發展及科學技術的進步，與建各種公營民營的工廠製造衣着原料，並製作各種衣着，以供應人民的需求。其次要培養衣着製作人員的優良技術，使能以設計並製作各式各樣的衣着，美觀、經濟而實用，任憑消費者自由選用。第三、衣着的式樣要具有特色，俾能以表現一個國家的歷史精神及民族性格。

3.行路問題—— 國父在實業計劃中，對交通建設有詳明的規劃。他認爲人民行動或交通愈多，社會文明便愈進步。實業計劃的第一部份是：㈠建造北方大港，㈡修築西北鐵路系統共計七千英里，㈢開濬運河以聯絡中國北部、中部通渠及北方大港。其第二部份是：㈠建造東方大港，㈡整治揚子江，㈢建設內河商埠，㈣改良揚子江現存水路及運河。其第三部份是：㈠改良廣州水路系統，㈡建造西南鐵路系統，共計七千三百英里。其第四部份是：㈠建造中央鐵路系統，共計一萬六千六百英

里，㈡建造東南鐵路系統，共計九千餘英里，㈢建造東北鐵路系統，共計九千英里，㈣擴張西北鐵路系統，共計一萬六千英里，㈤建造高原鐵路系統，共計一萬一千英里，㈥設機關車、客車製造廠、客貨車製造廠。另建一百萬英里大路，並製造各式車輛以供交通與運輸的需要。於今日的情形言之，另應廣闢航空路線，並大量製造飛機與船隻，以供交通的需用。至於郵政及電訊設備亦須廣爲擴建以利交通。至於廣播、電視等大眾傳播設備，亦爲現代化交通所必需，自應大量興建。人民自用汽車，亦生活上所不可少，要作到家家有汽車，以每一成年人卽有一輛自用汽車爲目標。

4.居住問題──舊日的中國以經濟落後，生產不足，貧民較多，多有居茅屋陋室者，甚至有住土窰山洞者。民生主義在爲人民謀福利，自應配合實業計劃，大量建築現代化的國民住宅，以廉價售予或租於人民居住，使住者有其屋；或以低利或以無息由政府貸款於人民使之自建住宅，於一定年限內分期償還。　國父認爲按照中國人口的需要，在五十年內，至少應建造新居五千萬間，每年造屋一百萬間。對於建築材料的磚、瓦、鐵架、鋼筋、石、水泥等應作大量的製造，並利便其水、陸運送。政府應設專部主管國民住宅事務。公款建造國民住宅，以供民用爲主，不可圖利。住宅一切所需用具，亦須大量製造，以供需要。學校、市場、商店、醫院、遊樂場所等亦須與住宅居民需要相適應，加以建造。

5.育、樂問題──依據　國父『社會主義之派別及其批評』的講演和三民主義的提示，得知其對育、樂問題的解決，有以下的要點：㈠教育──『凡爲社會之人皆可入公共學校，不但不收學膳等費，卽衣履書籍，亦由公家任其費用，盡其聰明才智，各專各科』。㈡養老──『對垂暮之年，社會當有供養之責，遂設公共養老院收養老人，供給豐美，

倖之愉快，終其天年』。㈢醫病——『人類之盡忠社會，不愼而偶染疾病，應設公共醫院以醫治之，不收醫治之費，而待遇與富人之納貲者等』。 ㈣娛樂——『廣設公共花園，以供大衆暇時之遊息』。 ㈤安樂——『現在革命是要除去人民的憂愁，替人民謀幸福。要四萬萬人都可以享幸福，把中國變成一個安樂的國家和一個快活的世界』。

第十四章　科學技術的行政衝擊

第一節　科學技術的概念

一、科學的意義——就廣義言之，科學是對某一特定範圍的事物作有計劃的研究，而獲致的系統知識，有一貫的理論體系及完整的知識系統。依一貫理論以爲判斷，執簡以馭繁，據一以止亂，由已知而推未知，鑑往而察來。所謂系統知識，指其不是零星的、片斷的、或枝節的，而是分析至於精微，概括幾於無疆的完整體系。就狹義言之，科學專指別於人文科學、社會科學的自然科學，如物理學、化學、光學、力學、聲學、天文學等均屬之。自然科學的研究，在獲得有關物資世界的結構及其運行的正確知識和認識；其研究對象是宇宙體的廣大和精微，並對其已知事實作合理與深入的剖析與解釋。

普通皆把這科學的研究，視之爲純學術性，即是爲學術而研究學術，並不是唯利是圖的，亦無功利主義的觀念。他抱持着今日『行爲科學家』所揭櫫的『價值中立觀』（Value Free），頭腦冷靜，態度客觀，就事論事，決不作左右袒，祇陳述其『實然』，即是如何；而不提

出其『應然』，即當如何。科學家既不主觀的贊成某種學說；亦不故意
的反對某種學說；既不去煽動人，亦無意說服人。他的治學態度是冷靜
客觀的，他的研究方法是張開眼睛，面對事實，無所私，無所蔽，要拿
出的真憑實據，事實真相；並非主觀見解。他的唯一目的，在探知宇宙
及宇宙間每一東西的精蘊、奧秘與真相。

　　二、技術的意義——技術（Technology）一詞的簡要定義，應稱
之為『人類為適應其生活的需要，即在其解決食、衣、住、行、樂、育
諸民生問題的進程中，對工作工具、機械、設備上的製造與使用的技
能、方法及程序』。這是對『技術』所作簡要定義，未敢自是，特再引
述三位學者對技術所作的定義及其意義的說明於下，以為參證：

　　1.客士特（Kast）和魯申威（Rosenzweig）說：『技術一詞最狹
義的定義指使用機器或機械工具替代人力製造物品及產生服務的技能。
其觀點着重於可以看見的機械工作表現，如工廠的貨物製造、電視的傳
播、錄音、錄影、電子計算、人造衞星及太空船、飛彈的發射等。技術
的廣義定義，則謂技術不僅指機械使用的技能，更包括機械製造及其使
用的知識、方法與程序』。❶

　　2.柏克曼（H. W. Berkman）說：『技術一詞的廣義定義就是人
類所創造的有關工作上的物資系統；即人類謀有以控制和利用自然環境
的企圖與努力。技術更指人類製造物品的程序與方法』❷。

　　3.尤勞（I. Ellul）對『技術』作最廣泛的定義。他說：『技術含
蓋的範圍很廣，遠超出機械使用與操作的技能以外，凡使用一切標準化
的工具、手段和方法，藉以達到預期目標或效果者，皆可稱之為技術。

❶　Fremont E. Kast & James E. Rosenzweig, *Organization and Mana-gement*, 1974, McGraw-Hill, N.Y. pp. 180–181.

❷　Horald W. Berkman, *The Human Relations of Management*, 1974, Dickenson Co., Encino, California, p. 260.

技術在轉變自然的和直覺的行為成為深思熟慮及合理化的行為，期以得到高度的工作效率。在今日高度科技化的現代社會中，技術是指一切經理智思考而產生的各種方法的總體，用以得到人們努力的最高效率。技術在人類活動的每一領域內，皆佔有決定性的優越勢力，並指引人類使其工作能有最大的成就和最高的效率』❸。

　　三、科學技術的含義──科學技術簡稱曰『科技』，有時『科學技術』與『技術』並不作確切區別而通用之。若強作區別自亦可定出其分際。人具有靈巧的十指及最為複雜的腦海，在動物中智慧極高。人類是與生俱來，唯一能以製造及使用工具的獨特動物。所以遠在幾千年甚至幾萬年以前的原始社會或草莽社會即有技術的產生或出現。野蠻人會使用石刀、石斧，燧人氏鑽木取火，有巢氏構木為巢，大禹用橇治水，都是技術。技術是指自遠古至今日的一切工具製造與使用的技能。至於科學技術則專指自產業革命以來蒸汽機、電動機、核能機、電子計算機等工具的製造與使用技能、方法和程序。技術泛指人類的一切物質文化。文化的內涵有三：一是精神（心智）文化，包括哲學、文學、語言、文字、思想、信仰等。二是社會文化，包括典章制度、人羣關係、風俗習慣、道德禮儀等。三是物質文化，包括工具、器皿、機械、車輛、船隻、建築、工程等。

　　就科學（Science）與技術（Technology）言，技術在應用科學所發現的原理與法則到人類的實際生活上及日常的民生需要上。科學是原理的或基本的科學。技術是實際性的應用科學，如工程、醫藥、交通、運輸、測量等均屬之。純粹科學家在尋求基本法則或公式。而技術家則在應用這種法則或公式於實際事務上。傅萊德（Michael Faraday），

---

❸　Jacques Ellul, *The Technological Society*, 原為法文，由 John Wilkinson 譯為英文, 1964, Knopt, N.Y. P. XXV.

是純粹科學家，其貢獻在研究電學磁學的原理與法則。愛迪生 (Thomas Edison) 是科學技術家，其貢獻在應用電學原理而發明無線電和電燈泡。這裏所指科學技術就是應用科學原理而造成有關生活上工作上的一切發明與制作。『科學技術』簡稱曰『科技』或『技術』。在普通的認識上常將這三者混為一談，通用或換用。

第二節　技術的歷史發展

人類因經驗的提示，知識的指引，謀生圖存的生產技術，乃能日趨改善，精益求精，不斷的進步和發展。雖然這歷史發展是漸進的、生長的，但在其歷程中，亦有顯然的巨變或革命。以這些巨變為依據，技術的歷史發展，可劃分為下列五個階段：

一、漁獵生產的技術時代——依據人類學家及歷史學家的考察與研究，人類生活的第一階級，是漁獵經濟時代。這時的社會被稱為『圖騰社會』 (Totemic Society) 或『原始社會』(Primarative Society)，或稱之為草莽社會，亦有人名之曰野蠻社會。野蠻與文明的分界，以有無文字為指標。故野蠻社會亦被稱為無文字的社會。這時期的人類生活，是很粗野痛苦的，以漁獵為生，逐水草而居，穴居野處，茹毛飲血。常受風霜雨露、天然災害的侵襲及毒蛇猛獸的擾害，生命安全亦缺乏保障。

漁獵生產時代的人羣，生活上所使用的技術具有以下的特徵：㈠生活上所使用的工具，以石器為主，故可稱之為石器時代。石器的製造與使用，又可分為兩期。前期者為舊石器時代，製品較為粗劣。後期者為新石器時代，製品較為精良。石斧、石刀、石錐等是人們生活上重要工具。㈡他們當時尚沒有技能自行製造或生產食物，只會就天生的鳥獸、魚蝦、植物的果實加以捕獲採集以充饑果腹。對這天然的食物亦不會加

以調製、烹飪。所謂食草木之實，啖鳥獸之肉。拾擇天然食物以維生，這是採集經濟時代。㈢史稱燧人氏鑽木取火，有巢氏構木爲巢，可以推知到了野蠻社會的後期，初民可能亦知用火以熟食以取暖，並構造木房、茅屋，這是人類生活技術的大躍進或革命。㈣因爲進步的野蠻人發明了用火的高明技術，遂能以用火以煉製陶器，以供生活上的需用。而且製造陶器的技術亦在不斷改進，故有素陶、彩陶、黑陶的演變。㈤文明古國皆發源於濱河之地區，中國文明發源於黃河流域，埃及文明發源於尼羅河流域，巴比崙文明發源於幼發拉底斯河流域。由此可以推知進步的野蠻人，已能編竹筌或草筌以捕魚，製木筏或竹筏以渡河。㈥行獵捕獸，弓箭乃是極有效用的工具，故漁獵時代的初民，當已懂得製造及使用弓箭的技術。史稱軒轅黃帝第五子揮，始制弓矢，主祀弧星，賜姓張。

　　二、畜牧生產的技術時代──圖騰獵羣的地域化便成爲部落式的氏族社會。氏族社會乃是原始社會過渡於封建社會的津梁。中國在夏以前爲原始社會，周代爲封建社會，其過渡的階段卽是殷商的畜牧生產的技術時代。據羅振玉所著『殷墟書契考釋』所記，甲骨文的卜辭中已有卜畜牧的記載。文丑郭×若在所撰『卜辭中之古代社會』一文中指出：『在殷商時代，漁獵確已成爲遊樂的行事，生產狀況已超過了漁獵時代，而以畜牧爲主要生產事業』。

　　人類的歷史由漁獵進爲畜牧，乃是技術的一次大躍進或大革命。由漁獵進入畜牧的技術大發明，可能是由於下列的兩個原因：㈠在長期的漁獵生產的生活中，自覺僅用人力以獵猛獸，不但力量不夠，且危險性亦較大。若能有眼明、牙利及走快的獸類以助獵，則獵獲必多，危險亦減。犬性善戾，易於馴服，遂知馴犬以助獵。由馴犬的經驗，更進而懂得馴牛、馬、羊等畜牲。㈡漁獵技術日趨進步與改進，獵獲增多，而食

用不完，乃將多餘的獸類，留而不殺飼養之。爲時一久，則發現留養的獸類竟生下了小動物。恍然大悟，人何必冒險吃苦去打獵呢？於是棄漁獵而取畜牧。

這時期生產技術的進步與發展，有以下幾點可加以舉述：㈠由石器時代進入銅器時代。殷商時代不但已使用銅器，而且銅器的製造十分精美細緻，使人驚佩。經發掘出的殷代銅器爲數甚多，有目共覩，乃不爭之事。在抗戰期間，著者故里安陽縣西北小屯村附近的司空村掘出一三尺多高的殷代大銅鼎，鼎上鑄有三字，曰：『司后戊』，司同祠，后卽王也，戊是王名。㈡由無文字進爲有文字，殷墟出土的甲骨，其上刻有文字，卽是殷文，比干銅盤所鑄亦爲殷文。殷商有文字的發明與使用，已躍居於文明社會。㈢由獵獲畜牲進爲飼養畜牲。從甲骨文的記載加以考察，則知後人所謂六畜的馬、牛、羊、雞、犬、豕當時已爲家畜。加以『殷人伏象』，共爲七畜。甲骨文的『爲』字，就是一個人騎在象上，手持着刀，卽是表示工作。（爲）就是騎象持工具外出作活。㈣殷代既能製造精良的銅器，由此推知當時的採礦與治金技術，必已相當高明。㈤建築技術已大爲進步，王后貴族所居者，已不是木屋茅棚，而是高樓華廈。史稱：『紂於都邑築鹿台，爲瓊室玉門，其長三里，高千尺，凡七年而成』。這雖是獨一無二的帝居，但由此足以證明建築技術的高強。㈥殷墟發現殷代器物的『化土』（與化石性質相同）。化土所呈現者是彩色如新的『毀』和抬人的『擔架』，是彩色油漆的遺跡，足見殷代的油漆已發展到很高的程度。

三、農業生產的技術時代——由畜牧生產進入農業生產又是人類歷史的一次大躍進，大革命。殷商雖曾有粗糙農業，但到周代，農業生產才趨於完備。周之先祖爲后稷（棄），傳曾爲堯之農官，傳至公劉，定居於邠，經營農業頗有成效。傳至古公亶父因避狄人侵亂，由邠遷居於

岐山之下，仍從事祖業，日有進步。至姬昌文王以德教化民，諸侯多歸附之，孟子稱之曰：『三分天下有其二』。昌子發爲武王，農益盛，力益強，合諸侯而征伐殷紂王，滅之而有天下。農業經營優於畜牧經濟，周遂能挾持其經濟優勢征服殷朝。

　　周代的農業生產技術有不少的創制與發明，舉列其重要者如次：㈠周代的生產技術由銅器時代進入鐵器時代。生產及日用工具與器皿，多棄銅而用鐵。孟子有『以鐵耕』的記述。以鐵製農具犁、鋤、鈀等以爲耕耘，能以深耕易耨，使農產品數量大爲增加。㈡周代不僅以鐵製耕具與器皿，並以鐵製造刀、槍、戈、矛、箭、斧等武器。鐵器堅硬而銳利，殷商的銅製武器不足以與之對抗。殷紂的敗亡，武器不敵，亦可能是原因之一。㈢殷商飼養牲畜全用人力，而周代人民則知用獸力以爲耕耘，牛馬不僅爲農耕的動力，且亦成爲交通運輸的重要工具。以牛馬爲動力，農耕則入土深，生產多，交通則載重及遠，且較快速。㈣周代的生產技術，已能製造大型載重，構造完備的車輛和船隻。西北產馬，周人馴馬技術很高，能以使馬駕馳戰車，故稱千乘之國，萬乘之國。子貢奉師命救魯，游說諸侯，『結駟連騎，馳騁諸侯，所至各國諸侯，莫不與之分庭抗禮』。可見馬在當時已成爲普通的交通工具。㈤周代的農業灌溉系統已大有可觀，開渠道，與水利，鑿深井，汲水溉田，可以防救旱災，以利便農耕生產。鑿井修渠皆是高水準的工程技術。㈥殷商雖已有文字，但流傳不廣，僅爲王后諸侯所使用。周代則有籀書，使文字趨於通俗化、普遍化及標準化。這實是一大進步。殷商的文字，在形成的階段，一字常有數體，並未達到標準化或定型的境地。㈦史稱：『亶父雖賢，狄人侵不已，事以皮幣或犬馬或珠玉，皆不得免，乃去邠而邑於岐』。足見，周未滅殷前，已有製皮革，馴犬馬，雕珠玉的技術。㈧夏商貨幣制度無可考，而周初卽建立明確的貨幣單位，以供交易之需。史

稱：『周初，太公（姜尚）立九府圜法，黃金方寸而重一斤，錢圜函方，輕重以銖。金以斤爲重，錢以銖爲重』。周能鑄造圓形貨幣，技術高，民稱便。㈨周代的雕鑄技術，已達於精密程度，前所未有。爾雅釋器曰：『凡器未成而治其朴，其術之別五：象謂之鵠，角謂之觷，犀謂之剒，木謂之劇，玉謂之雕。成一器加工而治，其術之別六：金謂之鏤，木謂之刻，骨謂之切，象謂之磋，玉謂之琢，石謂之磨』。㈩商雖已有建築宏偉的技術，而周代更進而有城垣廟堂的建築體制。凡廟外爲門，中爲堂，後爲寢。天子之廟七，諸侯之廟五，大夫之廟三，士之廟一。一廟之外周以垣，二廟之間亘以垣，七廟之外統以垣。

四、農商生產的技術時代——周代的農業技術日趨進步，降至春秋戰國時代，農產品數量大增，種類亦多，農民食用不完，剩餘的農產品須行出售，得款以購買其他地區所生產的物品。因之農產品不再僅是消費品而成爲商品。農民不是爲消費而生產，乃是爲交換而生產。國內貿易勃然興起，於是原以消費爲目的的地方經濟進爲以貿易爲目的的國家經濟或國民經濟。這時，大商賈亦應運蔚然興起。這時的經濟特質，可稱之爲農業商品經濟時代。這是人類生產技術進步的又一次的大躍進或大革命。

因經濟發達，技術進步，土地分封的奴隸耕作制反成爲生產上的障碍，封建制度遂趨於崩潰，土地私有制乃因而產生，魯宣公初稅畝，楚滅陳，夷爲縣。諸侯爭霸，人才是競，秦用客卿而強，楚材可以晉用，布衣能立致卿相。加以貿易頻繁，交通利便及地理生產的分工，全國各地區間的相互依需，經濟交換大大增加，遂促成秦漢統一國家，中央集權及專制君主制度的產生。由秦漢迄明清二千多年間，雖有無數次的內亂及對外戰爭，但並未使生產技術退步或逆轉，仍一直保持着農商經濟的生產技術。

農商經濟時代，生產技術有着以下的進步和發展：㈠漁獵及畜牧時代，生產皆用人力，至農業時代，生產除用人力外，更兼用獸力。農商時代生產除用人力、獸力外，更兼用水力與風力。這一時代的水磨、水碾、水車及風車的使用頗爲流行；行船揚帆，藉風力推船進，皆是節省人力的發明。㈡夏殷以前幣制無可考，至周始有鑄製硬幣之法。在秦漢迄明清的時代除硬幣外更有紙幣的流行。唐代印行有『大唐寶鈔』、『交子』、『便換』、『關子』、『飛子』，卽紙幣與滙票。當時有『波斯店』卽外國銀行；有『邸店』卽錢莊。元世幾至廢錢不用，明初猶因其習，謀推行鈔法。㈢職業劃分益趨明細，除農人、商人外，更有工人，而工人更分有木匠、鐵匠、泥水匠、裁縫、油漆匠、紙紮匠、補鍋匠、銀匠、銅匠、錫匠、塑造匠等多種，且均已專業化、永業化。㈣生產工具除昔日農耕器械外，新出現了不少農產品加工製造工具，如織布機、紡花(棉)車、彈棉弓、軋棉花機、汲水滑車、輾米的輾、磨麵的磨等不勝枚舉。㈤這時期技術性的發明和創造，漢張衡製渾天儀，蔡倫發明造紙之法，宋畢昇創陶印活版法。另有火藥、書刻版等發明。㈥這時期的造船術大爲進步，能造鉅艦，三國時赤壁之戰，就是一次水師大會戰。唐時『天下諸津，舟航所聚，洪舸鉅艦，千舳萬艘，交貨往還，昧旦永日』（唐會要卷三）。明三保太監鄭和率龐大艦隊下西洋，船艦之多與大，可推想而知。㈦明末歐風東漸，義大利的徐光啓、利瑪竇把西洋的曆學數學帶至中國。清末李鴻章推行自強運動，設造船廠、工兵廠、築鐵路、建電訊，開中國工業化的先河。

　　五、工業生產的技術時代—— 歐洲自四七六年至一四五三年稱爲中古世紀或黑暗時代。一四五三年東羅馬滅亡，希臘學者多避居義大利講授古典文藝，是謂文藝復興運動的發軔，其特徵爲重自由，貴知識。文藝復興運動促成十六、十七世紀的宗教革命及商業革命。農商經濟大爲

發達，由此而有民族統一及專制君主制的產生。其情形極似中國自秦漢至明清的農商生產的技術時代。依經濟發展的自然趨勢言之，農產品加工製造爲高價商品，乃是促成工業生產的推進力量。歐洲在此時適有瓦特（James Watt）發明蒸汽機，農產品加工製造業者遂相率放棄手工業的經營而改用機器的生產，而促『產業革命』的完成。其特徵是由小規模的家庭式手工業生產進爲大規模的工廠式機器業生產。

十九世紀中葉又有所謂『第二次產業革命』的發生，使生產技術更躍進一步。這一革命的內容，係指下列三事而言：㈠企業家爲減低成本，擴大經營，提高效率，而有『聯合經營』（Combination）、『托辣斯』（Trust）及『卡特爾』（Cartel）等組織的出現，用以壟斷市場，操縱物價，侵害到消費者的利益，使美國國會於一八九〇年通過『先門反托辣斯』（Sherman Anti-Trust Law）以爲管制。㈡有『內燃機』（Innternal-Combustion Engine）發明，替代了『蒸汽機』以爲動力，節省人力，增加生產，便於管理，降低成本。舊機係以煤炭爲燃料，使沸水化氣，以氣體的膨脹爲動力。這新機器係以汽油或瓦斯與空氣混合著火爆發以爲動力。㈢迨至二十世紀之初，更發明『電氣機』或『電動機』以爲動力，使生產技術更經濟而有效。以蒸汽機或內燃機的動力變機械能（發電機）爲電能。再由電能推動機器以爲生產動力。此之謂『電動機』（Electric Motor）。

一九三〇年代生產技術又有一次劃時代性的大躍進，那就是第三次產業革命的發生。這次革命的主要內容，計有三事。第一是『電腦』（Computer）的發明與使用。電腦是電力操作的迅速與精確的計算機。對龐大複雜的事物能作迅捷精密的設計和計算，運用巧妙，幾乎到了不可思議的程度。企業家用電腦對機械操作能作自動化而精密的控制，節省人力無算，增加安全至鉅，利便管理極大。因電腦的應用，而

有『操縱學』（Cybernetics）的產生。 第二是『核能』（Atomic Energy）的發明與使用。 利用具有放射性的物質的核子爆炸力量以為動力。核能的力量等於物質本身的自乘再乘以光速率。其力量的鉅大到了駭人聽聞的程度。 以此為生產動力， 效率宏大， 不言而喻。 機器動力的發展由煤能進入油能。 由油能進入電能。 由電能進入核能。 第三是使用統計方法、 數學公式及電腦計算以為管理方法。 這種新的管理方法， 已成為新興的專門學科， 概略言之， 一曰系統分析（Systems Analysis）， 二曰管理科學（Management Science）， 三曰作業研究（Operation Research）。 運用這些的知識與方法以從事於企業經營，經濟有效，足以避失敗，致成功。企業經營的學術發展，約可分為三個時期: 第一時期是泰勒（F. Taylor）、 費堯（H. Fayol）等所領導的『科學管理』運動， 注重科學方法， 提高生產效率及合理化， 而忽視技術與人性。第二時期是巴納德（C. Barnard）、 梅友（E. Mayo）等所提倡的『人羣關係』學派， 注重人性激勵及民主參與， 對生產技術及機械運作， 非所介意。第三時期是當今的『管理科學』主流，本整體觀念， 作系統分析， 運用電腦作迅捷周密規劃與計算以為經營的張本， 方法、人性及技術均予以注意。

第三節　技術系統的分類

一、分類的標準——企業或企業組織、行政或行政組織依不同的標準， 便可作出許多不同的分類。依生產動力為標準可分為手工藝業和機器工業。依規模大小可分為小型企業、中型企業、大型企業。依程度高低可分為初級工業、中級工業、高級工業。另外更有所謂重工業和輕工業; 民生工業與國防工業等分類。就行政組織言，依行政目的為標準，可分為行政機關與營業機關。就功能性質為標準， 可分為保衞機關、管

制機關、扶助機關、服務機關及研究發展機關。依行政知能為標準，可分為普通行政機關和科學技術機關。

湯姆生（J.D.Thompson）認為處今日科學技術高度發達的時代，企業組織的分類應以技術系統為標準。他說：『凡使用相類同技術系統的企業組織，必產生相類同環境問題，並導致相類同的行為模式。依此論據以言之，吾人更足以發現：由於技術系統的模式變異及技術環境的不同所引致的問題，其結果必導致組織行動的有系統變革』❹。技術系統是影響組織行為的決定性因素，故宜以此為組織分類的標準。

二、湯姆生的分類——湯氏在所著『運作中的組織』（Organizations in Action）一書中，把技術系統分為下列三類❺：

1.一貫作業的技術系統（Long-Linked Technology）——組織內部工作單位依生產技術的連續性或程序進行而設置之。各單位間在工作進行上有密切的相互依存關係和不可分割的關聯，一步連一步，一節接一節，自產品生產的開端到完成，經過一貫不斷，長程連續作業程序。現代大規模的工廠生產率皆依據這種技術系統以決定的組織。紡紗廠、造紙廠、成衣廠等莫不是這種技術系統的組織。以政府機關言之，統計局的內部單位若分為調查科、整理科、編輯科、出版科，便是一貫作業的技術系統。

2.媒介作業的技術系統（Mediating Technology）——組織的功能是媒介性的。其工作技術在於聯絡其顧客或所照顧人員，居中為媒介，完成作業。以銀行的作業為例，其存款人及貸款人皆是各自獨立的，不相聯繫的，由銀行人員居中為媒介，一入一出之間，完成金融的

---

❹ James D. Thompson, *Organization in Action*, McGraw-Hill, N.Y., 1697, pp. 1-2.

❺ 前揭書 pp. 15-19.

存放作業。郵政局、電話局功能亦是媒介作業的技術。綠衣使者的傳遞信件，可以促成發信人和受信人間的消息傳遞，意見溝通。電話局的接線生亦足以發生人與人之間的媒介作用。政府設置國民就業輔導處的作業亦屬於媒介性的技術系統。

3.專攻作業的技術系統──為要達成某一事物的進步、變遷或革新及解決某一問題須採用各種不同技術方法而成立的組織或作業，屬於這一技術系統。這種技術系統習用已久，並不新奇。一所綜合醫院及科學研究發展的實驗所均可稱之為專攻作業的技術系統。醫院要解決治病問題，實驗所要達到科學上創造發明的目的，所使用的技能、知識與方法，則種類眾多，性質專精❻。

三、客士特的分類──客士特（F.E. Kast）和魯申威（J. E. Rosenzweig）依技術的複雜性、活動性、變異性程度大小為標準把技術系統分為下列五類：

1.手工製作的技術系統──手工藝（ Craft ）的技術或技巧屬於這一類，以人力為動力，憑雙手的技巧以工作，例如皮鞋匠之作皮鞋，裁縫師之縫衣，修傘匠之修雨傘即是。工作簡單，性質穩定，無甚變異。

2.機器照管的技術系統──使用縫紉機製作衣服，使用車床製作物件，屬於『機器照管』（Machine Tending）的技術系統，以人力運用機器力為動力。工作略為複雜，稍具活動性與變異性。技術程度平常。

3.龐大生產的技術系統──第一次產業革命成功後，使用蒸汽機為動力，工廠式的大規模的生產組織屬於這一技術系統，此即『龐大的裝配線生產』（Mass Production Assembly Line）。工作性質已達於相當複雜的程度，工作的活動性亦高強，不是靜止的，其變異性亦大為增加。

❻　F.E. Kast & J.E. Rosenzweig, *Organization and Management*, McGraw-Hill, N.Y. 1974 pp. 186–188.

4.一貫作業的技術系統——第二次產業革命後，生產動力由內燃機取代了蒸汽機。原先各單位的獨立生產進爲各單位密切配合的連續性的一貫作業程序。工作性質達於很高深的複雜程度，活動性十分高強，變異性亦極爲強烈。此之謂連續一貫的生產技術 (Continuous Process)。

5.精密作業的技術系統——第三次產業革命後，機器以核能爲動力，管理上則運用電腦及操縱學，工作的複雜性達於精密深邃的程度，動態起伏，多樣變異，十分高深。美國太空署發射太空船登陸月球，探測火星等工作，即屬於這一技術系統。

技術系統分類程度高低比較表[7]：

技的圖術系例統	Craft	Machine tending	Mass production assembly line	Continuous process	Advanced technology
技術系統名稱	1. 手作工製技術	2. 機管器技照術	3. 龐產大技生術	4. 一業貫技作術	5. 精業密技作術
程度 高低	低	平	高	深	精
比較因素（評分） 複雜性	20　40　60　80　100				
活動性	20　40　60　80　100				
變異性	20　40　60　80　100				

────────

[7] 著者參酌前揭書 p. 187 之圖例編輯而成。

第四節　科學技術的行政衝擊

一、科學技術與專家行政——由於科學技術的進步與發達，使政府的公務和行政趨於專業化，而有專家行政的形成。科學的發明啓示了政府的新目的與新使命。技術的進步，提供了完成這新目的與新使命的工具，設備和方法。電腦的計算、微波的遙控、遠距的照像和錄音、人造衞星的轉播、核能的發現與使用等多可應用的政務及行政的推行上。打字機、訂書機、郵務機、印刷機、照像機、錄音機、對話機、電話機、電訊機，以及各種物理、化學、工程、醫藥、工商、交通、運輸上所使用科學機械、儀器、工具等都已成爲政府推行政務不可缺少的東西。品類紛繁，不勝枚擧。遠在一九二一年，芝加哥大學教授懷德（L. D. White）曾就伊利諾（Illinois）州政府所聘用專門技術人員就有細菌學家、化學家、物理學家、工程師、機器師、病理學家、醫生、生物學家、地質學家、森林學家、組織學家、精神病學家、昆蟲學家等一百三十人之多❽。時至今日，政府所任用的專門技術人才，數目之多，大足驚人，品類衆多，幾乎可成爲一本專門職業辭典。一九八〇年美國聯邦政府的公務人員約三一〇萬人，職業種類達五九六個之多。中國現有公務人員約三五萬，職系亦達一五六個。因科學技術的衝擊，行政專業化的程度已達於普遍及深刻的境地。

二、科學技術與人羣關係——科學技術的衝擊改變了人們在商業上、家庭中及社會間的人羣關係。工作速度迅捷，所需機敏適應能力增加了，年青人才能勝任，年老人的退休問題日趨重要。工作時間縮短，休閒活動，須有適當解決。在大規模的工廠生產制度下，工人成了機器

---

❽　L. D. White, *Introduction to the Study of Public Administration*, 1926, p.11.

的奴隸，人與人間的人情味及感情關係消失。創造及成功感亦降低了很多，工作單調，興趣索然。在科學技術的衝擊下，引起社會的不安與人羣的不和。

科學技術的發達，導致以下的不良現象：㈠經濟與生產的進步，雖然使物質享受大大提高，但同時卻因社會的不安，人羣的不和，引起嚴重的精神煩惱與苦悶，因而亦促成社會風氣與道德的敗壞。㈡科學技術的衝擊，使社會結構，家庭地位發生變化，父母忙於工作，兒童缺少管敎，靑少年的犯罪問題日趨嚴重。㈢社會組織與政府機構並未能與科學技術的進步，作並駕齊驅的改善與適應，引起文化的失調，社會的紛擾，以致層出不窮。科學技術僅使人免於匱乏之虞，但卻使道德低落，人羣不和。㈣科學技術的衝擊，促成今日世界劍拔弩張的緊張情勢，核子大戰，可能一觸卽發，人類毀滅，亦有難以躱避的困惑。科學技術能使人提高物質享受，亦能使人自掘墳墓。政府的重大責任，端在能以面對現實，接受科學技術衝擊的挑戰，自我改善，對此作有效的適應與追趕，取其利，避其害，救其失，及早消弭物質文明帶來的災禍。

三、科學技術與工商管制——自十九世紀末葉以來，大企業家挾持其優越經濟勢力，組織大『托辣斯』、『卡特爾』以作聯合經營，壟斷市場，操縱物價，獲取暴利，侵害大衆利益；至於那些財閥和財團，亦運用財力，控制工商事業，興風作浪，營求私利，亦成爲消費者的吸血蟲。美國政府爲保護消費者大衆的利益，所以早在一八九○年卽有『先門反托辣斯法』的制定與施行，防止經濟上的獨佔、壟斷與操縱，一以維持工商自由公平競爭的原則；一以保障消費者大衆的利益。

今日各國政府對工商業管制的範圍與程度，差不多已及於各個部門。因推行這些工商管制，公務人員的數量因而大爲增加。龐大的工商業就造成龐大的政府。科學技術發展的迅速，遠超過政府推行工商管制的

進展。政府所負荷的工商管制的責任與功能，亦不足以適應工商業發展的需要。由於政府管制權力的擴張，使若干私人團體的權利受到限制；但在另一方面，有若干私人團體的權利卻反因之而增加。一般說來，在政府實施工商管制之下，工商業者及消費者大衆均蒙受相當的利益。因管制總比混亂要好。

工商管制的目的有二：一是消極的，在防止經濟優越勢力者的壟斷、操縱與獨佔及避免因惡性競爭而引起的經濟恐慌或混亂。二是積極的在扶助經濟的正常發展與繁榮，並使人民有充分的就業，工商業者獲得合理利潤。工商管制的基本原則有二：一是維持工商業者公平的競爭，不得危害自由企業的基本法則與精神。二是使工商業獲到『合理利潤』（Reasonable Return），同時要提供『良好的服務』（Good Service)以保障消費者大衆的利益。

四、科學技術與勞資爭議——大規模的工廠機器生產替代了小規模的家庭手工業生產，工人的生產力大爲增加，企業家獲得利潤因而遽增，一般的生活水準亦隨之提高。工人因生活費用增加，遂要提高工資，而工廠主人不願接受，以致發生勞資糾紛。工人因知識的進步，自覺性提高，更進而組織工會，以集體力量對抗廠主，要求改善工作環境及提高待遇。因之，勞資糾紛愈演愈甚。在這種情形下，不管廠主亦好，工人亦好，都希望政府挺身而出，對勞資衝突、糾紛、爭議，加以干涉，予以適當解決。工人希望政府制定勞動立法，規定基本工資，改善工作環境，縮短工作時間，增進工人福利與安全，加強工會的地位與權力，並對廠方的不利行爲予以限制。而資方則希望政府制止工人怠工、罷工、糾察，並限制工會權力。勞資雙方均希望政府保護國內工副業，提高關稅，防止外貨傾銷。今日資方勞方都已登上政治舞台，具有強大的力量與權利。政府應當善爲運用其政治的行政的權力以爲調節，

使兩大勢力趨於平衡與合作。

　　五、科學技術與農業輔導——因科學技術的進步，農民亦受到很大的影響。農業的生產提高，農民的眼界擴大了，活動範圍開拓了，收入增加，生活改善，於是農民對國家和政府的關係、看法、思想和從前亦就不同了。

　　農民生產運銷市場大爲擴大，其所遭遇的經濟、社會和政治問題，亦較前大爲複雜。科技進步，糧食生產過剩，致使穀賤傷農，政府竟用獎勵減產，甚至傾倒糧食入海，防止糧價下跌。因農業生產機械化，農業經營科學化，農產效能急劇上升，美國百年前農民人口高達百分之八十五，今日農民人口降至不及百分之十。農業是工業的基礎，要維持全面經濟的發展，必須保持農業的安定與繁榮。政府爲保障農民利益，常採行農業貸款、農產品保險、糧食收購、肥料配售等措施保障農民生活，輔導農業生產。

　　六、科學技術與國防施設——戰爭武器由人力時代進入核子時代。戰爭的性質由單純的軍事戰爭進爲複雜的全面性總體戰爭。地不分前方後方，人不分戰鬥員與非戰鬥員，一律捲入總體的戰爭中。原子彈、氫彈、中子彈、火箭、細菌、毒氣、電導飛彈、輻射塵等武器，使人類具有毀滅自身的威力。因之，國家安全重於個人自由。只有在國家安全的保持下，才能有個人的自由。

　　政府因此在地位上責任上對國防施設就產生了以下的改變：㈠經由行動的管制與禁止，經由自由權利的解釋，經由所謂國家安全與機密的保護，政府可以向人民提出報告、勸告及政策的說明與事實的報導，促使人民以生活及行動支持之。㈡採取保安措施、忠貞調查、保密防諜等方式限制個人自由與行動。㈢擴大政府有計劃的施設與活動，以防止個人無政府狀況的自由競爭。㈣把國家的戰略戰術資源一律劃歸國有或交

由國家經營。㈤擴大政府辦理給照、登記、檢查、許可等權力的範圍與活動。㈥統一與集中一切國家軍事防禦力量及機構。㈦擴充、軍力、軍備及國防預算。㈧增加租稅收入及公債發行。㈨私人的生產事業與投資要能適應國防需要以爲配合。總體戰是國力總和的決鬪。所謂國力總和包括精神、物質、教育、文化、政治、經濟、思想、社會、組織諸方面的力量。總體戰的制勝要訣，在使生活條件與國防條件相配合。國防要以全民力量爲力量。

七、科學技術與法制制度——法律或法制具有穩定性，其進步每不能與迅速的社會變遷相適應。近年因科學技術的長足進展，迫使各種法律或法制有修正或變革的必要。㈠因科學技術的衝擊，政府的權力和職能大爲擴張，並須以新的有效方法執行新功能，於是引起政府權力與個人自由的紛爭，如何使二者之間趨於平衡，對行政法規便須加以研究與修訂。㈡因交通運輸的迅捷，大衆傳播的普遍，經濟關係的複雜，社會結構的改變等原因，傳統民法已不能配合新情勢的需要，所以非加以修正不可。㈢因科技的進步與工商業的發達，行政權有凌駕於立法權與司法權之上的趨勢。『立法第一』、『司法至上』的傳統原則，受到挑戰，三權分立的基礎趨於動搖。在此種情勢的壓迫下，憲法亦不能不修改。

㈣海上交通大見頻繁，海港貿易大爲增加，因之海商事件的糾紛與衝突，層出不窮；海上意外事件更所在多有；領海範圍，大陸礁層的使用，海底電線的舖設，亦是爭執不休的問題。因之，海商法對其刑事責任、民事賠償、權利界限都不能不有新的規定。㈤在現行的經濟制度下，工人失業，工廠倒閉，經濟的衰退均是勢所難免的。因此而形成的社會問題是十分嚴重的。因科技的衝擊，社會結構起了改變；大家庭制度亦遭拆散。於是青少年的敎養，老年人的歸宿，鰥寡孤獨的救助，都成爲政府的重要責任。新的社會立法的制訂，社會安全制度的建立，皆

成爲當今行政的要務。

八、科學技術與教育行政——科技的進步與發達，促使政府不得不努力於專門人才及技術人員的培育。因之，各國政府對於培育這種專才的預算，均有逐年增加的趨勢。美國過去因研究方向及教育政策的偏差，遂致使蘇俄先美國而發射出第一枚人造衞星。美國朝野對此大爲震驚。於是被迫不得不改變科學研究方向及教育施設，急起直追致力於基本科學的研究及專門和技術人才的培養。今後的世界大戰的按鈕戰爭，亦就科學戰爭和科學人才的戰爭。對純科學專家及科技人才的培養，蘇俄曾一度凌駕於美國之上。近年來，美國在這一方面，亦大力追趕，乃得與蘇俄保持均衡的地位。美國在太空科學的研究與應用上則超過蘇俄，故能搶先登陸月球。軍事科學及核子武器的研究與發展兩國正在酣熱競賽中。誰的科技研究超前，誰的技術人才高強，誰就是戰爭的勝利者。

第五節　技術統治遭遇的難題

科學技術的衝擊促成行政的專業化、科學化、技術化。政府的政治功能及行政活動，都被科學技術牽着鼻子走。政治與行政皆以科技爲內容。而科技又是達成政府目的的有效手段和利器。這種事實與現象，可稱之爲『技術統治』（Technocracy）。技術統治雖有其重大的成就和貢獻；但同時亦發生了一些流弊，並遭遇到若干難題。其重要者有三，茲論述如次：

一、專門職業的困惑——在技術統治下，自不能不用專門職業家推行政務。這些人員在政府中佔有極重要的地位，貢獻重大，乃是關鍵人物，但同時亦有以下的困惑：㈠他們常囿於所學，自信自傲，堅持已見，不知適應環境，遷就他人，每與其他部份難以配合，犯了技術的本

位主義。㈡專業的常任事務官，每易自成系統，另具身分，形成自外於
人的專業集團，成爲足以左右政務或行政的特殊勢力；或者相互結納，
互爲呼應與聲援，期以把持公務；或者孤芳自賞，立異以爲高，自外於
社會，自高於人民，致形成專業性的官僚制度。㈢專門職業者最易偏於
所司，狃於所學，在工作進程中常會不知不覺的有畸形與偏差的趨勢，
而生『必』、『意』、『固』、『我』的毛病。㈣專業者多缺乏廣博的
學術基礎，更無『通才』的組織、領導與適應能力。若以之充任主管，
每不能勝任裕如。

　　二、專家行政的偏陂——專家行政爲時代的寵兒受到無比的讚揚與
推崇，確有其重大的貢獻和成就；但同時，牠亦有下列的流弊與偏陂：
第一、專家是『在最小的範圍內，知道最多的事』。其能力與知識只限
於某一特殊事務，所以其治事態度每陷於『知偏不知全』、『見樹不見
林』的『鑽牛角尖』的境地，缺乏整體觀念，不知作系統分析，囿於主
觀偏見，流於本位主義，不易通盤籌劃，常不識大體，不顧大局。第
二、專家的觀點是局限的，治事態度是自是自傲的，堅持己見，好與人
辯論，以保持其專家的尊嚴，每不易與人合作。故西諺曰：『兩個專
家，決難合作』(Two Experts Can Never Cooperate)。分工愈
細，所需於合作者愈切。專家知分而不知合，實是一大缺失。第三，專
家誠然有其重要性，但任使必須恰當其分。否則便會發生流弊。西諺
曰：『專家祇可作鞋底，而不能當頂帶』(Expert is on the tap, Not
on the Top)。所以專家擔任實際執行工作是有效的；若使擔任領導
工作，每不能勝任。專家須授受通才敎育，始可擔任領導職務。第四、
專家的思路是規律化的，總喜歡以慣用的規則與方法處理事務；對新的
改革每不易接受。英國名相葛萊斯頓 (William E. Gladstone) 曾說他
所完成的大改革，無論政治的或行政的，在其提議之時，無一不遭到專

家的反對。所以英美的傳統不以軍事專家或職業軍人擔任國防部長，而以博通之士任之。因國防部長須從國家整體利益看國防，不可僅以軍事觀點看國防。

三、**雙重權力的難諧** —— 在傳統的政府組織中，只有一種權力系統。那就是『行政權力系統』（Line Authority），亦即『層級節制』的『指揮系統』（Commanding Line）。但自二十世紀以來，因科學技術日趨發達，致產生所謂『技術統治』與『專家行政』。專門的科學技術人才，在政府組織中佔着重要的地位。因之，在現代政務及行政事務的處理中便不能僅靠以法律爲基礎的『行政權力』，更必須求助於以知能爲基礎的『專家權力』。這種新興的『專家權力』，對傳統的『行政權力』是一大挑戰和威脅。國防部部長代表行政權力，原子彈專家和飛彈專家代表專家權力。國防部部長要想充實戰備，製造克敵致勝的嶄新戰略戰術武器，就非援納這些專家的設計和意見不可了。

這兩種權力系統要能密切配合，充分合作方能成功。但是在事實上，這雙重的權力系統，常各有成見與偏見，各是其是，未能達於和諧一致的地步。這兩種權力未能協調與和諧，計有以下的原因：㈠行政權力者注重命令與服從，要行動迅速，命令貫徹；而專家權力者則崇信考慮周到，設計細密，不可草率從事。行政權力者多重視政策；而專家權力者多重視技術。㈡行政權力者居於領導地位，重大體，顧大局，通盤籌劃；而專家權力者，僅具局限知識，每囿於一偏之見，流爲本位主義。㈢二者皆自高身價，自我中心，各不相讓，合作便有困難。㈣今日的行政權力仍居於優越地位。專家對之，每抱『忌羨』心理，且極想獲得行政權力。但專家獲得領導地位後，每不能勝任裕如。

如何使這雙重權力系統趨於和諧與協調，計有以下三個途徑：㈠行政權力者要培養高度民主風度，虛懷若谷，不可持專斷態度，遇事便訴

之權威，強人服從。㈡行政權力者應提高自己的學術修養，深切體認科學技術的重要性，尊重專家意見，知之爲知之，不可強不知以爲知。㈢專家權力者不可『鑽牛角尖』，坐井而觀天，要跳出象牙之塔，放開眼界．從整體觀念瞭解自己的小園地；並宜接受通才敎育，加強自己的領導能力。

第十五章　宗教文化與行政輔導

第一節　宗教文化的基本觀念

一、**宗教文化的意義**——宗教一詞在英文爲 Religion， 其字源爲拉丁文之 Religio。其原義爲『拘束』或『限制』。宗教係由漁獵時代原始社會的『禁忌』（Taboo）及『圖騰』（Totem）演化而來。『禁忌』指不可作爲的行爲，卽所禁止之事，不予違犯可保平安與吉利；如予違犯將遭災禍與凶厄。圖騰是野蠻人所崇拜的自然物體。他們所以崇信其圖騰，或認爲是他們的祖先或認爲是他們的保護者，或認爲是他們的食物供應者。到了畜牧時代，因天時對人生禍福有密切關係，以爲自然現象受着一個神秘而偉大力量在背後支配着，遂產生神權思想及神職人員的巫覡。

宗教的意義是指人們對神靈或神靈表現之事物的信仰（Belief）、崇拜（Worship）與服侍（Observance）。神靈居於最高的地位，具有最偉大的力量。萬有萬能，無物可與之比擬。神者指神祇（God），西洋人稱之曰『上帝』，中國人稱之曰『天神』。孟軻曰：『聖而不可知

之之謂神』（孟子，盡心篇）。易繫辭曰：『陰陽不可測之謂神』。泛神論者認爲萬物皆有神。『神引出萬物者也。天地生萬物，萬物有主之者曰神』（見說文，徐灝箋）。祭法曰：『山林川谷丘陵能出雲爲風雨見怪物皆曰神』。一神論者認爲宇宙間只有造化主宰一神。說苑修文篇曰：『神者，天地之本，而爲萬物之始也』。靈指靈魂（Soul）對物質與肉體而言。靈魂是一種離開人的軀殼而存在的精神或意境。靈魂又指與人體無關而自具神異性能的實體，如天使、魔鬼均屬之。

文化是人類在求生存的過程中，爲適應生活上的需要，運用智力、體力、羣力所完成的一切制作的總稱。文化的內容包括物質文化、社會文化及精神文化。宗教文化涉及的範圍，屬於社會性的、精神性的，並非物質性的。簡言之，宗教文化乃是涉及神祇或靈魂信仰、崇拜及服侍的一切價值觀念、行爲模式、生活方式、人羣關係及思想與感情。概括言之，這就是『宗教系統』（Religious System）或『宗教制度』（Religious Institution）。宗教系統就是有關宗教的諸多事物，基於一貫的思想和一定的秩序，相互聯絡，渾然而成爲一整體，對內能保持團結與統一；對外能對環境表現生態的平衡與適應。制者法也。度者尺度也，標準也。宗教制度就是有關宗教的生活、活動和行爲的一切戒律、規範、準則及標準。

二、宗教文化的起源 —— 關於宗教文化起源的理論，論者不一其說。茲就著者所知，扼要分別舉述如次：

1.恐懼心理說——初民社會的人民，因知識不足，理解不夠，對於許多自然現象或事態，如風雨陰晴、雷電風霜、晝夜寒暑及生老病死，不知其因，不得其解，都感覺奇怪、驚異與恐懼。一場暴風雨，一次大地震，一天的大颱風，所造成人口牲畜的死亡及對財物的損害，不可勝計。這些大災害使人恐懼，使人震撼，使人痛苦。他們認爲這些現象與

災害的發生，係由一個不可知、不可測的偉大的神祕力量支配着，於是懾服於神威之下，信服之，崇拜之，向之祈禱、求其憐憫與庇佑！求福吉，避災害。這便是宗教產生的原因。

2.依賴心理說——人生不知何處來，人死不知何處去，生也不能自主，死也亦非由自願。天有不測風雨，人有旦夕禍福。一個強壯的人會突然生病或死亡。出外行獵，可能被雷電擊死，可能被毒蛇咬死，可能被山洪冲走，可能被龍捲風捲去，旣無堅甲利爪以抗猛獸，又無雙翼飛空，或利角觸敵。人是動物中最弱的一羣，實在太渺小，太脆弱。何處找依靠？何人能保護？因此，他們便要尋求偉大的神人或鉅靈，投入其懷抱，歸依其膝下，以祈求其保佑，而爲自己的依仗。宗教起源於人的依賴心理與感情。

3.希望心理說——『希望』是人們心意中，自認在可以預知的未來歲月中或遙遠的永恒世界中得到而目前尙未得到的利益、快樂或幸福。人一生都在『希望』中過生活，因爲希望升官、發財、求名、求福，所以才努力工作。因爲要却病延年，才注意體育與衞生。希望是人生的動力。希望的幻滅，就等於死亡。因爲希望長生不老或成仙成神，就要求上帝、拜菩薩。人不但在活着的時候，受『希望』的推動，高興努力的過日子，就是人在臨死時，亦還希望不死。縱使不能不死，亦希望死後能進入『天堂』或『極樂世界』，使他的靈魂得到平安、快樂與幸福。這種求『永生』、求『永樂』的希望心理和感情，遂促成宗教文化的產生。

4.夢幻啓示說——人在睡眠中，意識朦朧時，會有夢幻現象（做夢）的產生。夢幻景象變化奇異，形形色色，光怪陸離。或者美貌仙女來引誘，或者慈祥老翁施慰勞，或者凶猛魔鬼作侵害，奇奇怪怪，幻變無常，使人有喜、怒、懼、愛、惡、欲等感受。初民社會的人民，因無

科學知識，不知這是生理心理的正常現象。依今日的科學知識言之，夢乃是人在睡眠中，因身體內外的種種刺激，而喚起其意識，與其原有的心理狀況中有關觀念互相聯合，引起幻象，而生悲、歡、離、合、憂、懼、驚、怒等感受，是謂之夢。因之，夢的內容常是不統一的，無系統的，幻變不一，捉摸不着。初民對夢的產生無此瞭解與認識，卻相信在另外的世界中有靈魂、神仙、妖魔、鬼怪等神秘物的存在，可以對人作吉凶禍福，而人力無法控制之，於是不得不屈意奉崇，敬之畏之，向之禮拜祈禱幸福，避免災害。這是宗敎文化產生的另一原因。

　　5.老人靈佑說——在初民社會，人民因知識與經驗的不足，遇有疑難的問題，每請示於族中老人。老人憑經驗予以指示，每多靈驗。因之對族中老人尊之，敬之，懼之。故不少初民社會中有『老人會議』，具有很大的權力。老人是族中領袖，有領導及指揮族人的權威。嗣後，老人雖死，尊敬、崇拜及畏懼心情猶不消除，以爲老人是在睡眠中，不知其已死。至於老人中傑出偉大的領袖死後，族人仍認爲其不朽的英靈，足以庇佑其族人。遇有疑難大事，遂向之申訴、祈禱、拜求，於是拜祖敎因以產生。禮記表記曰：『殷人尊神，率民以事神，先鬼而後禮』。神指天神，鬼指祖先的靈魂。故曰：『殷人尊祖敬天』。

　　6.人羣靭帶說——初民社會生活狀況，卽是所謂『自然狀態』(State of Nature)。自然狀態既無政府，亦無法律，更無眾人共同的道德規範，乃是一羣烏合之衆，猶如一盤散沙。但是，人類是天生的合羣動物，一盤散沙的自然人的個人決無法生存。人之所以異於禽獸者，『人能羣而牛馬不能羣也』（見荀子王制篇）。初民爲了求生存，必尋求如何合羣或如何團結的途徑與方法。於是選定一個自然物體如龍、熊、牛、馬、雲、火等以爲崇拜的對象。這些受崇拜的物體卽是所謂『圖騰』(Totem)。初民認爲這『圖騰』乃是他們的祖先或保護

者，或認爲崇拜此圖騰能使食物不缺，族人興盛。因此，圖騰遂成促成初民合羣及團結的韌帶。圖騰崇拜就是宗教文化的起源。

三、宗教文化的要素——宗教文化是諸多有關宗教的事物依一定秩序而組成的整然系統。其內容包括以下的要素：㈠神明——宗教教徒所信仰崇拜的最高明最神聖的對象。無以名之，名之曰神。神者『天地之本，萬物之始』，卽宇宙萬物之造化者或主宰，基督教徒稱之曰『上帝』，佛教稱之名『佛』，道教稱之曰『神』。㈡教主——宗教的創始人，或教徒尊之爲宗教的創始者爲教主或教祖。佛教的釋迦牟尼，道教的老聃，基督教的耶穌，回教的穆罕默德，卽各該教教主。㈢教義——宗教教徒共同信仰的宗教思想及理義，以爲人生指引的精神動力，稱之爲教義。道教的道德經、南華眞經，回教的可蘭經，基督教的『聖經』（Bible），佛教的釋迦牟尼的佛經，卽是各該教的教義。㈣教條——宗教所訂的規律以拘束或限制教徒的行爲，期以符合教義或保持教徒生活上一定的道德者爲教條或戒律。基督教的『十誡』，佛教的五戒、十善戒、二百五十戒，均爲宗教教條。㈤儀節——教徒對其信仰的神明及教主皆有一定的尊敬和崇拜的行爲。這種行爲決不容各行其是，必須作統一的規定，共資遵守以免混亂。這種規定乃是各宗教的禮拜、祈禱、祭祝、奉侍、供敬等儀式或儀節。教徒入教亦有一定儀節與程序，如基督教的受洗，佛教的受戒、剃度等便是。這種儀節有的是公開的，有的是秘密的，非教外人可得而知。㈥組織——教徒人數衆多，必須有一定宗教組織或系統以爲管理，或爲教會或爲寺廟，或作禮拜的聚會，或行講經的法會，或開弘道的道場。宗教組織以天主教者最爲嚴密，教宗（昔曰教皇）居於組織的頂端，全世界的天主教會均歸其指揮與管轄，由上而下，由內及外，成爲一權力集中，指揮統一的『層級節制體系』（Hilrarchy）。㈦神職——各教皆設有神職人員，負責宣揚教義，推行

教務。佛教的和尚、尼姑、法師、大法師，道教的道士、天師，回教的阿洪，耶穌教的牧師、長老，天主教的神父、修女、主教、大主教、總主教、樞機主教、教宗（教皇）皆爲神職人員。㈧教徒——各教皆有信徒，以爲各教構成的細胞或單元。

第二節　宗教文化的一般功能

效用決定存在。宗教文化所以能維持其悠久的歷史，在社會上並能發生相當的影響力，爲多人所接受，自必有其一定的功能。宗教文化的一般功能，舉其要者，計有下列四端：

一、促進團結——人是合羣動物，必須團結，方能生存。團結的途徑固不止一端，而宗教文化確是促進人羣團結的一大有力因素。共信立，互信生，團結固。一致的教徒共同信仰同一的『神』和『教義』。這共同信仰就是所謂『志』，志者『心之所止也』（志之古寫爲止心）。志同則道合。志是衆所趨赴的共同目標。目標相同，故能遵行合一的途徑或道路。目標相同，行徑一致的人們，自易團結在一起。

志同道合的教徒以信仰同，戒律一，故彼此相信任、信賴，心心相印，思想相通，推心置腹，一德一意，遂能團結無間，行動一致。這種雖僅是社會中一部份人的小團結；但以此爲運用，亦足以促成國家的大團結。孫武子曰『治衆如治寡，分數是也』。所謂『分數』就是部勒參伍之術。這就是將散渙的多數人編組起來，使成爲上下統屬的指揮系統。一九三二年美國總統羅斯福（Franklin D. Roosevelt）爲要推行『新政』（New Deal）謀求全國經濟復興，首先把全國各業同業公會組織健全起來，以爲推行『新政』憑藉。故宗教教徒的小團結，足爲政府指揮運用的憑藉，而促成國家的大團結，俾收『治衆如治寡』的功效。

二、**維持安寧**──社會秩序與安寧得以維持者，靠着三大勢力：一曰法律，二曰道德，三曰宗教。法律是政府公佈的強制規則，以爲人民生活及行爲的準繩，如有違犯卽受到應得的懲罰。政府懸禁令，人民畏懲罰，則人不敢以身試法，宵小自將銷聲匿跡，不去爲非作歹，社會安寧乃得以維持。道德者人羣公認的價值標準、生活規範，雖未經政府公佈，而深切印存於人們的心意中，爲善戾行爲的準則，爲自我約束的社會壓力，如有違犯則受到衆人的卑棄及有形無形的竊笑與辱罵，使人發生內心的不安與愧咎。法律是政府的強制裁制，使人不敢作奸犯科。道德是社會的集體監督，使人不得不自我約束。宗教則是由於各人的誠篤信仰，由信仰爲動力，爲指引，促成生活的正當，行爲的規律及精神的淨安，心安理得，存誠向善，不虧心，不害人，修己以安人，信神以濟衆，人羣得以和諧，社會賴以安寧。法律所以懲罰罪犯於已然。道德所以防止邪惡於未行。宗教所以從內心根除罪惡發生的根源，助法律的效用，長道德的潛力，其和人羣，安社會的功能，固不亞於法律與道德。就維持社會安寧的效力言，法律僅是治標，道德可以治本，宗教所以清源。

三、**淑世正俗**──國者人之積，人者心之器。國家之治亂，繫於人心之正邪。宗教者所以正人心，去邪惡，俾益於世道人生者，至深且鉅，具有很大的淑世正俗的功能。宗教以信、愛、望的情操爲基礎，自求多福，與人爲善，謀求精神寄託，生活慰藉，內以誠意正心，外以淑世善俗，實爲和人羣，端世俗，淑人生，改善社會風尙的偉大力量。正人生，須先去邪念，淨心意。心淨念正，表現於行爲者必爲善戾生活，正當行爲。依此以行事則世淑而俗正。

宗教的派別旣不同，其教祖、教義、教條、教儀等亦各異，但所持宗旨皆在教人向善趨正，諸惡莫作，諸善奉行。善行以淑世，戒惡以正

俗。佛教教人去煩惱，無妄無我，六根清淨，慈悲爲懷，救世渡人，行善戒惡，躲避輪廻，解脫成佛，昇入極樂世界。道教重在清淨無爲，摒棄名利，修己養性，返樸歸眞，得道成神。基督教本『神愛世人』的博愛精神，袪魔鬼，信眞神，行善行，求永生，使教徒得救，進入天堂。回教教主一方面持可蘭經以勸善，一方面持寶劍除邪惡，要人棄惡向善，歸順於正道。

　　四、安心立命——宗教對教徒的個人功能，就是要使之得到一個安心立命之所，俾其內心有平安、喜樂、滿足、幸福的認知與感受。一個人最偉大高尚的享受，就是能享受一個『眞、善、美、妙』的人生。但是人生不能於現實的塵俗世界中求得之。這一理想只可於宗教性的想像的未來的精神世界中追求之。現實世界充滿罪過魍惡奸邪魔道，使人厭惡卑棄。要避開這種痛苦，只有信宗教，敬神靈，在自己的心意中建立起一個神妙的理想世界，以爲精神寄託，俾以安心立命。

　　一個人在無窮盡的宇宙中，僅佔着滄海之一粟的億萬分之一的地位，實在太渺小了。這一極渺小的身軀，隨時有被外力侵滅的危險。渺小無依靠，無援助，無仗恃，太可怕了。爲了袪除這種恐懼，填補這種空虛，乃信仰偉大無比，至高無上的神靈，崇拜之，歸依之，投入其懷抱，以神之偉大爲偉大，以神之威靈爲威靈，有恃而無恐，有保護，得安全，喜樂、平安、滿足、心安命立，精神上過着『眞、善、美、妙』的人生。

　　人生如白駒過隙，爲時不過百年，在古往今來無窮盡的人生命之流的無限時光中，僅佔着億萬分之一秒一刹那。壽命太短暫了，人生太急促了，太可悲，太可怕了。所以人人都想長生不老。但是以秦始皇漢武帝尊爲天子，權勢蓋世，都求不到長生不老之藥，何論他人。無已，人乃信宗教，求神靈，謀求與那永不死亡，永不毀滅的『巨靈』、『天

神』或『上帝』相結合，升入『天人合一』的境地，以神靈的生命爲生命，神靈不死亡，自己便亦不死亡。信神拜佛的功能，即在於求此永生。軀殼雖死，靈魂不滅，可以與神合一到極樂世界或昇入天堂。人有此信念，便精神有所寄託，心靈有所慰藉，心安而命立。

第三節　宗教系統的重要派別

宗教系統的派別，爲數極多，舉不勝舉。茲將其重要的派別，即世界五大宗教的道教、佛教、基督教、回教、猶太教的梗概，敍述如下：

一、道教──道教爲中國本國的宗教。遠古以神仙、陰陽、五行、占卜爲宗教的基綱。春秋戰國時代以仙術著名者有宋毋忌、王子喬、充尙、羨門高等。騶衍以陰陽五行之說與仙術相結合。秦始皇相信神仙之說，遣徐福赴東瀛求長生不老之藥。漢初，黃老之學甚盛，方士緣此而比附，道家之論以行。道家之論，本非宗教，至東漢張道陵以符籙禁咒之法行世，其子衡，其孫魯遵行其道。張魯並於漢中立鬼道教以教民。世稱道教始於張道陵。北魏寇謙之自稱遇神仙大法，奉老聃爲教主，張道陵爲大宗，道教之名始告確立。唐朝以道教教主姓李，遂爲國教，進尊老子爲太上玄元皇帝。唐玄宗尤崇信道教，於東西兩京都建廟崇祀之。

宋代亦甚崇信道教，道教見知於朝者多賜名號，陳搏曰希夷先生，張正隨曰眞靜先生，張乾曜曰澄素先生。宋徽宗崇信道教有『千道會』之設，大興土木，廣建道觀。元朝雖崇信佛僧，但對道教亦禮遇之，佛道並行。此時分別有四派，一曰全眞教，二曰正乙教，三曰眞大教，四曰太一教。教道自明代以後漸失其教旨，而趨赴於修養、煉丹、符籙三術，教勢衰退，不足以與佛教抗衡。加以基督教東漸至華，佛道二教，皆受威脅。

元順帝至元中封張道陵後裔張宗演爲輔漢天師。明洪武初改封其後裔張正常爲『正一嗣教護國闡祖通誠崇道宏德大眞人』，秩二品，子孫沿襲，清初因之，乾隆時革其封號，改秩爲正五品。民國時始行廢止。江西省貴溪縣西南有龍虎山，張道陵修鍊於此，下有演法觀、丹竈、丹井及飛昇台，遺跡尚在。道陵子孫，世居於此，即世所稱張天師府。

道藏爲道家書的總稱，入藏者凡五千五百冊，分三洞、四輔、十二類。宋張君房編雲笈七籤，以天寶君說洞眞爲上乘，靈寶君說洞元爲中乘，神寶君說洞神爲下乘。明白雲霽撰道藏目錄，以洞眞部爲元始天尊所演，是爲大乘；洞元、洞神二部爲太上老君所演，是爲中乘、小乘。

二、佛敎——佛敎爲天竺（印度）釋迦牟尼所創。釋迦種族名，能仁之義。牟尼爲名，寂默之義，生於周昭王二十六年（西元前一〇二八年）圓寂於周穆王五十三年（西元前九四九年），應世七十九歲。牟尼爲中印度迦毗羅衞城主淨飯王王子，十九歲結婚；二十九歲偶乘車出遊，見衰病及死者，深悟世間之無常，遂決意出家，潛出王城剃度爲沙門，修習諸種禪定，坐菩提樹下，誓曰：『不成正覺，終不起此坐』。年三十五歲徹悟，成大覺世尊（亦有云三十歲成道者）。

敎佛以明心見性，得無上正覺，四大皆空，六根清淨，慈悲爲懷，救苦救難，寶筏普渡，解除一切煩惱，使人人成佛爲宗旨。漢武帝遣張騫使大夏，聞其鄰有身毒國（印度），亦曰天竺，中國始聞有浮屠（佛）之敎。東漢明帝遣蔡愔、王遵等使天竺求佛經，天竺沙門攝摩騰、竺法蘭偕來至洛陽，建寺譯經，佛敎遂流傳於中土。魏晉之世，佛敎流傳益盛。魏廢帝時，天竺沙門曇訶迦羅入洛，宣譯戒律。晉時，佛圖澄來華專事譯經。浮圖澄之弟子道安、慧遠等共結白蓮社於廬山，爲佛徒結社之始。南北朝時代佛敎盛極一時，建寺院，刻佛像，堪稱盛事。梁武帝以帝王竟三度捨身同泰寺。這時，佛敎亦分衍爲不少宗派，

每宗各有佛祖。唐代雖崇尚道教，然佛教同時並行，仍盛行發達，毫無衰退趨勢。唐憲宗時且迎奉佛骨，韓愈諫阻，被貶爲潮州刺史。唐代佛教，宗派又見孳衍。宋太祖、太宗皆喜佛說，故佛教於宋代亦未衰。徽宗雖惡佛，而莫能抑其勢。元代崇信西僧，其人習喇嘛經，亦曰喇嘛教，爲佛教之一支，與中國舊時之佛教不相符。惟禪宗之臨濟派，卻甚受元朝的尊崇。元亡明興，佛教沉滯，無大發展。佛教起於東漢，盛於唐宋，而衰於元明。清高宗下限制寺院詔書，禁止男十六歲以下，女四十歲以下出家爲僧尼，佛教不能復振。

佛教的典籍總稱曰三藏。三藏者，指經、律、論而言。經說定學，律說戒學，論說慧學。達三學者稱爲三藏，如玄奘卽稱唐三藏。三藏復分爲三種：一曰小乘三藏，二曰大乘三藏，三曰大小三藏。小乘三藏以四部阿含經等爲經藏，四分五分十誦律等爲律藏，六足論、發智論等爲論藏。大乘三藏，以華嚴經等爲經藏，梵綱經等爲律藏，阿毘達摩經等爲論藏。大小三藏乃合大小乘而立三藏，一、聲聞藏，二、緣覺藏，三、菩薩藏。

佛法修持分大乘與小乘。寶積經曰：『諸佛如來正覺所行之道，彼乘名爲大乘。』法華經曰：『若有衆生從佛世尊聞法信受，勤修精進，愍念安樂無量衆生，利益天人，度脫一切，是爲大乘。』凡求阿羅漢果、辟支佛果者皆爲小乘，灰身滅智，歸於空寂之涅槃。華嚴經方便品曰：『若以小乘化，乃至於一人，我則墮慳果，此事爲不可。』大乘在度衆生，成佛、成正覺。小乘度化個人，僅成阿羅漢果及辟支佛果，未達於正覺。

佛教宗派甚多，中國有十三宗，卽毘曇宗（俱舍宗）、成實宗、律宗（南山宗）、三論宗、涅槃宗、地論宗、淨土宗、禪宗、攝論宗、天台宗（法華宗）、眞言宗（密宗）、賢首宗（華嚴宗）、慈恩宗（法相

宗）。在這十三宗中以禪宗、淨土宗、眞言宗、律宗流傳甚廣，玆略述如次：

1.禪宗——唐代始有禪宗之名，始祖爲達摩，重靈悟，於靜默中領悟佛性。相傳釋迦牟尼在靈山會上拈花示衆，衆皆不解，獨迦葉微笑。釋尊曰：『吾有正法眼藏涅槃妙心，今付屬於汝。』是爲禪宗起源。自迦葉傳二十八世至達摩來中國住少林寺面壁九年，於靜默中敎示無言之心印。後傳心印於慧可，爲禪宗二世祖。歷慧可、僧璨、道信至五祖弘忍，有神秀、慧能二大師，爭衣鉢，禪宗遂分南北二派。慧能得弘忍心印是爲六祖，其法統傳於後世甚盛，爲南宗。神秀傳流爲北宗。禪宗支派爲數不少。

2.淨土宗——信徒祇須誠心唸『阿彌陀佛』即有接引佛（阿彌陀佛）接往極樂淨土。以無量壽經、觀無量壽經、彌陀經爲本，是謂淨土三經。在天竺有龍樹、世親宏其宗旨。中國晉時，有慧遠等結蓮社於廬山，唐有善導化衆俗於長安。宋有永明，明有蓮池，宏揚傳佈，至極興盛。淨土宗始祖爲晉慧遠創蓮社，故亦稱蓮宗。

3.眞言宗——此宗以修持秘密眞言爲主，故亦名密宗。此宗在印度爲最後出，以大日如來爲敎主。金剛薩埵親受灌頂爲二祖。龍樹開南天鐵塔，受傳於薩埵，爲三祖。龍樹傳龍智爲四祖。龍智授於金剛智爲五祖。唐時金剛智來長安傳眞言敎，是爲中國密宗一祖。不空亦從龍智受密敎爲六祖，乃中國密敎二祖。惠果爲不空門下上首，爲七祖，三祖。惠果以下無繼之而爲祖者。日本則以空海繼之爲八祖。密宗在西藏最爲盛行；日本亦頗稱盛。密宗以持咒結印爲修行要法。

4.律宗——敎徒以持戒律爲主，故曰律宗。印度無律宗，唐道宣律師所創爲首主。戒律規儀本爲任何宗派所必持。中國去天竺遙遠，不克親受佛祖規儀。且自佛滅度後，小乘各部戒律繁多而紛歧，抉擇修習，

非專家莫能為。唐道宣別開律宗，功不可沒。諸部律藏，中國傳譯者甚夥。道宣所弘者為四分律，並授瑜伽大乘戒本。宋代元照復作資持記釋之，宗風益振。

三、基督教——此教為耶穌基督（Jesus Christ）所首創。耶穌其名，基督係尊號，為救濟者之義。生於伯利恒（Bethlehem），父名約瑟（Joseph），母名馬利亞（Mary）。嘗至約旦河濱受洗禮於約翰（John）。及約翰入獄返故鄉佈道，以博愛和平之旨教人。法利賽人（Pharisees）惡其擾亂舊章，屢謀害之，乃出遊巴勒斯坦諸地。後至耶路撒冷說教，從者雲集。耶穌見忌於猶太政府，後被羅馬人釘死於十字架上。凡信奉耶穌基督者，均稱天主教或東正教。馬丁路德宗教革命後所生的各新教派，均被稱為基督教。

基督教誕生正當羅馬帝國極盛時代，耶穌以猶太人所期之救主身分，到處傳佈『福音』，以救己救人為人生目的，以悔過自新為生活方式，以博愛精神，促進普世大同。教徒十二人，以彼得（Peter）為首。耶穌被釘死於十字架，三日後復活。耶穌升天時，已有信徒五百。十日後，彼得講道，皈依受洗者三千人。自後教徒日增，教務日繁，乃專設神職及分區佈教。

自西元六四年至三一三年，基督教徒遭羅馬皇帝殺害者，數以萬計。西元三一三年君士坦丁大帝頒『米蘭詔書』，天主教始得自由傳教。三九一年羅馬皇帝定天主教為國教，從此天主教風行於歐洲，內部組織趨於健全，對外傳佈，發展迅速。

中古世紀天主教在歐洲的勢力極為強大，教皇權力不僅能以全權控制各教會，就是各國君主亦受教權支配，真正作到『政教合一』、『以教統政』。惟這一時代亦有所謂『異端』的困擾。惟每當『異端』興起，德高學博的『教父』則著書立說，為正統信仰辯護。自十五世紀中

葉至十六世紀中葉，天主教有宗教改革運動的發生。德國的馬丁路德 (Luther Martin, 1483-1546)，瑞士的喀爾文 (Joha Calvin, 1509-1564) 懲於教會貪瀆腐敗，發起運動，要求教會施行改革，脫離敎皇系統下的舊教會組織而成立新敎派，如路德會 (Lutheranism)、浸禮會 (Aliabaptism)、喀爾文教派 (Calvinism)、英國國教 (Anglicanism)、耶穌會皆爲新敎，通稱基督教。原來的舊教教會則稱爲天主教。

基督教於唐太宗貞觀九年（西元六三五年）由波斯僧波羅本携經來華，時稱景教，太宗崇信之，詔於內殿譯經。武則天當政，佛徒欲廢景教，賴景教徒羅含盡力維護，賴以未墜。至德宗時，景教復盛，景教之寺，漸及諸州。肅宗代宗皆禮遇景教，教徒景淨等建立『大秦景教流行中國碑』。武宗排佛，兼及異教，景教亦因之而衰。元時，天主教謂之也里可溫，教主遣使來中國，謂華地久有秉信西教者。義大利人馬可波羅 (Marco Polo) 以鉅商來中國，元世祖授以官，在華任官達二十餘年。馬氏天主教徒。明代歐風東漸，天主教徒利瑪竇、龐廸我、徐光啓、李之藻等相繼來華，北京遂設有天主教堂。湯若望亦天主教徒，以西曆傳至中國。明末，國人信天主教者已達數千。基督教的新教派至清時亦傳至中國。康熙、雍正、乾隆三朝，雖一再禁止西教，然不能收效。道光時經法使要求，始准傳教於通商各地。咸豐間訂天津條約，承認西教可至中國全部傳教。從此，天主教、基督教得以遍傳中國，信徒之衆，教堂教會之多，不計其數。

　　四、同同教——此教簡稱曰回教或稱清眞教，由回紇人傳入中國，故稱回教，原稱伊斯蘭 (Islam) 教，爲服從於神之義，其經典曰『可蘭』（Koran），創教主爲阿拉伯人穆罕默德（Monhammed, 570-632）。穆氏爲阿拉伯族伯拉罕之裔，父母早逝，養於叔父，天資聰

敏，英俊過人；及長隨叔行商於敍利亞等處，娶前王公主爲妻。年四十，謂受眞神阿拉之靈感，入山中求道，居若干日，出山，自云受眞神天使迦伯列（Gabriel）之命，遵依『可蘭』之旨救世救人，遂創回教，以一神教爲基礎，以祈禱、清潔、齋戒、布施爲功德。傳教三年爲權貴富商所忌，有被殺之虞，逃往麥加，時爲西元六二二年。抵麥加有貴族納之，爲之建寺院，鑄印章，使之說教，信之者甚衆。麥加政府更以行政權、立法權授穆氏。穆氏屢率師征四鄰，迭奏戰功，佔據阿拉伯大部，教勢益盛，建阿拉伯國。

回教教旨信仰唯一眞神，信穆罕默德之天職，於眞神『阿拉』（Allah）之外，不承認任何神。信徒一日五次面向麥加（Mecca）祈禱，於金曜日則行特別祈禱。回教九月屬行斷食，每年要往麥加朝聖。回教盛行於亞洲西南部、北非洲及南洋羣島，爲世界五大宗教之一。

回教創於隋時。唐高宗之世，阿拉伯人吞併波斯，拓地益廣，東接葱嶺，唐人謂之大食國。大食人常朝唐，通貿易或由陸路，或繞海程，回教遂傳於中國。回紇原屬突厥，信奉回教，唐玄宗時，叛離突厥，曾助郭子儀平安祿山之亂，回教得以流傳西北。元初用兵中國，士兵多信回教。元時有所謂達斯蠻者即回教之別名。回教徒曾助元定天下，故回教徒在元代佔有極重要的地位。元朝將國人分爲四等：蒙古人居一等，色目人居二等，漢人（北方人）居三等，南人（江南人）居四等。色目人即回教徒，乃 Moslem 一字的譯音。回教徒強悍，不易制馭。清高宗乾隆平定準噶爾，將回教徒編入八旗以籠絡之；但其後回教仍有煽亂。今日回教教徒及清眞寺遍布中國，其教徒不可勝計。新疆、甘肅、陝西回教徒爲數最多。

五、猶太教——猶太教（Judaism）又稱以色列教（Religion of Israel）亦曰挑筋教。爲猶太人摩西所創。教徒遵奉摩西十誡，深信將

來有救世主出現，爲基督教所自出，舊約全書卽其教條。猶太人（Jews）亦稱希伯來人，爲閃族之一分支，鼻狀如鷹嘴，目光靈活，髮捲曲。西元前九五三年，希伯來分裂，猶太人建國於巴勒斯坦南部，至西元前五八六年爲巴比崙所滅。猶太人散居四方，經商致富，且有名人輩出，耶穌基督、馬克斯、愛因斯坦等卽其著者。猶太人雖亡國，但信教甚切，團結力亦強。一九四八年建以色列國。一九六七年發生以阿（埃及、敍利亞、約旦）戰爭，以國大勝，拓疆不少，首都由特拉維夫遷耶路撒冷。

　　猶太教亦稱以色列教，又稱靑回同，或稱挑筋教。挑筋教自稱其祖師爲阿無羅漢，亞當十九代孫，實卽摩西所創之猶太教。世俗相傳，則謂猶太王子雅各與天神角力，傷筋而死，後人悼之，每食牛羊肉，輒挑去其筋不食，因有挑筋教之名。開封城內有挑筋教胡同，有明淸人所立碑記。其教崇敬天神，注重禮拜，不詔鬼神，不塑偶像，宋時建淸眞寺於汴梁，庋藏經卷。明淸兩代均予重修。

第四節　宗教性的衝突戰亂

　　一、中國的事例——自漢代迄魏晉，道教、佛教和平相處，未起衝突。迨至後魏（拓拔氏）太武帝信道士寇謙之之說，最崇道教，又聽崔浩言，排斥佛教，下詔曰：『自今以後，敢有事胡神（指佛）及造形像泥人銅人者門誅。夫有非常之人，然後能行非常之事，非朕孰敢去此歷代之僞物。有司宣布征鎭諸軍刺史，諸有佛圖形像及胡經卷，皆擊破焚燒，沙門無少長悉坑。』此爲道、佛第一次大衝突，佛教所謂『三武之厄』者之一。佛教被禁達七、八年之久。

　　北周（宇文氏）武帝用道士張賓士之說，以佛教弊害多，乃踵魏太武帝所爲，毅然下佛教廢止之詔；沙門慧遠爭之，武帝遂一倂禁道，悉

毀廟寺形像，命道士沙門一切還俗，數達兩萬餘人。武帝雖同禁道、佛，但對佛苛嚴，對道寬弛。佛教受害特重。這又是佛教『三武之厄』者之一。

唐武宗（李炎）以道教教主老聃姓李，因同姓關係，過份崇信道教，乃下排佛之詔，毀國內僧寺尼庵達四千六百餘所，蘭若四萬餘，僧尼強迫還俗者，二十六萬餘人。這又是佛教『三武之厄』者之一。

野心家假宗教之名，煽惑從衆，推行動亂，史不乏其事。東漢靈帝時，鉅野張角奉事黃、老，行五斗米道，以符水咒說爲人治病，自稱大賢良師，遣徒四出傳道，數年間有徒數十萬，起事作亂，剽掠州郡。訛言：『蒼天已死，黃天當立』。徒衆皆著黃巾爲標識，時人稱曰黃巾賊。後爲皇甫嵩、朱雋等所平。

元時韓山童父子，詭言白蓮開花，彌勒降世，創白蓮社，依託佛教，造作經卷符籙，傳布民間，妖言惑衆，企圖不軌，被捕殺。明天啓間，薊州王森又起，稱白蓮教，以得妖狐之異香，自稱聞香教主，煽惑徒衆作亂，不久亦被捕殺。其徒徐鴻儒繼之，山東謀反，自稱中興鴻烈帝，後歸於敗亡。清乾隆間，白蓮教之亂又起，教主安徽劉松，被捕遠戍。其徒劉之協、宋之清等以麻邑兒童王發生，稱爲明裔朱姓，號召徒衆，謀起兵覆清，事發，先後被殺。官府大索，廣事株連，其徒以官逼民反爲詞，在荊州、襄陽、四川、陝西、甘肅等處作亂，時稱教徒川楚之役。清將額勒登保、楊遇春、楊芳等平之。

天理教初名八卦教，爲白蓮教之別支。教徒廣布京畿、山東、河南、湖北等處，教首爲滑縣李文成、大興林清。清嘉慶十八年，帝幸木蘭，李林擬乘機起事，刺帝於途中。冀、魯、豫教徒，準備同時以爲響應。林清在京勾結太監劉金等爲內應，率衆犯禁城，皇次子綿寧已會使用洋鎗，發彈打死逾垣犯賊，禁兵禦叛賊，林清被擒。李文成反滑縣，據道

口，攻濬縣，爲清將那彥成、楊遇春勦滅。

　　清末義和團亦是白蓮教的一支派，奉洪鈞老祖及梨山老母，造作符咒，教徒聲言能避禦洋人之鎗炮子彈，教徒蔓延於山東、河南等地，蓄意排外，倡扶清滅洋之說。清廷屢被洋兵擊敗，視義和團衆爲義民。慈禧太后信任之，召入爲團練。於是橫行京津間，焚教堂，殺教士，掘鐵路，毀電訊，並攻各國使館；於是引起英、俄、法、德、美、日、義、奧八國聯軍攻破北京，陷保定、張家口、山海關。慈禧太后及光緒帝逃赴西安；委由奕劻、李鴻章與各國議和，光緒二十七年（一九〇一）和約成，謝罪，賠款，自毀天津、大沽砲臺。

　　清道光年間，廣西花縣人洪秀全創上帝會，亦名三點教，自任教主，居桂平鵬化山布教，楊秀清、石達開等附之。訛稱耶穌是天父長子，自己爲天父次子，造眞言寶誥，祕密布教，從者日衆，遂於道光三十年（一八五〇）起兵桂平金田村。咸豐元年（一八五一）攻破永安州，建號太平天國，連陷湘、鄂、皖、蘇各省，定都金陵，下令用陽曆，改服制，尙新學，廢科舉，興女學，戒纏足，廢娼妓，禁鴉片，規模大具，復四出經略，清兵屢爲所敗，勢力所及達十六省，屹然與清廷對峙。清廷重用曾國藩、左宗棠等攻之，將士用命，洪部諸將相互忌殺，同治三年（一八六四）曾國荃等攻陷金陵，秀全仰藥死，太平天國遂亡。

　　二、外國的事例——外國的宗教性戰亂，不僅限於一國之內，且更有國際性的宗教戰爭。十字軍東征卽歐亞國家間國際性的宗教戰爭。西元十一世紀至十三世紀，天主教徒欲收復耶路撒冷聖地與同教徒的戰爭，前後共八次之多。第一役自一〇九六年至一〇九九年，因土耳其虐待基督教徒至耶路撒冷朝聖者而起，德、法貴族領兵東征，奪囘聖地，建立耶路撒冷王國。後土耳其又進逼，德帝康拉特第三、法王路易第七領兵抵禦，而起第二役，時在一一四七～一一四九年。德法不勝，失敗

而歸。耶路撒冷王國歷時八十八年，爲回敎國埃及所滅。德帝菲特烈第一、法王菲力第二、英王查理第一發動第三役，德帝淹死，法王中途而返，英王單獨作戰，訂和約，休戰，時在一一八八～一一九二年。第四役自一一九八年至一二○四年，乃法國諸侯所發動的十字軍東征，戰事均無功。十字軍第五次東征時在一二一七年至一二二二年。此役由敎皇意諾正爵三世號召，匈牙利王安德魯出征攻克埃及米安達，但未能收復聖地，亦不能算成功。第六次東征爲德帝菲特烈第二所發動，時在一二二八年至一二三九年，以外交方式簽約收復耶路撒冷。第七次東征由敎皇意諾正爵四世所發動，時在一二四九年至一二五一年，法王聖路易九世率軍出征埃及，路易兵敗被俘，以八十萬金贖回。第八次戰役在一二六九年至一二七○年，由法王路易九世率軍出征，在非洲突尼斯登陸，法王染病疫死，英皇太子愛德華帶兵續進，毫無所獲。十字軍東征歷時二七四年，除第一次外，餘均無功，蓋因各國意見紛歧，指揮未能統一有以致之。但能抵禦回敎勢力，使之不能向歐洲發展，功不可沒。

馬丁路德及喀爾文掀起宗敎改革運動後，統一的天主敎趨於分裂，分爲新舊兩派。舊派稱天主敎，新派稱耶穌敎或基督敎。新舊相互仇視，結怨甚深，兩派卒至演成三十年戰爭，始於一六一八年，終於一六四八年。當時，歐洲各國諸侯間有新舊敎兩大同盟，各不相下，各圖擴張勢力。波希米亞新敎徒發生叛亂，日耳曼帝欲藉舊敎同盟之力討平之。新敎同盟起而抵抗，瑞典、挪威、丹麥、法蘭西諸國助新敎，兩軍迭有勝負，兵連禍結，干戈不息，達三十年之久。最後，雙方同意媾和，簽訂『西發里亞和約』（Westphalia Treaty），除政治上之協議外，在宗敎上承認馬丁路德派及喀爾文派與舊敎受同等待遇，有同等地位。

英女王伊麗莎白一世一方面與羅馬敎皇分離，一方面受宗敎改革運動影響，確立英國國敎。此敎雖有革新，然不夠徹底，仍有舊敎遺規。

喜好自由的『清教徒』要求改革，專制君主詹姆士一世，不予接受，且對之施以壓迫，故有逃亡荷蘭及新大陸者。查理一世繼承王位，仍行其父專制政策，在國會要挾下勉強簽署『權利請願書』，心有未甘，次年一六二九年解散國會，以後十一年不再召開國會。查理娶法王路易十四的姑母為后，因受妻之影響，擬推行天主教，一六三八年引起蘇格蘭人叛亂。查理因用兵需款，乃於此時召開國會，要求通過加稅案。一六四〇年召開的新國會為反專制的清教徒所領導，要求先討論改革，後討論加稅，雙方衝突，愈演愈烈。一六四二年查理藉口國會議員與蘇格蘭叛軍有勾結，親自領兵往國會捕人，國會調民兵以為保護，國會從此與查理決裂。

因此，英國產生兩個政黨，一是擁護國會的『圓顱黨』，一是擁護國王的『騎士黨』，隨之發生內戰。在一年多的內戰中，『圓顱黨』產生一個軍事家克倫威爾（Oliver Cromwell），訓練有一支勁旅，屢次戰敗騎士黨的軍隊。一六四六年，查理向國會投降，一六四九年國會以叛國罪處死他。這是新教徒與舊教徒的戰鬥。愛好自由的清教徒獲得勝利。

第五節　宗教與政治的關係

就中國的歷史發展觀察之，宗教與政治的關係，可分為以下的幾個階段：㈠太古時代的圖騰崇拜，㈡殷商時代的巫覡神權，㈢西周時代的神、祖、卜、筮，㈣東周時代的神仙方士，㈤兩漢時代的災異讖緯，㈥魏晉時代的丹食符籙，㈦南北朝時代的佛教僧寺，㈧由唐迄清的諸教競行。茲就此分別論述於次：

一、太古時代的圖騰崇拜——文明與野蠻之分，係以有無文字為標準。由安陽殷墟出土的甲骨文觀之，殷商時代，文字尚在創造與形成

中，則前此的社會，當屬於野蠻時代。十九世紀的人類學者有一異彩特放的大貢獻。他們首次發現並肯定，人類最初的組織形態，不是以血緣爲維繫因素的氏族社會或部落國家，而是以『圖騰』爲軛帶的原始社會 (Primitive Society) 或圖騰社會 (Totemic Society)。莫爾根 (L. Morgan) 著古代社會 (Ancient Society)，梅因 (H. Maine) 著古代法律 (Ancient Law) 及甄克斯 (E. Jenks) 著政治史要 (A Short History of politics)，均持原始社會的基本組織乃是圖騰獵羣 (Totemic Hunting Group) 的論說。

太古之世，初民營漁獵生活，穴居野處，逐水草而居，居無定所。易繫辭傳稱：『古者包犧氏之王天下也，仰則觀象於天，俯則觀法於地，觀鳥獸之文，與地之宜，……作結繩而爲罔罟，以佃以漁』。孟子滕文公篇曰：『當堯之時，水逆行，氾濫於中國，蛇龍居之，民無所定，上者爲巢，下者爲營窟』。莊子曰：『昔者禹堙洪水，親自操橐耜而滌天下之川，股無胈，脛無毛，沐甚雨，櫛疾風，而置萬國』。這些記載，都說明當時的人民過着漁獵生活。所謂『禹置萬國』，『禹會諸侯於塗山，執玉帛而至者萬國』。實在說，當時之國並不成爲完整的國家。如勉強說是國，只是『遊動國家』(Moving State)。據文獻通考所載：『夏禹平水土爲州，人口千三百五十萬三千九百二十三人』（卷十，戶口一）。此數以萬國分之，一國約一百三十五人。這國只是一個遊動的圖騰獵羣。

在這草昧性的圖騰社會裏，無政府、無法律，亦無宗敎。那百數十人的獵羣，旣無政府領導，亦無法律管束，更無宗敎信仰，如何能維持其團結，使之有自覺性的共同性的自我認同，而體認到自己的獵羣，別於其他獵羣。每個獵羣維持其團結的軛帶，就是他們所崇拜的圖騰（Totem）。圖騰是一個獵羣所共同崇拜的自然物，如牛、馬、熊、龍、

柳、楊、石等。這種圖騰崇拜，就是初民社會的拜物教。初民所以崇拜圖騰，要不外下列的認定：㈠認為圖騰是他們的祖先，他們是由這圖騰變來的。㈡圖騰是他們的保護者；崇拜牠可以得到保護與庇佑。㈢崇拜這圖騰可以得到較多的或較好的食物和繁榮。初民有『斷髮文身』的習俗。身上所文飾的就是他們所崇拜的圖騰。圖騰崇拜可以說是初民社會的宗教活動。

圖騰是遊動獵羣的團結標幟和統一象徵。 今日的各國國旗和籃球隊、足球隊的隊旗，就是淵源於太古之世的圖騰崇拜。今日的許多的姓氏，就是圖騰姓，如牛、馬、熊、龍、石等便是。龍是周人祖先所崇拜的圖騰。中國今日的文化是周朝文化的延續，故仍以龍為祥瑞之物，我們都是『龍的傳人』。山海經曰：『黃帝生駱明，駱明生白馬，白馬生是為鯀』（海內經）。大荒北經口：『黃帝生苗龍，苗龍生融吾，融吾生弄明，弄明生白犬，白犬有牝牡，是為犬戎』。似此以動物命名之法，乃圖騰社會的特徵。

二、殷商時代的巫覡神權 —— 殷商時代已由漁獵經濟進入畜牧經濟。從甲骨文文字上作考察，後人所有的牛、馬、羊、雞、豕的六畜，殷商時代均已有之，加上象共為七畜。用作食物者有羙（羊）豚（豕）鑊（禽）。家畜的另一用途是祭祀。

畜牧事業的成敗，與天時氣候有密切關係。天時適，則六畜繁殖倍盆；天時惡劣，或一場病疫，可使千百馬、牛、羊死亡淨盡。當時民智未開，對於這吉凶禍福攸關的自然現象，如風、雨、陰、晴、晝、夜、寒、暑，及人事現象如生、老、病、死、壽、夭，既不暸解其原因，更無力加以控制。認為這些現象的背後有一偉大而神秘的力量支配着。『聖而不可知之謂神』。於是人民皆懾服於神威之下，求其庇護保佑，降福吉，避禍凶。但天神高高在上，遠不可及，且威重權大，一般人民無

法與之接觸或向之表達意思。於是『知天通神』、『絕地通天』的巫覡乃應運而生，作爲君民與天神交通的橋樑或承上啓下的傳達者。巫覡居間運用，權力不亞於君王，遂產生巫覡優勢的神權政治。

殷商時代，凡名字上冠有『巫』者及能『格于皇天』的人，都是司卜筮、掌祭祝、通天人的神職人員。尚書君奭篇曰：成湯既受命，時則有若伊尹，格於皇天。伊尹放太甲於桐，是教權與王權的衝突，足證教權之強。君奭篇曰：『太戊時則有若伊陟臣扈格于皇天；巫咸乂王家。（伊陟乃伊尹之子，亦稱巫陟）。君奭篇曰：『在祖乙時，則有若巫賢』（巫賢爲巫咸之子）。史記殷本紀曰：『伊陟贊言於巫咸。巫咸治王家有成，作咸艾，作大戊。大戊贊伊陟於廟，言弗臣，伊陟讓，作原命。大戊言伊陟『弗臣』，足證巫陟曾抗王命。巫賢（巫咸子）佐祖乙爲賢相。

在決定重大政務時，巫覡的教權佔着優勢，握有二占，卽筮與龜。巫覡幾乎有否決權了。尚書洪範篇曰：『汝（指王）則有大疑，謀及乃心，謀及卿士，謀及庶人，謀及卜筮。……汝則從，龜從，筮從，卿士從，庶民從，是之謂大同，身其康強，子孫其逢吉。汝則從，龜從，筮從，卿士從，庶人逆：吉。卿士從、龜從、筮從、汝則逆，庶民逆：吉。卿士從、龜從、筮從、汝則逆、庶人逆：吉。庶人從、龜從、筮從、汝則逆、卿士逆：吉。汝則從、龜從、筮從、卿士逆、庶人逆：作內吉，作外凶。龜筮共違於人，用靜吉，用作凶』。神職的筮覡，憑龜（卜）筮的兩權便能上制王權，下御卿士，支配人民。

史稱：『殷人尚鬼』、『殷人尊祖敬天』。故殷商的神權和宗教觀念，係由兩大因素所構成：一是自然力量的天神，而形成『敬天教』；一是祖先的鬼魂，而形成『拜祖教』。這兩種宗教的影響久遠，一直到今天，敬天教和拜祖教的觀念和儀節，仍普遍的流行於民間。禮記表紀

曰：『殷人尊神，率民以事神，先鬼而後禮』。當成湯伐夏時，一則曰：『有夏多罪，天命殛之』；再則曰：『夏氏有罪，予畏上帝不敢不正』。尚書太甲篇曰：『皇天眷佑有商，俾嗣王克終厥德，實萬世無疆之休』；洪範篇曰：『惟天陰隲下民』；又說：『天乃震怒，不卑洪範九疇』；彤日篇曰：『王司敬民，罔非天胤，典祀無豐于昵』。這都是敬畏天神的記載。甲骨文卜辭中的記載，殷商時祭天地山川及方位的禮儀甚多。這都是敬天教的明證。

殷人對死亡的先人，認爲仍有遺威遺德在人間。人民對之便發生強烈敬畏思想與信仰，於是產生拜祖教。尚書盤庚篇曰：『茲予大享於先王，爾祖其從享之，作福作災，予亦不敢動用非德』；又曰：『高后丕乃崇降罪疾曰：曷虐朕民』；『先祖丕降與爾罪疾，曰：曷不暨朕幼孫有比；⋯⋯乃祖乃父斷棄汝，弗救乃死』。詩經商頌亦多有享祭祖先的記載。那與篇曰：『自古在昔，先民有作，溫恭朝夕，執事有恪，顧予烝嘗，湯孫之將』。烈祖篇曰：『嗟嗟烈祖，有秩斯祜，申福無疆，及爾斯所』。足見殷人認爲死去的先人，仍具有作威福，降吉凶的偉大力量，自然要拜祭之，求其庇佑，期其賜福吉，免禍凶。

三、西周時代的神、祖、卜、筮——歷史具有連續性，『周因於殷禮』。所以殷商時代的敬天教、尊祖教及龜、筮之術，皆爲封建國家和宗法社會的西周所承襲；自然，西周對前代的宗教亦有所『損益』。小戴禮記郊特牲篇曰：『萬物本乎天，人本乎祖，此所以配上帝也。郊之祭也，大報本反始也』。仲尼燕居曰：『郊社之禮，所以仁鬼神也。嘗禘之禮，所以明昭穆也』，西周爲宗法社會，敬天尊祖之教，寓於禮，是宗教宗法化。

周武王伐紂，自稱其軍隊是『順天應人』的義師，替天行道，弔民伐罪，『紂不仁』、『紂不知天命』，不可不伐。藉天神爲號召以伐

國，天神威權甚大，焉得不敬天。武王滅紂，封殷臣箕子於宋，仍藉天神之力，以為撫輯，使之安分臣服。尚書多方篇曰：『今我曷敢多誥，我惟大降爾四國民命，爾曷不忱裕之於爾多方？爾曷不介乂我周王，享天之命？今爾尚宅爾宅，畋爾田，爾曷不惠王熙天之命』。周王更以天神為詞，以鼓勵本族向外擴展。尚書多士篇曰：『今朕作大邑於茲洛，予惟四方罔攸賓，亦惟爾多士，攸服奔走，臣我多遜，爾乃尚有爾土，爾乃尚寧榦止，爾克敬，天惟畀矜爾，爾不克敬，爾不啻不有爾土，予亦致天之罰於爾躬』。周王要求臣民必須敬天，不敬天則給予天罰。敬天敎仍有支配政治的力量。

尊祖敬宗的拜祖敎，亦是構成西周宗法組織的一種重要因素。藉尊祖敬宗以彰明昭孝報恩的宗敎思想，去維持始封的封建體系及尊卑貴賤的等級制度。宗法社會的嫡長繼承制，在經濟上保持封土不分散及政治權力的基礎，以鞏固諸侯的統治。拜祖敎上亦採嫡長主祭制，以維持封建制度於不墜。祭有所宗，非所宗者不得祭。只有嫡長子才能祭繼承大統的宗廟祖。政治上一國無二君；宗法上一廟無二主。大宗統於上，小宗統於下。故諸侯不得祭天子；卿大夫不得祭諸侯；士不得祭卿大夫。宗法的祭祀制度，包括大宗一，卽始祖世系，永遠享繼，百世不遷；小宗四，卽禰祖的世系，分為禰高祖、禰曾祖、禰祖、禰父四代，不世享祀，至五祖則遷。所謂『祖遷於上，宗移於下』。

殷人尚五行之說，而重龜（卜）筮之法。文王囚羑里演八卦。文王周公精於易理，依易以為治。易理重八卦，八卦依卜筮之法以占吉凶，以為為治的取向。故西周時代掌卜筮之官頗多。有掌卜之官，有掌筮之官，有卜筮兼掌之官。周禮春官曰：卜師掌開龜，此掌卜之官；筮人掌易，此筮官也。而其上有太卜，則為卜筮兼掌之官。周易以邦事作龜之八命：用兵之謂征，災變雲物之謂象，有所共事之謂與，計議之謂謀，

勇決之謂果，至不至之謂至，雨不雨之謂雨，疾瘳不瘳之謂瘳。

　　四、東周時代的神仙方士——周室東遷，王綱不振，封建制度和宗法社會趨於破壞。陪臣執國命，諸侯凌天子。諸侯之間爭城爭地，殺人盈野，各逞權謀，稱霸稱雄；摒棄仁義道德，唯力是尚，唯權是爭，完全是現實的權勢主義，認爲『天命不足畏，祖宗不足法』，於是敬天敎、拜祖敎趨於式微，龜筮之法，亦不爲人所信賴。

　　東周時代，百家爭鳴，思想自由，各派學說，紛然雜陳。當時，如宋毋忌、王子喬、充尙、羨門高等各以神仙之術著名，最後形成方士神仙之道，侈言形解銷化之術，大爲列國人君所迷信。因人君所嚮往喜樂者，爲長生不老之術。所謂『古而不死，其樂若何？』故當時人君得聞仙化之術者，莫不欲實驗其言以爲快。齊國的威王、宣王，燕國的昭王聞海上有三神島（蓬萊、方丈、瀛洲），上有諸仙人及不死之藥，亟亟使人入海以求之。古有陰陽五行之說，東周時，亦有以之與神仙方士之術相糅合者。齊人騶衍以陰陽五行顯名於諸侯，更倡五德始終之說，以五行生旺，以應王者易姓；然其說又多爲說神仙者及方士所附會。

　　春秋時代，列國卿、大夫縱談政治，尙偶有歸宿於天命者。楚莊王觀兵周郊，且以問鼎，王孫滿告楚王曰：『卜世三十，卜年七百，天所命也。周德雖衰，天命未改，鼎之輕重，未可問也』。至戰國時代，善言天如孟子者，亦不能博得時君之尊尙。古代神權之論，幾盡破除。五行八卦之敎，東周雖亦有之，但流傳不廣，獨神仙方士之說，爲東周人君諸侯傾信之。蓋皆欲長生不死，更想脫體而自造神境。直至秦始皇仍深信神仙方士之說，遂遣徐福率童男童女赴東瀛求不死之藥。

　　五、兩漢時代的災異讖緯——兩漢時代，敬天敎、拜祖敎雖仍傳流，但已成因襲的形式，並無支配政治的力量。漢興，懲於秦政苛擾，當政者頗信黃老之說，無爲而治，與民休養生息。漢武帝黜百家，崇儒

術，思想定於一尊。於是儒家思想成為支配政治的重要力量。儒家雖有
時被稱為『儒教』，但此乃敎化之教，並非宗教之敎。因儒家不具備宗
敎所具備的要素：㈠宗教要修未來世界，如天堂、極樂世界或神仙境
地；而儒家只在淑世，講究現在生活規範。㈡宗教崇拜高高在上，萬能
的神；孔子則『不語怪、力、亂、神』。儒家之所謂神，乃『聰明正直
之謂神，聖而不可知之謂神』。㈢宗教家認為有靈魂，可以脫離人體而
存在；儒家只講性靈，不承認靈魂之說。

董仲舒等就商、周天命論加以衍釋，倡天人感應之說，兩漢時代遂
產生災異讖緯之理，有似宗教力量能以支配政治。政治應以天為則，天
命為政治的標準，為政宜取象於天。董仲舒說：『臣聞天之所大奉使之
王者，必有非人力所能致而自致者，此受命之符也。天下人歸之若歸父
母，故天瑞應誠而至。書曰：「白魚入於王舟，有火復於王屋，流為
鳥」，此蓋受命之符也。周公曰：「復哉，復哉」；孔子曰：「德不
孤，必有鄰」；乃積善累德之效也。及至後世，淫佚衰微，不能統理羣
生。諸侯背叛，殘賊良民，以爭壤土，廢德敎而任刑罰。刑罰不中則生
邪氣。邪氣積於下，怨惡畜於上。上下不和則陰陽繆戾而妖孽生矣。此
災異所緣而起也。』（漢書，卷五六）。這是天人感應的理論，政治修
明，天降祥瑞，以示嘉慰；政治敗壞，則降災異，以示警告與譴責。

董仲舒又說：『天地之物有不常之變者謂之異；小者謂之災。災常
先至而異乃隨之。災者天之譴也；異者天之威也。譴之而不知，乃畏之
以威。凡災異之本，盡生於國家之失。乃始萌芽，而天出災害以譴告
之。譴告之而不知變，乃見怪異以驚駭之。驚駭尚不知畏恐，其殃咎乃
至，以此見天意』（春秋繁露第三十）。春秋桓公十四年八月壬申禦
廩災；十一年秋宋大水，董仲舒認為乃是兵戰引起『百姓愁怨』的結
果。

漢設丞相、太尉、御史大夫，斯謂三公，乃宰輔之職，代皇帝負實際政治責任，猶如今日『責任內閣』。宰相者『上佐天子，論道經邦，燮理陰陽，協和萬邦』。天若降災異，則是對政治缺失和罪過的譴責與警告，促其改進，故漢制『災異策免三公』。丞相丙吉出遊，路見『橫道死』而不過問，謂『自有主者』；見『牛喘』而起憂慮。他以為『牛喘』可能是由於『陰陽不調』所致。宰相責在『燮理陰陽』，故而憂慮。

對災異的解釋，有各種不同的觀點。以陰陽五行之說為奧援，以解釋災異現象者，不乏其人。如京房、劉向、劉歆等即其著者。漢代有不少緯書出現。依近世學者所舉有河圖緯、易緯、春秋緯、書緯、詩緯、禮緯、論語緯、孝經緯等。緯書係以今文解經，以陰陽五行之說解釋災異。緯書中所載之預言謂之讖。緯書的內容，雖亦有忠於劉氏政府者；但以批評或反對現行政治者為較多。另外，亦有些是講天文、地理、草木、魚蟲之類者。

易緯曰：『虹不時見，女謁亂公』（易通卦驗）；『婚戚干朝，君不覺悟，虹蜺貫日』（易九厄讖）。『歲星入月中，相從后黨之譖出』（春秋緯，文耀鉤）。『強臣擅命，夷狄內侮，后犯專橫，刑殺不辜，則天雨雹』（春秋緯，考異郵）。這些記載，是說由於女后、權臣、貴戚等亂政，引起天降災異，以為譴責與警告。春秋緯，文耀鉤曰：『填星犯箕，若入宮中，天下大亂，兵大起』；『太白入居守天市中，兵大起不出三年』；『填星守天紀，有兵起，王者有憂』；『慧入斗，辰守房，狼狐張，期八年，王伯起，帝工亡，后黨嬉』；『五星鬪，天子去』（春秋緯，合讖圖）。凡此記載，天威怒，王不利。

王莽、劉秀深信圖讖之說。西漢末年，王莽重視讖文，時人逢迎其旨意，號讖文為符命，競上於莽，莽附會作解，遂利用之而篡漢，自建

國號曰『新』。東漢光武帝劉秀亦深感受圖讖之說，用人行政，多以符命決疑，晚年行封禪，亦因信讖而成；甚而下詔宣布讖書於國中。李通在新野以圖讖說劉秀起兵，彊華自關中奉『赤伏符』勸劉秀卽帝位。西門君、惠守李等，亦依讖言稱劉秀當爲天子，秀亦深信不疑。

東漢時產生一新宗敎，卽道敎。道敎在當時並不佔重要地位；及於後世，流行頗廣，在政治上發生重要的影響。張道陵東漢沛郡人，本名陵，明帝永平年間拜江州令，後棄官隱居，入江西龍虎山習煉丹及符咒之術，從學者頗衆。世稱道陵爲道敎之始祖。道陵死，其子衡，其孫魯傳其道。張角東漢鉅鹿人，奉事黃老，行五斗米道，以符水咒說爲人治病，自稱大賢良師。靈帝時，遣徒四出傳道，十餘年間有徒衆數十萬，起事作亂，搶略州郡。徒衆皆着黃巾以爲標幟，時人稱曰黃巾賊。張角亦信讖文，訛言：『蒼天已死，黃天當立』。後爲皇甫嵩、朱雋等所平。

六、魏晉時代的丹食、符籙——讖緯之說盛於漢代，至魏晉則歸於寖息。道敎起於後漢，而盛於魏晉。魏晉時代，道敎約可分爲兩派：一爲煉丹服食派，東周之世，神仙方士之術盛行，要於東海神島求長生不老之藥；道敎之煉丹服食亦所以養生、長壽、不死、成仙也。一爲符籙咒祝派，道敎始祖張道陵習煉丹與符咒之術，後世因之。張角作亂，卽係以符籙咒祝以惑衆。魏伯陽習道術，入山煉丹成，著『參同契』一書；假借周易爻象以論煉丹之義。內容分煉己立基、金丹刀圭、養心立命、聖賢伏煉諸條目；傳其說者多帶神秘色彩，於是神仙方士之術復盛。

晉葛洪著書，亦闡說煉丹符籙之術。葛洪著『抱朴子』一書，內容論養生丹食，彙及符籙咒祝之說，頗能宏揚道敎理論，而成完整體系。隋志所錄煉化雜述、合丹節度、太清諸丹要集，均闡述道家煉丹之法。葛洪所著『神仙傳』一書，內中述及魏之焦先，服食白石，年一百五十

歲；晉之王烈，服食黃精，年三百三十八歲，藉此先例，以愚流俗。道教之煉丹服食派之所以盛行。

符籙咒祝派興起，較煉丹服食爲晚。東漢末年，琅琊宮崇詣闕朝闕，上其師于吉於曲池泉水上所得神書一百七十卷，號太平清令書；有司奏崇所上，以爲妖妄不經乃藏之。張角習此，於是符籙咒祝之術，得以流行。惟符籙派往往雜以丹食之方；故兩派之術，實不易作嚴格之劃分。梁之陶宏景，雖曾受有道經符籙，而仍兼具辟穀引導之法；後魏寇謙之自言遇仙人成公興授以大法，備述居石室，服仙藥之所由。魏晉道教興盛，延及南北朝，勢力仍未衰退。

七、南北朝時代的佛教僧寺——南北朝時代，道教雖仍流行，但佛教最盛，僧侶衆多，僧寺林立，爲當時宗教上一大特色。其所以致此之由，計有以下三端：㈠在此時代，戰亂不息，干戈相尋，慘亡橫死，不可勝數，無貴無賤，都不知命在何時；於是競相尋覓淨土與樂園，修佛說入寺院，以避世亂。㈡王室貴族，軍閥權臣，相互殺伐，骨肉相殘，六親不認，慘無人道。人孰無良，禍亂之餘，反躬自省，得無懺悔？不有佛舍僧寺，何處贖舍罪惡！於是發生造佛像、修僧寺的宗教思想與活動。㈢膏粱華腴之家，窮奢極慾，恣情放縱，度其淫靡享樂生活。但好景不常，樂極生悲，縱慾戕身。故過分享樂者，常成爲悲觀厭世者，彼等亦有待於宗教的皈依，以爲精神的慰藉。

職是之故，人君、大臣、世族便不惜捐重資修佛寺；躬自反，信佛教。南朝齊高帝、梁武帝及北朝的魏孝文帝、齊文宣帝、周文帝皆篤信佛教，並捐捨宮苑造佛寺。梁武帝廣造僧舍並三度捨身同泰寺，供佛度僧以求福。人君『銳意釋氏，天下咸從風而化』。所以百官豪族信佛說，修僧寺者亦大有人在。蕭惠開傳稱：『丁父艱居喪，有孝性，家素事佛，凡爲父起四寺』（宋書，卷八十七）。何敬容傳稱：『何氏自晉至

宋，世奉佛法，並建立塔寺，至敬容又舍宅東爲伽藍，趨勢者因助財造構，敬容並不拒』（梁書，卷三十七）。安同傳稱：『同在冀州，年老頗殖財貨，大興寺塔，百姓所苦』（魏書，卷三十）。因之，南北朝時代，佛寺極多，其數在西晉爲一八○，東晉爲一七六八。宋一九一三，齊二○一五，梁二八四六，陳二三三○，魏三○、○○○，北齊四○、○○○，實大有可觀（參考魏書卷四十，陸俟傳）。佛寺的財產，亦甚麗大，在北朝，魏書釋老志稱：『寺奪民財，三分且一』。在南朝，王僧達叔奪西台寺，得款竟數百萬（宋書，卷七十五）。

在南北朝時代，一般人民，生活極爲痛苦，過着人間地獄的生活。爲要解脫痛苦，亦樂於皈依佛法，以求自安其生。佛寺財產充裕，貧民入寺得維持生活；入寺後更能豁免繁重苛擾的賦稅、勞役和兵役，故願剃髮爲僧。於是僧尼數目甚大，大到驚人的程度。在北朝則：『緇衣之衆，參半於平俗；黃衣之徒，數過於正戶』（廣弘明集，卷二十四）。在南朝則：『生不長髮便謂爲僧，填街溢巷，到處皆然』（南齊書，虞玩之傳）。據佛祖統紀所載：僧尼數在西晉爲三、七○○，東晉二四、○○○，宋三六、○○○，齊三一、五○○，梁八二、七○○，陳三二、○○○。北魏約二百萬，北齊三百萬，北周亦二百萬。

僧寺有組織、有力量、有財產，儼然一獨立自主的團體，和政府處於對立和牽制的地位，有似『國中有國』。僧尼有豁免租稅、勞役、兵役特權，對政府的財源及兵源，皆有莫大的妨害。於是政府與僧寺在對立牽制的情形下，亦常不免於衝突。魏太武帝太平眞君五年詔曰：『自王公以下至於庶人，有私養沙門在其家，皆遣詣官曹，不得容匿，過期不出，沙門身死，主人門誅』；七年又詔：『諸郡坑沙門，毀諸佛像』。北周武帝建德三年『斷佛道二敎，經像悉毀，羅沙門道士並令還民』。這是當時政府與宗敎的二大衝突（合唐武宗滅佛，佛敎中謂爲三

武之厄）。此外，政府亦常用限制州郡僧數、逼令僧尼還俗、禁止私度
及淘汰奸猾僧尼等方法，壓抑僧寺勢力的擴張。

八、自唐迄清的諸教競行——由唐迄清的宗教與政治的關係，依朝
代順序分別論說於後：

1.唐代——隋朝國祚不久，宗教與政治的關係並不彰著，不予論
列。唐除隋亂，一中國，建新朝。因道教之徒附會老子為教祖。李氏唐
朝以與老子為同姓，乃奉為國教，追尊老子為太上玄元皇帝，至玄宗
時，崇信道教益深，於東西兩都建廟祀老子，並衣之以王者之袞冕，道
教於唐代最盛。武帝以崇信道教過甚，下詔排佛，毀國內僧寺凡四千六
百所，蘭若四萬，僧尼強之還俗者，二十六萬多人。道士趙歸眞等奉詔
入宮禮懺，為世人所推崇。右拾遺王哲且請度進士為明經道士。劉玄靖
受封廣成子之號，郗玄表獲得通玄之名。建置的道觀，為數甚多。女子
入道，名曰女冠。睿宗曾以二公主為女冠。名臣賀知章亦請為道士還
鄉，並捨自宅為千秋觀。唐之君主有因迷惑道教，妄服仙丹，欲長壽，
反致身死。

佛教於東漢明帝時傳入中國，至南北朝時代，佛法大為流行，君主
信佛者為數亦多，僧寺泛濫，星羅棋佈。唐代君主或信道，或信佛，歸
依不定；朝臣亦多隨君主的好惡而依附之。李林甫等信道，王縉等信
佛，均曾因迷信宗教而廢及政事。太宗貞觀十九年（西元六四五）僧玄
奘自天竺取佛經返抵長安，譯經甚多，介唯識宗（法相宗）經義於中
國。太宗高宗兩世競尊信之，且建慈恩寺於京郊。玄宗信奉眞言宗（密
宗），奉不空三藏為國師。憲宗元和十四年（西元八一九年）迎佛骨於
禁中，王公士庶奔拜，成為風尙，韓愈獨惡之，上疏極力諫阻，帝怒，
貶愈為潮州刺史。

景教於唐太宗時自波斯傳入中國，齎經入東土的波僧阿羅本，頗得

太宗崇信，詔入內殿譯經，親受其教；又使都下創建大秦寺。至高宗時，景教漸至諸州，又尊阿羅本爲鎭國大法王，教徒頗受厚遇。武則天當國，佛教大盛，佛徒欲乘機盡廢景教。景教徒羅含悉力維護，其教得以不絕。玄宗時，景教復盛。肅宗、代宗皆優禮景教；於是大秦寺僧景淨等合謀，建立『大秦景教流行中國碑』，以爲紀念。武宗排佛，兼及景教，景教亦衰。唐季五代戰亂不已，景教碑湮沒入地，直至明末始發現於長安。

祆教乃波斯人信奉的拜火教，取火咒咀以求天神賜福庇佑。唐太宗時傳入中國。傳法穆護何祿，以祆教詣謁殿闕，帝許之，敕立祆教寺於長安。稱祆寺者或曰祆廟，或曰祆祠，或曰波斯胡寺。掌理教職者曰祆正，以胡人充之。當時因與西域交通已甚頻繁，波斯人至長安者，爲數當屬不少。其時且有『波斯店』，卽『外國銀行』。政府敕立祆寺，蓋供波斯人之需要。唐武宗排佛，亦令穆護何祿廢祆寺，六十餘人還俗，祆教遂衰。

摩尼教係漢末波斯人摩尼所創，與景教、祆教相混合，並參加佛說，乃景、祆、佛混雜的教派。武則天當國時，傳入中國。其僧曰佛多誕，寶經東來，凡入摩尼者須守其戒條：男女不嫁娶，互持不語，病不服藥，死則裸葬。至玄宗時曾禁斷之。其後，回紇部族入中國，復帶來摩尼教，其教徒皆着白衣冠，與中國風俗大異。武宗排佛，並令有司收摩尼教書及像，焚於道，資產充公，從此，摩尼教不克流行於中國。

回教爲阿拉伯人穆罕默德所創，亦稱伊斯蘭教或淸眞教，其教義教條載於可蘭經。唐高宗時，阿拉伯人吞併波斯，領土益廣，東接葱嶺，接近中國，唐人稱爲大食國。唐時，與西域交通，甚爲發達，大食國人來中國者甚衆，遂帶回教至中國。陝、甘、新疆諸省，信奉回教者甚衆。唐時海運亦甚發達。大食國人由海路至廣州、泉州、杭州互市者接

踵而至，絡繹於道；因之，回敎不僅盛行於西北，且亦傳播於東南。

2.宋代——自唐以來，道敎頗爲盛行。五代之世，蘇澄隱得道家養生之術，名重一時，人多傾慕之。宋代亦甚重道敎。凡道徒見知於朝者，便寵賜名號，禮遇之盛，過於前代。陳搏曰希夷先生，張靜隨曰眞靜先生，張乾曜曰澄素先生，張繼元曰虛靖先生，王老志曰洞微先生，王仔昔曰通妙先生，林靈素曰通眞達靈先生。宋徽宗崇信道敎，尤爲突出，寵信林靈素，並設『千道會』，道徒錦衣玉食者，近二萬人，大興土木，修建衆多道觀，勞民傷財，以致國庫空虛，朝廷受道敎之害，亦云重矣。徽宗見國事不可爲，乃內禪於子，爲欽宗。不久，靖康禍起，二帝（父子）皆被俘北狩。南渡以後，當國者困於外敵侵迫，遂無暇無力提倡宗敎，於是諸敎皆趨於衰落。人主亦不因崇信宗敎誤國。

自南北朝以來，佛敎頗遭受有『三武之厄』，但一般說來，仍屬盛行，敎風並不因之而衰息。五代之世，獨有周世宗惡佛排佛，國內僧寺被毀者，計有三萬餘所，僧人勢力，受到一大打擊。宋興，宋太祖、太宗均好佛說，於是佛敎的傳播，因之大振，立『譯經傳法院』於京都，成書至四百十餘卷之多，僧尼數高達四十六萬餘人，可謂盛矣。宋徽宗雖惡佛崇道，而終不能禁佛敎諸宗之盛行。諦觀復興天台宗，德詔復興法眼宗，警玄復興曹洞宗，法遠復興臨濟宗。法眼、曹洞、臨濟三宗爲禪宗之分支，大師高僧輩出，傳播頗廣。南渡以後，敎風不振，當國者因財政困難，稅歛及於僧尼，佛敎受此影響，削髮爲僧尼者，遠不及東都之盛。

其他外來宗敎如回敎等在宋代雖亦仍有流行，但遠不及唐代之盛。五代之世，戰亂不息；宋代始終受外敵侵犯，當國者既無暇，亦無力從事於外敎的提倡。至於元代，回敎始趨於振興。

3.元代——自唐以來，道敎勢力常見興盛。至於元代，西僧雖頗受

尊重，而道教之勢仍熾。元代道教派別，計有四種：㈠全真教，此教出於重陽王真人，名徒甚多，而以邱處機之名爲最著，卽長春真人，成吉思汗爵以宗師，使掌國內道教；邱沒，其徒奉璽書，襲其職。四傳至祈志誠，道譽甚著。㈡正乙教，始自漢張道陵，傳至三十六代宗演。元世祖召見之，命主領江南道教。宗演之徒張留孫入朝加號爲大宗師。㈢真大教，金季道士劉德仁所立，其法以苦節危行爲要，不妄取於人，不苟侈於已。五傳至酈希誠，居燕京天寶宮，見知於憲宗，始名真大教，使希誠主其教。元世祖命其徒孫德福統轄諸路真大教。三傳至張志清，其教益盛。㈣太一教，始於金道士蕭抱珍，傳太一三元法籙之術，因以太一名其教。四傳至蕭輔道，元世祖使其徒李居壽掌其教事。

佛教自南朝以來，雖遭『三武之厄』，其勢迄未衰。元代崇信喇嘛教，乃佛教之一支。斯教創立於西元七四七年（唐睿宗時），教主爲印度蓮華生上師，被聘至西藏，悉力佈教，教徒衣紅衣，故稱紅教。教徒遍全國，蒙古之信徒亦衆，元朝頗崇信之。南山天台宗佛教，雖有傳者，其徒不盛。禪宗之臨濟派，得武宗的尊崇，曾建臨濟正宗碑，終元之世，臨濟宗頗受朝廷優禮。

喇嘛教高僧帕思巴，西藏人，七歲能誦經典數十萬言，年十五，謁元世祖於藩邸；世祖卽位，尊之爲國師，命製蒙古新字，字僅千餘，凡四十一母，頒行中國，於是朝野皈依其教者，至爲踴躍。因之，其僧徒多趨跋扈。如元初嘉木楊喇勒智挖發宋諸帝陵寢；元末之結淋沁引導順帝流於荒淫。喇嘛教在元代頗爲恣橫，對政治甚有影響。教主卽受尊爲帝師，每帝卽位，必須專謁帝師受戒；后妃公主莫不膜拜。世祖在位三十年間，醮祠佛事，達一百有二目之多，可謂侈矣。其後嗣復增至五百餘目，綜計每年內廷供奉佛事，用麵達四十三萬九千五百斤，油七萬九千斤，酥二萬一千一百七十斤，蜜二萬七千三百斤。事佛耗及國庫，實

屬浪費。

元代建國，遠征中東諸地，當地人皆信回敎。回敎敎徒佐元征伐，屢建功勳。蒙古君臨中國，回敎人因而來中國者甚衆。元代有所謂達斯蠻者，卽回敎敎徒的別名。達斯蠻一稱木速魯蠻，意謂『正敎之人』，又稱之爲天方敎。天方敎乃猶太敎的流緒，又有以靑同回名之者，元稱之爲斡脫。猶太亡國，國人四散，流寓世界各國。開封經敎胡同，佳有『挑筋敎』人，卽猶太人，鼻高而鈎，多以屠牛爲業。元朝把國人分爲四等，蒙古人爲一等人，色目人爲二等人，漢人（北方中國人）爲三等人，南人（南方中國人）爲四等人。色目人卽回敎人。『色目』爲回敎徒（Moslem）的譯音。

西洋的天主敎於元代亦傳入中國，惟敎徒不多，敎勢不強，對政治無大影響。元人稱天主敎曰也里可溫。憲宗時，羅馬天主敎皇曾遣使路卜洛克至和林。其時巳有聶斯托爾敎人爲之任翻譯。世祖時（一二七五年），義大利威尼斯天主敎徒鉅商馬哥孛羅來中國。世祖召詢西方文化狀況，授以官，仕元達二十餘年始歸。適逢熱那亞（Genoa）有戰爭被俘。在獄二年，以其旅行見聞口授同囚者筆記之，成『馬哥孛羅遊記』，盛稱中國富庶繁華，引起日後天主敎徒來華的興趣和動機。

4.明代——明代對道敎，甚爲重視。張道陵之嗣裔名正常者，被賜予眞人尊號，並授以正二品之官等與俸給。憲宗（成化）尤尊崇道敎，敎徒受封賜加號眞人或高士者，不勝數計，道士充斥於京都。至世宗（嘉靖）時，道敎勢焰盆張，邵元節、陶仲文之徒，且以道士身分，厠身於佞倖之列；仲文竟然受封伯爵兼三孤。世宗沒後，當國者始對道徒依法裁制，其氣焰始稍戢。足見有明一代道敎的興盛。

朱元璋微時雖曾入寺爲僧，但爲君主後，對佛敎並未積極提倡與培植，故明代佛說，不甚彰著，並無高僧鴻著的出現。明代佛敎要可分爲

三部：一曰禪部，不立文字，注重靈悟，於靜然中領悟佛性。二曰講部，重在辨識經義，於知識中瞭解佛經眞諦。三曰教部，重在宣揚經義，教化衆人。三部之中以禪宗爲較盛；而禪部中之臨濟宗則最爲興盛。天臺宗、華嚴宗雖皆有傳人，但均不及臨濟宗之盛。

喇嘛教在元代至爲盛達。明代因之，對喇嘛教亦頗優遇之。明太祖（洪武）以西藏地廣人稀，喇嘛教勢甚強，人性亦蠻悍，欲羈縻之，使其內向。故凡元代法王國師後人來朝貢者皆因其故俗，許以世襲。成祖（永樂）因舊典崇其教，迎高僧哈立麻至京師，優賜尊號；其徒來朝者亦各賜名號，死者准其嗣人承襲其職位，以免墜絕。因之，終明之世，藏族未爲邊患。喇嘛教原着紅衣冠，故稱紅教，乃舊教。有宗喀巴者亦係紅教，因紅教弊竇叢生，至以吞刀吐火炫俗，無異巫祝，盡失喇嘛教宗旨，乃予以改造，自立新教，徒衆皆着黃衣冠，故稱黃教。臨終時，遺囑於二大弟子曰：世世以『呼必勒罕』轉生，演大乘教。『呼必勒罕』者漢語卽化身也。二大弟子：一是達賴喇嘛，一是班禪喇嘛。是時，紅教中諸法王，亦皆俯首稱弟子。世稱二人爲活佛。達賴駐前藏拉薩布達拉寺；班禪駐後藏札什倫布寺；分掌前後藏教權、政權及軍權。

同教部族曾助成吉思汗作戰建大汗國，有佐命功勳；所以同教徒在元代居於重要地位，僅次於蒙古人，而高於漢人及南人。明代對同教採放任政策，既不積極獎掖，亦不消極排斥，任其自然發展。同教徒多分佈於陝、甘地區，同漢雜處。同教徒習性強悍，宗教自信心亦烈，而生活習慣多與漢人不同。同教徒又禁止同漢通婚，故同漢之間常起紛爭與衝突。在此糾紛中，政府多是漢而非同。是以同教在明代有衰退的趨勢。

明成祖時，三保太監率麗大艦隊下西洋，中國與西洋的海上交通，大爲暢達。因之，西洋的天主教徒來中國傳教經商者，較之前世大爲增

加。神宗（萬曆）對天主教徒利瑪竇、龐廸我等至爲信任；朝臣徐光啓、李之藻等又爲天主教徒，以是天主教堂得設立於北京。彼等曾將西洋的天文、數學等書籍譯爲中文。熹宗（天啓）時，湯若望來中國，帝使之正曆法，益得朝廷信任。徐光啓更請熹宗多鑄西洋大炮，以供防禦。西洋教徒布教遂見興盛。明末，西洋教教徒已達數千人，其中皇帝宗室十四人，內官十四人，達官十四人。北京陷落，司禮太監且通書羅馬，乞教廷相救。教勢之強，可想而知。

5.清代 —— 道教創始於東漢張道陵，其嗣裔世居江西貴溪縣龍虎山，世掌其教，俗稱其教主爲天師，信徒曰道士。道教最盛於魏晉，講神仙方士之術，行煉丹、符籙之法，唐宋時代，佛、道互有消長；但迄於明、清，道教則淪於衰退不振。究其原因，計有兩端。第一、漢末五斗米教張角等黃巾賊之亂，元代韓山童父子白蓮教之亂，明天啓(熹宗)年間，王森、徐鴻儒白蓮教之亂，清乾隆(高宗)年間劉松、劉之協、宋之清之亂，嘉慶（仁宗）年間天理教、八卦教之亂，均帶有道教色彩，自爲當國者所不喜，不予扶助。第二、道教以咒祝、符籙惑世，愚弄鄉間無知識的農民，跡近欺騙與迷信，並無高深的有系統的教義與教理，不易爲知識分子所接受。清因明制，雖在京師置道錄司、府置道正司、縣置道會司，以統督道士，但實際上僅具形式，虛應故事，且防範重於扶助。道教本身旣欠健全，當國者又不甚倡導，自無怪其日趨衰退。

佛教起源於身毒、天竺（印度），東漢明帝時傳至中國。南北朝之世，佛教甚盛行。唐宋時代佛、道兩教，互有消長，而二者之聲勢，均未衰減。迄於清代，佛教即趨於不振。高宗曾下限制僧廟的詔令，凡男子十六歲以下，女子四十歲以下者均不得削髮爲僧尼。政府雖有僧錄、僧綱、僧正、僧會諸司之設，亦係虛應故事，且立意重於防範，非致力於積極扶植。惟天臺、華嚴、法相、眞言、淨土諸宗仍流行於民間，人

民禮佛、拜寺、焚香祈禱等佛事，依舊盛行，政府亦不加干禁。

喇嘛教為佛教之一支，卻受清廷的優禮與崇重。這其中實有政治原因的存在。滿清以少數民族統治中國，政權基礎並不鞏固。所以西南撫輯西藏以免邊患；北則拉緊蒙古，以與漢族制衡。京官則滿、漢、蒙並用，成三角牽制制衡之勢。乃政治藝術的高明運用。蒙古、西藏人民均深切信仰喇嘛教，活佛的權勢至為強大。清高宗為一代英主，為達到這一目的，竟尊重喇嘛教（黃教）為國教，在京師建喇嘛寺，其僧衆亦受到隆重的優遇，地位頗受人重視。

回教來自西域大食等國，地接葱嶺，與中國為鄰，新疆未入中國版圖前，天山南北路全境，皆為回教徒所佔有。元時，當國者尊重回教徒，即『色目人』（Moslems），因之，回教徒在陝甘兩省，為數甚多。回紇人亦信奉回教；唐時曾脫離突厥，助郭子儀平安祿山之亂。這亦是回教徒流傳於西北的另一原因。回教徒性強悍，尚團結，生活方式與漢人不同，故回漢常起衝突與爭鬬，自為清廷所不喜悅，故常予以限制。天山南北路的回教徒曾兩度反抗清廷。高宗曾出兵討平準喀爾部及回部，將其地劃為新疆省，並將回教徒編入八旗以拉攏之。但高宗以兵力滅回部，且虜其美人香妃至京，回人恥之，引為深仇大恨，故其後仍有叛亂。清代對回教雖予以籠絡，但並不信任。然回人勢強性悍，控制亦非易事。而清眞寺、回教徒亦漸遍布於中國。

西洋於十五世紀末葉，在馬丁路德、喀爾文等人領導下，曾發生宗教改革。因而基督教分裂為新舊兩派。舊派曰天主教，新派曰基督教。天主教傳入中國較早，唐時已有流行。至於明代，天主教旣可在京師設教堂，其高僧如利瑪竇、龐廸我等且經政府畀以官職，大臣徐光啓、李之藻等更大力助天主教。清初，天主教徒湯若望、南懷仁等使之總理欽天監事，頗得當國者信任。自明初迄清，中國與西洋的海上交通雖大為

暢達，中西文化亦有交流，然當國者自大自傲，眼界不開，視西洋各國仍為夷狄蠻邦，閉關自守，排斥外人。康熙、雍正、乾隆三朝，均禁止外國人入境傳教，然來者仍不絕。

　　宣宗道光二十二年（西元一八四二年）中英鴉片戰爭，我國敗績，簽訂南京條約。此後，中國與外國的戰爭，屢戰屢敗，被迫簽訂不平等條約，割地賠款，喪權辱國，西洋人因之不僅在通商大埠取得傳教權，就是中國內地，他們亦可以自由傳教。於是天主教徒、基督教徒挾持其戰勝國之威勢，蜂擁而至，迄於清亡（西元一九一一年），中國遍地都有天主教堂和基督教會。中國人信奉這西洋耶教，數以萬千計，就是窮鄉僻野，亦有天主教徒和基督教徒。耶教聲勢之盛，力量之強，蒸蒸乎凌駕於道教、佛教之上。西方列強對中國的侵略，由軍事性的、政治性的、經濟性的更進及於文化性的。

　　只有有深厚儒學修養的人士，為維護儒道文化才不肯輕於屈從天主教、基督教而信奉之。至於一般純民農民，基於愛國精神，常有排斥西方耶教行動，每致引起『教案』，又招致外人藉口而更起侵略。天主教、基督教傳播之速，散佈之廣，蓋由於以下原因：㈠傳教積極而有效，神父、牧師傳教的熱心與毅力有以致之。㈡由於對外戰爭的失敗，有不少國人喪失自信心、自尊心，由排外而崇外，由崇外而媚外，由媚外而恃外；遂以信奉耶教為光榮，為時髦。㈢在清季，天主教堂、基督教會有一些特權，教徒以為避兵亂、匪亂的避難所。對一般人不無吸引力。㈣天主教堂、基督教會常有施捨以濟貧，醫藥以治病，遂能發生相當的號召作用。㈤清季信耶教者一般人視之為『二毛子』，為人『羨』、『懼』，這成為引人入教或排教的原因之一。

第六節　宗教自由與行政輔導

一、宗教自由的意義——歐洲在中古世紀，天主教具無上權威，敎皇權力凌駕各國君王之上，對異教視爲異端邪說，不僅加以歧視與迫害，甚至使用武力消滅之。十字軍八次東征，就是天主教徒對回教教徒的戰爭。宗教改革就是對專制教皇的反抗運動。改革的結果，基督教分爲新舊兩派。兩派的衝突，產生三十年戰爭。迨英人洛克、法人盧梭倡『天賦人權，一律平等』之說，激起一七七六年的英國獨立革命，一七八九年的法國民權大革命成功，自由平等的學說，成爲時代思想的主流，民主主義崇理性，尙容忍，於是『宗教自由』成爲民主國家共同尊重的原則。

英國清教徒反抗專制君主查理一世的革命成功，一六四九年的『人民協定書』（Agreement of the People）中卽有宗教自由的規定。一六八九年英國國會通過的『權利典章』，第十七條規定：『宗教迫害爲國法所不容』。其後，民主國家多認宗教自由爲人民的自由權利之一，明定於憲法中保障之。我國現行憲法第十三條卽規定：『人民有信仰宗教之自由』。

宗教自由的意義是指一國國民皆可依其良知自由信仰宗教的平等權利；亦卽國民有選擇信仰任何宗教及拒絕信仰任何宗教的自由權利；國民有信仰宗教的自由權利，亦有不信仰宗教的自由權利；國家、政府及任何他人均不得加以干涉。這種宗教自由的含義，包括看不見的內心的思維、思想和崇信及看得見的外形的禮拜及佈教。互尊互重、彼此容忍、和諧相處、慈悲爲懷，是維持社會秩序，搞好人羣關係的必要條件。宗教自由乃是依循此原則而產生的一種社會制度和法則。

二、宗教自由的內容——宗教自由的內容，包括兩大項目：一是信仰自由(Freedom of Conscience)；一是禮拜自由 (Freedom of Worship)。宗教信仰指教徒所信仰的敎義，不受外力干涉。換言之，人民內心信仰何種宗教敎義，或不信仰何種宗教敎義，任憑各人自己的良

知決定與選擇。國家或政府不能強制人民信仰某種敎義或不信仰某種敎義。今日仍有極少數的回敎國家，採行國敎主義，不准人民信仰回敎以外的敎義。共產主義的國家採信無神論，認爲『宗敎是人民精神上的鴉片煙毒』，不准人民信仰宗敎。這些都違犯信仰自由的人民權利。宗敎信仰是隱藏於內心的心理狀況。如強迫任何人公開宣佈其宗敎信仰，亦是對信仰自由的違犯。德國威瑪憲法第一三六條規定：『無論何人均無宣佈其宗敎信仰的義務』。西班牙憲法第廿七條規定：『不得強迫任何人公開宣佈其宗敎信仰』。

禮拜自由指宗敎敎徒舉行各種祈禱、祭拜、崇敬等儀式及禮節不受外力的干涉。換言之，人民有參加宗敎崇拜儀式及禮節的自由權利，國家、政府或其他人民不得阻止或干涉。這亦就是說，國家、政府或其他人民不得強制任何人參加或不參加某種宗敎的崇拜儀式或禮節。比利時憲法第十五條規定：『任何人不得被迫參加宗敎儀式或遵守假日』。西德憲法第四條第二項規定：『宗敎儀式之自由應予保障之』。第二次世界大戰後，日本新憲法第二十條第二項規定：『不得強制任何人參加宗敎上之行爲、慶典、儀式或行事』。我國不但於憲法中明定宗敎自由的保障條文；更於刑法第三四六條規定：『對於壇廟、寺觀、敎堂、墳墓或公衆紀念處所公然侮辱者，處六個月以下有期徒刑、拘役或三百元以下罰金；妨害喪、葬、祭禮、說敎、禮拜者亦同』。

三、宗敎自由的限制——人民一切的自由權利並不是絕對的，不能爲所欲爲，皆受有一定限制。個人自由不能妨害他人的自由。法律之前人人平等；法律之內人人自由。自由不能違犯國家法律。中國現行憲法第二十三條規定：爲防止妨害他人自由，避免緊急危難，維持社會秩序，或增進公共利益所必要，得以法律限制各種自由權利。因之，宗敎自由亦受有一些限制。玆將這些限制，分別舉述如次：

　　1.宗教的儀節不得妨害公共秩序與善良風俗。土耳其憲法第七十五條規定：『一切宗教儀式，若不違反社會秩序、道德及法律者，均予承認之』。巴西憲法第一四一條規定：『宗敎各敎派之傳敎於不違反公共秩序或善良風俗之範圍內，予以保障』。義大利憲法第十九條規定：『人民有傳敎及舉行公私禮拜的權利，但以儀式不違反善良風俗者爲限』。一貫道（鴨蛋敎）及韓國的統一敎據說有男女混雜裸體禮拜之情事，違反善良風俗及道德，故禁止其在國境內流傳。

　　2.宗教信仰及崇拜不得違反人民及國家權利。人民的權利受有法律的保障，敎會及敎徒不得藉宗敎信仰或崇拜侵犯之。國家代表全國國民行使最高的統治權，故其權利高於敎會的及敎徒者，自不能以宗敎信仰或崇拜而侵犯之。瑞士憲法第五十條規定：『聯邦及各邦爲防止敎會權力侵犯公民及國家權利，得採取必要的處置』。

　　3.宗教的內容不得違反國家的利益及社會的公共利益。所謂宗敎內容，乃指宗敎有關的一切言論、著作、講學、出版及行事等而言。因爲國家利益代表全體國民的利益，公共利益代表多數人的利益，故敎會的部份利益，不能違反整體性的國家利益；敎徒的少數利益，不能違反社會性的多數公共利益。例如服兵役乃國民保衞國家利益的天職。敎徒不得藉口反戰或愛好和平，而逃避兵役。懲治罪犯所以維護社會公共利益，敎徒不得藉口『慈悲』或『博愛』幫助或隱匿罪犯。

　　四、宗敎自由的保障——在宗敎自由的國家中，自然會有若干敎宗敎派的存在。爲保障宗敎自由，政府對這些不同的宗敎必須一視同仁，平等待遇，不得有畸重畸輕的歧視，或有厚此薄彼的偏袒。國家對宗敎事務應處於超然中立的地位。這是政敎分離的原則，蓋所以保障宗敎的自由與平等。這一原則包括以下的要點：

　　1.政府不得設立國敎，亦不得承認某一宗敎爲國敎而予以特殊優遇

或保護。關於國教制度，通常有兩種形式：一是承認某種宗教爲國教，強迫人民信奉該教，履行該教儀節，對於未信奉者，剝奪其法律上的權利與地位。古代的猶太國的猶太教；近世的若干回教國的回教，都是這種國教。二是一方面承認人民有信教自由的權利；同時又承認某種宗教爲國教。國家對於國教予以特別優待。英國卽以『安格里堪主義』(Anglicanism) 爲國教，西班牙、巴拿馬、阿根廷等國係以天主教爲國教。但對不信奉國教者並不剝奪其法律權利，亦不加虐待。

2.政府不得動用國庫資金資助某一宗教。這種規定蓋所以保障宗教自由和平等。不過，在採行國教制度的國家，則常用公款資助國教組織。日本明治憲法雖承認宗教自由的原則，但同時以『神道』爲國教，予以特權，『神社』可以受公款資助。美國有若干州州政府，對教會學校學童一律免費供應教材及交通。一九三〇年『柯其倫控告路易安那州政府』(Cochrean US. Louisiana State)，指責此種措施違反聯邦憲法第一條不得設立國教的規定。惟經法院判決此係『兒童福利』，並不違背憲法。

3.政府不得因人民信仰或不信仰某種宗教，而予以優待或歧視。在採行國教制度的國家，常剝削異教徒的權利，或使之履行不同義務。例如英國一直遲至一八五八年始准許猶太教人有國會平民院議員的被選舉權。前此顯然違反宗教自由的精神。所以現代民主國家多規定，政府不得以宗教信仰的不同，在政治上、法律上有差別待遇。

4.學校不得以任何強制方式推行宗教教育，亦不得強制學生信仰或不信仰某一宗教。歐洲在中古世紀，教育係由教會辦理，學校成爲推行宗教的工具，政教合一，以教統政。現代民主國家爲要保障宗教自由，乃採政教分離政策。教育爲國家的重要責任和功能。宗教團體不得藉教育方法強制推行教義。所以民主國家或以憲法或以法律明文禁止學校以

強制方式以宗教教義或儀節教育學生。

五、行政輔導的途徑——宗教是國家整體文化系統中許多次級文化系統的一個環節。因之，宗教系統須與國家的整體文化系統及其他的次級文化系統保持生態平衡。所謂生態平衡的含義如下：㈠宗教是國家整體文化系統的一部份，部份不能脫離整體而獨立。㈡宗教的功能和活動要與國家的功能和活動相配合，保持統一和協調，方能互爲呼應，相得益彰。㈢次級性的宗教文化系統須與其他的次級文化系統保持和諧與合作，以防止衝突或反功能的發生。㈣文化系統是動態的、進化的，宗教衍化應隨國家的進步和發展，與之保持『穩進』（Steady）的動態平衡。基於這種理論和認識，政府對宗教應予以適當的行政輔導，俾達到政以輔教，教以助政的目的。著者認爲行政輔導的可行途徑，計有下列幾端：

1.宗教法律的制定——政府對宗教的現行政策，可以稱之爲放任政策。現行有關宗教的法律，僅有『監督寺廟條例』（民國十八年十二月七日國民政府公布）一種，其內容僅規定寺廟建築與財產應向地方官署辦理登記。『寺廟登記規則』（民國二十五年一月四日內政部公布）第十三條明定：『本規則於天主、耶穌、回及喇嘛之寺廟不適用之』。由此觀之，政府對宗教的管理和輔導，實在少之又少，微不足道。

宗教對國家和社會能以發揮重大的功能。政府對之自不可袖手旁觀。政府對宗教若能予以適當的輔導，定能恢宏其功能，裨益社會與人民。我國現行憲法第十三條雖規定：『人民有信仰宗教之自由』，但在實際上宗教自由的意義與內容如何？宗教自由應受何種限制？政府應採何種措施，方能保障宗教自由與宗教平等？則言人人殊，各是其是，自易引起爭議與歧見。所以政府應制定『宗教法』，對這些問題作較明確的規定，俾趨一致，以便遵循。

2.宗教團體的輔導——宗教團體亦爲人民團體的一種，應與其他的一般人民團體受國家法令的規範與輔導，不可成爲『化外』之民，不可享受特權。滿清政府因戰爭失敗，與外國簽訂不平等條約，准許外國宗敎進入中國自由傳佈。外國敎士挾持其祖國勝利者的優勢，自高自大，政府官吏已由排外進而懼外，甚至媚外，對這些外國敎士、敎會及中國敎徒皆另眼看待，遂生『化外』與『特權』的流弊。抗戰勝利後，不平等條約，早經廢除，故道敎、佛敎、天主敎、基督敎、回敎等應一視同仁，受平等待遇。

宗敎團體的負責人士及工作人員應本民主、自由、平等的原則，依據政府法令由敎徒以公平合法的選舉方式產生之，選舉結果並報政府備案。寺廟、敎會如有財產及基金等應依據政府法令組織『財團法人』。財團法人的財產及金錢只能供作團體的公共支用，任何私人不得移作私有或私用。政府輔導具有兩種的目的：消極的目的在防止及消弭弊端和糾紛；積極的目的，在恢宏宗敎的功能和團結。

3.政治與宗敎的溝通——政治溝通的方式計有兩種：一是大衆化的溝通，卽經由大衆傳播工具，如報章、雜誌、廣播、電視等對社會大衆或全國國民作政治性行政性的報導、宣傳、闡釋、呼籲等使人民瞭解政府立場與意見，以博取其支持。二是面對面的溝通，卽溝通者與接受者之間作直接的會唔與交談。面對面的溝通範圍雖小，且影響深切，收效較大。父兄的言論、思想、態度每足以決定其子弟的一生性行。師長、同學的言論、思想、態度對學生亦有決定性影響。宗敎界的神職人員如法師、道士、神父、牧師、長老等及敎會、佛堂、寺廟等領導人物，對其敎徒都有有效的影響力。所以政府對宗敎界所作的政治溝通對象亦應分爲兩種：一是敎徒大衆，宜採大衆化的溝通方式；二是宗敎領袖，宜採面對面的溝通方式。

政治與宗教溝通的目的，在推行政治社會化，促進各敎敎徒的『公民敎育』，使之對政府有熱誠的認同感、依附感、歸屬感，並養成堅強的民族意識和愛國精神。因之宗敎上的政治溝通內容，應注重以下各點：㈠宏揚立國建國精神——揭櫫憲政、法治、科學、倫理、民有、民治、民享三民主義建國的崇高理想；培養反共復國，不屈不撓的戰鬥意志和革命精神。㈡強化國家民族意識——國家民族意識是國家民族的構成員對其本國及祖族自覺性的自我承認：包括『共同歸屬的感情』、『別於他人的自我認同』、『優於他人的共同光榮』、『同心同德團結意志』、『忠貞勇敢的愛國精神』。㈢促進國家發展——『民生爲社會進化的重心』、『建設之首要在民生』。所以促進國家發展，卽在於謀求民生順遂，實現安和樂利富而且均的社會。㈣推動政治參與——培養和激發敎民對政治的知識與興趣，使之在有認識、有判斷的心情下，自知自覺的去參加政治活動，表達意志，行使參政權。㈤報導建設計劃——我國今日的經濟繁榮、社會安定、民生樂利，實不能不歸功於幾個『經濟建設計劃』及蔣總統經國先生推行的『十項建設計劃』。今日是『計劃政治』、『計劃經濟』時代，政府應向各敎敎民報導政府的各項建設計劃的內容及成就，期以博得其瞭解與支持。㈥闡釋政府法令——政府推行政務必須透過法令。法令推行要力求貫徹。人民對法令必須遵行。政府應就有關法令的意義、內容及遵行的利益向敎徒作切實的說明與解釋，使在『知而後行』的意願下，樂於遵行。㈦聽取敎民意見——政治溝通須採雙軌制，上行與下行的溝通應同時並重，俾使政通人和，官民一體。民主政治是以民意爲依歸的政治。因之，宗敎上的政治溝通，應博採敎民意見，集思廣益，博訪周諮，集衆智以爲智，合羣策以爲策。

4.宗敎與宗敎的和合 ——我國憲法保障人民有信仰宗敎的自由權

利，所以國內今日有不少不同的宗敎，環立並存，並行不悖，並生無害。依理論言之，各種宗敎的宗旨，皆在於明心見性，自求多福，與人爲善，慈愛爲懷，自救救人，應能互助合作，同力同心，濟世善俗；但在實際上，或因過去曾有歷史宿怨，或因現時不無利害之爭，信念之別，仍不免有明爭暗鬪，有欠和諧，未能合作。這種潛在的危機，不能不視之爲一種隱憂。這種危機與隱憂若任其自由發展，則足以影響國民的團結，甚而可能發生宗敎的衝突與戰鬪。政府應防微杜漸，站在中立、超然、公正的地位，向各種宗敎的領袖及敎徒作協調性的溝通，使彼此捐棄前嫌，交換意見，疏通觀點，相互容忍，彼此諒解，促成宗敎界的和諧與合作的衆敎協一的大團結，最後實現一『宗敎的宗敎』(Religion of Religions) 止於至善，達於最高，成其極樂。

第四編
心理生態行政論

16. 行政領導

17. 意見溝通

18. 行政監督

19. 目標管理

20. 激勵管理

21. 參與管理

22. 人羣關係

23. 心理衛生

第十六章　行政領導

第一節　行政領導的性質

一、**意義**——何謂行政領導，論者不一其說。費富納和普里秀士說：『領導乃是促進協調，鼓勵個人及團體達成共同任務，使之一致努力的藝術，注重協同一致，建立共同的價值觀念』❶。社會科學字典稱：『領導係指集體活動與自願努力，以達成既定目標的運用。領導猶如一種集體的無形影響力，在社會行爲的互動中，發生共同的感情，以完成一定的任務』❷。著者認爲行政領導就是機關的各級主管適應部屬的心意與需要，運用思想溝通、人格感召、智能表現及管理措施，促使之踴躍熱烈的共赴事功，以協同一致的努力，有效的完成機關的使命與任務。

行政領導的意義，可從三方面瞭解之。第一是品能說的觀察，卽領

❶ J. M. Pfiffner & K. Presthus, *Public Administration*, 1963, pp. 92-94.

❷ W.L. Jnlive Gorld, *Dictionary of Social Sciences*, 1964, pp. 380-381.

導者具有一些優越的品德、才能、知識、智慧或勳功彪炳，爲他人所信仰、崇敬、愛戴。因之，領導者對他人就能發生自然的影響力，而博得其支持與服從。第二是行爲說的觀察。領導就是一種『影響系統』（Influence System）。在機關成員的互動行爲中，能以自己的言行改變他人的思想與行爲者謂之領導。第三是情勢說的觀察。領導者是確知所處團體或社會中成員的意願與需要，並能設法滿足之之人物。領導在掌握環境情勢，瞭解從衆心理，而成爲其代表人或代言人，博得其擁戴。

　　二、需要——行政領導在現代的行政機關中佔有十分重要的地位。其理由與原因如次：㈠現代的行政機關，多規模龐大，人員衆多，各單位間人員間的衝突、矛盾、磨擦，實勢所難免，藉行政領導謀致其協調與合作。㈡現代的行政內容非常錯綜複雜，利害衝突，意見分歧，觀點各異，需要行政領導，謀求利益的平衡與意見的一致。㈢現代行政已高度專業化，分工至細密，必須以專家任其事。但專家的缺點，知偏不知全，固執己見，易使分工流於分裂與支離，故需要識大體、顧大局的行政通才作領導，便能通力合作。㈣由於組織龐大，人與人間的關係，便陷於缺乏人情味，就是沒有個人之間私人關係或感情關係。士氣因而趨於低落。所以需要行政領導，促進人羣關係，鼓勵工作情緒，提高服務精神。㈤現代的機關組織，因範圍廣大，人員衆多，都採由上而下，由內及外的層級節制體系，重階級，尙服從，奉命行事，缺乏自動自發的積極精神，流於消極、被動與敷衍。所以行政領導，在施行激勵管理及民主參與，促進員工積極奮發的工作意願及服務精神。

　　三、取向——關於領導觀念或主旨，要可分爲三個時期：第一時期是傳統管理觀念。當時的領導觀念就是所謂『統御』，在憑藉法律地位與權力，指揮他人，命令他人，使之服從。若有不順從者便施以懲罰。這種專斷式的『統御』，是以力服人，強人服從。使人恐懼的『統

御』，實難收到很好的效果。因爲人非牛馬，不可以鞭韃驅使之。第二時期是一九三一年至一九六〇年，是行爲科學觀念。行爲科學的學者認爲長官權力的大小及其命令效力如何，係以部屬『接受』、『承認』或『同意』程度的強弱爲轉移。長官要博得部屬的『擁護』、『支持』與『服從』，端在運用思想溝通、人格感召、理性說服、知能表現及人性激勵，換得其信仰、佩服、景從與崇敬；並非地位與權威所可濟事。第三時期是一九六一年以來的系統分析觀念。依此言之，領導乃是『相互影響系統』 (Mutual Influence System)。前述的『統御』與『領導』乃是由上而下的單軌作用；而『影響』則是雙軌交通。行政是一種互動行爲。領導是主管在互動行爲中及彼此影響的關係下，把握情勢，適應衆意所作的協調與溝通活動。

第二節 領導權力的基礎

領導權力或影響力就是能使人服從或能以改變他人思想或行爲的力量。這種力量建立的基礎何在？西孟 (Herbert Simon) 認爲其基礎有四：即㈠信任的權力 (Authority of Confidence)，㈡認同的權力 (Authority of Identification)，㈢裁制的權力 (Authority of Sanction)，㈣合法的權力 (Authority of Ligitimacy) ❸。傅蘭琪 (J. R. French) 認爲權力的基礎有五：即㈠獎勵的權力 (Reward Power)，㈡強制的權力 (Coercive Power)，㈢合法的權力 (Ligitimate Power)，㈣歸屬的權力 (Reference Power)，㈤專家的權力 (Expert Power) ❹。著者就個人研究所得，認爲領導權力的基礎，

---

❸ Herbert Simon & Others, *Public Administration*, 1954，雷飛龍譯爲中文本，正中書局出版（英文 Knopf 公司出版，pp.188-201）。

❹ J. R. French, *The Basis of Social Power*, 1956, Michigan University Press, pp.608-622.

不外下列的九個因素❺。

　　一、理性——人是理性動物。人對於有理的事情或命令就會遵行。民主政治就是理性政治。凡事訴之以理，和平解決。領導重在意見溝通，就是講理或討論。長官的命令落入部屬的『同意地帶』，他們才會服從。只有部屬認為長官的命令是有理的或合理的，才能落入其『同意地帶』，因而服從。否則，那命令便墜入部屬的『冷漠地帶』，會予以反對、擱置、拖延或陽奉陰違。以理服人者，衷心悅而誠服也。理直則氣壯，有理走遍天下，無理寸步難行。理能屈人，理能服人。

　　二、利益——人是『自我中心』。人是『自私自利』的動物。人的行為動機，是以對他有無利益為取向。如果服從他人對他有利益，他就會接受他人的命令。對人民有利益的法令，必為人民欣然服從。部屬所以服從長官，因為長官對部屬有按月發薪，按年升級的利益。俗諺曰：『有奶便是娘』。這雖是諷刺『勢利眼者』的話，但利益確是能使人服從的有效力量。

　　三、法律——普通所稱的權力，都是指合法權力而言，並不包括非法的叛亂或革命權力。因之，一個人必須獲得合法地位或職位，才能發號施令，指揮或命令部屬。有才能的人必須取得合法地位才能命令他人，使人服從。蘇秦原是一貧窮布衣，及拜受六國相印後，便可發佈叱咤風雲的命令，指揮大軍作戰。諸葛亮是一介書生，躬耕南陽，及取得蜀漢丞相的法律地位後，便可統帥大軍，六出祁山，九伐中原。服從合法地位就是服從法律。

　　四、習慣——各國政府所以能順利的安然的維持其政權，重大原因之一，就是因為人民具有服從的習慣。自古迄今，無論家庭教育、學校教育、社會教育都教導人民守法律、守秩序、安分守己，養成服從的好

❺　張金鑑著動態政治學，七友出版公司，民國六十六年，二二〇～二二四頁。

習慣。人民服從政府的法令，自認是當然之事，不予置疑。權力離不開服從；而服從則是經由長期的、多方面養成習慣。所謂『傳統權力』就是以習慣爲基礎。英人鮑紀赫（Walter Bugehot）著『政理與物理』（Politics and Physics）一書，認爲政治者就是『習慣之餅』（Cake of Customs）。

五、信仰——由於一個人的卓越成就或崇高品德，使人對之生肅然起敬的感情。這種感情的高度化而生熱誠與崇敬就是信仰。信仰者對被信仰者便自然而然的景從或服從。被信仰者對信仰者亦發生自然的影響力。宗教上的釋迦牟尼、耶穌、穆罕默德對其信徒有廣大深遠的命令力。政治上的 孫中山、華盛頓對其革命從衆，有登高一呼，衆山響應的指揮力。學術上的孔丘、孟軻、荀卿對儒士有廣大深切的影響力。這些使人景從的力量，都是以信仰爲基礎。

六、知能——知識就是力量。才能與知識能使人服從。因爲知能能替人解決問題，能爲人謀致福利，遂能使人聽命或服從。學生不會演算數學難題，自然會聽從教師的指示。病人不能自己治病，自然要接受醫生的診治。迷路的人自然會聽識路者的指揮。國防部部長沒有製造原子彈的知能，一定會接受原子彈專家的意見。知能就是權力的基礎，就能使人聽命。

七、希望——希望是將來可能得到的利益或幸福。人一生都在希望中過活。希望是生活及行爲的動力。人要追求希望，所以才奮勉作事。希望的幻滅就等於死亡。人希望得到名、利、權，才會孜孜不息的從事各種活動。人爲了追求希望就會服從他人。人希望進入天堂獲得永生，所以接受神父、牧師的訓誨與權力。爲了希望長官爲之加薪或升級，就要忠實的服從他。爲要滿足至政府任職的希望，就會服從政府法令參加考試，求取任用資格。

八、情感——孔子曰：『聖人者不失赤子之心』。孟子曰：『不嗜殺人者能一之』。墨子救世以博愛爲本。愛是人羣社會成立的基本要素，亦是互助互惠的必要條件。愛的情感是社會進化的原動力。人倫造端乎夫婦。夫婦基於感情或愛情。有夫婦而後有父子、兄弟、君臣、朋友。愛或感情的力量十分偉大，可以使人生，可以使人死；可以使人動，可以使人靜；可以使人奮發，可以使人頹唐；可以使人清醒，可以使人沉醉。世界上多少離合悲歡，喜怒哀樂的往事；多少可歌可泣，轟轟烈烈的史蹟，多和感情或愛結有不解緣。因爲你愛他（她），亦自然會聽從他（她）。青年服從熱戀的女友，因爲他愛她。父母對子女的要求，多唯命是從，因爲父母愛子女。故愛情或感情的力量能使人服從。

九、力量——這裏所稱的力量是指能以強制使人服從的實力。這種實力發生的指揮與命令的作用，大有可觀。警察有拘禁、罰鍰及強制執行的權力，只得服從他。法官有判罪及交監執行的權力，自亦不敢違抗他。你若遭遇歹徒的持刀威脅，力有不敵，只有讓他搶去你身上的財物。革命的力量雖是不合法的，但亦能使人擁護與服從。以實力爲基礎的權力，雖爲人所病詬，但他能強人服從，乃是不可否認的事實。

第三節　行政領導的方式

一、就領導權力爲分類標準——懷德（Ralph White）和李比特（Ronald Lippt）於一九六〇年著『專斷與民主』（ and Democracy）一書，就領導權力爲標準，把領導方式分爲下列三種[6]：

1.專斷式的領導——這種領導是指一切決策權力集中在首長一人的

---

[6] Ralph White & Ronald Lippit, * and Democracy*, Harper, N.Y. 1960, pp. 26-27.

手中，以權威推行工作，部屬處於被動地位。專斷式領導的特質如下：
㈠決策權屬於首長，部屬無參與的機會，奉命行事。㈡部屬在奉命以
前，對政策或命令的內容及執行方法，均一無所知。㈢政策與命令的執
行有無困難，部屬對首長無辯解的權力。㈣部屬執行政策與命令，如不
能貫徹，首長不探尋原因，動輒予以懲罰。過錯總歸於部屬。㈤領導者
很少參加團體活動，與部屬距離甚遠。㈥獎懲部屬每隨領導者主觀好惡
以爲之，並無客觀的公平標準。這種領導方式是落伍的，靠權威及裁制
強人服從。部屬消極被動，無自發自動的服務精神，績效自難彰著。

2.民主式的領導——在理性的指導下及一定規範中，使部屬作自動
自發的努力。領導者與部屬之間，相互尊重，彼此信賴，距離接近，思
想會合。上下呼應，指臂運如。民主式領導的特質如下：㈠領導者與部
屬運用討論、交談等方法溝通思想，分享決策權力。㈡在討論問題或工
作執行的過程中，對部屬諸事坦誠公開，並無隱瞞。㈢授權部屬，對工
作夥伴有選擇的自由。㈣儘量授權，鼓勵參與，養成部屬的責任心及主
人翁的事業觀念。㈤對部屬的獎懲賞罰皆依據客觀事實與標準。這是新
式的適當的領導方式，成功的首長應採用之。

3.放任式的領導——這種領導方式，指領導者不把持領導權力，一
切運作聽其自然發展。機關中缺少明確運作規範與制度，讓各人自行摸
索，作自以爲是活動。領導者對部屬很少接觸，對其工作狀況亦不求深
切瞭解。只等部屬提出問題時，領導者才開始過問，謀求解決。這是無
目標、無規範弛懈狀態，未有不歸於失敗者。

二、就領導態度爲分類標準——勞文(A. Lawin)、郝布克格(W. J.
Harpchak)等人以領導態度爲分類標準，把領導方式分爲下列兩種⓻：

⓻ A. Lawin, W.J. Harpchak & M. J. Kadanaph, *Consideration and Initiating Structure*, 1972, Free Press, N.Y. pp.240–248.

1.體諒性的領導（Consideration Leadership）──這種領導方式的特色如下：㈠領導者對部屬抱十分體諒與關切的心情和態度，視部屬如子弟，關心其生活與困難。㈡在領導者與部屬間建立互信互賴的相互支持關係，及互助互愛的感情與友誼。㈢尊重部屬的人格，多予讚賞和激勵，本民主參與的法則，使部屬分享機關的決策權力；並使對機關的目標、政策、業務等有充份的瞭解。㈣注重如何提高部屬的服務精神和工作意願。這是具有人情味溫和性的領導方式，就人羣關係的觀點言之，不失爲合理領導。

2.組織性的領導（Structuring Leadership）── 這種的領導方式，在於重組織，輕個人，要部屬犧牲小我，成全大我，使個人利益附屬於組織的利益之下。這種領導方式的特點如：㈠確定各人責任，指派確定工作，使責無旁貸，事有攸歸。㈡綜名以覈實，因任而督責，盡責者賞，怠工者罰，重視督策與考核。㈢貫徹紀律的執行，如有違反，嚴懲不貸。㈣長官猶如嚴父、法官與警長，而非慈母、教師與醫生。這是不講人情味的剛強領導，有利亦有弊。

三、就領導重點爲分類標準──美國密西根大學教授李克特（Rensis Likert）以領導重點爲標準，把領導方式分爲下列兩種❽：

1.以事爲中心的領導──以事爲中心的領導（Task-Centered Leadership）在企業管理上亦稱以生產爲中心的領導（Production-Centered Leadership）。這種領導方式的特點如下：㈠以工作或生產爲目的，員工僅是完成工作或生產的手段或工具。㈡注重提高工作效率或減低生產成本，要以最經濟的手段產生最大的效果，卽消耗(Input)少，產出（Output）多。㈢以工作的或生產的數量與質量的多寡與優劣，

---

❽ Rensis Likert, *New Patterns of Management*. 1968, Michigan University Press, pp.4-12.

評定員工成績的高下，並以之爲獎懲的依據。㈣以工作的成果及生產的數與質爲評判機關或企業成敗的指標。

2.以人爲中心的領導——以人爲中心的領導（People-Centered Leadership）在企業管理上亦稱以員工爲中心的領導（Employees-Centered Leadership）。人羣關係學派深知『無人是有效率的，除非他是快樂的，願意作工作的』（No one is efficient, Unless he is happy and he is Willing to Work），所以揚棄以事爲中心的領導而主張採行以人爲中心的領導。這一領導方式的特點如下：㈠摒棄消極性的懲罰與裁制；注重積極性的激勵與獎賞，鼓舞員工的工作精神與士氣。㈡本民主參與的法則，採行分層負責制度，培養員工自動自發的服務精神及主人翁的事業觀念。㈢尊重員工人格，加重其責任心，強化其歸屬感與認同感。㈣適應員工的身心需要，給予合理待遇，解決其生活問題；改善工作環境，維持其身體健康及精神快愉。

四、就權力分配爲分類標準——著者認爲領導涉及權力分配問題。特以此爲標準，將領導方式分爲下列三種❾：

1.集權式的領導——由於領導者支配慾太強，優越感與自信心過甚，對部屬不肯信任，不肯作適當的授權，凡事察察爲明，事無鉅細，事必躬親，謂之集權式領導。這種掌握過甚，『能密而不能疏』、『能操而不能縱』的集權領導，大足以削弱部屬的責任心和自動自發的服務精神，使組織氣候陷於暮氣頹唐，呆滯沉悶而歸於失敗。因爲領導者的功能在於『成事』，不在於『作事』；在綜核名實，因任督責，使部屬各展其能，各盡其責，俾事無不治，乃治之至者。

2.分權式的領導——在分權式領導下，領導者祇決定目標、政策、任務的方向。至於實現這目標、政策、任務，則由部屬自行選擇或決定

❾　張金鑑著動態政治學，七友出版公司，民國六十六年，二三六～二三八頁。

其方法，自由運用，努力達成其使命。領導者祇問效果，不問其過程與細節。這亦可稱之為『效果管理』（Management by Result）。這是『垂拱而治』、『無為而治』的分權式領導。管仲曰：『論材量能，謀德而舉之，上之道也。專心一意，守職而不勞，下之事也。是故有道之君，正其德以臨民，而不言智能聰明。智能聰明者，下之職也。所以用智能聰明者，上之道也。上之人明其道，下之人守其職。上下之分不同任，而復合為一體』❿。慎到曰：『君臣之道，臣有事而君無事，君逸而臣勞。盡智力以善其事而君無與焉，仰成而已。事無不治，治之正道然也。人君自任，而務為善以先下，則是負任蒙勞也，臣反逸矣』⓫。這些理論都是以『道』率衆而不自『任』的分權式領導，善為運用，不失為成功途徑。

　　3.均權式的領導——這種領導方式就是領導者與部屬之間的事權，各作明白的規定與劃分，使各在其事權範圍內，有自立自主之權，可以自動自發的負起責任，以赴事功，不必向上司時時請示。分層負責，分級授權，各人在各人的崗位上有及時斷事及處事的權能。健全的機關就是人人參與，個個負責的組織。淮南子曰：『主術者，君人之事也。所以因任督責，使羣臣各盡其能也。攝權操柄，以制羣下，提名責實，考之參伍，所以使人主秉數持要，不妄喜怒也。其教直施而正邪，外私而立公，使百僚條通而輻輳，各務其業，人致其功，此主術之明也』⓬。這種不偏於集權或分權的均權式的領導，不偏不倚，執兩用中，不失為適當的領導方法。

第四節　權變領導的理論

---

❿　管子(仲)，君臣篇。
⓫　慎子(到)內篇。
⓬　淮南子(劉安)，要略篇。

　　前節所舉述的各種領導方式各有其利弊優劣，很難說那一種絕對好，那一種一定壞。端在適應環境，審察需要，作適當的選擇，隨緣肆應，乘機因便，對症下藥而為權變的運用。權變領導的理論與方法，論者甚多，不一其說。茲舉其中的四種理論於下，以見一斑：

　　一、隨生命成長而為權變領導——譚尼巴讜(Robert Tannebaum)和施密特 (W. H. Schmidt) 於一九七五年著『領導方式的選擇』（How to Choose a Leadership Pattern) 一書，倡『生命循環論』(Life-Cycle Theory)，認為領導方式的選擇應視受領導者生命成長是否成熟為轉移。生命成長的程度，就生理情形講，可分為童年時期、青年時期、壯年時期及老年時期；就心理狀態講，可分未成熟時期、低度成熟時期、中度成熟時期及高度成熟時期。心理的成長和生理的成長並非完全一致。智商高者雖在青年，可能已具成熟人格。智商低者雖至壯年，可能仍是幼稚人格或未成熟人格。所謂『人格』 (Personality) 就是一個人立身處世的一貫作風或角色扮演的形象。成熟人格的特性具有主動性、自主性、複雜性、深刻性、久遠性及優越性。未成熟人格或幼稚人格的特性是被動性、依賴性、簡單性、膚淺性、短暫性及平凡性。對成熟人宜採民主式、體諒性、或以人為中心的領導。對未成熟人宜採專斷式、組織性、或以事為中心的領導。民主與專斷的採行高低視人格成熟程度為衡量與轉移。

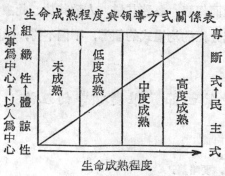

生命成熟程度與領導方式關係表

生命成熟程度	領 導 方 式
未　成　熟	高 度 專 斷 式 高 度 組 織 性 高度以事爲中心
低 度 成 熟	中 度 專 斷 式 中 度 體 諒 性 中度以事爲中心
中 度 成 熟	中 度 民 主 式 中 度 體 諒 性 中度以人爲中心
高 度 成 熟	高 度 民 主 式 高 度 體 諒 性 高度以人爲中心

二、隨教育程度而爲權變領導──受領導者若爲未受教育的無知無識者，以其判斷力、自覺心、主動力的缺乏，宜對之探專斷式、組織性或以事爲中心的領導方式。反之，若受領導者爲受過高等教育的知識份子，以其有較高判斷能力、自動自發的精神及獨立自主性向，對之宜採民主式、體諒性或以人爲中心的領導方式。

教育程度與領導方式關係表

三、隨機關性質而爲權變領導──因機關性質的不同，所應採行的領導方式便隨之而異。軍事機關尚階級，重服從，要命令貫徹，指揮統

一，行動迅速，爭取時效，故宜採專斷的、集權的組織性的領導方式。學術機關重在獨立研究，自由討論，力謀深邃與周詳，故宜採民主的、分權的體諒性的領導方式。

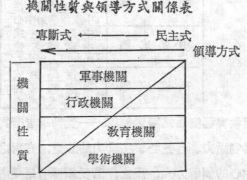

機關性質與領導方式關係表

四、隨上下關係而爲權變領導——費爾蘭 (Fred E. Fiedlen) 於一九七六年著『領導效能論』 (Theory of Leadership Effectiveness) 一書，指出領導方式應視長官與部屬情況而爲機變的應用。他並提示以下列三種情形爲關聯變數：㈠如果部屬對長官信仰、信賴、上下有良好友誼，對長官的命令樂於接受的情況下，宜採民主式、體諒性、分權式或以人爲中心領導方式即可成功。反之，則宜採專斷式、組織性、集權式或以事爲中心的領導方式。㈡機關組織健全，工作分配合理，人員素質較高，宜採民主式、體諒性、分權式或以人爲中心的領導方式。否則，宜採專斷式、組織性、集權式或以事爲中心的領導方式。㈢長官權力強而有效時，可採專斷式、組織性、集權式或以事爲中心的領導方式。長官權力軟弱，威望不振時，宜採民主式、體諒性、分權式或以人爲中心的領導方式。

第五節　領導與影響系統

領導就是長官影響其部屬使之依其意見或命令改變部屬的思想或行

爲的活動。因之，研究行政領導不能不涉及影響系統。茲將影響的意義、影響的方式及互動影響系統，分別論列如次：

一、影響的意義——行政機關是一個層級節制的人羣組織。在這組織中影響行爲是心理系統的一個重要部份。在機關的運作中有多方向的影響行爲進行着，或爲上行，或爲下行，或爲平行，或爲輻射型，或爲網狀型。影響就是由於人與人之間彼此接觸、交往、會談及互動關係能以改變他人的思想或行爲的活動。影響系統所涉及者是在角色扮演中的影響者及被影響者。人的行爲改變或由於他人的言行影響，或由於無生命的環境影響。例如由於晴天突然變得落大雨吹大風，一個人或一羣人就會停止其原定上山健行野餐計劃。不過，行政學上所要研究的影響，乃指人羣組織中由於彼此的互動而發生的行爲改變的活動。

『權勢』（Power）的運用和『權力』（Authority）的行使，都能發生改變他人行爲的影響作用。因之，有人常把這三者混爲一談或互爲換用。殊不知除權勢、權力外，他如知識、能力、思想、信仰、感情等因素亦皆能對他人發生影響。此處所研究的影響包括衆多足以發生影響力的因素，不祇限於『權勢』或『權力』所發生的影響。凱滋（Daniel Katz）和凱恩（Robert Kahn）對影響一詞，曾作有定義說：『影響』係指一切由於人與人之間的交往、共事而產生的足以改變其心理上行爲上效果的活動。『控制』指影響者試圖成功的達到其預期目的影響活動。『權勢』指背後潛伏有強制執行及迫使服從的影響力量。『權力』指合法的影響力量，一個人依法定程序取得地位，卽具有指揮或影響有關人員的『權力』 [13]。

其實，這一定義尚不能算完備。著者在本章第二節曾指出領導權力

[13]　Daniel Katz & Robert Kahn, *The Social Psychology of organizations*, Wiley, N.Y. 1966 p.220

的基礎計有理性、利益、法律、習慣、信仰、知能、希望、情感和力量
九種。在人與人的交往或接觸中，由於這九種因素中任何一種的激盪就
足以發生改變人的思想或行為的效果。這就是影響或影響系統。

二、影響的方式——影響他人的方式很多，舉其要者，計有四端：
一曰競爭（Emulation），二曰建議（Suggestion），三曰說服（Per-
suasion），四曰強制（Coercion Forcing）。茲就此分別論述如次：

1.競爭——比賽就是競爭。如運動場的田徑賽、考試、選舉都可以
說是競爭。競爭的目的在趕上他人或超過他人。他人成為自己追趕的目
標或模範或要超過的對象。因之，這一模範或對象對競爭者便發生影響
作用。競爭含有『見賢思齊』、『力爭上游』、『求勝』及『模仿』的
意義。競爭的目標或模範對競爭者具有『示範』作用。示範就是對他人
的影響。示範的影響不必是人與人之間的直接接觸。經由文字、圖片、
電視、電影等媒介亦可以發生影響作用。

列如，吾人常讀四書，就會受到影響，認為孔子孟子是聖賢，自己
便想教品勵學，謹言慎行，希聖希賢。如果一個人熟讀岳飛、文天祥的
史事和傳記，可能激發起其愛國思想，立志要作民族英雄。有的婦女看
了赫本主演的『羅馬假期』影片，自己亦竟梳起『赫本髮式』。有人看
多了李小龍主演的電影，自己亦起來要學『中國功夫』。打鬥片可能鼓
勵不良少年的打鬥行為。由此足見『示範者』的言行對『競爭者』足以
發生影響作用。模仿是人類的天性。求勝、爭強、學好亦是社會進化的
動力。競爭與示範的關係，就是影響作用。

人與人之間的直接接觸，由於『力爭上游』的競爭，便發生影響作
用。例如，在學校的班級中，學校選定學業、操行、身體均屬優良的學
生為模範，予以表揚獎勵。其他學生受此啟示，便亦努力競爭要趕上或
超過這模範生。這種『模範』與『競爭』的行為，就是影響作用。在行

政機關亦復如是。那些奉公守法，工作努力，成績卓著的傑出公務員，年年考績第一，屢屢加薪晉級，獲得表揚、記功、嘉獎，便成爲其他公務員的『忌羨』對象或『榜樣』。他們對這『榜樣』遂起『有爲者亦若是』的競爭心，乃大力改進自己的工作與行爲，謀求趕上或超過那些傑出者。

2.建議——建議就是向他人提出意見、計劃或提議，希望他加以考慮而予以接受或採取行動。建議是此人與彼人或此人與多人之間的直接性的有意義交往或交涉。這是一種明顯的影響他人的活動，希望接受其意見或依其計劃採取行動。建議所希望的可能是立卽的行爲或長期以後的行爲。如其建議不爲他人所接納，則建議歸於落空，卽失敗。在一般的情形下，建議方式最可提出的時機，是同時有若干可行的意見、計劃、方案或途徑，就此加以分析，比較其利弊得失，而指出那一種是最佳的，宜予以採行。如果這種選擇或勸告不爲他人接納，仍可就其餘的加以選擇，再進行建議或勸告。建議僅是顧問性的行爲，並無任何拘束力。

3.說服——說服是影響者向被影響者施行相當的『壓力』，或運用一些『誘導力』，藉以打動其心意，引起其同情或共鳴，因而接納影響者的說法，而採行其所要求的行動。說服方式不止一端，茲舉六種如後：

(1)訴之以理性——人是理性動物，對之用力不如講理，人多向理性低頭，所謂『以理服人者，衷心悅而誠服也』。影響者對被影響者若能訴之於理性，講之以道理，當可得到良好的反應或支持。昔石碏諫衞莊公寵州吁曰：『臣聞愛子，敎之以義方，弗納於邪。驕奢淫佚，所自邪也』。召公諫周厲王止謗曰：『防民之口，甚於防川。爲川者決之使導，爲政者宣之使言』。這都是以理性說服他人的事例。

(2)嚇之以利害——人都是趨利避害的。要人如何趨利避害，必能說服他人。晉文公、秦穆公帥師圍鄭，鄭伯遣燭之武夜至秦營，說曰：『秦晉圍鄭，鄭知亡矣。若亡鄭有益於君，敢以煩執事。越國以鄙遠，其難也。焉用亡鄭以倍鄰（指晉國），鄰之厚，君之薄也』。秦師乃還。李斯諫秦王止逐客令曰：『今逐客以資敵國，損民以益仇，內自虛而外樹怨於諸侯，求國之無危，不可得也』。因之，秦王乃除逐客之令。

(3)動之以感情——人非木石，孰能無情。影響者向被影響者以感情動之，當可博得其同情與支持。申包胥泣秦庭，就是要用感情感動秦王，使之出兵救楚。曹丕欲殺曹植，植七步成詩曰：『煮豆燃豆萁，豆在釜中泣，本是同根生，相煎何太急』。這是動以手足之情，而求免死。武則天欲立姪武三思為後，狄仁傑諫曰：『姑姪與母子孰親？陛下立盧陵王，則千秋萬世，常受享宗廟。三思立，廟不祔姑』。則天感悟，乃迎立盧陵王旦。這些都是以感情影響他人的事例。

(4)證之以事實——事實勝於雄辯，以事實去爭取人的支持或去影響人，較之說空話有效的多。李斯上書諫秦王止逐客卿。列舉客卿由余、百里奚、蹇叔、丕豹、公孫支、商鞅、張儀、范雎相秦致富強，成霸業的功勳。秦王乃除逐客令。

(5)激之以憤慨 —— 國父 孫中山先生倡導革命，揭發滿清政府的腐敗無能，喪權辱國； 蔣總司令介石統師北伐，斥責北洋軍閥橫徵暴歛，殘民以逞，禍國殃民，都在激發人民的愛國仇惡的義憤，促其起而贊革命，助義師。徐敬業興師討武則天，駱賓王為之草檄文有云：『偽臨朝武氏者……虺蜴為心，豺狼成性，近狎邪僻，殘害忠良，殺姊屠兄，弒君酖母，人神之所共嫉，天地之所不容』，蓋所以激民憤，助討伐。

(6)宣之以大義——影響者要博得被影響者的支持，宣之以大義，亦

是一種有力的說服方式。尤其是對一般人民的影響，更當如此。例如說，我們要保密防諜，乃是爲了維護國家利益、社會安全、民族生存。我們禁演色情影片，乃是爲了維持公共道德，善良風俗。我們要復國建國，一定要實行三民主義，復興中華文化，維護民主憲政。諸葛亮出師表有言曰：『漢賊不兩立，王業不偏安』，亦是宣之以大義的號召。

4.強制——以強制方式強迫影響他人或逼之服從者，計可分爲兩類：一是以實力爲威脅，使人不敢不聽話，不敢不服從。例如強盜持有刀劍、砲彈、手槍，可以致人死命，只得屈服於威迫之下。二是以裁制爲手段，使人不得不服從。長官對部屬有記過、免職、減薪等裁制權力，部屬畏懼裁制，自然要唯命是從。警察、法官所以能命令他人，因爲他們有依法懲罰他人的強制權力。

三、互動影響的系統——系統是有關事物依一定關係或秩序而組成的結合體。由於人與人之間的接觸而發生思想或行爲改變效果者，謂之影響。這種作用發生的因果、程序、要素、勢力等關聯事態，可稱之爲互動影響系統。玆將互動影響系統的路線、種類、要素、勢力分論如次：

1.互動影響的路線——路線指人員接觸的機會和思想溝通的管道。一般說來，在層級節制的機關組織的體系中，互動影響的進行，常遵循着組織系統表上所規定的路線。上級以命令、指示等影響下級；下級以報告、陳述等影響上級。平行的各單位間以會稿、會報、會商等相互影響。系統分明，條理井然。但這僅是正式影響的正常路線。除此之外，機關中的成員尚有很多的接觸機會和溝通路線，都成爲互動影響的途徑。同事間的社交活動、康樂活動、團體活動、同鄉、同學的聯誼等，都可以發生影響作用。其路線是四通八達的，多方向的。

2.互動影響的種類——依有無法令依據爲標準，互動影響可分爲正

式互動影響和非正式互動影響。長官憑法定權力令部屬從事工作或採取行動；部屬依法定職責向長官報告事實，陳述意見，謂之正式影響。機關中的職員及與外界有關人員間由於不束形式的自由的、自然的接觸或交往而產生的影響作用，謂之非正式影響。

依有無預謀或人為設計為標準，互動影響可為計劃性的影響和非計劃性的影響。政黨競選政綱政策的宣傳及候選人在政見發表會上的競選演說，都屬於計劃性的影響。由於朋友間的閒談，家人父子兄弟間的接觸，或看電視、電影、閱讀書報而產生的影響，謂之非計劃性的影響。

依有無明顯意識為標準，互動影響可分為顯性型影響和隱性型影響。學校的公民教育、政黨的政治宣傳、政府的政治報導與傳播、政治人物的競選講演等屬於自覺性的、有意義的、有目的的顯性型的互動影響。家庭生活、友輩交遊、社交往還、康樂活動等屬於不自覺的、潛意識的隱性型互動影響。

四、互動影響的要素——互動影響的完成，必須有三個不可缺少的要素。第一是資料（Informations）。要影響他人必須有所要影響的內容和資料。例如自己要他人接受的意見、計劃、方案、知識、情感等。第二是人員（Persons）。互動是人與人之間行為或活動。影響必須有影響者和被影響者。機關中的所有工作人員及外界的有關人員都是影響者與被影響者。第三是工具（Instrumentalities）。工具包括機關的一切設備、機器、金錢、物料、書籍、報刊等。

五、互動影響的力量——能對他人發生影響的力量或勢力，為數甚多。舉其要者計有以下諸端：㈠實力（Forces）——足以以實力威脅他人逼使服從的武力、毀滅力、體力和可以裁制他人的懲罰權力等都具有命令人的影響力。㈡能力（Ability）——凡足以解決問題、處理事務，而產生一定效用的才智謂之能力。有能力的人，就是為人所需要的人。

所以能力足以影響他人。㈢知識（Knowledge）—— 知識就是力量。無知識者自然會聽從有知識者的指示。那握有指揮大權的國防部長常聽從原子彈專家、飛彈專家的意見，就是知識所產生的影響。㈣財富（Money）—— 金錢或財富是生活上不可缺少的資源。財富具有命令人支配人的鉅大力量。㈤聲望（Prestige）—— 由於一個人的才能優異或品格高尚或輝煌傑出的事功成就，他人對之發生自然而然的景從與宗仰。這種的影響力謂之聲望。㈥思想（Thought）—— 理性完備的思想，如孔孟學說；具有鼓惑煽動性的理論如馬克斯主義；洛克、盧梭天賦人權一律平等的自由民主思想，對人類社會都有很大的影響力。㈦情感（Love）——對誰有情感，對誰有愛情，誰就會影響你。歷代的女禍及閹患，都是因為皇帝對后、妃、宦官有愛情有感情，受到他們的影響和操縱。㈧權力（Authority）—— 取得法定地位或職位的長官，對其部屬就有命令與指揮的權力。權力對他人具有影響力及支配力。

第六節　領導人物的條件

一個領導人物必須具備怎樣的條件，才能成功呢？關於這一問題，論者的答案，並不一致。不過扼要以言之，計有下列五說：

一、一般品能說（*General Traits Theory*）—— 持此說者，認為一個人只要具備了某些的德行和才能，便無論在什麼地方都能成為領導者。儒家認為溫、良、恭、儉、讓的良好品德修養和仁民愛物的君子之風，乃是成功領導者的一般條件。而法家則認為善用權術及威勢統治，重刑罰，嚴法令的品能，才是成功領導者的必要條件。這是傳統的理論，已屬陳舊，且考之實際，亦行有不通。若為敎會的領導者，溫、良、恭、儉、讓的品能是有用的；但若以之領導流氓團體、太保幫派、戰鬥組織必歸於失敗。

二、情勢需要說 (*Situational Needs Theory*)——持此說者，認為領導者應具備的條件，視情勢需要而定，即隨所領導的團體性質、人員品質、所處環境的不同情況為轉移。此派的代表人物是美國的巴納德 (Chester Barnard) 及李皮特 (R. Lippit) 等。教育會、青紅幫、工會、農會等團體的性質不同，會員素質大有區別，其領導人物應具備的條件亦自然有所變異。羅斯福是美國民主自由社會的產物。史達林具有冷酷無情寒帶國家的特性。艾登是英國紳士型社會的領導者。先總統蔣公中正具有中國優良傳統文化高度素養，故能成為中國英明的成功領袖。社會特性不同，則領導人物應具備的條件，亦隨之而異。

三、功能要求說 (*Functional Demands Theory*)——領導者應具備何種條件，不但隨所領導的團體性質及所處的社會環境而異，且視其所擔當的責任、負荷的功能或所要達成的任務而有所不同。如要完成軍事作戰任務，領導者應具備勇敢、堅定、無畏等條件。那和平、安祥、溫良的人則宜於從事教育任務。若要領導學術研究工作，則應具備博學、審問、慎思、明辨的研究精神及博訪周諮，虛懷若谷的民主修養和風範。

四、交互影響說 (*Theory of Interaction Influence*)——持此說者，認為領導就是使人改變其思想與行為的影響活動。但是所謂影響並非絕對的，而是相對的；並非單方的，而是雙方的。要影響他人，必須先瞭解他人。要瞭解他人，必須聽取他人的傾訴。如聽取其傾訴，你便受到了他人的影響。因之，領導乃是一種交互影響或交互行為。從此觀點以言之，優良的領導者，固然要有說服他人，表率他人的能力；同時亦要有認識他人，瞭解他人，適應他人的能力；同時要有虛懷若谷，從善如流的民主風度和雅量。領導者亦要有創造『觀念』及把他推售於從眾的能力。但他創造觀念不能憑空而來，須根據從眾所提供

的資料、意見與要求。成功領導者的條件，應是從衆羣性的結晶、反映或代表。

五、共同條件說（*Theory of Common Factors*）──儘管領導者應具備的條件隨團體、環境、功能的不同而區異。但不論那種團體、何種功能、何種社會或環境，領導者卻有其共同的不可缺少的條件。著者認爲下列的條件，是任何領導者所不可或缺的：㈠身體堅強，精力充沛。㈡意志堅定，不屈不撓。㈢智慧較高，具有創造力。㈣具有洞察力，能識機先。㈤富有責任心，以團體的成敗爲己任。㈥富有熱情與同情心，關心部屬的生活與利害。㈦樂觀進取的積極精神。㈧意見的有效表達能力。㈨推售觀念及說服他人的能力。㈩團結及組織從衆的能力。

第七節　行政領導的準繩

一、原則──領導者對部屬或從衆，要作成功的領導，須遵守下列的原則：

1.思想溝通的原則──領導是要他人依領導者的意志，與之採一致的行動，故領導乃是思想問題，不能全靠權力的行使。如認爲祇靠命令卽可得到欣然順從，則誤矣。得天下者得民心。領導者要想從衆景從，只有在『思想會合』（Meeting Minds）及『共同瞭解』（Common Understanding）的情形下，才能成功。領導從衆或部屬在能博得其信仰與敬服。這是思想溝通的工作，不是命令與權威所能濟事。以思想服人者心悅而誠服也。斧鉞不足以屈仁人志士之節，思想卻能使人視死如歸。人的行爲乃是思想的表現。所以領導者須以思想溝通爲前提。

2.相互影響的原則──領導應是雙軌的，上下之間交互影響。領導者在作決定前，應聽取部屬的意見，並使之提供資料，以爲作決的依據或參考。以此程序所作的抉擇，所下的命令，才能通行無阻，獲得部屬

的誠意支持與執行。否則，將會發生『陽奉陰違』的偏差，或『暗中抵制』的危機。領導者不可自用其智，自用其力，應集衆智以爲智，聚羣力以爲力。博訪周諮，集思廣益，爲領導的重要準則。能聽取部屬的意見，能瞭解下屬的實況與眞相者，才能作成功的領導。

3.民主參與的原則——專斷的領導，使部屬被動、消極，流於暮氣沉沉，因循敷衍。成功的領導要使機關的成員人人負起責任，並發揮其應發揮的功能。對機關的決策有參與的權利與機會；對機關的業務有充分瞭解及檢討的管道；對機關的問題有發言及提供意見的許可。在人人負責，人人盡力，人人參與的情形下，養成人人主人翁的事業觀及自動自發的服務精神。只有民主參與的行政才是最有效率，最經得起考驗的行政。

4. 智能運用的原則 —— 領導不可靠權勢或權力以命令方式強人服從；要憑自己的智慧、知識、人格、思想及技巧，博得部屬的歡心、信仰與敬佩，而肯欣然的景從與聽命。長官的權力，要獲得部屬的承認與接受，才能發生實際效力。獲得權力祇是領導工作的開始，並非其完成。領導者獲得領導權力後，更須運用智能，使部屬欣然接受其權力。長官權力的大小視部屬接受與承認程度的強弱爲轉移。如何得到部屬的承認與接受，要靠長官的智慧、知識、思想、能力及技巧的適當運用。

二、綱領——領導者要作成功的領導，必須把握若干重點。領導的重點或綱領，在於把握下列的要旨：

1.以身作則，人格感召——以高尙品德，良好行爲及高風亮節表率羣倫，藉以博得部屬的信仰與敬佩，自然發生領導作用與命令力量。因爲言教不如身教；其身正不令而行；其身不正，雖令不從。

2.面對現實，解決問題——長官在機關中的重要責任，就是在解決問題。他是『困難的解除者』 (Troubles-Shooter) 。一個長官對面臨

的困難問題要挺身而出，豎起脊柱，抱定勇氣，面對現實，解決問題。那逃避現實，因循敷衍，推拖掩飾者必定失敗。

3.信任部屬，敢於授權 —— 首長不能自己一人處理機關的一切事務，必須假手於部屬。疑人不用，用人不疑。機關既已設位分職，對所有的部屬便當因位而授權，依職而督責。首長的功能在綜名以覈實，因任而督責，在於『成事』，不在於『作事』。成功的領導者在能實行分層負責，分級授權；切不可察察為明，事必躬親。

4.提示目標，協力以赴 —— 首長在確立機關目標，決定政策與方針，使部屬深切瞭解之，信任之，支持之；並給予指示，提供希望，施以激勵，切加督察與考核，使部屬向此目標，依此政策，循此方向，踴躍熱烈的共赴事功，達成任務。

5.適應人性，施以激勵 —— 人都是自我中心的，具有自尊心，表現慾及追求生活滿足的意願。因之，領導者應瞭解人性，適應人性，尊重部屬的人格，本民主參與法則，使之自動自發的負責，有完成工作，表現才能的機會；施以激勵，相當的滿足其生活慾望，俾在心情快愉的情況下，奮勉努力，發揮內在潛能。

6.意志堅定，不屈不撓 —— 機關首長在推進業務，完成任務的進程中，必然會遭遇到種種困難與挑戰，故彼必須有堅忍不拔的意志和不屈不撓的精神，勇毅以赴之，堅持到底，克服困難，消除障碍，以達於成。因最後之成功者屬於最後之努力者。

7.大公無私，任勞任怨 —— 領導者對人處事，要一本誠正公平，不偏不私，一秉至公，既不以私害公，亦不假公濟私，合乎法，本乎理，正直不倚，廓然大公，問心無愧，心安理得，縱有勞怨，坦然置之，欣然受之。

8.設身處地，關心部屬 —— 首長不可祇站在自己的立場，或只顧機

關方面的利益，一味唱高調，喊犧牲小我，成全大我。這是『一廂情願』的如意算盤或一偏之見。首長應設身處地，易地而處，關心部屬的生活，解決其困難問題，使機關與個人同時獲得利益與滿足。

9.堅守原則，信重然諾——領導者對人處事，均須依據法律，遵循制度，信守原則，才能齊民使衆，去私塞怨。否則，漫無標準，必導致混亂。對部屬的要求不可輕諾寡信，合理合法者欣然接受；其悖情背理者毅然拒絕。必須言而有信，實踐諾言。輕諾寡信，口惠而實不至，必招致怨尤。

10.虛懷若谷，從諫如流——成功的領導者，決不可剛愎自用，自傲自是，深拒固絕；要有開放的心胸與度量，肯接受他人意見，見善如不及，從諫若納流。部屬常能提出比長官所見更高明的見解。

11.尊重專家意見——在科學時代，知識領域非常廣濶，包羅萬象，異常複雜，分門別類，高度專門化。領導者一人之所知，極為有限，故須尊重專家意見，以他人之長而補自己之短，『知之為知之，不知為不知，是知也』；不可強不知以為知。

12.隨時謀求改進——科學的精神，在於不斷的求進步與革新，精益求精，日新又新。所以成功的領導者，不可滿意現狀，要繼續不斷的謀求革新與進步。滿意現狀就是落伍。落伍就會歸於自然淘汰。尤其在今日競爭劇烈的世界，不能趕上他人，超過他人就是落伍的失敗者。

第八節　領導人物的類型

就領導權力的基礎或來源以為觀察，領導人物的類型，計可分為下列七種：

一、**理性的領導人物**——理性領導人物的地位基礎，建築在兩種權力上：一是信任的權力，一是歸屬的權力。前者是由於他的品德良好、

成就卓越、才能出衆或知識淵博，　引起人們或部屬的尊重、敬愛或信仰，衷心擁戴，自然服從。後者是他在從衆中建立有強烈的認同感，乃衆望之所歸；他以從衆之利益爲利益，以從衆之需要爲需要，領導者與從衆合爲一體，打成一片。堯、舜、禹、湯、文、武、周公、孔子、孫中山、　蔣中正都是中國理性的政治領袖和行政的或社會的領導人物。由於他們的德業感召，勳功彪炳，澤及萬民，衆人服從與擁護，乃是自然而然的，並無任何外力的假借，　所謂以德服人，以理獲衆，以功邀敬。從衆對他的擁護與服從，實基於內心的理性與良知，心甘情願，認爲乃事理之當然，衷心悅而誠服。

二、合法的領導人物——由於法律的授權或規定取得領導地位者，謂之合法的領導人物。習慣是不成文法，經大衆的默認而生效力。法律是成文法，亦卽制定法，包括憲法、法律、條例等，經立法機關通過，由國家元首明令公布發生效力。無謂習慣法、成文法皆是人羣生活及行爲的準繩和規範。政治團體或行政機關都是人羣的結合，自不能不有法規維持其團結與秩序。合法的領導人物，就是依法律或規章，取得命令他人的權力使之服從的人。依法產生的各級政府的首長如總統、院長、省長、部長、市長、縣長等都是合法的領導人物。這種領導人物依法以行事。部屬服從他的命令，就是服從法律。人民爲什麼要服從法律呢？舉要言之，其原因如下：㈠法律代表民意，乃輿情之所寄，服從法律就是服從大衆，包括自己在內。㈡法律是爲人民謀利益的工具，服從法律，就能使自己得到利益。㈢法律的本質代表公理與正義，服從法律就是服從理性。㈣法律的背後有實力作後盾，如不服從，會受到懲罰。

三、傳統的領導人物——以傳統權力爲基礎，能使人服從與擁護的人，謂之傳統的領導人物。傳統權力具有以下的特性：㈠有相當長期的歷史背景和淵源。㈡以服從的習慣作有效的支持。認爲服從他乃事理之

當然，因沿成習，並不置疑；既不問有無理由，亦不管是否合法。服從與擁護乃是依例行事的習俗。羅馬教皇和歷代世襲君主就是傳統的領導人物。草昧時代，人民知識不開，迷信神鬼，巫覡祭祝以能知天通神，驅邪防鬼，遂博得人民的信從，而居於領導地位。這種領導權力世代因襲，巫覡祭祝演變而爲各種神職人員如和尚、道士、牧師、神父、主教、教皇、教主等。君主的地位是由太古的酋長地位衍化而來。古之酋長機智勇敢，善戰能鬪，智能超羣，遂能受衆擁戴，居於領導地位。其後，其子孫嗣位，雖智勇不如其父祖，從衆仍依從前的傳統的服從性，轉移給他們。所以其領導權力係以傳統性的服從爲基礎。

四、革命的領導人物 —— 革命的領導人物係以人格感召、思想激發、理想指引及組織宣傳等方法博致從衆的狂熱的誠篤擁護，虔摯的支持及甘心情願的服從的政治領袖。從衆視革命領袖猶如解除痛苦的救星，坦登道岸的普渡舵手，照耀前進的火炬。他在從衆的心目中是神秘人物，有無比的魔力。所以革命的領導人物常視之爲超人的領袖或神話的領袖。革命領袖的權力基礎，建築在期望的熱誠的羣衆信仰上，代表新興的社會勢力或政治力量。從衆擁護革命領袖，是因爲他乃是正義之所在，公道之所繫，幸福之所望，爲實現理想之所寄託。商湯、周武替天行道，弔民伐罪，誅伐夏桀殷紂；　國父孫中山先生秉民族大義倡導國民革命，推翻二千多年的專制政體，建立民主共和的中華民國，都是革命領袖的典型人物。

就領導者與其從衆間的關係以爲觀察，領導人物的類型，計可分爲下列三種：

五、從衆驅策者——這種領導人物，憑藉權勢以御衆，仗恃力量以制人。如有不服從者即行使其強制權力予以懲罰。從衆懾於威勢之下，不得不作勉強的服從。以力服人者，非心服也，力不贍也。這種領導人

物的權力基礎是脆弱的，不穩固的，經不起考驗，遇不得風波。這種專斷的人物，實在說，不能視之為領導人物，而是從眾或部屬的鞭韃者。人非牛馬，那能用對待牛馬的方法，去對待萬物之靈的人。人只能以智取，以理服，那可以力壓。專斷的控制，祇能收效於一時，不能維持於永久。以德興仁者王，以力假仁者霸。霸道乃戰亂的根源，非處人治事或治國平天下的正道。這種的領導人物，可舉以下幾人為代表：㈠秦始皇嬴政以戰滅六國，成統一之局，屬行專制，箝制思想，壓迫人民，自以為關中之固，沃野千里，可保子孫帝王萬世之業，孰知霸道不足恃，暴政難持久，凡三世一十五年而竟滅矣。㈡蘇俄的殺人魔王史達林，迷信武力，一意孤行，大肆殺戮，人人自危，不知命在何時。那知一旦瞑目，即遭怨眾蜂起，以憤怒無比的仇恨，屬行無情的鞭屍運動。㈢義大利墨索里尼、德意志希特勒都信行法西斯主義，強力控制，剝奪人民的自由權利，屬行泰山壓頂的統治，橫行一時，兇焰萬丈，那知不多年間即國敗身亡，結局之慘，非其始料所及。

　　六、從眾擁護者——這種領導人物的命令與指揮的力量是以信任權力及革命權力為基礎。理性的領導人物和革命的領導人物都屬於這一類型。從眾擁護的領導人物所以能得到從眾的擁護，其原因不外以下諸端：㈠由於他的品德完善，受人敬重。㈡由於他的智能超羣，為眾所信服。㈢由於他的功德勳業在民，為人所感戴。㈣由於他的思想和理想的號召，為眾望之所寄，樂於景從。從眾對他的服從與擁護，出自內心，心甘情願，自然而然，毫不勉強，心悅誠服，猶如七十子之從孔子也。這種領導人物的自身好像具有熱力與磁力，能以吸引從眾，能以團結從眾。從眾對他的服從、支持、擁護，率能維持於長久，並非一時的短暫現象或偶然的結合。孔子德教廣被，為萬世師表。文天祥、史可法殺身成仁，忠烈典型，永光史冊。孫中山、蔣中正革命救國，建蓋世勳

業，永垂千秋令名。

七、從衆的代表者——這種領導人物所以能獲得其領導地位及對從
衆的影響力及命令力是以歸屬權力、認同權力、合法權力爲基礎。從衆
所以要尊重他、服從他的原因，並不是因爲他才能出衆，勳功彪炳，思
想感人或品德足式，而是因二者之間有認同關係，以團體意識及認同感
的情感爲維繫靭帶。『和尚不親帽子親』，『咱們都是一家人』。友羣
之愛，團結心情，相互依存，共同利益，促成從衆代表領導人物的產
生。工會的會長、農會的會長、商會的會長、同鄉會的會長、同學會的會
長等都是由於認同與歸屬關係而產生的從衆代表性的領導人物。今天的
日本的裕仁天皇和英國的伊麗莎白女王受到人民的尊重與景從，不是因
爲他們掌握有駕御從衆的實力，亦不是因爲他們有超羣出衆的才能，亦
不是因爲他們有澤被萬民彪炳勳業，而是因爲他們乃是依傳統習慣衆所
公認的日本和英國的團體或人民的代表人。經由合法程序選舉的總統、
省長、縣長、鄉長等亦屬於羣衆代表性的領導人物。這一類型的領導人
物，乃是從衆發言人，以從衆的意志爲意志，以從衆的利益爲利益。旣
無強力對從衆作嚴厲驅策或鞭韃，亦不一定靠才智、能力、品德、思想
等實質的認眞引導；他祇能隨緣從衆，設身處地，易地而居，站在從衆
的立場採取行動或發表意見。從衆代表型的領導人物乃是羣策羣力的協
調者，衆志成城的集中者，雖非特立獨行的豪傑，但地位亦頗爲重要，
亦是羣龍之首，蜂羣之王，不可缺少的人望。梁山泊山上『聚義堂』的
晁蓋、宋江亦非依恃強力的統治者，而是衆家弟兄的代表或『老大』。
幫會的首領亦是要凝結從衆的心聲，喊出代表性的口號，說什麼『有福
同享，有禍同擔，有飯大家吃，有錢大家用』的口號，以認同的感情以
爲團結與領導。

第十七章 意見溝通

第一節 意見溝通的性質

一、意義——一個機關不僅是權力分配體系，同時亦是全體職員間意見溝通，感情交流的心理狀態。各個不同的機關，就職權分配的形態言，都是層級節制體系，無甚區別。然各機關所表現的服務精神和工作情緒則大有差異。其所以致此之由，視其有無有效的意見溝通爲轉移。意見溝通就是使機關職員對機關的目標、政策、業務、問題等獲得共同瞭解，使思想一致、精神團結的方法和程序。權力係以共同瞭解爲基礎，若無意見溝通，形成一致思想，便難有權力的產生。溝通是要把機關各部門各單位的不同人員從思想會合及意見一致上聯繫起來，結合成爲分工合作的團體。意見溝通的目的在促成機關人員間的互信共信。互信立則團結固；共信生則行動一。

二、重要——在現代的行政機關中，意見溝通實佔有重要的地位。其理由如下：㈠現代的行政機關多是組織龐大，人員眾多，業務複雜，並高度專業化，利害衝突，意見分歧，極易發生衝突與摩擦。意見溝通

即在於消除這些弊害。㈡行政就是機關職員以集體的努力，達成共同目的與使命。意見溝通即在於從思想會合及共同瞭解上獲致這種合作。㈢一個機關乃是一羣工作人員對職責的瞭解，團體意識的感受及服務精神的表現所形成的一種心理狀態。意見溝通就是要從精神感應，意見交流上加強團體意識、責任心、榮譽感及提高士氣與服務精神，建立健全合理的心理狀態。㈣在龐大的機關組織中，若無四通八達，自由交流的意見溝通的路線與方法，必難以維持機關的團結與效率。㈤在有效而迅速的意見溝通下，足以應付緊急事件，免遭意外損失或不幸事故。㈥在有效的意見溝通下，足以瞭解機關實況，易於作對症下藥的措施及切合實際的決策與決定。

第二節　意見溝通的障碍

一、**地位上的障碍**——機關組織乃是一層級節制體系。意見經過層級傳遞，傳遞者每由於有意或無意的選擇或誤解，把原意歪曲，走了樣子。每經過一層級便發生一次的變質，與原來的意思越離越遠。層級不同便形成上下地位的不同。下級地位的人員每存自卑心理與自保心理，不敢或不肯向上級地位者坦白而痛快的陳述意見。而上級地位的人員，每存自是自傲心理，不輕易向下級地位的人員開口或表示意見，以保持其尊嚴與神秘性。因之，上下之間存有隔閡，意見無法自由交流，使機關失去融容和樂氣象。

二、**地理上的障碍**——機關的工作單位，多分散在各地，地理上有相當距離，既不能作面對面的直接交談，暢快的交換意見，相互瞭解，而文書傳遞，又需要相當時日，每不能把握時效，及時解決問題。兩地縱然可以電話溝通意見，但隔地通話，不能見及對面表情與反應，亦不能作盡情的、完全的意見溝通。

三、語文上的障礙——意見溝通依賴於語言和文字。而語文僅是代表事物的符號。其代表性是很有限的，藉此並不能表達事物的全體與眞相，意義含混晦澀，內容有欠明確，聽者讀者領會不同，解釋不同，既足以引起誤會，又能以導致分歧。況且眞實的事物是隨時變動不居的，而語文則是較爲固定的。以呆板的語文表達活動的事物，自然是不夠，不眞切的。

四、心理上的障礙——由於下列的心理因素，意見溝通便會遇到障礙：㈠首長的理想與部屬的需要常是不一致的。觀念不同，利害不一，成爲意見溝通上的障礙。㈡機關首長常不認識意見溝通的重要性和需要，對此不肯作有計劃的積極推行。㈢首長多有自是自傲的心理，認爲自己什麼都知道，都明白。部屬不必多報告，自己亦不必多徵詢意見。㈣首長多有集權專斷的思想，存『民可使由之，不可使知之』的心理，認爲只要以命令行事卽可，不必多所討論或說明。㈤下級對上級多存畏懼心理，自覺多一事不如少一事，應報告之事亦不肯報告，應提出的意見亦避而不提，以免引起上級討厭。㈥上級對部屬的報導或宣佈，每多是官樣文章，宣傳一番，不提錯誤，不講困難，眞相不肯和盤托出。㈦部屬對上級的報告，一味逢迎，報喜不報憂，提好不提壞，歪曲事實，隱蔽眞相。㈧謠言與耳語作祟，不脛而走，不翼而飛，廣泛流傳，引起誤會與錯覺。

第三節　意見溝通的種類

一、正式意見溝通——此種溝通乃是配合機關正式組織而產生，依層級節制體系而運用之。所謂正式組織乃是依法律規定而建立的。正式意見溝通就是依此法制體系而作有計劃的訊息傳遞及意見交流。溝通的目的,在使全體員工瞭解機關的目標、政策、計劃及各人所承擔的職責；

並將員工的建議傳達於各有關的工作與管理部門。正式的意見溝通，包括：㈠經由機關正式組織系統發佈命令，傳遞公文書。㈡機關所召開的正式會議與會報。㈢機關正式頒佈的法令、規章、佈告、手冊等。㈣機關正式發佈的公告、通知、公報等。㈤機關的上司與部屬間因公務所作正式接觸、接洽與會談。㈥下級對上級所作的報告、建議、申請等。

二、非正式意見溝通——這種溝通方式建立於機關員工的社交及感情上，乃是由於人與人間的交互行為而產生。其所表現的方式並非固定的，實具有多變性與動態性。非正式的意見溝通包括以下各端：㈠機關員工間的非正式接觸、社交、往來與友誼。㈡非正式的宴會、聚餐、郊遊、閒談等。㈢謠言及耳語的傳播與流行。非正式溝通能以傳遞無法或不願傳遞的訊息與資料；並藉此發洩員工的憤怨或不滿情緒，以和緩其緊張心理；但亦可能造成以下的不良後果：㈠歪曲事實，誤傳訊息，造成不必要的誤會與事端。㈡妨碍或削弱了正式權力的效力及其行使。㈢使命令推行發生若干阻力，致合作發生困難。主管人員應善為利用非正式意見溝通，謀有以糾正或防止其不良傾向。

第四節　意見溝通的要領

一、準則——要作有效的意見溝通，須遵守以下的準則：㈠溝通上所使用的語言文字須具準確性，並說明理由、目的與方法，不可含混模棱。㈡溝通所使用的語言文字須適合接受者的教育程度，使之能有充份的瞭解。㈢溝通所使用的語言文字，應是充分的，足用的，不可失之簡略，對內容表達不明。所謂充分與足用，不僅指數量，而且包括質量。㈣溝通的文字與語言發出要切合時機或時效，不可過早或過遲，要使接受者有足夠的時間採取行動。㈤溝通行為或活動應適可而止，以能促成所期望的反應為度，不可過多或過繁，以免招致反感；認為是不必要的

麻煩或囉嗦。㈥對同類人員希望獲致相同反應者，應採用相同的溝通方式；否則，會引起誤會或猜疑。㈦溝通的內容不可過於繁瑣或太硬性，應具有相當的伸縮性或彈性，俾能作因事制宜的運用。㈧良好的溝通應具有鼓勵性、啓發性及誘導性，藉以引起接受者的興趣，使之樂於接受。

二、要素——推行意見溝通須注意到以下的各要素：㈠溝通的發動者（Communicator），如發言人、發令人、建議人，即負責作有意思有目的的語言與文字的傳遞者。所作溝通發佈應統一一致，不可分歧混亂。㈡溝通的路線或程序（Transmission Procedure），即意見傳遞應有一定的媒介與路線，如收發室、傳遞中心、公告處等均屬之。㈢溝通的程式（Forms of Communication），即命令、規則、手冊、通知、報告、申請書、公函等均屬之。法律、規則係作一般的應用。命令、通知乃對特定事務的指示。手冊、規範等乃是不甚正式的溝通媒介。㈣溝通的接受人（Recipient），凡機關的有關人員及單位皆是溝通的接受者，不可遺漏，傳遞要普遍而有效，確實達於各接受人；機關不可過分保密。㈤所期欲的反應（Desired Response），溝通發動後，應得到所期欲的反應，如正式的復文或回答均不可疏忽。

第五節　意見溝通的方式

一、下行溝通——上級的意思要明白切實的傳達於下級，使之明瞭之。在下級的明瞭下，上級的意思或命令才會成功的實現。其所使用的方法，不外口頭的指示、命令的發佈、公報、手冊的印行、公告、通知的流傳。他如計劃與方案的頒行及政策的宣佈，亦是上意下達的方法。上意下達要合乎事實需要，要有準備、有計劃、要明白確實。命令、指示發佈後，要有『追踪』（Follow up）考核，以謀其實現。上級佈達的語言文字與內容要符合接受者的知識與能力；並顧及與經費、設備、

時間和人力的配合。上級所作的要求必須是合理的，行得通的。命令或指示的內容不可含混，不可繁瑣，亦不可太硬性。命令與指示應說明其理由、需要和利益，期以引起接受者的興趣與執行意願。

二、上行溝通——下級的意見與事實應儘量的報達於上級。上意下行，下意上達。上下方能打成一片，融爲一體。下情上達的主要方法，就在於向上級及時的、充分的提出書面的口頭的、定期的、特別的、一般的及專案的各種陳述與報告。良好有效的報告，應注意以下的要點：㈠及時提供，以免失去時效。㈡明白確實，具體扼要。㈢凡有關事項應歸併在一起或一案中以免掛漏與分歧，而成一完整報告。㈣頭腦冷靜，態度客觀，就事論事，不可夾雜主觀喜怒好惡於其間。

三、平行溝通——這亦稱之爲橋形溝通。上下溝通則稱之爲梯形溝通。橋形溝通在謀同等單位間及同輩（Peers）人員間的思想會合及相互瞭解，藉以獲致合作精神及協一步趣。爲達到此一目的，所使用的重要方法爲有關單位及人員間舉行會議、會報、會商、會稿、會簽等。各單位及人員間所使用的有關資料、文件亦須儘量的流通與交換。梯形溝通，層級傳遞，上下往還，行動迂緩，牽延時日，每易貽誤事機。而橋形溝通則直接捷便，能以爭取時效。平行溝通雙方要拋棄自我中心觀念及單位本位主義，顧大局，識大體，彼此體諒，互尊互讓，開誠相與，虛懷相納。

四、幅射溝通——依行爲科學的新觀念，機關首長不是一個高高在上的『權力之神』，靠着權勢與權力發佈命令，指揮部屬，使之服從；而是居於部屬之間的『協調者』。依此觀念以言之，行政機關的組織形態，不是由上而下層級節制的『金字塔』，而是由中心至周圍的條通而輻臻的『幅射輪』。首長與部屬溝通意見，不能祇靠下行的命令或上行的報告。首長應該以『協調者』的地位，居中聯繫、撮合、妥協，謀求

均衡形勢及集中意見。其方式可由首長主持會報、會議、座談會、檢討會，居中協調觀點，折衷意見，顧及整體，通籌全局，不使本位主義作祟，防止個人主義恣肆。這是幅射形或圓形溝通。另外如資料流通、個別談話、小組會議、首長發表談話或講演，亦可視之爲幅射溝通。

五、全面溝通——意見溝通的對象爲機關的全體職員或員工，謂之全面溝通。其目的在謀求全體職員間或員工間的『共同瞭解』(Common Understanding) 及思想會合 (Meeting Minds)，並建立所謂共信與互信，促成合作與協調。爲達到這種目的，其可使用的方法，計有以下諸端：㈠機關目標、政策、計劃、方案的宣佈與說明，使全體人員深切瞭解之。㈡首長召集全體人員舉行講演或會報，使之瞭解機關的業務成就、現況及將來的發展。㈢定期舉行工作檢討會，使機關人員自由發表對工作的感想與意見，並可批評機關的優劣得失。㈣舉辦啓發性、激勵性、認同性的研討會或訓練班，培養員工的團體意識及提高其服務精神。㈤機關實行人事、經費、意見、政策公開，免除員工對機關的猜疑。㈥機關建立申訴制度，使員工有發洩及表達不滿或抱怨的機會。

六、綜合溝通——這種溝通可稱之爲網狀溝通。其溝通管道乃是多路線的，四通八達，不限一條。綜合溝通的方法，計有以下幾種：㈠諮詢制度——設置單位，指派專人，負責作員工的諮詢。對有問題的員工作深入的瞭解，予以個別輔導。對員工所提出的問題及所遭遇的困難，作切實的解答及有效的解決。㈡建議制度——設置意見箱或制定員工建議制度，使員工對機關的業務及問題，有提供意見的機會和權利；對其建議並作適當的處理。有價值的或良好的建議，不但應予採納，且宜予以獎勵。㈢態度調查——對員工服務態度及對機關的歸屬感、認同感、責任心、團體意識等作定期調查，藉以明瞭員工對機關的心理狀態。其有不善者不宜者應謀求補救與改進。㈣接觸計劃——首長及主管對部屬要

有足夠的接觸，對其個人的工作興趣、績效及生活狀況等期有切實的明瞭，旣可因之建立彼此感情，並可加強團結與意見溝通。㈤團體活動——共同思想、團體意識及團隊精神，須從團體生活中才能產生出來。所以機關員工的團體活動如會餐、同樂會、郊遊、運動會、眷屬遊園會、放映電影、書畫展覽、論文比賽等亦可以用來作意見溝通的方法與機會.

第六節　意見溝通的媒介

意見溝通的媒介計有三種：一是聽的媒介，二是視的媒介，三是視聽媒介。茲就此分別扼要舉述如次：

一、聽的媒介——人之所以異於禽獸者，因爲人是能言語的動物。在所有的動物中，只有人類會講話。語言是表達內心意見的工具。藉語言彼此交換意見，才能有共同瞭解，促成團體，一致行動。藉語言溝通意見，一方是講，一方是聽，才能完成。人類有『說』與『聽』的本能，才能作意見溝通。有意見溝通，人類才能過合羣的社會生活。以聽爲媒介的意見溝通，有口頭報告、宣佈、解釋、講演、通電話、對談、開會、廣播等。

二、視的媒介——人之所以爲萬物之靈，因爲人的腦筋構造特別精巧，奇妙而複雜，爲任何其他動物所不及，具有發明和創造的能力。人的腦筋旣能保持很長久時間的記憶，更能發明文字、符號、圖畫記載事實、感情及表達和傳遞意見。用文字、符號溝通意見，就要靠視覺作認識。諸如文書、命令、通報、手冊、書刊、報章、雜誌、公報、報告、圖畫、照像、地圖、標語、漫畫、無聲電影等的發佈與印行。這些都是以視爲媒介的意見溝通。

三、視聽媒介——意見溝通固然可以分別依靠視的媒介或聽的媒

介。爲了恢宏意見溝通的效力與作用，兩種媒介亦可同時使用。諸如有
聲電影、電視、戲劇、歌舞、表演等都是以視聽爲媒介的意見溝通。

第十八章 行政監督

第一節 行政監督的性質

一、**意義**——監督一詞在英文爲Supervision。『在上』爲 Super,
『視見』爲Vision。因之,行政監督就是機關的上級主管對部屬的視察、
督察與考核。依中文的意義言之,監爲『臨下』,視也、察也又領也(
見說文臥部)。督,察視也。漢書王襃傳曰:『如此則使離婁督繩』。
以威董飭人亦曰督。唐書,裴度傳曰:『惟度請身督戰』。所以說行政
監督就是居上位以臨下,對下施以察視與董督之謂也。行政監督的目的
在使部屬迅速、確實、經濟、和諧、有效、積極的完成所指派的任務。
現代的行政監督不可僅憑權勢、權力、紀律的運用,應重知能的運用、
思想的溝通及人格的感召。

二、**層級**——行政監督約可分爲三個層級。一爲基層監督。二爲中
層監督。三爲高層監督。以行政院各部的組織爲例。股長的監督爲基層
監督。科長、司長的監督爲中層監督。部長次長的監督爲高層監督。
基層監督的任務爲:㈠訓練與教導部屬。㈡日常工作的計畫。㈢分派部

屬的工作。 ㈣鼓勵部屬共赴事功。㈤運用知能博致部屬敬重。認識部屬，瞭解其優點與缺點。中層監督的任務為：㈠選擇及考核部屬。㈡運用權能博致部屬敬重。㈢計劃工作的進度。㈣分派部屬的任務與工作。㈤解決次要問題。㈥瞭解有關法令規章。㈦激勵部屬共赴事功。㈧聯繫溝通獲致合作與協調。高層監督的任務為：㈠確定機關的行政目標、政策與計劃。㈡建立機關組織，規定各部門的事權。㈢激勵部屬提高服務精神。㈣勵行思想溝通，培養部屬的團體意識與團隊精神。㈤綜名以覈實，信賞而必罰。簡言之，基層監督的任務在有效的完成工作。中層監督的任務，在聯繫、溝通、協調與考核。高層監督的任務在發動、領導與賞罰。

第二節　行政監督的內容

行政監督的內容包括三部份：一是工作指派(Allocation of Works)；二是工作指導（Work Directing）；三曰工作考核（Work Control）。茲就此分別論述如次：

一、工作指派 —— 這就是由長官或主管根據工作人員的學識、經驗、技能、性向，將本機關或本單位的業務予以適當的分配，使各負其責以處理之。工作指派是否合理，影響到工作人員的工作情緒及機關的工作績效和其質與量。主管的監督任務能否成功達成，每視其工作指派是否合理為轉移。工作指派需計算工作所需的時間，並須明瞭工作處理程序上的關係及各單位間、各職員間的分工情形，以為指派工作的依據。工作指派以能適合各人的能力、精力、興趣及性向為要則，不可過難或過易，亦不可太多或太少。

欲使工作指派合理，須以事實資料為根據。一方面對工作人員的知識、興趣、性向等要有切實的考察與瞭解。一方面對機關的業務及職位

或工作的內容，要有實際的調查與分析，並為價值評估。要達到這目的，須作到以下各事宜：㈠對工作人員的知識、興趣、性向等，應用考試、調查、訪問、觀察、測驗等方法作客觀而準確的評鑑，製訂各人專長分類表。㈡舉行工作調查、工作分析、工作評價，製訂職位分類表及職級規範。㈢依前二項專長及工作內容編制工作人員的工作項目表。㈣主管人員就其主管業務及各職位工作性質與數量編制工作內容表。㈤主管人員就工作項目表、專長分類表及工作內容表編訂工作指派表。㈥對機關的業務及工作的內容要作定期的調查與分析；對工作人員的知能、興趣、性向等要作適時考察與瞭解；依調查與考察所得，以為調整工作指派的根據。

首長或主管作工作指派，不可忽略以下各事：㈠最重要的工作才需要耗費最多時間。㈡工作指派須顧及各單位的工作完整性，不可割裂。㈢盡量減少不必要的工作。㈣對各人的才智、知識能力，要作最適切的利用，不使人才浪費。㈤凡同一性質或具有密切關係的工作，應盡先派由一人或一單位處理之，以符合機能一致的原則。㈥分工不可過於瑣細。㈦各人的工作數量和工作時間要相當。

二、工作指導——首長或主管指派工作於部屬後，繼之以指導與督察，使之有效的達成任務。這亦是首長或主管要求部屬採取行動而予以命令和指示，以為行動的準則。工作指導就是首長或主管指示部屬做什麼及如何做。工作指導的目的在促使部屬成功有效的達成其任務或完成所指派的工作，並依原定時間與標準，不可遲誤或變質。成功的工作指導有賴於長官與部屬間的相互瞭解與信賴。長官要明瞭部屬的工作進度與情況和工作所需的設備、工具、物材、經費及時間等。要求不可過奢，困難必須及時解決。指示要及時，不可過早或過遲。指示要以師保之態度出之。

　　工作指導應守以下的原則：㈠事前有準備，作有計劃的切合實際需要的指導，針對缺失，對症投劑。㈡指導要以原定計劃的標準、進度及所指派之工作為依據，如有不合或不及應予以輔助，遇有困難應作有效解決。㈢工作指導應使部屬切實瞭解工作的重要性及內容。㈣工作指導應符合事權相稱適的原則，負其責者授以權。責大權大，責小權小，無責無權。業務多者經費多。工作多者人員多。兩相適切配合，方屬合理。

　　工作指導的方式計有三種：一是命令（Order），處理緊急事件，執行紀律及需要立即行動時使用之。命令在要求切實遵行或服從，絕不容推拖或遲疑。二是要求（Require），處理一般正常工作及新近人員適用之。規定出一定的標準及要求，以為部屬行動的準則。如有須越，將會受到懲罰或損失。三是指示或建議（Directing or Suggestion），用於鼓勵部屬情緒時及對具有工作經驗人員使用之。指示或建議是長官對部屬提供意見，希望部屬接受，並具強制性。指示或建議的性質雖是如此，但因其係長官提出的，部屬每予接受或遵行。

　　工作指導計有兩種形式：一是口頭的，二是書面的。下列情形可用口頭指導：㈠補充書面指導之不足。㈡回答部屬的口頭問題。㈢告知細微事務。㈣給予部屬以協助者。㈤在緊急情況中。㈥鼓勵部屬工作情緒。下列情形可用書面指導：㈠須將指導送達於另一地區。㈡部屬不易瞭解或易於忘記者。㈢涉及詳細項目或數目字者。㈣指導極為重要，且須嚴格遵守者。㈤根據上司書面指導轉知部屬者。㈥涉及法律責任者。㈦用公告代替口頭說明者。

　　三、工作考核——這是首長或主管瞭解部屬工作狀況，視其與原定計劃或所指派之工作是否符合以憑調整、督促或糾正。如果只有工作計劃、工作指派及工作指導而無有效的工作考核或控制，必不能產生良好的工作效果。工作考核的目的在於：㈠確保所要完成工作的數量與質

量。㊁使工作確能如期完成。㊂使浪費減低到最低限度或零。㊃確保工作進度，使各階段的工作不致落後，亦不必太超前。㊄考察新定的方法或制度已否採行。

工作考核的範圍與項目包括以下各點：㊀所要完成的工作數量與質量。㊁工作人員的數目、職等、種類及職責是否與原所規定者相符合。㊂物材、工具及設備的數量與規格及調度有無違誤。㊃工作人員的作息時間、工作開始與完成日期及優先次序有無錯亂。㊄工作的地點、處所、面積、環境等有無不合或變改。㊅所列經費有無不足或剩餘，其使用是否經濟而有效。㊆工作的方法有無不適宜者或有改進。

考核不可過多，過多則引起部屬的反感，並妨碍到工作的進行。但考核亦不可太少，太少可能使工作貽誤、浪費，甚而流於失敗。考核的方法要簡明而有效，並應具相當的彈性，俾能因人因地因事而制宜。在考核方法上，首長或主管對之應有以下的瞭解：㊀事前規定工作標準與進度，藉以檢查工作質與量及進度。㊁詳確計算出工作上所需的人、財、物、時，列爲表計，以爲檢查及考核的依據。㊂根據工作指派表以爲綜名覈實，因任督責及信賞必罰的張本。㊃根據工作進度表以檢查及考核進行的階段與時日。㊄利用工作報告、視察、記事簿、統計圖表、電子計算，以測量工作進度、成果、實況，以爲調整與糾正。

實行工作考核的普通方法，計有以下四種：一是審核（Audit），卽考查現時的工作情形、結果及進度，以視其是否合乎原定的標準、計劃、進度及法令規定，並查核有無錯誤與弊端。二是試驗或鑑定(Test)，原定計劃對於工作的品質或成品規格原已有所規定，如顏色、硬度、成份、光彩等便是。試驗或鑑定就是使用科學儀器及方法，就這些規格，一一測量之，以客觀數字與效果以判定其是否合格。三是規範（Regulation），卽規定工作執行的準則與方式，與對成果的要求，以爲

檢查及考核的依據。四是限制 (Limitation)， 即規定完成工作的限期及成果上不得有的瑕疵。

第三節　行政監督的幅度

　一、傳統的理論——傳統的行政學者認爲一個首長或主管直接指揮監督的單位或人員應有一定限制，若超出這限制便難作有效的管理與控制。這一限制幅度稱之『掌握律』或『駕馭律』，即普通所稱的『控制幅度』(Span of Control)。若超出這『控制幅度』便違犯了『管理經濟』的原則，會減低行政效率。法國學者葛倫庫納(V. A. Gralcunus)於一九三三年首先倡此理論。他認爲被監督人數雖是算術級數增加，而被監督的人際關係數則呈幾何級數的增加。例如部屬爲一人時，監督關係數則只是一個；若爲二人時，監督關係數則增爲六個；三人時則增爲十八個。其計算公式如下：

$$f = N \left(\frac{N^2}{2} + N - 1 \right)$$ f 代表監督關係數，N代表上司所監督的人數

　莫爾蘭 (W. H. Moreland) 說：『一個行政首長決難以極有效的指揮監督七個以上的工作單位』❶。葛倫庫納 (V. A. Gralcunus) 說：『一個上級長官只能直接有效的指揮監督五個，最多不能超過六個所屬的機構』❷。巴萊發 (T. B. Blandford) 說：『在一個良好的行政組織中，其構成部份祇可有八個至九個單位』❸。布克 (A. Buck) 說：『一個值得稱述的權力機關，其構成單位的最高限度爲十二個至

❶ W.H. Moreland, *The Science of Public Administration*, Political Science Review, Vol. 235, p. 403.

❷ V. A. Gralcunus, Relaship in organization, 載 Gulick & Urwick 所編 *Papers in Science of Administration*, 1937, pp. 56–57.

❸ T. B. Blandford, *Organization and Mangement in City Administration*, Municiple Year Book, 1932, pp. 133–139.

五個』❹。

二、新近的學說──新近行為科學派的行政學者則多反對『控制幅度』的理論。其所持的理由計有以下三點：㈠若監督幅度狹小，勢必增加組織系統中的層級。層級增加則指揮不靈，迂廻曲折，牽延時日，貽誤事機，減低效率。㈡就事實言之，有很多工商企業機關及行政組織的『控制幅度』遠超過傳統行政學者所說的限度，而行政效率仍然很高。例如美國的『大來連鎖商店』(Dollar Chain Stores)，分支店遍佈世界各地，數目在二百個以上，均直接由總店指揮監督，仍然生意興隆，頗為賺錢。㈢在『常人行政』的制度下，重視監督與牽制及層級審核，故形成『金字塔』形的組織形態，系統層級多，控制幅度小。今日在『科技行政』時代，只須助理人員提供資料及作準備工作，便可由專家作成決定或實行，無須層級監督與審核。於是行政組織的形態由『寶塔形』變為『長方形』，層級大減，控制幅度便可大增。

三、權變的運用──控制幅度的大小或被監督人數的多寡，實不可一概而論，亦不該限定一定數目，應視實際需要與情勢而作權變性的運用。依此言之，下列的原則應予注意：㈠工作係機械性、重複性的機關，控制幅度可大；反之，則宜小。㈡採高度授權的機關控制幅度可大；反之，則宜小。㈢工作性質單純的機關控制幅度可大；複雜者則宜小。㈣工作內容無甚變動或變化的機關控制幅度可大；反之，則宜小。㈤監督者的能力、精神強，時間多者控制幅度可大；反之，則宜小。㈥部屬能力強，勝任優有餘刃，控制幅度可大；反之，則宜小。㈦監督者與被監督者地理距離近，控制幅度可大；反之，則宜小。㈧幕僚人員工作有效時，控制幅度可大；反之，則宜小。㈨電子資料處理範圍較廣者，控制幅度可大；反之，則宜小。控制幅度亦可稱之為監督幅度。因

❹ A. Buck, *Administrative Consalidation in State Government*, 1937, p.5.

Control一字可作控制解，亦可作監督解，有時亦作考核解。

第四節 行政監督的模式

依上司對部屬控制程度的強弱為分類標準，行政監督可分為下列三種類型（Types）或模式（Model）：

一、**瑣細型的行政監督**——長官自是自傲，且不能自信信人，察察為明，事必躬親；對部屬不肯信任，心存疑懼，處處防範，事事過問，不放心，不放手，把部屬看成都是幼稚的人，無獨立自主的成熟人格，猶如『老母雞』之對小雞。這種類型的監督有以下的流弊：㈠遏殺部屬自動自發的服務精神，形成機關的暮氣頹唐，萎靡不振現象。㈡部屬厭惡上司的干涉與牽掣，引起反感，對上司不熱心合作，不眞誠擁護，消極抵制，離心離德。㈢首長忙於瑣細事務，以致沒時間和精力考慮機關的重要問題、決策和計劃。忽大謀而務細事，未有不歸於失敗。㈣健全的機關在於每一單位、每一人員皆能負責勝任。在瑣細的監督下則『君勞臣逸』、『頭重腳輕』，腦的負荷重，有發生『腦充血』而『四肢麻木』的危險。

二、**放任型的行政監督**——領導能力薄弱及不肯認眞負責的長官，對部屬不作切實的監督與考核，一任部屬自行其事，對部屬的工作與生活，漠不關心，聽其自然，順水推舟；對部屬的獎懲完全是刻板式的，毫無激勵作用。這種放任型的監督具有以下的毛病：㈠上司對部屬缺乏統一的指揮與指導，部屬之間必產生意見分歧，行動衝突，形成紛擾凌亂的不良現象。㈡部屬無所信仰、依恃及顧忌，遂致精神不振，工作鬆弛，機關任務難以成功的達成。㈢部屬以上司無通籌及有效的監督，自莫由形成團體意識、團結力量及合作精神，必致精神渙散，士氣低落，使機關有趨於解體的危險。

三、適中型的行政監督——監督的方式，旣不失之瑣細，亦不流於放任，謂之爲適中型的行政監督。這種監督的實施要旨如次：㈠採行分層負責，分級授權，使部屬在規定的範圍內能自動作事，有權作決，俾能展其才能；但上司握有適當的監督與考核權，不使流於分歧或紊亂。㈡設定工作標準與行爲規範，使部屬依此規定，自由行事，不加過問；但如有違犯則予以糾正或懲罰。㈢指派部屬以一定的任務，要求其交回成果；至於達成任務所使用的方法，不必加以過問。㈣上下層級間有適當的分工，上層把握目標、政策、方針、計劃及對外關係；中層司內部的協調與聯繫及對下的督察與考核；下層負責實際運作及完成工作的責任。㈤上級對部屬的工作情況及勤惰有切實的明瞭，依其功過與成敗，屬行嚴明賞罰。適中型的行政監督在積極方面足以鼓勵部屬自動自發的服務精神，促進效能，達成任務。在消極方面，足以防止分歧凌亂，而保持相當的統一與協調。

第五節　監督人員的態度

行政監督的成敗與監督人員所持態度的當否，有着極密切的關係。監督人員應持良好適當的態度，方能得到所期欲的監督效果。下列三種態度乃是監督人員應持的良好適當的態度：

一、教師的態度——專斷性權勢性的監督人員每以『警察』的態度對付部屬，有似捉小偷，以發現部屬的缺點爲要務；一有發現便嚴加斥責或處罰，表示自已能幹、明察、有權威，使部屬畏懼。其實，這種態度並不足以改進部屬的工作，只會引起其厭惡、疏離與反感。良好而勝任的監督人員對部屬應抛棄『警察』的面孔，而改取『教師』的態度。如發現部屬有錯誤或缺失，應以耐性和寬容心情加以輔導、教誨、指正，猶如教師之對學生。這樣不僅足以改進部屬的工作，提高效能，消

弭缺失，更可促成部屬對長官的感激、愛戴與擁護，使組織氣候趨於生動活潑，朝氣蓬勃。

二、**醫生的態度**──舊式的、落伍的監督人員，板着一副冷酷無情的面孔對付部屬，有似一個審判訴訟案件的『法官』。這種態度的監督人員自認他的監督任務在於『執法』，在於『防弊』；所以對有缺失、犯錯誤的部屬便要鐵面無私的，毫不留情的『繩之以法』，予以處罰。他認為這是『公事公辦』，『在法言法』。其實，這種作法並不足以解決問題，改善工作。因為部屬所以發生錯誤與缺失，自必有其原因與困難。必須探知原因，解除困難，方能救缺失，止錯誤。所以監督人員應解除『法官』嘴臉，而改以『醫生』態度對付部屬。醫生的功能在維護人體健康及診治疾病。因之，監督人員對部屬，在積極方面要啓發其思想，訓練其知能，使之具有忠誠的責任心、奮發的服務精神，健全的工作能力；在消極方面要探求部屬何以發生錯誤與缺失的原因及其所遭遇的困難，作有效的補救與消除。前者所以治本，後者所以治標。本末兼治，自可收到良好的監督效果。

三、**保姆的態度**──舊思想的監督人員以權力為中心，憑藉法定地位，對部屬祇知作命令式的指揮及強制性的駕馭，要求順從，不去作思想溝通及理由的說服，有似『隊長』之對付士兵。人是有理性有感情的動物。不合理無感情的命令，很難以博得部屬的欣然服從。對牛馬可以用鞭撻使之工作。若以這方法對付『萬物之靈』的人，是行不通的。現代化的監督人員應本民主精神，尊重他人人格，對部屬作合情合理的監督；拋棄權威性的『隊長』觀念，而改採『保姆』態度對付部屬，存愛護之心，施培育之教，盡監督之責，防錯失之災害，視部屬如赤子，栽之，培之，敎之，育之；防其災難，醫其疾病。愛人者人恒愛之，敬人者人亦敬之。長官以子女視部屬，部屬亦以父母視長官。上愛下敬，和

諧無間，必能共赴事功，成功的達成機關任務與使命。

第六節　行政監督的要領

一、監督信念——監督人員對監督工作，應持下列的合理信念：㈠要尊重部屬的人格，瞭解人性，予以激勵，使其內在潛能能有最高的發揮。㈡相信部屬是可以為善的，採與人為善的態度，信任部屬，支持部屬，予以自我表現及自我發展的機會。㈢不可迷信權力與權勢，儘量避免使用裁制與懲罰的手段，多多運用獎勵與稱許的方法。㈣瞭解部屬的個性，因勢利導，量材任使。㈤多與部屬接觸，加強感情關係。㈥態度客觀，頭腦冷靜，公平待遇，一視同仁，不可厚此薄彼，尤不可憑個人主觀喜怒好惡感情用事。

二、監督準則——長官監督部屬應遵守以下的準則：㈠健全自己，奉公守法，盡忠職守，對部屬發生表率與感召作用；尤不可有不法或不德事件落入部屬手中，致授人以柄。㈡設身處地，易位而想，站在部屬的立場，瞭解其困難，解決其問題，並在生活上予以適當的滿足。㈢給部屬以充分的資料與報導，使之對機關情形有切實的瞭解，予以及時之指正。㈣對部屬儘量予以自由裁量權，俾能發揮其才能，並培養其負責精神。㈤尊重部屬的專門知識與意見，不可冒充內行，強不知以為知。㈥監督人員要虛懷若谷，敞開納言之門，多與部屬會談或諮商，以便溝通意見，交換觀點。㈦監督人員要有勇氣與魄力，接受某些部屬的不滿與批評；因為監督者固不能使人人滿意。㈧監督人員不可過份樂觀，對部屬的服務精神及機關的業務情況，不可完全滿意，應隨時謀求改進。㈨監督人員應注意其助手是否適當的向部屬解釋並執行其命令。㈩監督人員不可抱一成不變的死腦筋，亦不可存『畏難更張』的保守思想，要隨時檢討現行制度與規章，如有不適宜、不合理者即迅予改變或修正。㈩

監督人員不可自是自傲，剛愎自用，應承認部屬中有才智高於自已者，如有有價值或良好的建議，應予欣然接受；不可因其出自部屬而卑棄之。㈡監督人員決不可有鄉愿態度，尤忌輕諾寡信；辦不到的事情不可輕於向部屬承諾。如有承諾必須負責作到，因支票必須兌現；開空頭支票是背信和犯罪的行爲。㈢監督人員不可單方面的專要求部屬對他盡忠效力。『取』與『予』要平衡，有所取，必須有所予。㈣監督人員對部屬要公平待遇，一視同仁，不可偏袒歧視，有主觀好惡存於其間。㈤監督人員要能容忍部屬所施的壓力，不可爲此輕予發怒而給予人以難堪。㈥在良知的許可下，應盡量爲部屬謀利益，藉以促進其工作興趣和服務精神。

第十九章 目標管理

第一節 組織目標的概念

一、組織目標的意義——目標管理的內涵，就是研究如何確立組織的正確目標及如何成功的達成這目標。所以在論述目標管理時，首先應對組織目標的性質或觀念，作一扼要說明。於此，首當解釋何謂組織目標？或組織目標的意義是什麼？

學者對這一問題的答案各有不同，舉要言之，計有以下幾種：㈠目標就是指導一個組織或機關在社會中扮演何種角色的標準。㈡目標乃是推進組織或機關向前努力的理想或牽引動力。㈢目標就是一個組織或機關所要完成的任務或成就。㈣目標就是一個組織或機關所須滿足的『價值系統』（Value System），卽有關人員認爲應該滿足的需求❶。

這些說法都不免是一偏之見，有欠完善。著者認爲組織目標，就是一個政府，一個團體或一個機關的成員受同一思想、信仰的推動，依共

有價值觀念的維繫，共同負責一定志業，朝一致方向作協調努力，所要獲致的『最後組織成果』(Final Common Result)。依此定義以言之，應從下列觀點認識組織目標：㈠組織目標是成員的共同意識，不是個人思想。因爲個人思想是分歧駁雜的，矛盾衝突的，必須經由溝通協調，集中意志，統一思想，融會貫通，成爲共同意識，卽組織目標。㈡個人思想或需求必須與組織目標相結合，附屬於組織目標，透過組織目標方能實現。亦必須如此，個人方能自覺其使命、責任、任務的偉大，肯悉心以赴之。㈢組織目標不是成員的眼前活動。眼前活動只是工作與任務，當時把握的實作行爲。組織目標是成員所要獲致的最後共同成果。㈣組織目標不是中途所可以完成的效果，或任務，乃是不達到目的永不休止的最後鵠的。例如中國政府的組織目標就是建設臺灣爲富強安和、民生樂利的三民主義模範省，光復大陸，拯救同胞，建設民族獨立，民權平等，民生順遂，民有、民治、民享的新中華民國。在實現組織目標的進程中，全國上下，都要積極努力從事工作，承擔任務，累積不斷的無數的中程任務與效果，最後獲致共同成果。

　　二、組織目標的特性——健全正確的組織目標應具有以下的特性：㈠一致性——組織的構成單位與人員須摒棄自圍自限的本位主義及自私自利的個人主義，大公無私，誠信爲懷、識大體、顧大局、立共信，生互信以組織目標爲一致的信仰，共同的意識。㈡社會性——組織不能遺世而孤立，亦不能脫離社會而存在。組織乃是整體社會系統的一環，亦卽其次級系統，與社會具有共存共榮，互依互賴的密切關係。組織是一個開放系統，與社會發生『投入』與『產生』的互動、互助、互利的功能關係。所以組織目標應配合社會情勢，適應社會需要，負擔社會責任。㈢差異性——組織的性質各有不同，則其目標便亦因之而生差異性。軍隊是捍衞國家、抵禦外侮、敉平叛亂的組織，教會是謀求精神慰

藉，自求多福，追求永生的組織。二者的組織功能既有差別，當然其組織目標亦就大有不同。㈣理想性——目標是眾所趨赴的美好境地，眾所追求的遠大成就，眾所企望的偉大成果。所以目標要有理想性，不可因陋就簡，急功近利，更要使人在高瞻遠矚的期望下，作持久不斷的努力與奮鬥。㈤實踐性——理想不是空想或妄想，更不是幻想，乃是可以理解，能以實現的明確構想。組織目標所揭櫫的理想，固然要偉大而高遠，但同時須具有可能的可行的實踐性。即所謂『極高明而道中庸』。『登高必自卑，行遠必自邇』。例如我國的建國目標是實現三民主義。目標雖揭櫫高遠理想，然同時亦提供有切實可行的實踐途徑與方法。

　　三、組織目標的功用——建立組織目標的功用，端在促進成員團結，提高服務精神，在有抱負有希望的心理狀況下，共同努力，一致向前奮鬥，得到預期的成果。具體言之，建立組織目標可發揮以下的功用：㈠建全的人生要有合理的人生觀。健全的組織，要有合理的奮鬥目標。由組織成員本民主參與原則，建立正確合理可行的目標，便如航海之指南針和目的地，乃能循着應走航線，朝着正確方向努力前進。㈡組織目標不僅指示努力方向，而且包括組織應完成什麼任務，推行何種工作。就此內容分派成員的職掌與權責，定責任，限成效，使各人的工作有標準，努力有規範。依目標分派工作，就工作分派屬行督察考核。因之，能以綜名覈實，考核客觀而有依據；信賞必罰、獎懲公平而塞怨尤。㈢組織目標是共同努力的鵠的，一致奮鬥的方向，工作有標準，行為有規範，志同道合，齊心一德，足以消弭本位主義與個人主義，促成團結、協調與合作。㈣各人對自己的工作不會認為是十分有價值有意義的，除非使他的工作和一個偉大的目標相結合。一個汽車推銷員所以拼命的努力工作，因為他自信他的任務是向發展大眾交通，提高人民生活，促進人類文化的偉大目標前進。組織成員的個人工作雖屬微小，然

與偉大的組織目標相結合，自會精神旺盛的作自動自發的積極努力。

四、組織目標的內涵——一種完備的組織目標，應包括三大部份：一是總目標，即機關的整體目標，其內容應涵蓋：㈠社會目標——即策略層級的目標，須配合社會情勢，適應社會需要，承擔社會責任。㈡管理目標——即協調層級的目標，亦是行政性的目標，其主旨在規定如何有效的運用組織資源（人、財、物、權、法等）達成社會目標。㈢技術目標——即實作層級的目標，在規定如何使用經濟有效的工作技術、知識、方法、設備，以最佳的操作完成任務。二是分目標——即構成組織整體的各部別或各單位的目標，其內容應涵蓋：㈠生產目標——即各工作部別，或單位應完成的工作種類、標準、數量及進度等。㈡財務目標——即組織的財源籌措、分配、控制及計算等。㈢人事目標——即所需員工的選用、教育、維護、使用、考核、獎懲等。㈣服務目標——即如何搞好公共關係，樹立組織的良好聲譽，博致社會的有力支持。三是個人目標，即如何在能以適當滿足個人需要下，使之安心樂意的分擔組織的各種任務與工作，期能協同一致的達成組織目標。

第二節 目標管理的由來

目標管理（Management by Objective）就是經由民主參與，建立健全正確的組織目標，使成員對之有深切的瞭解與信持，一致擁護，協同努力，踴躍熱烈的共赴事功，和諧順利的達成共同鵠的，獲致預期成果。近年來學者對這一問題多注意研究。企業機構與行政組織，多有採行目標管理的理論與實施者。其所以有目標管理的產生，實由於下列三大原因促成之：

一、行政環境的迫使——現代公共行政及企業經營表現有下列的事態與特質，遂迫使目標管理的研究與採行，應運而生：㈠組織規模龐

大，職能擴張，用人衆多，業務繁複，組織錯雜，不有密切合作，有效領導，積極啓引，實難成功。㈡工作性質複雜，數量膨脹，無論政府行政或企業經營，所遭遇的問題，所處理的業務，都是盤根錯結，牽涉廣泛，錯綜複雜的。目標管理就是在用提綱挈領，據一止亂，經緯貫串的方法，應付這種挑戰。㈢業務專業化，種類繁多，各行各業的專家皆被延用。專家知偏而不知全，見樹而不見林，能分而不能合。目標管理卽在於使精密的分工，而有整體的合作，以免支離破碎，分崩離析。㈣由於人員衆多，組織龐大，個人與個人間，長官與部屬間，很難有私人的來往與接觸，一切都是公事化、法令化、制式化。過去同事間，長官與部屬間的人情味及私人感情關係，都不復存在。成員對工作都抱『公事公辦』敷衍態度，應付過去，只求及格交卷，不肯奮發有爲，力求表現，報答知遇。目標管理卽在於消除這種毛病，激發員工自動自發的服務精神，奮發圖強的意念。㈤在大規模的組織下，一定形成層級節制的『官僚結構』（Bureaucracy）。官僚制度重階級，尚服從，奉命行事，缺乏自動努力的積極精神。目標管理的目的，卽在於經由民主參與及目標引發，促進成員自動努力，積極服務。㈥現代的政府行政及企業經營均着重於社會目的與價值，不祇是室內辦公，處理公文，而要爲人民服務，爲社會造福。組織目標的內涵，首重社會目標的確立。㈦現代政府的行政措施，常牽涉到多方面的利益，而且這些利益多是矛盾衝突的。目標管理就是要從多方面衡量考慮，使這些衝突的利益得到調和。

　　二、**機關缺失的刺激**——一般說來，政府行政表現於組織氣候者均未達於滿意境地，而有種種的缺失。由於這些缺失刺激，遂促成目標管理的產生。機關的缺失，計有下列諸端：㈠組織成員過份重視個人目標而忽略整體的目標。殊不知只有個人目標與整體目標相結合，並透過整體目標方能有所成就與收穫。目標管理卽所以融合個人與組織，使團體

與個體取得平衡，集微小的個別力量成爲偉大的組織力量；滙合分意志爲總意志。㈡本位主義與個人主義在各機關多所不免，自我中心，各自爲政，團體意識薄弱，合作精神缺乏，認同感，歸屬感，依附感，亦均不足，形成分歧支離的不良現象。目標管理卽重在培養團體意識與合作精神，經由目標集中意志，統一行動，透過參與，集衆智以爲智，合羣力以爲力。㈢機關首長自是自傲，察察爲明，事必躬親，自認萬能，對部屬不肯授權，遂致成員不願積極努力，發揮才能。消極被動，因循敷衍，得過且過，能推就推，使機關流於暮氣沉沉，頹唐不振。目標管理的作用，卽在消除這些缺失，振奮士氣，提高效能。㈣機關內的層級間、科組間、個人間常因意見溝通不足，工作聯繫不夠，產生隔閡、誤會、分歧與衝突，使效率低減，情形惡化。目標管理的採行，卽在斜正這種缺失，促進相互瞭解，彼此合作，加強團結意識與共同信仰。

第三節　目標管理的性質

一、意義──對『目標管理』一詞，首先提出比較具體的觀念與意義者，當推楚克爾 (Peter F. Drucker)。他在一九五四年的『管理實務』(The Practice of Management) 一書中，倡導自我控制觀念與目標管理方法，斜正專業化、層級化及個人主義與本位主義的缺失，促進層級間、科組間、個人間的溝通與聯繫，使組織成員皆有一致努力的方向。經由目標確立，以集體努力，在自我控制下，成功達成共同的鵠的。簡言之，目標管理的主旨在促成機關的完整與統一，所以目標管理亦可稱之爲『整合管理』(Management by Integration)。

自楚克爾倡目標管理論說後，很快引起管理學者的研究興趣，對此問題相繼有專門著作的出現。對目標管理的意義作有較切實的說明。歐狄昻 (George S. Odiorne) 說：『目標管理乃是一種程序，藉上下層

級間對組織目標的共同瞭解，訂定各個人的工作目標及所負職責，使能齊心一力的完成組織目標，並以預定的目標為業務推行的指導原則和評審成果的客觀標準』❷。麥康基（Oale D. Maconkey）說：『目標管理就是一種業務管理計劃和考核方法，使每一管理人員或主管皆按其應達成的目標與成果，訂立其一年內或一定期間內具體的工作內容與進度，迨時期屆滿，以原來目標衡量實際的成果』❸。

倡導目標管理的學者可視之為管理程序學派。目標管理雖是近二十多年來的一種新興的管理名詞與方法。然究其實際，實淵源於費堯，只不過把費堯所提的計劃、組織、指揮、協調、考核五個管理要素加以綜合與簡化就是了。在實質上和總統　蔣公所倡行的『行政三聯制』亦不謀而合。但　蔣公的倡議卻比楚克爾提出的『目標管理』早了十四年。不過有一點值得提出的，就是目標管理的學者均強調以下三點：㈠重視心理因素。目標管理重在共同的認識與相互的瞭解，由共信而生互信。㈡注重整體觀念。目標管理以團結意識及整合觀念為基礎，強調合作與團結。㈢實行民主參與。無論目標的建立與完成，都須本民主參與原則以行之。

二、特性──從目標管理的意義以觀之，可知其基本哲學是民主參與，其實施內容是計劃、執行、考核（控制）管理程序。因之，目標管理的特性，可以說不外下列幾點：㈠這是以『人員』為中心，『人性』為基礎的新管理方法；不同於以『工作』為中心，以『技術』為基礎的管理方法。㈡目標管理乃是要使組織目標與成員的個人目標，組織的意願與成員的個人意願結合為一體的管理程序與方法。㈢目標管理的主旨在使用激勵法則及民主參與的精神，振作士氣，提高效能，而避免用懲

---

❷　George S. Odiorne, *Management by Objectives*, 1965. p.3.
❸　Dale D. Mcconkey, *How Manage by Result*, 1965. p.2.

罰的處分，迫使員工在恐懼的心情下從事工作。㈣目標管理在以『民主』替代『集權』以『溝通』替代『命令』，使組織成員對政策的決定有充分而切實的參與權力和機會，在各抒所見及『衆意僉同』的情形下，建立組織目標，強化各人的責任心，滿足其自尊慾，參與感，養成人人主人翁的事業觀。㈤目標管理對工作進行的追查及目標達成程度的考核，係採自我控制及自我指導的方式，培養成員自尊、自重、自立、自強、自動、自發的積極奮鬪的事業精神。

　　三、功用——採行目標管理的程序與方法，便能以發生下列的優點與功用。

　　1.改善內部人羣關係——一般說來，機關內部多表現有兩大缺失：一是因意見溝通不夠，上下層級間，工作部別間，個人與個人間，都缺乏彼此的瞭解與信賴，致生隔閡、誤會與猜疑，不能一心一德的共赴事功。二是由於本位主義及個人主義作祟的結果，常引起內部的衝突、傾軋、磨擦與糾紛，採行目標管理則可消除這些弊害，改善機關內部的人羣關係。其所以能收到這種效果，實基於以下的原因：㈠組織目標的建立，係經由民主參與及大家討論的過程，在集思廣益，博訪周諮，衆意僉同的情形下形成。意見溝通十分充份，當然可以形成團體意識，共同瞭解，共信互信及一德一心。㈡依據組織目標分別訂定單位目標、個人目標，由合而分，由分而合，整體與部份之間成爲脈息相通，休戚相關的有機體，密切配合，羣已融會，自然會消除矛盾衝突及支離破碎的流弊。

　　2.掃除集權控制的流弊——許多機關首長多信持傳統行政學者的理論，認爲集權控制乃是使力量集中、指揮統一、命令貫徹及提高效率的有效方法和制度。但事實上，集權控制不但未能得到預期的效率，反而產生以下的流弊：㈠扼殺了組織成員自動自發的服務精神，使組織氣候

陷於沉悶呆滯，暮氣頹唐。㈡各級主管不能及時對所處理的事務作決定，迂迴曲折，牽延時日致貽誤事機。㈢形成事權壅塞及頭重腳輕的不良現象。行動呆板失靈，及組織頹唐不振。目標管理的功能，即在於消除這些流弊，促使人人自立自信，奮發有為，各盡其責，各展其能，使組織氣候趨於蓬勃生動，活潑奮發。

3.發揮成員內在潛能——無論是行政管理，或企業經營的成功要訣，都在於使組織成員一方面能有效的運用其現有智能；一方面能高度的發揮其內在潛能。目標管理便可經由以下的方式與途徑達到這種目的：㈠在組織目標建立的過程中，成員得以各抒所見，各展所能，有表現其知能，發揮其潛能的權利與機會。㈡成員在自我控制及自我指導的原則下，完成所負職責及個人目標，自然要作自立自強的自我訓練與進修，充實自己，增益智能，努力向上。㈢在實行目標管理的組織中，養成成員的人人主人翁事業觀，人人有自尊心和責任心，自然要力求上進，奮發圖強，健全自己，期能有出人頭地的優異表現。要達到這種目的，必須加強學習與進修，求取新知，加強能力。

4.維持人的人格尊嚴——目標管理係以『人性』為中心的管理方法，使人的基本需要獲得滿足。如此，便足以激發各人的工作意願，而熱烈踴躍的負責盡職。人的基本需要就是自己的人格要受到他人的尊重。人人都有個『自我』（Ego）。自我是不容侵犯或受侮辱的。自我就是一個人的『人格』。人格受到尊重，則情趣勃發，意氣昂然，肯努力上進。『士為知己者死』。所謂『知己』，就是受到他人的賞識和尊重。目標管理就是在維護成員人格尊嚴的情勢下，激發其工作意願，努力服務。

第四節　目標管理的實施

一、**目標建立前的準備**——凡事預則立，不預則廢。欲建立健全良好的組織目標，在事前須作妥下列的準備工作：㈠機關的上層人員對目標管理的意義、性質、功能及重要性，要有深切而正確的瞭解，並願作誠意熱心的支持與推行。㈡使組織成員深切瞭解個人利益與機關利益是完全一致的，不可分的，二者必須結合起來，亦只有透過機關利益才能實現個人利益。㈢培養工作人員的團體意識、團隊精神及整體觀念。㈣使全體職員對機關的地位、使命、組織、業務及各人的職掌皆有充份的瞭解，並供給一切有關資料，及對之作切實的報導與解說。㈤培養主管人員計劃、執行、考核的能力與習慣。㈥建立四通八達的溝通網道及有系統的內部聯繫制度。

二、**建立目標時的準則**——要建立健全正確的組織目標，須切實遵守以下的準則：㈠目標管理在使組織目標與個人目標融會爲一體，所以先要設定機關的總目標或整體目標（Over All Objective）；再由總目標產生高層目標或分部目標（Departmental Objective）；然後根據高層目標設定中層目標或分組目標（Group Objective）；依中層目標而產生基層目標（Units Objective）；由基層目標而規定個人目標（Individual Objective）。經由這種程序，便可建立環結扣合，天衣無縫的目標網。㈡建立完善的組織目標須作周詳的環境考慮： 1.政治因素，卽基本國策：政治制度、國際環境、政治發展與變化等。 2.社會因素——卽社會需要、文化敎育環境、風尙習慣等。 3.經濟因素——適應外在經濟環境，有效運用內部資源，獲得最大經濟效益。4.技術因素——採用最新的科學知識、技術設備與方法。㈢建立組織目標下列的要旨不可忽略： 1.各層級的分別目標，要能以支持共同總目標。 2.目標與目標

之間應保持平衡性與一致性。3.目標應按其重要性區分等次，如第一優先，第二優先。4.目標項目要繁簡適中，不可太多或太少。5.目標範圍要涵蓋得當，不可太大或太小。6.目標的內容在實質上要具重要性，在程序上要具優先性，在效用上要具價值性。7.目標內容應力求明確具體，最好用數字表達之。8.目標應具有相當的挑戰性，要比成員的一般工作能力略高一籌。9.目標必須用書面陳述之。10.應設定測量目標實績的明確而具體的標準。

三、目標執行中的管理——在目標執行的進程中，應作下列的注意與實施，以為切實有效的管理，謀致目標的成功達成：㈠採行自我指導及自我控制的制度與方法，隨時作自我檢討，防止缺失，補救錯誤。㈡採行及時的『反饋制度』，對運作實況作切實的明瞭，一發現有偏差，便立即予以糾正或調整，使向原定方向與目標前進。㈢對工作狀況與實績要作詳確的完備記錄。採行『計劃評核術』（Program Evaluation Review Technique）控制工作的時間與進度，俾能如期完成預定的工作目標。㈣採行『要徑法』（Critical Path Method）控制工作成本，消除浪費，維持預算。㈤運用詳明的統計圖表法及電子資料處理法追踪考查工作的進度與實況。㈥目標執行完成，須作客觀而具體的工作考核，對成果作切實的評價，並憑功過行賞罰，依勤怠作獎懲。㈦檢討得失評估優劣，記取教訓，鑑往察來，以為擬定下一次組織目標的借鑑與參考。

第二十章　激勵管理

第一節　激勵管理的理論基礎

一、**激勵與行爲過程**——激勵管理就是管理者採取有計劃的措施，設置一定的工作環境，對員工施以刺激，引起其內部的心理變化或動機，使之產生所期欲的行爲反應，俾能成功的達成組織目標。因之，研究激勵管理須先瞭解『激勵』（Motivation）與行爲（Behavior）的關係。

人的行爲約可分爲兩大類：一是被動行爲，二是主動行爲。被動行爲是『刺激』（Stimulus）與『反應』（Response）過程。其程式爲 S⇌R，S 是刺激，R 是反應。人受到環境刺激便會發生身心的緊張情勢，而有所不安，於是採取反應行爲，解除其緊張或不安。例如見獵心喜，見財起意，冷則加衣，熱則揮扇。獵、財、冷、熱是外部刺激，心喜、起意、加衣、揮扇便是對刺激的反應行爲。而且某種刺激會引起某種反應具有因果關係，其相關函數是很高的。例如罵人者人恆罵之，打人者人恆打之，愛人者人恆愛之。根據這種理論，所以管理者便可對員

工作有計劃的刺激而使之產生所期欲的反應行為。人雖皆有與生俱來的
慾望，但『不見可欲，其心不動』。所謂『情由色起』。遇美女則性
起，見美味則垂涎，聞臭氣則掩鼻，聽歌則心怡。刺激與反應行為，桴
鼓相應，猶如影之隨形。加薪、晉級的獎賞刺激，則足以提高員工的服
務精神與工作情緒，增進行政效率。減薪、降級的懲罰刺激，則使員工
士氣不振，情緒低落，生產力衰退。

主動行為乃是慾望尋求滿足的過程。其程式為D ⟺ S；D為
Desire，即慾望；S為 Satīsfaction，即滿足。例如饑則食，渴則飲；
有性慾則求偶，欲作官則營求。慾望是行為的動力或動機（Motive），
人受慾望的推動，便要採取行動，追求目標。俟達到目標則慾望得以
滿足。滿足填補了人的內部空虛，則心情舒適。主動行為過程程式如
次：

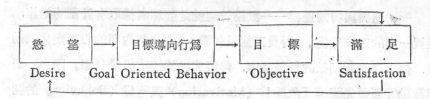

| 慾　　望 | → | 目標導向行為 | → | 目　　標 | → | 滿　　足 |
| Desire | | Goal Oriented Behavior | | Objective | | Satisfaction |

這一慾望滿足後，便會產生另一慾望。人的慾望是永遠不會完全滿
足的。人若沒有慾望即等於死亡。故人的主動行為亦永無休止之日。人
有慾望才使形形色色的客觀環境或景象變得有意義，成為有用處。所
謂：『色由情生』。主動與被動的行為在理論上雖可明白劃分；但在實
際上，『情』與『色』互為因果，殊不易作截然的區別。可以說：『
色由情生情不盡，情由色起色無窮，循環情色成千古，隱隱約約畫不
成』。人生而有欲，欲則不能無求。求則生志（目標），志則趨之，趨
則得之。得則欲遂（滿足）。所以管理者應瞭解員工慾望之所在，以慾
望滿足作為利導與引誘，使之採取所期欲的行為，而達成組織的目標。

員工要經由達成組織目標始能滿足其慾望。組織亦要經由滿足員工慾望達成其目標。目標激勵慾望，慾望追求目標。

二、激勵理論的產生——管仲曰：『衣食足而後知榮辱，倉廩實而後知禮義』。諺語曰：『士為知己者死，女為悅己者容』。這皆可視之為激勵理論。可見環境與行為關係的激勵理論，乃是一種很早很普遍的觀念。但對此一觀念作有系統之研究者，則當推美儒麥克格里格(Douglas Macgregor)。他於一九六〇年著『企業的人性面』（Human Side of Enterprise）一書，把管理哲學分為兩大類：一是傳統的管通哲學，稱之為X理論（X Theory）；一是現代的管理哲學，稱之為Y理論（Y Theory）。

X理論的要旨如下：㈠人性是生而懶惰的，不喜歡工作，好逸而惡勞。㈡一般人都無遠大抱負與志向，躲避責任，寧願接受他人的指揮。㈢人的最大需要是生活的安定，及地位的安全。㈣所以要使員工努力工作達成組織目標，端在對員工施以嚴厲的監督及強制性的懲罰。人恐懼懲罰，影響安定與安全，自不敢不盡責努力。

麥克格里格認為X理論是錯誤的，難以收效的。因為：㈠懲罰足以使員工沮喪悲觀，降低士氣，減低效率。㈡懲罰僅能維持最低的工作標準，難以發揮最高的工作效率。㈢懲罰並不能解決其所以導致懲罰的原因與問題，乃是揚湯止沸的治標辦法，並非釜底抽薪的根本解決。㈣懲罰產生怨憤與惡感，影響上下間的和諧與感情，妨害合作和團結。㈤人的需要除生活安定與安全的金錢與物質外，尚有更高級的需要如成就感、參與感等都被忽視了。所以麥氏主張在管理上應採用Y理論，即所謂激勵理論（Motivation Theory）。

Y理論的主旨如下：㈠人是動物，天性是喜愛活動，樂於工作；閒散無事使人沮喪。㈡但人之喜愛工作要在適當的環境下方能實現。㈢所

謂適當的環境，卽在於施行激勵，使能滿足其願望與需要。㈣人是有志向有抱負的，在激勵下則熱心承擔責任或承諾。承諾就是達成目標的報酬函數。㈤人皆具有很大的潛力，激勵足以發揮人的潛力。

三、Y理論的再認識——一般說來，Y理論或激勵理論是健全的，正確的，不失爲良好的管理哲學，但亦應作補充說明與再認識。第一、Y理論不失之理想化，設想太高了，許多人固然可以用激勵方法，使之在自我指導自我控制下完成責任；但亦有不少人必須用強制的懲罰方法，始能使之努力工作。有的人固然有遠大抱負；但有的人則祇求金錢報酬與生活安定。第二、Y理論的要旨是要在工作上及報償上滿足員工的需要；殊不知除此之外尚有其他因素，可以滿足其需要。縮短工作壓力，增加休閒與享受亦是一種激勵。第三、Y理論認爲科學管理所倡行的工作簡化、標準化足以壓制個人才能的發揮，遏殺了創造與發明的活力。殊不知這些措施對增加生產，提高效率，亦確是有其事實證明與重要貢獻。

Y理論誠然是良好的管理哲學，但X理論的價值亦不可完全抹煞。Y理論有所明見，然亦有其偏蔽。X理論有其缺失，然亦有不可否認的價值及成就。二者孰是孰非，何優何劣，實不可一概而論，應視情勢而作定奪。員工性格有不同，素質有差異，宜懲則懲，宜獎則獎。民主參與，自動自發固屬甚好。然命令督察，強制指揮，亦有其效果。理有反正，事有優劣，全面視察，整體衡量，方屬圓滿。『萬法本無法，惟有隨緣法』，圓通無礙，因事制宜，對症下藥，才是上策。所以權變理論 (Theory of Contingence) 亦卽是Z理論，乃成爲今日公認的最佳管理哲學。

第二節　需要滿足與激勵管理

一、需要的層次——人生而有欲。欲就是慾望或需要。從滿足人的需要着手，卽足以激勵員工的服務精神，工作情緒，提高效率，達成任務。馬斯洛 (Abraham Maslow) 著『人的激勵理論』(Theory of Human Motivation) 一文，載一九四三年七月份『心理評論』(Psychological Review, July 1943)，對此曾有系統的論述。他把人的需要分爲五個層次。第一是生理需要，爲支持生命所必需，包括衣、食、住、行等。第二是安全的需要，當生命得以保持後，卽產生不受外來侵襲及意外災害的安全需要。第三是社會需要，人得到安全保障後，卽進而有社會的需要，希望得到他人的接受、承認、友誼及情誼等。第四是自尊的需要，社會需要滿足後，進而有要求他人尊重、敬重的自尊需要，人要力爭上游，出人頭地，爭權位，爭名利，就是自尊需要。第五是自我實現的需要。這是要經由成就表現，實現自我的最高需要，創不世之業，立不朽之功，希聖希賢，成龍成鳳，創造發明，立德、立言、立功都是這種需要的滿足。

管理者應切實考察，作客觀分析，瞭解員工的一般需要及個別需要，而採行措施，就其需要設立具有吸引力的環境與目標，以環境而作刺激，由目標以爲導向，使員工產生管理者所期欲的積極行爲與反應行爲。一方面能以滿足員工需要，一方面能以達成組織目標。採行激勵管理對滿足員工需要所付出的代價與可引發換取的回報有多少，應切加考慮，總期以較少的『投入』換取較多的『產出』。

二、需要的體認——馬斯洛的需要滿足誠然是一種良好的激勵管理理論與方法，但對人的需要仍宜進一步作下列的體認：㈠馬氏所指出的需要層次，決不是固定的硬性結構。層次之間並無明顯界限，彼此常相

重疊，某一需要的強度逐漸降低，則另一需要的強度便因而升高。需要強弱程度猶如光譜，乃是逐漸變化的。㈡可能有些人的需要始終維持在低級的生理與安全層次，只要能維持生活，無凍餒之虞，免災害之禍，即心滿意足了，並無成大事、立大業的雄心和抱負；低度開發國家的人民，無知無識的窮苦百姓便是如此的。可能有些人不以生理，安全需要的滿足爲止境，更要以較多的時間與精力去謀求自尊的、社會的及自我實現高層需要的滿足。高度開發國家的人民因國民所得較高，衣、食、住、行等生活問題很易解決，社會秩序良好，生理與安全需要很易滿足，所以要進而追求社會承認、自尊、人尊、自我實現的高層需要的滿足。受過高等教育的人們，以知識高，能力強，求職謀生不成問題，低層需要易於滿足，所以要進而追求高層需要的滿足。㈢馬斯洛所列舉的需要層級的順序，事實上並不是人人這樣的。有些人的自尊心成就慾較之生理與安全需要更爲強烈與重要。殺身成仁，舍身取義的英雄豪傑便是如此的。㈣不同的人表現的行爲可能相同，但不一定由於其需要相同。例如在某一座談會中，張三因爲對某一問題有深切研究與瞭解，自恃不凡，大發議論，趾高氣揚。李四對這問題並無研究，爲了掩飾其無知與自卑，亦趾高氣揚的大放厥詞。張三的行爲在滿足其自尊與自我的實現的需要。李四的行爲則在滿足其安全需要。

第三節　工作成就與激勵管理

一個人對於所擔任的工作有興趣，感到滿意，能勝任裕如，具有成就表現的可能與機會，自必興奮快愉的努力工作。一個人能有工作成就表現，自必精神快愉，感到光榮與驕傲，因之而肯努力工作，力求成就與表現。所以說工作成就對員工能發生激勵作用，使之積極努力，增加生產績效。在一九五〇年代後期，郝日柏 (Frederick Herzberg) 和幾

位匹玆堡心理研究所(Psychological Service of Pittsburgh) 的研究人員作過大規模的訪問研究，就研究結果，寫成『工作的激勵』(Frederick Herzberg, Mavsner & Barbara B. Synderman, Motivation to Work, 1959) 一書，倡『兩因素理論』(Two-Factor Theory) 闡說工作對員工的激勵作用。

一、工作環境的維繫因素——從調查訪問的研究中，他們發現使員工感到滿意，發生激勵作用者，多屬於工作本身，而非工作環境。但工作環境卻能以防止不滿，阻止弊害發生，而維持工作的最低或及格標準，因之工作環境，被稱爲『衞生因素』(Hygiene Factors) 或『維繫因素』(Maintenance Factors)。所謂維繫因素包括下列的各項目：

維　　繫　　因　　素
1. 金錢 (Money) 2. 監督 (Supervision) 3. 地位 (Position) 4. 安全 (Security) 5. 工作環境 (Work Condition) 6. 政策與行政 (Policies and Administration) 7. 人際關係 (Interpersonal Relations)

二、工作本身的激勵因素——郝日柏等就調查訪問中的發現，凡與工作本身有關的因素，都能使員工感到滿足，具有激勵作用，使之積極努力，增加工作績效，被稱之爲『激勵因素』(Motivators) 或『滿足因素』(Satisfiers)。所謂激勵因素，包括以下各項目。

激　　勵　　因　　素
1. 工身本身 (Work Itself) 2. 工作讚賞 (Recognition) 3. 工作進步 (Advancement) 4. 工作成長 (Work Growth) 5. 工作責任 (Responsibility) 6. 工作成就 (Achievement)

三、**兩因素理論與需要層次**——郝日柏等的理論和馬斯洛的需要層次說乃是相通的。馬氏所說的低層次需要，頗與郝氏所稱的維繫因素相類似。馬氏所說的高層次需要，相當於郝氏所稱的激勵因素。金錢收入所以維持生理需要。工作環境、職位安全、政策及行政，可以滿足生理及安全需要。技術監督與人際關係和社會需要有關聯。工作的讚賞、進步、成長及成就等激勵因素能以滿足自尊及自我實現的需要，激勵因素既在於工作方面，所以員工的『工作擴大』 (Job Enlargement) 及『工作豐實』 (Job Enrichment)，都是激勵管理的好方法。

四、**對兩因素理論的批評**——郝日柏等所倡的兩因素理論雖有其價值，但不能認為完全，不無可以批評的地方：第一、在事實上，吾人皆知，他們所指維繫因素亦具有激勵作用，決不可說僅有消極功能，祇可以防止弊害與不滿。第二、他們所調查訪問的對象僅限於工程師和會計人員，而人數亦祇有幾百個人，在抽樣方面的代表性，廣博性均嫌不足。而且工程師與會計師的知識、地位、收入均已較高，低層次需要多已滿足，是以所述的維繫因素不具激勵作用；其結論未必能適用於一般員工。第三、同一因素對此人是激勵因素，對彼人可能是維繫因素，例如增加金錢收入對低級勞動者就具有很大的激勵作用；但對地位較高，收入已豐的高級人員就成了維繫因素，很少激勵功能。第四、一般說來，人對自己的工作成就皆會感到滿足：光榮、驕傲；對管理當局的政策與行政則感覺不滿。這是顯而易見的普通現象。所以說郝日柏等『兩因素理論』僅可說是對事實的一種解釋，不能算是發現或創見，郝日柏等研究雖不無貢獻，然尚未受到普遍接受或公認，有待作更進一步的研究。

第四節 成熟人格與激勵管理

　　美國耶魯大學敎授艾奇里斯（Chris Argyris）曾對企業組織作過實際的研究，研究管理實施對個人行爲及個人成長的關係和影響。他就研究心得於一九五七年著『人格與組織』（Personality And Organization)一書；又於一九六二年著『人的才能與組織效能』(Interpersonal Competence and Organizational Effectiveness）一書。他把人的人格分爲『幼稚型』與『成熟型』兩大類別；並指出管理者若能適應人的『成熟人格』而爲因應措施，卽可發揮很大的激勵作用，提高工作力量，增加組織效能。

　　一、幼稚人格的特性——艾氏把人的人格或性格的發展，分爲兩個階段。人在未成年或未成熟時期，稱之爲幼稚人格。人到成人或成熟時期，稱之爲成熟人格。所謂『幼稚』與『成熟』並非指生理年齡而言，而是指心理狀況、意識形態及行爲模式而言。幼稚人格的特性如次：㈠被動性——事事聽從指揮，受支配，善服從，推一推動一動，不推則不動，是被領導者。㈡依賴性——無獨立思考、判斷及行爲的能力與膽量，要依附於人，祇能因人成事，無獨立創業的精神、能力和抱負。㈢簡單性——無論在思考上行爲上祇有少數的方法和途徑，不足以應付複雜的情勢與環境。㈣淺薄性——對問題的思考與認識，僅是膚淺的、表面的；對事物的興趣亦是偶然的，淺淡的，不夠深厚與強烈。㈤短暫的——幼稚的人對時間的觀念，祇知短暫的現在，對過去無追溯的興趣，對將來無長遠的展望。㈥平凡性——在人羣中濫竽充數，履進履退，不求出人頭地，不圖優越表現，只是平凡庸俗的人。㈦渾噩性——幼稚人的性格是庸庸碌碌的，是渾渾噩噩的，自覺性不足，自我認識不夠，自我控制無能。

　　二、成熟人格的特性——一個人經由敎育、經驗及發展，逐漸由幼稚階段達於成熟階段，心理狀況趨於健全，意識型態趨於優良，行爲能

力趨於高強。其人格特性便亦大異於幼稚階段者。成熟人格的特性如下：㈠主動性——具有自動自發的主動精神，找事作而非等事作；支配慾較強，是『能令』的人，不甚喜歡『受命』或服從。有想像力與計劃能力，肯主動做事，不待他人指揮。㈡獨立性——有獨立自主的能力，不必依憑他人，不必依附他人，卽能自行創業或完成一定工作。㈢複雜性——無論在思考上在行爲上皆有多數的複雜的方法與途徑，足以應付繁複與變化的環境及事務。㈣深刻性——對問題的思考與認識較爲深刻；對事物的興趣亦較爲深入與強烈。㈤長遠性——在時間觀念上具有長遠性，對現在能把握，不使光陰浪費；對過去有追溯興趣，可以記取經驗與教訓，以爲行爲借鑑；對將來能作長遠展望，以備計劃與適應。㈥優越性——具有優越感，要出人頭地，要有優越表現，有自尊心，要求他人的讚賞與承認。㈦自覺性——自我意識高強，有自我醒覺觀念，有強烈的成就慾，謀求自我實現；自我控制及自我指導的能力亦較強。

三、激勵與成熟人格——許多機關的管理實施都未能適應員工的『成熟人格』，使之發揮才能；反而把他們當未成熟的『幼稚人格』看待，以致成效未彰，效率不高。例如組織中的職位說明、工作指派、業務特定化、規章硬性化等都使員工的職務及職掌流於呆板及機械化，缺少挑戰性、啓迪性及主動性；只適合於被動性、依賴性和服從性的人。管理者只知所謂控制與掌握，重事不重人，把活潑有爲的人，當作受驅使受鞭撻的牛馬；把有創造性、生活力的『萬物之靈』的人，當作機器中的零件，這是受了舊式管理哲學X理論的牽累，抹殺了新的管理哲學Y理論的優點。

進步的行政或管理當局應採行Y理論，運用激勵法則，適應員工的『成熟性格』，作以下的激勵管理措施：㈠尊重員工的人格價值，承認其重要，讚賞其才能，使之生『知遇之感』，而起『感激圖報』之心，

爲『知己者死』，爲『悅己者容』，奮發有爲，盡才智，揮潛能。㈡發揮民主精神，重平等、崇理性、給自由，消除『受歧視』，『被壓迫』的感受，養成『人人主人翁』的事業觀念。㈢採行參與管理，使每個員工對機關業務與政策，皆有發言和參與的權利與機會，集衆智以爲智，合羣力以爲力。㈣運用思想領導，溝通觀念，誘導員工自動自發的服務精神，培養員工獨立自主的創造能力。㈤推行啓迪性的員工在職訓練與進修，滿足其求知慾，適應其上進心，充實能力，增益知識，啓發思想，養成其自強不息的競進精神。㈥工作分派要使之稍具挑戰性，工作略高於員工的才能，俾得以滿足其成就慾及自我實現。

第五節 期望引導與激勵管理

一、**期望與行爲的關係**——人的行爲動機和模式，可從兩個角度加以觀察和分析。從主觀需要的觀點言，人生而有欲，欲則不能無求。求就要採取行動或行爲，期以滿足其內在的欲求或空虛。採取一定措施，滿足員工需要或欲求，便是激勵作用；因而可引發所期望的行爲模式。馬斯洛 (Maslow) 的需要層級與需要觀念就是從人的內在需要的空虛與緊張爲立論基礎。需要的滿足在於填補其內在空虛及解除其緊張情緒。從客觀引導的觀點言，人是『觸景生情』的，所謂『情由色起』，『不見可欲，其心不動』。由於外在環境的引誘與刺激，便足以使人採取一定的活動與行爲。期望理論 (Theory of Expectancy) 在管理上的激勵運用就是從此觀點爲立論基礎。

需要理論重在填補『內在空虛』；爲填補空虛，便要追求『外在目標』。『期望』就是可能得到而尙未得到的利益。要得這種期望或利益必須採取一定行爲，卽追求的努力。『需求』與『期望』兩種理論雖然觀點不同，但實際上大有關聯，而且可互爲應用。期望是在外的目標，

即可能獲得的利益，對內在需要具有引誘與刺激力量。因此內在需求更感到空虛與缺乏，情緒便益趨緊張，於是產生追求的行動與努力。一俟目標、期望或利益追求到手，需要遂得以滿足，緊張遂得以解除。色（目標、期望）生情（需求、感情），情求色。在情色會合的努力或追求的過程中便產生踴躍熱烈的激勵活動與行為。

期望是人生的重大動力。人的一生都在追求期望的進程中過生活。有期望才有人生與趣。人為追求期望才會奮發有為的積極努力和工作。期望的幻滅就等於死亡。期望理論在激勵管理上的應用，係基於下列的假定：㈠當一個員工認為他的努力可能產生高度或良好績效時，便會盡心盡力的認真服務或工作。㈡當一個員工認知他的高度或良好績效可能獲致一定利益時，自然會成為有效率的工作員。㈢可能獲得的利益或期望，對提高工作績效具有很大的吸引力和推動力。因之，不少學者倡『期望理論』，推行『激勵管理』。

二、期望理論與習得行為——美國學者巴特爾(Lyman W. Porter)和勞列爾（Edward E. Lawler）於一九六八年著『管理態度與工作績效』(Management Attitude and Performance) 一書，從期望理論去說明『激勵與行為』的複雜關係及組織中管理人態度對員工工作績效的影響。期望理論着重從理性觀點去解釋期望的激勵作用及其對管理績效的影響。大多數管理人所採用的激勵因素，不外工作成就、自我實現、權力、或地位的獲得，收入的增加、待遇或環境的改善、讚賞和進步等。把這些的激勵因素融會入管理態度與績效管理制度中，使員工為追求這些可能得到的激勵因素，因而積極努力，增加或提高工作績效。

如果要使期望成為行為激勵動力，必須在員工心目中建立起他現在的行為表現和將來的期望獲得，具有相當的關聯性或因果律。例如今年工作勤奮，成績優異，明年就可得到加薪或升級的期望或報償。這種關

聯性或因果律是怎樣在員工心目中建立起來的呢？巴特爾和勞列爾則用
『習得行爲』（Learned or Experienced Behavior）心理學習過程
作解釋。員工在生活及工作的直接和間接的經驗中或記憶中建立起『行
爲與報償』的關聯性和因果律。例如，某一員工的行爲優良，績效卓
著，因而得到上司的誇獎、加薪或升級。長官的這種態度和措施，旨在
強化員工的工作表現，期望員工能保持良好紀錄，或有更好的表現。
同時，員工由於因有某種優良表現，便會得到某些報償或期望的滿足，
於是因要得到某種期望便須有某種行爲表現。某種期望足以激勵某種行
爲，某種行爲可以得到某種期望，乃是從經驗中建立起來的。因受期
望激勵而起的反應，便是習得行爲。工作產生績效，績效得到報償（
期望、目標），報償滿足需要的經驗過程建立起期望與激勵的習得行爲。

依期望理論與習得行爲的解釋，則期望與激勵行爲的循環過程如下
圖所示：

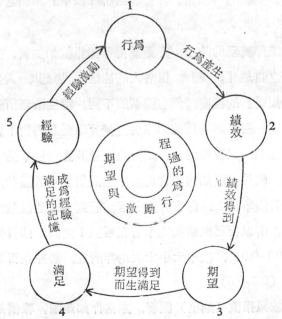

三、期望價值與激勵行爲——美儒傅魯謨（Victor H. Vroom）於一九六四年著『工作與激勵』（Work and Motivation）一書，倡激勵等於期望價值乘期望（激勵＝期望價值×期望；$M = \sum \times E$）之說。其論說雖頗爲複雜，但頗爲多數學者所採用。所謂激勵的程序或效果，等於期望價值（Valence）乘期望（Expentancy）。一個機關對職員給予一定的期望或可能得到的利益，便足以對職員發生激勵作用，使之努力工作，致有更好的績效產生。職員是否會依照機關的希望去努力工作而作出更好績效呢？這要看『媒具』（Instrumentality）如何爲轉移。

所謂『媒具』指下列的『傾愛』（Preference）與『機率』（Probability）而言：（一）職員對所需求的績效及可能報償的『傾愛』程度；（二）所作努力與要求績效間及要求績效與可能報償間關聯『機率』的察覺或認知。這種的『傾愛』程度和關聯『機率』相加之總和就是期望價值。

績效是工作表現的品品，亦是獲得可能報償如加薪、升級的必要條件，職員對之自然『傾愛』，但各人的性情、思想、人生觀等各有差異，所以『傾愛』的程度，便有強弱的不同。程度強者所受激勵深，而作熱烈的努力。程度弱者則努力亦弱。無『傾愛』者便不會努力。職員所受激勵的強弱，又視努力（行爲）與績效間關聯機率的大小爲轉移。若機率爲零，職員無論如何努力均無法達到所要求的績效，便不必作冤枉的努力。若機率爲1，即百分之一百，達到要求的績效太容易了，亦就不必努力。所以行爲與績效機率若在零與1之間，即百分之零到百分之一百間（0.1-0.9），機率太小太大均非所宜，最好在百分之五十至百分之六十間（0.5-0.6）。

至於績效與報償（期望）關聯，亦當作如是觀。報償是職員所傾愛

所追求的對象。但因職員的需要、性情、思想各有不同，其傾愛程度便各有差異。傾愛強烈者便會大大努力提高績效。傾愛中等程度者，便作中等努力，產生中等績效。無傾愛者自亦不受激勵，不作努力。績效與報償間的機率的大小，決定職員所受激勵的程度大小及是否肯積極努力追求報償。二者間的關聯機率太小（0）或太大（1），均不能發生激勵作用。最適當的機率宜，百分之五十至百分之六十間（0.5-0.6）。在這種幅度下，能以發生激勵作用在同時職員與機關各得激勵效果或利益的百分之五十或六十，兩不吃虧。

　　傅魯謨的期望價值與激勵行為的理論，雖然是持之有故，言之成理，自然有相當的學術價值，但在實際應用上因過份複雜，且涉及主觀的察知，很難以作具體的計算。所以這種期望價值理論，只能作原則的啓示及管理取向的指針，不能作明確的計算。而他的理論要旨則在於其所舉列的計算公式。所以傅氏的理論能否在實際上普遍的應用，似不無問題。

第六節　公平比較與激勵管理

　　一、公平比較理論的由來——人是社會動物，須過人羣生活。在人羣生活中，自然有人與人之間的接觸與來往，因而產生羣己分際與人我區別的觀念。在這觀念下，便會作人與人的比較。若與地位高優者相比，可能有四種反應：（一）見賢思齊，『有為者亦若是』，自求奮勉，急起直追。（二）心存忌妒，憤懣不平。（三）精神抑鬱，愧嘆不如，自甘低落。（四）樂天知命，無動於衷。若與地位低下者相比，亦可能有四種反應：（一）自信自得，自我激勵，益自奮發，保持已有成就與光榮。（二）心滿意足，自矜自傲，安於現狀，不求上進。（三）自驕驕人，心存傲慢，目中無人，失卻人和，漸趨失敗。（四）不驕不

傲，不亢不卑，仍保持自然與正常。在人我比較的情形，自覺比他人所獲較多優者，常會發生激勵作用。

人是理性動物，要過合理生活。所謂理就是天理，亦卽公道或『正義』（Justice）。合乎公道或正義的生活，乃是『各得其所，各守其分』，『君君、臣臣、父父、子子、夫夫、婦婦』的倫理關係。人在人羣生活中，能盡其應盡的義務，享其應享的權利，『取』（Take）『予』（Give）相等，『權』（Right）『義』（Duty）平衡，投入（Input）、產出（Output）相稱，卽是合乎天理、公道或正義。公平比較係以這種關係爲標準。合於這標準便心安理得，人人平等，誰亦不吃虧，誰亦未佔便宜。這種比較標準，不僅適用於雙方的當事人，亦適用於第三者。自己若予多取少，自覺吃虧，便生抑鬱不樂或怨憤。自己若得到比所付出較多的報償則覺得快愉與興奮。若與他人比較，有人比自己得到較多權益，而其貢獻並不比自己多，便感到不快而生怨懟；若自己與他人作相同的貢獻，而得到較多的報償，當會自覺滿意與欣慰。應用公平比較理論推行激勵，其哲學基礎係建立在這些假設與認識上。

二、金錢收入與公平比較——巴納德（Chester I. Barnard）於一九三八年著『主管人員的功能』一書，卽倡組織平衡論，認爲員工應貢獻其智能、知識、技術、忠誠於組織；組織便應給於員工相稱的報償、待遇與關注，以維持二者的平衡關係。只有如此，方屬公平。一九七二年葛里恩（Charles N. Greene）著『績效與滿足的衝突論』（Satisfaction-Performance Controversy）一書，就巴納德的公平觀念加以發揮，擴大範圍與應用，而倡『公平或社會比較論』（Equity or Social Comparison Theory）。

公平比較的具體因素或變數，就是金錢的收入，卽薪資報償。員工不僅以此爲標準，比較組織所給與的報償是否公平，還要比較他與其他

員工的報償是否公平。組織所給予的報償若與其他組織或社會上的標準相等，員工則認為公平，而心平氣和，工作正常；若低於社會標準，便表示不滿，而會怠工。若高於社會標準，員工受到激勵，而感覺興奮，努力工作；至少在最初一段期間是會如此的。

一個員工會與組織中其他員工相比較，他若與其他員工工作或貢獻相同，而所得較低，則必抑怨而工作不力；若所得較高，則心受激勵，而肯努力工作。若所得與之相等，便心平氣和，不生反應。

茲以加薪為例，具體說明公平比較與行為激勵的關係。張三自覺下年度應該加薪每月二百元，而首長竟給他加薪每月二七〇元，他受寵若驚，喜出望外，深受激勵。但為時不久，他發現李四與他的情形相同，卻每月加薪三五〇元。張三於是認為這太不公平了，大為生氣。原來有很大激勵性的加薪，反而成為抱怨因素了。張三因此發生情緒緊張與不安。他如何解除其困惑呢？大概不外下列的幾個可能：（一）憤而辭職。（二）找首長理論，要求與李四拉平。（三）認為李四有特殊勢力與背景，自愧不如，忍受算了。（四）他另與王五比較，卻多加薪每月七五元，亦就可以自我安慰了。（五）另外他發現李四有三個子女，他只有一個小孩，算起來他比李四的加薪還要高一點，便覺得亦算公平。（六）怠工或暗中消極抵制，以發洩不滿情緒。

三、公平比較理論的評價——傅里恩所倡的公平比較理論與行為激勵的關係，一方面有健全的哲學基礎，一方面合乎一般人的公平比較的普通觀念，在應用上明白確實而具體，易懂易行，旣不複雜，亦少困難，確是有價值的學術貢獻。不過，激勵因素不止一端，如思想領導、民主參與。僅以金錢比較，不免有所偏蔽。麥克里蘭（Me Clelland）說：『實在說，金錢雖是一種激勵工具，但這並不是唯一的或完全可靠的工具。因為有了金錢這一工具，管理人往往忽略了其他眞正能影響工

作績效的激勵因素或變數。如果對另外的激勵因素不予注意，將是重大錯誤，因為行為科學家已經發現了另外的許多激勵因素或變數，曾經應用，且證明有效』（David C. McClelland, Money as a Motivator, 1973, P. 649）。這一評論，實屬公允妥當。

第七節　思想驅策與激勵管理

一、思想驅策的激勵力量——馬斯洛的需要滿足、郝日柏的工作成就、艾奇里斯的成熟人格、巴特爾和勞列爾的習得行為、傅魯謨的期望價值及葛里恩的公平比較諸激勵理論，雖皆持之有故，言之成理，不無可取之處，但著者認為另有一個最重要的激勵因素，而他們卻未提到，那就是思想領導或思想驅策的激勵力量。他們所使用的激勵因素或變數率皆着重於『報償』，即金錢的收入與權利的獲得。那就是以『陞官』與『發財』為誘餌，去激勵員工的行為。殊不知金錢與官位是有限的，有窮盡的，而員工的慾望卻是不止的，無窮的。到官窮財盡時，將無法施行其激勵了。而思想領導卻是取之不盡、用之不竭的激勵因素。

人的思想或意識形態是行為的動力，亦是『行為模式』的塑造器。有怎樣的思想就有怎樣的行為；有怎樣的意識形態就有怎樣的行為模式。人的價值觀念如何，及如何去作是非善惡的判斷，都受思想或意識形態的支配。人的一切行為取向，皆以其思想或意識形態為指南針，為控制器。有的人淡泊寧靜，視富貴如浮雲。有的人熱衷權位，奔走鑽營，謀求官職，一日無官則皇皇如也。有的人，愛錢如命，不惜犧牲名節，貪財圖利。蓋思想或意識形態不同有以致之。孔門弟子，顏淵則『一簞食，一瓢飲，曲肱而枕之，在陋巷，人不堪其憂，回也不改其樂』。端木賜則『家累千金』、『結駟連騎，束帛之幣，享於諸侯，所至國君，無不分庭與之抗禮』（史記貨殖傳），乃人生觀及意識形態不

同所使然也。同遭外敵侵迫，國勢危殆，秦檜則通敵求和，不惜殘殺忠良；岳飛則精忠報國，不屈不撓，甘以身殉。同受日本侵略，同為中華兒女，有的人寡廉鮮恥，認賊作父，甘為漢奸。有的人則不避艱險，浴血抗戰，殺身成仁而為民族英雄。乃思想取向不同，意識指針有異，所產生的結果。思想領導與驅策力量的強大有如此者，吾人豈可等閒視之。思想的領導或驅策不但可以使人從容就義，壯烈犧牲，希聖希賢，為忠臣，為孝子；且能以成就轟轟烈烈、驚天動地、永垂不朽的豐功偉業。

二、思想驅策的激勵事蹟——人是有理性、有感情的動物。人為了實現其理想或信仰，為了疏洩或慰藉其感情，就是赴湯蹈火、粉身碎骨亦在所不辭。思想的驅策力量，可以使『貪夫廉、儒夫有立志』；可以造成『威武不能屈，富貴不能淫，貧賤不能移』的大丈夫；可以養成立德、立言、立功的不朽人傑；可以產生不憂、不懼、不惑，智、仁、勇三達德的大聖哲。歷史上有多少殉道、殉國、殉節、成仁、取義的壯烈事蹟。世界上有多少救國、救民、爭自由、爭平等、反暴政、反壓迫的革命運動。這些驚天地、泣鬼神的輝煌成就，不朽勳業，皆是偉大的思想力量有以促成之。洛克（John Locke）、盧梭（Jean Roussean）所倡的『天賦人權，一律平等』的政治思想，促成美國獨立革命與法國民權革命的爆發及其成功。辛亥革命能以推翻中國二千年專制君主政制，而建立民主共和的中華民國，乃是三民主義的政治思想所造成的偉大成就。

三、思想驅策的管理運用——思想力量既然是偉大的、不可侮的，有沛然莫之能禦之勢。所以機關首長及企業上的經理均應運用思想驅策力量以為激勵因素。無論機關或團體均可舉辦啟發的人格教育、倫理教育、職業道德教育，加強思想訓練，養成其正確而堅強的意識形態，對組織有忠貞的認同感，對工作有堅強的責任心；對自己有恥居人下的自

奪心；對職業有自我實現的成就慾，對同僚有親愛精誠的團體意識和合作精神。組織成員在這種思想力量的驅策下激勵中，自然會努力工作，積極服務，提高績效，促進士氣，成功的達成任務。

第二十一章　參與管理

第一節　參與管理的基本觀念

一、意義——參與管理 (Management by Participation) 是近代管理學上的一種民主領導及激勵法則的管理制度，其主旨在養成組織成員的自尊心、責任心及主人翁的事業觀，使之奮發努力，有效的達成組織目標。質言之，參與管理就是一個組織或機關在推進業務進程中，使其成員在思想上、情緒上、感情上對業務的決定與處理皆有親身『介入』(Envolvement) 的察知與感受，因而產生對組織的認同感、依附感、責任感及自尊、自重、自榮的心理，因而願貢獻其才能與力量，期以成功的達成組織目標。戴威士 (K. Davis) 說：『參與管理乃指在團體的情勢中，個人的心理上情緒上的介入，鼓勵其對團體提供意見，分擔責任』 ❶。

參與管理在於激發組織成員的工作動機及服務精神，藉以提高行政效率，同時使成員在心理上有被尊重的感覺，並自負有獨立思考與創造

❶ Keith Davis, *Human Relations At Work*, 1957, p.170.

才能，在組織活動的舞台上扮演着重要角色。魏特爾 (M. S. Viteles) 說：『在民主與開明領導的作風下，使員工在決策上有參與的權利和機會，足以激發個人的內在工作動機，提高士氣，增加效率』❷。

二、性質——就其意義的內涵加以分析，參與管理實具有下列各特性：

1.民主領導 (Democratic Leadership)——大體言之，領導方式可分爲兩種：一是傳統式的專斷領導，憑藉地位與權威，強制部屬服從；部屬在鞭策下，抱恐懼心理去工作，勉強行事，並非心悅誠服，僅能保持最低的工作標準，不能發揮高度的行政效率。二是現代式的民主領導，即是在一定的規範下，使部屬在自我指導，各本才智，作獨立思考，本自動自發的精神，主動的去工作，有責任心、榮譽感、自負自驕，踴躍熱烈的去服務，去工作，內在潛能得以完全發揮，行政效率可達於最高水準。參與管理就是在民主領導下，使組織成員以全能全力從事工作。

2.支持關係 (Supportive Relations)——參與管理是主管與部屬在相互支持的關係下，踴躍熱烈的共赴事功。柏克曼 (Harold Perkman) 說：『卽使是最能幹、最有訓練的主管或經理亦不能成功的完成其任務，除非能得到部屬的支持與合作。只有長官支持部屬，才能得到部屬的支持。長官要使部屬瞭解，他們要滿足其需要，所依賴於組織者是些什麼；同時使之知道組織需要他們，因而感到光榮與滿足；而肯樂意的去負擔責任，完成組織任務』❸。

3.激勵法則 (Rule of Motivation)——參與管理在運用激勵法則，把人當人看待，尊重部屬的人格，承認部屬的重要，給予施展其才

---

❷ M. S. Viteles, *Metivation and Morale in Industry*, 1953, p.164.
❸ Herald W. Perkman, *The Human Relations of Management*, 1974, p.149.

能的機會，使之在工作成就中能以作自我實現。長官不可把部屬看成是幼稚的人，而要把他看成是成熟的人，承認他們有主動精神，會自動自發的去負責，有獨立思考與創造的能力，人人有自尊心，有成就慾，滿足其需要，加強其對組織的認同感，養成人人主人翁的事業觀。

4.團體決策 (Group Decision-Making)——一個組織或團體，無論在政策的決定上或問題的解決上，既不可採一人獨斷專行的獨裁制，亦不可採少數人把持的寡頭制，而應採大家參與、團體決策的民主制。這樣才能收『集衆思，廣忠益』的效果。這樣才能對政策及問題，作面面俱到的周詳考慮，無微不至的深刻觀察。亦只有如此，方能集衆智以爲智，合羣力以爲力，使渺小的個人成爲偉大的『巨人』或團體人。

　　三、功用——採行參與管理所發揮的功能，或可獲得的利益，計有以下諸端：㈠組織的目標、政策及行政決定，因博採衆議及衆意僉同，易有正確的取向，途徑坦直，目的無偏，自足獲致最大最高的成功與成就。㈡組織的成員樂意並能以將其能力、才智、忠誠貢獻於組織，減少浪費，提高行政效率；若在企業機關則足以增加生產，減低成本，獲致較大利潤。㈢組織的成員同時是快樂的工作員和有效的工作員，不僅可以提高效率，且足以維持團結與和諧，使組織氣候趨於蓬勃、生動、活躍、和平、安寧。㈣足以維持人事安定，使離職、辭職、曠職、怠工等情形大爲降低。㈤促進主管與部屬之間的感情交流，加強合作與支持關係，消除彼此的隔閡與誤會，並減少抱怨。㈥組織若採行新的制度與方法，或改變政策與技術，使成員在有所瞭解的情形下能以妥爲適應，並樂於接受，而促成有秩序的變革與穩健的進步，不致發生抗拒心理或抵制行動；亦不會有陽奉陰違的情事。㈦在參與管理下，組織決定經過成員參加意見，自然樂意遵守與奉行，在自我指導與控制下，努力服務，

上司不必作很多監督與考察；因之，機關首長與各級主管可有較多的時間，考慮較為重要的問題，而謀求組織的發展及事業的改進。

第二節　參與管理的理論基礎

思想或理論乃是行為的動力和指導原則。有怎樣的思想和理論，就會產生怎樣的行為與制度。參與管理的採行，乃是以民主思想、平等觀念、系統理論、組織原理及人本主義為其理論基礎。茲就此分別論述如次：

一、民主思想——依民主主義的政治思想，國家主權屬於全國國民，人民是國家的主人翁，具有參與政治的固有權利。人民是目的，政府是工具，政府的功能在保障人權及為人民謀福利。治者的權利，建築在被治者的同意上，政府的一切措施以民意為依歸。這種的民主思想與信仰，深深印鑄在民主國家人民的心坎中。所以機關的首長和主管，決不可抹視組織成員的這種的政治觀念，應採行參與管理以為適應與配合，養成人人主人翁的事業觀，俾能分擔責任，作自動的努力。

巴納德（Chester Barnard）於一九三八年著『主管人員的功能』（The Function of Executives）一書，即本民主思想申論主管人員的權力基礎。他指出主管人員的權力基礎，建築在部屬的同意上。主管人員權力的大小，視部屬支持及擁護程度的強弱為轉移。上司的權力行使若落於部屬意識的『冷漠地帶』，即不發生效力；只有落於部屬意識『同意地帶』，才會產生作用。實行參與管理即在於擴大部屬的『同意地帶』，使上司的權力行使，在政通人和的情勢下，收到風行草偃，無往不利的效果。

二、平等觀念——盧梭（J. Rousseau）在所著『民約論』（Social Contract）一書中，開宗明義，第一句話，即說：『一切的人都是生而

自由平等的。』（All men are Created free and equal.）。依此理論，民主國家邃採平等的參政權，『一人一票，一票一值』；人人平等，無歧視、無特權。在平等觀念下，自然須抱自尊尊人，自重重人的倫理思想。自尊自重便要竭智盡忠，負擔責任，在事業與工作的成就上，完成自我實現。這樣便會產生『舜何人也，禹何人也，有爲者亦若是』的負責任重的抱負，不致自暴自棄，甘居下流。尊人重人，便要互助互惠，取予平衡，在合乎正義與公道的人羣關係下維持組織的安定與和平。參與管理的理論，卽在於本平等的觀念，養成組織成員自尊自重的自我觀，以有抱負的心情努力工作，促進業務的發展與進步。同時參與管理亦在於養成組織成員的尊人重人的社會觀，以無歧視的心情，與人合作，使組織能在安定和諧的狀態下，順利的達成目的與使命。

三、系統理論──系統乃是『規律化交互作用或相互依存事物的結合。此結合是達成共同目的構成整體』❹。由此定義觀之，系統乃是達到共同目的時，若干有關人、事、物的複合體。系統不是獨立的或孤立的。任何系統都是外界大系統的一個次級系統，同時又是整合本身內部各次級系統的一個較大系統。因之，一個機關或團體在決定政策，解決問題，處理業務的過程中，都要抱整體觀念，團隊精神，通盤籌劃，普遍參與，周詳考慮，摒棄本位主義及個人主義，方能成功。參與管理就是根據系統理論，使組織成員本整體觀念，發揮團隊精神，依相互依存的原則，作協同一致的努力達成組織目標。

四、組織原理──所謂「組織」（Organization）種類繁多，形形色色，不同的組織，便有不同的定義。不過，所有組織卻有一個共同的特性或定義，那就是部份與整體之間及部份與部份之間有不可分離的一致關係。整體不能捨棄部份，部份不能脫離整體。世間最理想的組

---

❹ Webster's New International Dictionary 對 System一詞的解釋。

織，就是人的生理系統。生理系統乃是結合五臟六腑、四肢百骸、六脈九經許多小系統而成的一個大系統；各負其責，各盡其能。健全的生理組織必須每一個官能，甚至每一個細胞，都能善自發揮其應盡的功能。任何一部份失卻作用，便是疾病的發生或死亡。機器的結構亦是個完善的組織系統，構成整個機器的大小機件密切配合，成爲不可或缺及不可分離的整體，每一部份皆有其重要性，不但引擎 (Engine) 或發動機不能發生故障，就是一個小螺絲釘失去作用，便可能造成大災害。參與管理卽是根據這些的組織原理，使構成組織的各部份各成員皆能依其所處的地位盡其應盡的責任，生其應生的功能。

五、人本主義 —— 行政領導計有兩種方式：一是以事爲中心的領導，一是以人爲中心的領導。前者係以工作或業務爲本位，站在事的立場，要人遷就事；事是目的，人是手段和工具，要人接受機關的制度和方法，不管他是否願意；要人成爲有效率的工作員，無視他的身體健康和精神快愉。殊不知任何人都不能成爲效率的工作員，除非他是快愉的，喜歡工作的。後者乃是以人爲本的領導，把人當人看待，重視人員的生活與需要，尊重其人格，激勵其精神，養成其責任心、認同感、自尊心及自我實現的成就觀，使在快愉心情下，自動自發的踴躍熱烈的去工作。在這種情形下每個人都可成爲效率的工作員。吉普生 (James L. Gibson) 說：『以人爲中心的領導者信持行政決定上的授權，並建立支持性的工作環境，去滿足部屬的需要，並關心部屬的個人成就、成長與進步。這些行爲乃是獲得部屬支持的傳導電流』❺。參與管理就是本人本主義，以人爲中心的行政制度。

---

❺ James L. Gibson & others, *Organizations*. 1967, p.186.

第三節 參與管理的實施途徑

如何推行參與管理，其主要的實施途徑，計有團體決策、資訊流通、諮詢制度、建議制度、研究發展。茲依次分別論述於後:

一、團體決策——一個機關或團體的組織目標、共同政策、行政方針的決定，及重要問題的解決，宜經由組織的成員本民主參與的原則，以『團體決策』（Group Decision-Making）的途徑制定之或抉擇之。如此，則在目標的實現上，政策及方針的執行上及問題的解決上必較為順利，而能獲得良好效果。因為經自己決定的事，自己自然樂於接受及願意執行。不過，實施團體決策，須注意以下五事，方不致發生流弊或偏差:㈠事前要有充份的準備。討論的議題及其內容與大綱，事前皆須研究妥當，所需的參考資料亦須事前蒐集齊全，分發參加人員研讀，使對所要討論的問題有深切的瞭解，俾能屆時作恰中肯綮的發言。㈡參與人員要適當選擇。參與團體決策的人員，應限於與所研討的問題之有關人員。所謂有關，是指所討論的事務與其職務或利益有關的人員。若使無關人員參與，則因事不關已，不會發生研討興趣，亦不能發表中肯意見。㈢參與人員須具適當知識。研討某一問題，參與人員應對此問題具足夠的知識與瞭解。否則是問道於盲，一無所知，非徒無益，實足貽誤。㈣研討問題須遵循良好的議事規則，主持會議的人，要有勝任的引導，能把握衆見及其綜合能力，俾能整合衆議，獲得圓滿結論。㈤研討要在自由、平等、和平的氣氛下進行，使大家能暢所欲言，決不可有操縱、把持、或控制的情事。

二、資訊流通——無論決定政策或解決問題，都不能憑空構想或暗中摸索；應使參與人員持客觀態度，冷靜頭腦，本實事求是的精神，根據足夠資訊，針對事實真相與癥結，作正確的判斷與抉擇。若欲如此便

須採行有效的『報導制度』（Information System），對組織的一切事實資料，包括過去歷史背景與成就，現在的組織狀況，業務活動，現行政策，當前的問題，人事及財務等，以至於將來的目標，發展和展望，作充份的訊息傳播與資料流通，使組織成員對所居處的情勢，有關的事實資料，有充份的把握與瞭解。這樣便可以收到以下的利益：第一、參與人員在分享資料流通的情形下，可以及時利用資料，作正確的判斷與抉擇。第二、組織成員，有『置身事中』的『感受』（Feeling）與『認知』（Perception），加強認同感，自負是『主人翁』，而非『門外漢』；對加強團結力量與責任心皆有莫大裨益。第三、組織的一切情事可以公開，卽足以表明其中並無違法舞弊，經得起考驗與批評，見得起天地與日月，足以消除成員對首長及主管的隔閡與誤會，且可杜絕謠言、耳語的發生。

　　三、諮詢制度——機關首長或主管對某一問題、政策或事務在作決定前，主動的向部屬徵詢意見或反應，以爲抉擇的參考，謂之『諮詢制度』（Consultive System）。這是一種非正式的參與管理途徑。諮詢方式計有以下幾種：一是向部屬作個別諮詢。這種方式上司與部屬之間有親切感，有機密性，彼此可以無所顧忌的暢談。二是集體諮詢，卽上司召集若干部屬作公開的諮詢。這種方式可以節省時間，具有鄭重性，爲部屬所重視。但在衆目睽睽下，部屬發言可能有所顧忌，不敢說眞話，怕引致同僚的不諒解，難收知無不言，言無不盡的效果。三是上司使部屬推舉代表，以供上司諮詢。這種方式旣可節省時間，又具有相當的親切感與保密性；但代表要有眞正的代表性，旣不可從中播弄，亦不可自說自話，不站在選舉人的立場講話。四是諮詢委員會的設置。由上司指定或部屬推舉若干適當人員組織諮詢委員會，以備上司的隨時諮詢。這雖然不失爲一種參與管理的途徑，但代議制度，究竟不是民主主

義的最高理想。五是舉行意見調查：就待決的問題或事務，製為調查表格發給有關人員，由其填報意見。根據調查意見，加以整理分析，以為作決的參考。

諮詢制度能以發生以下的效果：㈠在集衆思，廣忠益的情形下，機關的抉擇和決定易趨於健全合理。㈡組織成員對經由自己參與的決定，自然願意支持，而作貫澈的執行。㈢上下之間有了適當的思想溝通，可以加強相互的瞭解與信任，袪除隔閡與誤會。㈣上下之間易於建立良好的合作關係，並使彼此感情趨於融洽與和諧。

採行諮詢制度須有以下的認識與注意：第一、諮詢意見僅是顧問性質，供參考之用，對上司並無強制性或拘束力。第二、諮詢意見對上司雖然無拘束力，但上司對此必須予以認真的重視，凡有可取，應盡量採納，不可使諮詢制度流於形式化，致引起部屬的不滿與抱怨。第三、首長與主管決不可自視過高，自命不凡，認為部屬皆不如我，妄自尊大，卑視部屬；應知『愚者千慮，必有一得』。卽使部屬是愚者亦可能提供高明意見。何況部屬並非愚者？第四、首長與主管對諮詢制度須有誠意與信心，認真的推行，決不可虛應故事，敷衍了事。第五、首長與主管要有虛懷若谷的雅量，合萬流而共包的大度及人人平等，自尊尊人的民主修養與風範。

四、建議制度 —— 機關長官准許並鼓勵職員對公務推行及問題解決，自由提供應興應革的意見，以備作決的參考，謂之『建議制度』（Suggestion System）。這亦是一種非正式的參與管理。建議意見普通係由書面為之。有些機關設有『意見箱』，以備投遞意見書之用。建議書或意見書可由一人提出或若干人聯合提出；一般說來，建議書應寫建議者的真實姓名，但為鼓勵建議者無所顧忌的說真話及暢所欲言，有些機關亦允許提出不具名的建議書。

有人以爲建議不具名，將會使職員胡言亂語，不負責任，大發牢騷，隨意批評，甚而咀咒辱罵。如果發生這種情形，卽正是機關有隱憂，有潛疾，伏有危機，便可針對病患，予以診治，俾能及早預防大病的發生。建議制度乃是諮詢方式的一種，故能收到上下思想溝通，促成合作與和諧及決定的健全及執行的順利等效果；職員的建議應有適當的處理，可採納者採納之；應解答者解答之。若置之不理，必使職員灰心失望，對建議失卻興趣。經採納的有價值的建議，對建議者應予以適當的獎勵或報償。機關長官對職員所提建議，不管內容如何，性質如何，均應抱『言者無罪，聽者有益』的態度，及『舜聞過則喜』『禹聞善言則拜』的修養；決不可因建議內容不順耳、不恰意、有批評、有不滿，而遷怒於建議者，甚而因此而受到不利或處罰。否則，建議制度成爲偵查手段及控制工具，那麼，誰還敢進直言，說實話！

五、研究發展——諮詢與建議都是廣泛性的徵求意見，對問題難有深入的瞭解，亦不易提出精當完備的方案。研究發展乃是機關長官就所要解決的問題及所要改進的業務，提出專題交由有學養的合格人員或適當單位作有系統的深入研究，提出完備周詳的實施方案。研究人員或單位可以廣泛蒐集資料，徵詢意見，用科學方法加以整理與分析，明其底蘊，見其癥結，本眞知灼見提出切實可行的方案，而收藥到病除的效果。有研究才能有發展。要發展必須作研究。美國有規模的企業機構每年所支付的研究與實驗費用，爲數甚鉅，故能有不斷的進步和發展，能以降低成本，提高利潤。我國近年來，各機關雖多已有研究發展單位的設置，然多因經費不足，計劃欠善，人員素質未高，以致成效不彰；對此應再謀加強與改進。在研究發展的進程中，研究人員要向有關人員廣泛徵詢意見及使之提供資料，自足以收到參與管理的實效。

第四節 參與管理的參與方式

參與管理採行的方式，計有多種，依不同標準，可作不同的分類。茲分論各種參與方式如次：

一、正式參與和非式正參與——依有無法規依據，參與方式可分為正式參與和非正式參與。前者係指依法規規定所作的參與活動。在機關的組織法中，率有法定會議的規定。爲溝通思想推行公務，機關的組織規程，辦事規則中亦常有行政會議、業務會報、工作檢討會等集議的舉行。爲了解決某一特定問題，或擬定某一特定方案，或推行某一特定業務，依職權管轄或由上級授權可舉行特定的研討會。組織成員依法規規定參加會議或提出書面報告，發表意見，提供資料以供政策上行政上作決的依據或參考者，均屬正式參與。

其無法規依據或拘束，機關長官爲集思廣益，博訪周諮，不拘形式的向部屬徵詢意見，以爲制定政策或作行政決定之參考者，謂之非正式參與。長官與部屬之間的個別談話或在社交中有關機關業務的閒談及交換意見，亦可視之非正式參與。諮詢制度及建議制度，若無硬性的法規規定，亦屬於非正式的參與方式。

二、直接參與和間接參與——組織成員親自參加組織中的各種會議發表意見，提供資料以爲決策的依據與參考；或親自向機關長官提出報告或陳述意見以供其抉擇，謂之直接參與。組織成員不親自向決策會議，權力機構或長官表達意思，而選舉代表代爲表現意思，以影響決策或決定者謂之間接參與。直接參與足以表現高度的民主精神，易於培養人人主人翁的事業觀。但每因人數太多，意見不易集中，發言盈庭，莫衷一是，議事效率較差。間接性的參與雖足以提高議事效率及參與人的素質，但代表的選舉必須是民主的，公平的，使之具有眞實的代表性。

三、個人參與和集體參與——以個人的資格或身分表達意思，提供資料參加機關政策制定、行政決定及業務處理者謂之個人參與。由若干人組成代表團或聯合小組，以統一的或共同的意見與立場以影響政策或行政的決定者，謂之集體參與。個人參與無所拘束，可以憑己見，暢所欲言。集體參與則構成集體的人員，事前須有自行集議獲得一致立場與意見，在正式的會議中可以輪流發言，互為呼應，使所持意見，易為會衆所接受。否則，自相矛盾，意見分歧，便失卻集體參與的意義和作用。

四、經常參與和臨時參與——經常參與亦稱之為定期參與。機關的法規中多設置永久性的會議或諮詢機構。機關的職員可以依規定經常的或定期的參加會議或被諮詢，謂之經常參與。機關若規定每年或半年必舉行一次職員態度測量或意見調查，亦可謂之經常參與。經常參與是可以預知的，而且是確定的。機關因偶發的、臨時的、特殊的或意外的事件，需要集思廣益共商對策，以謀解決，召集有關人員舉行特別會談、會議以徵求衆意，謂之臨時參與或偶然參與（Occasional）。

五、全體參與和部份參與——機關為研討全盤性、整體性的政策、問題或事務，召集所有職員集會，大家參與，共同交換意見，謂之全體參與。為了研討個別性、部份性政策、問題、業務，由有關的若干職員集會，共同研商，以謀解決，謂之部份參與。舉行部份參與，參與人員須加審慎選擇，如使不應參與者參與，應參與而未獲參與，必引起誤會與糾紛。參與人員的知識、能力、經驗亦須作適當的考慮；若使不合格或水準不夠的人員參與，則有似問道於盲，對會議不能有所貢獻與裨益。

六、合法性參與和抗議性參與——凡依機關法規規定或依機關首長與主管的意願、組織成員所作的參與活動，均謂之合法性參與。組織成員不依法規規定，不依長官意願，所作的抗拒性的意見表達或威脅性、不滿性、抱怨性的要求，均可稱之為抗議性參與。職員匿名或化名投書

及印發傳單，提出批評，指斥、抱怨，甚而至於辱罵；職員聯合提出書面的或口頭的表示，要求增加待遇，改善工作環境，改變、停止或採取某種行政措施；職員以消極抵制，暗中破壞、怠工、罷工等威脅方式，期以達到要求或主張，都可謂之抗議性參與。這些行為雖為長官所厭惡、所反對，但事實上常能發生相當的效果，對長官的行為或措施不無一些影響。這些不和諧不愉快的活動，卽是抗議性或反抗性參與。這種事象（Events）在政府機關雖屬罕見，但在企業機構，則常會發生。

第五節　參與管理的成功條件

參與管理若想順利推行，成功的得到預期效果，使在執行上不發生偏差和流弊，實需要一些先決條件以為配合。這些先決條件，可分為三大部份：一部份是職員所應具的條件；一部份是長官應有的認識。三是一般性的準則。茲就此三者分別論述如下：

一、職員應具備的條件——參與管理係以職員參與機關公務決定的積極活動。所以參與管理能否成功，端視參與者的心理狀態，知識能力，認知與瞭解是否勝任合適為轉移。健全的參與人員應具備下列的條件：

1.介入感（Involvement）—— 參與的職員對所研討的問題或業務在心理上要有濃厚的興趣和認識，及參與對自己的重要性，置身於情況中，樂意研究，熱心參與，而產生深切的『介入感』，然後才能提出恰中肯綮，對症下藥的正確意見。必須如此，參與的人員才不會有『無的放矢』的空論，或『痴人說夢』的囈語。參與性的會議或研討，方不致於浪費時間，徒勞無功。

2.自尊心（Self-Esteem）—— 參加參與活動的人員，應有不妄自菲薄的『自尊心』，承認自己在組織中的重要性，養成『機關成敗，自

我有責』的責任心。對自己所擔負的職責，要竭智盡忠，作最完美的完成。對自己所扮演的角色，要不辭艱辛的，作最精彩的表現。以主人翁的心情與抱負，［自動自發的努力工作，認眞服務，決不因循敷衍，要從工作成就中表現自我的偉大，藉以博得長官的器重及同僚的尊重。在參與集會中的發言與主張，最好能一言中的，語驚四座。由自尊而肯負責；由負責而生工作成就；由成就而受他人尊重；所謂自尊人尊，自重人重。一個職員在機關中不可成爲唯唯諾諾，毫無定見的應聲蟲，亦不可是推一推動一動，撥一撥轉一轉的木頭人；要成爲有主張有定見，肯主動負責的中流砥柱。

3.認知察覺（Perception）──所謂認知察覺係指職員對機關的認同感、依附感、忠貞心、支持觀念及團體意識而言。每一職員應知個人與團體有相互依存，不可分離的密切關係；機關的成敗榮辱就是個人的成敗榮辱；個人的利益必須透過機關的利益方能實現。個人必須貢獻其忠貞、才智與力量於機關，方能從機關獲得應有的回報。個人支持機關，滿足其要求，個人才能得到機關的支持，而能滿足自己的需要。團結一致，合作努力，同心同德創造共同利益；個人方能從中分享其應得的利益。職員皆須本此認知，去積極努力，主動負責，參與機關活動，以有效勝任的成員達成組織的目標與使命。

4.勝任知能（Competence）──一個職員在機關中，同時具有三種地位：對長官是學生，對部屬是教師，對職務是工作員。學與教的對象都是以知識技能爲主。工作亦需要勝任的知能。知識就是力量。技能是效率的源泉。所以優良的職員必須有強烈的求知慾和勤學精神，以獲得與時俱進的豐富知識和優異技能，方能勝任愉快；在參與活動中亦才能有卓越表現。否則，知能不及，難以勝任，對自己是挫折行爲，蒙辱致因；對機關是一大損失和失敗。

二、長官應具備的條件——推行參與管理，機關長官應具備以下的條件和認識：㈠長官要有民主風度與修養，誠心誠意的推行參與管理，從善如流，大度包容；決不可有深閉固拒的偏見和成見。㈡重視思想溝通，集衆智以爲智，合羣力以爲力；不可存專斷思想，不可迷信權威；亦不容誤認大衆參與是紀律廢弛，領導無能或長官權利的削弱。㈢機關首長不可大權獨攬，察察爲明，事必躬親，窒殺部屬主動精神及潛能發展，要認眞實行分層負責，分級授權，使每一職員皆能把握時機對其主管業務能作適時的決定與處理，發揮民主參與應有的功能。㈣機關首長及各級主管不可自是自傲，卑視部屬皆不及我，要尊重部屬，信任部屬，使展其所長，以爲匡扶。任何人有所長亦有所短，有所明見，亦有所偏蔽。民主參與卽所以取人之長補己之短，藉他人之明，解自己之蔽。

三、參與管理的一般條件——成功的參與管理應具備以下的一般條件或共同準則：㈠在民主參與的討論中所使用的重要名詞、文字、語言要有共同的認識與瞭解，在意義上內涵上不能有歧見，觀念一致，解釋相同。否則，各是其是，各說各話，議論紛紛，難以獲得一致結論。㈡參與人員的發言要普遍與平均，以免發言時間爲少數好言者所獨佔；或爲有攻擊性的單位所把持，以免引起情緒緊張，妨碍團結與合作。㈢參與討論所使用的時間旣不可冗長失之浪費；亦不可過於短暫，不敷應用。視議題內容的繁簡難易，規定適用時間，使能在從容不迫的情形下對問題作足夠的討論，討論時間更須視議題性質而定，若是有時機性的急迫議題當作速戰速決的當機立斷，不可拖延時間。若是無時機性的經常議題，不妨從容不迫的從長計議。㈣機關不可僅採臨時性的參與，須同時兼採經常性的參與。否則，職員認爲當局只於遇有困難時，才不恥下問，虛心求助；在平時則卑視部屬，不予理睬；足以引起誤會。㈤參

與管理的實施，必須衡量其效益性，要確有效益時，始可付諸實施；若得不償失或引起流弊，自不可貿然採行。不過有無效益則視參與管理的設計是否完善爲轉移。㈥實施參與管理，要使長官與部屬雙方都具有安全感。部屬不致因發言而受到不利的影響或遭受歧視與懲罰。長官不致因參與的討論而受到攻擊、挑戰或威脅。㈦參與權行使的會議討論，部屬仍須保守職務上的機密；否則，機密外洩，對機關及個人都可能產生重大的不利。㈧參與管理是上下之間的思想溝通，權力妥協，利益調和及意見整合，本乎理性，應用智能，以和平討論方式爲機關作最佳抉擇；部屬決不可存心藉此造成輿論，形成權勢，期以左右威脅長官的決定。

第二十二章　人羣關係

第一節　人羣關係的含義

自二十世紀以來至第二次世界大戰以前，一般學者及行政改革運動者，都以科學管理的知識與方法以推行行政管理。但自第二次世界大戰以來，行政管理的研究與實用發生了重要的變革。不少的行政學者認爲前此的科學管理的行政管理乃是不夠的，且具有一些錯誤，應加改正與補充，應進而從人羣關係的觀點去研究，去推行行政管理。茲就人羣關係的意義及其行政含義加以說明如次:

一、人羣關係的主要意義——人羣關係的問題雖早在二千多年前，儒家和法家的思想中已有所論及;但對此根據科學的方法和知識作系統的研究，乃是近年間的事。依近代的意義言，最早使用人羣關係（Human Relations）者，當推美國人事協會（The National Personnel Association）。該會於一九一八年在紐約舉行首屆銀灣會議（The First Silver Bay Conference），專門討論工業界所謂人羣關係。其後由梅堯（Elton Mayo）等人在理論上就此問題予以闡揚，漸成系

統。在第二次世界大戰期間及自此以來便普遍的得到工商業界及行政界的採行與重視。

所謂人羣關係，即在於研究機關職員的行為與其工作效果關係，及如何促進職員與機關間的平衡關係及職員與職員的合作關係。從人的觀點，把人當人看去研究如何推行行政管理，便是人羣關係的要旨。人畢竟是人，管理者不管科學化到如何的程度，絕不能把人與機器用同樣的方法去處理。機關乃是由一羣人所組織成的，其成功的關鍵乃在如何藉人羣的集體奮發努力，精誠團結，熱誠盡職，共同合作，發揮一致的效果與協調的行動。人是有思想、有感情、有欲望、有理性、有志氣的動物。行政管理者應潛心的研究如何利用這些生理的心理的因素去促進工作效果及調整職員與職員間及職員與機關間的關係。

要從人的觀點及人的集體行為上研究管理及增進工作效率，便不能不應用心理學、社會學、文化人類學、社會心理學及統計學的知識。這些科學都有長足的進步，已建立了許多可資適用於行政管理上的準則，並確實的能在機關的業務處理上發生良好效果。根據這些科學的研究提示，人畢竟是人，要從人的性靈深處，瞭解其行為動機及對外部刺激反應的法則及其慾望滿足的要求次序與程度。現代的行政管理已進入『人性管理』的最新階段，需要藉科學上對人的本身發現善自運用，而後人的內在潛能纔能得到最高的發揮，人的現有的知能纔能得到最大的利用，機關的業務亦纔能得到成功的完成。

行政管理不能僅從狹義的觀點，祇講所謂以最經濟的手段得到最大的效果，即求消耗（投入）少而效果（產生）大，而能達到節省財力、物力、人力與時間的目的，消除浪費減低成本，更要進而從人羣關係的立場，使所有工作員得到滿足，以充沛的精神，自立自尊的人格，積極參與機關工作。效率不是行政管理的中心問題，主人翁的事業觀念才是

OTT2

行政管理的中心問題。現代化的行政管理不僅指工作作了就算，必須要在全體一致的，彼此和諧的共同滿足的情形下完成工作。

二、人羣關係的行政主旨——前此以科學管理的觀點去研究及推行行政管理實是不夠的，有偏差的，甚而有一些的地方是不正確的。爲要補救前此的不足，並矯正其偏差，於是進而以人羣關係的立場去研究及推行行政管理。這二者間的區異及進行途徑的不同，可從下列五點說明之：

㈠由以『事』爲中心到以『人』爲中心——科學管理運動者着重於『事』的方面，祗知運用科學化的辦事方法，把事務處理得完善。如何建立健全的組織，如何運用合理的制度，如何使辦事方法系統化，如何使工作程序標準化，如何訂立周詳的行政計劃，如何節省人力、財力、物力、時間等，都是他們所致力的焦點。但是卻忽略一點，那就是人的因素。因爲無論組織亦好，制度亦好，方法亦好，程序亦好，都是要人去運用的。計劃要人去執行，人、財、物、時都受人所控制。『事務』的成功達成，必須以熱心的努力的工作『人』員爲先決條件。所以人羣關係的運動者要從人的方面去謀求效率的增進及業務的成功。工作人員須得到適當的滿足和積極的激勵，才會自動自發的從事工作，負起責任。工作人員間必須形成和諧一致，精誠團結，同心同德的合作關係，才會踴躍將事的共赴事功。科學管理者把人看作是完全理性的，亦是科學的，就好像機器一樣，擺在什麼地方就在什麼地方；好像人都會自然的適應新制度新方法，拿人去遷就事。而人羣關係運動者則認爲人還有非理性的一方面，人可能反對新制度，拒絕新方法，對新計劃亦可不熱心執行。除非對工作人員施行積極的激勵有效的說服及思想溝通，很難以有良好的工作效果。事要人去作的，行政管理的中心在『人』不在『事』。

㈡由『法制』的研究到『行爲』的研究——科學管理主義者重在建

立良好的法規與制度以為辦事的規範與準則。而人羣關係主義者認為法規與制度祇是形式而已，僅具有表面價值，必須從工作人員的『行為』上去作研究，才能瞭解行政管理的眞相。古人說：『盡信書不如無書』。如果我們僅從『法制』上去研究行政管理，可能是劃地自限，坐井觀天。若純從法制言，菲律賓的憲法和美國的憲法實在伯仲之間，然若從『行為』方面以觀察，兩國的政治實況則相去甚遠。如祇從『議事規則』去研究立法院立法程序與表決，則絕難窺其全貌。政黨的政治運用，及立法委員間的派系捭闔，均不見於『議事規則』中，但這些在法案的通過上卻佔重要的地位。所以研究行政管理不能以瞭解『法制』為已足，要從工作員的實際行為、生活、思想及在其機關中所表現的『角色』（Role）扮演去研究。如果行政管理祇涉及法制問題，則行政改革的成功便易如反掌訂立法規、成立組織、改變機構，都是很容易的事。變更組織、重訂法規，並不一定能達到行政改革的目的。只有工作人員的行為、生活、思想的革新，才是行政改革的有效途徑。

　　㈢由機械的效率觀到社會的效率觀——科學管理運動者率從機械的效率觀念去研究行政管理，認為效率就是以最經濟的手段獲得最大的效果，在免除浪費，力求人力、財力、物力的節省。減低成本，提高績效就是有效率。效率是冷酷的，乃是實事求是，用數目字計算，客觀的，具體的，冷冰冰的事實，不講感情，不論關係。而人羣關係運動者，則認為效率不能專講『事實』，同時亦應擴及到『價值』的範圍。機械的效率水準，應提高到社會的效率水準。人格價值的尊重，內在潛能的發揮及慾望的滿足，亦應計算在效率的範圍內。行政效率的測量指標，應該彙及社會價值與人格價值。效率不是狹義的省人、省錢、省力、省物、省時，而是在既定情勢下的最佳抉擇與目的達成。人民的利益、社會的福利、進步、適應、生存及人性的完善發揮才是效率的眞義。實在

說，行政的中心問題不是效率觀念，而是人人主人翁的事業觀念。

㈣由消極裁制的管理到人性的激勵的管理 —— 就中國的哲學思想言，儒家持性善說，法家持性惡說。就現代的理論言，美國教授麥克葛羅（D. MacGroger）倡X理論與Y理論 (X. Theory, Y. Theory)。X理論認為人性是懶惰的，不喜歡工作的，故須施以嚴格監督與裁制，人才會去工作。Y理論則認為人是好動的，喜歡工作的，願作自我表現的，只要給予適當的工作環境，並施以激勵，便會自動自發的去努力工作。一般說來，科學管理主義者比較傾向於X理論及性惡說。而人羣關係主義者則傾向於Y理論及性善說。他們認為要人去工作，與其靠消極的裁制，不如靠積極的激勵。極權主義的國家採行嚴格控制與懲罰的管理制度，但生產效率則微不足道。民主主義的國家採行自主自發的管理制度，重激勵，尚發展，適慾望，人人自強不息，奮發努力，生產效率達於驚人的高度。

㈤由效率的工作員到快樂的工作員——科學管理運動者所希望的乃是有效率的工作員，使每個員工都能不浪費材料，節省消耗，減低成本，並能善為運用所設計的新制度與方法。但是人羣關係運動者則認為，要想使機關員工成為有效率的，必須先使他們成為快樂的，只有精神愉快，心情和樂的工作員才願意去工作，才肯踴躍將事，才會全力以赴之。心情不佳、精神不振的人，絕不能成為有效率的工作員。人羣關係就是運用人性激勵，慾望滿足，積極參與及人格尊重等方法造成快樂的工作員。這快樂的工作員才能成為有效率的工作員。諺曰：『沒有任何人是有效率的，除非他是快樂的，願意工作的』(No one is efficient, unless he is happy and he is willing to work)。

第二節　人羣關係的原則

人羣關係已受到學術界、產業界及行政界的重視，且已有了相當廣泛的實際應用。人羣關係的實施與運用應遵守下列的幾個重要原則：

一、尊重人格、瞭解人性——人羣關係就是要把人當人看，每個人的人格都要受到尊重，機關中的人員雖有地位高下，待遇多寡，權力大小的不同，但大家都是人，就人格言之，大家乃是平等的，均爲父母所生，上帝所造，並無貴賤尊卑之分。部屬固應尊重長官的人格，長官亦應尊重部屬的人格。因爲人都有個『自我』觀，自認是重要的，要得到他人的承認和恭維。『人爭一口氣，神爭一柱香』。『士爲知己者死，女爲悅己者容』。長官對部屬若予以重視，尊重其人格，部屬必感知遇之恩，奮發圖報。諸葛亮所以爲劉備父子兩代效忠，六出祁山，九伐中原，搞得『鞠躬盡瘁，死而後已』，就是爲報答劉備『三顧茅廬』的知遇之恩。尊重他人人格，他人會爲之效死盡忠。侮辱他人人格者，他人會以羞憤之氣，起而殺之以雪恥。相互尊重人格，乃是促進機關和諧及工作效率的有效途徑。尊重人格乃是適應人性需要的措施。行政管理應多作研究工作，瞭解人性，適應人性需要，予以充實與發展。機關的成就都是工作員努力的結果，亦是其智能活動的結晶。而科學管理論者，每倒因爲果，重視金錢、設備，反而忽略了對人的重視。管理人員必須瞭解人性及人格尊嚴的價值與重要，而予以切實尊重。必如此才能換取工作員的熱誠、忠心、努力與創造。如此而後，機關才會有生氣，才能產生合作精神及團體意識。人格尊重是貫串行政管理及搞好人羣關係的中心線索。

二、共同利盆、相互依存——行政管理者應從人羣關係的觀點把機關看成是一個同甘苦、共患難、榮譽分享、相互滿足的利益團體。行政機

關的責任，固然在爲人民謀利益，爲社會造幸福，但機關職員在工作進程中，亦要得到自己的相當享受和滿足。職員與職員間、職員與工作間亦要建立起利害一致，成敗與共，不可分離的利益關係。機關與職員，長官與部屬都是相互依存的。此人的成功就是彼人的成功。此人的失敗就是彼人的失敗。部屬的利益就是首長的利益，首長的利益就是部屬的利益。家庭中各構成員的利益乃是共同的，一致的，不可分離的，相互依存的。機關要家庭化，在機關中應建立起相互依存的利益關係。機關中若少數人得到特別利益，有充裕享受，而多數人陷於生活艱苦困窮，必形成傾軋、怨憤、不安、不平，絕難以成功的達成任務或獲致高度的行政效率。工廠中的工人分紅制、工人認股制就是共同利益、相互依存原則的應用。行政機關應本此原則加強員工福利、互助金、消費合作、子女教育、疾病相扶持等措施。

　　三、積極激勵、潛能發揮——人事管理不外兩大原則，一是消極性的裁制或懲罰；一是積極性的激勵或獎賞。前者在利用人的畏懼心理使不敢爲非或犯規。但這只能保持最低限度的工作標準。後者在利用人的上進心理及顯達慾，使人奮發努力，踴躍將事。這足以使人的內在潛能得到最高的發揮，工作效率亦可望達於最大限度。人羣關係論者在行政管理上要儘量避免消極的裁制，而廣泛的運用積極激勵的法則。適當的激勵，足以鼓舞工作員的士氣，熱誠與興奮。激勵法則的應用，在能適應工作員的需要和願望，引發其工作意願與精神，肯奮發圖強的努力工作。

　　就人的需要言，約可分四種：一是生理的需要，卽食、衣、住、行、樂、育六大生活問題的適當解決，使能維持身心健康發揮工作效率。二是心理需要，卽對工作員給予承認、尊重、保障、安全、快愉，並給予參與的權力，發展的機會，俾能在精神上有所滿足與寄託。三是

社會的需要，卽使之在同僚間受到一視同仁的平等待遇，不受排斥、不受歧視，並給予社交活動的機會，使之覺得社會上機關中有溫情、有友誼，不是被遺忘的孤獨者。四是成就需要，卽自我實現的需要，使之能以有創造發明，立德、立言、立功永垂不朽的機會與可能。

根據美國學者的實際調查，認爲工作員對工作的願望如次：(1)工作的保障與安全。(2)良好的工作環境。(3)情投意合的工作夥伴。(4)開明的主管。(5)升遷的機會。(6)優厚的報酬。(7)發揮才能的機會。(8)學習新工作的權利。(9)合理的工作。(10)合理的工作時間。(11)勝任裕如的合適工作。如能就此願望予以切實的注意及適當的滿足，便是有效的激勵。

四、合作努力、協同一致 —— 有人認爲機關是由職員和職位所構成。各個職員站在職位上去努力。各人努力的相加的總和就是這機關的總成績。其實，這種說法並不一定正確。若使各人的努力不能彼此合作，相互配合，力量可能抵消，事權可能衝突，結果反足以導致機關失敗。機關職員的努力，必須是合作的；彼此的行動必須是協調的，機關的任務才能成功的完成。個人風頭主義，機關本位主義，是效率的敵人，是成功的障礙。在今日的科學的行政時代，各單位各職員的分工十分細密，專業化的程度非常深刻，若使合作不夠，協調不足，必致分離支解，四分五裂，慘趨失敗。機關行政作業完全是一種『聯合工作』（Team Work），猶如籃球隊員打籃球一樣，合作與聯繫是勝利的必要條件。第二次世界大戰中日本的無條件投降，乃是因爲日本的海軍與陸軍不能合作，各自爭功，自求表現，本位立功主義把日本拖垮了。人羣關係的主旨，卽在於求職員與職員間，單位與單位間的密切合作。

五、民主法則、人人參與——國家屬於全國國民，機關屬於全體職員。每個國民盡到國民的責任，國家自然富強，每個職員盡到職員的責任，機關自然成功。因之，行政管理的推行，要採行人人參與的民主法

則。責任分擔，權力分享，人人自動自發的負起責任，人人把機關的事業當成自己的事業，行政效率必然提高，機關使命必能成功。培植幹部，施行激勵，養成職員的責任心榮譽感。團體意識的最有效的辦法，就是人人負責的參與管理。民主法則和參與管理可視之為積極負責，努力奮鬪的哲學；同時亦是一種實際行動計劃。效率不是行政管理的中心問題。主人翁的事業觀念才是行政管理的中心問題。有了主人翁的事業觀念和行動，效率自然隨之而來。這是效率的淵源。否則祇求效率，而無民主參與負責觀念，便流於倒因為果，舍本逐末。人羣關係的促進，離不開人人參與的民主法則。

六、相互領導、彼此影響——有人誤認領導就是權力的運用，命令與服從。實則這只是迫使，並非領導，牛馬可以鞭撻使之拉套。而人乃是有思想有理智的並具有自尊心與反抗性，祇靠權力與命令，不一定能獲得部屬的熱誠服從。領導乃是要部屬依首長的意志與之採取其所期欲的或一致的行動。這乃是一種思想問題。要溝通思想，上下之間有了共同瞭解和一致觀念才能達到這種目的。領導乃是首長運用其知識、智慧、勸導、說服、人格感召及精神影響，使部屬踴躍將事，共赴事功。領導不是以權力迫使部屬服從，乃是運用智能博取部屬的欣然合作。而合作乃是雙方面的、相互的，首長決策必須聽取部屬的意見，瞭解下面的情況，以為決策的參考。這便是部屬領導首長了。首長頒命令，作決定，絕不能閉門造車，抹煞事實。集思廣益博訪周諮，蒐集事實瞭解情況是有效領導所必不可少的。集衆智以為智，合羣力以為力，乃是最佳的領導。首長不可專望部屬跟我走；同時要接受部屬的建議，聽取部屬的意見，首長領導部屬，部屬亦領導首長。彼此尊重，相互影響，便可以建立良好的人羣關係。

第三節 人羣關係的實施方法

要想有效的促進人羣關係，提高行政效率，應本人羣關係的重要原則，適應各機關的情勢與需要，酌予採行下列的實施方法：

一、**人事諮詢制度**——各機關多設有人事機構。人事人員的職責，不僅在於消極的管制工作，或日常的登記與報表事務，應進而積極的負起責任辦理人事諮詢工作，對員工所遭遇的困難和問題予以商談，明其底蘊，見其癥結，給予輔導及解決的協助。員工發現有人關心他們的困難時，自然心情快愉安慰，因而促進工作興趣。諮詢的目的在於以下幾點：(1)對員工予以積極的指示和輔導，加強其信心與勇氣。(2)給予被諮詢者以心理上精神上支持和慰藉與勉勵。(3)瞭解職員內心中的不滿情緒。(4)幫助有困難的職員給予解決的助力。(5)就個人的特殊情形，予以輔導。人事諮詢技術有似精神分析，由巧妙的面談和機敏的傾聽，設法使有問題員工的真正內心蘊結與情緒吐露出來，並追查其原因，而謀求解決之道。

二、**工作建議制度**——使機關職員對機關業務有發表意見及提供建議的權利和機會，俾能下情上達，使上下之間能有真切的坦白的意見溝通。機關應用有計劃有系統的方法，鼓勵職員發表意見，並使其意見受到重視，則足以促成職員的工作合作感，並意味到個人的價值，而提高工作興趣。美國工廠中，有一位此種制度的權威人士指出，建議制度可以收到以下的利益：(1)工作環境，工作技術，工作方法因之獲得改進，生產效率得以增加。(2)由於工作人員的興趣增進，使之感到他們與機關的利益是一致的，合作精神與團體意識賴以加強。(3)怨憤不平的心情，由建議制度可以發現職員的才能，而予以適當的任用以免除人才的浪費。機關可設置建議管理委員會，負責處理建議事項，以免建議制度流

於形式。縱使建議中可能有匿名攻擊或無謂牢騷，但亦可由此發現機關病態，亦是有利無害的。在積極方面，如有價值的建議不妨給予獎金或晉升職位。

三、職員態度調查——人事諮詢制度乃是以個人為中心的個別輔導，職員態度調查乃是一般性的措施。機關可以制訂職員態度調查表，分發各職員使之填寫，調查的內容和目的在瞭解職員對工作，對機關，對同事的真實態度及其心中所思想為何物何事。就此調查加以整理和分析，便足以發現在工作方面、生活方面及人羣關係方面的問題與病態。然後就此加以研究，提出對症下藥的診治方案。這種工作態度或士氣的調查，不僅有不少企業機關予以採行，在第二次世界大戰期間，美國軍隊中曾設置心理學專家小組，專從事於士兵對武器、伙食、營房、紀律、制度、娛樂、醫療、供給品、裝備等所持的態度調查。就調查所得加以研究，向有關長官提出報告以為改進。態度調查宜定期舉行，成為正式制度。態度調查可能發現很惡劣的情況而為長官所不喜歡，但諱疾忌醫是重大的危險，長官應該有勇氣，負責任，面對現實解決問題，逃避躲藏，自欺欺人，必自食其惡果。在態度調查中，亦可能因之發現細微事故，而幫助機關解決重大問題。

四、個人接觸計劃——機關長官及各級主管對其部屬應有一定的個人接觸計劃，加強上下間的感情與認識，建立起互信互賴的關係。現代的行政機關因人員衆多，組織龐大，個人與個人間，長官與部屬間，甚少有私人的來往與接觸，一切都是公事化、法令化，形成人情味缺乏，友誼性蕩然。在無個人感情關係的情形下熱情減少，生氣衰退，大家就不肯賣力氣，講犧牲了。為針對這種缺點，長官應抽出時間與有關的或重要的部屬取得個人的接觸與來往，如個別談話、飲食招待、家庭訪問、友誼集會等均可採行。這樣不僅可以加強上下間的感情與友誼關

係，部屬可能因此而大賣力氣；長官亦可發現部屬的優點和缺點而作工作的調整及因勢利導的適應。個人接觸計劃，足以促進部屬的工作情緒與熱誠，實不可忽視。

五、促進意見交流——意見交流亦稱思想溝通，其目的在使機關職員對機關的目標、政策、計劃及工作有共同一致的瞭解，俾能同心一德的協力一致的達成機關任務。意見交流或思想溝通的方法為數甚眾，舉其要者，計有以下諸端：(1)舉行週會及月會，由機關首長或各級主管向全體職員報告機關的工作情形，將來計劃及所遭遇的困難與解決途徑。(2)各單位主管舉行會報，交換意見，互換情報與資料，藉以獲得相互的瞭解，以免誤會與隔閡。(3)刊行出版品或公報對機關的情形及希望作有計劃、有系統、有興趣及有吸引力的報導，使全體職員對共同目標、機關情形、各部工作等均有瞭如指掌的認識。(4)新任職人員施以『定向指導』(Orientation) 使之認識機關的歷史、目標、組織、政策、計劃、環境設備等，並介紹與有關的舊職員相見，使能作有效適應，而不感生疏或孤獨。(5)機關首長要作到財政公開、人事公開、意見公開，藉以消除猜忌、傾軋與怨懟。(6)遇有謠言與耳語應迅予調查而謀適當的處理，以消除誤會而正視聽。(7)縮短單位與單位的距離，以集中辦公為尚；如不能集中辦公，亦應使彼此間有便利而有效的通話及通訊設備。(8)減少公文傳遞手續加速流通速率。(9)給予部屬發表意見的充分機會與權利。

六、鼓勵團體活動——共同思想及團體意識須從團體的生活中及共同活動中才能產生出來，才能鍛鍊成功。人羣關係的促進係以共同瞭解及思想一致為基礎，這種基礎的奠定要靠職員的團體活動與共同生活，鼓勵職員參加團體活動及共同生活可酌採以下措施：(1)工作座談會的舉行。(2)職員俱樂部的組織。(3)參考圖書館的成立。(4)展覽會的舉辦。(5)參觀、郊遊或團體旅行的舉行。(6)聚餐與茶會的發起。(7)娛樂或同樂節

目的舉辦。⑧各種運動及消遣設備的設置。凡此措施實具有重大的意義與價值。在消極方面可以藉正當娛樂與團體活動消除賭博、跳舞、晏安等不良習慣於無形；在積極方面可以提高團體意識，促進意見交流。

七、人事動態審計——人事動態就是機關職員離職與補充所發生的變動在職員總數中所佔的比率。人事動態並不是一孤立現象，實涉及人事行政制度的各部門。人事動態率太少，形成新陳代謝不足，機關人員成為一池死水。人事動態率太大，形成機關的人事不安定。二者均非所宜。人事動態應維持到一適當的程度。離職不外三種原因：⑴由於自然勢力者，包括死亡、退休及因病去職。⑵由於公務員者，因不滿意現職或希望得到較好工作，或因料理私人事務或因工作地點不適而去職。⑶由於政府者，因裁員及對職員不滿而使之去職。人事機構對職員離職的原因及情形應作切實的調查，加以研究與分析，如發現有病態，應即作有效的補救。這種工作便叫做人事動態審計，對促進人羣關係，是一大助力。

八、職員思考啓發——機關應定期的開辦有關的研討會、進修班、專題講演及啓發性的課程等，以啓發職員的思想，並訓練其判斷力，培養其獨立思考與創造的能力。思想是行動的原動力，給與職員的這種啓發性教育及精神的推動力，自足以促進其工作興趣及服務精神，提高工作效率。知識與技術隨時代而進步，有一日千里，瞬息萬變之趨勢。機關職員每因案牘勞形，忙於日常工作無暇接受新知識。如果知識落伍，不但工作效率低減，且將使之根本無法勝任。所以機關對在職人員應不斷的施以訓練，使之獲得新知識新技術，俾能與時代並駕齊驅。

第二十三章　心理衞生

第一節　心理衞生的基本含義

一、心理衞生的意義——一個行政機關若想保持所期欲的工作效率，成功的達成任務，其最基本的條件，在於有心身健康的員工。而員工的心理健康的重要性比之生理健康實尤過之。心理衞生就是維持員工心理健康的方法和手段。心理衞生的目的，對心理健康的員工預防其心理失常或發生精神病疾；對心理失常或患精神病疾的員工施以矯正與診治，使之恢復心理健康。心理衞生是方法和手段，達到心理健康則是其目的。

心理衞生（Mental Hygiene）與心理健康（Mental Health）乃是一事之兩面，有不可分離的密切關係。若將心理衞生與生理衞生作一比較，則心理衞生的意義，便更易明瞭。生理衞生的目的，在預防或醫治人身各部份器官的失和（違和）及診療其病疾，期以保持身體的正常功能及健康狀態。心理衞生的目的在預防員工的心理失常及精神病疾的發生，期以保持其心理與精神的正常和健康狀態，使能勝任工作及對環

境能作適當的適應。心理衞生是研究人的心理或精神如何對其工作及環境作成功適應的科學。這一學科涉及的知識，有人事工程學、精神分析學、普通心理學、變態心理學、行爲科學、心理衞生學及心理健康學等。

克廉（David B. Klien）教授說：『心理衞生的目的在幫助個人採取明智而有效的方法，去解除各人在心理上所發生的失常、困難與不安，使之能在病疾、衰老、宗教、情愛、工作、地位、經濟、變亂等不測或意外事件的挫敗、刺激、緊張、恐怖諸情勢下得到解放、安全與平靜』❶。一般人的心理狀態都是健康的（先天性的白痴與神經病患者例外），因爲受到嚴重的或持久的壓迫、刺激、恐怖、憂抑、挫敗等的侵襲，心理能力不能適應，精神力量不克支持，以致心理狀態失卻平衡，而有情緒失常與精神不安等現象；甚而至於神經錯亂，行爲乖戾。這種病態的預防，須儘量消除不良事件的侵襲和挫敗因素的困擾。其診治途徑與方法，端在於心理衞生專家或專業醫生探究其病源，予以適當的啓示與慰藉，解除其內心愁苦，使之獲得安全感，恢復其自信心，振作其精神力量，敢於面對現實。

二、心理衞生的重要——『人若上百，形形色色』。所以在規模較大，人員較多的機關中總會有極少數心理不正常或欠健康的員工。這些員工雖爲數甚少，但若不予預防或醫治，對機關的風氣和效率，將會產生以下的不良影響：㈠這種人多喜歡發牢騷，亂批評，造謠生事，以致引起同事間的誤會與隔閡，及員工對機關的不信仰與猜疑。㈡心理不正常的人，對工作多不能適應，常會發生錯誤、呆滯，以致不能勝任，效率低減。現代的行政已高度專業化，分工細密，彼此牽連，互爲依恃，牽一髮而動全身。一人的工作的遲延和差錯，可能對全體發生不良的後

❶　David B. Klien, *Mental Hygiene*, 1964, p.4

果。㈢心理病態較重的員工常會滋生事端，行為乖張，與人發生爭吵、衝突與磨擦，妨害機關的和諧與團結。由此觀之，心理衛生至為重要，不可等閒置之。

美國全國心理健康學會（American National Association for Mental Health）曾舉行調查，指出心理病態的普遍性，說：『就調查結果顯示每十個出生的嬰兒當中，平均總有一人在生命的某一段時期消磨在精神病院中；每四個家庭中，便有一人患輕重不同的精神病。癌症、小兒麻痺症和心臟病的三種患者，尚不及患精神病者之多。據估計，全美國人口中患心理病疾者和其他人格缺陷者佔全人口十六分之一』❷。

美國柯哈塞（A. Kornkausen）曾就美國工業界員工心理健康狀態作過調查，發現在二十歲至二十九歲的年青工人中及四十歲到四十九歲的中年工人中，其心理健康狀態，頗有不同；其健康情況差池者，竟有多達百分之五十八者。按不同職業類別，工人心理健康程度的差異的百分比，如下列統計表所記❸：

職 業 分 類	年青工人組	中年工人組
技 術 工 人	58%	56%
一般半技術工人	35%	38%
重複性技術工人	19%	26%

由上表觀之，那些知識較低、工作較易的低級工人，心理健康程度差異距離則頗低。就此推知，他們由於頭腦簡單，思慮較少，保有不知

❷ American National Association for Mental Health, *Facts and figures about mental Illness and other Personality disturbances*, New York, 1972, pp.25–27.

❸ A. Kornhausen, *Mental Health of the Industrial Workers*, New York, 1976, p.57.

憂、不知愁的坦蕩胸懷及天眞無邪的樂觀態度，故易於保持心理健康。反之，那些技術較高的工人，因知識高、顧慮多，頭腦複雜，並有較多問題纒繞在自己的心意中，故易於妨碍心理健康。而半技術工人的情形居於二者之間，故其心理健康差異程度亦維持於中等的地位。

第二節　心理健康與環境適應

一、環境適應與心理狀態——凡能對居處的或遭遇的環境作有效適應，解除困苦，胸懷平靜泰然，便是心理健康的人。那些不能對外在的環境作有效適應，無法消除困惑與苦惱，便會使心理失常或產生病疾。心理是否健康端視各人對環境能否作有效適應爲轉移。實則，心理健康與環境適應互爲因果。凡體力充沛、精神旺盛、心理健康者，率能對環境侵襲作有效的適應。體力衰弱、精神萎靡、心情不佳者，多不能對環境侵襲作有效的適應。不過，環境侵襲的程度強弱與心理能否適應亦有密切關係。若環境侵襲太大太重，卽使是心理健康者恐亦有人不能適應。若環境侵襲甚輕微，縱使是心理狀態不甚健康者亦可勉強支持。

二、人格類型與環境適應——由於先天的秉賦和後天的習染，集個人的思想、性情、感覺、認識等內在心理狀態及其行爲模式而形成的整體生命系統謂之『人格』（Personality）。人的人格包括其『內在實體』（Self-Reality）及外表的『角色形像』（Roleship or Role Appearance）。前者指心理狀態和意識形態；後者指一個人對人對事及處世的一貫作風，或行爲模式，亦卽對環境適應的方式與途徑。實在說，人的心理與意識狀態則是其行爲模式的支配者。各人的先天秉賦和後天習染不同，所形成的人格類型或人格特性便各有區異。人格類型不同，對環境適應的有效程度亦就有高低之分。適應的有效程度較高者則易於保持心理健康。有效程度較低者則容易罹致心理病疾。茲舉列人格

類型與環境適應關係於後:

1.氣質說與環境適應——古希臘醫生葛倫（Galen）早在第二世紀便按人的氣質把人們的人格類型分爲四種: 一是神經質的，觀察細密，常悲觀而憂鬱，每不易適應環境打擊，較難保持心理健康。二是黏液質的，態度冷淡，常有不適之感，對環境侵襲的抵抗力，亦不甚堅強。三是膽汁質的，情緒起伏顏速，反應敏捷而膚淺，對環境壓力既感受不強，存『無所謂心情』，故對環境適應亦較容易。四是多血質的，樂觀進取，行動積極，對環境適應的有效程度則最高。

2.血型說與環境適應——就各人的血型爲標準，人格類型可分爲以下四種: ㈠O血型的人，性情積極，喜歡表現自己，好勝心強，每堅持己見，愛好政治活動與社交，具有現實性與豪放性，是個人鋒頭主義，對環境適應，有較高的能力。㈡A血型的人，思想與行動都很愼重，而且有規律，頗有忍耐性，對問題及困難自求解決，不輕於求人，深思熟慮，心情沉着，對環境侵襲率能支持之。㈢B血型的人，性情易變，觀察力欠深刻，不願受拘束，因之對外界刺激易起反感與厭煩，環境適應的能力較差。㈣AB血型的人，兼具A血型與B血型兩種人的性格，有內在的矛盾性，不甚喜歡表現自己，討厭口是心非的人，具有批評精神，對環境不喜亦不願適應。

3.性向說與人格類型——奧人容格（C.C.Jung）著『心理類型』（Psychological Types）一書，就各人的性向爲標準，把人格分爲三大類型: 一曰內傾型，對觀念或理論具有興趣，對困難問題自求解決，不輕於求助他人，不喜與人合作，喜靜不喜動，易於懷疑與憂慮，肯負責任，堅持己見，作事謹愼，對環境不善於適應，過份內傾或內向的人多易患精神病。二曰外傾型，心胸開拓，易與人相處及合作; 容易接受他人意見，有自信心而少憂慮，思想穩健，堅持到底的精神不足，好動

不好靜；環境適應能力甚強，因不甚堅持，肯於放棄，自不會太傷腦筋，而患心理病疾。三曰中間型，性向特徵不偏於內傾或外傾，居於二者的中間地位，所以其適應環境的能力，不太低，亦不太高，而處於中等程度。

4.志氣說與人格類型——美國心理學家鮑爾溫（I. M. Baldwin）就人的志氣爲標準，把人格分爲兩大類型。一曰思想型(Men of Thinking)，注重思考與反省，對觀念與理論有興趣，肯研究，對問題自求解決，好靜不好動，是內向型的人，內省有餘，對外肆應，則感不足。二曰行動型（Men in Action），注重實際的活動，動作敏捷而思考常欠周密，心胸開拓而少憂抑，好動不好靜，是外向型的人，內省雖不足，環境適應尙優有餘叀。美國心理學家阿爾璞（F. H. Allport）把人的人格分爲兩大類型：一曰自傲型，喜歡自我表現，有勇氣，不怯羞，憑自己的意願決定行動，常使自己處於優越者或勝利者的地位，盡力抵抗妨害自己權利的行動。這種人對環境適應較能勝任，不輕爲環境所困遏。二曰自卑型，態度羞怯，怕見要人，容易順從他人意見，內心有所厭惡亦不輕於表現出來，不肯輕於發言，審愼內向，不喜歡作對外活動。這種人的內心抑鬱不肯外洩，對環境適應亦非其所願，故多不易保持心理健康。

三、不良適應的心理因素——人格類型或特性不同，對環境能否作良好適應，便因而發生區異。人格特性就是內在心理狀況表現於外表行爲者。那些對環境不能作良好適應的人們，可能受着下列心理因素的影響：

1.自大心理——有一種人並無優越的才幹、學識及能力，但卻妄自尊大，眼高於頂，目中無人；認爲自己應該居高位、掌大權、擁鉅富。對那些高官、要人、富豪都不放在眼裡，並看不起他們。於是抱怨社會

無公道，政府斥賢才，任不肖，憒憒不平，滿腹牢騷與怨氣，自恨懷才不遇，嫉世憤俗，對環境不善適應，心情緊張，情緒不安，精神不能保持平衡，遂致心理失常，陷於病態。那喋喋不休，滿腹牢騷的人，就是程度不等精神病患者。

2.自卑心理——有一種人天生的性情怯懦，態度羞澀，不敢見人，不肯發言，存有妄自菲薄的心理。這種沉默寡言，怯於自己表現的內向型的人，其言行乃是自我抑制的結果，並非出於甘心情願。因為人皆有個『自我』，人人都有自我表現與自我發展的慾望和天性。退縮的自我抑制，對外既不善適應環境，內心則鬱鬱寡歡，自怨自艾，鬱結的意識，自然會妨害心理健康而罹患精神病疾。

3.急躁心理——有的人雖然在名利場中，已有相當施展，可以安心從事，循序以進，日趨有功，乃是成功立業的正途，亦是正常的環境適應方法。但因其求進心切，性情急躁，恨不得一躍而至顯貴，掌大權，佐朝政。未能如此，便憂苦萬分，以至於抑鬱而死。急躁而不善處世，抑鬱以去乃心理病態有以致之。典型代表人物就是洛陽才子賈誼。賈誼秉賦聰敏，善屬文，以郡守薦，於二十二歲時，漢文帝卽召為博士，歲餘便超遷至太中大夫。可謂仕途得意。但他恨不得於『立談之間而致卿相』；因佐國元勳周勃、灌嬰、張相如、馮敬之之阻，未能如願，出為長沙王太傅。因此便抑鬱悲憤，上書陳政事，指出可為痛哭者一、可流涕者二、可長太息者六；並為賦以弔屈原，感情激動，性情急躁，卒至於死。不能善自適應環境，遂致罹患心理病疾，不克自拔。

4.憂傷心理——有的有志之士，盡忠職守，愛國憂時，持救國熱忱，抱濟世宏願，願竭智盡力，匡扶時政，裨益社會。但事與願違，請纓無路，報國無門；一片丹心無處投，滿腔熱血無計洒，遂致憂抑不勝，悲傷過度，以致於神經失常，心理罹病，卒至一死以解千愁。楚三

閭大夫屈原有才學，爲懷王所重，但因讒言而不得進，愛國憂時，志不得伸，作『離騷』以洩憂愁與幽思，冀王感悟。襄王時，謫於江南，原之精神益不能支，遂投汨羅江而死。這亦是不善適應環境，以致精神崩潰而歿的例證。

5.羞愧心理——有人或以才能不濟，或以處理不當，對所擔任的工作或所負荷的使命，不能成功達成；在多次的或持續的失敗中，必羞愧不已，自覺無臉見朋友，無顏對長官。在羞愧、不安，無地自容的心理壓迫下，不克支撐，必會妨害健康，而罹精神病疾，甚而會自殺以求解脫。尤其是那些獲得長官器重與知遇的部屬，不能完成長官所交付的使命時，更感無以報『知遇之恩』，羞愧特甚，無地自容。殊不知善爲適應環境者，處順境不會得意忘形；處逆境亦不致羞愧不勝。項羽是『力拔山兮氣蓋世』的英雄，竟亦不會適應環境，學書不成，學劍不成，改學萬人敵亦兵敗垓下，羞愧不支，以無顏見江東父老，自刎而死。其實，勝敗乃兵家之常，善自適應者則能『勝而不驕，敗而不餒』。若項羽者不妨厚顏歸江東，重整旗鼓，生聚教訓，而謀東山再起，捲土重來。

6.疑懼心理——精神衰弱、體力差池、性情過份內向的人，常顧慮多端，疑神疑鬼。周圍環境本屬平安無事，而他卻感覺危險恐怖，杯弓蛇影，風聲鶴唳，草木皆兵，『天下本無事，庸人自擾之』。傍人對他都存善意，但他卻心懷鬼胎，懷疑人人都在想謀害他。傍人在談話，和他毫無關係，他卻懷疑人家在咒罵他，譏訕他。由於心理的不健康，不善適應環境。疑懼環境的侵襲，可能罹患『迫害狂』的病疾。心理健康的人對環境能坦然置之，善自適應，不疑不懼，正常精神得以保持。

7.反抗心理——那些受到社會環境抑阻、壓迫或裁制的人們，不謀求如何去適應環境以期自拔或自立。既不去理解這些侵襲而求自慰自

解，亦不圖健全自己，改過去非，革心洗面成為社會所歡迎所接受的正
人；更不想強化自己，充實自己克服困難。只知仇視社會，敵對環境；
由憤恨心理，而採取反社會的乖戾行動，作奸犯科，危害秩序與安全。
那些殺人、搶掠、強暴、為非作歹的罪犯，可能有不少是由於反抗心理
而來的。反抗心理發展到峯巔，就成為報復心理，為害之烈，實有不堪
言者。黃巢、張獻忠造反作亂，殺人如蔴，尸骨堆山，血流成河，亦多
少是由於報復心理的作祟。

　　8.貪嗜心理——道家哲學要人『戒太』、『戒甚』。立身處世，應
持和平中正的正道。這亦是適應環境的良好方法。人生而有慾，慾而不
能無求，求之得當，則人生快樂，若求之過度，小則戕賊自己，大則為
害社會。貪嗜財貨，不為盜賊，便是貪官。盜賊不止，天下必亂。『國
家之敗由官邪也。官何以邪，寵賂章也』。酒能亂性，貪酒嗜醇者，每
致酗狂不能控制，滋事闖禍。殷紂王以酒池肉林而亡國。其因酒敗事者
不可勝數。貪戀女色以致亡國亂政者，史不絕書。夏桀王寵妹喜，殷紂
王寵妲姬均身敗國亡。周幽王寵褒姒，廢太子宜臼而立伯服，致啓申侯
之討，犬戎之侵。晉獻公寵驪姬，廢太子申生而立奚齊，導致晉國爭
亂。唐明皇寵楊貴妃而啓安祿山之亂。凡貪嗜過度的人，必使心情失去
平衡，行為偏陂，無法對環境作正常的適應，遂致敗乃事功。

　　四、適應環境的自衛心理——人的行為動機都是在追求所期欲的目
標，滿足其需要或慾望。在追求目標的進程中，若受到環境的侵襲，如
挫敗（Frustration）、衝突（Conflict）、困難（Difficulty）便會引起
內心的『焦急』（Anxiety）、『自卑』（Complex of Inferioity）及
『罪惡感』（Sense of Guilt），以致使人痛苦、緊張和不安，促成心理
狀態的不平衡。對此環境侵襲必須採取適當『適應』（Ataptation）或
『反應』（Response），以為自衛，解除內心的痛苦、緊張和不安，恢復

心理狀態的平衡。這種環境適應的自衞途徑，據心理學家的研究，計有下列幾種：

1.認同（Identification）——一個人如果受到長官的斥責，或要求加薪晉級未達到目的或者受到他人對自己不利的或不合理的待遇。這種的侵襲自然會引起內心痛苦、不安、不樂和緊張。若對此不有適當反應以爲解除，必定妨害心理健康，罹患精神病疾。適應途徑可採認同歷程。把自己認同是對方，易地而處，爲人着想，將己比人。假使我是這位長官或那個人，我亦一定是這樣作的。凡事不可只爲自己想，亦要站在對方的立場替傍人想想。設身處地，以己度人，則心安理得，認爲對方並無不合理，心理狀態便因而恢復平靜與平衡。

2.昇華（Sublimation）——由較低境界晉入較高境界以謀求解除困惑謂之昇華。例如張三在某機關任科長，自認成績優異，不久當可升任處長；但事實上他不僅未升任處長，反因故被免除科長職務。這是對他的一個嚴重打擊和挫敗，內心的痛苦、憂鬱、煩惱必十分強烈。對此侵襲，他若不能解脫，必定大傷腦筋，妨害心理健康。昇華就是適應環境侵襲，解脫困苦的一個有效途徑。這時，他便放開眼界，提高志氣，謀求更高更大的發展和成就。自認當公務員是沒出息的，科長、處長亦沒什麼了不起，何必『爲五斗米而折腰』，『好漢不賺有數的錢』；於是他決定赴美國留學深造，攻讀博士，謀以專家學者的資格，對國家作更大的貢獻；或改行另從事生產事業，設工廠，拓外貿，賺取更多的錢。如此則內心的緊張、不安、痛苦便得以解除而維持心理的平靜與健康。

3.替代（Displacement）——替代亦曰移置，指把情緒、觀念、願望、幻想或行動，由原來所指向的人或事或目標轉移到其他的人、事或目標。例如李四與王小姐談情說愛已有相當時日，墜入情網，對她十分迷戀，希望不久可以和她結婚，那知事與願違，王女竟移情別戀抛棄

了他。他在情場失敗，所受打擊和刺激，十分沉重，精神痛苦，未可言喻。他若沒有適當的途徑以爲適應，可能自殺或生精神病。這時可採行『替代』或『移置』的途徑謀求解脫。這時他遇到一位趙小姐，亦是個可人兒，値得愛戀，於是乃轉移目標，追求趙女以爲替代。因之，精神得到安慰與寄託，心境乃得恢復平靜與正常。清季中興名將彭玉麟童年曾熱戀小阿姨，因格於禮敎不能成婚，彭一生遂喜『畫梅』以自遣。梅卽其小阿姨的替代。

　　4.投射 (Projection) ——一個人把自己內心的不快、愁苦、焦慮罪戾感等委歸於他人，以解除其精神矛盾的歷程謂之投射。投射亦可說是將自己內心所不喜悅的情緒、理念及憎惡等諉歸於他人以爲發洩，謀求心安。希特勒早年的不幸生活及荒唐不德的行爲，在他內心中造成很重的罪戾感和愧咎的情緒，但他不肯自負其責，而投射於或歸咎於不良的社會、家庭、學校、命運和猶太人。在第二次世界大戰中，德軍攻列寧格勒失敗，希特勒戰略錯誤，指揮不當，應負其責，但他卻將失敗的責任歸咎於各將領。希特勒是掀起世界大戰的罪魁、禍首，但他卻把這罪責歸咎於邱吉爾、羅斯福及猶太人。項羽兵敗垓下，猶不肯自負戰敗的責任，反而說『是天亡我，非戰之罪也』。一個單位主管未能成功的完成其所承擔的任務，不作自我反省與檢討，反而把過咎諉歸於其他單位未能及時支援與合作。這些都是投射作用的事例。

　　5.抑制 (Repression) ——對抗焦慮、去除不快、阻止衝動、消解衝突的心理活動歷程，謂之抑制；其主要目的在阻止原始的、反社會的衝動的表現。抑制就是將不容許的及不爲社會所接受的思想、感情、意念、情緒、衝動、幻想等排斥於自己的意識之外，保持心理正常或健康狀態，不使發生原始衝動的或反社會的罪戾行爲。儒家的克己復禮，道家的淸心寡欲，佛家的六根淸淨，都是『抑制』功用。見美女而性慾生

，覩財貨而貪念起。色與財是環境的侵襲或刺激，由此引起性慾與貪念的緊張情緒，對此必須予以抑制或排拒，方不致於發生反社會的罪惡行為。一個人若受到他人欺侮，自會引起內心的憤恨與惱怒，意欲殺之或打之以洩憤。若如此，則產生不幸事件或罪惡後果，受害至烈。所以運用『抑制』功夫，排斥恨、怒、憤於意識之外，維持正常的心情。

6.返回（Regression）——當一個人對當前的環境或遭遇感到不滿、不快、不適、痛苦、恐懼等情緒時，乃退返於前一階段的情景以為慰藉，消解其緊張與不安。一個初次出遠門到美國，不免會生思鄉懷親之念；吃不慣西餐，乃設法吃中國菜。亡國遺民常起故國之思。李後主詞曰：『……故國不堪回首月明中，雕欄玉砌應猶在，只是朱顏改！』這些都是返回作用，藉以保持心境平靜。美國心理學家麥克杜格（W. Mc Dougall）指出在第一次世界大戰時，因畏懼前線炮火的威脅，患上恐懼戰爭的神經病的兩位士兵，返回到嬰孩時的幼稚行為，啼哭、爬行、兒語。一個贓官貪得贓款達千百萬元之多而成鉅富，案發被判刑，全部財產被沒收。他心中必然是很痛苦的，而他卻反而自慰說：沒有關係，我原來就是一個窮光蛋。春聯曰：『讓三分風平浪靜，退一步海闊天空』。這『退一步』就是『返回』的心理作用。

7.補償（Compensation）——一個人因為身體上有缺陷或醜陋；在身世上屬微賤或生活上有不名譽的事實，以致引起他人對他的譏刺、嘲笑或藐視。由於這種環境侵襲，內心遂產生卑劣感。為消解卑劣感的痛苦或煩惱，乃在行為上力爭上游，作出優異或傑出的成就與表現，以博取他人的讚賞或敬重，變卑劣感為自尊心。這種的心理活動歷程，謂之補償。補償的目的在彌補、文飾、隱藏和抵消自己的缺陷、醜陋、不名譽及挫敗，期能轉敗為勝，反辱為榮，亡羊補牢，失之東隅、收之桑榆。人有個別差異，所以其所採取的補償方式和反應程度各有不同。私

生子多成為偉人，就是補償作用有以致之。司馬遷受宮刑而著史記；貝多芬聾而後譜成『合唱交響曲』；密爾頓失明而寫成『失樂園』；皆是補償作用的事例。拿破崙原是義大利一邦的貴族子弟。法國侵滅這一邦國，他被俘虜至法，入軍官學校，他的身材矮小，法語講得亦不好，常常被同學譏笑而生卑劣感；於是在軍略上戰爭上作出驚人的傑出成就與表現以為補償。希特勒的父親是一個下等農夫的私生子，遭到社會的卑視；父母早亡，他是一個一無所有、一無所長的孤兒，到處流浪，窮愁潦倒，作過不少不名譽的事，處處遭受白眼，得不到社會的溫暖和支援；於是養成他對社會的仇視與怨恨，卒致成為瘋狂的大獨裁者，殺人不眨眼，被他處死的生靈不計其數。這亦可以說是一種報復行為或補償作用。

8.理由化 (Rationalization) ——一個人由於自己的行為不當或不合理招致他人的批評或攻擊；或因自己意願未能實現；或因外界不快愉、不合理的事件加諸於自身；遂致引起內心的緊張、焦急，及不安，乃尋求理由為這些事情或行為作辯護，以謀求心理狀態的平靜或恢復正常，不使罹患精神病疾。這種心理作用過程，謂之『理由化』。在人的生活上或行為上理由化的應用範圍頗廣；其所適用的方式，計有下列幾種：

(1)強詞奪理——一個不講衛生的人，不喜洗浴，致引起傍人譏笑和批評，而他不去改正自己的行為，反而說：洗澡多了會喪元氣。一個喜歡熬深夜，從事寫作，有人勸他，這樣會妨害身體健康，且易導致腎臟炎。他置之不理，反說：夜深人靜，寫作的效率最高。這雖是強詞奪理，但他卻自認心安理得。

(2)自我解嘲——一個參加議員競選失敗者，怕傍人看不起他或譏評他，於是他乃揚言，我參加競選並未抱必勝之心，只是湊熱鬧，玩玩而

已。一個人追求某小姐碰了釘子，情場失敗，自然心中煩惱。但是為了保持心理健康，免生心病，只好自我解嘲說這位小姐既不漂亮，性情又乖戾，實在不值得愛戀！

(3)以偏概全 —— 一個擁護大獨裁者希特勒和墨索里尼的年青人，受到民主主義者的批評與攻擊，於是他乃辯解曰：民主主義者莫有不反對共產政權的；希、墨二氏皆是反共健將，所以他們的政權亦是民主的。英國實行公醫制度，有個反對的人說，我是公醫制度下的被害者，吾妻所患並非不治之症，因為公醫不負責、不盡心，竟把吾妻治死了。所有公醫都是不負責的人，所以公醫應予廢止。

(4)順水推舟 —— 一個黨員本來要參加省議員競選，但未獲得黨的提名，實際上他亦沒有足夠的票源，並無當選希望，於是順水推舟，宣佈放棄競選，並提出冠冕堂皇的理由說，我是黨員當然要服從黨紀，既未被提名，當然不可競選。

(5)繫鈴解鈴 —— 有張三、李四二人，同在某一機關同一單位任科長，年資、年齡、資格、經歷及服務成績，都相差不遠，但年終考績張三列甲等，晉本俸一級，並給一個月俸額一次獎金伍千元；李四列乙等，僅晉本俸一級，並無伍千元獎金，心中非常憤懣，恨不得找長官理論，或痛罵張三一頓以洩憤。這是自己給自己繫上個頭痛箍，十分煩惱。但自己又想了想，罵人或找長官理論都不是辦法；於是自找理由自解所繫之鈴；因而說：張三有五個孩子負擔很重，經濟比較困難，他很需要這筆錢；而我只有一個小孩，負擔較輕，沒有這伍千元亦莫關係；何況他和長官有私人關係，既是同鄉，又是同學當然會考甲等；我則無此條件，考乙等亦算不錯了。

(6)三段論法 —— 一個吝嗇成性一毛不拔的富翁不肯出錢捐助窮苦人，受到大家的批評和指責，罵他『為富不仁』。他為了找理由為他的

吝行作辯護，於是套用三段論法說：凡以金錢捐助窮人，就是養成他的
懶惰性；我若捐助他就是助長他的懶惰；所以我不捐助他。

五、良好工作適應的表現——員工若能保持心理健康，對工作環境
便能良好的適應，得以提高工作效率。良好工作適應率能表現出以下的
特徵❹：㈠能面對現實解決問題，不逃避困難，推諉責任，既不文過飾
非，亦不強詞奪理以為辯護。㈡自我具有安全感與信心，對現實作誠實
的評估，不矯情、不任性、不自卑、不驕橫。㈢有過失能自我反省與檢
討，謀求改進，不遷怒別人，不抱怨別人。㈣敬業樂羣，易與人共處合
作。㈤心口如一，言行相符，富幽默感。㈥切合實際，實事求是，不作
幻想，不存妄念。㈦情緒穩定，發而皆中節，能自制與克己。㈧瞭解自
己，度德量力，不妄自尊大，亦不妄自菲薄。

六、心理不健康者的症候——心理狀態不正常，不健康的員工則表
現出以下的病態或症候❺：㈠對情緒缺少控制力量。㈡過度的憂慮和擔
心。㈢多幻想，常作白日夢，總有若有所失的情緒。㈣過份敏感，缺乏
自信心與安全感。㈤遇事喜歡挑剔和批評。㈥遇事猶豫不安，缺欠決斷
力。㈦對任何權威都懷敵意，喜歡辯駁及持反對態度。㈧不肯承擔過
失，好掩飾自己，歸罪他人。㈨好發牢騷，常出怨言。㈩工作消極因
循，缺乏積極上進精神和意志。㈤喜愛播弄是非滋生事端。㈥嚴重者罹
患神經病，甚至闖禍鬧事、反社會、吸毒、毆鬥、喪失理智。

第三節　行政管理與心理健康

心理健康的人員對環境較易作良好的適應，服務精神旺盛，工作效

---

❹　李序僧著，人格心理學，臺灣書局出版，頁三五七。

❺　李序僧著，行為科學與管理心理，哈佛企業管理顧問公司出版，頁三〇九～
　　三一〇。

率高強。工作環境適當或良好，則易於維持員工的心理健康。行政管理的措施，乃是公務人員的直接工作環境，影響於其心理健康者至深且鉅。如何使行政管理合理化，俾能維持工作人員的心理健康及高度的行政效率，實爲行政與管理學者所當切加研究的一大課題。茲就此扼要申論如次：

一、**組織與個性發展**——現代行政機關的組織的特徵與缺失如下：
㈠規模龐大 (Big Size)，人員衆多，必須以嚴格的紀律維持團結，確立規範，統一行動，個人屈服於組織的利益之下；於是機關職員都成爲『組織人』(Organizational Man)，猶如大機器中的一個小螺絲釘，喪失獨立人格與自由意志。㈡層級節制體系 (Hierarchy)，規模龐大的組織，必然是層級節制體系。在這體系下，重服從，尙集權，人人皆奉命行事，缺乏自動自發的服務精神。㈢缺乏人情味 (Impersonality)，人員衆多，組織龐大，人與人之間，甚難有私人的來往與接觸，一切都是公事化、法令化，公事公辦，就事論事，毫無私人感情，認同感不足，效忠心不強，友誼熱情均趨於蕩然。在現代組織的壓力下，對人的精神是一重大打擊；對人的個性是一嚴厲挫敗。久之則養成人的冷酷與淡漠，對心理健康頗爲不利。

對這一病態的救治，宜採行以下的措施：㈠實行分層負責，分級授權，使每一職員在其規定的權責範圍內，有充分的自由裁量權及主動抉擇權，俾能對所主管的事務，能及時的予以解決或處理，以免貽誤事機。㈡機關首長及各級主管應尊重部屬的人格價值，承認其重要，讚賞其才能，使之生『知遇之感』而起『感恩圖報』之心，爲『知己者死』，爲『悅己者容』，奮發努力，盡才智，發潛能。㈢本民主精神，行參與管理，使機關的職員對機關的政策與業務，皆有獲知、發言、作決及參與的機會與權利，養成『人人主人翁』的事業觀，集衆智以爲智，合

羣力以爲力。㈣推行啓發性的在職訓練與進修，滿足職員求知慾、上進心，充實其能力，增益其知識，啓發其思想，養成自強不息的競進精神。

二、工作與成就表現——由於科學技術的長足發展，現代的公共行政和企業經營皆趨於專業化（Specialization）、科學化（Scientific）及自動化（Automation），分工極爲細密，各人所擔任的僅是整體工作中的一部份，不能單獨完成一種任務或產品，工作失之單調、枯燥、重複，亦缺乏興趣，無從發揮其才智及創造精神；人成爲程式化制度化的奴隸，標準化方法的工具，系統化程序的跟隨，不能滿足其成就感及自我實現的慾望，遏抑人性，減少動力，摧毀自主及創發精神，對心理衞生，實有很大妨害。

人的活動動機與目的，都希望獲得他人『承認』（Recognition）、有事功『成就』（Achievement）、工作『成果』（Work Result），擔當『責任』（Responsibility）及『自我發展』（Self-Advancement）。在工作中要能使工作員相當的滿足這種需要和願望，就是良好而有效的心理衞生方法。郝日柏（F. Herzberg）等於一九五九年就實際調查結果寫成『工作與激勵』（Motivation to Work）一書，指出金錢、地位、安全、工作環境等僅是維繫因素；只有工作的本身、工作的讚賞、工作進步、工作成長、工作責任及工作成就才是對工作員的有效激勵因素，足以促進工作效率及心理健康。

三、管理與激勵法則——現在行政機關和企業機關，仍多思想不夠進步，態度保守，採行傳統式的管理制度，不足以適應人性，發揮潛能，對員工心理健康不無妨害。制度的重要缺失如下：㈠信持麥克里格（D. MacGrogor）所說的『Ｘ理論』，重視裁制與懲戒，壓抑士氣，引起反感，敵視上司，衷心敢怒而不敢言。㈡採行獨斷性領導方

式，重集權，尙服從。長官自是自傲，獨斷專行，部屬不易發揮其才能，致使意志消沉，態度消極，遇事退縮，不負責任。㈢以『事』爲中心推行管理，只知要求部屬或員工努力工作，提高效率，降低成本，忽視員工的重要性，不肯積極予以支持，不尊重其人格，不知如何滿足其需要，引起員工的抱怨和不滿。

　　若要維持員工的心理健康，須揚棄傳統式的管理制度，改採現代化的新管理哲學，推行業務與工作。其要旨如次：㈠信持麥克格里格所說的『Ｙ理論』，採行激勵法則，對員工要尊重其人格，滿足其需要，勵行獎賞與讚許，提高士氣，發揮潛能。㈡採行民主性的領導方式，量能授權，課以責任，使部屬能自動自發的負起責任，加強認同感及團體意識，以機關之成敗榮辱爲自已的成敗榮辱。㈢採行以『人』爲中心的管理制度。應知『無人是效率的，除非他是快樂的』（No One is effic-ient,unless he is happy and he is willing to work）。如要工作員的工作效率高，必須他的精神快樂，生活幸福，喜愛工作。若能如此，效率自然會提高，事業自然會成功。

　　四、**待遇與心情快愉**——待遇指薪給、地位及福利而言。待遇措施，如屬合理而豐裕，則足以促致員工的心情快愉，維持心理健康，提高工作效率。否則，員工將產生怨懟、抑鬱、消沉、不快、不安等情緒，影響工作效率及服務精神，甚而會導心理失常，罹患病疾。玆就薪給、地位、福利與心情快愉的關係論述如下：

　　1.薪給——薪給不僅是工作的報酬，同時亦是促進效率的有力因素及象徵個人社會地位和自我成就的指標。薪給的規定與給付，應符合以下的原則：㈠根據各人的工作價值與貢獻，確定其薪給數額，同工同酬，無所偏陂。貢獻與薪給適相稱適，則足以維持個人與組織的平衡。㈡薪給水準不可太低或太高，應以能維持員工的身心健康及工作效率爲

標準。太低則不足以吸收優良勝任的工作人員；太高則為浪費公帑，加重納稅人的不必要負擔。㈢公務人員的薪給水準要與工商企業者相平衡。若使其低於工商企業者，則優秀人才將投向工商界，政府必感人才缺乏；反之，政府雖可吸收優秀人才，而工商界因人才缺乏將難以促進經濟繁榮。㈣薪給增減應隨社會經濟變遷、物價漲跌以為調整，藉以維持『效率薪給』的水準。

2.地位——公務人員在各機關中的法定地位固然代表其責任輕重和權力的大小；但同時亦是各人的榮譽、身分和聲望的指標。故各人對其地位皆甚重視，並十分敏感。地位受到尊重則心情快愉；受到侵侮則十分憤怒，必引起反抗。第一、機關職員的法定地位雖有高下之分，薪給數額雖有多寡之別，但各人的人格則是一律平等的，並無貴賤尊卑之別。人人的人格地位都須受到尊重，對之不可有任何侵侮。第二、人與人之間要以公平的原則維持其關係與和諧；如有不公平必起紛爭。凡各人條件與地位相同者，長官對之應一視同仁，公平待遇，決不可倚輕倚重，厚此薄彼，要作到無歧視，無特權，法律之前，人人平等。第三、職員加薪、晉級及獎懲，必須依據確切事實、客觀標準及公開程序以行之，決不可憑主觀喜怒好惡而為之。賞罰必須基於法治，綜名覈實，信賞必罰，切戒舍法而以身裁輕重。

3.福利——這裡所指的福利，乃是機關對員工的一些『優餘』（Surplus）或『邊緣』（Fringe）的『福惠』（Welfare）和『利益』（Benifit）。這些雖非員工的正式待遇，但亦佔有不可忽視的重要地位。福利施設如辦理的良好，足以改善員工的生活，足以維持其身心健康及精神快愉，因而能促進其工作效率，並養成對機關的向心力和認同感。各機關的『邊緣福利』雖各有不同，但一般言之，其內容計有以下幾種：㈠提供福利經費以備週轉和運用。㈡給予生活津貼或補助。㈢舉辦

員工福利互助。㈣平價供應福利品。㈤貸款輔助員工購買住宅。㈥辦理員工子弟學校。㈦舉辦員工保險，給予免費醫療。

第四節　心理衛生的行政施設

機關應延攬專家學者，如心理學家、社會工作者、精神分析學家、精神病治療學家、診斷治療學家及醫護人員，共同努力推行心理衛生工作，期以維護員工的心理健康。心理衛生的行政施設的目的或功用有二：一是消極性的，在預防員工心理病疾的發生，以免對機關發生不良影響。二是積極性的，在促進員工的身心健康，進而提高行政效率，達成組織的健全和個人的成長。行政效率的測量標準，不祇是說有效的或成功的達成組織的目標與任務；而更要測知員工是否在無壓力感受，無情緒緊張及不安的輕鬆快愉喜樂的心理狀態下有效的或成功的達成組織的目標和任務。這一員工心理狀態的獲得，端賴良好的心理衛生工作的推行。心理衛生的行政施設，計有下列諸端：

一、**設置心理衛生單位**——機關推行心理衛生應羅致心理衛生專家，組設心理衛生中心或專責單位以司其事。不過，生理與心理關係至為密切，互相影響。生理疾病足以妨害心理健康。『健全的精神，寓於健全的身體中』（Sound mixd is in the sound body）。所以心理衛生單位應同時注意身體保健工作。機關要有醫療衛生設備；對員工應實施定期的健康檢查；灌輸衛生知識；注射疫苗預防疾病發生；保持環境清潔防止疾病傳染；推行健身活動，提倡正當娛樂、休閒活動，鍛練員工身體。至於心理衛生工作的推行，端在建立健全合理的行政環境及人羣關係，採行民主參與與『以人為中心』的領導方式，不使員工有受壓力的感受，使之保持輕鬆快愉心情，養成敬業樂羣的精神。如發現有心理不正常的員工，即由心理衛生專責單位的專家，施以個別輔導與

精神治療。心理衞生單位同時應致力於人事諮詢任務，瞭解員工所遭遇的困難和迷惑，相機予以解釋和啓示，使之釋惑、知迷，恢復精神的清醒。

二、員工心理狀態診斷——心理衞生工作包括兩大部份：一是心理病疾的預防；一是心理病疾的治療。而預防實重於治療。心理病疾的預防，應作員工心理狀態的診斷，亦卽心理健康的檢查。這種診斷或檢查並宜成爲正常制度，定期行之。機關如果組織不善，管理不良，領導不當，對員工卽產生壓力與侵迫而引起其心理的緊張、煩悶、苦惱、不安、衝突等反應。這種情形若拖延長久，則體力較差，健康不良，意志薄弱的員工必將罹患心理病疾。所以機關應聘請心理衞生專家或作實地觀察，或作問卷調查，或作分組實驗，對員工心理狀態如士氣、情緒、責任心、認同感、向心力、成就慾、滿足感等作切實的明瞭。如發現有不良傾向，便當改善全面管理以爲挽救而防惡化。美國工業界對這種心理衞生預防工作頗爲重視，率以『組織發展』(Organization Development)、『實驗室訓練』(Laboratory Training)、『主管人員發展計劃』(Executives Development Program) 等名義行之。在員工心理狀態診斷中如發現已有罹患心理病疾，卽由專科醫生予以適當的照顧和治療。

三、推行人事諮詢工作——各機關皆設有人事管理機構，間亦有心理衞生單位者。人事管理人員或心理衞生人員應負起責任，積極推行人事諮詢工作。對那些工作上遭遇有困難或生活上發生有問題的員工，以及心理上有煩悶、愁苦、不安、緊張、衝突等趨勢的員工，須予以個別接觸、照顧、交談，明其原因，見其癥結，視各人的不同狀態，對症下藥，予以輔導、協助與治療。員工發現有人關心其困難及病苦時，自然會心情快愉，加強信心，能從事正常工作。人事諮詢工作的目的如下：

㈠對心力不足、情緒不安、心情不快的員工予以同情的、關心的輔導、協助、啓示與治療，恢復其信心，加強其勇氣，使能面對現實。㈡給予被諮詢者以心理上精神上的支持、勉勵與慰藉。㈢瞭解被諮詢者內心的不滿、不安、不快等情緒以為疏導與醫治。㈣對工作上生活上有困難的員工予以助力為之解決。人事諮詢技術有似精神分析（Psycho-Analysis），由巧妙的面談和機智的傾聽，設法使有問題的員工吐露出來真正內心的癥結與情緒，俾能進而給予矯正和治療。

四、主管的心理輔導——機關的各級主管在其屬員的心目中確佔有崇高與重要的地位；其一言一行對屬員實具有很大的影響。主管若對屬員施以適當的心理輔導，必能收到豐碩的心理衞生效果。所謂心理輔導就是主管與屬員間經由生活上的接觸，意見的交換，情況的瞭解，設法解除屬員心理上遭遇的困擾，恢復其心境平衡，期以維持其工作效率。心理輔導工作的內容，計有以下諸端：㈠屬員遭遇到工作上、生活上、情緒上等困難，自己無法解決，主管可酌情相機，幫助他們分析問題，提出忠告與指示，得到解脫困境的出路。㈡對屬員施以鼓勵與安慰，增加其勇氣，恢復其信心，振作其精神，使之能面對現實，肯予承擔責任，解決問題。㈢細心的誠意的傾聽屬員的抱怨、訴苦、牢騷、指責等，藉以鬆弛其緊張情緒。根據精神分析的原理，抑鬱的情緒、憤怒的心情，得到宣洩，痛苦可以自然的消失。㈣藉意見溝通及情報交換，博致主管與屬員的『共同瞭解』（Common Understanding）及『思想會合』（Meeting Minds），消除上下間的誤會與隔閡。㈤屬員往往囿於私見及本位主義，對機關的政策、業務、問題等不能有全盤的和整體的認識和瞭解，常以偏概全，知其一不知其二，而生錯誤思想。主管應針對此種偏差予以解釋和澄清（Clarifing the Thinking）使之改變態度，端正思想，瞭解自我。㈥指導屬員閱讀有啓發性的書籍和刊物，聘請專家

對屬員作進步性的學術講演，並施以開導性的談話與訓練，調整其『生活取向』(Living Orientation)，提高其『意願階層』(Level of Aspiration)。

第五編

生理生態行政論

24.個別差異與人事選用

25.辦公環境與工作效率

26.工作流程與工作時間

27.辦公的設備與機械

28.保健福利與安全制度

第二十四章　個別差異與人事選用

第一節　個別差異的事實

一、個別差異的事象表現——諺曰：『人心不同，各如其面。』其實，各人的個別差異，不僅是面貌的，無論身材高低、體重輕重、肌肉胖瘦、體形粗細、皮膚黑白、血液成份、脈博快慢、呼吸多少、內部器官功能強弱等皆有所不同❶。玆將個別差異的事象表現舉述如下：

1.智力(Inteligence)——智力指普通智力(General Inteligence)，乃是獲取知識的力量，平常所謂天質、聰明、才幹、機變及適應能力便是。智力高下以『智力商數』（Inteligence Quotient）表達之。實足年齡除智慧年齡即得智力商數。一般人的智力商數僅八十一分，分數在一二〇以上者始可成爲成功的人物，最高分數可達二一二分。測驗普通智力的方法，有美國陸軍A式測驗（Army Alpha Test），特門分組智力測驗（Terman Group Test of Mental Ability）及歐蒂斯普通

❶ L. A. Tyler, *The Psychology of Human Differences*, Meredith Publishing Co.,1965, pp.18-19.

智力測驗（Otis General Inteligence Test）諸種。特門（Terman）曾就九〇五個兒童作智力測驗，求得智商分配表如次：❷

智力商數	人的等第	智力商數	人的等第
25以下	白　　痴	90～110	中　　才
25～50	無　　能	110～120	聰　　穎
50～70	低　　能	120～130	上　　智
70～80	近於低能	130以上	天　　才
80～90	平　　庸		

人的智力分配

智力商數	所佔百分比
70以下	1％
70～79	5％
80～89	14％
90～99	30％
100～109	30％
110～119	14％
120～129	5％
130以上	1％

　　2.人格（Personality）——人格是一個人由於先天秉賦及後天的教育和社會薰陶所形成的立身、處世和治事的一貫作風。若從人羣關係的觀點言之，人格是社會角色扮演的形像。因秉賦（遺傳）及環境的不

❷　孫邵正、鄭季婉著，心理興教育測驗，臺灣商務印書館，五十七年四月版，頁六〇～六一。

同，各人的人格特徵便亦各有不同，而生人格的差異。奧人容格（C. G. Jung）著『心理類型』一書，把人格分爲內傾型、外傾型及中間型三種。內傾型的人對觀念和理論特具興趣，對困難問題自求解決，不輕於求人幫助，不易於和人相處或合作，易於憂慮和懷疑，作事負責任，堅持己見，仔細謹愼，注意服裝與修飾。外傾型的人易於與人相處及合作，容易接受他人的意見，有自信心，持樂觀態度而少憂慮與懷疑，思想穩健而易於灰心，不甚注意服裝與修飾。中間型的人則兼具有內傾型外傾型兩種人的長處。舉例言之，就歷史記載觀之，王莽爲內傾型，項羽爲外傾型，劉邦爲中間型 ❸。

美儒鮑爾溫（I. M. Baldwin）把人的人格分爲思想型（Men of thinking）與行動型(Men In Action)兩種。前者注意思考與反省，深思熟慮，喜靜惡動，對思想與理論，富有興趣。後者喜愛實際的行動，肯作爲，對事務及人事接觸富有興趣，愛動而惡靜。學者專家多屬於前者；政治家、企業家多屬於後者。美儒阿爾璞（F. H. Allport）把人的人格分爲自傲型與自卑型兩種。前者領袖慾、支配慾較強，喜愛實際活動，好表現，不怯懦，願意會晤要人，根據自己的意念決定行爲，常使自己佔在優越的或勝利的地位，盡力抵抗妨害其權利的行爲，喜歡辯駁，對他人的言論好持反對態度。後者具自卑感，態度怯懦，對要人有羞懼感，不敢接近，易於順從他人意見，內心有厭怨不輕於表露出來，避免與人爭辯，不肯輕於發言。德儒斯布倫格（E. Spranger）著『人之型式』(Types of Men) 一書，把人的人格分爲六種：⑴理論型——注重客觀的認識，有分析與研究精神，喜愛理論研討與思維。⑵經濟型——乃是實用派，認爲效用高於一切，注意獲得財產與實用物。⑶藝

---

❸ 張金鑑著，人事行政學，三民書局，六十八年十月，第一〇九～一一〇頁。

術型——注重欣賞與體驗，富有喜愛自然及美好的感覺與態度，既不重視分析與研究，亦不喜好實際效用。(4)社會型——獻身社會，同情他人，非爲私利與權力，抱爲社會服務的精神。(5)政治型——注意獲得權力，駕御他人，領導社會。(6)宗教型——在求與神結合及天人合一，尋求無上的圓滿與安息，自求多福，與人爲善 ❹。

　　3.興趣（Interest）——一個人對某種或某些事物，肯欣然或高興的起而趨赴之，謂之興趣。英文興趣一字爲 Interest，指對某些事物有樂在其中的感受或欣喜滿足的情緒。興趣是一個人對某種或某些事物作選擇性注意的一種傾向。興趣到了極致就成爲嗜好。各人興趣之所在，固各有不同；就是興趣的穩定性和持續性亦各有差異。興趣測驗起源於職業心理學。其目的在幫助各人選擇其適合的職業。興趣決定各人對合適事物的接受或把握。這對學習上工作上的圓滿成就大有裨益。就學習言，興趣之所致，能使注意力集中，促進快愉之感，因而學習雖難亦易，不覺其苦，記憶力和領悟力加強；學習效能因以提高。就工作言，興趣乃是成就經驗的結果。人皆對於能獲得成功和快愉事物發生興趣。所以興趣與工作成就有着密切的關係。施床氏的職業興趣表（Strong's Vocational Interest Blank）、康羅測驗（Kent-Rosanff Test）都是測驗各人興趣差異的工具和方法。

　　4.性向（Aptitude）——人的一般才幹或能力謂之普通智力，簡稱曰『智力』（Inteligence）；人的特殊才幹或能力，謂之特殊智力；別稱曰『性向』（Aptitude）。性向是對特殊事務或技藝的學習能力和興趣。人的普通智力固然有高下的不同，至於那特殊智力或性向，各人亦各有其個別差異。性向或特殊智力，有下列幾種：

　　(1)社會智力(Social Inteligence)——這是一個人對人羣關係及新情

---

❹　張金鑑著，人事行政學，三民書局，六十八年十月，頁一一〇～一一一。

勢的適應能力及採取行動領導他人，使之踴躍熱烈的共赴事功的才幹或能力。社會智力高的人宜作政治活動，易成爲領導人物。一九四九年喬治華盛頓大學 (George Washirgton University) 編制有『系組社會智力測驗』一種，對社會智力測驗具有較高的正確性，公私機關使用頗廣。

(2)機械智力 (Mechanical Inteligeuce) ——一個人製造及操作各種機械的特殊才能，謂之機械智力。這種人對空間關係的感覺能力及手眼調和的運動能力則較爲高強。施丹葵的組合測驗 (The Stenquist Assemply Test)、『米尼蘇達機械能力測驗』 (Minnesota Mechanical Ability Test) 都是可靠的機械智力測驗工具和方法。

(3)文書智力 (Clercrical Inteligence) ——一個人對打字、速記、文件整理與保管的計劃與處理的潛能，謂之文書智力。頭腦清利、動作靈活、仔細愼密並具耐性的人長於擔任文書工作。

(4)藝術智力 (Artful Inteligence) ——學習藝術的潛在能力謂之藝術智力。其內容包括手工技巧 (Manual Skill)、認知能力 (Perceptual Facility)、創造的想像力 (Creative Imagination) 及審美的判斷力 (Asesthetic Judgement)。

5.音樂智力 (Musical Inteligence) ——這是指一個人學習音樂的特殊潛能。這種智力較高的人，對聲音的高低強弱、韻律、音色等記憶力和辨別力特別高強。

6.體格 (Physical Structure) ——人雖都是圓顱方趾，能言能行的最高級動物，但沒有兩個人的身體構造的體格是完全一樣的。面孔有同字形、田字形、申字形、甲字形、由字形、三角形、滿月型、鴨蛋形等差異。體態有瘦長形、胖圓形、健壯形、長方形、畸異形等不同。身長則有侏儒，有長人，晏嬰身不滿五尺，曹交九尺四寸以長。體力有者力大如牛，有者則手無縛鷄之力；有人是『力拔山兮氣蓋世』的英雄；

有人是『肩不能擔擔，手不能提籃』的病夫。有人快跑如飛若羚羊、若脫兔，世界運動會賽跑得金牌；有人步履艱難，走路慢如笨牛。食量，有人三大碗米飯不飽；有人則小半碗米飯便已足。有的人視力能明察秋毫，有的人視力昏蒙而不見輿薪。體重有人超過一五〇公斤；有人則僅三、四十公斤。至於肺活量大小、脈搏快慢、呼吸多寡、內臟功能的強弱等各人亦皆有個別差異。

　　二、個別差異與人才選用——就個別差異的事實加以觀察，則知世上無全知全能的全才，人有所長亦有所短。若以求全責備的標準去選用人才，則世上便無可用之才。長於文學的人，可能短於數學。在工程或機械方面的傑出長才，在藝術或音樂方面可能是低能者。有遠大眼光能把握世局變化的大政治家，可能對初級數學計算，難以勝任。

　　『人存政舉，人亡政息』，『得人者昌，失人者亡』。這裡所謂『人』，蓋皆指『人才』而言。故曰『中興以人才為本』。但是何謂人才？人才並非指『全知全能』的人，而是指具有『一技之長』之人。依工作或職務上的需要，選用此具有『特長』的人，用其所長，舍其所短，使能勝任的達成任務，成功的完成使命。政府機關有各色各樣的職位或工作，社會上有各色各樣個別差異的人員。使各色各樣的『人』與各色各樣的『事』相適切配合，構成『工作員恰在其工作中的單位』(The-Worker-in-his Work Unit)。如此，則事得其人，人當其用，人能用其所長，人人是人才；事能得其理，事事能成功。

　　所謂『人才』者，猶如『藥品』耳。能辦事者是良好的人才。能治病者是良好的藥品。天下無百事皆能辦的人才。天下亦無百病皆能治的藥品。凡某藥品能治某病症者，就是好藥品。凡某人能辦某事者，就是好人才。由此言之，毒藥亦是好藥品，因毒病須用毒藥醫，使之以毒攻毒。農藥是毒性猛烈的毒藥，但是對驅除農作物的病蟲害是有效良藥。

凡能對症下藥，藥到病除者皆是良醫和良藥。政府延用公務人員亦和此同一道理。凡能善用其才者，雖是品行不良，性情怪異的或有不良嗜好者，一般說來都是『壞人』。但若他們各有一技之長，用其所長，捨其所短，仍不失爲人才。法國的大思想家盧梭（J. J. Rousseau）性情怪異，行爲不端，道德欠佳，以正常的倫理觀之，不能算是『好人』，但他所著的『社會契約論』（Social Contract）則是民主政治的不朽之作。『雞鳴狗盜』之徒實是『壞人』，但孟嘗君用之，便能以成大功。吳起『殺妻以求將』乃是『無情』、『不德』、『自私』的壞人，但他卻是歷史上極少見的傑出的軍事家。　國父革命，『土匪』、『共產黨徒』、『官僚』、『政客』都爲之盡力效命。陳英士在上海將兵開府，『地痞』、『流氓』、『妓女』、『幫會』均爲所用。『人』有個別差異。『事』有性質不同。以差別之人分別辦理相適應的不同之事，則如魚得水，雲從龍，風從虎，相得益彰，兩相投契，事半而功倍，行政之至道也。

第二節　個別差別的原因

個別差異的形成，計有兩大原因：一是先天的遺傳，卽生理的原因；二是後天的薰陶，卽社會的原因。茲就此二者分別論述如次：

一、生理的原因——從生理的原因研究個別差異的形成，計有下列諸說❺：

1.氣質說——古希臘醫生葛倫（Galen）從生理的因素加以考察，個別差異計可分爲四種不同的氣質：一曰神經質，觀察事務甚爲細密，且常有悲觀與憂鬱，胸懷不夠開展。二曰黏液質，態度冷淡，熱情與同

---

❺　張金鑑著，動態政治學，七友出版公司，六十六年九月，第二四八～二五一頁。

情心不足，常有不適之感和尤怨心情。三曰膽汁質，情緒起伏甚速，反
應敏捷而膚淺，且易發怒。四曰多血質，樂觀進取，行動積極，喜愛社
會及政治活動，支配慾強，具有優越感。這四種不同氣質的人，其特徵
表現的程度與廣度又各有不同，因而形成各人氣質的個別差異。

　　2.內分泌說——人體內的無管腺（Ductless Glands）所分泌出的
液體曰內分泌，對各人的行動與情緒反應有很密切的關係。內分泌物亦
曰荷爾蒙。人體內的內分泌腺計有六種：一曰腦下垂體腺，亦曰黏液腺
（Pituitary Gland），司血液循環及水的新陳代謝，過度發達，則體型
巨大，好活動，喜進取，支配慾強，自負不凡；若發育不足，則性情怯
懦，無勇氣，失卻自制力。二曰甲狀腺（Thyroid Gland），司新陳代
謝及酸化作用；如發育不足，則易成爲肥胖愚笨之人，髮脫落，皮膚乾
燥，身材矮小；如發育過度，則神經緊張敏感，興奮急躁，甚而至於瘋
狂。三曰副甲狀腺（Parathyroid Gland），在前頸部，與甲狀腺相連
接，司體內鈣素的代謝作用。四曰胸腺（Thymus Gland），其分泌物
在促進骨骼的生長，並防止性的早熟，幼年青年時甚有作用；成年後
則日趨退化。五曰副腎腺（Adrenal Gland），位於腎臟上部，故亦
曰腎上腺，司鹽與醣的代謝作用；如其分泌多，則血壓升高，心跳快
速，身體發抖；人發怒時則分泌快，故亦曰戰鬥腺。六曰性腺（Sex
Gland），司生殖細胞如精子卵子的產生，並保持生殖器的正常功能。
性腺強者，性生活的要求高。因內分泌腺的發育與功能有強弱、高低、
多寡的不同，因之，各人的個別差異便亦由此而形成。

　　3.性抑說——奧國醫生傅洛伊德（S. Freud）於一九三〇年著『精
神分析論』（An Outline of Psychoanalysis）一書，指出人皆有一『
生的本能』。這本能受着所謂生之動力者『利必多』（Libido)的推動以
爲發展。這『利必多』包括饑慾、渴慾和性慾。而性慾尤爲重要。在文

明社會中，饑慾、渴慾容易滿足；而性慾則每因社會壓力的阻抑，難以圓滿解決，因而影響行為及情緒。性慾具有伸縮性，各人的性慾強弱各有不同。有的人性慾受到抑制，而能忍耐，無甚顯著反動。有的人性慾受到壓抑，則另找出路以為補償，由此昇華而有其他的成就。情場失意者可能成為大文學家或大藝術家。司馬遷受『宮刑』而有『史記』不朽的傑作。吳三桂『沖冠一怒為紅顏』，竟引清兵入關而亡祖國。歷史上有不少戰亂，是為女色而起。傅洛伊德可說是倡『唯性史觀』的作家。總之，因各人性慾強弱及受抑制後反應方式各有不同，因而形成人的人格、行為及情緒上個別差異。

4.血型說——就血型為標準，各人的差異可分為四大類：㈠Ｏ血型的人。這種人的性格好出風頭，喜歡表現自己，好勝心強，愛作社交活動及政治參與，每堅持己見，具有現實性與豪放性，可視之為外傾型的人。㈡Ａ血型的人。思想與行動都很謹慎，而且有規律；頗有忍耐性，對問題與困難都自求解決，不輕於求助他人。對問題觀察細密，反應亦敏捷。這種人是深思熟慮的人物，屬內傾型，宜從事於學術研究。㈢Ｂ血型的人。這種人的性格與情緒，比較善變；對外界的觀察力欠深刻，活動力較強，不願受拘束；個性外向，喜歡熱鬧場面。這種人生性活潑，從事音樂、運動、戲劇等活動較為相宜。㈣ＡＢ血型的人。這種人善於待人接物，不輕易與人爭論；不甚喜歡談論自己或作自己表現；討厭口是心非的人；具有強度的批判精神。這種人是合情合理的好人。其實，這四大分類僅就大致而言，若細加科學分析，血型的不同，可分為四十多種。

5.體態說——對體態學研究最有成就者，當推克里茲馬爾 (E. Kr-etzchmer) 和薛爾頓 (W. H. Sheldon)。克氏把人的體態分為四個類型：㈠細瘦型，體幹細窄，胸部不甚發達，骨細脂少。這種人膽小而心

細，生活內向而嚴肅，乃深思熟慮者。㈡肥胖型，體肥面圓，肌肉發達，肩濶腰粗。這種人性情和善，易與人相處，不甚堅持己見，樂觀坦率。㈢健壯型，其特徵介於瘦肥兩型之間，身體結實，不胖不瘦，體力健強。這種人的思想與行動均穩健、樂觀、進取，不亢不卑。㈣畸異型，無法歸上述三類中的不規則體型，乃是罕見而令人驚異的醜陋體型。

薛爾頓把人的體態分爲三大類: ㈠內胚型，其特徵爲圓滑輕柔，體腔寬大，消化系統巨大，骨骼與肌肉則不甚發達；食慾強，性情溫和。㈡中胚型，其特徵爲骨骼肌肉均甚發達，體形強大，力氣堅實，予人以『方形』的感覺。這可視之爲健壯型，其思想與行動則屬於穩健派。㈢外胚型，其特徵爲四肢瘦長，體腔狹窄，肌肉不甚發達，予人以『長形』的感覺。其性情偏於內向，乃是有耐性，能深思熟慮的人。體態雖可大致分爲四類或三類，然若仔細言之，世界上沒有兩個人的體態是完全一樣的。

二、社會的原因——各人的行爲模式及人格特徵的形成，係在文化環境和社會生活中運用之。這些的文化及社會因素的陶冶與薰染，促成各人的個別差異。這些因素或原因的重要者，包括家庭、學校、團體、敎會及政府。玆分別論述如下:

1.家庭——人的行爲模式及人格特徵，多在五歲至十五歲期間卽可定型。這一時期人多過着家庭生活，父母的一言一行，家庭的生活習慣，父母兄弟姊妹的感情及父母對子女的態度和敎育方法，都是產生個別差異的重要原因。各人的家庭生活不同，對各人的影響，便亦因之而異。一般說來，保守家庭的子女多具保守性格；急進家庭的子女多具急進性格；不正常的家庭的子女，多成爲問題少年。

2.學校——敎育的功能除傳授生活上所需的知識技能外，更可以陶

治人的性情與品格，端正其價值觀念。古斯巴達及普魯士採行軍國民教育，乃能以養成勇敢好戰的國民。美國採民主、自由、人文的教育政策，遂能使國民具有喜參與、重法治、尙平等、愛自由的道德與精神。學校的教材、師長的言行、同學的接觸，對各人性行特質的形成皆有很大的影響。青年學生的心情是軟弱的，可塑性甚大，鑄以方則方，鑄以圓則圓。青年學生的性靈是純潔的，猶如一張白紙，染以黃則黃，染以藍則藍。各人所受學校教育不同，因之其知識、技能、品格、思想、行爲便亦各有差異。

3.團體——人是合羣動物和社會動物，不能離羣索居，孤獨生存。人必須過團體生活。人在互動、互依、互利、互通的團體生活中，受到他人的影響甚大。各人所參加的團體，要可分爲兩大類：一是遊伴團體，朋友會、兄弟會、同學會、同鄉會及不良幫派等均屬之。人性無分於善惡，近於善則善，近於惡則惡，所謂近朱者赤，近墨者黑。物以類聚，人以羣分，觀其友而知其人。二是職業團體，如工會、農會、商會、律師公會、會計師公會、醫師公會等均屬之。職業團體的領導人及會員間的互動行爲對各人性行皆有重大影響。因各人參加的團體不同，所受影響不一，便產生各人的個別差異。

4.教會——人是肉體人，亦是性靈人。人生需要，除物質生活外，尙有精神生活，所以人多有宗教的信仰和膜拜，以慰藉性靈。宗教領袖及教會的神職人員的言行及教義和教儀的陶冶和薰染，對教徒的行爲模式、人格特徵及價值觀念的塑造與形成，皆有很大決定性和影響力。教會的活動除傳教外，亦易於從中作政治性和社會性的運用，藉以操縱『世俗塵務』，每因以引起『政』、『教』難分的變亂與紛擾。教義解釋具有彈性，可左可右，或高或低，解釋可依己意以爲之。時事報導自由取舍，黑白得以顛倒，是非可以混淆。人物評論，可隨好惡，任意褒貶。

各人因所屬教會不同，所習教義不一，於是形成個別的差異。

5.政府——政府的功能除為社會服務，為人民造福外，更要推行政治社會化以培養健全的國民。政府推行政治社會化主要途徑，計有以下四種：一是學校的公民教育；二是學校以外的社會教育；三是大衆傳播的運用；四是政治性的報導與宣傳。政府推行政治社會化的目的，雖然在於培養國民的共同的政治信仰、價值觀念、行為模式及生活規範等。但是在實際上，各人因先天秉賦及後天習染的不同，對政府的同一措施所起的反應和認知便各有區異。同一原因並不一定產生同一結果。同一刺激未必有同一反應。各人對政府措施的反應，或為順從性，或為反逆性，或為游疑性，或為變化性，或為誤解性，或為迂迴性，或為曲折性。形形色色，千差萬異。政府求同努力常是有折扣的，有變異的。

第三節　差異鑑定與因材施用

一、知人善任的含義——為政常有『才難』之嘆。殊不知『非才之難』，而是用人者不知人不識才之難也。若能知人識才，因其所長而善用之，則人才不難求也。天無枉生之物，物物皆有用，即使是廢物，廢物亦可利用。糞便棄物也，農民可用以為肥料。即使是毒物，毒物亦可有大用。農藥毒性甚為強烈，然無此則病蟲害肆虐，農產品莫由收穫矣。世無無用之人，天生吾材必有用，人人是人才；端在對各人的個別差異作客觀而正確的鑑定，確知各人的長短優劣；然後用其所長，捨其所短，發揮其優越性能，抑制其拙劣傾向，則人人可成為有用的人才。世不乏千里駿馬，必待伯樂識之馳之，駿馬始能乘風奔騰，一日千里。劉邦知人善任，用三傑，滅暴秦，遂能奠立漢朝四百年的基業。項羽剛愎自傲，有一范增而不能用，卒難逃烏江自刎的悲慘命運。

用人者應使用測驗、考試、演作及考察等方法，對個別差異作科學

方法的分別鑑定。就鑑定的結果作成人才分級與分類，亦卽專長分級與分類。依據個別差異鑑定的結果而爲因才而施用。大才大用，小才小用，中才中用；長才長用，短才短用；方才方用，圓才圓用，偏才偏用，歪才歪用，尖才尖用。善歌者使之歌，善舞者使之舞，善畫者使之畫，善書者使之書。每個人都擺在其適當的崗位上，而收『適才適所』（Right Man in the Right Place）之效，則人人是人才。否則，善歌者使之舞，善畫者使之歌，善書者使之算。內傾型的人使之作政治活動，外傾型的人使之作學術硏究。則事不能得其人，人不能當其用，必致人才埋沒，事業失敗。

二、差異鑑定的方法——現代的心理學家及人事管理學家設計有不少的工具和方法，用以鑑定各人個別差異，以爲人事選用的依據。玆扼要舉述如次：

1.**智力測驗法**——智力指人的一般智力或普通智力，一曰智慧，卽是人的學習能力。測驗這種的方法，計有：(1)萬啓特成人智力測驗（Wechster Adult Inteligence Scale），(2)陸軍A式測驗（Army Alpha Test），(3)特門分組智力測驗（Terman Group Test of Mental Ability），(4)歐蒂斯普通智力測驗（Otis General Inteligence Examination）。這些測驗內容，大同小異，都是以語文表現力、閱讀速率、拼字、字彙、數學、算術、推理、辨別力等測驗各人智力的高下。萬啓特成人智力測驗內容，包括常識、理解力、算術能力、數字廣度、相似物辨別、字彙、圖畫完成、圖形排列、物件裝配、數字符號[6]。

2.**性向測驗法**——性向指特殊智力而言。性向測驗，有些是測驗一定的特殊智力的，如米尼蘇達文書測驗（Minnesota Clerical Test）、

---

[6] 鄭伯壎譯 J. B. Miner 著，人事心理學，文笙書局，六十六年一月，第一六四頁

本納特機械智力測驗（Bennett Test of Mechanical Comprehension）、米尼蘇達紙塊拼排測驗（Minnesota Paper Form Board）、AC創造力測驗（AC Creativity Test）等便是。有些是測驗多種性向的或一般性向的，如區分性性向測驗（Differential Aptitude Test）、費蘭乃根分類性向測驗（Flanagan Classification Test）及一般性向測驗（General Aptitude Test Battery）便是。一般性向測驗的內容包括智力、語言性向、數學性向、空間認知、圖形知覺、文書能力、動作協調、動作速度、手指靈巧、手足靈巧等 ❼。

3.知能考試法——智力測驗和性向測驗都在鑑定各人的內在潛能，藉以預測其未來可能發展；知能考試的目的，則在於測驗各人現有的知識與能力，以爲職務分配上的依據。知能測驗的考試法分爲三種：一曰筆試法，二曰口試法，三曰演作法。

筆試法分爲兩種：一曰論文式筆試法，或舊式筆試法；一曰測驗式筆試法，或新式筆試法。前者的優點，是題目編製較爲容易；對文字發表能力能作正確測量；易於考察應試的推理力、資料整理與組織力及國文程度。但其缺點，則有：(1)評分缺少公平一致的客觀標準；命題數目太少，失卻考試的代表性和廣博性；評分易受到不相干因素如書法、整潔或別字的影響。後者不但可以消除論文筆試法的各種缺點，且有以下的優點：(1)評分客觀而準確，(2)可以消除模稜含混的答案，(3)評分者不能憑主觀好惡，任意出入，(4)題目甚多，具有考試的代表性和廣博性。故知能考試除測量國文程度及文字發表能力外，宜儘量採用新式筆試法。

口試法是測量各人的合作、主動、機警、活潑、急智等性格與能力的良好方法。若用以測量各人知識程度、技術精粗、智力高下，則不相

❼ 美國勞工部編，一般性向手册。

宜。政府機關很少用口試法考選公務人員，其原因有四：(1)口試成績無明確紀錄，不具複查與核對的客觀根據。(2)口試所得結果，不具備考試上應有的正確性和可靠性。(3)口試所需人力、財力、時間過多，行政上頗多困難。(4)社會上對口試的信任程度不夠，易引起人的猜疑。

經由實際的工作操作以鑑定各人知能者，謂之演作法。打字、開汽車、裝配機件、繪製圖表、歌唱等均為演作法。若自廣義言之，較長期的實習或試用亦可視之為演作法。英國的文官考選有所謂 C. S. S. B. (Civil Service Seletcion Board) 考試者亦有似演作法。文官考選委員會主持這一考試故曰『C. S. S. B.』考試。這一考試歷時四十八小時，在倫敦郊外一鄉墅舉行，因亦稱『鄉墅測驗』(Country House Test)。分小組舉行，每小組受試者七人，主試者三人，舉行一系列的研討會，並指定若干工作由受試者自行處理之。由主試者考察各人的發言、見解、主持會議、解決問題、應付環境及處理事務的知能。

4.生活調查法——欲知人善任，應調查各人的平日生活狀況，以視其生活是否正常，有無不良嗜好，交結的友人是否是良善之人，對父母是否孝順，對朋友是否忠實，對工作是否盡職，道德品行有無惡劣紀錄。生活狀況不佳者，必非善類，不可輕予任用。孔子曰：『視其所以，觀其所由，察其所安，人焉廋哉？』史典曰：『凡觀人必先觀其平昔之與父母也，兄弟也，戚族也，朋友也，鄰里鄉黨也，即其所重所忽者，平心細察之，則其肺肝如見矣。』良父、良子、良夫、良兄、良弟、良友，才會是好國民和好公務員。不孝之子，不慈之父，不貞之妻，不悌之兄，不良之友，必然是壞國民和壞公務員。

5.言行觀察法——就各人的言語、行動、儀態、相貌、表情加以觀察，可測知其智、愚、忠、奸、善、惡。易傳曰：『將叛者，其詞慚；中心疑者，其詞枝；吉人之詞寡，躁人之詞多；誣善之人其詞游；失其

守者，其詞屈』❽。周官曰：『以五聲聽獄訟，求民情，一曰辭聽，二曰色聽，三曰氣聽，四曰耳聽，五曰目聽』；鄭康成注曰：『觀其出言，不直則煩；觀其顏色，不直則赧然；觀其氣息，不直則喘；觀其聽聆，不直則惑；觀其眸子，不直則眊然』❾。單襄子曰：『晉將及難，吾見厲公之容，視遠而步高，而聽三郤之言，殆必及禍者。犯則陵人，迂則誣人，伐則掩人』❿。

　　『眼為靈魂之窗』，目光為智慧、精力及性情的代表。故孟子曰：『存乎人者，莫良於眸子；眸子不能掩其惡。胸中正，則眸子瞭然。胸中不正，則眸子眊然。觀其言也，觀其眸子，人焉廋哉。』『誠於衷，形於外。』從目光可以窺知人的性格。愁眉苦臉，眼神不振者，多為悲觀派；喜笑顏開，目光烔烔者，多為樂觀派。從人的發言聲音及相貌亦可以測知其性情的剛柔、強弱、正邪、善惡。左傳載子上諫楚王不可立商臣為太子，以其『蠭目而豺聲，忍人也。』楚司馬子良生越椒，子文曰：『必殺之；是子也，熊虎之狀而豺狼之聲，弗殺，必亡若敖氏。』史載范蠡致大夫文種書曰：『越王為人長頸而烏喙，可以共患難，不可以共安樂，子何不去』⓫。

　　從人的行、坐、言語去觀察人不無相當的可靠性。行乃一身的舉動，行跡的表現。正人之行，身不搖，而足不亂。小人之行，多伸縮、偏倚而無力。夭人之行多軟弱；奔走之人不住趾。狡人之行多過頭，剛人之行多挺正。商賈之行身重而足輕；宦達之行，身重而足定。濶步逐前者見識廣博。行步蹣跚者，進取之力不足。濶步疾趨者，思想活，活力足。步細而急者，心胸狹小，拘泥小節。足浮無力者，性情懶散，無

---

❽　易傳，繫辭下。
❾　周官，小司馬職。
❿　國語，柯陵之會。
⓫　史記，越王勾踐世家。

所主張。直前行而不左顧右盼者，有目的，勇往進取之人。

從坐相以觀人，坐相端正厚重，不露浮動，方屬上等。坐時雙膝不定，浮移不穩者，難有成就。立如樹直，坐如山穩，行如矢正，可成大器。形神躁動不寧，坐態浮搖不穩，乃是諸事不成的俗人。諺曰：『人搖福薄，樹搖葉落。』凡坐宜端正，宜靜肅；忌足亂頭垂，忌身搖體動。

總之，觀人宜從多方面為之。聽其言論，觀其文章，可知其學術淺深。試以工作，付以艱鉅，可窺其能力高下。服從固為美德，然巧言令色，阿諛逢迎者，必非善類。負責誠屬可貴，然一意孤行，剛愎自用者亦非上選。好大言者決不切實際，輕言諾者必專務虛文。性情疏散者，處事難有條理。用度不謹者，操守恐難清廉。喜事者宜防其浮躁；持重者當慮其因循。以廉自矜者未必廉，以方自誇者未必方。磊磊落落者雖不方，必為賢者。鬼鬼祟祟者，雖巧慧必斷為僉士。

6.資歷評估法——從各人的學歷、經歷、生活表現、行為紀錄等方面加以審查與評估，亦可以窺知其知識、能力及性格。就各人的畢業證書、學業成績、品行紀錄、活動表現及所接近的師友，當可探知其品行是否優良，學業是否高超，生活嗜好、活動興趣等以為選用的參考。對已經有工作經驗的人員，可就其資歷證件評估服務成績的優劣，知識能力的高下，並宜審查其行為及獎懲紀錄。如彼曾有良好嘉獎紀錄者，可知其為合適的工作員；如受過不少處罰，當可斷定其有一些缺失，自不可貿然任用。如在原服務機關好鬧是非或興風作浪者；若輕予任用，必仍為滋事搗亂之徒。若在原服務機關安份守己，奉公守法，延用至本機關，當亦不會有敗德失職行為。因為一個成年人的行為模式已定型，鑑往可以知來，援往可以知今。過去有優越的工作表現與成績，就此予以評估，當可鑑定其任事的知識與能力。

三、因材施用的準則——各人個別差異的鑑定，旨在於『知人』。知人的主要目的則在於『善任』。所謂『善任』者就是『因材而施用』。如何『因材而施用』，就是就個別差異所表現的特性或長短優劣，而爲事功需要的選用，用其所長，舍其所短。因才施用應遵守下列的準則：

1.展其才能——人事選用的目的，在於使『人』以治『事』。事就是機關的使命和職位的事務。今日的機關的使命和事務，已達於專業化、科學化和技術化，非具有職務上所需要的才能者，必難以勝任。因之，因才施用端在就各人具有的才能用在適當的位置上，俾能『適才適所』。大才大用，小才小用，長才長用，短才短用。習工程者使之司工程。學會計者使之掌會計。善歌者使之歌，善舞者使之舞。普通智力高者宜使之作科學研究。社會智力高者，應使之作政治活動。如此，則人人各得其所，各適其位，自然能成功的有效的達成其使命，完成其任務。

如若不能因才而施用。大才小用，則是人才的浪費和摧殘。小才大用，則莫由勝任，必使個人與機關同歸於失敗。一九五九年郝日柏等著『工作激勵』一書 (F. Herzberg, & B. Synderman, Motivation to Work, 1959)，指出對工作人員能發生較大激勵作用者乃是工作的本身、工作的成就、工作的成長、工作的進步、責任的完成及他人對其工作的讚賞。這些的激勵因素，只有工作員具有其勝任工作才能方能得到。能勝任方有快愉。有快愉心情方能提高工作效率。

2.適其性情——一個人的性情決定其前途和命運。有怎樣的性情就有怎樣的前途和命運。性情決定各人的行爲模式和人格特性。這種模式和特性是各人成敗的原動力和控制器。所謂性情包括各人的天性和習性。前者是與生俱來的氣質或秉性，乃是『山難移，性難改』的性。後者是後天教育及環境薰染所形成的『角色扮演的形像』或『立身處世』

的『一貫作風』，乃是『習慣成自然』的性。性情決定工作效率，性情決定事業成敗。故用人必須適應工作員的性情。工作的性質須與工作員的性習相吻合。

　　文弱怯懦之人，難望其效命疆場，殺敵致果，建立戰功。好勇鬥狠之徒可能淪爲盜匪或流氓。性好研究者宜使之從事學術工作。性喜交際者宜使之任公共關係職務。奮勉努力者常能有事業的成就。懶惰偷閒者必致一事無成。見異思遷者難有累進續積之功。性情仔細精準者宜使之任會計與計算工作。趙括易言兵事，其父奢知其不可將；後爲將，果敗。項羽無恒性，耐性不足，堅毅不夠，學書不成，學劍又不成，改學萬人敵，結果還是失敗。內傾型的人作事負責，堅持己見，謹愼仔細，宜任學術研究或案牘事務。外傾型的人易與人合作相處，有自信力，思想穩健，喜歡搞人際關係，可使之擔任交際工作；或從事政治與社會活動。理論型的人宜使任思想思維或學術研究工作。經濟型的人當擔任賺錢致富的企業經營。藝術型的人可致力於畫事、音樂、雕刻等事。社會型的人同情他人，自私心較輕，應擔任社會服務。政治型的人宜從事政治或政黨活動。宗教型的人，宜擔任神職職務。

　　3.合其需要——馬斯洛於一九四三年著『人的激勵理論』（ A. Moslow, Theory of Human Motivation) 一文，載當年七月份『心理評論』 (Psychological Review) 雜誌，認爲能滿足員工需要，便能提高其服務精神，工作情緒與效率。他把人的需要分爲五個層次：一是生理需要，二是安全需要，三是社會需要，四是自尊需要，五是自我表現或成就需要。各人的需要不盡相同，用人者應適各人需要，在工作上或職位上予以適當的安排。低級人員的經濟狀況多非富有，應解決其食、衣、住、行的生活問題，使滿足其生理需要。已有相當財富的高級人員，宜使之在工作上有成就表現並滿足其自尊心。生活困窮者宜使之

任待遇較多的職位。財富已富有，應使從工作上提高其知名度。世人的工作動機和努力目標，或爲衣食，或爲聲名，或爲金錢，或爲權位，或爲女色，或爲快愉，或爲享受。用人者須察知各人的需要而爲適當的任使。在需要滿足的心情下必會踴躍將事，達成事功。

4.發其潛能——用人機關對其職員的現有知能固當作最高的利用；同時對其內在潛能亦應作最高的發揮。機關不可僅以『僱主』自居；更當以『教育家』或『教師』的角色自任，對職員作適當培育，增長其知能，發展其潛力；俾使機關業務與職員才能能與時俱進，同社會變遷永遠保持動態的平衡，而立於『優勝』及『適者』不敗地位。要達到這一目的，宜採以下的措施：㈠採行『三位制』（Three Positions System），卽每一個職員同時扮演三種角色，或保持三種地位；對現任職位是工作員；對下級職員是教師；對上級長官是學生。每個職員同時在『作』、『教』、『學』的生活中，日新月異，進步不已。㈡推行進修計劃，使職員有進修的機會與權利。其實施的方法，有寫作論文比賽、邀請學者專家講演、舉行工作研討會、座談會、工作成績展覽、開設業務研究班或訓練班、輔助職員至大學或研究所進修。其目的在發展職員的內在潛能，使其知能永遠站在時代的前端，能以最新的知識、能力與技術達成機關的使命。

第四節　職位分類與因事求才

人事選用須以兩大工作爲基礎。一是『知人』，知人而後始能因才而施用。一是『析事』，卽工作分析與評價。『析事』的另一名稱是『職位分類』（Position-Classification on duties and responsibilities）。依職位分類的結果，編爲職級規範或職位說明書。以此爲依據，選拔所需用的人才；卽所謂『因事以求才』。玆將職位分類的程序

及因事求才的方法論列如次:

一、職位資料的調查——職位分類的第一步是職位資料的調查或蒐集。資料調查的方法,計有三種:一是親身訪問法。二是問卷調查法。三是混合調查法。第一種方法是派合格的調查員或訪問員到各機關對職員詢問其職位的內容,予以詳確記載。這種方法的優點是確實可靠;但所需人力、經費、時間太多,採行不無困難。第二種方法是由職位分類機關製訂調查表,印發各機關職員依式填報。這種方法簡便易行,人力、經費、時間皆很節省;但所得結果,每陷於分歧、錯誤及不確實。第三種方法就是由職位分類機關製訂職位調查表,派少數合格的調查員至各機關,向各職員講解填表方法,然後交之依式填報。填報時由調查員予以審閱,如發現不合,即使之更正、補充或重填。如此,人力、財力、時間既可節省,所得資料仍不失其正確性。

完備的職位調查表,應包括七大內容,可以用七W代表之:(1)Who 何人可以擔任此職位,其資格、年齡、身體、性別、專長等均屬之。(2)What 指這一職位所包括的工作名稱、性質、數量、品質等。這是調查表格中最重要項目,應多留空白地位,以備填用。(3)Why 指擔任這一職位者的目的和動機,物質的精神的利益與報酬均屬之。(4)How 指工作的方法、技術、程序及工作時所需用的工具與設備。(5)When 指工作的時數、時間及地位的永久性或臨時性。(6)Where 指工作地區、地點及環境等。(7) Whom 指直接負責或間接負責,居於指揮地位或從屬地位,即職位的地位與責任。

二、職位職系的區分——職位分類機關就蒐集得有關職位內容的事實資料,就其性質不同或行業的區異,併同分異,劃分為若干部門,如專門科學門、普通行政門、財政金融門、司法行政門、教育門、警務門等。每一部門所包括的職位,為數甚多,可再分為若干職類或職種,專

門科學門可再區分爲工程類、醫藥類、農田水利類、交通運輸類；普通行政門可再分爲人事類、文書類、會統類。各類仍可再區分爲若干職系，例如工程類可分爲土木工程系、機械工程系、電氣工程系、化學工程系。人事類可分爲人事考試系、職位分類系、員工訓練系、員工福利系；文書類可分爲撰擬系、編審系、檔案系。『公務職位分類法』第二條規定『職系係包括工作性質相近似之職級』。職系區分不可太細或太粗，應遵守以下四原則：(1)適應當時學術分科情形，(2)配合政府工作分工需要，(3)適合人事管理上的要求，(4)應爲各方所能接受。

三、職位職級的釐訂——職級是同一職系內職位工作程度高下的區劃。換言之，職級就是把所有同職系內的職位，按其工作繁簡、責任輕重、技術精粗、程度高下作有秩序的排列，並區分爲段落或等次。每一段落，就是一個職級。每一職級所包括的職位，性質相同，工作難易和程度亦相同，所需資格條件的高低亦充分相似；所以在考試上、任用上、俸給上、考績上亦作相同或極相似的處理。釐訂職級不可依個人主觀臆斷或好惡以爲之，須依據以下的客觀因素：(1)工作的複雜性，(2)所受監督情形，(3)所遵循例規的繁簡難易，(4)所需創造力的大小，(5)與人接觸範圍廣狹和難易，(6)職權範圍與影響力的大小，(7)所施監督的情形，(8)所需資格的高下及經驗的多寡。

四、職級規範的編製——職級規範是將各職級的職務與責任等的書面說明書，可作爲職位歸級、人員選用及其他人事行政的重要標準文書。我國的職級規範，依公務職位分類法第六條及同法施行細則第五條的規定，應包括下列各項內容：

1.職級名稱——這一名稱適用於該職級內的所有職位。我國的職級名稱包括三部份：前部代表職等，中部代表職級，後部代表職系；例如四等——初級人事行政職；

2.職級編號——我國現行職級編號，分爲兩部：前部代表職級與職系，後部代表職級與職等，中間以短劃分開。例如初級人事行政職之編號爲〇五〇一——〇四〇一（九）；前部〇五代表職級，〇一代表職系；後部〇四代表職等，〇一代表職級；括弧內之九代表本職系共分九個職級。

3.職級特徵——係專指該職級工作性質、繁簡難易及責任輕重扼要敍述。這就是說該職級因有這些因素，所以不歸入其他職級而歸於本職級。

4.工作舉例——工作舉例在具體的說明職級特徵的內容。舉例應選擇該職級中最具代表性者。

5.所需資格與專門技能——這是指擔任該職級內職位時，必須具備的學歷、經歷、考試、訓練、知識、技術、能力、體力、性格等。

6.其他必要事項——除上述事項外，如有其他必須說明的事項，於本項中說述之。

五、因事求才的方法——機關設官分職所以治事，以完成其使命，達成其任務。機關的構成基本單位一曰職位，卽事；一曰職員，卽『人』。人與事相適切配合成爲工作單元，普通曰『職位』。職位者是分配於一個人的法定職務、責任和工作。經由職位分類，得以編成機關各職系的職級規範，卽職位的明確說明書，以此爲依據去尋求所需用的人才，此之謂因事以求才。因事以求才的方法，計有下列五端：㈠歸級——將現有職員所任的職務、責任、工作與職級規範所規定者相核對，經核對後卽把職員歸入其適當職級，使之任事。依職位（職級）需要吸入現有的人員，使成爲『職員恰在其職位中』工作單元。㈡考取——依職級規範的規定，舉行考試，選拔所需用的人才。應考人的資格，應考試的科目及考試內容的知能程度，均依職級規範的規定而擬定

考試計劃，依以舉行考試，錄取及格人員，以憑任使。㈢遴用——若已舉行過一些考試，錄取有不少及格人員而編訂有及格人員分類分級的候用名册或名單。用人機關便可就此名册或名單依職位需要加以遴選。對選定之人予以面洽，如屬合適，卽予任用；否則，再另行遴選，以選得適格者爲止。㈣培育——用人機關如不能由歸級、考試、遴選等方法，求得所需要的人才，可設立學校或訓練班、所，招考學員培育之。我國政府便設有不少這種機構，以司其事。例如中央警官學校、陸軍軍官學校、司法人員訓練所、外交領事人員講習所卽是這種性質的機構。㈤調用——用人機關如發現其他機關有本機關職級規範所要求的人才，而又不能由其他方法求得之，自可商洽其他機關准予調用。

第二十五章　辦公環境與工作效率

　　機關職員辦公處所的設計和配置是否適宜，對職員的工作效率有着極密切的關係和影響，不可不加以研究。辦公環境乃指其物質因素或自然條件而言；如辦公房舍的建築、傢俱的佈置、光線、空氣、溫度及聲音等均屬之。這些的自然環境和物質因素，對員工的身心會有所刺激。有刺激必然產生反應。辦公環境若舒適美好，員工對之則起快愉、舒服、輕鬆、和樂的反應，因而能保持員工身體健康、精神快樂，工作興趣盎然，減少身心疲倦，工作效率得以提高。反之，若辦公環境陋劣不適，員工對之將生厭惡、躲避、煩惱、痛苦等反應，對身心健康皆有不良影響，加速身心疲倦，不能使工作的注意力集中，不僅使效率低減，且會引起錯誤，造成不幸的意外事件。本章特就辦公環境與工作效率的關係分節論述之。

第一節　辦公環境的基本觀念

　　一、辦公廳處的意義——所謂辦公環境乃是指辦公廳處的自然環境而言。辦公廳處一詞在英文爲 Office。其意義有以下的諸解釋：⑴對他

人的服務或勞役，(2)經特別指定的職務或職掌，(3)政府派定的官職或職位，(4)專門職業人員執行業務的事務所，(5)處理文書事務的文書室或寫字間。在工業生產機關，Office一詞係指管理人員辦事地點，以別於製造部、營業部、運輸部及倉儲部而言。其內容包括人事、文書、會計及監督與指導工作。自行政學的觀點言之，辦公廳處可以以下列的解釋說明其意義：(1)乃政府官吏或公務人員執行其職務時特定的工作場所或地點，(2)乃官吏或公務人員與人民、人民代表及其他機關或團體的有關人員接洽公務及交換意見的場所，(3)乃政府公文書收發總滙及其聚散的場所，用備使用與參考❶。

　　二、辦公廳處的作用——政府及公務人員的使命在推行公務或政務。公務或政務乃是衆人之事，卽與人民利益和社會幸福有直接關係和影響的實際活動與業務，在於解決食、衣、住、行、育、樂諸民生問題。所以公務或政務之所在，在於國家的各地區、社會的各角落及民間各部門，並不在辦公廳處內。辦公廳處只是計劃、指揮、監督、指導外部，公務推行的處所或司令臺。辦公廳處內的事務僅是推行公務的手段，並非目的，更不是所謂公務或政務本體。若僅斤斤注意辦公廳處內部作業的處理，而忽視社會及民間的各種公務的實際成就，如經濟建設、文化建設、社會建設、心理建設等，則是大錯而特錯。辦公廳處的作用和地位，猶如人體上的腦筋、機器中的摩托（Moter）、軍隊中的司令部，是各地區各部門實際政務推行的發動、指揮、統籌、協調的中心，本身並非政務的實際業務。現代政府的地位和功能，漸有似於最大規模的工業生產機關。這機關的眞正任務和工作，實在於製造部、推銷部、運輸部、倉儲部，而非在於寫字間或文書室。有些人竟把辦公廳處

---

❶　張金鑑著行政管理概論，中國文化服務社，民國三十三年五月，第一三四頁。

的文書事務、規劃作業、協調活動當作公務或政務的本身，則是極大的錯誤觀念。公務或政務乃是國家的、社會的、民間的各種民、財、建、敎、養、衞、管的實際建設的活動與實現。政務是實地或田野工作（Field Work）不是辦公廳處的工作（Office Work）。

三、辦公環境的內涵——自廣義言之，辦公環境包括三種因素：第一是物質因素，係指自然環境，如房舍建築與分配、辦公空間的大小、傢俱的佈置、光線的強弱、空氣的流通和新鮮、溫度的高下、噪音的消除的配合。二是時間因素，指工作流程的安排、工作時數的多少、休息時間的間隔、工作動作的連續。三是行政環境，卽社會因素，指機關組織是否健全、人羣關係是否和諧、行政管理是否合理、服務精神是否旺盛、領導作風是否得當等。關於行政環境本書在其他篇章已多所論述，毋庸再贅。至於時間因素待於下章討論。本章所研討者僅限於狹義的辦公環境，卽物質因素。

四、辦公環境的影響——辦公環境對工作效率的影響，可從以下三點說明之：㈠作業方面——辦公環境對工作人員的器官功能、知覺感受、體力消耗、心理反應都有直接影響。工作人員受此影響便與其工作效率發生密切關係。例如辦公光線不足，足以使人的辨別力減弱，致眼力消耗較大，而生疲倦，使注意力難集中，則效率低降，且易發生錯誤與意外事件。辦公溫度太冷或太熱均足以使工作效率低減。㈡生理方面——環境刺激必然引起生理變化。辦公環境不適宜，會增加工作員的體力消耗，無論勞力者或勞心者皆然。體力消耗多則生疲勞。疲勞生則工作興趣減低。興趣低，工作效率必隨之遞降。疲勞產生的原因有二：一是體力消耗多，體內蘊存的能量供應不夠。二是因新陳代謝緩慢，體內積存廢物，未能及時排出。從人的心跳、血壓、呼吸、腦波、血液成份、氧氣消耗的指數，可以測定生理疲倦的程度。㈢心理方面——辦公

環境的不適宜，會引起工作員對工作厭煩的心理反應。這種心理反應自然降低工作效率。心理厭煩導致人的精神苦悶及抑鬱和怒怨之感。這些心情對工作效率皆有不良影響。

第二節　辦公空間與工作效率

一、辦公房舍的設計——各機關的辦公房舍應適應實際需要作合理的設計與分配；所需間數及面積大小，視業務繁簡及人員多寡而定之。為謀辦公房舍的標準化，趨於經濟、實用美觀，應由中樞主管機關分類分級規定統一樣式與規格，通飭遵行。房舍建築地點的選擇，應配合都市計劃及防空疏散等決定之。行政機關宜位於安靜而交通利便的地方。

房舍辦公面積，應就辦公人數計算之，每人約需佔八平方公尺❷。辦公房舍應包括下列各室：⑴辦公室，⑵禮堂，⑶會議室，⑷會客室，⑸詢問室和警衛室，⑹值日室，⑺衣帽室，⑻電話室，⑼休息室，⑽盥洗室，⑾圖書室，⑿醫務室，⒀保管室或倉庫，⒁厨房，⒂飯廳，⒃厠所，⒄車房。禮堂宜位於房舍中央。詢問室和警衛室宜位於機關進門處。圖書室、盥洗室離辦公室不宜太遠。醫務室、電話室、厨房、飯廳不可離辦公室太近。辦公室高度宜在三四公尺至三六公尺。柱與柱之間的距離自五公尺至六公尺。兩柱之間開窗二個，每窗為一·三五公尺。每一室窗之面積總和不可少於全室地面面積百分之二十一❸。

二、辦公房間的佈置——茲將辦公房間佈置的原則、程序及排列分述如下：

1.原則——辦公房間佈置應注意以下原則：⑴佈置設計應力求空間與時間的經濟，各人所佔面積應適合其工作需要，不可太大或太小。過

---

❷　行政院事務管理人員訓練班編印，事務管理手册㈢，管理處所手册，第五頁。
❸　前揭書，第六頁。

小則感覺壓迫，工作情緒不佳；過大則失之浪費，且足使工作情緒渙散鬆懈。各人位置的排列，應就工作程序順次定之，以便就近聯絡，而免除不必要的往返。(2)辦公桌位佈置時，事前須有計劃與計算，預定佈置藍本，以便按圖佈置，以免臨時作盲目的嘗試與搬動。(3)辦公桌位的佈設，在可能範圍內應以集中辦公為原則；惟會議室、會客室及具有秘密性的辦公室或有聲響的工作室，均宜分開，另闢專室。(4)辦公廳內的分室或隔間不可太多超出必要範圍，以免妨碍光線射入及空氣的流通；且分隔太多，在管理上監督上亦不方便。

2.程序——辦公廳所的佈置，應依下列程序以行之：(1)工作考察與分析。就各個工作員的工作性質與內容加以考察與分析，明瞭各部份工作員間的工作關係與次序，以為安排桌位的依據，務期在工作接洽及往來上的方便。(2)列表將各個工作員的工作內容明確記載之。(3)按工作員人數及其辦公所需空間，如高級長官所需空間較大，低級職員所需空間較小。辦公空間的大小，因各人工作性質不同而有差異。惟就普通情形言之，大者可一〇〇方呎，普通者七〇一八〇方呎。(4)根據工作需要，決定所需要傢俱、桌椅、櫃櫥、架等一一列表記明之。(5)依據這些步驟所得結果，加以研究與計劃，繪製辦公室座位佈置圖。

三、排列——辦公廳內桌位的排列，宜使光線由工作員的左側射入，以便用筆寫作；光線不宜直接對面射入。文卷書櫥應沿牆壁放置，但不得妨碍光線。各辦公桌位間的往來道路，至少要有三至四英尺寬。桌與桌間的距離，宜留三英尺左右。辦公廳內以放置必需傢俱與物品為限。一切文件應放置於櫃櫥抽屜內，俾便保管並防失散。辦公廳內桌位排列樣式舉例如下，並以見其優劣❹：

---

❹ 張金鑑著行政學典範（重訂版），中國行政學會，民國六十八年七月，第六五八頁。

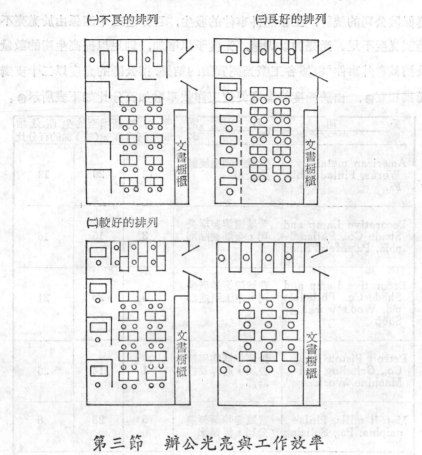

(一)不良的排列　　　　　　　　　　(三)良好的排列

文書櫥櫃

文書櫥櫃

(二)較好的排列

文書櫥櫃

文書櫥櫃

第三節　辦公光亮與工作效率

一、光亮與效率——人的視力雖有個別差異；但一般說來，各人視力的敏銳性（Acuity）則相去不甚遠。人都不能在過份暗黑或極為光亮的地方，視見物體；只有在一定的光度內才能辦識物體。所謂視力的敏銳性係指辨別物體人小及清晰的程度的能力。光度過高不但不能見物，且可大大傷害視力使之失明。光度過低則不能見物。光度不足，則須延長視物的時間，加速視力的疲勞。因之，工作慢，易錯誤，甚至發生意外事件。若想工作作得快又好，必須光亮適，看得清。據美國一人

壽保險公司的統計，工廠意外事件的發生，百分之二十四係由於光亮不
適或光度不足。光亮加以調適，光度予以增加，則足以提高生產的數量
及消滅意外事件。根據各工廠光亮實驗的結果,辦公廳的光度以二十支燭
光為相宜⑤。 由於光度的提高促使工作效率增加百分比如下表所示⑥：

公　　　　　司　　　　　名　　　　　稱 原　　　名	譯　　　名	原 用 的 燭光(支)	新增至的 燭光(支)	生 產 量 增 加的百分比
American metal Works, Philadelphia, Pa.	費城美國金屬製造公司	12	20	12
Decorative Lamp and Shade Co., Philadelphia, Pa., Metal Shop	費城燈簾裝璜公司，金屬製品部	3	15	18
Decorative Lamp and Shade Co., Philadelpia, Wood working Shop	費城燈簾裝璜公司，木工製造部	5	25	21
Detroit Piston Ring Co., Grinding and Machine Work	地錯伊活塞用箍公司，磨碎及機器部	1	14	26
Matell mills, Philadelphia, Pa., Splicing	費城麥特爾製造公司，接焊部	5	28	8
	費城汗衫製造公司，織補部	7	17	9

二、光度的強弱——工作時所需適當光度的強弱不可一概而論，須
隨工作性質與工作對象的不同，而有差別。作粗工則光度可較低；作細
工則光線應較高。工作對象物體大或係白色，光度可較弱。工作對象物

---

⑤　W. E. Mosher J. D. Kingsley, & O. G. Stahl, *Public Personnel Administration*, 1950, p.437.

⑥　同前書，同一頁。

體小，或係黑色，光度應較強。依阿爾普（P. A. Allport）的研究，認爲下表所列乃是各種工作的適當光度[7]：

工 作 地 點		燭光（支）
辦公廳	繪 圖 室	10—20
	一般辦公廳	5—10
	私人辦公室	5—10
學校	教 室	5—10
	圖 書 館	5—10
	研 究 室	5—10
縫紉室	黑色衣服	10—20
	淡色衣服	5—10

工 作 種 類	所需光度
10磅字體閱讀	5—10
閱 讀 報 紙	7—10
揀 信	8—10
排 6 磅字體	15—20
穿 針	20—30

三、光亮的設計——就辦公廳的光亮來源與分配言，自然光優於人爲光；間接光優於直接光；勻散光優於集射光。光亮來自太陽者爲自然光；來自燈燭者爲人爲光。光亮由發光體逕行射入人眼者爲直接光；發光體之光射至另一物體，由之反射入人眼者爲間接光。光亮由一個發光體射出者爲集射光；由幾個發光體均衡射出者爲勻散光。因之，光亮宜爲下列的設計：(1)減少光源的強度，避免用一個發光體，宜多用幾盞燈隻，降低光源強度，避免集射光而用勻射光。(2)窗上宜裝半透明玻璃或掩護體，以避直接光而用間接光。(3)光源宜置高處，並自後方或左側射

[7] P. A. Allport, *Management Handbook*, 1976, p.321.

入；且不宜直接射入眼簾。(4)增加光源四週的光度，使其光的對比率減低。(5)使用燈罩、窗簾、眼遮等以避免直接光。(6)辦公廳宜多用幾隻光度較弱的燈，以取代一個光度較強的燈，使光線勻散而非集射。

第四節　空氣環境與工作效率

一、**空氣的重要**——人生活在大氣中，猶如魚類生活在水域中。魚失水則死；人缺乏空氣即不能生存。人有幾天不食不飲，可能尚不致於死亡。人若三五分鐘中不呼吸空氣便會立即死亡。人體中一切器官或官能所以能發揮正常的生理功能維持人的生命及工作與活動，就是依賴空氣供給人體中所需要的氧氣，以為體能的燃料與動力。空氣對人體的重要，猶如煤、炭、石油、電力等燃料之與機器。機器無燃料不能運轉與工作。人體缺少氧氣即歸於死亡。人體所需要的空氣，必須是新鮮的清潔的，才能使體力充沛，精神快愉，工作的興趣濃厚，效率高強。若使空氣不新鮮、不清潔，污穢空氣吸入人體，足以妨害健康，引致疾病。在農村社會，空氣新鮮清潔，所以農民的身體多健康，少疾病，精神愉怡而長壽。都市社會因空氣污染嚴重，對市民健康形成一大危脅。

二、**空氣的污染**——由於經濟進步，工業發達，工廠林立，工廠排出大量廢氣及二氧化碳，使空氣受到大大的污染。加以核子試爆、原子能放射性物質流散、放射性廢料的不當處理，致空氣中有鈾、鈦、鍶、鈷等有毒物質的存在。這些物質對人類有致命的危脅。空氣污染的普通來源，計有以下諸端：(1)汽車、機車所使用的含鉛汽油所產生鉛質微粒、二氧化碳、一氧化碳、碳氫化合物等廢物。(2)燃燒生煤、重油所生的煙塵。(3)修房築路所生的灰塵，柏油燃燒所生的廢氣。(4)鐵工廠熔化廢鐵所生的金屬微粒。(5)硫酸廠排出的二氧化碳。(6)煉油廠排出的硫化氫及有毒的有機物。(7)塑膠廠排出的氯氣。(8)肥料廠排出的硫化氫、二氧化

氮及氨氣。人賴以維持生存的生態空氣環境遭到嚴重污染，使人類陷於
慢性自殺和集體中毒的危機中。『萬物之靈』的人類不可成為自己戕賊
自己的愚蠢動物，應自我醒覺，急起直追，防止空氣污染，消除人的生
存危機，使人類永久適存於自然環境中。

三、辦公的空氣——辦公廳的空氣須是新鮮清潔的、流通的、充足
的、不燥不濕的。在這樣的空氣環境中，工作人員才能精神快愉、不感
疲倦、興趣盎然，工作效率因以提高。否則，工作人員情緒低落、體力
疲累、心境不樂，工作效率必然低落。所謂空氣的流通、新鮮、充足
等，端視辦公廳內的人數多寡及溫度高下而有不同。一般說來，每人每
分鐘需要四十五立方公尺的新鮮空氣。所謂新鮮空氣的成份為氧氣百分
之二十，氮氣百分之七十八，炭氣不得超過百分之〇‧四，水份為百分
之一‧五。臭味、塵埃、含毒微粒或氣均須排除之。要達到這種要求，
必須有良好通風設備，使空氣流通無碍，俾能推舊入新，使空氣得以保
持充足與新鮮。

四、空氣與效率——柏特（H. E Burtt）於一九七四年著『心理
與工業效率』（Psychology and Industrial Efficiency）一書，記載
其在工廠中所作空氣流通與工作效率的實驗結果，指出在夏季，工廠中
工作場所若無通風設備，則空氣不夠新鮮與充足，以致生產效率大為低
減。下表所記乃其實驗結果❽：

通風設備情形	生產減低的百分比（夏天）
良好的人工通風設備	3
尚可的人工通風設備	6
稍差的人工通風設備	10
無通風設備而空氣較差	11
無通風設備而空氣惡劣	13

---

❽ H. E. Burtt, *Psychology and Industrial Efficiency*, 1974, p.254.

第五節　溫度冷熱與工作效率

一、冷度與效率——一般說來，工作環境的溫度能保持華氏六〇度至七〇度之間，則為正常，工作效率可維持適當的水準。若高於或低於這一限度，會使工作效率趨於低減。在華氏三二度時，工作人員會感到寒冷，其工作效率要比正常溫度（六〇—七五）下減少百分之二十。自三二度降至〇度之間，工作效率仍可維持，無甚大減趨勢。但自華氏零度再下降至十度、二十度、三十度，工作效率則呈現遞減的趨勢。這是工業心理學家麥克里瑞（R. A. Mc Cleary）實驗研究所發現的結果。心理學家克拉克（R. E. Clark）更在實驗研究中發現一項有趣的事實。那就是在寒冷工作環境中，工作效率遞減與人的手的皮膚溫度有關；手部皮膚溫度普通在華氏五十五度至六十度之間，若受寒冷影響，手部皮膚溫度低於五十五度，工作效率立即呈現趨於低減的現象。

二、熱度與效率——一個人能忍耐至何種熱度尚不致對工作效率發生不良影響，隨着工作的性質而有不同。一般說來，勞力者的工作比勞心者的工作所受影響較大。因勞力者體能消耗多，加速新陳代謝，若溫度增高，則體能消耗更大。致使體力不支，效率低減。工業心理學家麥克伍斯（N. H. Mackworth）曾作過多次實驗研究，熱度若超過正常的或有效的溫度，即華氏六〇至七五度之間；由七六至九〇度時，勞力者的效率則有遞減趨勢；而勞心者的效率遞減現象則不甚顯著。不過，無論如何，在很冷或很熱環境中工作，必然加速疲倦和心情不樂，動作遲緩，手足欠靈以致效率低減，錯誤增多。

三、適當的溫度——辦公廳的溫度不可太冷或太熱，普通以保持華氏六十八度最為適宜。不過視季節、工作性質和場所的不同，可在六十五度至八十五度之間酌量調節之。據阿爾普（P. A. Allport）的研究，

各種工作或場所應保持的適當溫度，如下表所示❾：

工 作 地 點	適當溫度（華氏）	工 作 地 點	適當溫度（華氏）
洗　澡　間	85	機　器　間	60—65
鍋　爐　間	50—60	辦　公　廳	68
縫　紉　室	70	油　漆　間	80
工　　　廠	65	皮鞋製作間	68—72
鑄　造　間	50—60	紡　織　間	65
醫　　　院	72—75	木　作　間	60—65

　　四、溫度的控制——溫度過高或過低都足以低減工作效率。控制溫度可以保持工作效率。幽默大家馬克吐溫（Mark Twin）曾嘲笑的說，人們談論氣候的時候很多，但從來沒有改善過氣候。不過今天的情形，並不相同了。由於科學技術的進步，人們對室內的溫度，已可作完全的控制。冷暖氣機的使用已很普通與普遍，可利用電腦自動操作，室內溫度可以自由調節，需要幾度就可控制在幾度上。不使溫度過高或過低，使人體感到不適，工作感到不便；以控制得到最適宜的溫度，保持身心健康及工作效率。

第六節　聲響環境與工作效率

　　一、聲音的解釋——聲音係由物體振動而構成。這種振動稱之曰『

---

❾　P. A. Allport, *Management Handbook*, p.335.

音波』（Sound Waves）。音波每秒鐘在空氣中運行的速度爲三三三‧四米達，約合一千英尺。音波的長短各有不同，音波愈長在一定時間內振動次數愈少。普通計算聲音係以每秒鐘振動的次數爲準。普通人所能聽到的最高振動數爲每秒三萬次的聲音，最低者爲二千次。振動數決定聲音的高低，卽聽覺感受的程度。聲音的高低，謂之音調（Pitch）。音調的高低由音波的振動數而決定；振動數愈多者音調愈高；振動數愈少者音調愈低。聲音的強弱（Intensity）由音波振幅大小而定。振幅愈大聲音愈強；振幅愈小聲音愈弱。測量聲音強度的單位，普通以聲壓（Sound Pressure）爲準，以每平方公分所承受的『達因』（Dynes）多少計算。『達因』是物理壓力計算單位。在實用上，計算聲音強度有兩種單位：一種爲貝爾（Bel）；一種爲貝爾十分之一的『載聲波』（Decibels)，簡稱爲db。貝爾是用以紀念電話發明人貝爾(A. G. Bell)。

二、噪音的貽害——噪音（Noise）指由不規則的音波所引起的聲浪，不爲人們所需要，並使人生不舒服、不快愉的感覺；而且聲音強度超出70db。凡是工作上或生活上並不需要，強震刺耳爲人所惡厭，足致耳癢、耳痛、和聽覺不舒適的聲音，均可稱之爲噪音。聲音強度達 130db時則使耳癢超過 140db 時則使耳痛；超過150db，會破壞內耳結構，以致耳聾；超過175db，就能以殺死老鼠。

民國六十二年八月行政院衛生署與國立臺灣師範大學衛生教育系師生，舉行『工廠噪音與員工聽力調查研究』。調查對象爲高雄煉油廠員工六三一人，金瓜石金銅礦工廠六五五人。噪音程度最小者95—113db，大者105—115db，中者 100—105db。高雄煉油廠六三一位員工中患聽覺障碍者五二八人，佔百分之八三‧三。金瓜石金銅廠員工六五五位員工中患聽覺障碍者五八三人，佔百分之八九。美國沙克爾（A. Sacher）教授曾就工廠翻沙鍋間四五八位工人作過調查，其中百分之八二‧七的人內

耳失靈；百分之一七‧三的人中耳受傷。

　　噪音不僅傷害人的聽覺，且可擾亂聽覺，更足以減低工作效率。其原因不外：(1)噪音擾亂，使人煩惱，煩惱足以降低工作興趣。(2)噪音干擾，使人的注意力難以集中，因而減低工作效率及發生錯誤。(3)噪音干擾使人加速疲倦。疲倦則工作力量不濟不足，自然使工作效率因而降低。美國工業心理學家魏士敦 (H. C. Weston) 曾對紡織廠的工人作過調查，工人戴上耳塞 (Earplug) 可使原來 96db 的噪音降低至 87db。其生產量比不戴耳塞的工人高出百分之十二。

　　三、安靜的辦公──要公務人員有良好的工作效率，辦公廳的環境須是清寂安靜的，而無吵雜聲音；即不可有噪音干擾或刺激。辦公廳雖難以使之寂然靜清，但聲音必須保持在30db以下。據賴爾特（Laird）調查研究報告，在安靜環境中工作，可以提高效率達百分之二十五；以打字為例，在有噪音的地方，工作速度減低至四分之一[10]。噪音足以傷害聽覺、擾亂心思、注意力不易集中，加速身心疲倦，減低工作效率，增加工作錯誤。所以現代化的辦公廳的環境設計，應有良好的隔間及防音與吸音的設備，並消減聲音來源。如在不可避免的噪音環境中工作，宜使工作人員戴上耳塞。噪音是不規律的高音，對工作有不良影響。而音樂則是有規律的聲音，調子不高，不刺耳，反足以使心情怡然，對工作效率發生良好的影響。一般說來，各種不同工作地點的聲音強度，則如下表所舉示[11]：

[10]　見H. E. Burtt, *Psychology and Industrial Efficiency*, 1974, p.257.
[11]　M. J. Jucius, *Personnel Management*, 1976, p.506.

工作地點	聲音強度 (Decibel, db)	工作地點	聲音強度 (Decibel, db)
普通辦公室	30	普通機器間	80
打字間	60	火車內走廊	110
一般談話處	60	工廠內鍋爐間	110
報紙印刷間	90		

⑪ E. Hearn, *Morphology and Industrial Applications*, 1971, p. 87.
⑫ M. J. Jucins, *Personnel Management*, 1976, p. 500.

第二十六章　工作流程與工作時間

第一節　工作流程標準化

一、工作流程的意義——辦公工作的流通程序，謂之『工作流程』（Flow of Work），在英文曰 Routines。其意義是指一種工作自開始至完成，中間所經過的步驟、次第與途徑。這亦可以說是工作的行程。辦公的工作行程和一個人的旅行行程是一樣的。旅行行程要有目的地和行程計劃與日程表。凡一舉一動，都要謀定而後動，三思而後行，知而後行，按圖施工，不是橫衝直撞的，不是暗中摸索的，亦不是『錯誤的嘗試』。在健全的機關組織及合理職責分配下，經由『工作分析』（Job Analysis）與『動作研究』（Motion Study），把機關中各種工作的進程依其先後步驟及銜接次序訂立爲『工作流通程序表』（Chart of Work Flow），以爲各工作人員推行職務時的依據。在這樣的工作進程中，則一切動作皆是自然的、準確的、銜接不斷的，事事有定時，物物有定所，系統井然，行有定程，止有定則，所謂『事有本末，物有終始，知所先後，則近道矣』。依此流程進行工作，緊密銜接，恰得

其宜，無擁擠，無間斷，無重複，無衝突，川流不息，圓通無碍，循軌道而運行，依規律而工作，經濟而有效，事半而功倍。人力無浪費，時光不虛擲。魏里（H. L. Wylie）說：『工作流程（Routines）是文書工作經過辦公廳的各單位或工作員的工作路徑或活動的連續次序。這是工作進行的標準化的確定程序。工作流程表是要在一定時間完成一定任務或工作的順序安排』❶。

　　二、工作流程的制訂──行政機關的辦公工作，應按其性質分類制訂各種工作流通程序，如文書處理程序、物材購置程序、人事任免程序、會計處理程序等，以爲分工治事、依式進行的共同遵守的治事或辦公的一定標準。這種程序的制訂須作實際的工作的研究與分析，以爲實事求是的客觀依據，決不可閉門造車，憑空構想。標準化的工作流程表的制訂乃是『工作分析』與『動作研究』的具體結論。

　　『工作分析』與『動作研究』的進行，應注意下列的各步驟：(1)首須向所有工作人員作一番講解工作，使之瞭解『工作分析』及『動作研究』的意義與目的，使之肯起而對此事作切實的報告與合作。(2)蒐集一切有關辦公工作的規章、表格等，以爲研究、分析及比較的依據。(3)就現有職員的職位及工作的性質與內容作完全與確實的資料蒐集或事實調查；據以編訂初步的『職位說明書』（Job Description）及『動作分析表』。(4)根據這種的研究與分析，制訂工作流程程序草案，對各工作的階段與步驟予以說明。(5)由機關的高級長官及主持研究與分析的人員舉行會議，就所擬工作流程程序草案，加以切實研討，並比較擬議的程序與現行程序的區別，檢討其優劣與利弊。(6)經會議研討後，決定新政策、新計劃；進而依據之以改進現行工作流程程序，取消不必要辦公步驟，以合併或分開步驟的方法，減少重複工作，消除不規的及無需要的

---

❶　H. L. Wylie, *office Organization and Management*, 1965, p.76.

動作; 以剔除、合併、分開、增加等方法達到工作簡化及流通銜接的目
的。(7)本減少工作停滯、人員等待、消除中斷與擁擠的準則, 並參酌辦
公房間及座位位置劃定工作流程進行的路線。(8)依據這種新的改進與修
訂結果, 制訂正式的標準化的工作流程程序表。(9)這新的工作流程程序
表經機關首長批准後, 公佈施行。在施行前, 應向全體工作人員說明改
進的意義與內容, 以免除其誤會與抗拒而利推行❷。

　　工作流程程序經標準化確定後, 便須一體切實遵行, 非經首長批
准, 任何人不得擅自變更。工作流程程序的改進與變更, 必須經過切實
的研究與分析, 決不可草率從事; 且確有興利除弊及增進效率的把握
時, 方可採行改革的舉動。古人說: 『利不百, 不變法』。這雖是保守
派畏難更張的遁詞。但改革不可不慎重, 確是至理。也許有人懷疑這種
審慎的保守態度, 會阻礙革新與進步。殊不知只有經過切實研究及科學
分析, 對症下藥的行為, 才能真正獲致創新與進步; 輕舉妄動, 只能製
造錯誤與紊亂。自然, 每隔若干年的定期研究與改進, 仍是必要的。

　　三、工作流程的功用——工作流程程序經制定或標準化以後, 每一
工作員對其工作步驟及先後連接關係, 皆能洞若觀火, 瞭如指掌, 動作
自然, 舉止準確, 不致有不必要的往返曲折迂迴或錯誤嘗試, 人力時
間大為節省, 行政效率賴以提高。標準化的工作流程程序, 足以減少辦
公動作的重複、擁擠、停滯、間歇等流弊, 使辦公進程銜接無間, 川流
不息, 納行政於正軌, 使治理坦途, 有條不紊, 系統井然。此外, 工作
流程程序表在行政上具有控制與考核的作用, 可從以下各點說明之: (1)
是現行公文處理經過的實況與記載; 既可以明瞭現在的事實, 復可以供
將來研究改進的依據和參考。(2)為謀求辦公工作的改進或簡化工作程序
時, 足為研究與分析的基礎。(3)研究全部工作流程改進時, 可作為人員

❷ 同前書 p.75。

訓練時的參考資料。 ⑷在制訂標準化的工作方法時，可作為工作手冊的一部份。⑸在佈置辦公廳的座位與房間時可以以工作流程程序表為參考，俾就工作次序作合理的安排。

第二節 工作速度的正常化

一、**工作速度的基本原則**——決定辦公的速度，應遵守兩個基本原則：一是要能維持正常、經久的狀態，不可太快或太慢。因太快則不能經久或持之以恒，且易導致滯阻、破裂、錯誤與危險。 衡之 『疾風暴雨不終朝』及『欲速則不達』之理，當可知之。正常化的工作速度應保持『川流不息』及 『 細水長流』的狀態。 羅馬緩進戰術家大將費邊（Fabins）曾說： 『雖緩慢但很確實』（Slow but Sure）。能確保工作持久效率的工作速度，才是正常的、良好的、正確的。當然，工作速度亦不可失之過慢。過慢則貽誤事機，失卻時效。二是工作速度要能保持勻稱無間的流程，使各階段的工作都能密切銜接，相互配合，猶如機器生產的一貫作業過程，作規律的運作，無擁擠，亦無間斷。要達到這種目的，工作員的人數須依實際工作需要而任用之，不可人多或人少。人多則形成浪費，人少則難以勝任，完成任務。而且人多時，工作員流於閒散， 無事可作， 工作情緒必流於低落， 效率不彰， 加以『無事生非』，會引起不必要的糾紛與事端。 人數過少， 工作員的負擔太重，足以妨害其身心健康，對工作效率有不良影響；且在繁忙緊張的工作壓迫下，草率從事，降低工作品質，並易發生錯誤和意外事件。

二、 **工作速度與精力消耗** —— 一切工作的推行， 全賴於精力（Energy）。所謂精力，具體言之， 就是人體所發生的熱力或燃燒力。工作繁重或緊張，則消耗熱力多。工作輕鬆或緩慢，則消耗熱力少。對工作人員精力的消耗或使用，應力求經濟、有效和愛惜。工作速率不可

過於快速或強烈，因爲這樣足以浪費精力，且不易維持工作的持久。根
據生理學家的計算，一個二十歲的青年，體重一五〇磅，可產生熱力五
二、八四〇、八〇〇加拉里 (Colories)；若不作劇烈運動，在和平安寧
的生活下，可支持二九、三五六天，卽八十年四個月又二十四日。若作
繁重激烈工作，僅可支持四十八年三個月。普通每日消耗熱力一二、〇
〇〇加拉里。凡發怒、害怕、性慾高強者，消耗精力較多較快；反之，
則消耗精力較少較慢。員工的工作分配及速度，應顧及其精力的消耗與
持久。工作輕重與熱力消耗如下所示❸：

工　　作　　種　　類	每小時消耗的熱 (Colories)
睡　　　　　　　眠	65
清　醒　仰　臥	70
閒　　　　　　坐	100
出　聲　讀　書	105
稍　息　站　着	105
立　正　站　着	105
穿　脫　衣　服	115
唱　　　　　　歌	122
縫　　衣　　服	135
快　　打　　字	140
洗　　碗　　筷	144
擦地板（一分鐘38次）	169
輕　　運　　動	170
作　　皮　　鞋	180
慢　　走（1時2.6M）	200
木　　　　工	240
快　　運　　動	290
快　　走（1時3.57M）	300
石　　　　工	400
劇　烈　運　動	450
拉　　　　鋸	480
游　　　　泳	500
跑　步（1時5.3M）	570

三、工作速度的均勻不斷——爲謀工作流程的均勻不斷及工作速度

❸　M. S. Pose & H. Sherman, *Chemistry of Foods and Nutrition* 1974, p.195.

的正常化，下列諸事應予特別注意：⑴爲防止工作間斷，宜有無時間性
的事務作爲準備，一俟某人或某單位有空閒時，即交辦這種事務以爲填
補。⑵爲救濟工作的擁擠，應儲備可供臨時調動的人員，一俟某人或某
單位工作有擁擠或積壓時，即調派這些人員前往支援協助。⑶普通事務
與急辦事務應行分開，以便分別辦理。⑷辦公事務應有年度的、每月
的、每週的計劃或工作進度表，最好能採行『計劃評核術』（Pert），
對工作進度作有效的控制。⑸工作人員的工作分配和指派，應有周詳計
劃，計數量、計進度、計人力，俾能依預期時限，完成工作。⑹依『動
作與時間研究』（Time and Motion Study）的結果，劃分各工作的
階段和步驟，使各人及各單位的工作時間，皆相去不遠，俾能達成工作
流程的均勻無間。⑺各主管應隨時考察所屬單位的工作流程有無擁擠或
間斷，而作及時調整或補救。茲就此舉示一二實例，以見動作與時間分
配的重要性及原則。

設有某一事務，其工作流程程序分爲七個動作步驟，時間分配如下

動 作 次 序	所需時間（分）
1	3
2	$1\frac{1}{2}$
3	$1\frac{1}{2}$
4	6
5	3
6	3
7	7
共　　　計	25分

表所示❹：

就表面觀之，依上表所示，這一事務的完成，共需時計二十五分鐘；然實際上並非如此。因費時間少者，須等候費時間多者；結果,時間虛耗在等候中者，即有九分鐘之多，共費時三十四分鐘。若將此工作流程程序加以改進，動作與時間加以調整，另作合理分配，將第2與第3動作予以合併，由一人擔任之，仍費時三分鐘；第4動作改由二人分擔之，費時各為三分鐘。第7動作亦分由二人擔任之，各費時三分半鐘。如此調整後，工作無需等候，共費時僅二十五分鐘。調整後，動作與時間分配，如下表所示：

動作次序	所需時間(分)	說　明
1	3	原1
2	3	原2與3合併
3	3	原4雙人
4	3	原5
5	3	原6
6	3½	原7分開
7	3½	原7分開
共　　計	25分鐘	

設有一機關每日辦公文八十件，每日工作八小時，平均每小時須辦十件，方能達成任務。此機關有工作員六人，分工處理公文，其工作速度與分量如下表所示：

---

❹ L. C. Walker, *The Office and Tomorrow's Business*, 1978, p.86.

工 作 人 員	工　　　　作	每小時所作件數
收 發 員	收　　　文	30
科　　員	擬　　稿	5
檔 案 員	檢　　卷	10
科　　長	核　　稿	10
書　　記	繕　　寫	5
監 印 員	用 印 校 對	20

依上表所列，檢卷與核稿工作正合於每小時十件的速度與要求，不必加以改正。 科員的擬稿與書記的繕稿每小時各僅五件， 不及標準甚遠，可合併由一人擔任之。收發員及監印員的工作簡單，每小時可作遠較十件爲多的工作。這兩人工作未免清閒，應加派其他工作以均勞逸，而勻工作流程。

第三節　工作時間的合理化

一、工作的時數——在農業社會及家庭手工業時代，農民耕耘，工人作工，不僅日出而作，日入而息，甚而有披星戴月以從農事或工作熬至深夜。每日各人作工的時數，至少在十二小時以上。在產業革命後的初期，工廠廠主不無剝削工人之嫌，工人每日工作時數亦多在十時至十二時之間，甚而有超過此數者。即使是女工童工亦不例外。這種工作時數偏高的作法， 並非得策。 這樣足以妨害工作人員的健康， 加速其疲累，甚足以引致情緒低落，妨害工作效率，且因此而增加工作錯誤及引致意外事件的發生。

近六、七十年來，無論政府機關或工商企業機關，員工的工作時數

皆有逐漸減少的趨勢。其所以致此的原因，計有以下諸端：㈠由於生理學、心理學的研究與實驗，發現員工工作時數較多，足以加速員工的身體疲倦，減低工作興趣。在生理不舒適，精神不愉快的情形下，工作效率自然低落。爲了防止此種病態，所以要減少工作時數。㈡工商企業家在實際業務經營的經驗中，發現員工工作時數到了一定限度，若再延長工作時間，則呈效率遞減的現象；就成本計算，限外增加工作時間並不合算，不如限定在較少時數下，反而成本降低。㈢由於科學技術的發明與進步及各式自動化（Automation）機器的使用，生產效率有驚人的劇增，所需人力大爲減少，而一人指揮機器所產生的產品極爲衆多。僅須作較少時間工作，就可賺到大錢。㈣在產業革命完成後的初期，資本家確有使勞工工作較多時數，藉以剝削工人而圖利。但自二十世紀以來，勞工階級有了自我醒覺的意識，組織有堅強有力的工會，能以『集體僱傭』、『團體交涉』、『罷工』等方式，與資方佔在平等的地位，甚而居於優勢的地位，爭取各種福利，要求改善待遇；資方被迫，不得不低頭。減少工作時數亦是工會所要求的重要條件之一。㈤在十八世紀末葉，有些心存慈善的有識之士，看見無數以血汗換工資的勞工大衆，爲機器、爲他人作牛馬而不能完全享受他們勞動的收穫，待遇低，生活苦，於是提倡人道主義，推動改進勞工生活，增加勞工福利的社會運動。工商企業家在這種思潮和運動的壓力下，自然不能不有所擧措，推行工人福利政策。工作時數的減少，亦是這種福利政策一項成果。

因之，每日八小時工作，每週共工作四十八小時，已成爲今日世界各國工商業界及政府機關所共同援受的合理標準。我國公務人員依規定，每星期六下午不辦公，每週工作只四十四小時。美國的公務人員有很多機關每星期六不辦公，每週工作五天僅四十小時。工業心理家研究工作時數的目的，係基於科學的原則，期以瞭解一個人究竟工作多少時數方

能發揮最高的工作效率。但因工作性質的不同，有的輕鬆，有的繁重，或者勞心或者勞力，以致對工作時數難以獲得一致的結論。

柯守禮 (M. D. Kossoris) 與柯列爾 (R. F. Kohler) 等在第二次世界大戰期間，曾就美國三十四家工廠為對象，以七十六個不同的工作單位的工作時數作廣泛的研究與調查；涉及的男工計二千四百四十五人，女工一千零六人；比較每一工作單位因戰爭需要而延長的工作時數；及因戰後復員減少的工作時數與其生產數量的關係。調查研究的結果，發現改變工作時數與工作效率的關係，因工作性質的不同而有差異。或因工作完全由機器控制，或因工作由手藝製造，或因給酬方式不同而難獲一致結論。不過，一般說來，假如在普通的情形下，以每天工作八小時，每週工作四十小時，員工發揮的工作效率則最高。若超過這一限度，再增加工作時數，所獲的相對工作效率，則不成正比例，而有遞減的趨勢。例如，超過標準時限三小時，其生產量僅及於正常時數內二小時的生產量。足見工作時數的延長，工作效率反而有遞減的現象❺。

郝伯特 (M. J. Herbert) 和蔣納斯 (V. E. Jaynes) 曾研究駕駛人員的工作時數對工作效率的影響。實驗研究的對象為一百八十位駕駛人員，分為五個不同工作時數的組別，每日駕駛工作的時數分為每日一、三、五、七小時不等，另一組為控制組，完全休息。然後使各組參加九種不同性質的駕駛工作測驗，比較其實驗前後所得工作成績（效率）分數。結果發現駕駛工作時間愈長，所得成績分數愈低。駕駛意外事件的發生，多由於駕駛人員身體疲倦，注意力不能集中。身體疲倦則由於駕駛工作時間過長❻。

---

❺ 李序僧，工業心理學，大中圖書公司，民國六十六年四月，第三四〇～三四一頁。

❻ 同前書，第三四一頁。

二、休息的時間——工作人員在每天工作八小時，究竟應該繼續不斷的工作呢？還是應該予以一定的休息時間呢？如果應該予以一定的休息時間，中間應該休息幾次呢？一次應該休息多少時間呢？這些問題都是研究工作時數與工作效率的關係時所當注意和解答的。在政府機關辦理普通辦公事務時，因工作較輕鬆，消耗精力較慢較少，促使身體疲倦亦較慢，休息時間問題不佔重要地位，故我國政府機關在每天的八小時中並未明定休息的時間，但在緊張的勞力工作中，以精力消耗多而快，決不能使一個人連續不斷的工作八小時，便必須予以一定的休息時間。所以在工業生產機關對工人的工作休息時間率有明確的規定。

一般說來，英美等國的工廠內，率皆在作業時間表內規定有一定的休息時間，視工作性質的不同，在上午及下午都給予工人五分鐘至十五分鐘的休息時間。稱此時間為『不理刻』（Break）或『喝咖啡時間』（Coffee Hour）。企業家給予工人休息時間，並非基於人道主義或工人福利政策，而是由於實際功利觀點。因為這幾分鐘的休息，能消除工人的疲倦，恢復身體的精力，增加工作效率。『休閒』一詞，在英文為Re-creation，即再（Re）創造（Creation）的意義。足見休息並非時間的浪費，而是工作精力的再生。

若作細密性檢查（Monitoring）工作，因需要高度的集中注意力，大半在工作半小時後，工作效率即有降低的趨向，要休息二十分鐘或三十分鐘後，才能恢復精力，重新工作。若作重體力的勞動工作，亦不可連續工作二小時，作半小時就須休息五分鐘至十分鐘，俾能恢復體力，繼續工作。人是血肉之軀，並非鋼鐵之身，體力有限，精力無多，皆不能作長久不休息的工作；應視工作性質及體力與精力消耗的程度和速度而定工作的連續與休息時間。依其實驗結果，分別訂定標準與時間，方合乎科學方法和實際需要，俾以獲致高度的工作效率。

第二十七章　辦公的設備與機械

第一節　工具與效率

一、生活與工具——水火有氣而無生，草木有生而無知，禽獸有知而無義，人有氣、有生、有知、有義，更有『智』與『技』。人何以有智？因爲人的腦筋構造極爲精密、奧妙與複雜，智慧最高，遂能創造語言、文字、典章、制度、倫理、道德，使人們過着居於義、依於理的高尚生活。人何以有技？因人的兩手十指極爲巧妙，能以製造、使用、操作各種工具與機器，用以征服自然、利用自然、控制自然、適應自然，使人們的生活日趨安全、充裕、富足與繁榮。人是獨一無二的能以製造及使用工具的動物。

人類的生活隨所用工具的不斷進步與改良，而日趨充實富裕與美好。漁獵時代，人類的生產工具係以石頭、石刀、石斧、石錐、木棍等爲主要工具，構造粗劣，效力極低，人們的生活至爲困苦，穴居野處，茹毛飲血，與毒蛇猛獸爲伍，隨時有生命的危險。畜牧時代，人類知道如何牧養馬、牛、羊、鷄、犬、豕等家畜以供食用，生產工具改用銅鐵

等金屬製造，漸趨精巧銳利，使用價值亦甚高，人們的生活，大大改善。農業時代，農耕工具均改進爲用鐵製造，如犁、鈀、鐮刀、鋤、斧等。這些工具既可深耕易耨，且因其銳利快速，生產效力大爲增加。人們的生活乃得進入充足富裕的境地。

在產業革命以前，人類雖已發明了各種工具以供生產使用。但工具的使用率以人力爲動力，生產效能頗爲有限。迨牛頓 (Isaac Newton, 1642-1727)、瓦特 (James Watt, 1736-1819) 發明蒸汽機，燃燒煤炭使沸水變汽以爲動力，完成產業革命，人類生活遂由農業時代進入工業時代；由以人力爲動力的生產進爲以機器爲動力的生產；由家庭手工業的小型生產進爲大規模的工廠機器生產。經濟生產發生劃時代革命性的改變，生產數量有驚人的增加，產品品質大度提高。人們的生活得以躍入富裕、繁榮、幸福的地步。機器的製造更日新月異，精益求精，效能猛晉，省人力，增生產，飛躍前進，日趨無疆。蒸汽機進爲電氣機；電氣機進爲核能機。二十世紀三十年代以還，更有『電腦』(Computer) 的發明和使用。機器生產在電腦操作下，完全自動化，效能精巧，幾乎到了不可思議的程度。

二、工具與效率——最早研究工具與效率關係的科學管理的學者，應推英人吉文士 (William S. Jevons)。他於一八八八年著『政治經濟原理』 (The Theory of Political Economy) 一書。書中曾指出鐵鏟的大小與鏟土數量和身體疲倦的關係。他說：『掘土所用的鏟子可以大小不同。假使在一小時內，鏟土工人鏟子的動作 (Stroke) 次數相同，則其消耗的力量，大致與鏟片 (Blade) 的長度的立方成正比例。鏟子尺寸較小，則工人的疲勞程度較低，完成的鏟土數量亦較少。反之，使用較大鏟片時，則鏟土量便因之增多，疲勞程度亦加速，工人遂不能維持較長的工作時間。若使用一柄大小適中的中型鏟子，則工人的

疲勞緩而輕，能以工作較長的時間，卻能鏟出較多的土方。『工具適宜，效率最高』。❶ 工具的適宜須配合工作的性質和工人的體力。 他更指出：『鏟子尺寸大小應視土地靱性或硬度及重量而定，並應適應鏟土工人的體力而決定之。 如果鏟掘的是堅硬的土地， 則以使用小型鏟子為宜；對於一般庭園中不甚堅硬的土地，則可使用大型的鏟子；假如土地鬆軟，便宜使用更大的鏟子。 至於鏟移鬆散的穀子、 麥粒或其他粉狀物，則可使用巨型的大鏟子』❷ 。

三、機器的系統——工作人員與工具適當配合，構成生產的或辦公的工作單位。 這可稱之為『人與機器系統』（ System of Man-and-Machine ）， 卽人與工具（ Tools ）的適當組合， 交互作用以致力於某種工作或活動， 期以一定的『投入』（Input）而有最佳的『產出』（Output）。 最簡單的人與機器系統可以『個人與刀斧』、 『匠人與工具』為代表。較複雜的人與機器系統， 可以主婦與爐竈、司機與汽車、打字員與打字機、 出納員與收銀機等為代表。 至於太空人與太空船、自動化煉油廠等則為高度複雜的人與機器系統。

自十八世紀產業革命以來， 舊式的手工業為大規模的工廠機器生產所替代。機器的生產能力日見擴大，使人類過去在生產過程中的重要地位日趨低落。人成為機器的一部份，不易發揮其創造力與主動力。企業家的注意力偏重在機器的效力與生產上， 而忽視了人的因素， 人為物役， 人成了機器的奴隸，破壞了人與機器配合的合理系統。因而造成很多工業生產上的損失與災害。一九三三年管理學家梅堯（Elton Mayo）

❹ William S. Jevons, *The Theory of Political Economy*, N.Y, Macmillan, 1888, p.204, 見 Richard M. Hodgetts, *Management: Theory, Process and Practice*, The University of Nebraska, Lincoln, 1975, p.25-26.

❷ 同前註，前揭書 p.204 及 Hodgetts' p.26.

著『工業文化中的人性問題』（Human Problems in An Industrial Civilization）一書，呼籲企業家重視組織與管理中人的問題。行為科學派的管理學者如巴納德（Chester Barnard）、狄克生（William Dickson）、羅斯里士伯克（Fritz I. Roethlishberger）等人都強調人格尊重、人性激勵、民主參與、人羣關係諸原則，使人以役物，勿為物役，並謀人與機器的適當配合，因為機器乃是人所操作的工具。

自二十世紀中葉，電腦（Computer）發明後，機器的運作都趨於自動化（Automatic），在生產的過程中，人力的因素大見減少。但是，我們應知電腦的應用及生產的自動化，僅是消除了一些體能消耗和勞力活動，而一切自動化機器運作和電腦使用，仍需人的檢視（Monitor）、操作（Operation）和控制（Control）；反而因以提高人在工作中的技術水準。由家庭簡單的自動化電器到極複雜的登陸月球的太空艙，探測土星、火星的太空船都要由人操作和控制。因之，而有專門的『系統工程師』（Systems Engineer）及工程心理學家（Engineering Psychologist）的產生，謀求人與機器的適當配合，而建立『人與機器系統』，使在不損害人格價值的原則下，獲到最高的工作和生產效率。

建立良好的『人與機器系統』，須注意以下的原則：㈠機器的構造及零件與儀器的設計，必須配合人的體能與心力的限制。因為一切機器都要人去操作和控制，故其性能不能超出人的體能與心智負擔能力限度以外。㈡新機器的發明與製造，須考慮到機器操作人應具備的條件及其甄補程序和訓練方法。例如，設計太空艙製造的同時，應想到太空人應具備的條件及身心限制與甄訓計劃。㈢系統工程師在作『人與機器系統』設計時，應明白決定何種工作由機器去處理，何種工作由人的體能與心智去擔任。例如，電腦的功能雖已到了神奇奧妙的地步，但它離開

了人力仍不能自行運作。例如原始資料（普通文字的記載）須由人的心智譯成電腦文字輸入電腦以爲儲存。根據資料顯示（Display）如何依一定程式加以處理，由分析與判斷，作成決策，亦是人的心智活動。電腦的運作仍須由人操作。

第二節　傢具與文具

一、原則——辦公的傢具、設備、文具與物品在行政管理中亦佔有重要的地位。因爲有效的管理與有效的工具和設備有不可分離的密切關係。工欲善其事，必先利其器，乃是無可置疑的當然事理。而且工具與設備的合適，足以減低工作員的身體疲倦並促進其精神快愉，因而能以提高工作效率。傢具的設備及文具的供應應遵守以下的原則：㈠傢具、文具、紙張等應力求標準化，規格一定、形式劃一、大小一致。如此，則購價低廉、管理方便、整齊美觀。㈡傢具、設備、工具、文具等應切合各工作員在工作上的特殊性質與需要而爲特定化的規定與供應。標準化所以謀統一、便統籌、求經濟、利管理。特定化所以求個別的適應與個案的解決。『一』與『特』相輔爲用，並不衝突。㈢一切辦公傢具、工具、文具、物品等的購置與供應，應合乎經濟、簡單、美觀與實用的原則。㈣傢具、設備、文具等的構造、式樣的設計及規格的規定，應利用現代最進步的科學的知識與技術，俾能適合工作員生理與心理需要，藉以減低身心疲勞，增加工作效率。

二、傢具——辦公的傢具如桌椅等應按工作需要分別規定其種類、形式、大小及顏色，並確立其規格，使之標準化。傢具宜力求其經濟、簡單，切合實用，不必有奢華裝璜或炫飾，以免容積灰塵，且失之浪費。辦公桌上的抽屜不宜太多，以免公文的隱蔽與積壓。公文應該隨到隨辦，當日的工作當日了。公文的積壓與擱置，最足減低行政效率。故

減少抽屜亦是防止公文積壓與擱置的一種方法。普通辦公桌以長五十英寸，寬三十英寸為合度。為減少工作員的疲倦及支持較久的工作時間，辦公座位宜有靠背；其高低構造宜與工作員身體相適合，並宜舒適，有彈簧以為調濟；座椅以能活動轉移為尚，且宜使之能上下調整。如此，則足以減少工作員的身心疲倦，最高可以使工作效率提高達百分之二十五❸。傢具顏色宜採用淡黃色或淡綠色，減少刺激性，使人有舒適輕鬆的感覺。同一辦公室的傢具顏色宜劃一。若一室之內而有若干不同顏色，使人有不調和及紊亂感覺，而生厭惡與不安。

　　三、用品——辦公桌上宜放置玻璃桌墊，以備使用。這比之使用桌布或紙質桌墊，較為經濟而耐用，整齊清潔並美觀。玻璃桌墊之下，更可放置各種有用的重要圖表，以便隨時查用。辦公桌上宜放置鐵絲筐或公文夾袋，以備收送公文之用。辦公桌上應置文具盤，內放硯台、墨水瓶、印泥盒、漿糊瓶、鋼筆、鉛筆、廻紋針、大頭針等必需物品。桌上宜備枱燈、案頭日曆、喚人鈴、煙灰缸及姓名牌。辦公室內宜置寒暑表、溫度表、時鐘、廢紙簍、痰盂等物。辦公室內應於適當地方放置飲用茶水之水筒或水瓶、茶杯以備職員自行取飲。這些飲具應放置櫥架之內，藉以保持整潔與衛生。

　　四、印信——機關辦公常須使用印信，以昭信守。現在各機關使用的印信計有以下幾種❹：(1)條戳——係用木料或橡皮刊製之，以長方形為原則，陽文正楷或宋體字，刻機關全名，於便函或箋函用之。(2)便章——係用木料或橡皮刊製之，普通為圓形或橢圓形，陽文正楷或宋體字，刻機關單位全名，機關各單位內部行文使用之。(3)簽名章——係用木料或橡皮刊製之。依照機關首長親筆簽名式刻製之，以供機關對外行

---

❸　M. J. Jucius, *Personnel Management*, 1965, p.505.
❹　行政院事務管理人員訓練班編印，事務管理手册（一），文書處理手册，第八〇頁。

文之用。(4)鋼印——以鋼料鑄製之，刻鑄機關名稱，於職員證、結業證書、證券及其他證明文件用之，普通爲圓形，其直徑以不超過五公分爲度。(5)校對章——係用木料或角質刻製之，陽文隸書，刻機關全名或簡稱，下加『校對之章』，於文書校對改正時用之。(6)騎縫章——質料與款式與校對章相同，於公文或契約之黏連處用之。(7)附件章——質料與款式與校對章相同，蓋用於文書附件之上。(8)收件章——用橡皮製之，普通爲圓形，刻機關全名，下加『收件之章』，並附活動日期，於收受外來文件，掣取回單時用之。

依印信條例的規定，印信分爲下列五種 ❺：(1)國璽，(2)印，(3)關防，(4)職章，(5)圖記。印信質料，國璽用玉質；國民大會、總統府及五院之印用銀質；總統、副總統及五院院長職章，用牙質或銀質；其他之印、關防、職章均用銅質。但得適應當地情形，暫用木質或鋁質；並得以角質暫製職章；圖記用木質。國璽爲正方形，國徽鈕；印、職章均爲直柄式正方形；關防、圖記均爲直柄式長方形。但牙質職章爲立體式正方形。印信字體均用陽文篆字。印信尺寸，印信條例於附表中均有明確規定，可資查考，不贅。

機關印信由機關首長指定典印員負責保管，不使用時，須鎖於保險箱內，如有遺失或冒用情事，由典印員負完全責任。機關首長移交或接任時，卸任及接任人員對該機關的印信的移交與接管，應在呈報交接文內敍明。機關印信如規定由上級機關頒發者，不得自行製用。但於正式印信未頒發前，得暫行借用其他機關印信。機關因合併、撤銷或其他原因須繳銷舊印信時，應將舊印信截去一角，封固繳送原頒發機關。

五、紙張——辦公紙張如稿紙、簿冊、卷宗、信封、信紙等件，其

---

❺ 印信條例，第二條、第三條（民國十八年四月十三日國民政府公布，民國四十六年五月九日修正，總統公布）。

格式、大小、顏色、質料等應有標準化的統一規定，以期經濟而便管理。所有紙張的優劣、品質應視其用途而有不同。保存年代較久，處置頻繁，打印較重者的公文用紙均宜用品質較爲良好的紙張。否則，宜用較差次的紙張，以資節省。吾國的文具、筆墨製造，仍多墨守成規，未能隨時代而改進，成本高，效用差，致使外國的文具、紙張大有排斥我固有文物，取而代之之趨勢。我國的毛筆、徽墨、硯台等能否繼續保持應用，實是一可慮的問題。爲今之計，應本迎頭趕上與自強不息的精神，謀求改進，以爲增進辦公效率之一助❻。

第三節　辦公的機械

　人是工具製造及使用工具的動物。因爲如此，所以成爲萬物之靈，生產力量最大，工作效率最高。人類社會的文化高下，每視其所用工具的精粗爲轉移。步行不如騎馬；騎馬不如坐汽車；坐汽車不如乘飛機。人耕不如牛耕，牛耕不如機械耕。手寫不如打字，打字不如印刷，印刷不如照相。所以現代的行政機關多大量使用科學化的機械，以爲辦公工具，得以節省人力、財力、時間，並能提高行政效率。辦公上所使用的科學機械，計有下列幾種 ❼:

　一、文書機械──文書繕寫在昔日全用人手工作，費力多, 速度慢。今日則多改用機械，省時省力，速度又快。文書機械較爲普通者，計有以下幾種: ⑴打字機 (Typewriters)， 分爲中文打字機與外文打字機兩種。舊日者皆以人力打印，後有電動打字機，今更有電腦控制的打字機。使用這種機械打印文件，美觀、整潔、迅速, 且經濟。機關的書記

---

❻　張金鑑，行政管理概論，民國三十二年，渝，中國文化服務社，第一三八頁。

❼　L. C. Walker, *The Office and Tomorrow's Business*, 1965, pp. 65-85.

或繕寫員多爲打字機所替代。打字機須加意保護與管理，以便使用，而防損壞。(2)錄音機 (Dictating Machine)，昔日美國機關辦公，多由長官口說文意，而由屬員記錄其要點，據以辦理文稿。這種辦法諸多不便，抄錄者速度慢，且易發生錯誤。今則多以錄音機替代爲之。這種機器的記錄，較之人工抄寫，既方便又準確，且費用低廉，更不易發生錯誤。抄錄者可以調節機器，快慢自如；若聽聆不清時可重開機器聽辨之。發音者亦可隨時利用自己的空暇時間，在方便的處所發言以爲記錄。抄錄者亦可一人在靜僻處開機聽而抄寫之。但使用這種機器，亦有其不方便的地方，即發音者並須說出文書中的標點符號，比較麻煩費事；且在錄音機中，不易辨別出文字的重要處、次要處和不重要處。(3)速寫機 (Stenotype)，在普通的辦公事務中，並不甚需要這種機器。在開會時或舉行辯論會時可使用速記機以爲紀錄。這種紀錄係使用聯合符號以替代普通文字。

二、複寫機械——文書需用副本、複本或多份時，最初係用人手抄寫，費力、費時又費錢。其後有複寫紙的發明與使用，一次抄寫可複印三、五份，較過去完全一份一份的用手抄寫，自方便了不少。但複寫份數很有限，若同一文書需要十份以上，複寫紙便不敷用了。爲適應多份複寫的需要，已有複印機 (Duplicator) 的發明與使用。複印機的種類頗多，有平形的、有圓形的，各機關所使用的油印機，即屬其一種。近更有影印機的發明與使用，就原稿影印，不需要抄寫，速度快、印份多、字清晰而較美觀。如需要大量份數時可使用鉛字印刷機，從前皆用手工排版，今多用打字機排版，既經濟又迅速。打字排版或用人工或用電動。複寫紙與複印機在複印數量上受有限制，而印刷機複印數量可至於極多，不受限制，亦無甚困難。不過，印刷機需要排版，排版會有錯誤，校對改正，費時費力，不甚經濟。故最進步的複印方法，則是使用

照相機照相。科學技術日趨進步，照相材料及費用可望日趨低廉，應用照相以爲文書複印，必會漸趨推廣。照相的文書複印，確實而迅速，且易於保存。

三、計算機械——政府機關在推行公務的進程中，有很多事務如會計、統計、工程、運輸、預算、決算以及行政計劃與設計等都需要周密詳確的計算。而且現代的行政須以實事求是、客觀準確的科學方法處理之。這種科學方法的應用自不能不依賴於數字的計算。數字的計算若純以人力腦力爲之，則費力費時，不甚經濟，且易發生錯誤。所以今日在公務的數字計算上，多採用計算機器。這種機器的最普通者則爲算盤、計算尺。其較複雜者則有加減機。較完備者更有計算機與統計機（Calculating or Stastics Machine），加減乘除均可適用。其最進步者則爲『電子計算機』或『電腦』（Computers）。其使用則係以卡片打洞定方位，通電流爲之，將普通文字譯爲電腦文字以爲計算，迅速而準確，效率之高幾乎達於不可思議的驚人程度。大規模計算與繁複的統計，人力不濟事時，則以『電腦』爲之。電腦不但能計算，且可作記憶、思考、分析與判斷，似可稱之爲『機器人』。

第二次世界大戰後，在企業經營與行政管理上，出現了新的學術與技術，那就是『管理科學』（Management Science）和『作業研究』（Operation Research）。二者的涵義與特質，都是：㈠應用數量方法，卽數學與統計的計算，以爲管理與經營的基礎。㈡對『投入』（Input）與『產出』（Output）的關係作全盤的分析與瞭解。㈢根據數字資料，應用數學公式與統計方法求出若干『模式』（Models），就中比較其利弊得失，而作最佳的抉擇。㈣其目的在以最經濟的手段得到最大的效果。所謂『資訊科學』（Information Science）和『電子計算科學』（Computers Science），乃是『管理科學』和『作業研究』所必需的

知識與工具。

前所舉列的問題和事務，雖係以企業經營為對象，其實行工機亦同樣的會遭遇到這些相類似的問題。因為現代國家的政府因職務的擴張，政務性質的改變，由統治進為服務，由管人進為治事，用人、用錢、用物之多到了驚人程度，而成為一個規模最龐大的生產工廠。在政務的推行上及經濟建設的進程中亦會發生存料、分配、等候、序列、路線、替代、競爭等問題。對這些問題要作適當的解決，亦應該利用管理科學及作研究的知識與方法，並藉電腦的操作與計算，而作最佳的抉擇。電腦或電子計算機已成為今日政務推行及行政管理上不可缺少的科學機械或工具。

四、郵務機械——行政機關處理公務，自然需要收發極大數量的郵件。這些大量郵務信件開拆、封固、摺疊等工作，若以人手為之，亦是一種甚為繁重的事。為要節省人力、財力及爭取時間，現代化的行政機關多使用新式機械處理郵件。郵務機械最普通及常用者，計有以下幾種：㈠開封機——郵件開拆以機械為之，有者用人力，有者用電力，準確迅速，破封尺度可小至一寸的百分之一。㈡通訊印名機——郵件上姓名與地址，不用人力書寫，而用機械打印之，慢者用手，快者用足，最快者用電。㈢摺信機——信封中信紙的摺疊及裝入均以機械為之。㈣封信黏票機——郵件或信件的封固與黏貼郵票均使用機械。㈤編號機——郵件或信件以及公文的編號，可用編號機械為之。

五、交通機械——由於科學的進步與交通的發達，政府機關的行政活動，在數量上大為膨脹，在範圍上益趨擴大，所及區域亦愈見廣濶。要想有效的成功的處理現在已大見膨脹、擴大、廣濶的行政職能與活動，勢必須儘量的使用現代化的交通機械與工具。這種機械的重要者有以下幾種：㈠電話 (Telephone)——為減少往返商洽公務的時間或減

少公文書的相互傳遞的費時與費力，使用電話傳達訊息、交換意見、商洽公務，最為方便而迅速。因之，電話機成為今日辦公不可缺少的機械。㈡電報（Telegraph）——電話商洽公務以無文字記載，空口無憑，有時會發生推卸責任或食言的情事。使用電報處理公務，以有文字記載，便不會發生卸責、食言等流弊。電報雖屬費用稍高，然使能力求文字簡單及不濫於使用，所費亦不致太多。㈢傳眞電報（Telantograph）——電報以無親自簽名，可能發生假冒情事；遇有必要可使用無線電傳眞電報，可以以電通方法自遠距離傳遞文字、圖畫、符號等眞蹟，足以防假冒，明眞相。㈣指揮通話機（Dictograph）——長官對所屬各工作單位或總部對各分支機構可利用指揮通話機發布命令，傳遞訊息，指導工作。長官坐在辦公室內不移步便對所屬單位或人員作指臂運用的指揮，方便而捷敏。這種機械就是無線電廣播機與收音機的聯合應用。㈤電視機（Television）——長官或總部為要瞭解所屬工作單位實際狀況以便隨時指揮、督策與考核，可利用電視機的裝置，藉以窺見之。就電視機所看見的情形，再以指揮通話機予以指導與糾正，則遠隔千里之外，猶如對晤交談於一室之內。

六、其他機械——在辦公方面所使用的機械，除上述各種外，其他如物件運送機、到公鐘、編號機、裝訂機、創筆機等亦是經常使用的。政府為推行公民教育、培養政治文化、宣揚國策、傳達政令、集中民意、溝通民意，自然不能不使用科學化、機械化的大眾傳播工具如電影、電視、廣播、報章、雜誌等科學技術的機械設備。至於一般的交通機械如火車、電車、汽車、飛機、輪船等亦是處理公務、推行行政所必須利用的工具。總之，今日因時代的進步及科學技術的發達，政府推行行政活動及處理辦公事務，必須使用科學化的機械、設備與工具方能勝任，始可成功。科學機械的使用不僅可以節省勞力，爭取時效，電子計

算機或電腦更可以替代人的腦力作記憶、作思考而爲最佳的行政管理與
抉擇。

第二十八章　保健、福利與安全制度

第一節　公務人員的健康保護

　　一、保健的含義──公務人員的健康保護簡稱曰保健。這種保健工作無論對政府機關或公務人員都具有不可忽視的意義和重要性。第一、公務人員保持良好的健康的身體，足以促進行政效率，提高服務精神，對機關有重要的利益和貢獻。因為工作員的工作效率，建築在三個重要的條件或基礎上：一是充沛的體力（Strength）或生活力（Vitality）、即推動工作的實質力量或熱力。二是旺盛的精力（Energy）或活動力（Motor Power），即努力工作的原動力。三是歡欣的精神（Spirit）和堅韌的意志（Will）。這三種條件或力量，都是以健康的身體為其淵泉。或許有人說，精神和意志乃是心理狀況和生理的身體狀況並非一物，不宜併列。殊不知生理與心理互為因果，相互影響，不可分離。心理狀況過度緊張或頹喪者必導致生理病患。生理狀況不健康會引起精神萎靡或意志脆弱。反之，身體堅強者則精神快愉，意志堅定。所謂『健全的精神寓於健全的身體中』（Sound mind is in the sound body）。

政府對公務人員或機關對職員應保持三種的地位和態度。一是僱用者或僱主的地位，對其僱用的員工，現有的知能作最佳的使用，俾能展其所長，達成任務；不使機關所支付的薪俸或工資有所浪費。二是教育者或教師的地位。機關對其職員不可僅僅的使用其現有的知能，更應以教師的地位對職員不斷的施以在職訓練與進修，使其知能保持與時俱進的發展和進步，謀有以發揮其內在潛能，不使知能荒蕪或落伍，而維持一定水準的工作效率。三是維護者或醫生的地位。一個汽車的車主，不可只知使用汽車，不肯對汽車加以維護或保養。汽車缺少維護或保護，必將縮短汽車壽命或使用價值。機關對職員的保健工作，猶如車主對汽車的維護與保養。機關是由職員構成的。有健康的職員始能有健康的機關。職員保健工作實不可忽視。

在昔日的農業社會中，人口稀少，環境污染不甚，疾病傳染並不十分嚴重，加以一般人民的醫藥衛生常識不足，亦不知如何注意保健工作。所以當時的官署或衙門，亦無所謂對職員的保健工作。在今日的工業社會中，情形便大不相同了。都市興起，人口集中，接觸頻繁，環境污染日見嚴重，患染疾病的機會大為增加，若不推行衛生與保健工作，為害滋甚，未可言喻。加以今日醫藥衛生的知識、技術、設備皆大為昌明與進步，如何改進環境，增加個人健康及預防疾病的發生和傳染已非難事。所以，今日的機關對職員的保健工作，若仍像過去一樣採不聞不問的放任態度，順其自然，自非得策。機關必須採取積極行動，對保健工作作有效的推行。因為疾病的事前防範優於事後的醫治。保健投資低於醫療的費用；保健的效果大於醫治。

二、保健的活動——機關應如何推行對職員的保健方法？其途徑與方法為數甚多。茲論列其梗要如次：

1.定期健康檢查——居安而思危，則安而不危。居危而猶安，其爲危也必不堪。就身體健康的保護言，一般人的通病有二：一是忌醫諱疾，明明身體有病患，猶自以爲健康良好，不去就醫，以致延誤，而成不治。二是忽視健康檢查的重要性，病而不知其病，其爲病也危矣。身體健康的保護，機關對職員應硬性規定定期性的身體檢查以診視其健康如何，最好一年檢查一次。如發現有輕微病疾，立卽治療，自易於痊癒。若不作身體檢查，則有病而不知，拖延時日，以致病情嚴重，將成不治。況且有若干病症具有潛伏期間。在潛伏時期，經由科學方法與儀器檢查，卽可發現。早期發現及早醫治，便可消弭大病於未然。就是不治之疾的癌症，若能早期發現予以醫治，治癒的機會亦很大。所以定期的身體健康檢查，實是保健重要途徑與方法，無論機關與職員都不可忽視，應認眞推行。

2.醫藥治療設備——身體健康檢查，旨在發現疾病。醫藥治療設備旨在提供對已發現及已發生的疾病的醫治。在規模較大，人員衆多的機關，應有醫務室及藥品供應室一類機構的設置。除患重大疾病者須住醫院醫治外，其患普通或輕微疾病的職員便可就便在本機關就醫，一方面可以節省時間，不致於妨害工作；一方面又可以減輕職員的醫藥負擔。這種醫務單位，應承擔以下的三種任務或功能：㈠以集中採購方式買進所需的各種藥品，廉價供應病患的職員。㈡延聘或特約合格醫生在本機關應診，爲病患職員醫治疾病。㈢購備普通的醫療器材及儀器，以供檢驗血壓、血液、糞便、尿水、體重、視力、聽力等之需用。

3.灌輸衞生知識——機關應延請衞生專家或醫生向職員作專題講演或主持保健座談會以灌輸衞生知識和保健方法。職員獲得這些的知識與方法後，便能以知道如何注意衞生及如何保護自己的身體健康。心情愉快、胸襟豁達、不憂不懼、不緊張、不焦慮、心平氣和、寧靜澹泊，都

是保健卻病的正道。生活要有規律，飲食要有節制。生活不正常，起居無定時，均足以妨害健康。暴飲暴食、過度疲勞，亦易導致疾病。過分嗜酒者易生肝病。吸烟無節制多生肺疾。情緒正、食慾旺、消化良、睡眠適、便溺暢都是健康的正常現象。若在這些方面發生不正常的現象，可能是健康有問題，即應就醫檢查或診治。凡此諸端，均是衛生與保健的基本知識。機關應對職員推行衛生教育，灌輸保健知識，使之知之行之。職員的健康就是機關的利益。

4.採行疾病預防——現代醫藥科學高度進步，事前向人體注射或接種某種疫苗，即可預防某種疾病的發生。疫苗就是使用病毒、立克次體、細菌或病原微生物所製造的生物製品；以之注射或接種於人體內，能以產生免疫力，因而對有關的疾病發生預防作用。現時的疫苗種類為數甚多，不勝枚舉。如幼兒注射卡介等疫苗，可以使結核病、痲痺病、斑疹病永久免疫，一生不會發生。如成人注射傷寒病、霍亂病、牛痘疫苗，可以使這些病症在一定期間內不會發生。一般人對注射疫苗預防疾病多不甚注意，實是一大錯誤。機關應啓導職員對注射疫苗預防疾病的保健工作發生興趣與信任，並樂於接受。機關且須視需要，免費對職員施行疫苗注射，以預防疾病，保護其健康。

5.保持環境整潔——人類是大自然生態系統的一部份。職員所居處及生活的機關環境，與其身體健康有着很密切的關係和影響。環境整潔，則空氣新鮮，精神快愉，少生疾病，有益身心健康。反之，環境污穢、髒亂，則病菌易於繁殖，傳染疾病的蒼蠅、蚊蟲、蟑螂、老鼠等亦容易生存，使人心情不快，罹染疾病的機會增多，實有害於職員的身心健康。機關的事務部門應採取有效的衛生措施，保持環境整潔，區為『整潔為強身之本』。房舍院落必須洗刷打掃乾淨，垃圾廢物應完全遠處拋棄，排水溝道一一疏通清利，謀其暢通。傢俱用品應拭抹清淨，不使染

積灰塵。厨房厠所要定期消毒，厨具碗盤更宜以熱水洗滌潔淨。室外室內空氣保持新鮮，不容汚染。環境衞生乃保持身心健康的要圖，固不可以其事小而忽之。

6.推行健身運動——人是動物，活動是人類的一大特徵。天行健，君子自强不息。所以機關對其職員應推行健身活動。每日晨八時上班後，給予職員三十分鐘的時間，使之作自强的健身運動。健身運動必須是經常的，每日不息，經久不斷，成爲生活的一部分，始能却病延年，生健身勵志的效果。這種運動以和平、柔軟、平衡者爲宜，不可過於劇烈，以免對身體有不良的影響。平衡性的運動，能使身體各部分肌肉、筋骨皆得到舒展與活絡的機會。如八鍛筋、太極拳、外丹功、瑜珈術及五禽之戲等都是很好的健身運動，可以擇一而行之，則一生享用不盡，獲益匪淺。機關應延聘體育敎師，敎導職員作健身運動。機關應有乒乓球、羽毛球、籃球、網球、排球等體育設備，以供對此有興趣之職員的使用。職員運動會及團體慢跑小宜定期舉行。

7.舉辦康樂活動——所謂康樂活動包括消遣與娛樂。消遣一詞在英文爲 Recreation，卽再創造或重建的意義，有消除疲勞，恢復體力與精力的重要功能，並非浪費時間。娛樂的功能能以鬆弛緊張的情緒，促進精神愉快。所以康樂活動乃是保護身心健康的方法。機關應適時的舉辦郊遊、參觀、同樂會、音樂會、書畫展覽、演唱、戲劇、放映電影等活動，以爲促進職員身心健康的資助。而且這些康樂活動還可以促進職員間良好感情與友誼的建立，並養成團體意識及團隊精神。一舉數得，何樂而不爲呢？

第二節　公務人員的福利施設

一、福利設施的意義——福利設施指行政機關爲改善公務人員的生

活，使之獲得一些『優餘』(Surplus) 或『邊緣』(Fringe) 的『福惠』(Welfare) 和『利益』(Benifit) 之一切活動與措施。這些施設雖亦屬於人事行政或管理的範圍內，但並非硬性的法定的正規的人事行政制度。公務人員的俸給、升遷、獎勵、保險、撫邮、退休等權利都有正式的法律作明文規定。無論機關或職員皆須嚴格遵行，勿踰勿越，既不能故爲出入，亦無自由裁量的餘地（自然，法律有明文授權者當不在此限）。但是所謂福利施設並非這種性質的人事行政制度。行政機關得視需要及依能力，酌情辦理福利設施，其範圍的廣狹，福利的多少，皆可自由裁量，不無伸縮餘地。所以這種福利，常被稱之爲『優餘福惠』，(Surplus Welfare)、或『邊緣利益』(Fringe Benifit)。邊緣指在衣物的周圍鑲襯的裝飾品所佔的地位。這種福利並非公務人員法定正規福利，僅是正規福利邊緣的多餘福利、或附屬福利。公務人員個人及其眷屬不能依靠這種福利維持其經常的生活；僅能使其經常生活略有改善與充裕。

　　二、福利施設的目的——行政機關所以要採行一些福利施設，究察其原因與目的，要不外以下諸端：㈠一般說來，政府多因國庫或公庫的收入不夠充裕，對公務人員俸給支付，常不能達於合理的高度水準，以致其生活不無困難。政府的俸給水準每低於工商企業界的薪資水準。公務人員的生活費用常陷於拮据。爲謀求公務人員的生活改善，乃採行福利施設，給予一些優餘福惠和邊緣利益以爲補助。㈡無論已開發的國家或開發中的國家，多不能避免通貨膨脹，因而使物價只有上漲的趨勢，很難使之下跌。政府雖亦不斷調整待遇，增加俸給。但增加的比例仍多趕不上物價上漲的幅度。所以公務人員的生活，總是在困難中掙扎。爲減輕其生活困難，遂採行福利措施，以爲濟助。㈢公務人員因生活改善，足以促進其身體健康及精神快愉。健康和快愉的公務人員自然是勝任的

效率的工作人員，士氣高昂，踴躍將事，使機關的任務和使命能以成功的有效的達成。這是福利施設的一個積極的功用和目的。㈣福利施設的另一目的在於培養公務人員的向心力及認同感，藉以促進其團體意識及合作精神。㈤現代的政治思想已由法治國家進為福利國家。政府的地位不僅是『守夜警察』（Night-Watch-Man），只擔任保障自由權利及維持社會治安的消極工作；更進而擔任積極角色，為人民謀幸福，為社會造利益，解決全民食、衣、住、行、育、樂的民生問題。政府既然是為全民謀福利的萬能『服務機關』（Social Service Agency），所以首當注意到公務人員的生活與福利問題。福利施設的目的，亦所以適應現代化的政治潮流，實現『福利國家』，『萬能政府』的起步行為和起碼工作。

　　三、福利施設的原則——機關的福利施設，雖係依自由裁量而採行的具有伸縮性的行政措施或人事管理，但在實際運用上，亦多遵守以下的原則：㈠福利享受，以人人平等為原則，不因員工地位高低而有差別待遇，或有所歧視。例如理髮室、餐廳、乒乓球室、運動場等的使用及福利品、午餐等供應，即人人可以平等享用，不分等差。而正規的俸給則視職位高下、工作繁簡及責任輕重而作差別待遇。員工享受福利則係以機關構成員的個人資格取得之。人格平等，故享用無所歧視。㈡福利事業的舉辦，以員工自由或志願參與為原則。例如機關籌組消費合作社，徵求社員或股東，機關並不可作硬性規定，強制員工一體參加，應由員工自由意志，決定是否參加。他如福利互助會、體操健身會、太極拳會、慶生晚會、同樂會、登山隊等組織與活動，亦率以自由參加為原則。又如機關設有員工托兒所、員工子弟學校，員工是否利用，亦聽由自便。自由參加的理論基礎有二：一是因為福利享受乃是員工的一種權利。權利可以享用，亦可以拋棄；並非義務，必須履行。二是因為參加

福利事業或組織，屬於集會結社自由權利，不受強制性的約束。㈢福利事業或活動，以由員工自行辦理爲原則。因爲這些事務並非機關法定職權範圍內的職掌，故無非辦不可的責任。福利事業應視之爲員工自求多福，自謀利益的互助與自治活動，故應以員工自行辦理爲原則。就是機關起而協助、支持輔導亦多由於員工的推動或要求。㈣福利設施應以員工與機關合作爲原則。固然福利事業應由員工自辦爲原則。但若使機關對此完全不管，袖手旁觀，則員工必認爲對其福利毫無幫助和貢獻，不但不能培養員工對機關的向心力和認同感及團體意識；且亦無從提高其服務精神和行政效率；甚而可能因此造成員工對機關的疏離感、抱怨和敵視。所以機關對員工的福利事業應盡量幫助、支持與輔導。只有在雙方（機關與員工）的切實合作的情形下，方足以共同維持福利施設的成功與發展。

　　四、福利施設的內容——各機關的福利施設多有差異，並不一致。不過實際上則是大同小異的。一般說來，福利施設的主要內容，不外以下諸端：

　　1.提供福利經費 —— 職員舉辦福利事項，機關常提供經費以爲支持或補助。其方式計有以下諸端：㈠機關年度預算皆編列有事務費，依職員人數，按每人若干元（如每人五百元或八百元之數）爲標準編列，以供購買辦公文具、筆墨紙張之需及支付水電等費之用。舉辦職員福利事項，可在事務費項下勻支之。㈡機關員工組織消費合作社時，所需週轉金，可按員工人數每人若干元（如二百元或一五〇元）之數爲標準，機關予以撥借，以供週轉之用。㈢舉辦公敎人員福利品供應事項，所需資金，由主管預算機關視財力與需要，統籌編列預算，撥交主管福利品供應機關運用。㈣舉辦休假旅遊、自強活動、生活津貼、醫藥補助等特定事項，各機關得酌編預算，以供支應。

2.生活津貼和補助——依『公敎人員生活津貼支給辦法』，凡行政機關及公立學校預算員額內均適用之。生活津貼和補助的項目計有以下幾種：㈠房租津貼——各機關學校有眷員工未配公家宿舍者，每月發給有眷房租津貼，其數額隨年度預算改訂之。請領房租津貼，以必須由員工本人扶養之父母、配偶、子女同居者爲限。親屬中一人配有公家眷舍者，不得請領。請領房租津貼以一份爲限，夫妻或親屬同爲公敎人員時，不得兼領或重領。㈡眷屬重病住院補助——員工眷屬罹患重病，經公立醫院醫師診斷，並住院醫療者；其住院醫療費用得申請補助。每一員工每年請領此項補助費最高不得超過一萬伍千元。已享有免費醫療或其他有關補助者，不予補助。㈢婚喪生育補助——公敎人員本人結婚者，補助二個月薪俸額。父母或配偶死亡者補助三個月薪俸額，子女減半支給。配偶或員工本人分娩者，補助二個月薪俸額。收養子女不得請領生育補助。㈣子女敎育補助——公敎人員子女，就讀公私立大專以下小學以上學校正式生，得申請子女敎育補助費，其數額隨預算年度改訂之。已享有公費、或全免學雜費或獎學金者、在未具學籍之學校或補習班就讀者、公私立中等以上學校夜間部選讀生、留級或重讀者，均不得申請補助。㈤眷屬疾病醫藥保險——民國七十年我政府頒行『公敎人員眷屬疾病保險條例』，眷屬可免費就醫。

3.員工福利互助——爲加強公敎人員福利互助，安定其生活，並發揚互助合作精神，中央及省市政府各訂定有公敎人員福利互助辦法。互助經費除公敎人員每人每月依現任職級之福利互助俸額扣繳百分之一外，另由政府專案按公敎人員眷屬生活補助費標準，於年度開始時，一次撥交主管機構保管運用。互助項目及標準如下：㈠凡公敎人員本人結婚者，補助二個月俸額。㈡互助人本人死亡，按參加互助年資核計，卽未滿五年者，每滿一年補助三個月俸額；滿五年以上者，自第六年起，

每滿一年增給一個月俸額，最高以十七個月俸額爲限。㈢互助人眷屬（、父母、配偶）死亡，補助五個月俸額；子女死亡補助二個月俸額。㈣互助人奉准退休、退職、資遣者，按參加互助年資核計，即未滿五年者，每滿一年補助三個月俸額；滿五年以上者，自第六年起，每滿一年增給一個月俸額，最高以二十個月俸額爲限。㈤公教人員遭遇水災、風災、地震之重大災害，得予補助，其標準視災害程度及財務狀況決定之。

4.福利品的供應——中央及地方機關之員工，均爲福利品廉價供應的對象。供應工作由國防部福利總處負責，在各縣市及重要鄉鎭地區設福利品供應中心，以供員工購買。購貨週轉資金由中央及省、市政府一次撥交福利總處運用。辦理福利品供應所需日常管理費用，在貨品進價百分之二範圍內開支。所需福利物品，由國防部福利總處直接向廠商議價訂購。福利總處將福利品名稱及價目表，印送各機關學校公告，並印發員工每人之購買證及說明書。員工可憑購買證向福利品供應中心購買，必要時得限制購買數量。各機關學校員工消費合作社亦可登記員工請購物品項目及數量，向供應中心統購，轉售於所屬員工。福利品供應中心免繳營業稅，物品售價平均低於一般市價百分之三十。

5.輔購員工住宅——各機關學校編制內職員，任職滿五年以上有眷屬者，得依『中央公教人員購置住宅辦法』申請購置住宅。省市政府得比照中央規定辦法或另訂辦法辦理之。配偶雙方同爲職員，以輔購一戶爲限。其已由政府輔助購置住宅者、曾獲政府購宅貸款未清償完竣者、曾承購公有眷舍房地均不予輔購。輔購住宅方式計有兩種：一是由公家貸款集體興建，配售於員工，員工得以分期付款辦法償付房價。一是貸給員工貸款，由員工自行購置或興建。輔購住宅貸款分二十年按月平均償還本息。輔購住宅所需資金來源有三：(1)處理國有、公有眷舍房地收入。(2)洽撥之國民住宅貸款。(3)國內外銀行、財團貸款。

第三節 公務人員的保險制度

一、**保險的意義**——就字義言之，保險就是對可能發生的危險、災害、困難或意外負擔事件，預爲保衞與防範，俾能屆時有方法有能力予以解決或支付。藉預爲籌謀俾能屆時化除危害，解決困難。依此意義，保險一詞可作以下的申說：㈠就保險的理論言，就是依據危險分擔的原則，以多數人預付的少數資金，解決少數人可能於將來發生的危害或困難事項的方法或制度。人在一生中會遭遇到某些危害或困難，需支付意想不到的費用。而此一費用非當事人能力所易負擔；此時以多數人已儲備的財力分擔之。此人的困難便獲得解決。㈡諺曰：『備預不虞，古之善教也』；『人無遠慮必，有近憂』；『凡事預則立，不預則廢』。由此言之，人們對將來發生的意外或額外負擔事件，預作籌謀，防危害與困難於未然，以保證屆時能作有效的解決；或可用多人已儲備的資金以爲支付。㈢就商業觀點言，保險 (Insurance) 乃是雙方訂立及履行保證或擔保 (Guarantee) 契約行爲。簽訂契約的雙方，一方保證依約預付一定金錢；一方擔保對方將來發生所約定的危害、困難或額外支付時予以賠償，不使遭受損失。㈣依現代福利國家的政治思想言，政府的功能在積極的爲民服務，爲民造福。所以在高度開發的民主國家，如英國、美國、瑞典、挪威、丹麥皆已實行社會安全制度，卽政府負責保證或擔保人民的一生，自出生到死亡，皆處於安全生活中，如遭遇疾病、失業、傷害、衰老等危害或困難事件，因政府和人民預先有資金儲備，可以支付這些事件所需的費用，使危而能安，化險爲夷。社會安全制度，可以說就是全民保險制度。

二、**保險的原則**——依保險的意義作進一步的檢討而申論之，則保險制度的運用實係遵循以下的原則：㈠經濟互助的原則——昔在民間早

有『合會』的運用。某一人有經濟困難時，邀約若干親友，各給與若干金錢予以濟助，解其困難。以後此人分期償還各親友。此乃經濟互助精神的表現。今日的保險制度實係由『合會』精神演變而來。合多數人的力量解除一人或少數人之困難。而多數人與少數人並非固定的，而是互換的，彼此濟助，故為互助。㈡危險分擔的原則——有人遭遇到不幸事件如疾病、災害、失業等時，以用費較多，難以負擔，無法解決，對此人實為危險或困難。今使多數人各出少量金錢以濟助之，解其險因。是一人的險因分攤在多數人身上，大家負擔極為輕微，等於無險困，故謂之保險。保險就是由多數人各繳少量金錢，集中保管與運用，去濟助少數發生險困的人，即分擔其險困，使其險困減少到幾乎等於零的程度。㈢集體安全的原則——今日各國政府所施行的社會安全制度，實際上就是全民參與的社會保險制度。保險的目的在獲得安全的保障。事實上，以一人自己的力量保障自已的安全，實難以濟事。若以大家的力量保障大家的安全，或以多數人的力量保障少數人的安全，則是有效的。所謂眾志成城，團結就是力量。保險的原則乃是以集體的力量保障集體的安全。㈣未雨綢繆的原則——保險制度的運用，既不是事故發生時臨時解決，亦不是事故發生後事後補救，而是在事故未發生前，所作的事前防範，即未雨綢繆的原則，亦即『備預不虞』的『古之善教』。對未來可能發生的事故或險因及其經費預作估計，就此需要預儲資金，以備事故發生時的支用。有備無患，預則立矣。㈤收支平衡的原則——對保險人發生事故，所付予的保險給付謂之保險支出。這項支出的來源來自保險人及有關單位預先繳納的保險費及其利息；此之謂保險收入。保險收支必須平衡。若有虧欠或剩餘，皆非正常現象。㈥精密計算的原則——保險項目（即發生何種困難，便可領保險給付）、保險費率（即保險人及有關機關所應繳納的保險費用）及保險給付（即保險人遇到困難

或事故時，所可領受的給付）三者爲保險制度的重心；其關係至爲密切，必須根據有關的事故資料確切實統計，並就給付需要，由精算專家作精密的計算，規定保險費率及給付標準與數額，方能達到收支平衡的目的，不使發生大量虧損或盈餘。

三、保險思想的演進——茲從政治和經濟兩方面說明保險思想的演進如次：

甲、政治方面的演進——在政治方面，保險思想的演進，可分爲下列三個時期：

1君主恩賜思想時期——在專制君主政治時期，君主至上，位尊權大，『普天之下莫非王土；率土之濱，莫非王臣』。官吏和人民都是奴僕，君貴臣卑，地位不平等，上下之間並無權利與義務的對等關係，君主對臣僕有生殺予奪的絕對權力。臣僕遇有災疾、事故或困難，君主無救助之責任或義務；臣僕亦無要求救助之權利。臣僕自負其所遇危險之責，君主可以置而不問。不過，君權由父權演進而來，君父對臣子應具慈愛的心情。所以在道義上，君父對臣子所遭遇的危險和困難，不能如越人視秦人之肥瘠，完全置之不顧，自當本憐憫之心予以救助，以紓解其困苦。但這種救助，只是君主對臣僕的賞賜或恩典。臣僕對之只有『肝腦塗地』的叩謝皇恩浩蕩，百死不辭。

2.撫卹忠勇思想時期——民權革命成功，專制君主制度被推翻，民主法治的政治體制得以建立。在民主政府中服務的人員並非臣僕，而是公務人員。政府與公務人員的關係是權利與義務對等的法定關係。政府對公務人員享有一定權利，同時亦負有一定義務。同樣，公務人員對政府亦享有一定的權利，負有一定的義務。這些的權利與義務，皆由民意代表構成的國會或議會制定法律作明文規定，雙方遵守，不容踰越。這些法律中有所謂公務人員俸給法和公務人員撫卹法。俸給是政府對公務

人員的工作報酬，所以維持其生活及身心健康，期以保持工作效率。這是對公務人員的正常待遇。撫卹金則是政府對異常忠勤或勇敢的公務人員所給付的特別報酬。公務人員因公致疾或招致傷害或死亡，則優予給付撫卹金，藉以鼓勵忠勇。撫卹金的功用有似保險給付；但這並非政府的恩賜，而是公務人員應享有法定權利。

3.安全保障思想時期——自二十世紀以來，政治思想有明顯轉變。政府的地位不再僅是『守夜警察』，已進而是『社會服務機關』。政府的功能，不僅在消極的保障人民的自由權利，更在積極的為人民謀利，為社會造福。所有食、衣、住、行、樂、育的民生問題要作有效的圓滿解決，使之過充裕、繁榮、快愉、和諧的生活，自出生至死亡的一生要有安全保障，免於恐懼、免於匱乏、免於災禍；使人人能保其生、安其生、樂其生、遂其生；幼有所長，壯有所用，老有所終，鰥、寡、孤、獨、廢、疾者，皆有所養。所以現代高度開發的民主國家，率皆採行社會安全制度，即全民保險制度。未達於高度開發的國家，以財力不足，多先採行公務人員保險制度，以保障其安全，促進其服務精神與工作效率。保險制度由政府和公務人員共同負責，全力負擔以維持之，推行之。

乙、經濟方面的演進——在經濟方面，保險思想的演進，可分為下列三個時期：

1.員工負責思想時期——產業革命後，生產制度成為經由工廠的大規模的機器生產。生產工具與設備為廠主或資本家所有。員工只是以工作換薪資的僱工。機器設備不免會發生意外事件，造成員工的死亡和傷害。工廠的工作環境不夠理想，員工受空氣污染、噪音侵害、廢氣中毒等侵迫，常因而患染疾病。廠主對此不加過問，不予救助。他認為意外事件造成的死亡傷害乃由於員工的粗心或不謹慎，禍由己出，應由自己負

責，廠主並無賠償的義務。廠方對員工已給付薪資，發生疾病或困難，應自行解決；廠主不能於薪資外，再有額外的給付，以致增加成本，導致虧損。

2.損害賠償思想時期——一方面因人道主義者及社會主義者的提倡與呼籲，要求改善工人生活，促進員工福利；一方面由於工人自我醒覺，自行組織工會，以集體力量和行動，要求廠方改善待遇，照顧傷疾；廠主在大的社會形勢及力量的壓迫下，卒致不能不負起對員工損害賠償的責任。因為在機器設備下生產，意外事件的發生乃是不可避免的。縱使員工十分謹愼，毫無粗心，仍然會發生意外事件。所以由意外事件造成的損害，應由廠方賠償。員工薪資乃是他們正常工作的報酬，因工作環境不良或行政措施不當，使員工發生職業病疾或其他災疾，自應另外給以額外給付，以供其作醫療之用。

3.合作保險思想時期——工商企業的成功生產，端在於勞資合作，共同負責；勞資對立，單方努力，必歸於失敗。企業失敗，勞資雙方皆蒙受損失。損害賠償若祇由廠方單獨負責，則員工必以為損害既可得到賠償，對意外事件的防範及環境衞生便不加注意，工作上可能有不當的疏忽或粗心。防止損害宜由員工與廠方共同負起責任，方能減少損害，促致企業成功。於是合作保險制度乃能為勞資雙方所接受而建立起來。保險制度就是勞資雙方分別負責籌繳保險基金，以其本利償付保險給付。

四、保險制度舉例　立法院於民國四十七年一月十七日通過『公務人員保險法』，經　總統於當年一月廿九日明令公布施行，當年八月八日付諸實施，中國的公務人員保險制度得以確立。施行迄今，公務人員受惠非淺。茲將其內容概述於下：

1.保險對象——公務人員保險法第二條規定，參加保險的公務人員

計有兩類：一是法定機關內之有給人員，卽任職的機關必須有現行法律或法規的依據；所任職務必須是法定機關『編制內』的員額，臨時人員或額外人員均不包括在內；且所任職務必須是『有給職』，無給職或義務職均不包括在內。二是法定機關內有給之『公職人員』；由選舉產生的立法委員、監察委員、國民大會代表及省（市）縣（市）議會議員均爲公職人員，可以參加公務人員保險。大法官會議釋字第四十二號解釋文，謂各級民意機關代表均屬公務人員。

　　2.要保機關——公務人員所服務機關爲要保機關。依公務人員保險法施行細則第六條的規定，要保機關計有：(1)總統府及所屬機關，(2)五院及所屬機關，(3)國民大會及各級民意機關，(4)地方行政機關，(5)公立學校及教育文化機關，(6)衛生及公立醫療機關，(7)公營事業機關及(8)其他依法組織之法定機關。至今要保機關已有五千二百多個，投保人員已有三十九萬多人。

　　3.保險事項——依公務人員保險法第三條之規定：『公務人員保險包括生育、疾病、傷害、殘廢、養老、死亡、眷屬喪葬七項，並附離職退費』。茲將這些事項的內容說明如次：

　　(1)生育——指被保險人本人及其配偶生育而言，包括產前檢查、分娩住院及新生嬰兒食宿護理（法第三十三條）。

　　(2)疾病——所有因執行公務而致疾病或普通罹患疾病者均屬之。但不遵守醫療辦法者，非因疾病而施行違反生理之手術者、整容整形者，因不正當行爲而致傷害或疾病者均不屬之。內容包括健康檢查、疾病預防、疾病醫療及免費住院（法第三、十三條）。

　　(3)傷害——指被保險人遭受傷害事故；但因不正當行爲而致傷害以及非因公自殺致死或因犯罪被執行死刑，或因戰爭災害致成死亡或殘廢者則不包括在內（法第十三條第十九條）。

(5)殘廢——指被保險人因執行公務或服兵役，以及因疾病或意外傷害致成殘廢者。殘廢分全殘廢、半殘廢、部份殘廢。其區分標準由主管機關訂定之（法第十九條）。

(6)養老——指被保險人繳付保險費五年以上依法退休後給與年老之贍養，即支領養老金（法第三條第十六條）。

(7)死亡——指『因執行公務或服兵役』及『因疾病或意外傷害』所致之死亡；『被執行死刑』及因戰爭災害所致之死亡均不包括在內（法第三條）。

(8)眷屬喪葬——指被保險人之父母、配偶及子女因疾病或意外傷害而致之死亡（法第三條第十八條）。

4.保險費率——我國公務員保險費率為被保險人每月俸給百分之七至百分之九。公務人員之保險費每月繳付，由被保險人自付百分之三十五，政府補助百分之六十五（法第九條、第十條）列入年度預算。所謂月俸以公務人員之本俸為限。被保險人應自付之保險費，由各該服務機關於每月發薪時代扣，連同政府補助之保險費，一併彙繳承保機關。被保險人依法服兵役保留原職時，在服役期間，其保險費金額，統由政府負擔，至服役期滿復職時為止（法第十條）。

5.保險給付——依公務人員保險法之規定，被保險人在保險有效期間，發生生育、疾病、傷害保險事故時，由承保機關所辦之醫療機構或特約醫院免費醫療；發生殘廢、死亡、養老、眷屬喪葬保險事故時，由承保機關給予現金給付（法第十三條、第十四條）。茲分別舉述其內容於後：

甲、免費醫療——被保險人因傷疾就醫時，除掛號費自付外，下列醫療費用統由承保機關負擔：

(1)被保險人本人或配偶產前檢查及分娩費用。

(2)疾病傷害醫療費用。

(3)承保機關所舉辦之健康檢查及疾病預防費用。

(4)承保機關自辦醫療機構及特約醫院病房費用，住院醫療住院以住二等病房費用為限。

(5)傳染病在特設醫療機構之治療費用。

但被保險人有下列情事之一者，承保機關不負擔其醫療費用：

(1)不遵守公務人員保險法之規定者。

(2)非因傷疾施行違反生理之手術或整容整形者。

(3)因不正當行為而致傷疾者。

(4)因傷疾而致殘廢，經領取殘廢給付後，以同一傷疾再申請治療者。

(5)住院治療，經通知出院而不出院者。

至於下列醫療費用，不在免費醫療範圍之內，應由被保險人自行負擔：

(1)住院伙食費之三十日以內之半數及超過三十日之全數。

(2)陪客床位費。

(3)指定醫師費及特別護士費。

(4)非因急救，經醫師認為不必要之輸血費用。

(5)非醫療必需之維生素、荷爾蒙及肝精、補劑類等藥品費用。

乙、現金給付──被保險人依法可獲得的現金給付，計分為下列幾種：

A.殘廢給付──被保險人殘廢時，依下列規定給付殘廢現金給付，但因戰爭災害致成傷殘者不予給付（法第十五條、第十九條）：

(1)因執行公務或服兵役致成全殘廢者，給付三十六個月俸額；半殘廢者給付十八個月俸額；部份殘廢者給付八個月俸額。

殘廢程度的認定，依下列標準：

(1)全殘廢者：如雙目缺，言語機能喪失無法矯治，兩上肢腕關節以上殘缺。

(2)半殘廢者：雙目視力均減退至○‧四以下，兩耳全聾，雙手兩姆指殘缺。

(3)部份殘廢者：如鼻部缺損致其機能遺存障碍無法矯治；言語障碍不能傳達意思無法矯治，一手三指以上殘缺。

B.退休給付——被保險人退休時，依下列規定，予以一次退休金（法第十六條）。退休給付亦稱養老給付：

(1)繳付保險費滿五年者，給付五個月俸額。

(2)繳付保險費超過五年者，自第六年至第十年，每超過一年增給一個月俸額。

(3)繳付保險費超過十年者，自第十一年至第十五年，每超過一年，增給二個月俸額。

(4)繳付保險費超過十五年者，自第十六年至第十九年，每超過一年增給三個月俸額。

(5)繳付保險費二十年以上者，給付三十六個月的俸額。

C.死亡給付——被保險人死亡時，依下列規定予以死亡給付（法第十七條、第十九條）：

(1)因執行公務或服兵役而致死亡者，給付三十六個月俸額。

(2)因疾病或意外傷害而致死亡者，給付三十個月俸額。

但被保險人有下列情形之一而死亡者，不予給付：

(1)因犯罪被執行死刑者。

(2)因戰爭災害而致死亡者。

D.眷屬喪葬給付 —— 被保險人之眷屬因疾病或忘外份害而致死亡

者，依下列規定津貼其喪葬費（法第十八條）：

(1)父母及配偶，津貼三個月俸額。

(2)年滿十二歲未滿二十五歲之子女，津貼二個月俸額。

(3)未滿十二歲及已爲出生登記者，津貼一個月俸額。

6.主管機關——公務人員保險法第四條明定，公務人員保險以銓敍部爲主管機關。所謂『主管機關』，係指依法職掌有關公務人員保險之政策、制度、法案、命令的擬訂，事業方針的規劃，以及業務推行的指揮監督有關事項而言。依銓敍部組織法第三條規定，係由銓敍部『獎懲司』主管其事。保險與公務人員退休、撫邮猶如『三位一體』的密切關係，不宜分割。憲法明定退休、撫邮爲考試院職掌，故公務人員保險亦宜歸考試院所屬之銓敍部。且公務人員保險所涉及之退休、死亡、年資、俸額等事項，皆需用人事資料以爲參考與依據。而此等資料原掌於銓敍部，故其保險事宜由該部掌管較爲方便。

7.承保機關——公務人員保險法第五條規定，公務人員保險業務由中央信託局辦理，並負承保盈虧責任。中央信託局依中央信託局條例，於民國卅六年成立，爲法定國營保險機關。公務人員保險既屬一種福利政策，在性質上當不以營利爲目的，自以國營或公營爲妥當。至所謂『並負承保盈虧責任』，旨在課承保機關以妥善經營的責任，期以節省國庫開支；並期其本保險的法定費率、負擔比例、保險給付作精密計算與妥善經營，不增加國庫負擔。惟推行保險制度以來，因免費醫療範圍廣泛，辦理不無不實及浮濫，以致逐年俱有虧損。實際上虧損部份已由政府負擔。

第四節　行政機關的安全管理

行政機關的積極任務在運用科學方法及合乎人性的管理，提高員工

的服務精神與士氣，促進行政效率，成功有效的達成機關的目的與使命；其消極責任在切實的保護員工的生命與安全，並設法防範及避免一切有關物資及財產的損害。行政機關若不能妥善盡到其消極責任，則其積極任務必難以完成。所以消極責任的達成實爲積極任務實現的前提或先決條件。消極責任達成的方法與實施，即是所謂安全管理。這安全管理雖是消極性的，但其地位亦十分重要，爲行政機關不可忽視的一大課題或工作。

安全管理應由機關的總務單位負責規劃並實施。機關應有健全的防護團的組織，並施以防護工作的訓練或演習，俾能於事故發生時，能以勝任的擔當防護任務。所謂安全管理的重要內容，包括空襲、火災、水災、盜竊、風災、地震及蟲害的諸防護。茲分別論述如次：

一、空襲的防護——處此國際局勢劍拔弩張之際，戰爭隨時有一觸即發的可能。在戰爭中，就是後方的行政機關亦大有遭受空襲的危險。故各機關應列民防預算，修築防空壕洞，俾遇空襲時，機關員工有避難的安全場所。機關應架設防空情報專線，與空防機關取得聯繫，俾能及時發出防空警報。警報信號與聲響要清晰響亮，俾衆週知。同時要有有效的消防組織與設備，俾能撲滅火警；救護隊的組織亦不可或缺，以備空襲中救護遭受傷難者。平時應有適當的防空演習，俾遇空襲時，員工能作有秩序的疏散，並考驗防護組織與設備是否健全有效。

重要印信，應由監印人員妥爲保管，空襲時應放入保險箱，不可隨身携帶，以期安全。待辦或正在辦理中的重要文件，平時應於每日下班時，放置於公文疏散保管箱內，以便值日人員携入防空洞或其他安全處所。機關的周轉現金遇空襲時，應迅即放於保險箱內，不得隨身携帶以免損失。貴重物品、器材、儀器等遇空襲時應由經管人員或指定搬運人員迅即搬入防空洞或其他安全地方。危險物品須疏散於安全地方，不可

放置於機關內。機關對防衞毒氣及原子塵的侵襲亦應有所準備，並備置所需的用具與器材；對員工並灌輸以防毒氣、防原子塵侵襲的知識及施以訓練。

二、火災的防護 —— 火災會對行政機關造成慘重的生命與財產損失，故火災防護爲行政管理上的一大任務。火災首重預防，新建房屋應儘量分離或留防火巷；建材避免用易燃之物，木材不如磚石；太平門與太平梯不可缺少；易燃物材應置於安全地方，不可存貯於辦公處所；高大建築物應裝設避雷針。對於消防水源應予注意。消防栓、火災警報器及滅火彈等應有適當的設備。電線應作定期的檢查，以防走火或跑電。厨房的防火設備尤爲重要。

各機關應於防護團之下組設消防隊由總務單位負責訓練與指揮。機關的印信、契約、賬册、證券、單據及珍貴物品應放置於保險箱或保險庫。厨房以外地點不得置火爐或電炉，厨房附近不得放置易燃物品。機關於下班後，宿舍於就寢前，須將爐灶餘燼及燈火熄滅。機關應指定值夜人員或工友，於每夜巡視各處房屋，探望有無火警。若有火警應迅速通知消防機關，立卽派消防隊會同本機關的消防隊合力救火，不可遲緩，致貽誤時機。

火警發生時，機關員工必須沉着鎭靜，合力救火或從容逃避，切忌手忙脚亂，張惶失措。投保火險之房屋失火時，應立卽通知保險公司派員蒞場察看。救火時除撲滅火焰外，應搶救火場被困人員及重要公物。火災後，機關應指派幹員會同警察機關及檢察機關調查起火原因，以便追究火警責任。火勢熄滅後，仍須有人監視現場，以防死灰復燃。火災損害情形，應列詳明報表報請機關長官或上級機關備查或核辦。房屋保有火險者，火災後，應卽派員向保險公司洽辦賠償手續。對救火特別出力或有功人員應予獎勵。

三、水災的防護——水火無情。火災與水災的發生，皆能造成生命與財產的慘重損失。豪雨成災，洪水泛濫，山洪暴發均為可怕的水患災害。在水災防護方面，應注意下列各事：㈠興建房舍前要有周密的防水設計。凡地勢低窪，有被淹沒可能的地區，均不可存僥倖心理，而作冒險性的建築。㈡建築物四周應構築足以排洩暴雨及大水的水溝，以利洩水而保安全。㈢房舍建築在山腰或山脚、山坡地帶者，坡度決不可超過三十五度；房舍四周須築堅固及足夠的排水水溝。㈣有被洪水冲淹或有山崩危險的山嶺地帶，決不可作為建築房屋的用地。㈤各機關於每年雨季前，對房屋情況及排水溝道應作普遍檢查一次，房屋有破損者及時修葺之；水溝淤塞者徹底疏濬之。

四、盜竊的防護——世風不古，肖小猖獗，為維護機關安全，須有夜夜防盜，天天防賊的存心與準備。防範盜竊計有兩類，一是內賊，一是外賊。盜竊防護，應注意以下各事：㈠機關公物應詳明登記，嚴密管理，經管人員更換時，應使交接清楚，以杜偷竊或侵占；以防監守自盜。㈡放置銀錢及貴重物品之櫥櫃抽屜，應隨時關鎖，經管人員應保持警覺，防範盜竊。㈢非消耗品公物，應儘可能予以烙印或製訂標誌，以減少被竊佔並利便被竊時之偵查。㈣訂立公物損失賠償規則，以加強公物保管及使用人員之責任。㈤辦公室內不准員工住宿，下班後，應將門窗關鎖。㈥設有駐衞警察之機關，警察人員除執行門衞勤務外，夜間應擔任巡邏，戒備盜賊。如無警衞之機關應指派工友輪流值夜巡邏。㈦門衞人員對出入人等應嚴密注意，以防歹徒或盜賊混入。㈧公物携出，應有携出證明。㈨放置貴重物品之處所，應裝設鐵柵、鐵門及防盜警鈴。㈩庫存財物，應定期盤查核對，以防經管人員的挪用。

盜竊案發生後應作以下的處理：㈠保護現場，出事地點的一切物品均須保持原狀，切勿搬動。現場痕跡（足印指紋等）要特別保持，以便

警察查勘。㈡立即向警察機關報案，並開列被盜窃財物之名稱、數量、價值、特徵等以作偵查之依據。㈢主管單位應將被盜竊詳情及損失財物開列清單報請機關首長核辦。㈣對可疑線索，應向警察機關提供，以供偵查而利破案。㈤警察機關在偵查中，如需被盜竊機關協助，應盡力協助之。

　　五、風災的防護——臺灣處於亞熱帶地區，每年皆有颱風侵襲與肆虐，對民間及政府機關均造成重大損失。行政機關為減少風災損失，對風災的防護不可不有有效的規劃與實施。風災防護應注意下列各事：㈠建築房屋，應於事前洽聘有經驗之建築師，詳加設計，使建築有抵抗颱風的支持力；並有暢通的排水系統，以免豪雨成災。㈡各機關於颱風季節前，對各種房屋應作一次普遍檢查，如發現房屋有漏雨、瓦片破損、門窗殘缺、樑柱腐爛或被白蟻蛀蝕、有傾覆危險、屋架墻壁有倒塌之虞者便須及時一一予以修理，不可遲誤。㈢各機關應將所有建築物按其堅固程度分為「最安全」、「安全」及「危險」三級，有危險性的房屋，不但要停止使用，且須立即拆除。㈣排水溝道應隨時疏濬使之暢通，以免淤塞而防水災。㈤在颱風侵襲前，應密切注意氣象局的颱風警報，並作防颱準備，人員要有訓練，器材要予購備。

　　當發出颱風警報時，防護人員應立即加強戒備，並注意以下各事：㈠隨時收聽電視臺、廣播臺傳播的颱風路線、方向、速度及強度；並注意本機關是否在須特別戒備的區域內。㈡檢查門窗，如不堅固或有孔洞，應即使用木條或木板予以封固，使颱風不致吹侵入於室內。㈢燈亮火爐應予熄滅，以免颱風中引起火災。㈣重要財物文件裝置牢固的箱櫃內放置於安全處所，以免散失。㈤靠近房屋的喬木枝枒應予剪除，以免其因風吹損壞房屋。㈥備置風雨燈，以備電燈熄滅時應用。㈦預先儲備用水，以防因停電而斷水。㈧當颱風侵入本機關時，防護人員應集中待

命準備；如在夜間，防護人員應徹夜戒備，不可鬆懈。

颱風過境以後，應注意下列各事：㈠颱風吹落之電線，應迅速通知電力公司或電訊機關派員搶修。機關員工切不可接近吹落之電線以免觸電。㈡颱風過後應勘察機關各處，有無漏水或跑電之處，以防水災或火災的發生。㈢機關員工如有因颱風受到傷害，應迅予救治；如有死亡，應妥辦善後事宜，並通知其家屬。㈣如有財物損失應查明，詳細列冊呈報上級主管機關查核。㈤房屋器材如因颱風襲侵遭受破壞或損失，應迅予修補或購置。

六、　**震災的防護**——今日的科學知識與技術雖已高度的昌明與發達，但科學家仍無法預先測知何時何地會發生地震；至於其震動程度與範圍，更非所能知者。現時人的知識與能力毫無控制地震的方法。所以人類受到的地震災害極爲慘重。不過，地震的防護工作，能有妥善規劃與實施，當亦可能減少地震在生命財產上的損失。機關對地震災害的防護，應注意以下各事：㈠房屋建築的設計，應注意到防震的安全；鋼筋、鐵架的數量、強度、支持力必須能抗拒一定級數的地震。㈡水泥、建材必須堅固、結實，決不可有偸工減料情事。高樓大厦的建築要於地下奠立足夠的相稱的深厚與堅固的地基。㈣就是平房建築亦要作防震的設計。例如日式榻榻米平房，雖屬簡陋，但卻合於防震的要求。㈤地震時易於引起火警，故房中不可存放易燃物品，並要熄滅燈火、電爐等，且宜準備風雨燈。㈥機關應於適當地點建築非常堅固的防震堡壘或洞道，以爲員工避震的安全場所。㈦地震時不可張惶失措，手忙脚亂的逃走，宜躲避於房內堅固的物體下或倚避於牆角，較跑動略爲安全。㈧俟地震停止的期間可將房門關閉，到空曠地方躲避，以免被房屋倒塌壓傷。㈨地震後如有災害及傷亡，政府的防護隊應立即出動，努力於搶救工作。

七、蟲害的防護——機關對蟲害的防護，宜注意下列各事：㈠機關環境要特別保持清潔，水溝要疏濬、垃圾髒物要清除，以免蒼蠅、蚊蟲及細菌的孳生，杜絕疾病的傳染，期以維護員工的健康。㈡房屋各處要保持整齊淨潔，不使有孔、洞、縫、隙的存在，使鼠類無法隱蔽生存，旣可以使物品不被嚙、咬，防止財產損失；復能避免疾病傳染，維護員工康健。㈢辦公室、宿舍、倉庫、傢俱每年都要作定期的消毒，防止蟑螂等害蟲的孳生。㈣機關的木造房屋應加油漆，並注意空氣流通，並保持乾燥，以免白蟻孳生；如發現有白蟻，便當請專家作驅除及防治白蟻工作。㈤木質傢俱及銅鐵器及玻璃等應擦拭乾淨，並宜塗以油膩。

參 考 書 目

本書參考及引用之書籍，爲數不少。茲按參用之先後次序，分編舉列於後，以便讀者查考，並供作進一步研究之資助：

第一編 緒 論

一、英文書籍

1. Roderick D. Mckenzie, *The Ecological Approach to the Study of Human Community*, 1925.

2. Amos H. Hawley, *Human Ecology: A Study of Community Structure*, 1925.

3. Otis D. Duncan, *Human Ecology and Population Studies*, 1959.

4. Henri Fayol, *General and Industrial Administration*, 1916.

5. L. D. White, *Introduction to the Study of Public Administration*, 1947, Fourth Edition, 1955.

6. W. F. Willoughby, *Principles of Public Administration*, 1928.

7. Luther Gulick & C. Urwick, *Papers on Science of Administration*, 1939.

8. Herman Finer, *Theory and Practice of Modern Government*, 1936.

9. Fremont E. Kast & James E. Rosenzweig, *Organization and Management*, 1974.

10. Phillip O. Foss, *Politics and Ecology*, 1972.

11. B. Molinoski, *Scientific Theory of Culture*, 1960.

12. P.H Appleby, *Big Democracy*, 1949.

13. Walter Buckley, *Society as a Complex Adaptive System*, 1976.

14. Woodrew Wilson, *The Study of Administration*, 1887.

15. Frank J. Goodnow, *Politics and Administration*, 1900.

16. Max Weber, *Economic and Social Organization*, 1925.

17. Frederick W. Taylor, *Principles of Scientific Management*, 1911.

18. Elton Mayo, *Human Problems in an Industrial Civilization*, 1933.

19. Fritz J. Roethlishberger & William J. Dickson, *Management and the Worker*, 1939.

20. Chester Barnard, *The Functions of Executives*, 1939.

21. Herbert Simon, *Administrative Behavior*, 1947.

22. Dwight Waldo, *Administrative State*, 1945.

23. Fred W. Riggs, *Ecology of Public Administration*, 1961. (金耀基譯爲中文本, 曰行政生態學, 臺灣商務印書館出版)

24. H. R. Bobbitt, Robert H. Breihalt, Robert H. Doktor & James P. MacNowl, *Organizational Behavior*, 1964.

25. John M. Pfiffner & Robert Presthus, *Public Administration*, 1967.

26. Richard A. Johnson, Fremont E. Kast & James E. Rosenzweig, *Theory and Structure of Systems*, 1974.

27. Resis Likert, *New Patterns of Management*, 1961.

28. R. M. Stogdill and A. E. Coons, *Leader Behavior: Its Description and Measurement*, 1957.

29. R. M. Hodgetts, *Management: Theory, Process and Practice*, 1975. (中文譯本, 企業管理: 理論、程序、實務, 許是祥譯, 中華企業管理發展中心, 民國六十六年出版)

30. William E. Mosher and O. Glenn Stahl, *Public Personnel Administration*, 1978. (臺北市華泰圖書公司有翻印本)

31. *Partialy Standardized Test of Social Inteligence*, 1930.

二、中文書籍

1. 國父孫中山, 軍人精神教育.

2. 國父孫中山，孫文學說。

3. 國父孫中山，三民主義。

4. 李耳，道德經。

5. 荀卿，荀子。

6. 孔丘、曾參，大學。

7. 孔伋，中庸。

8. 王充，論衡。

9. 孟軻，孟子。

10. 孔丘，論語。

11. 周易。

12. 禮記。

13. 張金鑑，行政學典範（重訂版），六十八年，中國行政學會。

第二編　社會生態行政論

一、英文書籍

1. Lucien Fobvre, *A Geographical Influence to History*, 1925.

2. Richard N. Farmer & Barry M. Richman, *Comparative Management and Economic Progress*, 1970.

3. James D. Thompson & William J. McEwen, *Organizational Goal and Invironment*, 1958.

4. Bertram M. Grass, *Organizations and their Managing*, 1968.

5. Donald A. Schon, *Implementing Programs of Social and Technological Change*, 1971.

6. Alvin Toffler, *Future Shock*, 1971.

7. Russell L. Ackoff, *A Note on Systems Science*, 1972.

8. A. R. Radcliff-Brown, *Structure and Function in Primitive Society*, 1952.

9. B. Malinoski, *A Science Theory of Culture*, 1960.

10. Tallcott Parsons, *Social Systems, 1951; Structure and Process in Modern Societies*, 1960.

11. W. Leonfiel & Others, *Studies in the Structure of Ameriean Economy*, 1963.

12. Gabriel A. Almond & Powell B. Bington, *Comparative Political Systems*, 1970.

13. Ludwig Bentalanffy, *Theory of Open System in Physics and Biology*, 1950; *General Systems Theory*, 1968.

14. Kenneth E. Boulding, *General Systems Theory*, 1956.

15. Joseph G. Lapalombara, *Interest Groups in Italian Politics*, 1964.

16. Joseph Dunner & Others, *Dictionary of Political Science*, 1976.

17. Kurt Lewin, *Group Decision and Social Change*, 1958.

18. Kurt Lewin, *Authority and Frustration*, 1944.

19. Robert F. Bale, *Interaction Process: A Method for Study of Small Group*, 1955.

20. George C. Homans, *The Human Group*, 1950; *Social Behavior.* 1961.

21. William G. Scott, *Organization Theory*, 1967.

22. Fremont E. Kast & James E. Rosenzweig, *Organization and Management*, 1974.

23. Edgar H. Schien, *Organizational Psychology*, 1970.

24. Fremont A. Shall, *Selected Readings in Management*, 1962.

25. Abraham Moslaw, *Theory of Human Motivation*, 1943.

26. J. E. McGrath & I. Altman, *Small Group Research, A Synthesis and Critique*, 1966.

27. Robert F. Bale, A Set of Categories as a Variables for the Analysis of Small Group Interaction, 載 *American Socialogical Review*, No.

15. pp. 257-263.
28. Sir Henry Maine, *Ancient Society*, 1886.

二、中文書籍

1. 張金鑑著，動態政治學，民國六十六年，七友出版公司。
2. 張金鑑著，政治學概論，民國六十五年，三民書局。
3. 華力進著，政治學上，民國六十六年，中華出版社。
4. 禮記。
5. 尙書。
6. 春秋左氏傳。
7. 司馬遷，史記，貨殖傳。
8. 班固，漢書，貨殖傳。
9. 馬端臨，文獻通考，戶口考，封建考。

第三編　文化生態行政論
一、英文書籍

1. Edward B. Tylor, *Primitive Culture*, 1958.
2. A. L. Krober & Clydo Kluckhohn, *Culture: A Critical Review of Concept and definitions*, 1952.
3. A. B. Radeliff-Brown, *Structure and Function in Primitive Society*, 1961.
4. Ramond W. Firth, *Man and Culture*, 1964.
5. B. M. Russet, *Political and Social Indicators*, 1974.
6. Carlton J. Hays, *Essays on Nationalism*, 1938.
7. John Stuart Mill, *Representative Government*, 1861.
8. A. H. Leighton, *Exploration in Social Psychology*, 1952.
9. Max Weber, *Essays in Sociology*, 1946.

10. Khin M. Kyi, *Patterns of Administration to Bureaucratic Authority in a Traditional Culture*, 1966.

11. Fred W. Riggs, *Agraria and Industria: Toward a Typology of Comparative Administration*, 1957.

12. Fred W. Riggs, *The Ecology of Public Administration*, 1961.

13. Cabriel A. Almond, *Comparative Political Systems*, 1956.

14. Samuel H. Beer, *Patterns of Government*, 1958.

15. Sidney Verba, *Comparative Culture*, 1965.

16. L. W. Pye, *Aspects of Political Development*, 1976.

17. Fremont E. Kast & James E. Rosenzweig, *Organization and Management*, 1974.

18. Horald W. Berkman, *The Human Relations of Management*, 1974.

19. Jacques Ellul, *The Technological Society*, (原爲法文, 由 John Wilki 譯爲英文) 1964.

20. James D. Thompson, *Organization in Action*, 1967.

二、中文書籍

1. 張金鑑著, 行政學典範 (重訂版), 民國六十八年, 中國行政學會。

2. 張金鑑著, 動態政治學, 民國六十六年, 七友出版公司。

3. 柳詒徵著, 中國文化史, 民國二十四年, 商務印書館。

4. 國父孫中山著, 三民主義, 民國十三年。

5. 袁業裕著, 民族主義原論, 民國三十五年, 正中書局。

6. 鄧之誠著, 中華二千年史, 民國五十四年, 商務印書館。

7. 章嶔著, 中華通史, 民國六十一年, 商務印書館。

第四編　心理生態行政論
一、英文書籍

1. J. M. Pfiffner & K. Presthus, *Public Administration*, 1963.

2. W. L. Julive Gorld, *Dictionary of Social Sciences*, 1964.

3. Herbert Simon & Others, *Public Administration*, 1954. (此書雷飛龍譯爲中文本曰行政學，正中書局出版)

4. J. R. French, *The Basis of Social Power*, 1956.

5. Ralph White & Ronald Lippit, *Autocracy and Democracy*, 1960.

6. A. Lewin, W. J. Harpchak & M. J. Kadanaph, *Consideration and Initiating Structure*, 1972.

7. Rensis Likert, *New Patterns of Management*, 1968.

8. Daniel Katz & Robert Kahn, *The Social Psychology of Organization*, 1966.

9. W. H. Moreland, *The Science of Public Administration*, Political Science Review, Vol. 235, p. 403.

10. V. A. Gralcunus, Relationship in Organization, 載 L. Gulick & Urwick 編 *Papers in Science of Administration*, 1937.

11. T. B. Blandford, *Organization and Management in City Administration*, Municiple Year Book, 1932.

12. A. Buck, *Administrative Consolidation in State Government*, 1937.

13. Fremont E. Kast & James E. Rosenzweig, *Organization and Management*, 1974.

14. George S. Odiorne, *Management by Objectives*, 1965.

15. Dale D. McConkey, *How Manages Result*, 1965.

16. Douglas MacGregor, *Human Side of Interprise*, 1960. (本書有中文譯本，名企業的人性面，大同公司列爲協志叢書出版)

17. Abraham Moslow, *Theory of Human Motivatian*, 1943.

18. Frederick Herzberg, Mavsner & Barbara B. Synderman, *Motivation to Work*, 1959.

19. Chris Argris, *Personality and Organization*, 1957.

20. Chris Argris, *Interpersonal Competence and Organizational Effectiveness*, 1962.

21. Lyman W. Porter & Edward E. Lawler, *Management Attitude and Performance*, 1968.

22. Charles N. Greene, *Satisfaction-Performance Controversy*, 1972.

23. David C. McCleland, *Money as a Motivator*, 1973.

24. Keith Davis, *Human Relations at Work*, 1957.

25. M. S. Viteles, *Motivation and Morale in Industry*, 1953.

26. Horald W. Berkman, *The Human Relations of Management*, 1974.

27. James L. Gibson, *Organization*, 1967.

28. David B. Klien, *Mental Hygiene*, 1964.

29. American National Association for Mental Health, *Facts and Figures about Mental Illness and their Personality Disturbances*, 1972.

30. A. Kornhauser, *Mental Health of the Industrial Workers*, 1972.

二、中文書籍

1. 張金鑑著，行政學典範（初版），民國四十六年，中國行政學會。

2. 張金鑑著，行政學典範（重訂版），民國六十八年，中國行政學會。

3. 張金鑑著，動態政治學，民國六十六年，七友出版公司。

4. 管仲，管子。

5. 愼到，愼子。

6. 劉安，淮南子。

7. 李序僧著，人格心理學，民國六十年，臺灣書局。

8. 李序僧著，行爲科學與管理心理，民國六十三年，哈佛企業管理顧問公司。

9. 黃天中著，人事心理學，民國六十五年，三民書局。

10. 鄭伯壎編譯，人事心理學，民國六十六年，大洋出版社。

第五編　生理生態行政論
一、英文書籍

1. L. A. Tylor, *The Psychology of Human Differences*, 1965.
2. W. E. Mosher & J. D. Kingsley & O. G. Stahl, *Public Personnel Administration*, 1950.
3. P. A. Allport, *Management Handbook*, 1976.
4. H. E. Burtt, *Psychology and Industrial Efficiency*, 1974.
5. M. J. Jucius, *Personnel Management*, 1976.
6. H. L. Wylie, *Office Organization and Management*, 1965.
7. M. S. Pose & H. Sherman, *Chemistry of Foods and Nutrition*, 1974.
8. L. C. Walker, *The Office and Tomorrows' Business*, 1978.
9. William S. Jevons, *The Theory of Political Economy*, 1888.

二、中文書籍

1. 孫卲正、鄒季婉著，心理與教育測驗，民國五十七年，商務印書館。
2. 張金鑑著，人事行政學，民國六十八年，三民書局。
3. 張金鑑著，動態政治學，民國六十六年，七友出版公司。
4. 鄭伯壎譯 J. B. Miner 著人事心理學，民國六十六年，文笙書局。
5. 周易。
6. 周官。
7. 國語。
8. 司馬遷，史記，世家。
9. 行政院事務人員訓練班編印，事務管理手冊（三），管理處所手冊。
10. 張金鑑著，行政學典範（初版），民國四十六年，中國行政學會。
11. 張金鑑著，行政學典範（重訂版），民國六十八年，中國行政學會。
12. 李序僧著，工業心理學，民國六十六年，大中國圖書公司。

13.行政院事務管理人員訓練班編印，事務管理手册（一），文書處理手册。

14.張金鑑著，行政管理概論，民國三十二年，中國文化服務社。

15.傅肅良著，人事管理，民國六十八年，三民書局。

16.戴關群編著，事務管理（上）（下），民國六十二年，維新書局。

17.吳恭亮編著，文書管理（上）（下），民國六十二年，維新書局。

三民大專用書書目

國父遺教

國父思想	涂 子 麟	著	中 山	大 學
國父思想	周 世 輔	著	前政治	大 學
國父思想新論	周 世 輔	著	前政治	大 學
國父思想要義	周 世 輔	著	前政治	大 學

法 律

中國憲法新論	薩 孟 武	著	前臺灣	大 學
中國憲法論	傅 肅 良	著	中 興	大 學
中華民國憲法論	管 歐	著	東 吳	大 學
中華民國憲法逐條釋義㈠～㈣	林 紀 東	著	臺 灣	大 學
比較憲法	鄒 文 海	著	前政治	大 學
比較憲法	曾 繁 康	著	臺 灣	大 學
美國憲法與憲政	荆 知 仁	著	政 治	大 學
國家賠償法	劉 春 堂	著	輔 仁	大 學
民法概要	鄭 玉 波	著	臺 灣	大 學
民法概要	董 世 芳	著	實 踐	學 院
民法總則	鄭 玉 波	著	臺 灣	大 學
判解民法總則	劉 春 堂	著	輔 仁	大 學
民法債編總論	鄭 玉 波	著	臺 灣	大 學
判解民法債篇通則	劉 春 堂	著	輔 仁	大 學
民法物權	鄭 玉 波	著	臺 灣	大 學
判解民法物權	劉 春 堂	著	輔 仁	大 學
民法親屬新論	黃 宗 樂 等	著	臺 灣	大 學
民法繼承新論	黃 宗 樂 等	著	臺 灣	大 學
商事法論	張 國 鍵	著	臺 灣	大 學
商事法要論	梁 宇 賢	著	中 興	大 學
公司法	鄭 玉 波	著	臺 灣	大 學
公司法論	柯 芳 枝	著	臺 灣	大

書名	著者		任教學校
公司法論	梁宇賢	著	中興大學
票據法	鄭玉波	著	臺灣大學
海商法	鄭玉波	著	臺灣大學
海商法論	梁宇賢	著	中興大學
保險法論	鄭玉波	著	臺灣大學
民事訴訟法釋義	石志泉 原著 楊建華 修訂		輔仁大學
破產法	陳榮宗	著	臺灣大學
破產法論	陳計男	著	行政法院
刑法總整理	曾振銘	著	中興大學
刑法總論	蔡墩銘	著	臺灣大學
刑法各論	蔡墩銘	著	臺灣大學
刑法特論（上）（下）	林山田	著	政治大學
刑事政策（修訂版）	張甘妹	著	臺灣大學
刑事訴訟法論	黃東熊	著	中興大學
刑事訴訟法論	胡開誠	著	臺灣大學
行政法（改訂版）	林紀東	著	政治大學
行政法	張家洋	著	政治大學
行政法之基礎理論	城仲模	著	中興大學
犯罪學	林山田 等	著	政治大學
監獄學	林紀東	著	臺灣大學
土地法釋論	焦祖涵	著	東吳大學
土地登記之理論與實務	焦祖涵	著	東吳大學
引渡之理論與實踐	陳榮傑	著	外交部
國際私法	劉甲一	著	臺灣大學
國際私法新論	梅仲協	著	前臺灣大學
國際私法論叢	劉鐵錚	著	政治大學
現代國際法	丘宏達 等	著	馬利蘭大學 等
現代國際法基本文件	丘宏達	編著	馬利蘭大學
平時國際法	蘇義雄	著	中興大學
中國法制史	戴炎輝	著	臺灣大學
法學緒論	鄭玉波	著	臺灣大學
法學緒論	孫致	著	各大專院校

書名	著者		學校
強制執行法	陳榮宗	著	臺灣大學
法院組織法論	管歐	著	東吳大學

政治·外交

書名	著者		學校
政治學	薩孟武	著	前臺灣大學
政治學	鄒文海	著	前政治大學
政治學	曹伯森	著	陸軍官校
政治學	呂亞力	著	臺灣大學
政治學概要	張金鑑	著	政治大學
政治學方法論	呂亞力	著	臺灣大學
政治理論與研究方法	易君博	著	政治大學
公共政策概論	朱志宏	著	臺灣大學
公共政策	曹俊漢	著	臺灣大學
公共政策	朱志宏	著	臺灣大學
公共關係	王德馨 等	著	交通大學
中國社會政治史㈠～㈣	薩孟武	著	前臺灣大學
中國政治思想史	薩孟武	著	前臺灣大學
中國政治思想史 (上)(中)(下)	張金鑑	著	政治大學
西洋政治思想史	張金鑑	著	政治大學
西洋政治思想史	薩孟武	著	前臺灣大學
中國政治制度史	張金鑑	著	政治大學
比較主義	張亞澐	著	政治大學
比較監察制度	陶百川	著	國策顧問
歐洲各國政府	張金鑑	著	政治大學
美國政府	張金鑑	著	政治大學
地方自治概要	管歐	著	東吳大學
國際關係——理論與實踐	朱張碧珠	著	臺灣大學
中美早期外交史	李定一	著	政治大學
現代西洋外交史	楊逢泰	著	政治大學

行政·管理

書名	著者		學校
行政學（增訂版）	張潤書	著	政治大學
行政學	左潞生	著	中興大學
行政學新論	張金鑑	著	政治大學

書名	著者	學校
行政管理學	傅肅良 著	中興大學
行政生態學	彭文賢 著	中興大學
各國人事制度	傅肅良 著	中興大學
考詮制度	傅肅良 著	中興大學
交通行政	劉承漢 著	成功大學
組織行為管理	龔平邦 著	逢甲大學
行為科學概論	龔平邦 著	逢甲大學
行為科學與管理	徐木蘭 著	臺灣大學
組織行為學	高尚仁 等著	香港中文大學
組織原理	彭文賢 著	中興大學
實用企業管理學	解宏賓 著	中興大學
企業管理	蔣靜一 著	逢甲大學
企業管理	陳定國 著	臺中交通大學
國際企業論	李蘭甫 著	交通大學
企業政策	陳光華 著	中興大學
企業概論	陳定長 著	
管理新論	謝崑謨 著	
管理概論	郭崑謨 著	
管理個案分析	郭崑謨 著	
企業組織與管理	郭宗漢 著	
企業組織與管理（工商管理）	盧平邦 著	
現代企業管理	龔平邦 著	逢甲大學
現代管理學	龔平邦 著	逢甲大學
事務管理手冊	新聞局 編	
生產管理	劉漢容 著	成功大學
管理心理學	湯淑貞 著	成功大學
管理數學	謝志雄 著	東吳大學
品質管理	戴久永 著	交通大學
可靠度導論	戴久永 著	交通大學
人事管理（修訂版）	傅肅良 著	中興大學
作業研究	林照雄 著	輔仁大學
作業研究	楊超然 著	臺灣大學
作業研究	劉一忠 著	舊金山州立大學

書名	著者		學校
系統分析	陳　進	著	前大 聖瑪麗學
社　會			
社會學	蔡文輝	著	印大 第安那學
社會學	龍冠海	著	前臺灣大學
社會學	張華葆	主編	東海大學 印大
社會學理論	蔡文輝	著	印大 政
社會學理論	陳秉璋	著	政治大學
社會心理學	劉安彥	著	傑克遜州立大學
社會心理學	張華葆	著	東海大學
社會心理學	趙淑賢	著	安柏拉校區
社會心理學理論	張華葆	著	東海大學
政治社會學	陳秉璋	著	政治大學
醫療社會學	廖榮利	等著	臺灣大學
組織社會學	張苙雲	著	臺灣大學
人口遷移	廖正宏	著	臺灣大學
社區原理	蔡宏進	著	臺灣大學
人口教育	孫得雄	編著	東海大學
社會階層化與社會流動	許嘉猷	著	臺灣大學
社會階層	張華葆	著	東海大學
西洋社會思想史	張承漢	等著	臺灣大學
中國社會思想史（上）（下）	張承漢	著	臺灣大學 印大
社會變遷	蔡文輝	著	第安那大學
社會政策與社會行政	陳國鈞	著	中興大學
社會福利行政（修訂版）	白秀雄	著	臺灣大學
社會工作	白秀雄	著	臺灣大學
社會工作管理	廖榮利	著	臺灣大學
團體工作：理論與技術	林萬億	著	臺灣大學
都市社會學理論與應用	龍冠海	著	前臺灣大學
社會科學概論	薩孟武	著	前臺灣大學
文化人類學	陳國	著	中

勞工問題　　　　　　　　　　　陳國鈞著　東海大學
少年犯罪心理學　　　　　　　　張華蓀著　東海大學
少年犯罪預防及矯治　　　　　　張華蓀著　中興大學

教　育

書名	著者	學校
教育哲學	賈馥茗著	師範大學
教育哲學	葉學志著	彰化教育學院
普通教學法	方炳林著	臺灣師範大學
各國教育制度	雷國鼎著	臺灣師範大學
教育心理學	溫世頌著	美國傑克州立大學
教育心理學	胡秉正著	政治大學
教育社會學	陳奎熹著	臺灣師範大學
教育行政學	林文達著	政治大學
教育行政原理	黃昆輝主譯	臺灣師範大學
教育經濟學	蓋浙生著	臺灣師範大學
教育經濟學	林文達著	政治大學
工業教育學	袁立錕著	彰化教育學院
技術職業教育行政與視導	張天津著	臺灣師範大學
技職教育測量與評鑑	李大偉著	臺灣師範大學
高科技與技職教育	楊啟棟著	臺灣師範大學
工業職業技術教育	陳昭雄著	臺灣師範大學
技術職業教育教學法	陳昭雄著	臺灣師範大學
技術職業教育辭典	楊朝祥編	臺灣師範大學
技術職業教育理論與實務	楊朝祥著	臺灣師範大學
工業安全衛生	羅文基著	臺灣師範大學
人力發展理論與實施	彭台臨著	臺灣師範大學
職業教育師資培育	周談輝著	臺灣師範大學
家庭教育	張振宇著	淡江大學
教育與人生	李建興著	臺灣大學
當代教育思潮	徐南國著	臺灣大學
比較國民教育	雷國鼎著	臺灣師範大學
中等教育	司琦著	政治大學
中國教育史	胡美琦著	文化大學

書名	著者		服務機關
中國現代教育史	鄭世興	著	臺灣師大
中國大學教育發展史	伍振鷟	著	臺灣師大
中國職業教育發展史	周談輝	著	臺灣師大
社會教育新論	李建興	著	臺灣師大
中國社會教育發展史	李建琦	著	臺灣師大
中國國民教育發展史	司 忠	著	臺灣師大
中國體育發展史	吳文忠	著	臺灣大學
如何寫學術論文	宋 楚	著	臺灣大學
論文寫作研究	段家鋒	等著	政戰學校 等

心理學

書名	著者		服務機關
心理學	劉安彥	著	傑克遜州立大學 等
心理學	張春興	等著	臺灣師大
人事心理學	黃天中	著	淡江大
人事心理學	傅肅良	著	中興大

經濟·財政

書名	著者		服務機關
西洋經濟思想史	林鐘雄	著	臺灣大學
歐洲經濟發展史	林鐘雄	著	臺灣大學
比較經濟制度	孫殿柏	著	政治大學
經濟學原理（增訂新版）	歐陽勛	著	政治大學
經濟學導論	徐育珠	著	南康涅狄克州立大學
經濟學概要	歐陽勛	等著	政治大學
通俗經濟講話	邢慕寰	著	前香港大學
經濟學（增訂版）	陸民仁	著	政治大學
經濟學概論	陸民仁	著	政治大學
國際經濟學	白俊男	著	東吳大學
國際經濟學	黃智輝	著	東吳大學
個體經濟學	劉盛男	著	臺北商專
總體經濟分析	趙鳳培	著	政治大學
總體經濟學	鐘甦生	著	西雅圖銀行
總體經濟學	張慶輝	著	政治大學
總體經濟理論	孫 震	著	臺灣大學

書名	著者		服務機關
數理經濟分析	林大侯	著	臺灣大學
計量經濟學導論	林華德	著	臺灣大學
計量經濟學	陳正澄	著	臺灣大學
經濟政策	湯俊湘	著	臺灣中興大學
合作經濟概論	尹樹生	著	臺灣中興大學
農業經濟學	尹樹生	著	臺灣中興大學
工程經濟	陳寬仁	著	中正理工學院
銀行法	金桐林	著	銀行
銀行法釋義	楊承厚	著	銘傳
商業銀行實務	解宏賓	編著	中興大學
貨幣銀行學	何偉成	著	中正理工學院
貨幣銀行學	白俊男	著	東吳大學
貨幣銀行學	楊樹森	著	文化大學
貨幣銀行學	李穎吾	著	臺灣大學
貨幣銀行學	趙鳳培	著	政治大學
現代貨幣銀行學	柳復起	著	新南威爾斯大學
現代國際金融	柳復起	著	新南威爾斯大學
國際金融理論與制度（修訂版）	歐陽勛等	編著	政治大學
金融交換實務	李麗	著	中央銀行
財政學	李厚高	著	中央
財政學（修訂版）	林華德	著	臺灣大學
財政學原理	魏萼	著	臺灣大學
商用英文	張錦源	著	政治大學
商用英文	程振粵	著	臺灣大學
貿易契約理論與實務	張錦源	著	政治大學
貿易英文實務	張錦源	著	政治大學
信用狀理論與實務	蕭啟賢	著	輔仁大學
信用狀理論與實務	張錦源	著	政治大學
國際貿易	李穎吾	著	臺灣大學
國際貿易實務詳論	張錦源	著	政治大學
國際貿易實務	羅慶龍	著	逢甲大學

國際貿易理論與政策（修訂版）	歐陽勛等編著	政 治 大 學
國際貿易政策概論	余 德 培 著	東 吳 大 學
國際貿易論	李 厚 高 著	逢 甲 大 學
國際商品買賣契約法	鄧 越 今 編著	外 貿 協 會
國際貿易法概要	于 政 長 著	東 吳 大 學
國際貿易法	張 錦 源 著	政 治 大 學
外匯投資理財與風險	李 麗 著	中 央 銀 行
外匯、貿易辭典	于 政 長 編著 張 錦 源 校訂	東 吳 大 學 政 治 大 學
貿易實務辭典	張 錦 源 編著	政 治 大 學
貿易貨物保險（修訂版）	周 詠 棠 著	中央信託局
貿易慣例	張 錦 源 著	政 治 大 學
國際匯兌	林 邦 充 著	政 治 大 學
國際行銷管理	許 士 軍 著	新 加 坡 大 學
國際行銷	郭 崑 謨 著	中 興 大 學
行銷管理	郭 崑 謨 著	中 興 大 學
海關實務（修訂版）	張 俊 雄 著	淡 江 大 學
美國之外匯市場	于 政 長 譯	東 吳 大 學
保險學（增訂版）	湯 俊 湘 著	中 興 大 學
人壽保險學（增訂版）	宋 明 哲 著	德 明 商 專
人壽保險的理論與實務	陳 雲 中 編著	臺 灣 大 學
火災保險及海上保險	吳 榮 清 著	文 化 大 學
市場學	王 德 馨 等著	中 興 大 學
行銷學	江 顯 新 著	中 興 大 學
投資學	龔 平 邦 著	前逢甲大學
投資學	白 俊 男 等著	東 吳 大 學
海外投資的知識	葉 雲 鎮 等譯	
國際投資之技術移轉	鍾 瑞 江 著	東 吳 大 學

會計・統計・審計

銀行會計（上）（下）	李 兆 萱 等著	臺灣大學等
初級會計學（上）（下）	洪 國 賜 著	淡 水 工 商
中級會計學（上）（下）	洪 國 賜 著	淡 水 工 商
中等會計（上）（下）	薛 光 圻 等著	西東大學等

書名	著者	學校
會計辭典	龍毓珊譯	
會計學（上）（下）	辛世間著	臺灣大學
會計學題解	辛世間著	臺灣大學
成本會計（上）（下）	洪國賜著	淡水工商
成本會計	盛禮約著	淡水工商
政府會計	李增榮著	政治大學
政府會計	張鴻春著	臺灣大學
稅務會計	卓敏枝等著	臺灣大學等
財務報表分析	洪國賜等著	淡水工商等
財務報表分析	李祖培著	中興大學
財務管理	張春雄著	政治大學
財務管理（增訂新版）	黃柱權著	政治大學
商用統計學（修訂版）	顏月珠著	臺灣大學
商用統計學	劉一忠著	舊金山州立大學
統計學（修訂版）	柴松林著	政治大學
統計學	劉南溟著	前臺灣大學
統計學	張浩鈞著	臺灣大學
統計學	楊維哲著	臺灣大學
統計學	顏月珠著	臺灣大學
統計學題解	顏月珠著	臺灣大學
推理統計學	張碧波著	銘傳管理學院
應用數理統計學	顏月珠著	臺灣大學
統計製圖學	宋汝濬著	臺中商專
統計概念與方法	戴久永著	交通大學
審計學	殷文俊等著	政治大學
商用數學	薛昭雄著	政治大學
商用數學（含商用微積分）	楊維哲著	臺灣大學
線性代數（修訂版）	謝志雄著	東吳大學
商用微積分	何典恭著	淡水工商
微積分	楊維哲著	臺灣大學
微積分（上）（下）	楊維哲著	臺灣大學
大二微積分	楊維哲著	臺灣大

書名	著者		學校／單位
機率導論	戴久永	著	交通大學

新　聞

書名	著者		學校／單位
傳播研究方法總論	楊孝濚	著	東吳大學
傳播研究調查法	蘇蘅	著	政治大學
傳播原理	方蘭生	著	文化大學
行銷傳播學	羅文坤	著	政治大學
國際傳播	李瞻	著	政治大學
國際傳播與科技	彭芸	著	政治大學
廣播與電視	何貽謀	著	輔仁大學
廣播原理與製作	于洪海	著	前中廣
電影原理與製作	梅長齡	著	前文化
新聞學與大眾傳播學	鄭貞銘	著	文化大學
新聞採訪與編輯	鄭貞銘	著	文化大學
新聞編輯學	徐旭	著	新生報
採訪寫作	歐陽醇	著	師範大學
評論寫作	程之行	著	紐約
新聞英文寫作	朱耀龍	著	文化大學
小型報刊實務	彭家發	著	政治大學
廣告學	顏伯勤	著	輔仁大學
媒介實務	趙俊邁	著	東吳大學
中國新聞傳播史	賴光臨	著	政治大學
中國新聞史	曾虛白	主編	政治大學
世界新聞史	李瞻	著	政治大學
新聞學	李瞻	著	政治大學
新聞採訪學	李瞻	著	政治大學
新聞道德	李瞻	著	政治大學
電視制度	李瞻	著	政治大學
電視新聞	張勤	著	中視公司
電視與觀眾	曠湘霞	著	公視
大眾傳播理論	李金銓	著	明尼蘇達大學
大眾傳播新論	李茂政	著	政治大學

書名	著者		服務機關
大眾傳播與社會變遷	陳世敏	著	政治大學
組織傳播	鄭瑞城	著	政治大學
政治傳播學	祝基瀅	著	政治大學
文化與傳播	汪琪	著	政治大學

歷史·地理

書名	著者		服務機關
中國通史（上）（下）	林瑞翰	著	臺灣大學
中國現代史	李守孔	著	臺灣大學
中國近代史	李守孔	著	臺灣大學
中國近代史（簡史）	李雲漢	著	政治大學
中國近代史	古鴻廷	著	東海大學
隋唐史	王壽南	著	政治大學
明清史	陳捷先	著	臺灣大學
黃河文明之光	姚大中	著	東吳大學
古代北西中國	姚大中	著	東吳大學
南方的奮起	姚大中	著	東吳大學
中國世界的全盛	姚大中	著	東吳大學
近代中國的成立	姚大中	著	東吳大學
西洋現代史	李邁先	著	臺灣大學
東歐諸國史	李邁先	著	臺灣大學
英國史綱	許介鱗	著	臺灣大學
印度史	吳俊才	著	政治大學
日本史	林明德	著	臺灣師大
日本現代史	許介鱗	著	臺灣大學
近代中日關係史	林明德	著	臺灣師大
美洲地理	林鈞祥	著	臺灣師大
非洲地理	劉鴻喜	著	臺灣師大
自然地理學	劉鴻喜	著	臺灣師大
地形學綱要	劉鴻喜	著	臺灣師大
聚落地理學	胡振洲	著	中興大學
海事地理學	胡振洲	著	中興大學
經濟地理	陳伯中	著	臺灣大學前
都市地理學	陳伯中	著	臺灣大學前